犯罪心理学

[奥] 汉斯·格罗斯 / 著
耿乐群 / 译

中国华侨出版社
北 京

图书在版编目（CIP）数据

犯罪心理学／（奥）汉斯·格罗斯著；耿乐群译．—北京：中国华侨出版社，2020.1

ISBN 978-7-5113-8115-6

Ⅰ.①犯… Ⅱ.①汉… ②耿… Ⅲ.①犯罪心理学 Ⅳ.①D917.2

中国版本图书馆 CIP 数据核字（2019）第 293580 号

犯罪心理学

著　　者／［奥］汉斯·格罗斯
译　　者／耿乐群
责任编辑／王　委
策　　划／周耿茜
责任校对／刘　坤
封面设计／尚世视觉
经　　销／新华书店
开　　本／710 毫米×1000 毫米　1/16　印张/28　字数/492 千字
印　　刷／三河市华润印刷有限公司
版　　次／2020 年 7 月第 1 版　2021 年 4 月第 2 次印刷
书　　号／ISBN 978-7-5113-8115-6
定　　价／68.00 元

中国华侨出版社　北京市朝阳区西坝河东里 77 号楼底商 5 号　邮编：100028
法律顾问：陈鹰律师事务所
编辑部：（010）64443056　64443979
发行部：（010）64443051　传真：（010）64439708
网　址：www.oveaschin.com
E-mail：oveaschin@sina.com

出版说明

汉斯·格罗斯于1847年12月26日出生于奥地利格拉茨。他早年学习犯罪学和法律，后来成了切尔诺维茨刑事法院的一名预审法官。在工作期间，他意识到确立一套系统的案件事实认定方法迫在眉睫。1894年，他出版了《犯罪侦查：地方法官、警察和律师实物读本》，这本书被视为侦察领域的开山之作，一经问世就引发了人们广泛关注。

《犯罪心理学》一书是现代犯罪心理学理论的奠基之作，涵盖内容广泛，还应用了大量的真实案例，既有实用价值，又引人入胜。自问世以来，被译成了8种文字，20余个版本，一直畅销不衰。

这次选择翻译这本《犯罪心理学》，就是想带领读者一起领略这门神秘的学问，通过分析犯罪行为的原因，让读者学会侦查犯罪现场，也能学会保护自己。

目录

上部

证据的主观条件——法官的思维活动

下部

刑事调查的客观状况——被审查者的精神活动

上部

证据的主观条件——法官的思维活动

第一章　接受证据的条件

主题1　方法

第1节　总述

苏格拉底和梅诺在对美德的习得性进行探讨时，对先验知识的绝对存在性进行了证实，梅诺的奴隶就是佐证。他拿出一个长方形，要奴隶对它的边长进行计算，给出的条件是这个长方形的面积等于另一个边长为2英尺（大概61厘米）的长方形面积的2倍，可是这个奴隶从来没有学习过与之相关的知识，苏格拉底也不能直接告诉他怎么做，他必须自己去探索。一开始，奴隶给出的答案是不正确的，他说这个长方形的边长是4英尺，在他看来，两个长方形的边长和面积关系相同。结果苏格拉底一脸骄傲地告诉梅诺，奴隶其实是相信自己的，他认为自己知道那些他原本并不拥有的知识，之后，苏格拉底用自己特有的方式一步步引领他把正确答案计算了出来。古根海姆之所以把这位哲学家的逸事引用过来，是为了对先验知识的实质进行说明①。从苏格拉底的方法中，我们可以找出谨慎对待证人的案例。我们要谨记的一个事实是：在面对问题时，大部分人都坚信自己对事实是非常了解的，而且可以把事实复述出来，哪怕他们的口气听上去不太坚定："我觉得……"这样的犹疑是有另外一层意思的。有人说："我觉得……"那只是说明他试图说服自己，对于那些比他更了解情况的人提出其他的可能性，他一定要提出质疑。可是显而易见，自己的表达方式中存在疑虑，他自己是知道的。可是

---

① M. 古根海姆：《格言式知识的原理》，柏林，1885年。

如果关系到的问题只存在于事实层面（“刚下雨了”“当时是9点”“他的胡子是棕色的”或“当时是8点”），对于讲述者来说，这样的事实一点都不重要，而他开头所用的词却是“我觉得”，这就意味着他的确心存疑虑。真正重要的是包含隐藏的观察、结论和判断。可是在这种情况下，幻想这个因素又会给人带来困扰。证人之所以非常坚定自己的判断，原因只是他做出了这种判断，所有的“我觉得”“可能”和“好像”只是在保障意外而已。

即便不能百分之百保证某个事件，人们所做出的判断往往也是一点余地都不留的。证人在法庭作证时，这种情况同样也会出现，而且情况要严重得多，特别是说到关键问题时。但凡亲身经历过的人都坚信，证人根本不知道自己究竟知道什么。在被提出来的那一刹那，很多论断都显得确凿无疑。可是如果进一步对论断的立场和渊源进行考察，你就会发现，其实可以不被驳倒的只占据其中很小的比例。在平常生活中，因为受到挑战，最坚定的信念也会动摇的情况比比皆是，例如，遭到突如其来的攻击和被打破砂锅问到底的质疑时，特别是那些严肃而积极的人。当有人在讲述一件事情时，如果有人质疑，对他的确定性表示怀疑，怀疑有没有欺骗的存在，讲述者就变得不那么坚定了。他后来回想当时的场景时说，因为想象力太丰富了，他相信自己所见到的远非事情本身的样子，最后他认为事情的真相很可能和他所说的背道而驰。这种情况更多地出现在庭审中。一来到法庭，大部分人都会没来由地兴奋，当他们想到自己的证言有可能会发挥非常关键的作用时，他们的兴奋程度就更高了，而很多人又会屈从于官员的权威性，把自己之前的想法遏制住。因此，即便一个人原本确定自己的证据是真实的，当遇到一个对自己表示怀疑的法官时，他也没办法再确定任何事情，这一点都不奇怪。

当出现这种情况时，直面事情真相就是犯罪学家最难攻克的难题之一。对于证人所提供的证词，不能一味接受，也不能操控证人，让其产生犹疑的想法而不敢把事实真相说出来。可是像苏格拉底引导梅诺的奴隶那样才是难上加难的事情，对原本不想作伪、只是因为看错或者给出了不正确结论的证人进行引领，让他把真相讲出来。坦诚地说，这和法官没有任何关联，是非常现代化的一种方式——证人只负责当好证人、证据只负责会不会被接受、法官只负责给出结论。而把事实真相建立起来是法庭首当其冲的责任，只是以合规为基础建立的真相是明显不足的。更何况，假如我们发现某种观察结果存在误差，而我们却不管不顾，那么，我们就很有可能失去一项非常重要的证据，就可能会推翻整件案子，最起码会失去拿出证据的可能性。因此，我们在开展工作时，也可以将苏格拉底的方法考虑在内。可是，因为这样做对于证据的确认是有负面影响的，所以我们要更加谨慎才好。因为我们尽管不是在对数学问题进行解答，可是相比求长方形的面积，我们的案件通常要复杂得多。一是因为我们一定是对的只会出现在极少数的情况下，因此我们必须对情况进行深入了解以后，再引导别人对自己的观点表示赞同。二是我们一定要加倍小心，不要给证人提出可能有理的论点造成负面影响。在深信别人对情况更加了解，而且有自己的主张时，我们还是保持沉默比较好，哪怕平常我们的态度都非常谦虚。如果一个人可以把证人错误的观念纠正过来，引导其对自己的错误有所认识，并把真相说出来，不仅达到了目的，而且又不会显得太过分，不会有一丝削弱真相附带的信息，那么我们就可以把这个人叫作我们当中的大师了。

第 2 节　自然科学的方法[①]

假如要问我们应该对自己的工作如何计划，将什么样的方法派上用场，那就必须承认一点：只是把自己学科的原理科学地建立起来是不够的。只有对日常工作进行科学的管理，才能取得进步。不管是说话还是调查，还是正式行动，都必须和整个法律体系学科制定的统一标准相符。唯有如此，我们才能凌驾于平凡的体力劳动之上，才能凌驾于它那让人麻木的厌烦感、让人郁闷的枯燥和对法律与公平的恐怖挑战之上。法学家们只是对消失了的法律语言进行研究，持续不断地给出更细致的阐述，而且就像有人所埋怨的那样，还要注入更多的内容进去，因此我们肯定都非常厌烦（法律的）科学化。原因是，法律这种学科要对一种既长又模糊的术语和文本解释进行推敲，并得出结论，还要急不可耐地对合理化进行追求。法律体系就像艾和林所说的成为“表演哲学技巧的马戏团”一样，只具有一个美丽的外壳。

可是，提高科学素养终究是没错的。科学的方法是我们必须要掌握的，近一百年以来，这被证实最为有效。沃柯尼希曾经说“法律理论一定要成为一种自然科学”[②]，自那以后，在这个冲锋号的召唤下，人类做出的改进已经

---

① 见《H. 格罗斯全集》，第 6 卷，第 328 页；第 8 卷，第 84 页。

② 沃柯尼希：《创立法制的尝试》，波恩，1819 年。

很多了。(施皮策[①]) 虽然因为受到一些误导，也许所前进的方向不太正确，可是在指引我们的学科及应用科学时，它确实是一个好的方向。很显然，事情不能太着急了。他们总是在错过了走上科学之路的机会又忽然要回来时太冲动了。在平常生活中是这样，在近来隆布罗索[②]罪论的支持者做出的鲁莽结论中，我们发现也是这样。虽然他们的观点是正确的，可是还需要进一步论证，推论也很难站得住脚。我们并不是要把科学的方法找出来[③]，而是要对事实加以汇总，并进行研究。就由我们幸运的后来者来完成推理这件事吧。可是在平常工作中，我们可以稍微改变一下流程，从科学和简单的观察中得出一定的结论。奥丁根说："几千年来，从事实到观点，世界一直尽力要让物质臣服在观念的脚下，可是都失败了，如今却完全反过来了。"[④] "从事实到观点"，我们要从这里出发，开始不带任何前提条件地对生活进行观察，把任何格言带给我们的偏见都丢到一边，自己来开拓，把所有干扰因素都排除在外。最后，当我们发现一切都毫无疑问时，才能非常小心地提出理论并做出推论。

所有完完全全的调查都要以这个题目是什么性质为基础。史上最有智慧的书《论愚蠢》[⑤] 中就有这样一句格言：在每次的法律任务中，都必须坚决贯彻这样的公理一般的主张，特别是和刑事法相关的任务。也许我们读了很多证词之后，依然会得出这种类似的、前后矛盾的结论：证人和法官并没有对问题的性质加以确定，也没有搞清楚从对方身上自己究竟想得到什么，双方讲的根本不是一回事，对于他本来应该清楚的问题，证人却一无所知，法官也没有跟他说过。可是这个有问题的程式要归咎于法官，而不是归咎于证人。

把真正的问题界定清楚以后，才能开始真正意义上的现代科学调查，我觉得艾宾浩斯[⑥]在这一点上就做得非常好。其中包括为了让某种效果得以实现，而对条件的复杂性加以还原，包括对这些条件加以更改，用一种能够测量的方式独立各个因素，最后用可以量化的方法，把不同效果的变化界定

---

① H. 施皮策:《论哲学与有机自然科学的关系》，莱比锡，1883 年。

② 意大利犯罪学家，精神病学家，刑事人类法学派创始人。——译者注

③ 见《H. 格罗斯全集》，第 8 卷，第 89 页。

④ A. 冯 · 奥丁根:《伦理统计》，埃朗根，1882 年。

⑤ 埃德曼:《论愚蠢》，1866 年。

⑥ 艾宾浩斯:《论记忆》，莱比锡，1885 年。

出来。

对于这是建立我们的学科必要原则的仅有的一个科学的方法，我没办法进行进一步证实。我们想要达成的目的，只是在处理刑事案件时，对这个方法的可行性加以证实，之后看对于得到完整的结果，它是不是仅有的一种方式。假如答案是肯定的，在整个审判过程中、在对收集到的证据进行验证的过程中、对每个部分进行验证的过程中，以及对其组成要素进行分析时，它都会发挥一定的价值。

让我们先把完整的审判过程还原一下。

要实现的效果是得到对 A 有罪进行证实的证据。所有取证手段汇聚在一起，就是其成立的复杂条件，要想确定某些个别条件，需要通过某些个别的证据，这些证据是从证人证词、对房屋的检查、验收、验尸、实验报告等而来。

如今，只有让现在的实例标准化，才能让条件具有恒定性，即当出现类似的情况时，比如当同样的证据出现时，有罪证据就成立了。现在随之出现的是结果上的改变，比如要想通过证据对有罪进行证明，证据首先要经得起检验，每个条件，比如每个证据的来源要能够得到证实，那么其相应的价值就要有所变化。最后，与之对应的结果上的变化（得到证据证实）也必须被证实。流程的最后一环是探讨，剩下的就不用再证明了。其中比较简单的一些环节是独立各个因素，因为可以非常容易地把每一份陈述、每个视觉印象，以及每种作用都单独抽出来。难就难在其价值的确定，可是如果我们发现对某项具体证据的来源进行确定是必不可少的，而且我们只是对其相对价值进行确定，那么在一定范围内最起码要让这样一种可能性得到允许。估值要把这样两件事考虑在内：1. 可靠度（主观的和相对的）；2. 重要性（客观的和绝对的）。证据本身的价值必须由给出证据人的可信度，以及他在该条件下的作用来决定，而且要对那些被认定为可靠证据的证据是如何对“效果”产生影响的加以了解，还必须对这些影响本身及其外部条件加以检验。因此，在对证词加以考虑时，先要确定证人有没有能力，以及想不想把真相说出来，之后，通过证词会如何改变整个案件的结构，来确定其有多么重要。

而条件的变量及因此所带来的效果的改变，是其中最重要的也是难点最大的部分，比如说，批判性解读已有材料。如果在案件上加以运用，就是这样的问题：我将证据的每个细节本身都考虑到了，而将其他因素排除在外，之后，在客观条件允许的情况下，我尽可能对此细节加以改变。之后，我假设证人的证词有一部分或者所有的都不是真实的，是不正确的观察和结论等，之后我再扪心自问：现在定罪的证据、确定一项具体的审判，还是公平的吗？假如答案是否定的，那么在其他与之相关的可能情况下呢？我可以把这些情况都掌握吗？假如现在真相已经得到了证实，即便考虑到了所有这些变量，控告依然是公正的，那么被告就是有罪的，可是只限于以上情况。

另一个必要的程序是多次彻底地微型审判证据的每个细节的产生过程。举例来说，现在要达到的效果是要对某个具体问题的客观正确性加以确定(从证人、表面因素等出发)。条件的复杂性，包括把所有可能会对其正确性产生影响的影响因素都搜罗在内，像证人撒谎、事发时不清楚具体位置、目标不可靠、专家马虎大意，等等。需要把以上哪些因素会对案子产生影响，以及会影响到什么程度弄清楚。而标准化则包括对如今这个案子和其他案子的条件进行比较。变量还包括从证据中把可能不对的细节找出来，之后从其他角度去对它予以纠正，最后观察在不同程式下所取得的效果有什么不同。

只要有条件，在对某一项新证据进行准备和评判时都把这个程序派上用场，就可以避免出现失误。此外还有一个必要的条件，那就是小范围内对其顺序进行调查，在每种自然科学中，这个举措都是必不可少的。“对于我们来说，在和自然现象有关的所有真相中，与顺序相关的那些都是极其重要的。对于未来我们做出英明的决策来说，必须以其中的知识为前提。”而我们之所以会失败，最重要的原因就是米尔对这一点并不关注。[①] 在确定证据的时候，我们必须牢牢把握这一原则。不管何时出现涉及影响“效果”的问题，最重要的因素都是顺序，这是经过证实的。只有在对顺序进行审慎思考以后，才能把错误找出来。

简单来说，一直以来，我们都局限于对法律标准进行研究，现在我们要深入地思考其构成。显然，这要求我们回到最初的起点上。而自然科学作为我们的榜样，已经把这样的努力真正地做出来了。古代药学先是对万能药和炼丹进行了一番检查，当代医学解剖学则用显微镜和科学实验发现，万能药根本不存在，特效药也几乎不存在。现代医学把错误找出来了。可是直到今天，我们的律师依然在“炼丹”。对于研究真相这项最重要的任务来说，依然采取的是非常高傲的态度。

---

① J.S. 米尔：《逻辑系统》。

主题 2　心理学的教训

第 3 节　概论

对于那些非常重要的人物，像证人、被告、审判员、同事，等等，要对他们采取什么样的态度是犯罪学家最重要的任务。对于判决来说，这些人的意义非同小可。每个案件的成功都由犯罪学家的技能、智慧、对人性的了解程度、耐性，以及大方的礼节来决定。只要加以观察就会发现，素质会对人的工作效率产生很大的影响。对于证人和被告来说，其重要性就更加不言而喻了，当然对其他人也是有影响的。平常我们还要注意观察不同的主审法官和专家之间的交流。某个法官以法律为依据提出问题，希望获得别人的尊重。他根本不需要清楚地说明自己完全不喜欢整个案情，专家们也有的是机会发现这一点。有人对案件进行陈述，将各种可能性讲给专家听，了解他们会不会问其他问题，假如问的话都会问些什么，还可能咨询专家是如何解决问题的，用这种方式来对案件加以熟悉，意味着很喜欢专家那极其艰难的、并没有得到重视的工作。有人说，对于所有案件，专家都会采取一样的态度，进而取得一样的效果。遗憾的是，这种可能性只会出现在专家不具备普通人的缺点，不会受到有没有兴趣的影响。想象一下，假如除了最高法院的预审法官，所有长官和官员、审判员的态度都极其冷漠，将会是一种什么样的情形。在这种情况下，即便是最尽职的专家都会变得无情，于是他们就只做自己必须要做的事情。可是如果同一个法庭上的所有人都非常感兴趣，像前面所说的那样开始工作，情况又会有什么不一样呢！即便是最无情的、最不专业的专家都会因为大家的热情高涨，而意识到自己的工作有多么重要，进而竭尽全力。

在主法官、陪审员和其他法官身上，这个道理也是适用的。我们通常可以看到，即便是在审理悬念很大的刑事案件时，某些主审法官也让人觉得很无趣，事情往往被无限期拖下去，人们只希望结果能尽快公布出来。幸运的是，很多法官都对最简单的案件的重要性非常了解。无论担任的是什么职务，他和他的伙伴们都有一个共同的任务，假如需要对一个案件进行审判，每个人都要竭尽全力。其中的区别并不在于短时间的新鲜感或无聊感，而在于参与者是否具有良好的心态。每个案件都必须用一种崭新的关切、合作的态度来对待。对于刑事法官来说，这种必要性就是一个教育机会。不管他对面坐的是被告、证人、助理法官还是专家，这个道理都是适用的，这是难免的。

在这个范围内，犯罪心理学家最重要的职业素养就是了解人性，可是这种知识并不是从书本上来的，因此对它发起挑战很难。有意思的是，有很多关于这个题目的论述，可是我觉得无论是谁对论点进行研究或展示（像福尔克马尔罗列的珀克尔、赫茨、迈斯特、恩格尔、杰斯沃克和其他人的书中的），总是不会有什么收获。只能通过坚持观察、比较、归纳和进一步对比，才能理解人性（当然少数天才不包括在内）。这样人们才会向前进，不同于其他人给出的用来对自己不了解人性进行修复的一大堆信息。这只能来源于我们工作中对很多案件的观察。那些必须与骗子、撒谎的马贩子、考古学家、魔术师接触的人，不久就可以得出不同凡响的结论：事实上，在这个阶层中，那些在职场上最威风、最赚钱的人根本都不了解自己的本行。马贩子不了解马，考古学家也不太了解古董的价值、历史和品质，打牌行骗的人所掌握的骗术事实上只能让最单纯的人上当受骗。无论如何，他们都可以赚到让自己幸福生活的钱，而这只是因为在不断重复的场景中，他们了解了自己的同伴而已。

当然，我并不是说我们的犯罪学家不需要具备专业的法律知识，只需要对人性加以了解就够了。我们的任务要求我们的知识最起码要比马贩子掌握得多，这样一来，我们就必须了解人性。可是因为法官工作太繁重，所以他需要掌握的知识远远不止法律范围内的知识。首先，他必须是一位法学家，而不仅仅是一个犯罪学家，必须对超出自己专业范畴的、自己学科之内所有最新的研究动向加以掌握。假如对纯理论知识不够重视，他就会变成一个单纯的体力劳动者。他不仅要对诸多事物加以熟悉，对所有手工行业和商业加以了解，还要在人类能力允许的范围内，从法律出发，尽可能多地进行一些创造。

第 4 节　证人的品格

对刑事法官来说，只进行简单提问，之后决定让这个人把自己想讲的话讲出来，是最简单粗鲁的不尽责的表现。假如只是这样的话，就会让判决仅有的一个决定因素变成拷问是否把真相讲出来的良知。对于不真实或者隐瞒的事情，证人的确要负一部分责任，可是，没有尽力把证据的所有价值都问出来、不重视被告的法官要负更大的责任。教育的目的在于，对每个个体进行改造，使之变成好的、值得信赖的证人，无论他是第几次作证，而不是像有的人所以为的那样，将整个社会视为一个整体，认为所有人都是合格的证人。这种教育一定要包括这样两个方向：让人愿意，并且可以把真相说出来。首先就是不仅仅以谎言为对象，还以人要具有完全的责任心为对象。教育的手段并不能对面对谎言本身的态度进行决定，但可以让人作出审慎的回答。这里我们所说的并不是满嘴跑火车的人、原本就是骗子的人和那些原本存在就是为了对人类加以诋毁的人。我们只是指那些不擅长把完整又纯粹的真相讲出来的人，终其一生，都把“大概如此”挂在嘴边的人，以及根本没有机会对诚实的价值加以了解的人。可以说，在谈话和复述过去的事件时，很多人的注意力都是不集中的，这一点真的让人忧心忡忡。他们不会直接、迅速、真诚地把重点说出来，总是绕来绕去——“假如我不走最快的通道，那就走岔路，假如不是今天，那就是明天，假如不能到达目的地，也一定会到某个地方的”。这种人只有旅馆，没有家，假如他们不到某个地方去，去其他地方他们也无所谓。

可以这样来定义这类人：假如有人看到他们在说话时总是迂回曲折，而且非常气愤地给他指出来，他们就会胆战心惊或者无所谓地说：“哦，我以为这样不太准确。”这种责任心缺失、对真相漠视的态度会严重伤害我们的行业。我觉得，相比明显的错误所造成的伤害，它所造成的伤害要严重得多。原因是，相比可能是真相的谎言，袒露在外的谎言被发现起来要更容易一些。此外，一般情况下，谎言都是从我们已经在小心提防的人的口中说出来的，可是这种莫名其妙的“大概如此”则是从也许不算不值得信任的人的口中说出来的。[①]

在所有年龄、性别和所有阶层的人中，责任心缺失的现象很常见，可是在生活中处处百无聊赖的人当中，这种现象最常见，也最明显。在平常生活中不可靠的人，在需要他们讲真话的场合下也会不可靠。以作秀为生的人是这种人当中最危险的一类人。他们并不是因为百无聊赖才变得没羞没臊，而是因为没羞没臊才变得百无聊赖。这些人中有小贩、商人、客栈老板、商店

① 参见《H. 格罗斯全集》中略文斯蒂姆的文章，第7卷，第191页。

经理、马车夫、艺术家等，特别还有妓女（隆布罗索等）。这些人的职业都值得诟病，可是他们做的都不是真正的工作，他们是为了逃避有规律的、真正的工作，才会选择这样的职业。他们很多时候都无事可做，工作的一部分就是闲聊，一部分是晃来晃去，即便是自己的双手，也是能偷懒则偷懒。简单来说，因为从闲散的生活中，他们可以得到好处，那也就很好解释为什么在作证的时候，他们也是一副无所谓的态度，只说出“大概如此”了。当然，这很容易就可以列举出在更高的社会阶层中，也存在类似的事。

天生的流浪汉是这类人中最遭人记恨，也是最危险的一个群体，他们不需要工作或者整天只追求闲散。那些没有意识到这世界无法包容懒鬼、去往天堂的机会必须通过劳动来得到的人的良心都是被狗吃了的。我们不能指望这些人把可靠的证据提供出来。通过长期积累的经验，犯罪学家也许可以把少数几条规则中的一条制定出来：不管是什么性别，不管是处在什么样的社会阶层，真正的流浪汉都不可能做出可靠的证供——这是一个无耻之徒，罗马人，你们要提防他。①

第5节　证词的正确性

要想对证人说出真相的能力进行培养，一定要以以下三点为基础：1. 对于所有会对正确观察和复述带来不好影响的因素，法官都知道；2. 法官自己知道哪些因素对案件有用；3. 把这人身上的负面影响消除掉。很多时候很难做到最后这一点，但也是有可能的。人犯了错误以后通常会发现，可是“被叫到和被选到”根本不是一回事。一样的道理，对于法官来说，任务中最难的一部分就是发现什么是正确的，用基本的观察把不断的观察取代掉。

当证人既不想，也没有能力把真相说出来时，可以通过几个常见的观点进行培训。其中一个关键就是对证人保持耐心。当然，如果时间不充裕，想要保持耐心很难，当代生活忙忙碌碌，让我们本身都很缺乏时间。可是我们必须改变这种情况。公正对于每个人发挥出自己的能力都是有好处的。假如一个民族中的精英人物都没有足够的资本来实现这一点，那么让人满意的法庭也就不可能出现了——“没有支票不能洗衣服”。② 钱的缺乏就会导致公

① 原文为拉丁文。——译者注

② 早期华人移民洗衣机店主对美国人说的洋泾浜英语。——译者注

正的缺乏，有时间的人才会有耐心。

在取证时，耐心也是非常重要的，很多证人都习惯于对很多毫无意义的话进行重复，很多刑事法官也习惯于让他们保持沉默，只是简单地复述一下，可是那样做却非常不明智。证人会无法说出关键点，就如同被告有时也会因为某种原因那样做一样。特别是当证人发现法官对于他那样说并不表示肯定时，所浪费的时间只会更多。而证人的目的就是为了引起别人的反对。他从来不会无缘无故地让他人失去耐心，有的证据确实就是因为说话冲动的人讲得太多而引出来的，原本这个事实是要经过多番周折才能得到的。此外，有意要拖延的人大部分时候都会保持沉默，哪怕开口了，也只是无意识的。即便他知道自己说多了（很多时候事实上他是知道的，因为听众的脸上写满了不耐），他也不可能知道哪些超限了。哪怕有人让他三言两语就说完，他也依然无动于衷，不是从头开始说，就是假如他真的答应了，他就会把重要的，甚至是最重要的事情忘记掉。在来法庭之前，很大一部分人都已经对要说的话进行过准备，或者对大体结构进行过准备，这点一定要记得。只有允许人们按照自己喜欢的方式来，他们才不会犯傻，我们也才能发现任何非常清晰甚至是比较模糊的事。大体上来说，话讲得多的人之前都已经对证词进行过完整的思考。那些在庭审时只是回答是或否的人，并不是有意这样做的，因为只有讲得出来话的人才会有意这样做。只要打开了话匣子，让他们自如发挥是最好的，只有在情况不受控制、证人的话让人厌倦的时候，才能用合适的问题把证人打断。不让某人一直讲下去，其实是有方法可循的，但是一定要提前做好准备，而且只有在对一系列事件进行描述——比如某次激烈争吵时，才会发挥作用。此时，假如一个人对所有真相都知晓，无论这些信息是来自一个人还是来自多个人，后面的证人也许都会得到这样一个信息：“×什么时候到房间里来了。”要不然这个人就必须去听在发生争吵的头一天，争辩双方都做了哪些举动，以及这些本来很无趣的案件是怎么把案件引出来的。可是如果你对主题进行了设定，证人就极易把他觉得也许会用到第一部分的证词舍弃，却依然会保持连贯性。很明显，我们可以看到：跟证人说“从这个点或那个点开始”，提出这种要求以后，证人通常会停顿一下，这时，他明显是在思考如何先抛开自己之前所准备的讲述，可是如果这种方法不起作用，证人说必须从更早的时候开始说，那就随便他吧。要不然他会因为你的要求在内心饱受折磨，没办法用他自己的办法，就会把所有信息都弄乱。

取证时需要耐心，交叉询问时也需要耐心。不管是儿童或反应迟钝的人，还是聪明人，通常都只会说是或否，[①] 面对这种答案时要保持一定的耐心，要花费一定的时间进行询问。如果耐心不足的话，危险是显而易见的，那极有可能把带有暗示性的问题提供给沉默的证人，进而让证人把原本不可能说出的答案说出来。当然，并不是所有在法庭上只做简短回答的人都会这样，可是从长远来看，对于总是言简意赅的人说，的确没办法在很长的讲话中把自己的意思完整地表达出来。而如果证人所做的回答非常简单，需要我们以此为依据把一个连续又精致的故事编制出来，那么假如证人在听到自己的证词时，一般也没办法把其中也许会包含的虚假地方找出来。对于自己的连续性讲话，他通常是很不熟悉的，以致很多时候，他都对自己优秀的表达惊叹不已，甚至会忽略最明显的问题。可是即便他发现了，他也许也会因为言辞不足而不给予回应，在得到肯定的答案以后就会愉快地看到这种折磨画上句号。因此，只有保持耐心，才能够让话少的证人说出虽然简短却连续的信息来。在庭审时一定要注意这一点。

第 6 节 取证

取证要注意这样一个非常重要的规则，那就是不要对哪个证人可以把自己所记得的事情完整地讲述出来抱有希望。哪怕只是对儿童进行训练，弗罗贝尔都说过："只能引导人，而不能刺探人。"[②] 在司法程序中就更不用说了，想要做到也很难，因为律师给每个证人的时间都有限，就如同老师也只有在短短那么几年的时间内面对每个学生一样。可是我们一定要坚持引导证人，让他说出来，哪怕一开始效果并不明显，也不要太急躁。

这其中最重要的是对证人的水平加以判断，之后在他所在的那个水平上与之对话。短时间内，我们是不可能提高证人的水平，使之和我们的水平相当的。"教导的目标，"朗格说，"是让孩子们拥有一种更强烈的感知力，像实现智识自由。因此非常需要把他们'得到资助的想法'找到，可是不要解释过头了。"[③] 这话说得一点都没错。对于我们来说，培养感知力一点都不

---

① 如果病理状态很明显，是非常容易识别的，但是病理状态和正常状态之间有一个非常宽阔的边界，而且被完全占据。

② 弗罗贝尔：《人类的表现》，凯尔豪，1826 年。

③ K. 朗格：《论感知》，普劳恩，1889 年。

难，可是让别人准备我们自己的人生并不是我们的问题所在，我们的问题是培养他的感知力，以实现既定的目标。假如鉴于这个目标，我们希望别人可以实现智识自由的话，对于相关问题，就必须让他自己去思考，不能让他受到一些奇怪的意见和推理的影响，让他客观、公正地来看待案件。当然，并不是说只需要把特殊的影响或其他人的观点排除在外，也不是要把害怕、生气和所有也许会对他产生影响的所有情绪排除在外，[①] 而是趁这些影响还没有出现时，就把自己公正的立场建立起来。会带来混乱和迷惑的重要因素可能有观点、评论、偏见、迷信等。只有清洗好了奥吉厄斯的牛舍[②]以后，我们才能对证人也许具备感知力、他可以负责任地说出他要告诉我们的话，并复述出来抱有希望。

只要我们严格遵守上面的规则，并对证人“得到资助的想法”加以研究，就可以很容易实施这一必要的初步举措。有人说，如果两个人交谈时对于对方“得到资助的想法”一无所知，那就相当于对牛弹琴。而一些巨大的误会就是这样产生的。这个问题不单单只是不一样的价值观所引发的不同的推论，事实上还和整个人的心智有关。一般情况下，人们觉得只需要把讲故事所用的词语的含义弄清楚就可以了。可是，从表面上粗浅地了解每种知识一点都不难，要想做到真正的理解，就必须了解证人对和案件所有情况相关的思维习惯。我对一起嫉妒杀人案件印象很深，被害者的哥哥是最重要的证人，他是一个很淳朴的、生活在乡下的樵夫，可是不管从哪个方面来看，他都不是个笨蛋。他的证词简短有力，而且闪烁着智慧的火花。当问到杀人动机这个极其关键的问题时，我问他是不是和一个女孩有关，他回答说：“没错，大家都这样说。”进一步调查后，我有了一个很大的发现：他根本不知道“嫉妒”这个词是什么意思，也不知道如何理解这个词。有人抢走了他曾经最爱的女孩，可是他没有吵闹，也没人跟他说过，当其他人遇到这种事时情绪会多么激动、会多么难受，他没有机会去对这种事理论上的可能性加以考虑，因此他根本不知道“嫉妒”这个词。当然，现在，他的证词已经和之前不一样了。在我看来，他所说的那些东西其实都不是真的，他的“得到资助的想法”和一个极其重要的、在本案中会产生约束作用的概念息息相关，可是证人却对此根本不了解。

---

① 参见《H. 格罗斯全集》，第 6 卷，第 240 页。

② Augean stable，指“藏污纳垢之所”。——译者注

当然，发现“得到资助的想法”并非易事。可是，其最起码对证人和被告的客观价值是真的。只有在非常必要的情况下，才能把“得到资助的想法”的影响排除掉，也就是陪审团的存在。陪审团的判断在这种情况下不可能成为一种遥不可及的梦想。最理想的情况是，主审法官所认识的陪审员只有一两个，可是对于他们的“得到资助的想法”也根本不可能了解。在问到某个问题时，陪审员也许会稍微说出一点来，当轮到公诉人和被告律师阐述时，法官的表情也会出卖一部分，可是那时往往为时已晚，即便早一点发现也毫无意义。如果对面只是一个人还可以，可是对 12 名和自己没有任何交集的人的思维习惯加以了解是不可能的。

一定要严格遵守弗罗贝尔规则的第三部分——“尽可能不要提前预设”。我之所以这样说，并不是因为我思想消极，而是因为我们的律师要经过多次训练以后，可以对整件事进行更合理的安排，对有关历史信息中要排除的东西，以及一定程度上要保留的东西进行更好的了解，最后就会导致这样一种情况出现，极易把自己的权利范围忘记，把过多的材料展示给那些毫无技能的外行看——即便他们接受过教育。这时不得不想到这样一点，大部分证人的知识水平都欠佳，我们不能让自己和他们处于同一水平，面对一大堆连我们看了都觉得太难的材料，他们必定也会眉头紧锁。如果我们对证人的观点并不了解，问出的问题就会很多，也就无法达到目的了。而在一些特别的案件中，当我们面对的群体是接受过教育的，我们依然会按老一套方式来处理，就会出现不妥，我们会提前预设因为他受过一点教育，所以他对我们的专长比较了解。经验也无法把这种幻觉消除掉。到底是因为我们没有经过合理的训练，所以才无法从证人身上得到自然的表述，还是因为我们的行业太过于理想化评价受过教育的人呢？无论是出于哪种原因，其实在我们的工作中，如何面对受教育程度最高的证人才是最难的部分。有一次，我要总结一位亲眼看到一个小案件的著名学者的证词。我进行起来非常慢，不是他对我念的那些词汇表示反感，就是对某个论点的确定性表示怀疑。更不用说我花一两个小时重写的那份材料上修改的痕迹到处都是，到最后，这份材料竟然作废了。开头和结论相冲突，根本不知道在说什么，更恶劣的是，还有虚假的成分。后来，看了很多其他证人清晰的证词以后，我才发现，那个学者太严肃认真了，以致他完全不了解自己究竟看到了什么。他的证词一点意义都没有。这样的事情我经历过太多，其他人也是如此。“在什么地方不要提前给太多假设？”可以回答这个问题的是：所有地方。首先，不要预设人们的观察力。他们老是说看到了、听到了，或者感觉到了很离奇的事。他们总说自己遇到了、抓到了、数过或者检查过什么，可最后，经过仔细的验证，他们只是看了一眼而已。更麻烦的是非普通知觉问题，这时所需要的感觉或信息要更加敏感。人们对习惯深信不疑，当需要认真观察时，他们通常不知道如何应对特殊情况。假如提前假设证人具备相关专业知识技能，就会造成很大的失误。一般情况下，他不具备这种知识，或者尽管具备可是压根儿没有使用过。

一样的道理，我们还会提前假设证人的专注力非常好、对某件事非常感兴趣，最后却发现：哪怕对自己的事情，人们都漠不关心。因此，在公开的问题上，我们应该提前预设大家一点兴趣都没有，如果你对这一点有真正的了解的话，你就会发现，人们时常会将很多问题彻底忘到脑后。大部分人对事物的外在了解，就误以为自己对其本质也是了解的，只要有人问到，都会非常肯定地回答对方。可是假如你把他们的话信以为真的话，所酿成的后果将是非常严重的，因为几乎不可能当事后诸葛亮。

因此，在和证人就某个新问题展开讨论时，都需要对他在多大程度上了解这个话题、他觉得这是什么、这让他想到了什么加以了解。假如你判断他根本不知道这个，而且以此为依据对他的问题和结论加以评定，最起码不会出现错误，并可以以最快的速度实现你的目标。

与此同时，你还不能停止工作。卡鲁斯说，除非一位学者自己发现目标，要不然我们是不应该给他指出来的。[①] 在被派上用场之前，任何一种力量都要得到最大限度的发挥。这个过程往往很艰难，可是对于儿童教育来说，它却是不可或缺的，往往会走向成功。这种教育方式是将事例派上用场。人们告诉孩子对比新的事物和曾经的经验，像回想自己曾经经历过的巨大创伤，假设自己如果这样虐待动物，动物会承受什么样的痛苦。这样的对比通常可以获得一定的成效，无论是在儿童身上还是在个人身上加以应用。长篇大论地描述一个事件，像是某一个人遭到虐待的案件，假如让证人自己想象，如果这样的经历发生在自己身上，也许会有完全不一样的效果。这个案件也许一开始在他的眼里只是一个“好玩的笑话”，可是如果同样的事发生在自己身上，串联这样两个故事，也许他的描述就会完全不同。这个方法的变化形式有很多种，一般情况下都会比较有用，甚至可以在被告身上加以

① 卡鲁斯：《心理学》，莱比锡，1823年。

运用，因为如此一来，事件和极其熟悉的自我中心就会产生联系，那他就可以对自己的行为有所理解了。

可是，在陪审员身上才能运用最了不起的技能。对于他们来说，串联新情况和他们已经比较熟悉的事，理解起来就要容易得多。难就难在陪审员这个团体是由几个陌生人组成的，很难找到让所有人都熟悉，而且熟悉到一个程度，以致他们极易串联其和现在的案子的例子。如果真的找到了，那可就太幸运了。

可是，只是找到一个类似于现在的案子还是不足的。必须要给每个细节、动机、理念、反应和外在条件都找到与之相似的类比，才能让人们对这个案子有所理解，并持续跟进。就如同人都有祖先，只有确认了祖先以后，人们才会发现存在表亲。

第 7 节　关于利己主义

不管是在法律事务上还是在平常生活中，利己主义的内在特点可能都会产生很大的影响，歌德对这一点有很深刻的体会："我觉得，"他写道（《与艾克曼对话录》卷一），"不管是将某个时期视为退化还是过渡时期，都是从个人角度出发的一种观点。反之，却可以清楚地看到所有进步时期。整个当代文明都不是处于开放状态，因为从主观上……所有人都在对自己的贵族气派进行显摆，不管在哪里，这件事都变得极其重要。可是让自己隶属于大爱人类的努力却再也无法找到了。"

和歌德时代相比，事实上，这一不容置疑的看法对我们现在更加适用。如今，一个最具有代表性的现象就是每个人都过度喜欢自己。最后的结果就是，每个人都只对自己或者自己周围的环境表示关心，只对自己已经知道或感受到的加以理解，只在自己擅长的地方工作。因此可以得出这样的结论：要想获得明显的进步，必须将这种浮夸的自尊考虑在内，并将它看作一个主要因素时才可以。有些极其微小的事情对这一点进行了证实。当一个人把一本字典拿到自己手上时，虽然他知道那几个字不可能跑，他还是第一时间对自己的名字进行查找，之后就进入了快乐的思考状态，当他拿到一张可以让伟大的自己流芳百世的照片时也是这样。在对个性进行探讨时，假如有人说他"天生就是这样"，他就会很开心。在对外国城市进行探讨时，都喜欢对自己家乡或者曾经去过的地方进行谈论，即便这些只能让那些已经去过这些地方的人感兴趣。所有人都想尽力把自己的影响力发挥出来——不管是对自己生活的环境还是对只和自己相关的问题。如果有人声称自己生活很幸福，那么可以肯定的是，他是想表达他可以让他这个“我”成为舞台的中心。

对人性中这一特点的历史重要性，拉撒路的评价很精准，他是这样说的：“在自己的政治生命中，伯里克利扮演的角色之所以那么重要，都要归因于他可以把所有雅典公民的名字都叫出来。汉尼拔、华伦斯坦[①]、拿破仑一世之所以让整支军队都感受到远超越对军队、国家和自由最深的爱的勇气，就是因为知道并可以把每个士兵的名字都叫出来。”[②]

这种利己主义的小例子我们每天都能看见。那些刚刚还在工作，如今却被拖来作证，觉得很讨厌和枯燥的证人，从我们对他个人的关心及他所干的事情的理解，以及对他的看法和作用的评价中，都可以得到一点成就感，并觉得实现了自我价值。与此同时，在对自己的同行进行评判时，所有人都是带着自己对职业的理解的。在医生办公室，有个农民非常轻蔑地说：“假如他连燕麦是怎么种的都不知道，那他还能知道什么呢？”事实上，这不只是个故事，很多人都是这样，包括粗俗的农民在内。这种态度出现的频率非常高，特别是那种要投入大量的时间在某件事情上的人身上，像士兵、骑兵、水手和猎人等。假如对虚荣心这种人类特质无法理解，而对这种人采用特殊的对待方法的话，最好的做法就是最起码展现出对他们所做的事情表示关心和理解，让他们毫不怀疑，你真的觉得所有人都应该知道怎么正确地把马鞍装上，或怎么在很远的地方就把德国猎犬和英国猎犬区分开来。这样做并不是让他们对法官个人表示尊重，而是对其职务表示尊重，可是证人会觉得这针对的是法官个人。如果他的态度是这样，就会愿意给我们提供帮助，或者经过仔细思考，对于我们推导出这个案子的结论提供帮助。相比气愤的证人所做的贡献，对案件感兴趣而且心情愉悦的证人所做的贡献要多得多，这不只是针对数量，而是针对真相和证词的可靠性，后者要可靠多了。

与此同时，在调查被告时，一个很重要的点就是他是否迷恋自己的祖先。不要给人设下圈套，我们的任务就是把真相问出来，所以一定要采取合适的方式对付不承认指控的嫌疑人，以让案情真相大白，通过有心机的操控往往是无法实现这一点的。在接受调查时，匿名或者使用假名的罪犯会只是

---

① 三十年战争（1618—1648）中神圣罗马帝国的军事统帅。——译者注

② M. 拉撒路：《心理的生活》，柏林，1856年。

因为对情况进行介绍，就把和他们首都有关的线索都泄露出来了，这时再往下追究就变得极其容易了。在审讯很多有名的罪犯时，这样的例子太常见了，一点都不新鲜，可是要好好加以利用。

在利己主义的次一级形式——顽固中，也会出现同样的动机，只需要稍加引导，就能让一个也许会因为自相矛盾而感到沮丧的人说出有意义的答案。从我的老管家那里，我学到了这一招。他是一名非常坦诚的士兵、一个充满喜剧性的人物。可是，对于他那执拗的顽固，尽管我经历过长久的训练，在他面前依然束手无策。只要我提出某个关于工作的想法，得到的回答都是一样的："没用的，先生。"最后，我只好列出一个清单，把我的计划写在上面："西蒙，现在这样就可以了，因为前不久你刚说过这是可以的，那就这样。"之后，他就会把目光投向我，思考自己什么时候说过，之后就真的去做了。我时常把这一招派上用场，从来都没有落空过。只需要适当改变一下这个办法，就可以在罪犯身上加以运用。只要一个真正执拗的人出现在你的面前，就必须把所有互相矛盾的东西躲开，因为那只会带来更多的麻烦。撒谎还是操控也没有意义。只有把矛盾之处避开，直接把问题问出来，你才会发现，当这个顽固派发现自己的错误时就会辗转回到那个问题上。这时，你可以给他搭建一个扶梯或者打开一扇可以让他悄无声息撤退的门，这样一来，即便是最执拗的人都会放弃之前的故事。只有他在不得不反复被带到初始点的时候，才会变得和以前一样。可是，只要发现了问题，就要尽量避免再找任何理由回到该问题，不要反复去确认已经得到解决的问题——这就如同把睡着的人叫醒让他吃安眠药一样。

通常情况下，利己主义、懒惰和狂妄是人类身上仅存的几个必然存在的动机，这是一条最重要的规则。而爱、忠实、宗教和爱国主义虽然很坚固，可是也难免会马失前蹄。对于 10 个人连续 10 次把这些品质表现出来，我们可以百分之百放心，可是到第 11 次时，他就有可能崩塌。可是，哪怕经过无数次，利己主义和懒惰这样的特点还是会跟原来一样，从来不会让人失望。更简单点来说就是，懒惰和狂妄也只是对利己主义进行修订而已。当面对一个人时，只要把这一点记住就可以了。在对真相进行探讨时，也只需要这一点就足矣。比如说，你担心一个嫌疑犯事实上是清白的，那么如果你的着手点是荣誉、良知、人性和宗教，你必然会走向失败，可是如果你对整个利己主义的版图进行搜索，就会很快发现真相。对一个人有没有说真话进行检验，最好的一个标准就是有没有把利己主义表现出来。试想一下，假如有人想尽办法，说出一个合理的托词，那么毫无疑问，要对其正确性进行判断的话，就必须将其和某种动机关联在一起加以思考。现在如果逻辑链条和动机相互联系还很简单，那么最起码说明这个链条很有可能是对的。而动机呢？假如动机是崇高的，像友情、爱情、同情、忠诚，那么这个链条也许是对的，我很高兴，情况好得远远超出我的想象，但是也不一定就是对的。可是，假如动机属于利己主义或者其若干个变种中的一种呢？如果这时的逻辑也说得过去，那么就可以非常清楚地解释整个案件了。

第 8 节　秘密

如果很容易就可以让人类守住秘密，那么法律上所得到的真相就会多得多。大家都非常熟悉这种本质很明显却没有得到清晰理解的现象。有关人们如何对待秘密的格言主要是说，在保守秘密这方面，女人更难做到。意大利人说，一个女人如果沉默不语，很有可能就要开始哭了；德国人说，保守秘密所造成的负担会对女人的健康产生影响，让其老得更快；英国人用更加粗俗的语言也阐述过相同的意思。经典格言对这一点进行过讲述，若干童话、故事、小说和诗歌都对保持沉默的困难之处进行过描绘，有一部特别优美的现代小说（费迪南德·昆伯格，《沉默的重量》）的写作主题也是这个。在洛策的名言中，保持沉默的难度是被这样描述的：很早我们就学会了怎么讲话，却很晚才学会保持沉默。[①] 对犯罪学家来说，这一点不但可以在罪犯身上加以运用，还可以在某些因为一些原因而不能畅所欲言的证人身上加以运用。很多危险都来源于后者，证人不得不一直徘徊在真正的秘密周围，而不能说出来，直至他把一半的真相揭露出来。可是假如证人就停留在这了，那么我们就要好好思考一下他所说的话了，因为“相比所有的都是谎言，一半是真相还要糟糕得多”。后者把对象、意图揭示出来了，而且允许辩护，可是一半真一半假可能因为受各种情况所限，使得在对部分有罪的人的身份及其和罪行有多大关联的情况进行确定时，往往会造成一定的失误。所以，犯罪学家必须对秘密的问题进行谨慎思考。

而在考虑证人本人的沉默时，通常可以从这样两个方面入手：一是他必须保守秘密，这一点其实不需要详细说明。这种泄露秘密的行为是很粗俗、

---

① 洛策：《本能：短文合集》，莱比锡，1885 年。

很卑劣的，因此从理论上来说，是根本不可能发生的。可是其实这种情况还是会经常出现，刑事法官也许会发现一些迹象，或者劝说某个积极的年轻人把真相讲出来。提问时，法官通常只会把事件本身说出来，对名字、地点或特定的时间，以及一些细节问题缄口不提，因此看上去不会带来什么伤害，可是事实上，只有通过这种方式，才能发现最重要的证据。更严重的情况是，因为说话的人对名字或任何具体的内容都不知情，那么问题的答案也许就会出现质的变化，甚至让清白的人都遭受牵连。值得引起我们注意的是，以上所提及的情况通常只会发生在最为典型的案件中，罪行特别能让人负面的注意力受到触动，这也许是因为当不同的证人复述了同一个故事以后，产生了若干种排列组合的方式。如此一来，就有可能推断并对材料进行再次整合。为了对大家起到警示作用，我想说一则薄伽丘[①]所写过的被大众所熟知的一则古老的逸事：一群妇女追问一个年轻而受到大家喜爱的牧师，他首次亲身经历的忏悔讲的是什么？思考了很久以后，年轻人觉得只要不把忏悔者的名字说出来就没有关系，因此他告诉那些妇女，是和通奸相关的。几分钟以后，侯爵和他迷人的妻子来了，两人都责怪牧师很少到他们家去了。侯爵用洪亮的声音说："你这样太不好了，你竟然把自己的第一个忏悔者给忘记了。"于是大家就都明白了。对我们的职业来说，这种讽刺性会带来非常大的影响，因为大家都知道"赤裸裸的事实"的绝对安全性是怎么产生变化的。事实上，听众根本都不需要整合信息，因为来自各个方面的信息会自由整合，最后形成非常重要的正式信息，然后通过一些隐晦的渠道让大家都知道。事实上，成形的秘密一般都非常重要。因此，我们应该从各个节点对它加以守护，而不能只停留在细节层面。

在证人和被告面前，刑事法官一定要保持沉默。假如前面的第一点最重要的地方在于，话说多了必然会造成失误，那么这一点上，最重要的地方就在于，自负感可以让人滔滔不绝。无论法官是想让被告知道自己掌握了多少信息，或者说他的结论是多么准确，还是希望通过自信让证人受到触动，他都很可能在不同的案子中犯下一样严重的错误。假如法官表现得太迫切，一开始就想装作全能的样子，而事实上却会引发一些错误的话，那么这个案子想要赢的可能性就不大了。被告一定会把法官错误的假设躲开之后，对证人进行某些问题的暗示，之后的事就不难猜出来了。在这种情况下，很难维持

---

① 意大利文艺复兴运动的杰出代表，人文主义者。——译者注

正确的做法。如果法官一直不把自己已经知道的内容透露出去，就有可能把自己对案情进行辨别的最重要的途径给丢失了，因此应该早一点做这件事，可是假如开始得太早，或者说一直不停地说，也会起到反效果。在我看来，因为保持沉默，我还从来没有后悔过，特别是我已经说了一些内容以后。做这件事时有一个非常明显的规则：对于不正确的方向，千万不要多走一步，千万不要表现出你所知道的超出实际知道的状态。因为事情很有可能会败露，所以要把这种办法中的不实之处排除掉。

还有另一种高风险——optima fide，可能大家都知道，那就是知道不实之事的危险。我们当中最危险的人通常是那些最睿智、最勇敢的人，因为他们刚好要快速展开调查、推导、对各种可能性进行定义、以可能只是存在可能性的矛盾问题为中心进行调查。某个谎言是有人故意说的，还是只是因为某人太过于乐观才说出来的，对于结果来说其实是没有什么差别的，因此都要很谨慎。可是我却有这样一个建议，我们要学习一下说话太多的人。他人极易关注到那些喜欢沟通的邻居，假如有心人对“为什么”和“多少”问题进行过仔细研究，就极易将与这位邻居相关的重要情况都推导出来。在关乎他人的秘密时，第一步要做的就是对真正的秘密是什么进行确定，假如有人为了远离那些会对自己和他人造成伤害的话，就会闭口不谈那些问题。如果发现了一个真正的秘密，就需要对那种做法带来的问题进行更多考虑——是保守秘密还是把它泄露出去。如果条件允许的话，让秘密自由发展是最好的。不管怎样，通过对证人进行折磨所得到的秘密所造成的伤害往往是巨大的。可是如果你真的相信应该把这个秘密说出来——比如当一个无辜的人被牵涉其中时，说话的时候一定要非常谨慎，因为说的人是没有放在心上的，而听的人却当真了，这件事总是很难。

第一个原则就是，不要过于看重秘密，最好少提，最好不要直接引到这个问题上，到了适当的时机，它会自己出现的，特别是当事情很重要时。就是因为有人非要一探究竟，所以很多原本不受关注的话题才会被小心翼翼地守护起来。在可能的情况下，当其他所有手段都没有取得成功时，也不要对证人说得太多，而且要非常谨慎，说得太多也许会起到反作用。这个过程一定要经过非常严密的设计，而且要把关注点放在你想知道的秘密及其重要性上。假如证人发现自己因为把秘密说出来，而把一些真正重要的东西揭示出来了，所产生的结果是出人意料的。

相比较来说，自己的罪行和最能对其存在进行暗示的相关因素，以及招供，都是最重要的秘密，这是非常重大的心理学问题。[1] 在很多案例中，罪犯招供的原因再明显不过。当罪犯发现证据链毫无漏洞，他被定罪的时日就不远了，因此他希望通过招供让自己受到的处罚轻一点，或是希望通过自己的叙述，而让他人承担更多罪责。与此同时，招供中也会有虚荣心，这就如同年轻农民承认，在入室盗窃分赃中，自己所得到的赃物相比实际得到的还要多（当然，从他们大胆的描述中，我们就可以发现这一点）。也有人（比如政治犯）是考虑到对他人的关心，以及想让他人可以好好活下去，出于“坚定的信仰”而招供（就像政治犯和其他犯人等）。还有人是出于崇高的目的，比如拯救自己的家人、朋友以及为了欺骗而招供的，还有的招供是为了在同案犯中争取时间（无论是为了对真正的罪行进行逃避，还是要对已经妥协的人进行打压）。从整体上来说，最后这种情况只会在预谋计划成功时出现，这时法官也许会震惊于被用心创建的、普通却有说服力不在场的证据。对某种小的罪行进行招认，往往是为了给某种更大的罪行提供不在场的证据。最后一种招供是天主教徒的忏悔和临终忏悔。前一种忏悔的特点是忏悔者是为了对错误进行更正，而不是为了让罪行得到减轻，即便难度很大，可是他也不会放弃，而且希望可以苦修悔过。临终忏悔则是有宗教基础的，或者为了不让清白之人遭到（更多）处罚。

和招供类型相关的清单很长，可是绝对不是画蛇添足！我们所碰到的只是其中很小的一部分，一定程度上没有被理解的占很大一部分。米特迈尔已经对这个话题进行过深入的探讨，把很多例子及相对而言研究得比较透彻的文献引用过来。[2] 用良知带来的压力也许可以解释其中一部分案例，特别是有些精神不正常的、胆战心惊的人会沉溺在被自己杀害的人的鬼魂来复仇的画面中，或者自己偷来的钱总是在耳边叮当作响，等等。假如招供者只是想通过招供来让这些画面和处罚离自己远远的，那么这就不是正常的良知，而只是一种病态的想象力太活跃的表现而已。[3] 可是如果这种狂热和宗教想象力缺乏，只是因为压力太大才招供的话，那就是良知在发挥作用了，[4] 这是

---

① 参见“食人者”布拉图恰的妻子的著名的招供。布拉图恰说自己掐死了12岁的女儿，并将她烤着吃了，还说妻子是共犯。女人一开始对此表示否认，后来却招供了。原来牧师告诉她，只有“供认不讳”才能被赦免。不过，她和她丈夫的招供都不是真的。孩子还活着。布拉图恰是精神病患者，而他妻子则是为了得到赦免才招供的。

② C. J. A. 米特迈尔：《德国刑事诉讼中的证据原则》，达姆施塔特，1834年。

③ 坡将这些忏悔称为彻底的堕落。

④ 参见艾森豪斯：《良知的本质与诞生》，莱比锡，1894年。

另一个需要解释的词汇。可以让人在毫无好处的情况下伤害自己，到目前为止，我还只找到这样一个动机，这种情况只会出现在基于这种良知作用下的招供。要想对这些案例解释实在是太难了。可以采取的办法是，要么只是把它当作盲目的冲动，要么完全不理睬它，可是专业人士并不喜欢愚蠢这个说法，因为即便我们对某人之所以招供是因为太蠢了的观点表示认可，可是之后当他发现这个错误时，他肯定会悔恨交加；我们还发现，很多人即便招供了，却一点都不后悔，而这些人的智力是正常的。尽管采取不理会的态度做起来很容易，却是不正确的，因为我们都心知肚明，无论我们费多大的周折，很多案子，我们都无法把嫌疑人为什么招供的原因找出来。可能只是因为他想招就招了，并没有其他原因。

外行人觉得嫌疑人只要招供了，这个案子就结束了，可是对于法官来说，这才是严峻考验的开始。需要提醒大家注意的是，不管在哪种法律体系下，要想得到法律的认可，成为证据，只有一种情况，那就是证词和其他证据完全一致。要想获得证据，可以采取的一种方式就是供词，可是证据本身并不是。还必须有一些客观的、和其显然是同一期的内容支持它、拥护它，它才能成为证据。可是，法律也对这些同期证据一定是以各自独立的方式得到而且成立的提出了要求，如此它才会被赋予意义。对法官、目击者、专家和所有牵涉到这个案件中的人来说，嫌疑犯招供的供词都会对其产生不可估量的暗示性影响。只要得到了供词，所有人在认识案件时都会受到它的影响。无数经验都表明，这种暗示是如何对判案进程产生影响的。更详细地来说，就是有关人员会特别偏向于分类和改编自己所认识到的事物，以和某些已经存在的解释相吻合，如此一来，就会过度延伸解释本身，而事实就会遭到压缩、剪辑，直到它可以和解释轻松吻合。有个很神奇的现象得到了所有观察者的认可，那就是一开始我们的认知并不是那么坚硬的，是可以改变的，这些认知的原有形态极易雕塑它。当这个认知出现一段时间、它在我们的许可下达到一种平衡以后，它就会变得难以雕塑，变得固化起来。因此，假如我们的观察本身是以某些观念为依据展开的，而这种观察到的、极易被雕塑的物质，就很容易以固有的观念为依据而形成固定的形态，多余的和不均匀的地方就会消失，会填充空白，假如可以进行这样改编的话，那它就不难实现。因此，假如我们有了崭新的、和以往不同的观念，那么因为这个新观念就会影响观察的事物，致使它发生改变，只有经过一段时间，这种以观念为基础的观察被固定下来以后，就很难再出现新的变化了。这是我们平常生活中的体验，在我们的工作和普通事物中都存在。当某个案件传入我们的耳畔时，我们就开始对最初的信息进行思考。在某种原因的驱使下，我们开始把怀疑的目光投到A身上。在这个议题的所有细节中，对这个假设的验证结果都会出现，那就一致了。此外，还有验尸结果，还有目击者的口供，所有的都一致了。当然也不是一点疑点都没有，可是这些都被忽略了，都被认为是没有经过仔细观察才会导致的结果。现在关键是，所有证据都对A不利。现在假设B承认自己犯罪了，当然，这是一个极大的转变，我们就会抛开之前怀疑A的所有理由，之后把B犯罪的一套理论展现出来。所有证据都在B身上使用，这是自然而然的，即便之前对A适用，现在却完完全全对B适用了。当然，疑点还会再次出现，可是又会和之前一样，被忽略不计。

假如我们是这样对待固定下来的证据的，那么就更会这样对待马上会被采纳、也许极易受到供词影响的证词，其中的教育意义对法官和助理以及证人都是适用的。

法官一定要谨记，自己的工作不是让证词和已有证供的框架相吻合，让证据在供词中起作用，而是要让供词和其他证据都可以单独成立。当代文明体系的立法者是以存在伪证这个合理的假设为前提的。这样类似的事情难道我们没有听说过吗？嫌疑人不管是因为什么原因给出供词，不管是他求死心切，还是他生病了，[①] 还是不想承担真正的罪责，要想证明这供词不是真的，就必须把这个供词和其他证据相冲突的地方找出来。可是，如果法官只是让证词和已有证供的框架相吻合，那么他就把自己获取真相的办法舍弃了。与此同时，我们也不能给出这样一个前提——伪证只会在杀人案中出现。事实上，在重要的、有多人牵涉其中的案件中，伪证都是大量存在的。也许一两个人被抓之后，他们就把所有罪责都承担下来了，比如在盗窃、争吵、暴乱等情况下。我再说一次：供词有非常大的提示作用，因此想要把对其他证据所产生的影响去除掉是很难的，可是假如不想自欺欺人的话，就必须这样做。

对付证人的难度就更大了，因为会显现出从他们而来的困难，以及我们已有的困难。把供词放到一边是最简单的办法，这样证人在陈述时就可以更加公正。可是这样要实现的可能性几乎为零，而且这样一来，在盘问证人时就会显得很滑稽，因为被告招供的事实他们可能已经知道了。假如有可能的

---

① 参见布拉图恰食人的例子。

话，告诉证人供词的确存在是仅有的一个办法，可是要提醒他关注的是，那还没有成为证据。最后也是最为至关重要的一点就是，不要冲动，以免证人从已有的角度出发提供自己的证据。站在这个层面，我们几乎无法证明相比证人对法官的影响，证人对真相的影响要小得多。在法官的引导下，即便是最冲动的证人，也有可能提供理智的证据；相反，如果法官将对毋庸置疑的事实的安全底线放弃了，即便是最镇定的证人，所提供的证词可能也会误导人。

那些智商非常高的证人（不一定都受过良好的教育），在作证方面可以做到积极应对，他们宣誓之后，只要跟他们说，在考虑案情时，只要假设供词不存在就可以了。愿意听某个自信的人的思路，并按照他的路线走的人非常多，特别是在农民中间。在这种情况下，就必须对证词的各个要素进行分析。这种分析不仅难度很大，而且非常重要，因为一定要对其中哪些是真正的要素，哪些只是停留在表面上的要素进行决策。如果在一次恶性的斗殴事件中有人受到了伤害，A对犯罪事实供认不讳，现在证人证明A的确对证人进行过威胁，而且加入了打斗中，当时他摸了一下自己的背包，然后就从人群中离开了，而就在A来去的过程中有人受伤了。在这个简单的案子中就必须评估很多要素，而且要分别评估。因此我们要考虑的是，假如A没有承认犯罪事实，那么威胁的意义何在？即便威胁存在，也不意味着受伤者遭到了攻击者的攻击，也许他是出于别的原因摸背包？难道他只是去摸刀子吗？当时他还有时间把刀拿出来刺人吗？受攻击者有没有可能已经受伤了？我们可以归纳说，所有有关A的证据，并不是都不利于他，可是如果和供词相互关联，那这些证据就相当于指认了A犯罪。

可是假如结合每一种感觉和结论，而且还考虑其他也许在他人身上发生的同样的感觉，那分析就变得很难了，可是我们还是必须这样做。

而如果和我们打交道的人并没有那么聪明时，同样的办法不能派上用场，那么把基本规则做到就可以了。假如对描述的准确性以及在任何条件下都注重意会的原因进行严格要求，一般情况下，我们可以对一种对任何个体都具有不确定性的知觉进行转化，变成对坦白者来说值得信赖的知觉。相对来说，很少发现不实的证据，可是只要发生了，就一定要不厌其烦地和原有证据进行比对，这样就极易找到用证据和供词相得益彰的做法。证人都想说真话，法官也同样想把真相查出来，可是为了让招供者承担罪名，涉及的问题必定会遭到很大的曲解。因为会有很大的影响，千万不要忽视这种调查。每个证据都会有一个具有代表性的角度。证据可以用来对真正的招供者进行证明就是罪犯，也可以用来对真正的罪犯才是有罪的进行证明，可是一定要更改某些细节。这样的细节往往会有很多，假如有机会让证人再说一遍，这个程序就会带来更大的启迪。如果证据都指向第二个、实施犯罪的可能性更大的罪犯时，证人（假如他们说的都是真话）当然会承认，当问他之前的说法指向招供者的原因时，他一定会给出这样的答案：他们并不是有意这样做的，是供词起到了暗示作用。①

在搜集到非常有说服力的、影响作用和供词差不多的证据时，就会发生类似的情况。这时候，相比证人来说，法官的任务就没有那么重了，因为他不需要跟大家说已经有证据了。通过观察我们可以发现，现存的疑虑极易影响到人们。举个例子就可以对这一点进行说明了。一个很聪明的人在晚上突然被攻击了，以他的描述为依据，警方把某个人抓住了。第二天嫌疑犯被带到伤者面前，由伤者来指认。他确认伤害他的人就是这个人，可是因为他的描述和嫌疑犯的特点并不是很相符，因此有人问他为什么现在可以这么确定，“哦，假如他不是罪犯的话，你们把他带到这里来干什么呢？”这个回答真让人大跌眼镜。只是因为某个嫌疑犯是以受伤者的故事为依据被抓来的，受伤者就认定自己的证据可以非常确凿地指认嫌疑犯了。在我看来，只是以犯罪学家对案件的了解为基础，就对案情进行深入挖掘，对于犯罪学家来说，这是工作中最困难的地方。

第 9 节　关于兴趣

任何真心实意工作的人，都必须尽力把合作者的兴趣激发出来，并予以保持。法官的责任就是把有关材料都呈现出来，安排好所有好的、系统的、尽量多但是不多余的材料，确保自己对案情足够了解。可以做到这一点的人心里都很清楚，即便在最简单、最平常的案件中，总有让人感兴趣的点，也就是把他们的注意力吸引过来的地方。从本质上来说，这些都是不用说明的，可是在某些情况下，面对专家这类人要费更大的周折。专家，不管是非常谦逊的工人还是赫赫有名的学者，他们最重要的感受就是觉得法官非常感兴趣于自己的工作，他们相信法官有能力对自己尽力掌握的知识进行评判，相信

---

① 由于疾病、逼真的梦、中毒，特别是煤气中毒造成的虚假招供，我们不能忽视。中毒过深但幸存下来的人经常会说自己犯了杀人罪（霍夫曼：《司法医学》，第 676 页）。

他并不只是因为法律的要求他这样做，而且相信法官足够了解自己的工作。

不管从意识的角度来说，一个专家有多么想解决某个问题，可是假如当他发现旁边人并无意跟他合作，对他也没有兴趣，也不理解他，那么即便他的意愿再真诚，他的工作也没办法开展起来。我们可以确定的是，假如别的学科的代表不够尊重我们（事实上，现实情况就是这样），那么在我们和他们领域的专家交往中，这种不尊重就是因为他们发现我们竟然如此忽视重要问题而产生的。假如专家在提到我们时，使用的是并不太尊重的语气，而且这种态度广为传播，所有责任都在我们自己身上。我并不是要求刑事法官一定要具备所有的知识，包括自己专业领域以外的知识——那是专家的责任，可是在这些知识和自己的工作产生交集的地方，法官要有所觉察，尤其是他和专家们打交道时，不想表现出自己那么无知的状态，或者还想和专家顺利合作的话。也正是基于这个原因，法官就要表现得特别喜欢专家的工作。

假如法官只是接受被告、按照规章制度办事，从来不把自己想要得到结论的心情有多么迫切表现出来，而只是把它当作一个数字，那也就无怪乎专家最后只会觉得法官的工作是一个数字，而且失去兴趣。对于本身就很乏味的事情，没有人会感兴趣，专家也是如此。当然，我并不是说法官就应该表现出很有兴趣的样子——这是最不好的情况，而是他必须有能力表现出感兴趣的样子，要不然法官这个职位就不太适合他。我们可以激发兴趣，也可以强化兴趣。假如法官觉得对于案件来说，找到专家非常重要，那他就最起码要对专家有兴趣。具备这一点以后，他在读他们的报告时，就会非常专心，会发现自己不了解的地方，并向专家请教。一个问题把另一个问题带出来，一个问题接着另一个问题，理解就产生了，理解就意味着一种更浓厚的兴趣。要求司法专家就某些要点对法官进行解释，并不会有人觉得很难。我还从来没有在自己的职业生涯中听到过这样的埋怨，也从来没有碰到过。反之，却极易在这种关系中得到兴趣和效率，总而言之是非常有益的。事实上，其中的重中之重就在于专家用一种很多司法工作者没办法达到的具体方式喜欢自己的工作。对于我们来说，这又是一件极其可悲的事。化学家、物理学家等人对自己的题目进行研究，只是因为他们想成为一名化学家、物理学家，可是律师对法律进行研究并不是因为他本身想成为一名律师，只是因为他想要成为一名官员，而他又没有其他特别的兴趣，因此在对自己的职业方向进行选择时，他只是考虑到了发展前景。这个事实很让人心酸，同时也是最基本的准则——除了想对法律及法律学科进行研究的人以外，我们要想找到那种真正的兴趣，就必须从外行和我们的专家身上入手。幸运的是，兴趣是可以后天培养的，当你的兴趣越来越浓厚时，知识也会越来越丰富，当然也有更大的概率在工作中得到乐趣和成功。

在兴趣方面，怎样让证人感兴趣是最难的地方，因为这个问题只和训练有关。之所以要激发起对方的兴趣，就是为了得到对方的关注，因为只有专心致志，所提供的证词才会准确——对于我们的任务来说，这点极其重要。“兴趣没有了，注意力自然也就没有了，”福尔克马尔曾经说：“完全新鲜的并不会引起大家的兴趣，把理解范围缩小，也会让注意力的范围缩小。”[①] 对于我们来说，“完全新鲜的并不会引起大家的兴趣”这一点至关重要，可是却从来没有得到过我们的重视。即便我极其夸张地对一位受教育程度有限的人说，在维罗纳找到了塔西佗的《编年史》，或者从冰块中切割出了一头保存得非常好的猛犸象，或者默诺拉天文台发现了火星运河，因为对于他来说，这些都是从来没有见过的事情，他并不知道这是什么意思，或者如何去理解，其中没有任何东西是他感兴趣的，[②] 所以这些话题即便再有趣，也不会引起他的关注。即便我面前站的是一个受过教育的人，即便我跟他说话时语气很激昂，可是如果他对某个案件完全没有兴趣，那么，当我跟他说，我已经把整个案情的关键点找到了，那我也会有同样的经历。当自己的谈话者完全不了解这个观点时，我不能要求他依然对这件事感兴趣，或者表示关心或理解。这样的情况我们每天都会遇到，哪怕万事万物的存在都是自然的，哪怕都可以解释清楚。我们让某个问题呈现在证人面前，而这个问题虽然对于了解情况的我们来说非常重要，可是对于证人来说却一点都不重要，而且会让他们摸不着头脑，也不会引发他们兴趣，我们又如何能要求他对这个问题加以密切关注，而且经过谨慎的思考，给出有效的答案呢？[③] 我曾经就听到这样一段对话，当法官问证人和天气有关的问题时，证人说：“你听好了，我千里迢迢赶过来，你却来和我讨论天气的问题，真是——”这位老人家讲得很在理，因为这种看上去令人摸不着头脑的问题毫无价值。可是假如法官告诉证人，对于这桩案情来说，天气非常重要，是有前后关系的，而他的答案也很重要，那证人就会迫切地想要回答问题，并且尽可能将各种细节都回

① 冯·福尔克马尔：《心理学教程》，克滕，1875年。

② K. 哈塞尔布鲁纳：《注意力原理》，维也纳，1901年。

③ E. 维尔斯马和K. 玛尔波《对所谓注意力波动的研究》，《心理学期刊》，第26卷，第168页，1901年。

忆起来，以对当时的天气进行回忆，于是最终可以得出非常有意义的证据补充。只有通过这种方式才能把证人的注意力抓住。假如只是对证人发号施令，让其集中注意力，那就像命令他大声说话一样——运气好时他的音量会高一点，可是没过一会儿就又恢复原样了。我们可以诱发其注意力，但并不能通过命令的方式让其集中注意力，只有将合适的方法派上用场，才可以在任何时候都让任何人感兴趣。第一点也是最重要的一点，就是你本人要感兴趣，假如连你自己都没有兴趣，又怎么可能让其他人深受感染呢？当证人快要睡着时被盘问真是最要命的。可是，假如提问人和回答人都非常感兴趣的话，所收到的效果就会非常好，这时即便困倦不堪，甚至本性最无聊的证人都会变得很清醒，他们的兴趣和注意力就会越来越高，他们自己就可以获得更多的知识，话语也有更高的可信度。原因就是他们看到法官对这件案子非常严肃，然后知道对于这个案件来说，这件事有多么重要，以及假如犯错了，也许会出现多么严重的后果，于是他们在说出真相时就会变得非常谨慎、非常专心，以免出现错误。如此一来，即便某个证人刚开始的表现很让人失望，之后也能给出最有价值的证词。

假如你自己的兴趣都相当浓厚了，而且也让证人很感兴趣，那么你就要好好考虑一下，对于已经确凿的证据，证人的了解程度有多深，他是不是对信息进行了筛选，只选择说出那些也许有价值的信息。在把证人的细节告诉他，一定可以让其更感兴趣，得到更准确的答案的同时，也要谨慎思量，如果某个证人我们不够了解，也不知道应该在多大程度上相信他，能不能把某些极其微妙但非常重要的问题告诉他。这是很难做出的一个决定，特别是要告诉证人一些假设和联想，或者跟他说他的回答会对案情产生多大的变化时。特别是后者，所产生的暗示作用更加明显，因此只在当证人的陈述看上去毫无价值，可事实上却并非如此的情况下才可以说。一般情况下，只要把证词的作用告诉证人，对方就对它的重要性非常了解了，他自己就可以发现应该自我反思、经过谨慎思考的答案。这样的经历我们都有过：一个证人原本要随便说一个敷衍的答案的，当他对自己的话多么重要有所了解以后，就会谨慎思考，之后给出一个完全不同于一开始的答案。

在什么时候、通过什么方式告诉证人，确定的规则其实并不存在是最好的呢？当然是在让证人感兴趣，但又不会因为他滔滔不绝而带来危险的情况下，这个问题的技术含量很高。我只能给出这样一个确定的原则：对证人进行初审时是最好的时机，当他极其谨慎、对已知或有所怀疑的问题不会事无巨细地都说出来时，也许会激发证人的注意力和兴趣。可是如果所需要的信息更全面，以让该案件中的重要因素更多，并得到强化，那么就要在更安全的时间让证人来回忆，并对证词进行修改，让其的意义更大。基于这种情况，只有付出更多的努力才有可能成功。在法律的任何环节，这一点都是有价值的，证人的兴趣很重要，因此我们有必要拼尽全力。

主题3 现象学：精神状态的外在表现研究

第10节

从总体上来说，现象学是和外在表征相关的学科。把引起外在表征的内在过程系统相互对应起来，而且也可以以外在表征为契机，把内在过程推导出来就是其意义所在。从更大范围来说，这个可以这样理解，即对人类习惯和所有举止进行研究的学科。可是从根本上来说，只有以外在表现出的举止为依据，才可以把确定的生理状态推导出来，因此我们可以这样定义，把我们所谓的现象学用正常心理学的符号学来称呼。在法律上，这门学科有极其重大的价值，可是现在承担借助若干表象把确凿的内在过程推导出来的重任还不合适。与此同时，还需要加大观察样本量，加大准确度，心理学研究也还需要持续进步。通过自我定位为精神病符号学的意大利实证主义学校的教学实践，我们可以发现，早早将这门学科的知识派上用场，所造成的错误是非常危险的。可是假如我们的符号学只是为了把和症状相关的系统大体上建立起来，最起码可以批判性分析来自这些症状的惯常推论，让涉及单个症状解释和价值评估的夸张程度减小一点。如今我们的任务看上去有一定的破坏作用，可是假如考虑到该学科以后的发展，对现有的无用材料进行检查，抛到一边，也算是功德一件。

第11节 一般外在条件

“不管哪种意识状态，都有其物理关联。”① 亥姆霍兹②曾经说过这样一

① H. L. 亥姆霍兹：《论自然力的相互作用》，柯尼希堡，1854年。

② 德国生物物理学家、数学家，“能量守恒定律”的创立者。——译者注

句话，这句话将所有问题都包含在内。每一种心理事件所对应的都有通过某种形式表现出来的物理事件，[①] 因此才可以有深刻的感知，或者以某些迹象为表现。当然，即便内在状态一样，在身体表现上也会有不同，对所有人来说都是这样，对于处在不同时期的同一个人来说也是这样。现代概括法都是有不确定性和危险性的，对此我们小心一点总是没错的。假如能够概括的话，那么心理事件就必须最起码和物理事件一样清晰可见，可是，在多种原因的驱使下，要做到这一点是根本不可能的。首先，身体表现几乎不可能总是直接表现出一刹那的心理反应（比如面对危险时拳头握得紧紧的）。通常情况下，这其中并没有因果关系的存在，因此来源于生理学、解剖学甚至返祖现象中的解释，都只是有前提条件而接近的。与此同时，意外的习惯和遗传会导致某种影响的出现，虽然不能让表达本身有所改变，在其形成过程中，还是可以进行再次塑造的，让表达本身变得无比自然。在大部分情况下，这种现象都是极具特点的，因此，要重新研究一下所有人。与此同时，这种现象也是会发生变化的，像我们可以用习惯来称呼某个行为，说："当他感到难堪时，他就习惯于摸下巴。"可是大家都知道这种习惯并不是固定不变的。

更何况，纯粹的生理条件的表现形式有很多种（像脸红、颤抖、笑、流泪、吞吞吐吐等），最重要的是，很少有人希望对朋友无所不谈，因此大家不需要对自己的肢体表达方式进行主动调节。总的来说，这是人类经过几千年进化以后才得到的结果。虽然表达方式一代一代传下来，可是一直处在被调节的状态，到今天想要辨别已经不可能做到了。一般情况下，想要把其他人的意愿隐瞒住，有其先天的局限性，因此，在说假话时，某些简单却重要的动作就会和语言发生冲突。像你能够听到某个人说"她下去了"，可是同时却看到他的手指向上方，尽管不是很清晰。这时他说的就是假话，手势是真的。讲话人的专注力都在自己想说的话上，因此没有意识到他的手挪动了。

在这方面，有一个把儿童杀死了的嫌疑人最能说明问题。那女孩声称她自己生下了孩子，给他洗了澡，然后放在床上，在自己身边躺着。她说她看见孩子的脸被被罩的一角盖住了，还想着那会让他的呼吸不顺畅，可是刚好这时她晕了过去，因此孩子就这样被捂死了。她抽抽搭搭地对事发过程进行

---

① A. 莱曼：《心理状态的肢体表现》，莱比锡，第一部分，1899 年；第二部分，1901 年。

讲述时，她的左手手掌是呈张开状放在自己大腿上的，似乎再次演绎了一遍她所做的事，看上去她似乎先把某种柔软的东西——也就是被罩的一角，压在孩子的口鼻上，之后按在上面。这个动作具有非常重大的意义，毫无疑问，这充分表明她是不是就这样把孩子捂死了的问题。最后她哭着说她的确这样做了。

与之类似的是，在另外一个案子中，一个男人口口声声对我们说，自己和邻居一直相处得很好，可是说这话时，他的拳头却握得紧紧的。这个姿势就意味着他对邻居是充满敌意的，而他的话本身却没有把任何敌意显现出来。

当然，如果在观察很难进行时，就让这类动作、表情具有太多的意义，那么就会极大地威胁到确定性的问题。接受证词、觉察和观察动作的难度就会提示我们这一点，因此就有一种（因为练习不足所引发的）危险：毫无意义或者习惯性的动作极易被误以为具有非常重大的意义，以为自己看见的比真实的多得多，以及观察得太明显了，以致证人很快就把自己的动作和表情都控制好了。简单来说，要想做到这一点的确有很大的难度，可是只要克服困难，那么之前付出的所有努力都不会白费。

我建议不要着手于谋杀或抢劫，要从平常生活中简单的情形开始，这样就几乎不会犯下大错，而且观察的时候也能更加镇静。动作和表情的习惯是非常强大的，几乎每个人都有，特别是在表达重要问题时。有这样一个很有意思的观察，那就是某人打电话时会如何用空的一只手取代两只手做动作。他挑战性地把拳头握得紧紧的，像在数什么一样，然后挨个把手指头伸开，生气的时候把脚跺得震天响，有疑问的时候把手指放到头上，似乎对话者就在他面前站着一样。事实上，这种由心而发的习惯一直都是这样的。撒谎的时候，我们也会做出这些动作，假如人在撒谎时，真相还在脑海中盘旋的话，不难想象出，相比迅速消失的谎言，这个念头对他产生的影响要大得多。因此强度才是问题所在，因为某种动作或表情都来源于一种强大的冲动，很明显，更有利的那一种会占优势，使得某人做出某种动作。

郝伯特·斯宾塞[①]的说法告诉我们，一般情况下，不管哪种心理，只要超出了一定的强度范围，就会有肢体动作的表现，这条重要规律是普遍存在

① 西方社会学史上著名的早期社会学家、实证主义者、英国社会学的奠基人。——译者注

的。[①] 对于我们来说，这条规律更加重要，因为我们几乎从来不需要去对轻微的、没有深入的表面感觉加以处理。大部分情况下，那种感觉都“超过一定强度”了，因此，某种动作形式所表现出的肢体语言会让我们有强烈的感觉。

一位资深的英国医生查尔斯·贝尔非常小心地提出，所谓激情的外在表现，只是身体构造，或者身体状况所引发的，以及和随机运动同时出现的现象。[②] 后来，达尔文及其同伴证实，这个观点可以对所有动作进行解读，像听到某件让人作呕的事情时所做出的防御动作，身处险境时把拳头握得紧紧的，或在野生动物中常见的把牙齿露出来，或者公牛低头，等等。在漫长的历史演变的过程中，很多动作形式都变得很费解，只有非常有经验的人才会觉得那很重要。更何况每个人对其都会有不同的区分，因此理清的难度就更大了。我们都很清楚，这种区分是怎么一代代传承下来，并最终确定为一种种类的，就如同对搬运工、杂技演员或者击剑运动员的肌肉进行专门训练一样，在经过几百年的固定表情或特定运动之后，大脑也会掌控我们身体不同部位的肌肉发育，特别是脸部和手上的肌肉。这就使得我们可以对一般意义上的原始的、动物性、或激情或谦虚的脸庞，普通的、紧张的或灵巧的手进行观察，可是这也给之后对这些现象的科学解释以及隆布罗索“犯罪红斑”的形式带来了巨大的危险，因为这种仓促得出的理论的前提是完全没有经验和材料。可是犯罪红斑的概念一点都不稀奇，也不是来自隆布罗索。在《人类学》中，康德说过这样一句话，说德国人 J. B. 弗里德赖希是率先尝试科学地解释这些古老的观察结论的人，他非常肯定地说，对某些身体病理现象起到决定性作用的也许是道德腐化问题。[③] 在不同类型的案例中，有人非常清晰地发现了这一点，比如在两性关系不寻常的情况下，极易发生纵火，而不同寻常的性冲动也是下毒的源头之一，疯狂酗酒则会带来溺死的可能，等等。现代精神病理学并没有深入地探讨这些奇怪的观点，事实上，也没有证明材料支撑现在人们又开始谈论的那些类似的事件。可是却存在与之有非常紧密的关联、经过准确观察以后，发现类似事件数量一直在增加的现象。[④] 假如我们以日常生活中的现象为基础进行观察，对这样一个被援引的事实进

① 赫伯特·斯宾塞：《短论：科学的，政治的，思辨的》，第 2 辑。

② 查尔斯·贝尔：《表情的解析及哲学》，伦敦，1806 年和 1847 年。

③ J. B. 弗里德赖希：《法庭心理学的系统》。

④ 参见《格罗斯全集》中奈克的文章，第 1 卷，第 200 页；第 4 卷，第 253 页。

行肯定：老猎人是谁、退休官员是谁、演员是谁、贵族淑女又是谁等，任何人都可以一眼看出来，那么就可以深入推导：经过训练的观察者，就可以把商人、官员、屠夫、鞋匠、真正的流浪汉、希腊人、性变态等分辨出来。因此一条很重要的定律就应运而生：一旦确定了某件事外在的粗糙形式，那么在判断其内在微妙的表现形式时也是准确的。用特殊的特点可以来区分粗糙与否的界限，其中的差别就由观察者的技能、他所面对的材料是什么性质的，以及他的手段是否高明来决定了，因此这个过程中的可能性到底有多大，是没有人能说清楚的。虽然这个问题还会把很多其他的问题引发出来，可是从一些已有的特点，以及众人为生活奔波的日常中，我们依然可以发现一些规律。在对愚蠢或聪明的面相进行判断时，他是相士；在对智慧的前额和畸形的前额进行判断时，他就是颅骨学者；他能够对和害怕与喜悦相对应的表情，以及有哪些方法可以模仿进行观察；他可以对优雅的手和粗糙的手进行分辨，也就对手相学的有效性进行了肯定；他看得出某个人写的字非常优雅，又很流畅，另一个人却显得过于笨拙，这时他就已经把笔迹学的首要原则派上用场了。没有人能否定所有这些观察和推论，可是自己用来判断的特定的界限在哪里，却没有人可以说出来。

因此，我们可以得到仅有的一个合适的观点就是来自我们之前觉得太过于冲动、没有经过证明的评论。可是同时，我们也要加倍小心：没有经过谨慎思考就得出的过于长远的结论往往是没有意义的，因为更敏锐、更细致的观察、更详尽的材料，以及更好的办法也许会把我们带得太远。

比如说，之前从来没有人想过，赫伯特·斯宾塞所说的有关讲话时的“音色”对心理状态表达的重要性的观察究竟能否成立，也从来没有人思考过，从这个单一的数据中得到什么关键性的论点，而这句话一被说出来，大规模得到证实、有前提的结果就涌现出来了。达尔文非常熟练地为自己所用了。[①] 他说，快速埋怨遭受到不公平对待或者只要经历过微小痛苦的人，讲话时通常会拔高音量，假如一个人低沉地哀怨，或者大声尖叫，则意味着他正承受着巨大的痛苦。我们的律师现在就可以得到与之类似的很多观察结论。从某个新来的人的语调中，但凡有点经验的人就可以发现他究竟想要的是什么。举例来说，如果被告刚好不明白自己被传唤的原因是什么，就会用疑问的语气，而不是用真正问问题的语气。挑三拣四的人、说其他人不是，

① C. 达尔文：《情绪的表达》。

可是自己对自己所说的话还有所怀疑的人，那种神秘的语气就会让他们无处遁身。成百个案例中的大量生理现象已经证实过，罪犯在对罪行表示否认时的声音也会让他们不得不承认。神经的刺激对吞咽反射倾向所造成的影响要远大于嘴的张合对其所造成的影响，此外，它还会让心脏活动发生紊乱，从而让心悸和血压发生波动，从右侧颈动脉明显的脉动（即脖子右侧中间位置，和耳下大概相距一掌宽的地方）就可以看出来。左侧颈动脉之所以没有出现这种现象，原因可能是主动脉和右侧颈动脉的联系更加直接。以上各种加到一起，就会出现一种若有所思的、轻微颤抖的、乏味的声音，这种声音时常会在不承认罪行的罪犯身上出现。这种声音专家都可以分辨出来。

可是，对犯罪学家来说，不同的音色事实上危险性更大。因为对音色进行过深入研究的人，对于这种听声辨真假的理论是极易接受的，即便他已经正确识别若干次了，一种在他看来是“极具代表性的、外露的”声音依然会让他受骗。可是我几乎无法相信音色的欺骗性，或者模仿能让别人信以为真。一般情况下，具有欺骗性的音色是有人故意这样做的，也可能瞒过一时，可是这需要说话者投入所有注意力，而这种状态通常不能坚持多久。假如说话者要投入所有的注意力，才能让自己的说话方式持续下去的话，他的声音就会不由自主地回到与其物理特性要求相符的语调上，当这种变化发生时，说话者就把自己出卖了。对此，我们大体上可以进行这样的总结：事实上，有效的模仿是有很大的难度的。

可是要提醒大家注意的一点是，来源于之前不正确的观察和错误的推理——替代方案和与之相似的错误极易误导人。因此可以肯定的一点是，从声音出发所下的判断也许意义很重大，可是我们还没有深入地研究过作为工具的声音，因此说定论还完全不够格。

这个问题还有一个层面，那就是声音和动作是背道而驰的。拉撒路说，观看击剑比赛的人会不由自主地模仿运动员的动作，不管手里拿的是什么东西，只要可以摇动，就会和运动员一起挥舞。对演习或者游行中的士兵的无意识的动作，施特里希也得出过一样的观察结论。① 这样类似的现象在我们平常的生活中还有很多，像跟着我们前边的人步伐走，投球手在球离开以后依然保持着身体的转动，以保持平衡而拿好球。当音乐响起时，或者车轮轧过鹅卵石时，身体会不由自主地跟着摆动，甚至同属一个阶层的人们倾心交

---

① S. 施特里希：《对动作概念的研究》，维也纳，1882年。

谈时，还会用某种动作来对自己说过的话加以强调。还有点头表示认可，摇头表示否认，耸肩表示无所谓。本来要说的话已经说得再清楚不过了，不需要身体的动作来加强语气，可身体依然会做出动作。

另一个层面是，表情和动作会反过来影响声音。假如我们持续做出某种表情或者让身体做出某种让人激动的姿势，那么毫无疑问，那种情绪一定对我们产生了影响。这是来自莫兹利的一个非常正确的论断，不管在什么时候，任何人都可以对它进行验证。我们可以把它当作“让自己沉浸其中”现象的有效验证方式。如果一个生气的男人的样子可以在你的脑海中浮现出来：眉头紧锁，拳头紧握，牙关紧咬，低吼，大口呼吸，再让自己对这个人进行模仿。在这种情况下，即便你觉得自己的心态很平和，在模仿了一会儿以后，你也很有可能变得很生气。模仿就可以让你自己被改变，因此通过同样的方式，你也可以让自己沉浸到能够被想象出来的任何情绪状态中，这些状态的外在表达都非常有力量。也许我们都发现了，罪犯竟然可以非常成功地把自己的热情展现出来，以致大家都对他们的真诚深信无疑。一样的道理，人们也会深信一个被冤枉的嫌疑人、一个明显没落的人、一个遭到亲信背叛的人的愤怒。像这样的有很多。在法庭上，每天都会上演这样的情绪戏码，而且表现方式非常精妙，甚至骗过了最有经验的法官，以致他们都觉得很难对这种事进行模仿，因为在他的意识里，伪装原本就有很大的难度了，更何况要一直装。可是在现实生活中，太成功的伪装根本都没有必要，而且毫无技巧性。谁如果要表现出生气的样子，就需要有动作与之相配合（不是艺术方面的），这样一来，前提条件就具备了，身体就会受到相应的刺激，做出正确的“伪装”，并做出接下来的动作，而这些又会对声音产生影响。所以，随便一个人就可以自导自演一番，根本不需要什么专业技能，而且会做得很对，又会让人心悦诚服。仅仅通过语言来表达的表演并不是最精彩的，而是语言和动作相互配合，在多数情况下都可以看出它们互相配合的力量，最终甚至会让人们自己都信以为真。那些“精神天平”有着特别高精准度的人，甚至会得臆想症。有人觉得写作和阅读的效果和动作、表情一样，会极大地影响一个人的声音和整体外观，因此从总体上来说，一个人不管是在说话、表演，还是在写作、思考，其实都是一样的。曾经写过特别粗鲁的信件的人应该对这一点非常了解。

人们很容易发现这种让人兴奋的动作，可是越早观察越好。假如证人已经被这种情绪所包围，而且非常兴奋于马上要开始的演说，他就可以非常自如地调节自己的动作，就不会发现其中的伪装和不真实的地方了。而一开始，他的动作还比较生涩，此时，确切的意志力的作用及特别明显的浮夸还可以看得出来。相比语言，动作会走得远一些，这个事实并不难发现。只要发现了，就需要对语言和动作之间的某种协调性加以了解，因为这种协调性是很多人都缺乏的，这种诚实已经成为一种习惯，就如同一些比较矫揉造作的人的手势会比较多。可是，假如一个人的语言和动作忽然配合得很默契，特别是在进行了一场激动人心的演讲以后，也许你就可以确定这样一个事实，对方正将技巧派上用场，发起总攻，或者将他希望别人看到的面貌呈现出来。这项工作不仅可以非常清晰地看到事实有多么重要，而且其本身的乐趣会极大地奖赏工作者的劳动。

颜色的改变也和这个现象有很大的关联，可是很可惜的是，这一点通常被夸大了。[①] 从这个层面来说，极少有人关注面无血色的人，因为它出现的可能性更小，也更加令人相信。在对模仿问题（特别是模仿癫痫）进行探讨时，经常有人说，面无血色怎么可能造假？可是这是不对的，因为通过一种特殊的心理学实验程序，就可以把面无血色的脸色造出来。这个实验的亲历者，胸腔会急剧收缩、声门闭合、吸气肌肉收缩。可是对于我们来说，这一点并没有太大的用处，因为需要极其形象和明显的动作才能完成这个把戏，也就没办法在法庭上人为地制造，因此对于想造假的人来说，这个方法毫无意义。还有一种可能，就是模仿癫痫发作，可是在这种情况下也是难以持续的，因为这时，这个人必定躺倒在地了。

面无血色缘于血管肌肉抽搐所产生的血管壁变窄，从而对血流造成阻碍所形成的，这是大家都知道的事实。可是这种抽搐只会发生在非常生气、害怕的时候，简单来说，在人非常激动时，假装面无血色是不可能做到的。面无血色的区分价值也不高，因为一个人面无血色也许是因为害怕罪行被揭露，也有可能是因为气愤于受到了不公正对待。

一样的道理，脸红也是源于小动脉血管壁短暂受损，[②] 使得血管的肌肉纤维忽然变松，使得血管内血流量突然增加。某些人是可以对脸红进行控制的，像完全打开胸腔，声门闭合，呼气肌肉收缩。可是对于我们来说，这一点也没有太大的意义。因为对脸红进行模拟，无非就是凸显女性的尊贵、谦

---

① 《红色的执着：瑞士罗曼蒂心理档案》。

② 亨勒：《论脸红》，布雷斯劳，1882 年。

卑而已。可即便是因为这个原因，脸红的意义也不大，因为要特别用力才能做到这一点，别人很容易就看出来了。哪怕通过外在的帮助可以制造脸红，像将某种化学物质吸进去，可是在法庭上，依然没有人愿意这样做。

更何况，脸红也不能对有没有罪进行证明。有很多人脸红其实和愧疚毫无关联。事实上，自我观察才是这个问题的关键之处，对于自己为什么脸红，假如可以回想起来，其实都不在乎脸红。我自己就是那种会毫无征兆脸红的人，孩提时期是这样，毕业之后很久都是这样。只要有让人觉得无地自容的事情，像盗窃、抢劫、谋杀一类的事情传到我的耳边，我的脸就会非常红，以致让人觉得我就是罪犯之一。我家乡有一位老处女，我小时候就认识她了，因为爱恋我的祖父，她一直没有嫁人。对于我来说，她极富诗意，只要有人说她长得非常丑，我就会力挺她，说她长得其实也还可以。大家都说我的审美品位太差了，自那以后，只要有人提到她或者她所在的街道，甚至只是她穿的皮草（之前她总是穿奢华的皮草），我的脸都会红。从她的初恋，大致可以算出来她的年龄。一想到这件事，我就会非常难过，很多人有过和我一样的经历。所以，认为脸红具有犯罪学意义其实是毫无道理的。可是在极少数情况下，脸红也许具有重要的意义。

即便我们完全不了解导致神经纤维受到影响的内在过程，这个问题仍然非常有意思。世界各地都会出现脸红现象，从野蛮时代到现在，其发生的场景和过程都是一样。[①] 而且这和一个人有没有受过教育毫无关系。之前，我一直觉得脸红只会发生在受过教育的人中，极少出现在农民身上。可是现在看来，这个观点是不对的。劳动人民，特别是长时间在户外活动的人，有较多的色素沉着，所以肤色比较深，因此脸红不易被发现，可是其发生的场景和概率是相同的。一样的道理，有人说吉卜赛人是不会脸红的——当然，缺乏羞耻心和荣誉感的人脸红的可能性不大，可是只要接触过吉卜赛的人都说他们也会脸红。

达尔文也说过脸红和年龄的关系，年龄小的孩子不知道脸红是什么意思。相比老年人，年轻人更容易脸红；相比男性，女性更容易脸红。蠢笨之人脸红的概率很小，盲人和先天性的白化病病人更易脸红。就如同达尔文所说，脸红的生理过程特别奇特。与脸红相伴的往往是非常快的眼睑收缩，如同是要阻止血液涌到眼睛里一样。大部分情况下，眼睛之后只会下垂，即便

① Th. 魏茨：《原始民族人类学》（第一部分），莱比锡，1859 年。

只是很生气。最后脸红会更加严重，脸上通常会出现不规则的小点，之后整个面孔都是如此。你必须在证人一开始脸红时，也就是眼睛准备动时开始行动，这样你才能阻止证人脸红，而你所要做的就是不把目光投到他身上，继续说你的。这个技巧的意义是，对于脸红，很多人都会觉得疑惑，当他们脸红时，他们通常不知道怎么办才好。就是因为疑惑，所以才会脸红，并没有其他原因。这一点得到了所有容易脸红、比较熟悉这个的人的肯定。在脸红的时候，我从来不敢做任何决定。弗里德赖希也提醒大家，第一次走上法庭的人比已经习惯了法庭的人更易脸红，因此疑惑就是因为这种不习惯造成的。

梅内特曾经说过："脸红总是由一种有着深远影响的联想来决定，同时兴奋起来的神经元素在这个过程中达到饱和状态，对大脑的有序活动造成了束缚，再加上同时进行的大脑活动的简单性也对联想功能的范围进行了决定。"[①] 在思考这个问题时，就会慢慢显现出这个定义合不合理的疑问。试想一下，当用来控告自己的证据首次出现在某个被告面前，法官一件件罗列出精心准备的用来对他的罪行进行证明的材料。现在想象一下，这会在多大程度上扰乱思维，即便被告的确是被冤枉的。对于他来说，这件事太不熟悉了，他也许会想，他知道什么（像事情是在哪里发生的、其中关系到的利益关系、物品的所有权等），那他就应该明白，还有可能脱罪——不在场证明、所有权等。这些念头都会涌到他的脑海里。之后，只要当怀疑他的具体原因出现在他的脑海里时，他就不得不——从某种程度上来说——对其中的利害关系加以感受，之后逐一解释这些原因。我们的思维逻辑有几十种，它们一起启动，而且相互贯穿。假如某时，一条极其危险的证据出现了，被告对这种危险有所察觉，进而开始脸红，审判员就想："我终于逮到他，他脸红了！现在要马上行动，加快审判的进度，之后记录这些不太准确的答案。"可是之后假如被告并不承认自己犯了罪，说自己之所以那么说，是因为被审判员所迷惑，这时还有人会相信他吗？

"你脸红了，因此你就是没有说实话，是你做的。"这种想法在很多例子中都出现过，从警告小孩子到让嫌疑人招供都有它的身影。

最后，大家要记得，有些脸红的现象和心理状态是没有关联的。路德维

---

① 梅内特：《精神病学》，维也纳，1884 年。

希·迈尔用“伪造的脸红”①（更得体的说法是“机械动作制造的脸红”）来称呼它，指出，因为极其细微的摩擦，非常敏感的女性也许都会脸红，像脸在枕头上枕着、被手抚摸过等。这种脸红和普通的脸红想要区分开来太难了。假如这种敏感的女性成为被告，而大家都对她的敏感一无所知，假如她如果只是用手摸了下脸就脸红了，也许就会被人当作“证据”。

第12节　性格

在某次心情大悦时，弗里德里希·格斯特克说，要对一个人的性格进行判断，观察他戴帽子的情形是最好的办法。假如他戴得很端正，就说明他很真诚、呆板；假如他戴得有点歪，那就说明他很优秀，也很风趣、俏皮；假如他戴得特别歪，那就说明他很轻浮、蛮横。如果戴在后脑勺上，则意味着主人很粗心、平易近人、高傲、好色和奢靡，帽子越是往后戴，越说明这个人很危险；把帽子紧扣在太阳穴上的人总是牢骚满腹、性情阴郁，给人不太明朗的感觉。我是在很多年前读到这位四处游历、经验丰富的作者的观点的，在观察人方面，他是如此精妙，让我佩服至极。可是，除了戴帽子的方式以外，还有很多可以对人的个性进行说明的东西。我们需要对很多与之相似的特点有所了解。通过别人穿鞋的方法，我们就可以看出他的个性，其他人则对用伞的方法进行观察，从而得出结论。小心谨慎的母亲会告诉儿子，通过观察未来媳妇是如何对待倒在地上的扫帚的，或者她是如何吃芝士的——奢侈贪婪的人会切下一大块，合格的媳妇则只会切下很小的一块，从而得出结论。很多人在对一个家庭、酒店的客人和城市的居民进行评判时，会以人的整洁干净程度为标准，这也是有道理的。

虔诚的克里斯多夫·冯·施密德曾经跟拉撒路说过这样一件事。一个聪明的男孩子躺在树下，以每个经过的人所说的话为依据，来对这个人的职业进行判断。“这木材真是太好了!”“早上好，木匠。”“这树皮真是太奢华了。”“早上好，硝皮匠。”“这树枝真是太美了。”“早上好，画家。”这个耐人寻味的故事告诉我们，事实上，只要稍微上点心，就极易将也许会被隐藏的细节挖掘出来。这个故事非常精妙地告诉我们，在自我主义的驱使下，每个人是怎么率先——而且在大部分情况下只是——关注到自我感觉最重要的

---

① 路德维希·迈尔：《论故意脸红》，威斯特伐利亚文献，第4卷。

事情！与此同时，人们总是快速给他人这样的机会，只要匆匆扫一眼就可以把他们的灵魂看穿，因此，我们只需要把眼睛睁开——观察和了解真是简单得不能再简单了！在平常生活中，我们几乎每天都会遇到非常有趣的事情，就像我从书房的窗户看过去，我就可以看到一座大大的花园，有所房子在里面，当木匠晚上离开时，他会在进门的地方放两块木板，再把一块木板交叉着放在上面。之后每晚都会进来一帮年轻人，这里就成了他们的游乐场。他们从这个路障穿过去的方式就给我提供了观察他们的机会。如果一个人身姿轻盈地跳过去——在生活中，他也应该会快速而轻易地取得成就；另一个人走得很小心，很慢地从木板爬上去，然后非常谨慎地从另一边木板爬下去——谨慎、认真；第三个一会儿上一会儿下——毫无目标、随机但遵守规则；第四个神采奕奕地跑过来，之后冲动地爬下去——让人心情不爽的男孩，可是依然能推进目标。之后，第五个人来了，因为跳得太低，所以碰到木板上滚下来了，可是他站起来揉了揉被碰到的地方，走回来再次冲过去，这一次他顺利地跳过去了——他也可以非常完美地达成自己的人生目标，因为他勇敢、坚持，他不会萎靡不振。最后，来了第六个人，他直接冲了过去，一脚踢到了那些木板和木块，木屑掉落下来，他得意扬扬地跑了过去，后面的人就把这个空当利用上了——在人生旅程中，他总是可以另辟蹊径，这个人群往往会诞生伟人。

当然，这些都只是游戏而已，没人真的以这些观察为依据，得出和我们严肃工作相关的结论。可是假如工作做到位了，集中了大量样本，而不是只是几个样本，还可以从合适的案例中得出合适的推论，那么，这种方式依然有一定的价值。一定要在生活中进行这种研究，这样进行起来会比较容易，假如观察得足够仔细，理解得足够准确，特别是还提出了合适的观点，那么得到结论就比较容易，而且所留下的印象也比较深刻，到了合适的时机，也可以自然地加以运用。可是在使用时，只能被当作索引，只能说明“今天的案情也许也一样”。其所蕴含的含义是多样化的，取证的观点是成立的，而证据或一点点的证明本身是不成立的，只是取证的方式有可能出错。可是只要能沿着这条路缓缓前行，即便出错了也可以很快意识到，那么我们的记忆又会告诉我们，也许另一个办法是对的。

得到和人类这个物种有关的知识是最重要的，而这种知识恰恰又是犯罪学家最需要的。我们大多数人觉得面前的人只是“A，某某案件的嫌疑人”。可是他却不仅仅只有这个身份，特别是在他还不具有“A，某某案件的嫌疑人”这个身份时，他之前的经历要复杂得多。因此让人感到遗憾的是，没有和被判有罪的人探讨其之前的经历是法官犯下的最为严重，也是最为司空见惯的错误。每种行为彰显的都是个性，难道他不知道吗？行为和个性紧密相连，个性是彰显行为的，难道从行为本身不能将其推导出来吗？“罪行来源于罪犯以生理为前提的心灵和其环境外在条件合为一体。”（李斯特）只有在该人特定的性格和这种行为本身有关系时，每个特定的行为才有意义可言——某种个性会将特定的行为激发出来，另一种个性则会让其他人觉得这个行为特别匪夷所思或者没办法让他人深有同感。可是谁敢说自己在对一个人的世界观完全不了解的前提下，就可以对他的个性有充分的了解呢？谁又会和罪犯对他们的世界观进行探讨呢？“想要对人加以了解，”希佩尔说道，“就必须看他们的愿望是什么。”[①] 而施·特鲁韦也是这样说的：“人的信念彰显出他的目的。”[②] 可是我们中会有谁去问罪犯有什么愿望，有什么信念呢？

假如我们想当然地觉得自己说的就是对的，觉得只要和罪犯随便聊几句，就可以让案件大体上正确地向前推进，出问题的就不仅仅是这种行为本身了，还有对罪犯内心世界重要情况加以了解所付出的努力。因此，要想给对方下一个更精准的判断，最好以一般原理及其特定关系为依据。

遇到重要的证人，特别是当案件审判中的诸多因素都由他的判断、经历、感觉和想法来决定，而没有任何其他方式可以作为替代方案时，我们也要将上述办法派上用场。当然，这类分析也许会白费劲，可是站在另一个角度，它有可能会取得非常简明的效果，因此我们不需要怀疑，这也是自然的。叔本华的公式“从自己的一言一行中，我们才能发现自己”又会被谁舍弃呢？从对方的言行举止，甚至只是通过和对方聊一聊最近都做了些什么，就可以对一个人的关键信息加以了解。可是直到现在为止，这种办法只被我们用在重大案件，像谋杀或重大的政治犯罪中，而且使用的深度并不够，也没有关注太多的核心行为。可是事实上，越是微小的举动，越具有重大的意义。如果我们让对方任意谈论一个他比较了解的人，他就会对其行为给出自己的评价，要么夸赞对方，要么批评对方，他自以为他只是在对别人进行评价，其实他说的就是自己，因为不管他如何评论别人，事实上都是为了证明

---

① G. 冯·希佩尔：《上升的人生经历》，奥丁根编辑，莱比锡，1880 年。

② G. 施·特鲁韦：《精神生活或人类的发展史》，柏林，1869 年。

自己、抬高自己，在他口中，对方所做的好事其实也发生在他自己身上，对方所做的坏事其实他自己也不做，或者最起码他希望别人深信自己是个只会做好事的人。如果在提到某些朋友时，他表现得特别不悦，就意味着他将他们之前的相同之处都舍弃了。之后他一定会对他们恶语相向，斥责他们，就是因为他们的本质太丑恶了，所以才会发生这一切，可是只要你仔细观察，你就会发现，事实上他之所以表露出厌恶之心，是因为从相同的丑恶中，他并没有占到什么便宜。而且，他完全不能抑制住自己的希望和需求。对这一点有所了解以后，就很容易掌握他的动机，以及他对于犯罪是什么样的态度了。“我们毫无阻碍地释放自己的力量。”① 可是如果需求只是停留在表现，我们是不会真正兴奋起来的，我们只会兴奋于真实的需求。受到胁迫的我们会表现出惊人的想要达到目的的力量。我们在诸多犯罪案件中都见证到了这种惊人的力量，并为之惊叹不已。假如我们对犯罪行为背后真正的需求有所了解，对于这种惊人的力量，我们就会见怪不怪了。因为罪犯的需求我们已经了解了，那么罪行和罪犯之间的关系我们也就了解了。在这种需求中，一定存在某种乐趣，不管是谁，对于某种形式的乐趣，都会有显而易见的需求，直到他疲惫不堪。因为人的天性，我们对某种解脱和乐趣一定是有需求的，不可能和机器一样始终精神饱满。

当然，“乐趣”这个词是广义上的概念，因为某人也许只是在壁炉边或树荫旁静坐就可以找到乐趣，而另一个人的乐趣却源于工作上的突破。在我看来，假如知道了一个人的乐趣在什么地方，就可以对这个人有所了解，了解他的乐趣是了解一个人的意愿、力量、奋斗、知识、感觉和感知的最好渠道。更何况，有人的确是在乐趣的驱使下才来到法庭的，不管他是否愿意谈论他自己的乐趣，都对这个人的个性进行了说明。除了《圣经》以外，世界上最为风靡的书就是著名作家托马斯·肯皮斯的《效仿耶稣》，他说过：“弱小的力量无法创造出我们看见的人类和海洋。”② 对于犯罪学说来说，这句话真是太宝贵了。每个人都会被机遇所青睐，也都有可能经历一番，而人遇到的最大挑战则是漫无边际的时间，因此《圣经》用“诱惑者”来称呼魔鬼真是太英明了。一个人的行为和其发现的机遇之间的关系可以将他的个性淋漓尽致地表现出来。可是直接观察人在遇到这种机遇时会有什么样的表

① 原文为拉丁文。——译者注
② 原文为拉丁文。——译者注

现的机会却很少，而且这种事最后只会有这样一个结果，那就是人不再对此感兴趣。可是到了这个时候，我们就要去了解人的乐趣点在哪儿，了解他们在面对自己的机遇时会有什么样的表现，而不是去学习。

你还可以通过另外一些方法对一个人进行大体上的判断。尽量对你自己进行剖析是最重要的，因为自我认知越精准，越会不相信他人，而只有怀疑他人的人，犯错的概率才会下降。哪怕是在这样一些案例中，即存在一些合理的不相信的理由、心怀善意地给他人提出前提条件，却总是遭到诟病的案例中，事实上，也极易让一个人从怀疑对方到可以接受对方好的一面。不管怎么样，只要感受到一些美好的事情，人都会被说服，而且会更加高兴。可是反过来则不一样了，因为极易相信他人的人总会把事件往好的方面想，即便他已经被骗了无数次，可是现在依然会被骗。最好还是不要去探究自我认知会导致对他人心存怀疑的原因，因为这就是实实在在存在的事实。

自己承诺自己的方式会界定每个人。我并不是说对于承诺，我们到底应该遵守，还是不遵守，因为诚信的人必定会兑现诺言，而无耻的人则不会，这一点是深入人心的。我所说的是如何兑现承诺，以及会兑现承诺到什么样的程度。拉罗什富科曾经说了这样一句耐人寻味的话：“因为希望，我们做出承诺；因为害怕，我们落实到行动中。”① 在某些特定的案例中，特别是在共谋案中，对承诺、希望、行动和害怕进行一下对比，就可以得出极其重要的结论。

假如是可以实现的话——事实上在大部分案件中都可以实现，我们应该对一个人的风格加以了解——他灵魂的脉络。至于其中包含哪些要素，我没办法一一罗列出来。只能对风格进行仔细研究，之后以其和某些我们想象出的品质结合在一起的能力为依据，从而进行证明。教育是人所共知的，在风格中必定可以展现出教养和学识，可是也不难发现，一个人的个性如何，以及其他品质，都可以通过风格淋漓尽致地体现出来。通常意义下，在对风格进行研究时，可以先对一个人的某些个性特点提出一个假设，之后在读到他的手稿时向自己发问，这种特征和手稿中的是否相符，和这个人在创作文章的偏向性和关系是否相符。如果只读一次，收获当然不会太多，可是假如持续读下去，而且每次都站在新的角度，像见到他一次就读一次，或者一旦出现新观点就读一次，那就一定会得出一个确定的、有意义的结果。那时，我

① 拉罗什富科：《道德箴言录》。

们就会从手稿中发现和迫切需要证实的某件事相关的突然印象、迫切需要确定的案件性质等内容，那时就不需要再花时间去工作了。通过反复阅读，可以让上述问题变得明朗，人们很快就可以知道，这些问题是在手稿的哪些地方或者方向发现的，那些出处都集中在一个地方，其他的则是通过暗示揭示出来的，不久更进一步的结论就会出现了，而它自身当然不能算作证据，可是如果和其他现象相关联，所具有的意义就非常大了。

事实上，某些微小的、看上去无足轻重的品质和习惯也极为关键。这一点已经被很多人提及过，可是却有太多有关人某种风格的重要性的例子："这个人一向都很守时。""这个人记忆力很好。""这个人每天都带着一支铅笔或小刀。""这个人整天喷香水。""这个人穿的衣服很干净。"稍加训练以后，就可以通过这些品质把这个人的内心世界推导出来。在进行这种观察时，通常可以着手于那些思想更简单的人，像农民。多年前，我曾经处理过这样一个失踪案件。当时失踪者被怀疑已经被杀了，可是大量调查过后却始终没有结果，直到最后一个年纪比较大却很聪明的农民成为我的询问对象。他和失踪者的关系一直不错。他把他朋友的性情仔细地描述给我听，这样我才能对他的品质和习惯进行更深入的了解，通过观察他行为的倾向，对他也许会去的地方进行推断。农民觉得他已经知无不言了，之后说他一直没有一件比较好的工具。这一点真是太神奇了，相当于让死者重新活过来，让我和他面对面一样。他是一个吝啬的伐木工，之前总是把高山里的小块林地买过来以砍树，之后再把砍下来的树木带到山谷里或者烧成炭。而他一直没有一样比较好的工具，给他帮忙干活的人就更别指望了，通过这一点，我了解到他的思想很狭隘，很小气、谨慎、善良也有限，因为这些品质，给他帮忙干活的人会因为工具的不顺手而指责他，从来不买工具这一点已经对此进行了证明。因此我想，虽然这个年长、经验丰富的农民只说了短短的几句话，可是他却已经证明了一切，他已经把他知道的都说了。我们一定要非常谨慎地对待这种虽然话不多可是却能正中主旨的人，尽力对他们没有说出来的意思加以理解。

可是对于自己通过观察所得来的意见，法官也要在一定程度上保留。无论是谁，只要留意那些和自己产生交集的人，就不难发现他们都有某些相似，可是却不重要的品质。在这些熟人中，我们极易对他们的个性进行归类，用某种品质来概括，当这一系列观察结果出来以后，就很容易进行归纳、从中抽象出特定规则了。因此如果有必要，假如某项工作很重要，而一个人又可以把恰当的规律轻松地派上用场，那么就不得不说这个人平时很努力。

要知道一个人是如何看待自己的，就看他把自己归为哪一类人了，看他怎么使用“我”这个词就是最基本的，而且最常用的具有代表性的办法。哈尔腾施泰因已经提醒过大家，要对这一点加以关注，因为这点很重要，[①] 福尔克马尔说：“‘我们’的使用范围很广，从偶然一起有一种感觉或想法，到最完整的家庭圈子，‘我们’突破了‘我’，甚至包括了最有力的敌对者；恨就像爱一样，对它的‘我们’进行了定义。”“我们”这个词之所以很有趣，就在于在“我们”这个大小程度不一的群体的对面，就是整个世界。我说“我们”时也许代表的只是我和我妻子，也许代表的是我的小家和大家中的人，我所在的整个街道的人、社区的人，或者我所在的整个城市的人。我说我们评审员，我们奥地利中部的人，我们奥地利人，我们德国人，我们欧洲人，我们地球人。我说我们律师，我们金发族，我们基督教徒，我们哺乳动物，我们每月合作者，我们老年人俱乐部的人，我们已经结婚的人，我们庭审中的对手。可是，“我们”也会被我用在和某些偶然因素相关联的时候，比如乘坐同一列火车，相逢在同一座山的山顶，住同一家酒店，听同一场音乐会等等。总的来说，“我们”所定义的关系几乎包括所有，从最狭窄、最重要、最根本的直到最个人、最偶然的关系。于是也就很好理解，用“我们”也可以关联具有某种邪恶的相同点的人，他们使用这个词的频率也很高，在某些原本不想说话的场合，在习惯的驱使下，他们也会说出这个词。因此，假如你留心的话，某个不承认自己犯罪的人也许会不知不觉地说出“我们”这个词，这样一来，我们就可以了解到，事实上，他很不愿意和自己瞧不上的人混在一起，比如“我们”小偷，“我们”赌徒，“我们”精神不正常的人等。

对此，我们可以这样理解：人这种社会动物是需要同行者的，不管在哪个方面都是这样，这样他才会觉得更加安全，在“我”这个词中，他安放的是软弱和受到危险的感觉，而在“我们”这个词中，他安放的则是勇猛和勇敢，于是，这个词就有了很多种用法。我不是说，用这个词可以对罪行加以捕捉，可是它可以更清晰化我们的工作，就如同任何一种用来对诚实进行测试的工具一样，它是在引导我们找到我们的对象所在的位置。

---

① 《伦理学基本原理》，莱比锡，1844 年。

第 13 节　特殊性格迹象

在很多案件中，人们会给出这样一个假设，只需要对对方的某个于现在而言极其重要的点加以了解，像撒谎、懒惰等，就足够了，这是不对的。这不仅仅会引发偏见，而且相比对这个人的全部、视其为一个整体进行研究，它的难度要大得多。每个独立的品质都只是表现出全部特质的某个症状，要想对它进行解释，必须通过某个复杂的体系。事实上，优点和缺点是共生的。最起码从好的或者坏的品质的特点和数量上，其他好的或坏的品质的影响就可以被窥见了。软弱会影响善良，而且可以说一部分善良都是从软弱而来，迟疑不定、过度敏感、麻木、负能量、推理能力为零等也一样，最糟糕的缺点都取决于一些原本是好的品质：果断、精神饱满、有目的性的行为、知道谁是同行者、健康的自我人格等。每个人都不仅会受到天性的影响，也会受到教养的影响，也就是说，若干个单个条件才造就了每个人，而他是如何表达每句话的，也都来源于这些条件。因此，如果要对这个人进行评判，就要考虑所有条件。

所以，对于我们来说，所有这些都对人作为整体进行说明是很重要的，当然，只把某个侧面表现出来的品质也有很大的意义，可是后者只能作为索引，我们依然需要对对方的本质进行进一步研究。这种单个的品质很多，没人能一一理清它们，可是和这个相关的例子依然能对一些问题进行说明。

比如说，我们会问哪些人可以把有关一个人的行为举止、本质性格的最好、最可靠的信息告诉我们。有人会说：那些被我们询问的人，比如他最好的朋友或者上司。可是当和这些人面对面时，事实上没有人可以完完全全地把自己最真实的一面表现出来，因为在别人面前即便是最诚实的人，也会尽力把自己好的一面表现出来，甚至表现得比真实的自我还要好。人性中所有以自我为主的品质的基础就是这个，我们都会尽可能不让现在拥有的福祉减少。而如果上级要评价一个人，他只能非常谨慎地说这个人有没有受过处罚，或这人有没有做和法律相关或者和上级有关的事情。可政府却完全不了解他的社会性格，他们必须借助侦探的帮助进行调查，从而得到结果。事实上，侦探最多去询问一下看守或者审讯过这些人的人。这个人也许是仆人、家具商、搬运工、街角流浪汉等，我们自己为什么不能亲自去审讯这些人呢？可是假如真的自己出面的话，我们可能就会对这些也许会提供重要情报给我们的人加以了解，之后我们就可以以我们所需要的答案为依据，对问题进行设计。现如今，我们所看到的官方声明时常是让人讨厌的碎碎念，这件事真是太负面了。可是从其本身来说，向仆人或者与其处于同一阶层的人去打探某人的信息的方式其实是没错的。可是我们还要知道，这样做并不是因为极易得到闲话，而是因为在根本不重要的人面前，人最容易把自己的缺点暴露出来。这个问题是人尽皆知的、非常重要的，可是还需要进一步研究。我们可以好好想一下：当一个人在动物面前做了丑恶的事，或者犯了罪，没有人会因此感到惭愧，可是假如他是当着一个傻瓜的面，他的愧疚感就会增加一点点，现在假设这个证人的智力水平和重要性都在平稳增加，那么它的愧疚感就会越来越强。因此，在对我们最重要的人面前，我们的自制力是最强的。有史以来最出色的学生——彼得·罗泽格，有一次讲了一个很好的故事，说的是某些人“最隐秘的秘密”是怎样通过跟他保证一定会保守秘密的人的口而变得人尽皆知的。最后人们发现，是一个驼背的、平常很少说话的老夫人把话传出去的。白天，她在不同的人家里做工，在偏隅的客厅一角安静地工作，表现出漠视一切的样子。没人跟她说过什么话，可是在她面前，人们也毫不顾忌，因此她可能就是推断了一下，然后串联起了所有信息。这个无关紧要的老女人根本没有被人看见，她就像机器一样工作。对所有人来说，她在想什么，她发现的那些有人争辩或者感到失望、焦虑、喜悦的事情都无关紧要，就这样，很多对重要人物要保密的事情都被她发现了。这个简单的故事极其重要，它让我们知道，对于闲谈，我们不需要关注，可是那些在别人看来不关心信息的人，一定要引起我们的重视，相比重要人物所提供的消息，他们可以提供的消息更加重要，也更加值得信赖。你只需要假装这件事发生在你自己身上，你就可以理解了。我们有多了解自己的仆人？因为我们要叫他们，所以我们知道他们的教名是什么；因为我们可以听出他们的口音，所以我们知道他们从哪里来；我们可以看出他们的年纪；因为我们会和他们接触，所以可以知道一些他们的特点。可是对于他们的家庭关系、过去、计划、喜悦和悲伤，我们知道吗？女主人可能会了解更多一点的情况，因为日常会和他们有更密切的接触，而先生只有在特殊情况下才会对其他人的事情表示关心。事实上，女主人知道的也很少，日常生活中也没有过多接触。可是反过来，仆人们却知道我们的夫妻关系、亲子关系、经济状况、亲戚关系、朋友往来、个人偏好的乐趣、快乐、困窘、希望，从最隐秘的身体疼痛到最简单的卫生间的秘密。在他们面前，我们还有什么秘密可言？他们当中最边缘的人都能知道，哪怕不知道也不是因为我们隐瞒得很好，而是因为他们太傻了。由此可见，在这种情况下，我们根本没有什么秘密可言，因此也不用费心去隐瞒了。

此外，还有个原因可以解释，为什么我们会让下属或不重要的人看到我们的缺陷，那是因为我们非常痛恨那些了解我们不足之处的人。这一部分是因为惭愧，一部分是很苦恼，一部分完全是因为自我主义，可实际上却是，如果有人从我们的弱点窥见我们的堕落，我们马上就会朝这个人发火。这种情况太常见了，因此被告越是希望证人离开，证人的证词就更加可信。无足轻重的人不会被看作是真的证人，人们觉得他们不会有什么感受，可是直到最后才发现，他们看到的最起码和任何其他人看到的一样多，可是那时已经太晚了。请把塔西佗的警句“陶器工匠痛恨陶器工匠。”[①] 牢牢记在心里吧，这样就不会酿成大错了。一个搬运工最起码会因为工作方面的害怕，而对另一个搬运工痛恨不已，就是因为同行对相互的弱点都太了解了，知道对方会如何将自己的无知隐藏起来，知道每个人的行为有多大的欺骗性，而且大家愿意付出多大的代价来让自己的工作做得更好。可是假如你知道邻居和你一样聪明，那么在任何一场纷争中，他都会变成最让你头疼的证人，如果你在想到他时，时常是通过这种方式，那他就非常遭人恨了。因此，假如有人像陶器工匠似的把某条证据提出来，那你一定要非常小心。团队精神和嫉妒可以把真相最大限度地发掘出来，不管是通过哪种方式，最后真相被扭曲的程度就会越来越高，原因是，所谓的团队精神事实上只是普遍的自私而已。康德在提到自我主义时，会首先推出人的“我”，让所有人都关注他，[②] 可是他没有对这个观点进行充分的阐述。因为一个人如果只是追求别人的关注，那他就只是自大而已，可是自我主义追求的则是自己单独的利益，即便把别人牺牲掉他也不在意，因此他在把团队精神表现出来的时候，他之所以要追求团队利益，也是因为自己可以从中得到好处。从这个意义上来说，人真的对和自己同行的人非常了解，可是因为嫉妒，他们不会讲太多。至于他们在哪个方面讳莫如深，就要看案件有什么特点以及他自己是什么样的个性了。

在多数情况下，我们都要小心判断有没有说太多客观的东西，而较少说主观的东西。意思就是，从业者也许会对所有普遍性的问题进行夸大，可是

---

① 原文为拉丁文。——译者注

② 《人类学或哲学人类学》，莱比锡，1831 年，Ch. 施塔克。

出于对特定的同行的嫉妒，他会有所戒备。也许很难得出绝对的界限，即便在主观上也很难做到。如果A有些和自己同行B有关的话要说，如果B的成就是大家所公认的，如果A和B在同一个领域工作，那么，对于B的工作，他就会比较看重，要不然在他自己的工作中，他也有可能会被人瞧不起。客观地说，反过来也是一样的：A对整个行业的效率水平进行夸大，事实上并不能让他有多么得意，因为我们知道他的竞争者也会被高估。我不想给出和某个具体行业相关的例子，可是每个人都遇到过很多“陶器工匠”，不管是最低贱的，还是最高档的行业都是这样，只要想想他们是如何评论同行的，你们就可以知道我说的话是没错的。并不是说在每个案件中，这一点都是相同的，可是大体上却是一样的。

此外还要留意另外一点，很多在自己本行业干得如鱼得水的人，会希望别人在其他哪怕一直不相干的领域也夸赞自己。史料记载，某位摄政王的笛子吹奏水平其实很一般，可是当有人夸奖自己笛子的吹奏技巧时，他也会喜不自禁；当有人夸赞某位诗人即便很糟糕的画作时，他也会很高兴；某位元帅非常不希望别人提到他在战争中所取得的胜利，可是他却希望有人可以称赞自己其实很一般的朗诵水平。放在普通人身上，道理也是一样的。某一行的人非常天真地希望在另一个行当可以博得人们的广泛赞誉。市侩之人往往满足于别人的称赞。事实上，这一点之所以这么重要，原因就是，人在企图把自己的能力和知识展现出来时，所得到的结论也许是不对的，而在提到过去的事情时，即便是最真诚的人也许也会撒谎。

比如，某个在班上特别诚实的学生，后来隐讳地表现出自己是最粗鲁的运动员；一个不懂事的艺术家冲动地把妈妈的血汗钱都挥霍一空，想让别人觉得自己是富二代；曾经在女生里最不引人注意的老夫人，总是对她的罗曼史津津乐道。当人们特别看重某类事情时，我们一定要认真对待。

这些尽力表现得远远超出实际情况的人中，有人会声称没有什么是不可能的，结果让很多法官深陷极其棘手的错误中。特别是被告企图编造和自己伟大成就相关的故事，以洗刷自己的罪名，而证人在被问到这是不是真的时，也许会有证人觉得，假如自己说的那些伟大成就是虚无的，就意味着对自己和自己的观点进行了践踏。事实上，要想发现这个，一点都不难。在创始人或发明家或其他这类人中，他们是最糟糕的一群。这种人实在是太多了：有人在研究如何偿还国债，或怎样把社会问题解决掉，或者应该怎样对撒哈拉沙漠进行灌溉，或者想发明一艘飞船、一台永动机、一种万能药，或者无比同情人类，要去对万事万物的福祉加以考虑。规则就是，他们并不会当着众人的面让自己的计划落到实处，因此行事非常小心谨慎，可是他们的习性又让他们不由自主地表露出来，进而把他们最精妙的伪装都拆穿了。假如你怀疑某人就是这类人，而且案件非常重要，在谈话中，他可能就会提到某项工程或发明。接下来，他会说一开始他的同行是怎么处理的，我们将之称之为“嫌疑热身”。这时候，你就了解这个人了。他们属于一大群人中的一员，不是说这群人都有问题，而是只要超过了对特别值得信赖和不可靠进行分割的界限，这些人即便很想把真相说出来，也会因为自己头脑模糊而将它扭曲了。

我们不会混淆这种人和那些真的有权势、可是为了证明自己而夸耀的人。无论是善良的人还是丑恶的人中，的确不乏很多能干，而且非常了解自己的人，他们既可能是被告也可能是证人。前者将这种迹象表现出来的方式，是将比实际更多的罪行都提供出来，或者用一种特别清晰的方式把自己的故事讲出来，把自己的能力和狂妄都展现出来。因此也许有人会一力扛下自己和其他三个人所犯的罪，或者把一个简单的盗窃罪说成暴力犯罪，又或者在对自己或对手的罪行进行描述时，远远超过实际情况，证人也会这样做。比如，把自己防卫的能力或者找到失物的能力，或者对犯罪的甄别能力，说得要远远高于实际，甚至会用长篇大论的话来对情况进行描述，以显示出自己的能力是多么强。这样一来，即便是最简单的真相也会被扭曲。假如嫌疑人是这种人，案件就会变得特别难办。他们不仅会做很多多余的事情，而且只要受到不公平对待，他们就会变得非常难以控制，或者最会保守秘密。100 多年前，本·达维德就针对这类人说过这样一句话，现在看来依然很有道理：“因为迫害，明智的人会变得愚笨，进而变得残暴。”[①] 在经历了挫折之后，时常有本质较好的人也会变成这样。最常见的是嫌疑人，特别是被逮捕的那些，随着时间的流逝，他们会发生完全的变化，变得暴躁易怒，会挑衅最有善意的行为，甚至敢于一直沉默下去。我们一定要非常小心这种情况，因为我们面对的是，一旦遭到不公平待遇就会采取最严厉措施的角色。无论他们是不是清白的，无论他们受到的关注是不是特别多，也无论是因为什么原因他们才这样做，我们都必须回过头，换一种方式去处理，一定要牢牢记住：即便有切实的证据对他们的罪行加以证明，他们也有可能是

---

① 《简述对犹太人的形象刻画》，1793 年。

被冤枉的。

要想把这类人鉴别出来，可以着眼于生活方式、外貌特点和表达方式。只要知道他们在法庭上会怎么做就可以了。至于要对每个人的个性特点加以了解，就需要对他们的生活方式和处事方式进行仔细观察。福尔克马尔有一句再简单不过的话，“只是因为我们曾经拥有过某样东西，所以我们非常想得到它们”。从这个角度去考虑，犯罪学家就会发现很多之前也许被遗漏的问题。很多盗窃、抢劫、谋杀或嫉妒所引发的罪行，以及很多性侵犯罪行被发现，原因都是有人知道罪犯曾经拥有过，所以他们才会犯罪，而失去以后，他们便会不计一切代价把它夺回来。在失去和想要夺回来之间，竟然可以相隔那么久，这是最让人惊讶的，看起来在漫漫的时间长河中，似乎每次产生了这样想法的某个瞬间的自己合并到一起，使得暴行爆发。在这种情况下，如果对罪犯的过去不了解，那么就很难理清他们的犯罪动机。

一样的道理，在很多罪犯中，很多人犯罪的东西其实都在难以解释的残忍行为之下隐藏着。所有这些案子，特别是掌握了证据，没办法对嫌疑人可能的罪行进行证明的时候，就要对其成长的背景进行深入研究。古斯塔夫·斯垂武说，年轻人完全是因为残忍、想看到别人的痛苦，想自己制造痛苦，才会去做外科医生的，这也不是没有可能的。学药学的学生最后变成杀人机器；有钱人给屠夫付钱，让他去宰杀牛，原因都是一样的。要对一桩非常残忍的案件进行处理，如果对罪犯的成长背景不了解，就不可能把犯罪动机搞清楚。

背景调查在有可能被嫌疑人的那些表面动机骗过的案件中非常重要。“很多达到死刑量刑标准的犯罪中的动机都不止一个，有表面的也有隐藏起来的，”克劳斯说，“而每个罪犯之所以会犯罪，都是受到了具有主导性的显著动机的推动。”① 我们很清楚，窃贼时常打着自己需要某样东西的幌子，来给自己洗刷罪名。很多罪犯在抢劫时都会假装在做自我防卫，很多好色的人即便是残忍地对待了一个小孩子，还会说是自己受到了小孩子的引诱。在谋杀案中就更是如此了，罪犯招供的时候时常会给自己找很多理由。把自己丈夫毒死的女子，特别是她想要改嫁的情况下，总会说对方十分残暴，自己这样做只是出于公道而已。在这类案件中，罪犯的心理层面极其复杂，就是因为其一定程度上让自己相信事情就是这样的，最终竟然相信自己做的事全部

---

① A. 克劳斯：《犯罪者心理学》，图宾根，1884 年。

或者最起码有一部分是合理的。如果一个人对自己所说的话深信不疑，那么就很难找出反证了，因为原本可以用来证伪的心理学论点不能被派上用场。这个重要的事实让我们必须严格区分开明显撒谎的人和真相信自己的话的人。我们必须把二者之间的差别找出来，因为让一个案件合理的理由不可能像真正的原因那样被深深地藏匿起来。所以，让自己对自己所编造的真相深以为然的人，会更加小心地对待所有怀疑和反对意见，这是不同于一个人一直都深信自己所说的话的。前者不但没有良知，而且就如同谚语所说："坏良心加尖耳朵。"明知自己做得不对的人，会对所有反对意见都非常关注，而他这种关注一定要得到主审官的重视。

如果这个尖耳朵发现他给出的动机真的有人相信了，我们就能进一步对他进行辨别（当然不同于辨识一般欺骗行为的迹象），方法就是让他自己把一些人犯下的罪行说出来，其中的表面动机其实就是隐藏的真实动机。俗话说得好，人不会因为年纪大了，年轻人所犯的错误他就不会犯，而是因为这些罪行，他自己再也无法原谅，所以他才不会犯。一样的道理，人不仅仅是因为坏才犯下罪行，还因为他可以给别人犯下同样的罪行找到理由。当然，很难让被告为法律上明文规定的罪行辩护，不管怎么说也没有哪个抢劫案犯罪嫌疑人会大声称赞江洋大盗，可是假如有更好或者看上去更好的犯罪动机，所有人都会为其他拥有同样动机的罪行辩护。每一个实验都对这个事实进行了证明，所以动机就被认定下来了。

第 14 节　概论[①]

当我们提到人会以内心状况为依据，将某些外在特点表现出来的时候，必须进行深入探讨。有很多心理状态，特别能够影响外表，或者反过来，有些外在的特点也能够极大地影响心理状态或者精神状态。前者例子就包括大家都了解的，信徒通常会让人觉得特别女性化，或者就像久尔科维奇所说的，阳痿的人脾气很暴躁。[②] 有句特别残忍、可是却非常真实的谚语说："对于那些被印上标签的人，要特别小心。"《圣经》里首先提到的就是邪恶的

---

① 英文原文中此标题前有标题"身体特性单元"，但是下面无内容，故未将其作为正式标题。特此说明。——译者注

② V. 久尔科维奇：《阳痿的病理学和治疗方法》，维也纳，莱比锡，1889 年。

圣斑。当然我们不能说身体上有畸形的人都要归咎于其恶劣的品性，——“与此无光，但因此而生。”[①] 未开化人，即我们所说的绝大部分人，都不会关心或保护不幸有身体畸形的人，而会咒骂。成人是这样，儿童也是这样，他们都对长得丑的玩伴心生厌恶（不管是有意的还是无意的），于是他们就会一直提醒那个不开心的孩子，让他留意自己的外表。于是在很多案例中，罪犯从小时候开始就表现得脾气很暴躁，一开始是痛苦，之后是嫉妒，再之后是不善良，然后是刻意地压制对幸运之人的生气，渴望搞破坏，还有其他所有仇恨心态。在这个过程中，所有被压制的痛苦日复一日累积起来，感受就越来越强烈，之后形成一种惯性思维，最后就有了一个“被打上邪恶标记的人”。这是无可辩驳的事实。此外，事实上，相比一般人，这些带有标记的人通常要聪明一些，而且悟性要高一些。这究竟是意外还是有什么因果关系，很难说清楚，可是因为他们中的大部分人都是因为身体的畸形而无法享受一般人可以享受到的乐趣，因此他们只会品尝到虐待、嘲讽和怀疑，因果关系说就更有可能了。在这种情况下，他们思考的次数就会更多，更需要对自己的智慧进行培养，很大程度上是因为想要摆脱被动挨打的状态。通常情况下，他们都可以成功，却永远不可能拥有平和的个性，不管怎么说，为了保护自己，他们需要拥有锐利、痛苦且具有破坏性的才智。与此同时，假如这个畸形的人不是天生善良，在他心中就会生出其他隐秘的邪恶想法，如果他们不需要把这些想法——撒谎、诽谤、阴谋，被别人鄙视的方法等付诸实践，就可以保护好自己，那么，这些想法就只会是想法。可是所有这些都形成了一种特别确定的复杂现象，专家就会对这些所有畸形的人所共有的特质深信不疑：聋人不信任人，盲人威胁性的表情，驼背的人难以形容且非常有特点的笑容，在这类现象中，这些都只是九牛一毛。

对此，人们不仅非常熟悉，而且非常坚定地相信，因此我们常常发现，相比普通人，畸形的人更有可能被怀疑犯罪，特别是当有人犯下某种特别邪恶的、引起众怒的罪行时。在这种情况下，只要畸形人成为怀疑对象，那么就很容易找到怀疑的理由，最终还会越来越多。在这句美好的谚语“人民之声即上帝之声”[②] 背后，这些不幸的人就会被证明有罪，而这也许只是因为

---

① 原文为拉丁文。——译者注

② 原文为拉丁文。——译者注

他们有红头发或驼背而已，这种事实在是太多了。[①]

第15节 暴怒的原因

暴怒的外在后果和上述现象一样，都很重要。不仅没办法用语言来解释暴怒的过程，还会被过高地估计，而且被错误地理解的概率非常高。暴怒为什么那么重要，原因有两个，一是犯罪，二是可以做审判的确认性标记。

对于第一点，不需要证明罪行是因为生气、嫉妒或者愤怒所引起的，也不需要说明恐惧和害怕会让人做出一些让人无法理解的行为，这些都是大家所知道的事实，而且到处都是，也不需要再对此进行更加详尽的阐述。可是因为这些现象刚好不被人们所关注，因此更应该加以说明。比如说，对物品生气的行为可以对很多所谓的蓄意伤害致损进行解释，像纵火。我们每个人都曾经对某件物品非常生气，比如该物品让我们陷入巨大的麻烦中，或者让我们非常难受，我们也记得把这个物品扔掉、毁损时心里有多么痛快。当我还是学生时，有一本嵌在猪皮包裹的木框里的、历史很久远的、厚厚的拉丁文全书《辞海》。[②] 只要主人生气，这本非常好的书就会被扔到地上，每次都能让我的压力得到很大的缓解。这种习惯来源于我的曾祖父，幸好书还是好好的。可是，当某个可怜的学徒工因为自己仅有的一件衣服被钉子刮坏，而把篱笆损坏时，或某个年轻农夫把一条冲着自己叫、想咬自己的狗杀掉时，事实上，这些人做的事和我对书所做的事的恶劣程度是一样的。在伟大的小说《也是一个》中，F. T. 费舍尔非常精彩地描绘了对物品邪恶的本性，作者说，物品时常和魔鬼在一起，就如何折磨人类开天主教会议。

把怒气撒到这种毫无生命的物件上，让我发现了有人放火把一堆干草烧火的线索。一个旅客在国内旅行，当坏天气要到来时，他想要找一个遮风挡雨的地方。暴雨降临的前一分钟，他找到一个很高的、用稻草垒起来的干草垛，于是他就钻到里面，很舒服地躺在里面，觉得自己真是太幸运了，就这样进入了梦乡，可是他不久就醒了，因为他发现自己衣服周围的稻草都湿透了，而且他头顶上那一块正好在漏水。对于这种“邪恶”他非常生气，于是

---

① 参见《H. 格罗斯全集》中奈克的文章，第1卷，第200页；第4卷，第153页。

② 参见《H. 格罗斯全集》中伯恩哈迪的文章，第5卷，第40页。

就放火把稻草全烧了。

有人会持有这样的观点，站在法律这个角度，一个人的怒火成为犯罪动机并不会影响任何案件。虽然这句话并不能让人诟病，可是我们在审案时，依然要把罪行和罪犯相结合在一起。假如在这种情况下，我们可以说这种结合来源于人类共性的自然，甚至可能说在相同的情况下，我们自己也会做出一样的事情，假如我们真的没办法对其中有什么绝对邪恶的因素进行证明，那罪行就会被大大减轻。而且在这些不大的案件中，凸显了现代犯罪学的基本理念："是罪犯受到惩罚，而不是罪行，是人受刑，而不是一个概念。"(李斯特)

对于审理案件来说，人特别生气的情绪非常重要，因此需要搞清楚这种怒气来源于哪里。在没办法对这种怒气加以辨别时，这一点就显得更加重要了。可是，只有当它出现，并和原因逐步相结合，可以汇总分析时，我们才可以对暴怒进行合理的评价。如果因为我的原因，嫌疑人知道了他为什么会被怀疑？假如在新证据一个个出现时，他的怒火也一步步上升，那么，相比对更加重要的证据表现出迟疑的愤怒，在没有那么重要的原因面前表现出的一些怒火，后者要更加贴近实际。

很多人都对异常兴奋时的身体现象特性——特别是动物的——进行过研究。因为动物的行为相对来说要简单一些，不太可能伪装，因此理解起来要容易一些，长期来看，也类似于人类表达情绪的方式。达尔文曾说过，在感到害怕、焦急的时候，很多动物的毛发会不由得直立起来，以显得体型更大，让敌人望而生畏。哪怕是在现在，人类头发直立所起到的作用也远远超出我们的想象。别人或自己害怕时头发直立起来的样子，相信每个人都见过。被审讯的无辜者在发现自己也许会被误认为真凶、处境将会非常糟糕时，这种现象就出现在他的身上。但我相信，我们之所以时常看不到头发在害怕时直立，事实上只是因为手从前额抚摸到头顶。也许人尽管看不到头发根部直立时的情形，可是却可以感觉到，这就会让人觉得头皮发痒或者刺痛，因此为了让自己舒服一点，人就会不由自主地用手去摸头。因此这个动作就可以用来舒缓刺痛感。这种极具代表性的动作如果在审讯时出现，所暗含的意义可能就是非常大的。因为这个过程一定来源于大脑在神经的作用下，给薄薄的肌肉传达命令，这就类似于害怕、担心的人的头发一夜之间变白。在历史上，这样的事例层出不穷，G. 普歇就曾对头发忽然变白的案件

（其中一个例子是一个可怜的罪犯马上就要被执行刑罚以前）进行过统计，[①]这种情况不会让我们特别感兴趣，因此即便被告的头发忽然变白，依然无法证明他的清白。可是假如证人的头发颜色有明显的变化，可以证明的是，他的心理经受了巨大的磨难，从而变老了，可是这究竟是因为真实的经历，还是因为想象的经历，就有待于进一步调查，因为真实的经历和想象的经历所带来的精神与身体后果是一样的。

要对其他暴露所引发的现象有所了解，就必须对其基础和反常的原因进行研究。斯宾瑟说当用大叫、隐身、颤抖的方式将害怕表现出来的时候，就代表着真正可怕的事情已经被发现了，肌肉紧张、牙关紧咬、伸开爪子等方式是这种破坏性的感受的表现方式，这些都是杀戮的不太强烈的表达方式。所有这些动作一开始都来自动物，到了人类身上程度当然减轻了不少，像一个人在表达出对另一个人的愤怒和懊恼时，会通过伸缩手指的方式把伸开爪子这个动作表现出来。做这个动作的人都把想要伤害对方的企图表露无遗，不管他是有意的还是无意的。这一点被观察力惊人的达尔文发现了。他说人也许对他人充满了愤恨之情，可是假如他的身体还没有受到影响，那么他还不算被真正的激怒。这就意味着外在表征和内心激烈的情感之间有着非常紧密的联系，我们要想评论后者，就需要将前者的反应联系在一起。当然，当一个人看上去很冷静时，我们当然不会说他情绪很激动或者很生气，即便他的言辞再激烈。这就表明了对肢体语言加以关注有多么重要。

福尔克马尔说："不管是害怕时的颤抖和大口呼吸，还是生气时的两眼圆睁、抑制烦恼时的苦闷、生气时愤怒的火苗，还是妒忌时的斜视和快速跳动的心脏，都非常重要。"[②] 达尔文也这样描述了恐惧：心跳加快、面无血色、冷汗直冒、汗毛直立、口干舌燥，于是就会不停地吞咽口水，声音嘶哑、哈欠连天、鼻孔收缩、瞳孔放大、括约肌松弛，原始人的表现就更加明显了，根本没办法控制颤抖。跨越文化和个体差异，都可以以这个特征为标准，可以判断一个人在多么用力地抑制自己内心的激动，以免被人发现。只要接触过吉卜赛人的人就会知道，他们几乎没有自制力。就因为这个现象，还出现了各种和未开化族群相关的野蛮统治者的趣事，光是从外在行为，他们就可以对一个人有没有嫌疑进行判定，甚至常常能从一众人中，把真正的

---

① 《两个世界画报》，1872 年一月刊。

② W. 福尔克曼·冯·福尔克马尔：《心理学教程（两卷本）》，克滕，1875 年。

罪人找出来，真是太准了。贝恩说可以让印度犯人先吃一把大米，然后再吐出来，假如米粒还是干的，就证明这个人有罪——因为害怕，他会口干舌燥。恐惧来得这么突然，让我头脑一片空白。[①]

在保罗·哈滕贝格的书中，我们可以看到害怕所产生的极具代表性的影响。[②]

自己所表现出来的犯罪感，会让自己特别生气，我觉得这可以很好地证明犯罪感。最起码我还从来没见过哪个无辜的人忽然对自己很生气，也从来没听说过有人看到过这种现象，可是从心理学方面我现在还没办法对这个现象进行解释。因为这种场景通过一种极端的形式表现出了愤怒，因此这种爆发是极其原始的，和其他情绪不能混在一起。把自己的手掐到流血，或者用指甲拼命抓前额，并不一定就是气自己，这只是为了将某种积蓄的能量释放出去，或者想对付其他人而已。只有将对他人造成伤害的办法运用到自己身上，像揍、捶、拉头发等，别人才能看出来。这种表现更易出现在比欧洲人更加情绪化的东方人身上。因此，吉卜赛人用头撞墙、犹太人跪在地上伸出手拼命地把自己的耳朵捂住，以致第二天脸都是肿的现象，我都见过。可是在其他种族中，性格极端的人也会这样做。比如我曾经看到过一个女子把自己的一把头发扯了下来，一个有罪的杀人犯向窗户一角撞去，一个 17 岁的杀人犯滚到街角，不停地把头磕到地上，大叫道："把我绞死吧，绞下我的头!"

这些情况往往都非常类似：罪犯有着极其娴熟的犯罪手法，想要识破他们根本不可能，他们觍着脸，采取一切办法抵赖罪行。可是当他发现已经无力挽回的时候，就向自己这个无法克服障碍、不够奸诈的人发火，因此可怕的自我惩罚就产生了。假如这个人是无辜的，这样的行为根本就说不通。

这种对自己生气的表现，最后的结局往往是昏厥，因为相比爆发怒气，意识到自己的无助会更加让人无力。赖兴巴赫就曾经对身处困境的人昏厥的原因进行过调查，[③] 现在有人给出这样的解释，说是碳酸气体排放和人体毒素所引发的，另一种说法是这是神经现象，因为只是感觉到这种气体的释放，想要造成昏厥、意识丧失是根本不可能的。对于我们来说，这两个解释

---

① 原文为拉丁文。——译者注

② 《羞怯之人与羞怯》，巴黎，1901 年。

③ K. 冯·赖兴巴赫：《感性的人类》，考塔，1854 年。

其实没什么差别。一个人有没有发现自己不能对自己的身体加以控制，或者发现已经证据确凿，没办法逃避，这些都没有关系，重点在于他发现自己在法律面前的境地很糟糕时，就像小说或舞台上人物发现自己没办法在某个细化场景面前应对自如一样，他就会昏厥。

可是，假如生气所带来的后果并不是对自己生气，那么一个更低层次的水平就是大笑。[①] 达尔文就曾经说过这一点，大笑所表达的情绪往往不是真的，它也许是生气、痛苦、迟疑、谦虚或惭愧，而表达生气时就是对自己生气，是一种嘲笑。这种皮笑肉不笑的笑很耐人寻味，时常在被告发现已经无路可走时出现，很难混淆其和其他类型的大笑。有人觉得这种笑似乎在对自己说："这就是你，又坏又蠢，所以才会有这样的结局。"

第 16 节　残酷

这个标题下面的内容一定要把某些情况下极其重要的条件涵盖进去。虽然这些条件互相之间并没有什么联系，可是它们都是思维过程的外在表现形式。

在很多案例中，从残酷、嗜血和好色之间的动态关系中，我们可以找到一些说明。一些年纪比较大的作者，像米切尔[②]、布拉姆罗德[③]、弗里德赖希[④]等，就对这一点给出了一些直到现在为止依然很有意义的例子。他们提到了很多人，在性事中，不止男性会追求残酷所带来的一定程度上的刺激感，像对动物进行折磨、咬、打、勒伴侣等。现在用虐待狂来称呼这种行为。[⑤] 有的女孩曾经说过，她们很害怕某些情人。因为这些人曾让她们遭受了无尽的痛苦，特别是在激情巅峰时会咬人、勒脖子等。在犯罪学上，这个现象是有一定的意义的。一方面，要想对有的罪行进行解释，必须站在性虐待的层面；另一方面，对这些人的习惯加以了解，又会反过来帮助我们定罪。像维也纳的 Ballogh－Steiner 案，这起案子说的是某个妓女被掐死了。警察当时在追捕一个外号叫"鸡人"的男子，因为他无论在哪里，身上都会有

---

① 参见 H. 贝格松：《笑》，巴黎，1900 年。

② 米切尔：《论生殖器与头脑的共同损益》，维也纳，1804 年。

③ 布拉姆罗德：《论疯狂》，莱比锡，1836 年。

④ 弗里德赖希：《法律心理学》，雷根堡，1832 年。

⑤ 参见《H. 格罗斯全集》中奈克的文章，第 15 卷，第 114 页。

两只鸡，一到高潮，他就把它们掐死。据此可以推断出，在相同的情况下，会这样做的人也会把一个人掐死。因此在对犯下极其残酷的罪行的罪犯进行调查时，不要将他的性习惯给忽略掉，无论案件本身和性有没有关系，也要针对这个方面进行调查才是明智之举。①

一样的道理，某种形式的癫痫发作往往也会被包含在引发残酷伤害和谋杀的行为中，因此在对被告进行调查时，一定要先询问医生，因为残忍、欲望和精神紊乱时常有紧密的关联。罗布隆索在这方面所掌握的材料就非常丰富。

第 17 节　乡愁

乡愁这个问题非常重要，千万不要小看它，很多人都专门研究过它，最后得出的结论是，主要是儿童（特别是处于青春期的）、愚蠢或懦弱的人的乡愁会非常严重，他们通常会用强烈的感官刺激的方式来和这种感觉相对抗，因此极易误入歧途，特别是牵涉进纵火案中。有人说，当一个没有多少学识的人一个人处在非常偏僻的地方时，像山顶、荒野、边境的山村等，极易引发乡愁。这看上去不无道理，因为有一定学识的人，有的是办法分散悲思，从某种程度上来说，家乡的某个部分就存在于他们略微国际化的文化视野中。一样的道理，某些个性化程度偏低的地区的居民不太容易感受到什么差异性也就可以理解了。特别是从某个城市搬迁到另一个城市去的人就极易找准自己的角色，可是因为差距太大，搬到山区或平原去的人则会觉得不知如何是好，因此这个特别思念故乡的人为了排解乡愁，也许会采取最聒噪、最烦人的方式，假如他没办法找到这种乐子，他就会纵火或在必要的时候杀人，总体来说，他就希望他的释放是爆炸式的。这类情况实在是太多了，我们一定要特别关注。当我们找不到暴力行为的动机或者嫌疑人具备上述特点时，一定要把乡愁这个要素牢牢记心上。当然，假如有人发现嫌疑人有强烈的思乡之情，那就有理由推导出其犯罪。有这样一个规则：因为他很不高兴，所以这些可怜人会觉得哪怕到监狱里去，也不一定就是坏事，因此他们通常会承认罪行。此外，对于法律程序，他们也不一定就喜欢，只觉得那是

---

① 施伦克·诺青：《催眠学》杂志，第 7 卷，第 121 页；第 8 卷，第 40 页，第 275 页；第 9 卷，第 98 页。

一种很强烈的感官刺激。

据我了解，这些思乡之人在招供的时候是不可能把犯罪动机说出来的。很明显，动机是什么他们自己都不明白，因此也没办法解释。所以这样的说法就时常出现在我们耳边："我也不知道为什么就得那样做。"必须由医生来判断这种现象反不反常，假如乡愁真的是犯罪理由的话，那么就一定要向医生咨询。当然也有可能是罪犯为了让人们同情他，会用乡愁来解释自己的动机。可是，这不可能是真的，因为我们已经了解到，事实上，真正因为乡愁而犯罪的人，对于这个原因其实是不知情的，因此也没办法解释。

第 18 节　反射动作

反射动作所具有的意义远远超出我们的想象。洛策曾经说过："反射行为，并不局限于平常习惯和一些小事。哪怕是极其复杂的和犯罪内容相关的行为，也许就是这样产生的……某个瞬间，忽然被某种情绪主导，某种延续性的强烈情绪忽然从某个障碍越过去，或者忽然不能理性化控制一系列持续变化的念头。这种行为就会自己找上门来，而不需要由行动者来决定。在对这种罪犯进行审讯时，我们时常会听到这种解释，人们时常以为他这是在自我辩解，因为他们担心，真相会将和判罪相关的各种令人烦恼的事都揭示出来。如果只是意识到这种心理因素的存在，并不会严重地影响传统观念。从想法到行动的主动转化这一过程，没办法阻止才是这些案件的问题所在。对于我们机体来说，这种转化是很自然的，就如同许多其他现象一样，取决于我们的意志力。"[①] 需要好好研究一下反射动作。[②] 最常见的、最具有代表性的就是眼睑下垂、咳嗽、打喷嚏、吞咽，所有和身体以及倒下物体相接近的被动反应，还有提睾反射和膝跳反应等其他同样的行为，像时常练习的某个动作最后变成不由自主的动作。[③] 因此，比如说，怎样对一个伪装者的性别进行鉴别这种傻问题，一个极具代表性的答案就是：让某个小物件落到他的膝盖上，假如对方是女人，她就会把腿张开，因为她是穿裙子，只要把腿张开，裙身就能把这个物件接住；男人只会把双腿并住，因为穿着裤子只能这

① 洛策：《医学心理学》，莱比锡，1852 年。

② 参见《H. 格罗斯全集》中博泽的文章，第 1 卷，第 93 页。

③ E. 舒尔则：《心理学及教学法杂志》，第 6 卷，第 1 页。

样把物体接到。有很多这样的习惯性动作，我们说不清它究竟是反射还是习惯。区别只是前者是一个独立的动作，而后者却是连续性的，甚至也许是潜意识的长时间的动作。比如在工作的时候我会把一支雪茄拿出来，切开尾端，然后点着抽，事实上我根本没有意识到自己做的这些动作，这就是习惯性动作而不是反射了。后者还没有将那些实际上被划分到担任了某种防御角色的行为涵盖进去，当这个行为与一个人的经历息息相关时，这种动作在犯罪学上就不具有意义，因为一个人几乎不能站在他人的角度去思考问题。一天晚上，我从一条不经常去的街道路过，走到一家客栈的时候，正好有人把一个醉汉推了出来。我重重地打了一下那个可怜的家伙，马上就后悔莫及，听到这个受辱的人连声嗟叹“里面的人把我扔出来，外面的人打我”的时候，我就更加后悔了。如果我把他的耳朵打伤了，或者让他受到了严重的伤害，那就变成一个刑事案件，可是我深刻地怀疑，任何人都会对那只是一个“反射动作”深信不疑，虽然直到现在我也对那就是反射动作深信不疑。最起码我当时根本不知道会有什么事发生，自己应该怎么做，只是觉得有某种不太好的东西向我靠近，因此我就用打耳光这种动作来抵御。直到听见耳光打响的声音，感觉到手掌震动了，我才意识到自己做了什么。事实上在我学生时代也发生过同样的事情，一个破晓的黎明，我在郊外打猎，从房子那边滚过来一个东西，快速朝我靠近，像个很大的球，从那条窄窄的路上一路往下滚。我在毫不知情的情况下，用手中的登山杖重重打了一下那个球，原来那是两只互相纠缠的猫，其中一只是我喜爱的宠物，因此我马上就后悔了，可是事实上我的举动都是下意识的，只是动手把正在靠近自己的东西赶走了而已。如果有人听我解释，即便我造成了很大的伤害，也不需要我负什么责，可是我依然不相信会有人听我解释。

在对反射行为进行调查时，需要将某些因素考虑进去，其自身也许不会简单地在犯罪学上具有意义，但是也许会让这个意义更清晰化。例证一，当你睡着时的反应。我们不会在睡眠时排泄，这是因为排泄物把大肠压住了，产生一种让直肠肌肉收缩的反应。要想放松这种收缩，就必须施加特别强的压力或者自己感觉到放松时。

例证二，在某种条件下，习惯性的反应也许会失去效果，特别是让人产生特别强烈的印象时。比如说，手疼的时候会把手抽回来，这就是反射，即便这个人也许被别的东西深深地吸引，竟然没有意识到手疼的整个过程，他也会把手收回来，可是假如他对别的事物的兴趣足够大，以致让他把疼痛都完全忘记了，那他就不会感觉到手疼了。就如同谚语所说的，“身处整个外部世界，疼痛的外在影响一定要非常强烈，才能将反射唤醒。”可是也有可能没办法把注意力吸引过来，这样反射就不会产生了。我们假设反射动作来源于某种感觉神经传导所带来的兴奋，这种神经接收到刺激信号之后传输至中枢部位，将这种兴奋感转化为动作，（朗杜瓦[①]）将大脑的活动排除在外。可是这种排除只是对有意识的活动有效，来源于反射中枢的直接的转化只能在大脑对此习惯以后产生，这样一来，以后再出现同样情况时才有可能下意识地做出一样的反应。可是假如大脑同时接收到其他特别强烈的刺激，无意识的行为就不会被激发出来。有关这一点，我可以举出一个带有启迪意义的例子。我的女仆把一个纸糊的火柴盒打开时，总是会用大拇指和食指捏着盒子的长边，从一角撕开它。有一次，很明显是因为盒子里面实在装得实在是太多了，或者这个动作太快了，火柴突然烧着了，把整个火柴盒都引燃了。结果她并没有直接扔掉盒子，而是被吓坏了，竟然还把盒子拿在手上。听到她哭的声音，我儿子从另一个房间跑出来，对她大叫“把它扔掉！把它扔掉！”这时她才把它扔掉。她长久地拿着这个燃烧的物体，以致我儿子都从另一个房间跑过去，因此她受了很严重的伤，一连好几周都在治疗。有人问她为什么那么疼依然把这个盒子拿在手里，她只是说：“我忘记了。”之后她说，直到听见有人叫她把盒子扔掉时，她才意识到这是最聪明的做法。很明显，当时她的大脑都被害怕和疼痛占据了，因此她没办法去做任何明智的决定，甚至根本没办法完成反射行动。

这个事实说明，脊髓神经单独的活动并不能形成反射，要不然即便其他的事情占据了大脑，也一样会产生反射。它没有发生就意味着反射也要求大脑的参与。可是对于我们来说，这个区别的意义并不大，因为假如我们认定反射也需要大脑的参与，那么就要确定它参与的程度有多深，这样大脑活动就成了问题。在反射行为中，它的责任有多大也成了问题。我们还要明确的是，当反射动作被确定是犯罪原因的时候，我们就必须将其对应的量刑问题都考虑在内，而且还得非常认真地考虑，对出现反射的问题进行研究，因为当一个人说“那是完全性的反射行为”的时候往往都不是。可是假如他说“我不知道怎么发生的”或者“我没有其他选择”，或者他因为确实对一件事的发生不知情，因此对自己曾经做过那件事表示否认的时候，才有可能是

① L. 朗杜瓦：《人类心理学教程》，维也纳，1892 年。

反射行为。虽然这里涉及的问题很难，无论是取证还是判证都是如此。因此无论我们的判断是因为控制力欠佳，还是因为真的居心不良，[①] 事实上都是一样的。

第 19 节　衣着

有关衣着会从外部表现出人的内心状态的话题，用一本书写出来都不足为过。有人说从一个女人的鞋子就可以看出她的性格，可是这事实上已经远远超出一双鞋子的范围，而且和衣着的每一个细节都密切相关，而且对男性和女性来说都是这样。犯罪学家对人的衣着、对穿衣者的特点进行观察，最后拥有更多的机会通过检查的方式纠正自己的印象。在这件事上，我们可以设定一些原则，看到一个人虽然穿着破衣烂衫，以致都看不出原来的布料，可是上面却一个破洞都没有；衣服的布料和补丁的布料都特别粗糙，可是却很干净；鞋子虽然很旧，可是却很整洁。我们应该得出这样的结论，他们夫妻二人都是诚实之人，这是一定不会错的。当然，在现在那些打扮得让人扼腕叹息的“运动员”身上，我们也难以看出其智慧，我们还会怀疑带着暗示意味的女人，会背叛自己的丈夫，当然也要留意那些穿着打扮十分讲究、保守的女子。如果对一个人的总体印象没问题的话，事实上，它是可以将人对某些特殊事物倾注注意力表达出来的。对这点进行考虑过的人总可以在日常中找到新的信息，并做出新的、可靠的结论。无论如何，对此每个人的看法都不一样，对某个人来说极具说服力的某个细节，另一个人可能觉得这个细节要想具备价值，必须和其他细节放在一起考虑，而对第三个人来说，必须再加上第三个现象。有人可能会反对，对衣着进行判断，一定要着手于最微小的细节，进行长时间的观察，理由是个人的偏好和经济状况等会极大地影响一个人的衣着，可是这种影响也许停留在表面上。在某些条件下，有某种特别偏好这一点就足以说明问题了。因为形势所迫，人选择某一种而不是其他衣着也一样。有谁看到过某个正直的农夫把一件旧的晚宴礼服穿在身上？他也许会穿一件特别破旧的羊皮衣，但是绝对不会穿一件晚宴礼服，即便可以很便宜地买到，或者别人把它当礼物送给他，他也会把这件衣服留给别

---

① 参见《H. 格罗斯全集》，第 2 卷，第 140 页；第 3 卷，第 350 页；第 7 卷，第 155 页；第 8 卷，第 198 页。

人，留给那些彰显着没落优雅气质的人。想想退伍军人、猎人和官员等人衣服的特点，任何人都可以看出一个真正的文员、民主党人或者保守贵族的着装是不一样的。这种不同就如同英国人、法国人、德国人和美国人的衣着差异那么明显，不仅仅是因为气候条件，还因为特殊的、根深蒂固的民族性格。狂妄、粗心、爱干净、讨好、焦虑、想引起别人重视或者不落俗套，所有这些以及其他若干类似的品质，都通过穿衣方式中表现出来了。事实上不用看所有衣物，很多时候，通过一件单品就能发现其有什么样的性格了。

第20节　面相及其他

面相这门学科的价值属于不太稳定的。古代人极其依赖它，苏格拉底、柏拉图、亚里士多德和毕达哥拉斯等都对它有浓厚的兴趣。可是后来，它消失在历史的长河中，直到巴普蒂丝塔·波尔塔在写人类面相书时，它才被重新启封，最后，当拉瓦特尔和加尔的有关作品面世时，这门学科着实度过了一段辉煌的时光。当时，拉瓦特尔知名的论文[①]在当时反响强烈，受到大家的吹捧。在冯·德·海伦的畅销书和歌德与拉瓦特尔的书信往来中，我们都可以看到歌德对它有着极大的兴趣。假如拉瓦特尔没有用自己独有的、神秘的、又极其肯定的方式把这点展现出来，假如他更仔细地观察，做出的结论更少，也许他的大名会让世人记得更久，也会给这门学科贡献更大的力量。可是没过多久，他的说法就被大家忘在了脑后，之后开始相信加尔遗臭万年的骨相学。加尔其实也是在和自己的朋友施普尔茨海姆合作，拉瓦特尔曾经犯过的错误，[②] 他也犯过。因为他也在没有科学依据的理论中迷失了方向，以致将很多他的学说中事实上非常正确，还可以带给人们启迪的东西都忽略了。他的学说有两次被证实，一次是B. V. 科塔[③]和R. R. 诺埃尔[④]经过共同研究，认可了其不可估量的价值，第二次是隆布罗索及其学派发明了和罪犯验伤相关的学说，其中最有价值的一部分，都是在一直饱受人诟病，直到现在才被人们在所重视的加尔博士的学说的基础上建立起来的。伟大的生理学家J. 穆勒曾说过："我们没办法对加尔学说系统的基本可能性原则进行先验

---

① J. K. 拉瓦特尔：《相貌上的细节：提升对人的了解和爱》，莱比锡，1775年。

② F. J. 加尔：《大脑生理学课程简介》，巴黎，1808年。《神经系统研究》，巴黎，1809年。

③ B. V. 科塔：《颅相学的历史与本质》，德累斯顿，1838年。

④ R. R. 诺埃尔：《精神生活的物质基础》，莱比锡，1874年。

的反对。”除了沙克的伟大作品以外，近段时间，才有人开始研究面相学的若干重大问题。其中达尔文[①]的作品当属最重要的，其次是皮德里[②]和卡鲁斯的“象征的”，[③] 这些都是以伟大的英国解剖学家和外科医生贝尔[④]的基础研究为基础。其他重要的作品包括了勒布伦、赖希、曼泰加扎、迪谢纳博士、斯克劳普、马格努斯、戈斯曼、舍贝斯特、恩格尔、施耐德、K. 米歇尔、冯特、C. 朗格、吉罗代、A. 莫梭、D. A. 贝尔、维纳、洛策、魏茨、莱吕、门罗、C. F. 霍伊辛格、赫巴特、孔泰、麦奈特、戈尔茨、修斯和博雷[⑤]等人的作品。如今，面相学的地位其实没有那么重要。颅相学则是可以支撑那些柔软性状的骨骼，因为人的面相和颅骨构造息息相关，因此面相学也对颅骨的形状进行研究。面相学说事实上是朝模拟的方向发展的，可是它是对脸孔的特点和随着意识而发生变化的变化加以关注。模拟的意思则是对原本只应该在内部呈现的状态是怎么改变表情和动作的加以研究。医生、人类学家和心理学家也对颅相学加以研究，因此，对于我们律师来说，研究面相学特别关键。对于面相学作为一门学科的价值，人们仍然褒贬不一。一般情况下，大家会说很多东西其实光看脸是看不出来的，还有很多新的东西通常是以既定规则为依据表现出来的，因此一个人对于自己通过脸所传达的东西，要么可以马上感知到，要么无法感知到。也有人说这种事想要习得根本不可能。这种说法是对问题进行处理的一种方式，通常会出现在工作量很大时——谁都想离麻烦的问题远远的，因此就说这事毫无意义，可是那些极其

---

① 达尔文：《人类和动物的情绪表达》。

② 皮德里：《表情学与面相学的科学系统》，代特莫尔德，1867 年。

③ 卡鲁斯：《人外表的象征意义》，莱比锡，1858 年。

④ 贝尔：《表情的解剖和哲学》，伦敦，1847 年。

⑤ 勒布伦：《表情座谈会》，1820 年。赖希：《人的外表及其与精神生活的关系》，海德堡，1878 年。P. 曼泰加扎：《面相学与表情》，莱比锡，1890 年。迪谢纳：《人类面相学的机制》，1862 年。斯克劳普：《表情学问答手册》，莱比锡，1892 年。H. 马格努斯：《眼睛的语言》。戈斯曼：《相面术问答手册》，柏林，1896 年。A. 舍贝斯特《语言与手势》，莱比锡，1861 年。恩格尔：《对表情学的思考》，柏林，1785 年。G. 施耐德：《动物性的意愿》，1880 年。K. 米歇尔：《手势的语言》，科隆，1886 年。冯特：《基本原理和其他》，莱比锡，1894 年。C. 朗格：《论情绪变化》，1887 年。吉罗代：《表情学、面相学以及手势学》，巴黎，1895 年。A. 莫梭：《恐惧》1889 年。D. A. 贝尔：《犯罪者》，莱比锡，1893 年。维纳：《精神世界》。洛策：《医学心理学》。Th. 魏茨：《原始民族人类学》，莱比锡，1877 年。莱吕：《思想生理学》，门罗：《对疯狂的评论》。C. F. 霍伊辛格：《生理及心理人类学概论》，埃森那赫，1829 年。赫巴特：《心理学研究》，哥廷根，1839 年。孔泰：《思想生理学》，巴黎，1824 年。T. 麦奈特：《面相学的机理》，1888 年。F. 戈尔茨：《论现代颅相学》，《德国评论》，11 至 12 月刊，1885 年。H. 修斯：《唯意志论基础上的人类表情学》，美因河畔法兰克福，1900 年。博雷：《面相学研究》，斯图加特，1899 年。

认真的、愿意付出努力的人，就可以在工作中将这个学科的知识派上用场，进而得到很大的收获。

可以说，面相学之所以能够作为一门独立的学科，是以这句时常被人们挂在嘴边的格言为基础建立起来的：“如果一门学科中最简单的原理都行之有效的话，那么就有推广的价值。”有聪明的脸，也有愚蠢的脸；有善良的脸，也有残忍的脸，这一点是得到所有人的认可的，假如这一点没有问题的话，就可以进一步区分其他类型的脸，因此从脸上就可以读出不少灵魂要素出来。而因为没人能够说出这种读心术到了哪种程度就应该停下来，因此我们尽可能检验、观察、收集材料，而假如能够主动发现自己错误，像对事实进行夸大或作出的评论毫无依据。有人只是从实际存在的或用心发现的事实为依据出发，就可以得出结论。那么终有一天会诞生一门重要且基础坚实的学科。

极其敏锐的精神病学家迈纳特觉得，面相学是以发散和平行图案为基础建立起来的。[①] 他列举了不少具有面相学价值的材料，但也有的材料根本没有价值，包括人类对自己同胞的自觉行为进行评判的固有模式，它们都是以一个广泛的基础为指向，即对应于他人自觉行为的自己的自觉行为中，是可以发现某些迹象的。在汉斯·菲尔绍非常详细的面相学观察结论中，有一点提到瞳孔是怎么将兴趣表达出来的，这一点非常有意义。他相信，我们的目光进入他人的内心世界，就是通过瞳孔，“内心”这个词已经和我们要研究的目标非常接近了。这是怎么发生的？为什么受到神经支配并参与到某些进程发展的是这一块肌肉，而不是另一块肌肉，我们根本不知情，可是这无所谓，因为最终会有人费尽心思地去思考，为什么我们无法听到眼睛，也无法看到耳朵。可是，在某种意义上，在这个问题上，我们已经有了很大的收获。时间倒回到 1840 年，J. 穆勒写道：“为什么不同的精神病和不同的神经相关？为什么某些面部肌肉和某些情绪是相对应的，这些我们都不清楚。”[②] 在 40 年前，格拉迪奥就给出了这样的答案，对于肌肉的发育只是为了做表情这个目的，我们一定不能承认。[③] 差不多在同一时期，皮德里就了解到表情肌活动一部分关系到想象中的对象，一部分关系到想象中的感官。这一点

---

① 《精神病学》，维也纳，1884 年。

② J. 穆勒：《人类心理学手册》，1840 年。

③ 格拉迪奥：《面相与表情》，巴黎，1865 年。

就将所有表情肌活动的意义中的重点包括进去了。在达尔文所著的和情绪表达相关的跨时代巨著中，最终对这个问题给出了明确的界定，因此，我们才得以持续研究下去。我觉得对于每个犯罪学家来说，对达尔文的书进行研究都非常重要，因为他从多个方面，采用多种方法，对他曾经亲身经历过的现象进行了解释。这里我列举几条达尔文最重要的论述和观察结论，证明其对我们有多么大的影响。

他建议研究以下几类人群：一是儿童，因为他们总是有着亢奋的精神，可以毫无顾忌地把自己的情绪表达出来；二是精神病人，因为受到强烈情绪的支配，他们没办法控制自己；三是受到电击的人，这样一来，我们就可以对他们相关的肌肉加以控制。与此同时，在所有人类和动物中，我们要把确定表情的标准找到。在所有这些对象中，对于我们来说，有意义的只有儿童。其他的要么远离我们的活动范围，要么只是在理论上具有价值。但是我还想把一个研究对象加进去，就是完全没有接受过教育的人，像农民等朴实的人，他们不必要在我们面前假装。从这种人和儿童身上，我们学到的东西要多得多。我相信对他们的研究不只是研究一个特殊人群，而且是将一种适用于整个人类的范例都建立起来了。儿童和成人的特点是一样的，只是儿童的表达方式要清晰一些。假想一下达尔文的格言：生气时两眼发光、呼吸加快、鼻孔扩张、眼神迷茫，在儿童和成人身上，这些特点都表现得极其强烈。他们中没有高下之分，只要定义好了儿童，也就对成年人有所了解了。因此只要研究儿童和单纯之人的面相学，再研究其他人就变得简单了，只需要对故意或者习惯性掩饰表情的特点加以关注就可以了，剩余的只需要把已经确立的原理派上用场，稍加修改细节就可以了。

达尔文提出了对大多数表情和动作进行解释的三大原则，概括起来说就是：

1. 目的明确的习惯原则；
2. 矛盾原则；
3. 神经系统直接活动原则。

有关第一条，在漫长的代际遗传中，当某种爱好、经验或者厌恶使得某种自觉行为发生时，以后只要类似的经历再次出现，同样行为的倾向也会再次出现。这些行为也许已经毫无意义了，可能因为遗传，它变成了一种反射行为。

事实上，这一点很明显，尤其是当我们发现在促成极端复杂的行为中习惯所发挥的作用时，像动物的习性，马匹从很高障碍跨过去时所迈的步伐、猎犬指路、小牛吸奶等。我们很难做出反向伸展胳膊的动作，即便躺到床上时也是这样，我们可以不知不觉地把手套戴上。格拉特莱特说："和某些问题唱反调的人总会把眼睛闭上，认可的人总会频频点头，眼睛睁得老大，对恐怖事件进行描述的人总会把眼睛闭上摇头，认真观察的人的眉毛总是上扬的。应该是在想象事情完美结束或者眉毛已经收紧了——这些都可以让你的目光更加犀利，于是就产生了反射行为。"

有关第二条。猫和狗打架就是以为对方是在挑衅自己，如果对立所发出的信息是友好的，那么动作就会反过来，虽然知道这一点事实上毫无意义。M. 泰勒说，事实上，肢体语言对其对立面有很大的依赖性，像耸肩和坚定就是相反的，代表着漠不关心。①

而神经系统直接活动的例子像面无血色、颤抖（害怕、恐惧、痛苦、冷、热、高兴）、心跳加快、脸红、流汗、抽搐、流泪、扯头发、小便，等等，进行这样的细分以后，就可以把主干找出来，对每种现象进行划分了。

我想把达尔文的例子派上用场，来对这样几个问题进行探讨。他一再警示我们，不要看到某些肌肉活动，② 就觉得是来自某种情绪兴奋，这一点是最重要的，因为其中必然存在差异。有很多习惯，特别是发生一些面部活动，来源于偶然或某种突然疼痛，其实没多大意义。这类活动往往脉络很清晰，不要诱惑毫无经验的人对它们的意义产生怀疑，事实上，他们和任何情绪状态都毫无关联。即便这种判断是以整张脸孔的变化为基础建立起来的，已经对某种特殊含义进行了确认，我们还是有可能犯错，因为所有公认的表情状态都可能有其他的原因（比如习惯、神经紊乱、受伤等）。因此在这个问题上也要非常慎重，特别是将达尔文提出的标准派上用场时，像当我们不愿意看见或者对某事有厌恶之情时，总会把眼睛闭上，也必须承认，在别的甚至相反的情况下，有人也会习惯性地把眼睛闭上。

我们不得不承认，抛开上述特例以外，在审判时也一定要非常关注这些现象，像我们把某项极重要的证据拿给被告看时（像非常清晰的笔迹对比），而他却把眼睛闭上时。这个举动就极其有意义，特别是假如他在说话时，会含有对该证物有怀疑的意思时。这种眼睛动作和语言之间的矛盾就会给我们

---

① 泰勒：《人类早期历史》。

② J. 雷德：《肌肉的感觉》，《精神科学》杂志，第 47 期，第 510 页。

提示。同样的道理，假如被告在听到自己也许会面临的种种遭遇——审判的进展、关系和后果的时候，假如他觉得自己的处境很危险，他就会把眼睛闭上。证人有时也会这样做，就是他声称会说出远远超出我们想象的、杀伤力更大的证词，而我们把结果告诉他时，他也会把眼睛闭上。他之所以把眼睛闭上，也许是因为他觉得自己说得太多了，这时应该借机让理性回归，不要再说更多言过其实而且极其不负责任的言论。

我们要区分开这种形式和那些想要对自己证词的重要性有更好的了解、千方百计想措辞的人以及要在脑海中复述一遍、详尽地考虑故事确定性的人的动作。这两种类型是截然不同的：前者是为了对证词的后果视而不见，只是短时间把眼睛闭上；后者会长时间闭眼，因为需要很多时间措辞并对某个问题加以考虑。此外，前者还会做出某种害怕的表情，后者只是持续的时间要长一些。最重要的是，前者手会同时做出明显的防备性动作，这只会出现在要将某种欲望排除时。哪怕在极其镇定的人身上，我们也会发现这个动作，因此具有可靠性，在那些为了冷静地思考某个问题而把眼睛闭上的人身上，是不会出现这个动作的。

一样的道理，被告和证人如果忽然把嘴巴闭上，这个动作也很关键。下定决心和把嘴巴闭上二者之间有着紧密的联系，我们难以想象这样一幅画面：某个迟疑又满腹疑虑的人静静地把嘴巴闭上了，而一个果断的人却把嘴巴张大。其中的理由就对达尔文的第一条原则进行了说明：目的明确的习惯原则。当人想好了要做某件事时，就会通过和肢体关系密切相关的动作将其展现出来。在我忽然决定和那些有一定道理的不同观点，或者想到某件让人不爽的事情面对面时，就会产生某种肢体动作，而且极其有力。也许会把椅子往后挪，把手肘抬起来，也许会把手抱着头，之后再挪动椅子，再开始观察和思考。可是这种动作没有太大的肢体运动幅度，不同的决心所引起的表现是不同的。简单来说，人一旦想好了，之后会马上做出一连贯动作。有动作肌肉就会收缩，当然，这就需要有关肌肉可以和肢体运动相配合。像坐着的时候，就没办法迈大步，也没办法用大腿做更多动作，于是，我们就只能动用面部和上肢的肌肉，这样因为肌肉的收缩，嘴巴就会闭上。同样重要的还有忽然甩开手臂、握紧拳头、前臂弯曲。这个动作任何人都可以自己尝试一下，看看自己会不会觉得像下定决心的样子。我们已经仔细观察并且能够说明，不仅心理状态会对外在动作产生影响，而且对任何一种外在动作进行模拟，都会唤醒或者最起码将与其相关的心理状态明明白白地表现出来。

因此，假如发现别人似乎在下决心，也许就可以给出这样一个推论：他说过的话或者准备说的话会出现一个“但是”。假如这种迹象出现在被告身上，那他一定是想好要招供了，或者继续抵赖罪行，或者把共犯的名字、犯罪地点等说出来。因为这种行为本身就意味着他已经想好了到底说不说，因此，现在最重要的事情就是他所给出的解释。其之所以重要，原因就在于哪怕法庭可以知道他想好了，也很难让他改变他的主意。所以，我们没办法知道如果他后悔了会如何，我们只知道这样一种可能性，如果他想好之后会有什么事发生，也就是被告要么招供，要么决定保持沉默。这就让我们省心了不少，因为人一旦下定决心，想要再改变想法就很难了。

一样的道理，证人如果决定不把真相说出来，或者只把一部分真相说出来的时候也是这样。如果他最终决定坦诚一切或者决定一直说谎话，那一定会将某种迹象表露出来，于是，当出现这种迹象以后，无论他做什么，再试图改变他也就显得没有必要了。

观察陪审员如果下定了决心，其表情非常有趣，特别是因为判定一个人有没有罪是一个很难做出的决定，会产生很多严重的后果。这种表情时常会出现，就意味着陪审员已经想好了要如何下判决了。这个时候即便再出现什么证词，也已经没有太大关系了。很难改变已经下定了决心的陪审员的想法。因为在那以后，他就会忽略证词，或者在看待所有问题时，都会带有一种偏见。可是在这种情况下，事实上很容易看出这个人的决定是什么。假如在那之后出现什么特别不好的证据，那被告的下场就会很惨了；假如出现证明他无罪的证据，那就证明他是清白的。对这个问题进行研究过的人发现，大多数陪审员的表现事实上都再清楚不过了，我们可以把他们的投票情况统计出来，进而对判决进行预测。多年前发生的一件案子，直到现在我都记得很清楚。一个农夫和他的两个儿子被控把一个在他们家住的智力障碍者杀害了。陪审团所有人都声称他们是没有罪的，因为无论如何都没办法把被害者的尸体找到。后来，一个新的证人出现了，这个案子又得以重审。这次庭审一连持续了很久，在这期间，三名被告收到了不少匿名信，主要是说在某某地方发现了一名智障妇女，也许就是被害者。所以被告请求推迟审判，当庭释放。当时公诉人表示抗议，说只要案子还在审理中（当时情况非常不利于起诉方），请求就毫无意义。“神的磨坊磨得慢，”他这样总结道，“一年之后我一定还会在这里出现。”他的表情表达出他坚定地认为被告一定是有罪的，在一位天赋异禀的人的脸上出现这种表情，会严重地影响陪审员，让他们印象深刻。当他把这句话说出来时，大家都能清晰地看到陪审员已经做出了决定，从那一刻起被告的结局就已经注定了。

惊讶的表情往往和做出决定的迹象息息相关。“把手举得高高的，”达尔文这样说，“然后用手把嘴巴捂住。”此外，一般情况下，眉毛还会扬得高高的，比较粗鲁的人还会敲自己的额头，在很多例子中，人的躯干会有轻微的扭转，通常会往左边偏去。原因再简单不过了。当我们所熟知的事情突然起了变化，我们通常都会感到很惊讶。那时候得知消息的人，假如认为事情很好理解，就会觉得应该把思路整理一下。当我听说又发现了一份尼伯龙根手稿，或者找到治疗麻风病的方法，或者有人抵达南极的时候，我就会露出非常惊讶的表情，这时与之差不多同时出现的动作表情就显得没有必要了。可是在远古时代，我们就已经形成了习惯性动作，相比现代文明存在的时间，比这种动作存在的时间要长得多，它形成的时候又怎么知道我们现代人会对什么表示关心呢？会让当时的人露出惊讶表情的事情，通常都是简单的、外在的，而且是非常直接的、第一次见到的事：洪水暴发、猎物靠近营地、发现敌方阵营等，简而言之就是需要马上采取行动的事。所以，对我们很有意味的动作就出现了，这种动作和某些必要的行动有密切的关联。做跳起的动作时，我们要先把手抬起来，朝上看的时候，会把眉毛扬起，这样看得才会远一些，来对因为长时间坐着而感到麻木的腿部肌肉产生刺激，会拍打自己的前额，之所以会用手捂着嘴扭动躯干，原因是有什么不愉快的事情发生了，想要把它排出去，之后躲开。这些相互冲突的动作就会把惊讶表达出来。

在法律程序中，当因为各种原因，某人把自己本应该露出的惊讶的表现抑制住时，我们就要重视这个迹象。在言谈中，也许他还可以隐瞒，可是最起码他会被一个重要动作出卖，对于案件来说，这一点就极其关键。因此，假如某项被我们极其看重的证据被我们拿出来，却没有起到任何作用时，在看待整个案件时，就得换个角度。因此不要被骗了，要对证人的动作、表情进行观察，进而得出结论，相比言辞来说，它们要可靠多了。

从某些鼻部和口腔动作中，通常会表达出蔑视的意思。像皱起鼻子，以及打喷嚏、吐口水、吹鼻子等像是赶走什么的动作，以及环抱手臂、肩膀耸起。这些动作好像和未开化之人听到某个地位低贱的人的恶心体味有关，印度人在对嘲弄的对象进行形容时，会说他臭死了。我们的祖先的想法也是这样的，鼻子的动作，特别是皱起鼻翼呼气、打喷嚏，就足以对问题进行说明。与此同时，耸起肩膀的动作好像表示自己的身体想逃离恶心的气氛，在这里，这样的行为就带有自豪的意思。假如看见证人有这样的行为，那就意味着他有某些长处，如果这种行为出现在被告身上，就意味着不承认罪行，或者只能反复说明某些致命的证词是假的，或者表示所有证词都不是真的。

一样的道理，证人在表达嘲讽时，也会采取这种方式。当被告或者其他不诚实的证人说某位证人没有说真话，并把一个很勉强的动机强行赋予他，说他是共犯等时，这种情况就会让他有机会表现出自己看不起现在处于优势地位的人。这种方式的法律意义非常重要，因为这不仅把鄙视者的优点表现出来了，还表示我们应该认真研究这种鄙视。当然，很大程度上，鄙视是受到了刺激才引起的，因此要观察得非常仔细。要区分真正的鄙视和装出来的鄙视，差不多随之而来的都会有不必要的笑。一直以来，人们都觉得沉默的武器是笑容，可是这种笑容之所以会出现，是为了和不怎么严重的控诉相对抗，有时也会和比较严重的控诉相对抗，可是很明显，不可能会在有严重后果的指控中出现。假如关系到的事情非常邪恶，没有哪个清白之人还会露出笑容，因为他会用其他的动作来嘲讽说谎的人，而不是用笑。即便最不清醒的人想用干涩的笑声把自己的无知掩饰住，也会在自己被诽谤、被迫嘲讽撒谎者时不再露出笑容，会继续笑的人只有伪装的人。可是专门对如何表达嘲讽进行过训练的人就知道不应该笑，可是他的鼻子却会做出很夸张的滑稽动作，因此让他无处遁形。

反抗和怨恨是和嘲讽比较接近的。它们的特点是，对于爆发情绪的人会露出虎牙，把眉头皱起。我相信之后还会紧闭牙关、急促地呼吸几次。这个动作与决断和嘲讽相结合在一起，怨恨和反抗可能就是因此而来。在对决断进行讨论时，我已经对此进行过解释，在表达已经想好了时，嘴巴是紧闭的，嘴巴张开意味着怨恨和反抗已经超出了我们的想象。在将嘲讽表达出来时还要呼气，假如嘴巴闭着就只能通过鼻子来呼吸了。

和反抗与怨恨一样，嘲讽和蔑视的表情也是一样的，只是程度没有那么重。这极大地加大了刑法学家的工作量，这些把怨恨和反抗的情绪表现出来的被告可真是难缠。对他们的态度一定要非常谨慎、非常耐心，因为他们当中有很多无辜的人，特别是多次被判刑之后又走上被告席的人。如果对他们采取最强大的反抗和最幼稚的行为，会让他把“迫害”加诸到人类身上，特别当他真的是清白的时候。在这种人眼里，法官代表着不公正，他们会向他发泄自己的怨气，用最让人无法接受的方式将那几个反抗的词说出来。在这种情况下，经验不足的法官自然会觉得这意味着惭愧，觉得怨恨的人可能是在责怪自己的反抗行为所带来的严重后果，于是，对于这个倒霉的人所说的话，他就不会认真聆听。那就很显然了，这种情况会怎么向不公正的判决演变，可是不管这个人是不是真的有罪，法官都有责任去对这种人加以了解，因为大部分情况下，反抗和怨恨的人的心里都是充满怨气的，而怨气又是从法官的不公正对待中而来。即便法官没办法把这个人的罪名消除，最起码也不要加重他的责任。对待这样的人，认真地对待这个案子就是仅有的一个也是最简单的办法，这就包括对所有细节进行仔细聆听，甚至是有可能采纳对对方清白的证据进行证明的态度，而不是对这个人也许会犯的罪进行讨论。大部分情况下，一开始可能是不会产生作用的。这个人应该需要时间好好想一想，一个人静静地接受这样的结论：事实上这个世界并没有想着让自己走上毁灭的道路，之后，当他发现自己怨恨的沉默只会让自己受到伤害时，那么在反复被审讯的过程中，他也许会对自己的行为进行纠正。只要出现这样的转机，即便是一开始只会把怨恨和反抗表现出来的被告，也会表现得非常真诚、非常温顺。我们只是需要一点耐心而已。

可是令人遗憾的是，真正的暴怒实在是太多了。身体直立或前倾、四肢僵硬、牙关紧咬，声音要么很大，要么听不见，要么嘶哑，前额皱起，瞳孔收缩。与此同时，脸色还会发生变化，要么变红，要么变白。伪装出来的暴怒很少见，因为其本身有着非常明显的特点，因此，想要看错的可能性不大。达尔文说有时通过闪烁的眼神和难以言说的做作感，就可以对某人有罪进行断定。每个刑法学家都对后者见怪不怪，已经有一些专门的心理学词汇来对这种现象进行描绘了。知道自己是清白的人都会从自己的状态出发，尽力展现自己，因此天真的人都会表现得很真诚。他们并不怀疑任何事物，只是因为他们根本就不知道什么叫怀疑。可是明知道自己犯了罪，却还想要掩藏住的人，就要通过矫揉造作和模仿来对自己的表现进行控制，因此时常会走向反面。

闪烁的眼神往往也可以彰显出这个人有罪。看到美好的事物或者让人兴奋、高兴的事物，眼里也会绽放出光彩，可是这并不是一种很诗情画意的表达，因为那只是突然涌现出大量泪水而已。神经兴奋所导致的泪水分泌，因此有罪之人的眼神闪烁也是如此。可以说，这就是流泪的第一阶段。

把手放在膝盖上这个极其关键的姿势也意味着放弃。这是再明显不过的一种姿势了，因为“手放在膝盖上”意味着无路可走了，这是人所共知的事实。因此这个姿势是在告诉我们“我不会再做什么了，我不仅不能做，也做不了了”。因此可以说，放弃及其对应姿势在对嫌疑人有没有罪进行判断时毫无意义，因为不管是犯了罪的人，还是没有犯罪的人，都有可能放弃或者干预任何事情。放弃意味着把一切或者某些特别的事物舍弃，在法庭上，清白的人把希望舍弃了，因为清白也许是真的，也许只是停留在表面，因此在某些案件中，这个姿势就是再明显不过的迹象了。要提醒大家注意的是，被告的亲友会尽可能去拯救他，最后发现证据根本没办法驳倒时，他们会放弃。还有那些竭尽可能拯救客户的律师，最终在失败时，也只能放弃。最终，当被告明显意识到危机时，会表现出放弃。我相信清白之人做出放弃的姿势是有一定的必然因素在里面的。有罪之人被定罪时也许会看看天空、痛恨自己或者表现出一副特别冷漠的样子，可是极少做出表现出放弃及与之相对应的姿势表情。放弃意味着举白旗和把自己声称的某些价值转让出去，如果没有声称就没办法放弃。一样的道理，无权说自己无罪和放弃的人，就不会采取放弃的态度，顶多会表现出失望或者生气的样子，所以有罪的人不会做出放弃的姿态来。

除了上述情况以外，在其他情况下也会发生皱眉的现象。只要是让人感到紧张、处理起来有很大困难的问题，都会让人忍不住地想皱眉。一开始，这个表情是从让人紧张的活动通常需要更加敏锐的视觉而来，而在某种程度上，这就需要对眉毛上方的前额皮肤进行收缩从而实现，因为这样一来，视线会清晰得多。被告或证人仔细思考，考虑问题究竟是不是真的都有很大的关系，也对本人是否要相信将要陈述的情况起到了决定性作用。假想一下，假如问题在于要把某个确定的、可是很久以前就发生的不在场证据找到，被告需要回想出当天自己所在何处。假如对于找到不在场证据这件事，他表现得很真诚，像说他确实没在场，也没有进行过犯罪行为，那要把当天的情况想出来，把当时看到他在其他场所出现的证人找到就极为重要。因此，他会费尽心思地想。可是假如他在说谎——很多犯人就是这样做的，他要让人们相信这样一个事实——在很久以前的一天，自己在哪里、待了多长时间，根本没人可以想得出来，那就不需要认真去想一些事实上根本没有发生过的事，那他通常会表现出某种严密却又不够真诚地思考的样子——通过真诚和深入这两个词，我们明白了究竟什么才是真正的思考。一样的道理，不真诚的证人也会在不得不思考时装得像那么回事。最起码我们应该对这种假装在认真思考却不得主旨的证人加以关注，这时就可以对他们的证词是假的进行判断了。

与此完全不同的另一种表情是表现出人一直处于思考状态的空洞眼神——这种情况不同于费尽心思地回忆或者强烈要求不被别人影响的情况。这时不会出现什么特殊的表情，只有可能在觉得难堪——比如看到有人将目光放在自己身上，或者发现自己已经把别人的存在忘到脑后时，才会有表情出现在前额、嘴唇或者下巴。有人觉得这不会发生在法庭上，却时常发生在法官和被告经过长时间讨论、要对讨论的内容进行宣布时。假如这需要很长时间，也许就会出现证人根本没有听，而只是呆呆地看着远处的情况。那时，他在回忆自己的一生或者自己的行为会带来的后果。他被某种被称为直觉思考的思绪所包围，一直在回忆事情的过程。深入思考是需要结合细节和推论的，因此我们所说的这种思考只是精神上的窥探而已。这时候，获取招供是最容易的，当然有个前提条件，那就是法官会意识到这一点。

所有人都知道皱眉是在表达厌恶之情，可是我想应该还会有别的意思——比如如果同时发生皱眉和微笑，就会将某种不信任表达出来。为什么会这样，需要我们深刻去挖掘原因。

也许是结合了微笑着否定和皱眉敏锐观察了吧。可是不管在什么时候，这样的表情都具有可靠性，都意味着疑问。因此你千万不要相信做出该表情的人，真相信他听见的话。假如你在自己身上做一个实验的话，你就会发现自己在做这个表情的时候，在不由自主地告诉自己"嗯，好吧，那一定不是真的"或者"看看，这个谎真是撒得够大的！"之类的。在证人和被告面对面对质，特别是当证人相互对质的时候，最会出现这种情况。

眉头将要皱起却没有皱起，而且眉毛上扬意味着难堪，这种情况出现的概率不高，可是，总会出现在发现某种新奇和难以解释的事物时，或者在自己的话被曲解时，其实在所有需要更准确的生理、心理视觉清晰度，而需要将表面的影响因素排除出去时，在某个被告声称某事——像他对某条论述为什么可以证明自己有罪表示不理解的时候，这种表情就显得非常重要了。假如他真的有罪，那一定对犯罪的情况及其描述非常了解，这样即便他反复说自己不理解，事实上他要么是想证明自己是清白的，要么就是想为自己再编造一些谎言。假如他确实是清白的，那就有可能是他确实没有搞懂论述的意思，因为他的确不知道当时发生了什么。于是他就会皱着眉，在论述一开始听得很仔细。而有罪的人可能也会表现出听得很认真的样子，可是他不会皱眉，因为不需要看得更清楚，他已经对整个过程再清楚不过了。对于犯罪学家来说，对某人在自己生命历程中是否感到很焦虑或者备受打击，还是漠不关心加以了解非常重要。有关这一点达尔文就提出，要把眉头扬起来，就要收缩某几块肌肉（比如说眉毛和鼻子锥状肌的肌肉，就可以上抬或下垂眼睑）。收缩的实现，是借助眉毛中间的束状肌肉强烈聚拢来完成的。因为肌肉收缩，眉头提高了，因为收缩眉毛的肌肉同时眉头又被聚拢了，眉头紧皱就可以看到肌肉团块。于是，斜纵不一的皱纹就会短时间出现。大部分人不加训练就可以做出这种表情，很多人永远不可能自发地做出来，相比在男性中，在妇女、儿童中出现的频率更高。要牢记的一点是，皱眉一直都是精神疼痛的代表，而不是肉体。有意思的是，皱眉和嘴角下垂是同时发生的，这是一个定律。

要对这些表情动作有更加深刻的了解，就需要了解在某种精神状态下被牵动的是某些而不是其他肌肉。皮德里认为原因是，使得这些肌肉收缩的相关运动神经和相应的运动中心紧紧相连，这些肌肉支撑着感觉器官。后半句话当然是对的，可是前半句话就值得怀疑。很明显，任何一种表情动作都离不开大量纤细的、有强大运动力的肌肉合作，这样才能从精神状态出发作出反应。也许身体其他部分的肌肉也做出了贡献，只是我们没有发现而已。可是即便有，这些动作也不太重要。

有这样一条普遍规律：所有喜悦和激动人心的表情（哪怕是惊讶）出现时，前额皮肤都会上扬，而鼻孔、眼睛、眼睑在痛苦时则会反过来。相比很多我们觉得很重要，可是对其意义却不太了解的表情，我们更能快速地识别这条简单的规律。哈里斯说过，所有脸部的动作都是这样的："动眼神经是高级运动神经。刺激先是抵达这里，眼睛瞳孔的样子、动作和状态中最先把最微乎其微的心情变化表现出来。如果刺激很大，就会抵达三叉神经根部，使得咀嚼肌运动，之后，这种激烈的情绪就会让其他表情都受到影响。"① 当然，没有人可以得出这样的结论：假如有最完善的面相学出现，我们就可以将所有困难都克服掉，可是只要稍加留心，它就能极大地帮助到我们。这种帮助对于我们来说的确是需要的，即便它只在当时有用，就如同拉·罗彻付克德所说的："对所有人的共性加以了解，相比对某个人的个性加以了解，前者要难得多。"

---

① 《瓦格纳简明词典》，第三册，第一条。

第 21 节　手

从重要性这个角度来说，观察手部和观察面部是一样的，而在某些情况下，甚至前者还要重要一些，因为手差不多什么刺激都不需要。一只手也许是细腻的，也许是粗糙的，也许是白皙的，也许是暗沉的，指甲也许被精心修剪过，也许像个爪子。手的外观也许会变，可是形态和特点却是固定的。做了 1000 次表情纹以后，面部最终也会形成真性皱纹，最后哪怕在内心状态并不是这样时，看上去也会是这样，可是手就不一样。时常像假信徒一样翻白眼，脸庞最终也会看起来不太善良，或者最起码是虚伪，可是每天双手合十祷告一次，即便一年也不会有人从你的手上看出来祷告。可是人的手没办法伪装这一点即便被我们了解了，看上去好像并没有什么意义，因为我们几乎没办法对不同的手加以分辨，可事实上，除了面部以外，手是最有区分度的器官了。有这样一条普遍定律，不同的原因会导致不同的效果，因此从后者就可以推导出前者。因此假如我们对人类手部的不同特点加以观察，就必须知道有什么影响是与之相对应的，可是因为我们不可能逐一去了解这些影响来源，于是，就可以得出这样的结论：它们源于不同的精神状态。

随着时间的流逝，从心理学角度来说，对手进行过研究的人，对于手所传达的信息都深信不疑。最终，当手相和面相发生冲突时，他才会有所疑问。假如这时他觉得相比脸来说，手更真实一些，而且如果来源于手的信息差不多都是对的，亚里士多德所说的话就会浮现在他的脑海里：“手是人体器官中的器官，工具中的工具。”假如这句话是对的话，最有力的工具和主人的精神状态一定有着最紧密的关联，假如真的存在这种关系，二者之间也会有沟通。如果手只是一种物理构造的话，牛顿怎么可能说出“即便没有别的证据，拇指也能说服我上帝的存在”这样的话来了呢？

而我没办法轻易断言从这个角度可以推导出多么重要的原理。也许从科学角度来说，最正确的做法就是，非常认真地把观察到的材料收集到一起之后，由专业调查材料的解剖学家来审核，再请装备足够好的人去将人人都熟知的手部照片收集到一起。假如我们所拥有的材料足够多，对重要的原理进行推断时，也许就可以验证贝尔、卡鲁斯、德·阿彭蒂格尼、阿伦、戈斯曼、利尔施、兰茨贝格[①]等对此的论述了。可是他们的论述本身也存在冲突的地方，因为他们说的基本原理还不能将一套完整体系发展起来。可能没人会对一些更常见的说法表示怀疑，像魏克曼就曾经说过，美丽的时候通常和美丽的灵魂相对应，或者像巴尔扎克所说的，智慧超群的人的手都很漂亮，或者说手是人的第二张脸。可是如果真的对应起来，就会让很多人心生疑问。比如，埃塞尔用“基础的”称呼劳动者的手，用“运动的”称呼有肌肉的手，他觉得这两类人的意志力都更强、目的性也更强、灵魂更弱、性格更加细腻。因此“敏感的”手通常是乐观的个性的代表，“精神性的”手则将美丽的灵魂和珍贵的精神表现出来了。[②]

可是即便这种分类再正确，也很难确定其描述出的不同意义符号，特别是因为被命名的对象在出现时，压根儿不会以最明确的被定义过的细分特点展现出来。其中的界限并不是硬性的，就如同某些性格特点，当某一组特征差不多和另一组融合到一起时，就很难对它进行表述和确认。而且如果不能以某个系统的、对现在来说还很遥远的处理法则为依靠的话，也许我们还得以因为频繁出现而看似可靠的观察法为依靠。

赫伯特·斯宾赛通过总结，得出一个对犯罪学家来说心理学意义不太明显，可是却非常重要的一个推论，他说祖先用手工作的人的手的重量都比较强壮。相反，如果祖先没有太依靠手，那么他们的手就又小又细腻。于是，犹太人小而美的手，在吉卜赛人中非常普遍的形状完美，可是差不多很小的手，都是继承了高种姓的印度人，还有所谓拥有种族手的真正的贵族也是这样。劳作，甚至颤抖、弹钢琴等，都会让手的形态得到改变，这是再清楚不过的事实，因为长时间的练习会让肌肉变得强壮，经过更多的摩擦，经过日晒雨淋又没有用心护理的皮肤会变得粗糙。大家都知道，物理特性来自继承，在研究各个种族的时候，我们都可以发现，所以有经验的人看一眼某人的手，就可以找出很多与之日常生活相关的事实，这一点都不奇怪。有粗糙的、低贱的、敏感的和肥胖的手，不会被人怀疑，而饱受摧残的、有灵性的、精致的、细腻的手，又是众人皆知的。当然在对手进行描述和区分时，

---

① C. 贝尔：《人类的手》，伦敦，1865 年。K. G. 卡鲁斯：《论不同的手的成因和意义》，斯图加特，1864 年。德·阿彭蒂格尼：《手指论》，巴黎，1843 年。阿伦：《手相学手册》，伦敦，1885 年。戈斯曼：《男人的手，女人的手，小孩的手》，柏林，1892 年，1893 年，1894 年。利尔施：《左手》，柏林，1893 年。J. 兰茨贝格：《基于人外形的占卜术》，柏林，1895 年。

② W. 埃塞尔：《心理学》，明斯特，1854 年。

不能采用某种特殊的分类，海伦·本彻对此提出了自己很公正的评价：“从十万分之一双同样好看的手中，谁又可以发现其中的秘密呢？”

可是，一直被精心护理、优雅的手通常会让我们受骗，这一点也让人啧啧称奇。应该说，农夫的巨大的拳的特点是人人皆知的，那往往也是意味着和谐美好、宁静和可靠的手。我们觉得他是真诚的、可靠的，可以将自我真实地表达出来，果断、理解力强，而且往往能够说出美妙绝伦的语言的人。这种信心不仅是从他常年劳作的事实中来，还从他的手所传达出来的稳定和决断中来。此外，我们会厌恶一双精心呵护、白里透红的绅士的手，原因可能是这双手的状态或形状我们不喜欢，又或者是其指甲让我们想到了某种不太好的经历，又或者是因为手指位置的问题，还是其他什么原因。我们会得到提示，只要在正常范围内，这种提示并不是没有道理的。某些特征一定会将这个人的个性表达出来：冷漠、高傲、心硬如铁、会冷静思考、贪心不足，这些品质就如同善良、坦率、有风度和真诚一样，一定也会在手上表现出来。

对于一只女性化的手的美丽，我们极易感受到。我们可以从手感受到温暖、柔软、驯服、精致和诚实。

最起码就现在而言，要想对这个现象进行解释、进行科学分类并作出系统结构很难。这种现象是身体之间的一种传达，尽管可靠，可是解释起来却非常困难。从来没有用心观察过的人，即便看得很认真，可是可能依然看不出个所以然，因此这种人就把这一点排除在外吧。可是非常相信这一点的人，要小心不要过于夸张，也不要太迟疑。假如要给学些手的语言的人提一点建议，那就是在什么应该做什么不应该做的价值判断时，不要太追求速度，要小心处理，运用之后的经验进行证明。对手特别是手指的动作进行追踪非常有意思，我并不是说那些外在的、和手臂一起出现的动作，那些是能够装出来的。我说的是从手腕开始，只是在手掌部分出现的动作。研究这类动作就要对儿童的手——那种从来没有经过训练、没有技能、处在最原始状态的手加以关注。双手握住或者用手指向自身特别是指向嘴的动作，最能将某种欲求表达出来，这类似于孩子吮吸乳房。达尔文在小猫身上也看到过这种动作。

男性化的手的动作往往太笨重、太迟缓，很明显，还是女性化的手可以做更加精细的动作，特别是那些活跃的、紧张的、神经质的女性的手。这就是看一个人的手比听他说话还要有用的原因所在。很显然，放在膝盖上的手并不能说明什么，可是用力克制住的怒火，却可以让手慢慢紧握，变成一个拳头，或者手指极有特点地前屈，似乎要挖出某人的眼睛一样，或者两只手非常痛苦地交叠，或者其他四个指头的指腹从大拇指指腹自然地划过，又或者是几个手指不连续地、紧张、不耐烦、恐惧地一直活动，还有可能整个手就像非常欢脱的猫的爪子一样，一会儿张开一会儿握紧。

经过认真观察，我们会发现脚趾也可以对很多问题进行说明，特别是那些穿着特别时尚的鞋子、可以自由活动脚趾的女生。如果生气时，跺脚的动作幅度太大了，这些女士就会把脚趾紧紧地朝地面压；而感到难堪的时候，就会把脚底重心略微向内转移，用脚尖点地；缺乏耐心则表现为脚跟和脚趾之间的重心不断切换，而且速度越来越快；轻蔑和欲求则会把脚竖起来，直到鞋底完全和前方相对，脚的重心全部落在脚跟上；好色者则往往表现为把一只脚伸出去，胫骨略微伸向前方，所有脚趾都把鞋底紧紧扣住，就像一只猫起来很惬意的样子。这类女人往往什么都不说，表情上也不会有什么暗示，也不会做什么手的动作，而她的脚却说明了一切。这就充分说明内在经验一定会从外部表现出来，而脚是最常见的表现途径。

因此，我们一定要记住，那些声称自己工作很努力，事实上却想不劳而获的人，像盗贼、赌徒等，要多加留意他们的手。《我的司法检验官手册》可以给大家用作笔迹学价值的参考。

第二章　定义理论的条件

主题 1　推理

第 22 节

心理学这一学科，以人类灵魂为主要的研究对象，旨在发掘人类思维是如何产生的，以及其内在的联系和规律，换句话来说，心理学所研究的正是生命存在的整个意识过程。只要思维在获取客观实用的知识时所采用的规则和原理是符合逻辑的，那么不管思维当中的联系和规律是否能够包含或反映出思维对象的客观形态，所有那些对思维本身的规范性进行探讨的问题，实际上都不能算作心理学所研究和探索的范畴。正在发生中的真实的精神事件，才是心理学要研究和描述的对象，心理学的目标就是将其进行细致的分析，抽丝剥茧地找出其中最简单的构成元素，并且，因为唯有那些需要借助于心理学进行推理的问题才真正与我们有所关联，所以我们需要做的，就只是找出一些能够对这样的意象和问题进行解释和定义的规律，也就是说，弄清楚在实现意象和问题之间结合的过程中，精神到底是怎样发挥作用的。从物质层面对这一问题进行研究，也就衍生出了心理学。这个问题也具有其法律层面的内涵：一般来说，推理的过程和论点都是非常纯粹的，无论是从形式上看还是从理论上看都精确无误，可是心理学层面上的推理过程和推论观点，却始终充满了各种各样的谬误，即便运用任何逻辑也无法使其得到更正。因此，我们不得不认真思考那些影响我们推理方式的条件，最起码也需要对其中最为重要的条件仔细斟酌一番。

律师有权在自己的研究范围内对这些问题进行探讨——这种制度是非常

现代化的。依照希勒布兰德的说辞来看，现在，有关于知识的一些观点和结论已经产生了精确的细分，并衍生出了各种各样的知识理论，甚至也包含某些特定领域中的一些特殊知识需求。[①] 如今，那些学科开始专门对某些特定领域的学术问题进行研究，已经抢占了过去拥有专业技能的、超出单独学科内涵之上的知识分子们的地盘。我们所面临的问题之所以十分特殊，是因为我们要像其他学科一样，必须从摆在面前的材料或者我们自己努力找到的材料中推导出一个结论来。假设我们现在面临这样一个任务，就是对自己工作的基本原理及其产生的效用进行审视，那么我们需要采取的做法，就是问清楚这一过程到底是基于自发还是法律所进行的，确认完这一点之后，我们就可以询问现在的情况到底会受到哪些心理学原则的影响。的确，有些人曾说过，思考绝不可能通过某些规律而习得，它是一种天赋，只能先天获取。可我们的所作所为，并不是要教会推理者学会如何思考，而是要弄清楚别人进行推理的过程：对方是如何进行推理的，这推理本身又有什么意义，又是怎样影响到我们的最终结论的。我们当下的这个时代，甚至允许对案件和推理一窍不通的人来对极其重要的刑事案件进行最终的裁决，这是相当大胆的制度，所以，我们身上担负的责任就更大，需要采取更加细致精确的方法来对证据进行检验，才能把能经受住反复推敲和检验的证据提交给陪审团。

陪审团制度提出一些要求：在进行庭审的时刻，法官必须首先完成一项任务。但是，似乎这项任务并没有得到人们确切的理解，有很多自以为是觉得已经合格完成任务的法官所采取的做法，往往是直接把一大堆有可能是证据的资料提交给陪审团，自然，法官肯定研究过这些资料，可是却眼睁睁看着陪审席上那些什么都不知道的人——他们有可能是头一次走进法庭，或者是头一次与罪犯面对面交流——主宰他人命运，作出最后的判决。如果一位法官对于他自己这样的做法感到满意，那么无疑他是不称职的。而现在，这种情况要比从前更严重些，法官必须要从心理学的各个层面分析和检验手中的一切证据，找出其中所隐藏的线索，查漏补缺，克服各种障碍，经过验证之后，这些材料最终才能被递交到陪审团成员们的手中，而此时留给他们做出审判的时间，只不过剩下短短几个小时。希勒布兰曾经这样说过，有很多看上去“不需要去证明”的事情，实际上其背后只是依赖于人们在日常生活中上百次重复的经验而已，这些经验是特定的，那种想当然地认为某件事情

---

① F. 希勒布兰德：《建立假设的原则》。

是不言而喻的印象，往往发生在偶然的直觉中——觉得某件事应该是真实的。最复杂和最抽象的概念，到底是怎样从感官感受中得来的，对此，休谟已经进行过详细的论证。因此，我们一定要对其中的关联进行探究，唯有对一切跟我们工作相关的心理过程进行探讨和解释，我们这一学科的任务才能得到圆满的解决。

第 23 节　证明

米特迈尔在《德国刑事诉讼中的举证原则》中提出："作为证据的一种手段，一个词语可能在法律意义上具备的所有内涵，只要它有可能依法被法官使用到，都需要对其进行仔细的验证和推敲。这样的推敲可以帮助我们获得那些我们认为法官所认定的必要的确定性和与他的判断有关的事实。"① 在这段话中，我们只需要对"依法"这个词语加以解释，因为不管是根据实际情况来说，还是根据逻辑和心理学原则来说，推理的"来源"和确定性必须既要有形式上的表现，还要借助于能够被证实的方法从实质上符合法律的规定。举个例子来说，假设推理的基本来源是：（1）公正检查的前提；（2）证人的表述；（3）部分供认的表述。那么必须要满足下面的情况，才能算是符合法律规定的：依照明确的规定或者既定的形式做出的，并且证人数量充足，不同的证人都对某个问题做出了相同的表述，或者按照法律规定的流程获取了某个证词。尽管在法律层面都满足了要求，可还是有可能出现结论有误，甚至所有的证据都没有价值的状况，即便在整个过程中所有人都没有故意隐瞒或撒谎，这样的结果也是有可能出现的。这样一来，案件的裁决就需要依靠某位未能了解到案件真实情况的法官进行主观判断了。其实这整个过程中不见得一定存在某些错误——比如证人提供的信息错误，或不当观察等。真正的问题很有可能在于，在审查最开始的时候已经被普遍接受的预设，到对前提的公正性进行确认时，却发现这一预设变成了一项清晰准确的条件，就好像原本已经清晰认定为存疑的材料，后来却被证实是有误的。但是，这种被称之为"地方审查"的过程，普遍会被当成是"客观的"，大家会默认它是用以间接解决某些问题的手段，即便有些人明知道只要改动下时间，整个情况就会发生翻天覆地的变化，没有任何人会主动想着去改变或

① C. J. A. 米特迈尔：《德国刑事诉讼中的举证原则》，达姆施塔特，1834 年。

矫正这样的状况。地方审查是不可能完全客观的，就算它真的非常客观，就只是利用各种抽象的标志和符号所记录的枯燥的表述，那也毫无价值可言。如果想要让其产生作用，那么不管是什么样的地方审查，都必须准确把握和描绘出当事人的精神状况和心理变化。从另外一个角度上来讲，还需要将读者引入到实际的场景中来，让他们身临其境，甚至在量刑和判决的时候，也要对当时的具体状况加以表述。除此以外，还需要对法官的心理活动和精神过程进行表述，并且依照心路历程的顺序，将自己看到的具体证据展示到读者面前，这是由于读者的角度与法官不同，往往会有不同寻常的发现，以此也可以对案件的真相本身加以修正。举个例子，如果发生了一起火灾且有人命丧其中，而我主观认为这起火灾出于意外，是无心之失，那么我按照这样的假设来进行地方审查时给出的具体表述，一定跟那些了解案件内幕知道这起火灾是故意纵火杀人的人所做出的具体表述大相径庭。庭审过程中会将地方审查的表述当作重要证据进行宣读。只要这些地方审查符合法律规定，且取证过程和取证形式正规，取证内容无误，就必须要在庭审上宣读出来。可是我们基于常识和现实的经验，完全可以确定，唯有在作者清晰地知道所有读者的观点，且读者的观点符合逻辑，也符合心理学原则的时候，才可以判定它是正确无误的。这是一种重构性的工作，在我们所有心理学任务中，它是最艰难的一部分——但也是不可或缺的一部分，毕竟我们不愿意违背常识，草草定案。

对证人所供述的证词进行判断和解释，也是基于同样的流程。倘若我做出的判断完全是从证人所提供的证词中得来，倘若我已经拿到了足够数量的证人，且传唤取证的方式也都合法恰当，其中并不存在任何歧义的地方或导致其产生错误的可能，特别是当所有的证人提供的证词都是统一的，指向同一个结果，中间并没有矛盾的地方，只有这样，我所进行的判断才是正确无误的，从法律上讲必须如此。当然，人们内心经常会充满重重矛盾，而程序是一种被大家普遍践行的规则，大多数情况下人们都是漫不经心地对待它，并且很少会从逻辑和心理学上对拿到的供词进行检验，这种概率非常之小，所有这些都表现在没有认真地审查内在的心理矛盾且往往集中在那些特别容易被忽视的现象当中。关于这一点，我们可以拿出很多证据来，甚至我们可以从一些非常夸张的经常被人们认作是笑话的案子中得到启示。我们假设，有一个人做梦梦见自己的头被砍了下来，而这个梦给他带来了负面的影响，导致他中风死亡了，但是重点是，基本上所有人都不怎么会去想：人们到底是怎样得知这个梦的内容的。还有一个相同的例子，有一个人失去了他的一条胳膊，出于绝望和无助，又用斧子把另外一只胳膊也砍掉了，因为他认为这样就能够更加轻松地得到他人的怜悯，获取帮助，可是面对这样的情况，依然没有人想起来询问“这怎么可能办到呢”。同样匪夷所思的例子还有很多，当人们在询问对方是否了解“约瑟夫皇帝和铁路工人漂亮的女儿”之间的爱情故事的时候，他们经常会忽略这个标题当中所暗含的另外一层意思，也没有任何一个人会在阅读这样的报纸时，能够发现或者戳穿这种生动的描述中暗含的绝对矛盾性。

还有很多证词也同样具有这样的问题，即便当中所存在的矛盾不是那么容易被发现。如果不对这些详加考虑就认为证词是可取的，那么人们就会评价这不假思索的轻信者为愚蠢者，倘若所有的一切都满足了上面所讲到的条件，那么从法律层面上来讲，他所做出的判定就是准确无误的。因此通过这种方式，我们往往可以推理出下面这样一种非常普遍的结论，也是非常惊人的结论：“证人证词的真实性，取决于他自己的良心，倘若他撒谎，给出了错误的证词，那么迟早有一天他会身陷囹圄，可是针对同一件事情，他可以依照自己的想法来表述，我也可以根据他的表述来做出自己的推断。”有些人这样说道，而这种人心里面最真实的想法，其实是想告诉大家：“我藏身在法律背后，可以对当下这个案件进行裁决，任何人都无权责备我。”但是倘若非要说像这种案子不存在真实性的证据，也是说得通的，这是由于，只有一种证据形式的存在。唯有在证词经受住逻辑和心理学的验证之后，且确认了证人愿意说出真话且具备说出真话的能力以后，他提供的证词才能变成实际被采纳的证据。自然而然的，就跟米特迈尔曾经说过的那样，证人所提供的口供，需要借助于证人本人以及其他一些证据之间的一致性联系来进行判断，不过这种方式并不能算作唯一的判断方法，甚至往往也不是最有效的手段，因为我们常常会在最初的时候就找到更加重要的内在测试方法，但是随着对事情进一步的探究，最终的测试结果就不能被看作是结论性的内容了，这是由于，对两者进行对比之后，可能会发现其中存在着不一致的地方，可是却不能据此准确判断出存在矛盾的双方到底孰是孰非。我们必须借助于对单个证词的表述、每一位证人的真实意愿和表达能力、包括其本身的关系，以及与所有相关资料之间的联系，才能判定其正确性。

现在让我们来探讨第三种假设的情况好了，也就是所谓的部分招供。普遍说来，必须要从其本身的特性来对部分招供的价值加以判断。招供只能被当作证明的手段，并不能被看作证明本身——除非所供述的内容与其他所有的证据存在一致性，是互相符合的，它才会变成实际的证明。可是至关重要的一点在于，招供必须要借助于内在的一些测试，换句话来说，也就是必须要经过逻辑和心理学一致性的检验。这种程序是非常必要的，尤其是对于一些特殊的招供：

1. 不具备动机的招供；
2. 部分招供；
3. 暗示其他人犯罪的招供。

1. 不具备动机的招供。通过席尔在《归纳式研究的方法》中提出的证据科学：所谓的追求逻辑，并不是追寻证据，而是要将证据中的要素加以提炼。[①] 这一点用在对招供的描述上是非常准确的，只是要将逻辑改换成心理学的范畴就行了。普遍来讲，有许许多多的命题只要没有人提出质疑，就会被默认是真实的，而许多招供也会出现同样的情况。有的人招供了，那就代表着他肯定犯下了罪过，所有人都不会对这一点有所怀疑，基于此，招供就变成了事实。可是一旦有人对招供本身进行质疑，不管这种质疑到底有没有准确的依据，那么这个问题就会变成完全不同的新问题。最开始，只要有人招供都会被认作是证明，可是现在，招供必须要经过心理学方面的检验和审查才能加以判定。

不管在什么样的案件中，想要辨别出到底是真招供还是假招供，最显而易见的一个基础就是弄清楚背后是否存在清晰的动机，可是动机往往不那么容易被发现，不过也并不是说动机永远就没法找到，只是人们经常无法立即就弄清楚背后的动机而已。可是，只是单纯地认定如果背后不存在特殊的原因或理由，人就绝对不可能招认的话，这一点证据还是不太充足的。像这样的假设，很有可能大概方向是无误的，可是其最终的结局并不必然是正确的。如果必须要对招供的内容进行检验和确认，就必须弄清楚其背后的动机。只是证明存在这样的动机是远远不够的，我们一定要从所有一切有可能导致动机产生的因素来对这一现象本身进行理解，而对这种动机产生的因素进行探究的整个过程，完全是出于逻辑层面上来进行的，一般情况下，需要对各种各样的情况进行类比并进行推理，它是间接得到的结果。更本质一些

---

① 席尔：《归纳式研究的方法》，布劳施怀希，1865 年。

来讲，我们借助于不断的否定来证明真实的动机，不过也有可能借助于对某些孤立的、有可能存在的判断加以联系，从而确认真实动机。所以，我们就可以将在社会中能够想象到的所有的动机进行整合，据此来对招供行为本身进行探讨，在这所有的动机，或者说是大部分的动机当中，都可能存在绝对不可能实现的或者不能充分实现的矛盾，而我们就能从中推导出一个或者几个相关的结论，进而推导出一个接近本质的、归属于心理学范畴内的问题。这个问题并不是轻而易举就能够总结出来的，并且，由于招供了以后，当下已经不再有其他矛盾之处了，因此在犯人招供之后再去搞清楚动机的话，其危险性是相当巨大的。“多次重复的内容其实就已经被证明了一半。”这句话虽然说得很简单，可是经常会引发许多谬误。唯有在同时满足好几个条件的状况下，也就是说——从心理学层面能够推导出这样的结论，而招供者的心理状态以及外在的状态跟供词本身能够联系在一起不存在矛盾，且起码这样的犯罪动机是有可能成立的，那么这样的招供，才有可能是真实的招供。想要做到这一点，就绝不能在没有证据或者证据不足的情况下就给供认者定罪，因为如果招供者没有动机，那可能他的招供就是虚假的，也就不能被视为证据。

2. 部分招供。部分招供是更难处理的一种招供类型，这不仅仅是因为想要弄清楚招供人到底隐瞒了什么证据没有供述出来比较困难，还由于他有一部分内容没有招供，会导致他原本招供出的问题也变得惹人生疑。即便是在最简单最不言而喻的案件当中，即便招供的原因和保持沉默的原因都是显而易见的，其中也有可能存在各种各样的谬误。举个例子来讲，有一个毛贼供述，所有从他那里搜出来的物品都是他偷的，可是还有其他一些失窃的东西，却并非出自他的手笔。一方面，他自己本身的确有侥幸脱罪的期望，希望能通过这样的证据漏洞实现自己的利益最大化，毕竟从他的身上并没有搜出其他的失窃物，因此想要证实他偷了那些东西，的确缺乏证据。尽管这样的情况已经相当常见了，但也的确存在其他的可能性，一种可能是这个毛贼想要把这些罪行归结到另外一个人身上去，所以自然而然地只肯承认自己已经被指控的部分罪责，因为对于他是否犯下了其他一些罪行，要么没有证据，要么证据不足。

还有一种招供的原因是：故意表达出一定程度的恶意，掩盖自己真实的罪恶动机。倘若这样的部分招供是由某个或许已经对法律有所了解的人所做出的，那么不管他是基于自己过去的经验还是基于什么其他的原因而有了这样的认识，我们都有足够的理由怀疑他此次招供的真实性。像这样的情况经常性地表现为被控告的人愿意承认犯下的一系列罪行，可是却在不具备明确理由的情况下，对其中一小部分罪行进行否认。他可能已经承认了自己在某一次攻击事件中犯下的很多行为，可是却不愿意对事件当中某些不值一提的细节进行探讨。如果在这样的情况下交由陪审团对这个人进行裁决的话，那么肯定有一半人会坚持认为，既然他已经犯下了偷走12件东西的罪行，那么另外两个肯定也出于他的手笔；还有一半的人则坚持认为，既然这12件被偷的东西他都承认是自己偷的了，如果剩下的两个也是他偷的，那他还有什么理由不承认呢。一般来讲，这两种立场的陪审员都各有各的道理，而且毫无疑问，两种观点都是正确的。作为一条规律，要对这样的案件进行审查，毋庸置疑是十分困难的，且往往收不到什么成效，毕竟A这个人到底偷了14件东西还是12件东西，只是一些细枝末节而已，对他犯下的罪行和最终的判决结果来讲，简直无足轻重。可是我们必须记牢一点，当一个人根据到底有罪还是无罪为自己辩护，可不是一件无关紧要的事情。或者更细致地说，特别是在牵涉到另外一起案件的时候，某个人是否因为现在看上去无足轻重的事情而被判决有罪，就显得格外重要了。我们可以这样假设，有一个小偷否认自己偷盗了一件小东西——可能不值什么钱，只是有些特别——假设就是一本古老的祈祷书吧，倘若现在这个小偷又被卷入了另外一桩指控他抢劫的案子，而他拒不承认，可正好这桩抢劫案中也牵涉到一本古旧的祈祷书，那么在之前那桩案子中对他是否偷盗那本旧祈祷书的判决就有了新的意义，不再是无关紧要的细枝末节了。倘若之前的案子中判定确实是他偷的，那么这个小偷身上就自然而然地烙上了“对古旧祈祷书具有超乎寻常的热情”的印记，也就在第二桩案子中具备更大的作案嫌疑。

这种判决的重大价值，同样体现在对持有赃物的问题所进行的探讨上。我回想起在之前的一个案例中，曾有几个人犯下了偷盗一种名为fokos的匈牙利手杖的罪行（这种手杖的顶部看上去是斧头的形状）。后来在那个地方同样出现了另外一起利用这种手杖行凶的谋杀案，所以这些小偷就成为了首要的嫌疑人，最先被调查者怀疑——很有可能出于之前他们所犯下的偷盗罪行，导致他们手中存有相关的手杖。那么我们现在假设，在之前的这个案件中，有一个小偷承认了其他的偷盗行径，可是就不肯承认是他偷了手杖，并且他当时就是按照这个供词进行定罪的，那引申到现在所探讨的这个案子中来说，那些相关的因素就有了非常重大的价值。毫无疑问，在对新的案件进行审判之前，任何人都不会仔仔细细地去把原来的案子再审上一遍，毕竟两个案子之间相隔了很久，从时间上来说也很难重新再审原来的旧案子，并且重审也不见得有多大作用，这是因为所有人都会对从前判决的结果有所印象，也都会理所当然地认为，某一个人既然因此被判定有罪，也就代表着他的确犯了罪，就算他被判定的罪行当中包含有一些他未曾供认的罪行，也就算事实并非如此，他的身上依然沾染了这样的污点。

我们从经验中可以得出一些观点，例如某一个人被窃贼光顾之后，会把所有自己找不到的东西都算作是这个盗贼的手笔。可是事实上，有些东西或许是在这起案子发生之前就已经丢失，或者也有可能是在这个案子发生之前或者这个案子发生之后那件东西才丢失的。所以被窃家庭中的仆人，有的时候或许是他们家的孩子，也或是一些经常到他们家走动的朋友，会把这起失窃案件当作一个合适的契机，用以对自己照顾不善或者就是被自己偷窃走的物品来进行解释，并且把这些罪行全部栽赃到“那个窃贼”的头上。除此之外，人们经常会夸大丢失物品的数量，因为这样能够得到其他人的怜悯，也会得到其他人无私的帮助。一般情况下，我们必须承认，愿意招供的人在面对那些不会使他的刑罚有所加重的罪行时，往往没有任何理由进行否认，常常会保持坦诚的态度，这倒不是出于什么心理层面的因素。不过一定要仔细考虑供述者的招供对其量刑的影响，并且我们需要从犯罪人也就是被告的视角来对这个问题进行探讨，而不是出于审判者的层面来看待同一问题。因此要对被告的想法以及他看事情的角度进行分析，不过这些被告人看待事情的角度往往相当扭曲，举个例子来讲，有些人不愿意供述他的一些罪行，只是因为出于自身的固执，冥顽不灵地相信如果自己一旦供述就会在量刑的时候被加重刑罚，虽然这并没有多大的影响。真正的事实则是“那个偷窃了一样东西的人，所有的东西都是他偷的”，这个推论自有其存在的道理。

3. 暗示其他人犯罪的招供。倘若犯人招供的供词牵涉到另外一个共犯，且那名共犯坚决不肯承认自己的罪行时，对招供人的供词进行分析就显得困难重重。首先，必须弄清楚供词中最单纯的核心主题，还要考虑并剔除一切有可能使招供者通过拉别人下水的方式进行脱罪的各种因素。如果跟其他工作比较来讲，这份工作还是比较简单的，毕竟这部分工作主要由犯罪者真实罪行的实际情况来决定。不过要弄清楚招供者招认出有共犯的行为会导致自己最终承担多么大的责任，就很难判断了，毕竟能够让这一类型的案件真相大白的办法只有一种，就是按照事情的顺序从头至尾地推导一遍——当然，两种有可能的方式都要进行推演。对案情进行仔细推导的第一种方法是不将共犯考虑进去；第二种方法就是把存在共犯的情况考虑进去。在这种情况下，想要完全摒除附加情况的影响，无疑是非常困难的，这是因为我们必须要全面掌控手中的材料，另外一点也是由于现在已经确切知道某件事情的发展经过以后，人是有先验心理的，想要把这种已经得知事实真相的干扰完全排除掉，得出独立的另外一个结论，在心理层面上确实很难实现。

如果这一点真正能够实现，并且可以从自我控诉中找寻到一些对案情的推演有积极作用的元素，那么这个问题就会转化成必须弄清楚以招供者的角度来看到底为什么把共犯供述出来，这样做有什么意义，是出于报复，还是仇恨，嫉妒，艳羡，恼怒，质疑，以及其他种种情绪？这些都有可能对招供有所影响。某一个人愿意把自己的老搭档供述出来，或许是因为他们之间分赃不均，出于仇恨才这样做；也或者是由于想起自己的搭档那个时候所进行的一些危险愚蠢的行径来越发愤怒。同理，更加普遍的一种状况是，招供者出于嫉妒心理而指控对方，好把对方拉下水和他一起坐牢，这样对方就不能出卖自己。生意上的某种嫉妒心也有相当大的影响力，这跟阻止其他人独自占据某些赃物的想法，或者是有人一个人完成了双方本来计划合谋的抢劫计划等是一样的。像这样的动机要挖掘起来其实并不简单，但是这些也都是情理之中的。不过也有很多不可思议的案件，其中被牵涉的一些人是因为完全不明白“替代价值”的内涵才招认出跟共犯合谋所犯下的一些罪行。在此我只举一个例子好了，由于此案中涉及的人物早已离世，因此我在此会破例说起他们的名字，并把这个故事的匪夷所思之处介绍给大家。在 1879 年的某一个清晨，有目击者发现一位老人在雪地里躺着，头部遭到重创而死，这名老人名字叫作巴拉瑟斯·肯。当时没有任何理由怀疑这是一起抢劫杀人案件，因为这个老人就跟平时一样喝得酩酊大醉地返回家去，当时有人推理称他是不小心摔伤，磕到了脑袋导致死亡的。而到了 1881 年，有一个年轻人，他的名字叫作皮特·赛福莱德，跑到法院里来招供说巴拉瑟斯·肯的女儿茱莉娅·霍克和女婿奥古斯都·霍克买凶杀人，雇佣他杀了那个老家伙，因为他的女儿和女婿不愿意再忍受这个老人酗酒如命且无休止的唠叨了，因此他就按他们说的杀掉了老人。当时，买凶者承诺为他提供一条旧裤子，并给他 3 荷兰盾，但是此后却只肯给他裤子，没有给他钱，他拿不到钱，觉得非常失望，因此就把霍克家这起杀人事件的秘密供述出来。当时我询问他是否知道自己触犯了法律，他是这样回答我的：“我根本不在乎这些，起码其他人也会受到惩罚吧，毕竟他们俩根本不守信。”这个年轻人真是愚蠢至极，简直是个白痴，可是从医学和法学层面上来讲他的精神是没有问题的，可以分辨对错。而最后的调查结果显示，他所供述的内容都是真实的。

其实像这种供词中似乎不存在决定性依据的现象非常少见，在许许多多的案件中，经常很难挖掘和判断出犯罪嫌疑人选择招供的原因。唯一一种能够确认其供认动机的方法，就是彻底调查了解所有外部状况，不过大部分调查还需要依据对招供者本人和他所供认对象的特点和本质来进行判断，并以此进行值得信服的心理学判定。很明显，招供者本人的特性是最为重要的影响因素，在这层表象之下，他到底是什么样的人，他具有怎样的能力，他的情绪如何，想要达成什么样的目的，真实的意图是什么，我们需要对这些详加考虑。还要弄清楚对于他而言为何要对另外一个人进行指控，这样做到底会给他带来怎样的好处，才会使得他做出这样的决定。例如，有的人性格非常激烈，这或许就暗示出他宁可自损八百也要伤敌一千的态度——宁愿自己遭受痛苦，也要拉上别人一道遭罪。几乎在常见的状况下，情绪都可以促使一个人做出某些举动。可招供者本人到底是因为哪一种情绪才进行招认的，我们完全可以通过他具体犯下的罪行，他跟共犯之间的关系，加上他所指控的那个人具备怎样的性格等因素来探究，只要对这些进行详细调查，分析清楚各个细节间的内在联系，就能挖掘出事件深层次的大概轮廓。倘若供述者出于某种非常激烈的情绪，宁可损害自己的利益也要供出自己的共犯的话（倘若这个词在此处使用的合适的话），到这种程度，我们就只能对这个人本身进行仔细分析和探究了。不管是任何人在做出任何举动的时候，势必都会把自己的利益放在首要地位，这一点是所有人都默认的前提。所以要弄清楚的问题只在于这种利益到底具备怎样的形式，而寻求这种利益的人是否怀有谨慎而审视的态度。如果供认者只是想要获得复仇的快感，在他看来，报复仇人所带来的快感要比供认之后必须经受的痛苦更有价值，那么这其实也是一种利益上的取舍。这个问题是相对的，在这个地方的意思也就代表着采用即刻能被满足的小利益来替代某一个延迟满足后可能获得的重大利益罢了。

在确定证据方面，还有另外一组程序也有着非常重要的作用。在这样的程序当中，由于某些跟罪行本身没有什么本质关联的状况得到了准确的否定，使对证据的描述偏离正途，走向另外一个方向，如此一来，人们就会忘记证据的本质问题。倘若对方严词否认的状况被调查清楚是确有其事，那么就会有很多人错误地认为，他犯下的罪行也是成立的。这种情况的出现经常会导致很多错误，下面我可以举出两个值得信服的例子。在很多年前，越南有这样一个案件：一个非常美丽的单身女人某天被发现死在自己的房中，这个女孩在一家非常有名望的店铺从事销售工作。对她的尸体进行检验之后，显示其真正死因是急性砒霜中毒，并且调查者也在她的桌子上发现了剩余的半杯糖水和大量的砒霜粉。很明显，这些细节证据自然而然地被联系在一起，根据邻居的说法，这个女孩似乎跟一位不知道姓名的先生相好，两人已经相好了有一段时间，这位先生经常到女孩这来。不过这两个人的交往相当小心翼翼，对外保密。邻居还说，女孩死之前的那天晚上，那位先生曾到她家里来过。警察依据邻居的说辞进行了推测，认为这个先生是一位有钱的生意人，住在很远的地方，他娶了一位年龄比他大很多的妻子，因此不愿意在公众面前承认自己和死去的女孩之间存在不正当关系。此时验尸报告进一步显示，这名女死者身怀有孕。这样一来，人们关于这个有钱商人毒杀了自己情妇的猜测马上就开始出现了，富商就被锁定成了可疑的嫌犯。倘若当时这个男人马上承认自己跟这个女孩的确存在不正当关系，承认自己认识她且跟她关系很好，比如说明当天晚上曾到女孩这里来过，并解释说或许是因为女孩对于自己眼下的处境非常绝望，两人之间发生了争吵，所以女孩说起要自杀等等，那么很有可能这起案件就会无条件地演变成为自杀案。我们可以说，不管在怎样的状况下，他绝无可能受到指控，毕竟关于下毒的证据并不充足。可是实在太不幸了，这个男人给出的答案却并非如此，他不肯承认自己认识这个女孩，也不愿承认跟女孩之间的情人关系，甚至否认当天晚上曾到过这里。他之所以这样做，或许是因为他不愿意承认这种罪恶的关系，尤其是不愿意让他的妻子知道他的背叛，所以整个案件据此发生了巨大的逆转，就是因为他对认识女孩这一点进行了否认，那么所有的证据需要证实的主题就不再围绕于“这个男人是否杀死了女孩”，而是转变为“男人和这个女孩之间是否存在不正当的亲密关系，过从甚密”。同时有许多证人可以作证，见过他经常到女孩这里来，并且当天晚上他的确来过，这一点毫不例外地证实了他的身份。而他整个人生命运也由此被改写，在这起案件中，他被判处了死刑。倘若我们借助心理学的技巧来对这个案子进行仔细审视，马上就会发现，他不肯承认曾到女孩家里去过，而他这样做的动机，很有可能暗示女孩的死确实与他有关。毕竟从一开始他就不愿意把他们之间的关系公之于众。随后他逐渐对自己当时的困境有所了解，可考虑到像这样的做法实在太过大胆，自己最好还是坚持原来的想法，按照自己之前编的故事来叙述。

所以最后的结果大家已经知道了，所有的证据只是证明了他认识那个女孩，并且在女孩死亡当晚到过女孩的家里，也就是案发现场，可是最终他被审判的罪行却是毒杀了情妇。

还有另外一个非常相似的案件，案情发展过程也非常具有启发性，主要是因为凡·施瑞克·诺茨博士和戈拉什的研究涉及一些异常重要的问题（特别是有关于证人的可影响性），而显得尤其有趣，直接导致这个案子在前几年成为整个慕尼黑备受关注的案子。有一家三个女人，一个寡妇跟她已经成年的女儿，还有一个年龄比较大的女仆被入室抢劫，进而被杀害。最终作案的嫌疑被锁定在一个砌砖的工人身上，他在之前的案件中供述曾杀过一个人。此后有人注意到，在这起案件发生之前，他曾去过这三个被害女性的家中帮她们修建衣橱。把好多种事实的细节和推理预测结合起来发现，所有的证据都显示，这个泥水匠假借要对他之前所修建的工程进行检查为由闯进了三位女士的家中，他谎称要查看这个工程是否给家中其他地方造成了破坏，赢得了对方的信任。所以最后他承认自己犯下了抢劫谋杀罪。可是倘若这名泥水匠为自己辩白说："确实，那个时候我根本没工作，只是出于想找工作的目的才撒了谎进到她们家中。当时我假装对她们的衣柜工程进行了检查，后来还对她们家的工程进行了一些显而易见的修缮，她们给我付了一些酬劳。随后我离开了那里，并没有对那三个人造成任何伤害，可以肯定，她们是在我离开以后才遇难的。"倘若他说出这样的话，那么在这起案子中他就不可能被判决有罪了。这是因为，所有其他的证据都不是首要的证据，都只是次要的间接证据。现在我们假设说这个人是清白无辜的，这起案件也不是他犯下的，那么他或许会有这样的心理活动："从前我曾经被牵涉进另外一件谋杀案件中，在那个时候我身上没什么钱，遭遇了经济困境，现在也是同样的状况，倘若我在这起案件中承认在案发之前曾去过那三个女人家里，这样做无疑会给自己带来极大的麻烦，因此必须要隐瞒这一点，只能拒不承认我去过。"所以他就真的不肯承认自己到那所房子去过，甚至不愿意承认自己去过那条街道。可是同样的，由于当时有很多证人能够证明他说的是假话，所以他在案发时曾到过案发现场的这一点证据就直接指向了他有罪，哪怕他的罪行并没有得到直接的证实，因此他被判定有罪。

我并不是想说这些嫌疑人中有哪些确实无辜，或者说像这种细节根本毫无意义，不需要去证明，我只是想要指明，要小心谨慎地对待这两个方面。首先就需要把这些细节的部分和核心的事件加以区分，呈现那些细节只是做好前期的准备而已，必须要对这些细节的价值进行认真的判断，不能存在偏见。或许有的人会说，已经取得的良好成效会让司法工作者感到满足，并使他们经常性地忘记还需要继续去做事情，或者轻视那些未完成之事存在的价值。除了这些之外，我们一定要借助于心理层面的判定来寻找出有可能导致被告对一些不是特别具有危险性的细节进行否认的动机。基本上在大部分的案件中，我们都能明确地找到一个非常值得信服的理由，倘若我们不假设无条件出现的罪行，而是就事论事地对这些心中预设的先验条件进行接纳的话，起码有利于我们自己进行自我审视，提醒自己尽量小心谨慎地做事。

这种以确认不同要素为证据目标的奇怪举动往往存在危险，且这种危险发生的频率更高，程度也会更深——尤其是当某一个证人察觉到细节被证实为真相，而且把那当作是案情发展关键的时候。我们做这样做一个假设好了：如果我们传唤某个人，让他去指认一个在某一次非常严重的斗殴事件中伤害了自己的人，他就不得不对他们因何争吵这个重要问题进行合理的解释。倘若嫌疑人希望给人带去一种这种争吵无关紧要的印象，而受伤者却说他们之间吵得非常厉害，那么毫无疑问大家就会更加信服伤者所表述的观点，到那个时候众人就会接受他的观点，也就是认可那个跟他争执过的人刺伤了他。当然，像这样的假设也存在其内在的逻辑性，可就像其他许许多多的案件一样，在这个案件当中所牵涉到的心理学的难题，包括通过推理得出来的观点，以及通过真正观察发现得出的观点。也就是因为这样，在大部分人看来，如果一个人被捕了，那就可以证实这个人是有罪的。可能最开始的时候，证人只觉得A形迹可疑，值得被怀疑，可是当他瞧见A被警察五花大绑地送到他的面前，证人马上就会坚定自己的想法，认为A就是真正的凶手——即便证人自己知道A的被捕只是由于自己的证词指向了他。另外，犯人的外表特征，以及他身处的环境也会对其他人产生很大的影响，不管人们是否受过教育，在面对这样的人时都会情不自禁地思考："倘若他没犯下这样的罪，就绝不可能被逮捕送到这里来。"

第24节　原因[①]

如果我们理解"不论怎样的改变，背后都存在其原因"这一谚语，并从

---

① 马克斯·迈尔：《刑法中行为和结果的因果联系》，1899年。冯·罗兰：《刑法中的因果原则》，莱比锡，1903年。《H. 格罗斯全集》，第15卷，第191页。

这个方面来加以考虑的话，我们就能弄清楚，每一件事情的发生，其背后都存在着一系列的原因或条件。倘若没有条件或者一些条件不足，那么这起事件就不会发生。但只要这样的条件是存在的，就肯定会有所表现。犯罪学家的工作范围和责任就是要探究这些原因和条件，他们不止要探究这样的罪行和罪犯之间是否存在因果联系，倘若之间存在因果联系的话，还要弄清楚这种关联又是怎样的，且需要对因果联系的每一个细节要素之间的相互关系，以及与罪犯之间的关系进行详细研究。除此之外，还要弄清楚有关罪犯者个人的本质原因，要对他的性格进行思考，因为性格跟犯罪之间也存在不可避免的联系。我们追寻犯罪事件中的因果联系，这样的举动往往能够使我们向其他的学科靠拢，其他的学科所研究的内容对我们学科的意义也就在于此。也就是为了这些，犯罪学家们必须要对其他领域有所了解，或者这可以算作其中的一个原因。当然，任何一位正直的犯罪学家都不会只为了解而去对其他学科进行探究，他的时间很紧，抽不出那样的空闲，可是他却必须要对其他学科的研究方法进行探索。我想我们所做的，也只是借助于其他学科当中所运用到的方法，而并不是把这些学科当成方法本身。我们主要是从因果关系中学习到进行观察的方法，不管这些因果关系是出于经验的还是出于先验的都无关紧要，我们关注的唯有因果联系而已。

其实从某些角度来看，我们犯罪心理学家所担负的责任就跟古代历史学家差不多，按照已经确定的因果关系把历史中的人物和事件重新归纳顺序。在对历史的重建和构造当中，因果规律毫无疑问是其中最具有价值的，也是唯一一种最具指导意义的方法。同样的，我们也必须采用这种方法来对证据进行提炼。因此："在这样一条因果关系的链条当中，A 犯了罪就是链条的最后一环。现在我想要推导出罪行，要拿出的证据就必须是具有排他性的指向 A 犯下罪行的各种事件，如此一来，就能把罪行的全部过程推导出来。除此之外，我还需要再给出另外一些犯罪的事实，把所有可以准确地指向 A 并非罪犯的因素彻底排除掉——若非如此，这样的推导也会导致 A 顺利脱罪。"①

很明显，由于各个案件的具体情况各不相同，我们要根据案件的复杂程度来找寻其内在的因果联系，那么这些关系也就被分解成了很多次一级的任务，我们需要对每一个次级任务所提出的具体要求进行仔细探究，找寻到其

① 参见 S. 施特里克：《关于对概念的联想和研究》，维也纳，1883 年。

内在的因果关系，这是由于，不论我们从中得来的各种猜测和表述到底是肯定的还是否认的，都需要我们在过程中详加检验，确定其真假。这样一来，我们将会面临极大的工作量，可是，要在案件中获得绝对的成功，找寻确定性的真相，那么这就是唯一一种能够把各类事件进行关联且保证绝不出错的办法。正如舍尔所说："我们从所有自然现象当中观测到的一切关系，唯有因果关系这一种普遍规律像数学定律那样起到整体性作用。所有的事情，一旦开始，必然存在其相应的原因，这一点自打人类出现开始就是绝对的真相。"如果在我们自己所面临的问题上运用这一命题，只要我们绝对相信每一个现象背后必定存在相关的原因，那么我们绝不会被一些无所谓的想法所困扰，深陷其中无法挣扎。完全与之相反，我们可以马上从中抽丝剥茧，找到终极原因，并将我们在任何时候找寻到的证据中牵涉到的任何一个问题放在一起加以联系。在普遍情况下，倘若不严格地把这些问题进行拆分的话，我们所面临的任务就是双倍的，而且完成任务的质量则主要取决于是否从最初就已经明确知道罪犯的身份。这个二元论在犯罪心理学和案件当中无疑是至关重要的，如果只是对案件本身产生了片面的认识，或者法官剥离了当时的客观环境来审理案件，那么这个问题无疑会始终围绕在我们身边。

现在，我们在庭审中面临的最严重的问题就是，会在尚未察觉的状况下偏离了罪行的真实状况，有可能是由于太过焦急，也有可能是出于粗心大意。相反的，我们在庭审中所能获得的最大的胜利，就是能够正确地看待案件中的客观情况和犯罪状况。不过，想要取得这样正确的分析，主要依赖于在推理的过程中连续不断地将因果律的作用发挥到极致而已。假设我们现在就面临着一桩重大案件，从这个案子的本身特性中并没有找寻出可以代表罪犯个性的信息，一般来说在这样的情况下，我们经常犯的一个明显错误就是，会急切地对罪犯的性格特征进行分析，可是这种分析往往会比较浅薄，当时我们真正应该做的是对案情当中的因果关系进行探究。这是因为从因果律出发来看，并非每一件事情的背后只存在一个固定的原因，要不然因果律就只是简单归类的问题了。我们真正需要做到的，是从所有的原因当中寻求到一个最令人信服的、最让人感到满意的原因，而这个原因不仅要从整个案件中得来，还要符合在案件中出现的每一处孤立的细枝末节。如果我们的确找到了类似这样的原因，就需要把这些原因全部集中在一处，按照我们上面所讲述到的要求，将这些细枝末节和案情加以联系并进行整合，然后再运用到整个事件所发生的全部过程当中加以检验。

在这项工作中，我们所要进行的第二部分工作就是，当我们在研究案件的过程中找到了某个特定人物，他的某些行为完全可以解释这些案件发生的某一项可能的原因，就要将这个人当作案件的嫌疑人。同理，在一些特殊的情况下，一定要对罪犯进行检查，看这些犯罪行为对罪犯自己有什么样的影响，要调查这些犯罪行为是否让罪犯感到内心满足，或者让他出现某些情绪上的激变等等。不过最终给嫌疑人定罪的证据却不能这样模糊不清，必须证据确凿：那些证据一定要能直接指证嫌疑人犯下的罪行，并且这些证据必须是该犯罪行为所导致的必然的结果才行。在想方设法地对案情的具体情况进行明确界定以后，认真观察被告可能做过的行为相关的所有的事例，并将这些关联起来的系统性工作是非常具有启发意义的，并且对于最终侦破案件或者辩护成功有着极其重要的作用。这种行为能够使我们清楚地觉察到某些直观的感受以及其延伸出来的复制品。“对于所有相关事实的推导，似乎都需要通过因果关系来决定。我们依赖于这样的关系规律，就能够凭借自身的记忆力和感知力来找寻到真正的证据。”① 休谟在对这句话进行论断的时候，举了下面这样的例子：倘若人们在一个荒无人烟的小岛上发现了一个闹钟或者其他的机器，那就可以推导出这个岛上现在或者曾经居住过什么人。这个过程就是这样的简单。那被找到的闹钟或者一个三角形的伤痕，所有这些蛛丝马迹完全可以证实同一个结果：曾经有人来到过这里，可能由于某种特殊的工具才制造出了那个伤口，这就是所谓的因果推理。休谟提出的这个命题非常简单，可是却在法律程序中占据了极为重要的地位，因为这个问题既是固定不变的，但却始终都很有效果：在这个案件中，最后的结果是怎样的？又是什么原因造成的？原因和结果之间存在着怎样的联系？牢牢记住这些重要的问题，就能使我们获得最大的成功，只要我们愿意下苦功去对这些问题进行解答，哪怕极致忍耐突破自己的极限，忍耐到底就能让我们避免犯下各种各样的错误。

休谟还说过一个非常重要的情况，也是需要我们大家多加注意的情况，他那位睿智的门徒迈农也曾经对这一点进行过解释说明。很明显，如果不借助过去的经验，我们就很难从某些观察结果中找出其内在的因果联系，并且从某些孤立的案例当中，我们也很难探究到其内在的联系，如果是这样的话，就只能进行假设。从根本上来讲，原因是很多复杂事物的集合，而其中

---

① 迈农：《休谟研究》，维亚纳，1882 年。

每一条原因、每一个要求的价值都是非常重要的。其实像这样的状况要比表面上复杂难懂得多，因为我们必须时刻进行反思，弄清楚在观察的过程中得到的结果到底是一个还是很多个。严格要求自己审慎地对待所得到的观察结果，并对其进行精确的量化和监督，完全可以保证我们在案件探究的时候得到无偏差的结果，换句话来说，我们需要注意，在这观察当中自己到底是得到了一个还是十个结果，抑或是需要判定那些需要多加注意的想法是否完全出自自己的幻觉。

这项任务的内在还有很多极其重要的状况。首先我们需要对普通人认识和思考各种事物之间因果关系的方式进行探究。正如施沃茨所说的那样，因果关系这个概念实际上对于普通人来讲是一个崭新的名词。他们中的大部分人会自然而然地借助于因果关系来对人们在积极或者消极行为中所表现出来的因果关系进行推论，打个比方来说，把水和火放在一起进行比较，那么火就是积极的，而水是消极的，因为它会被火烧的发出嘶嘶的声响。[①] 毫无疑问，这个观察结果十分重要，而且准确无误，不过我认为施沃茨还是犯了一些错误，比如把自己的这些表述仅仅局限在普通人之中，但是实际上这些判定在复杂的自然界当中也是相当正确的。此外，我们还可以理解：要把外在现象和自我本身放在一起进行比较，这是由于我们的自我经常会表现出太过积极的模样，也有的人觉得，像那些看上去非常积极的自然现象的确偏向于是积极的。

除此之外，在外部世界当中的很多东西，比如太阳、光芒、温暖、酷寒、天气等各种各样的事物，它们看上去跟我们有着密切的联系，而且也十分重要，因此我们对这些事物进行评价，判定它到底是消极还是积极的时候，只能依据这些对象会对我们产生多大的价值来进行。但是这样做，随后会引发一系列的错误，因为我们往往会忽略掉一点：积极和消极之间是会变换更迭的，也或者说我们自己觉得根本不需要对这种积极和消极变化更迭的内容进行探究和了解，不过在我们看来，正确合理地将积极作用和消极作用之间的比例调配得当是相当重要的。如果就这一点来说，在这个世界上的任何两个事物之间永远存在着一个同样空洞的问题，也就是二者之间到底是否存在因果关系——之所以说它空洞，是因为不管怎样，两种事物之间肯定存在着因果关系。不管是在科学领域还是在实际生活当中遇到的问题，其实都

① 《物理学家、心理学家和哲学家视角下的认知问题》，莱比锡，1892 年。

是有关于因果关系到底是否确确实实存在的问题。在有相互作用的问题当中，也会出现同样的因果关系。我们还是用例子来说明好了，比如，除了一小部分比较罕见的例子以外，没有任何人会说，所有事情的发生都跟太阳存在着相互影响，我们经常会考虑到原因 A 不仅仅会对结果 B 产生作用，而且结果 B 很有可能会对原因 A 产生相反的作用。如果能够对这一种可能性进行认真的审视和思考，那么我们在案件中就能避免很多错误的发生。

在原因和结果的关系之间，往往存在着一个非常重要的谬误之处，也就是说，有一种深有影响的而又经常会出现的假设存在其中，这种假设往往认为，原因和结果之间或许会存在一些相似性——不管这种相似性到底达到了什么样的程度。因此依照 J. S. 米尔所给出的观点，奥维德就会吩咐美狄亚采用一些寿命很长的动物或者一些特殊的植物熬制养生汤品，普通人往往迷信于这种教条主义的谎言，也就是说用一种肺活量很大的狐狸的肺治疗哮喘疾病，治疗黄疸的时候就用蓍草，拿散菇来疗愈水疱，用果子外形很像子宫的马兜铃缓解生产时引发的妊娠疼痛，得了荨麻疹就拿荨麻茶来擦一擦。如果我们想让这个清单变得再长一些的话，可以把这些例子联系到天主教堂中某些神圣的守护神，很多的神明都是因为过去曾跟一些比较独特的事情产生了关联，才会被人们选中，当作对特殊情境甚至困难的保护神。因此，人们才会认为圣奥蒂利亚是疗愈眼疾的神明——虽然这种认知完全不是因为他本人擅长治疗眼病，只是由于过去曾有人用针挖出过他的眼睛。擅长偷盗的窃贼迪斯马思则代表着死亡之神，可是我们对他的了解仅仅局限于他跟圣芭芭拉一起死去；还有一张关于死亡之神画，画面上显示的是圣芭芭拉被困在一座装满了炸药的塔中，因此火炮的保护神自然而然就落到了圣芭芭拉的头上。同理，西姆罗克曾经说过，水手们相信圣尼古拉斯是他们的保护神，只是由于他的名字跟尼库斯很像，人们牢牢记住的古老德国海神的名字，也大都叫作尼克或者尼克尔，等等。

类似像这种外在的联系，虽然没有什么绝对的道理可言，可就算是接受过最好的教育、非常有技巧的人也极难避免这样的情况。这种因果关联之间的相似性会对潜意识造成某种程度的影响，所有人都知道这一点，所以自己应该努力去挖掘其中的因果关系。不过总而言之，这样的潜意识并没有太大的危险性，因为这种观念是很容易拨乱反正的，而人们往往能够轻易地注意到基于这样的因果关系所引发的缺陷，不过像这样的联系到底为何存在？极少有人能说得清楚，因为人们往往在判定这种因果关系的时候只是凭借直觉，可能是因为并没有什么特别的原因才不想对它大加探讨，也或许只是因为像这样的内在联系都只表现在潜意识层面，没有办法准确表达？所以，虽然众人都不明白其中真正的原因，却反而坚持相信自己看到了真相。也就是这样，举个例子来讲，有一个非常睿智的人跟我说过，他怀疑另外一个人是个杀人犯，而令他起疑的原因在于那个人的母亲起先也是死于非命，被人杀害。这位证人坚持这样的说辞："依据过去所得的经验，曾跟谋杀案有关的人也绝对跟这次的谋杀案脱不了干系。"相同的事情总是一再地发生，在一起纵火案中，全村人都给出了同样的指控，认为是一个男人放了火，但原因只不过是因为这个人降生在邻村被火灾烧毁的某个夜晚。可是这样所谓的真相却毫无依据，对于母亲在分娩的时候被火灾影响这样的说辞根本站不住脚，因为有人跟她说过，火灾发生在孩子降生以前。人们对那些案件进行判断的依据就是"他过去曾跟火灾有所关联"，这跟我们在上一个案子中所探讨的状况完全相同。

在数不清的例子当中，都存在着大量潜意识层面的习惯性迷信看法，人们受其影响只能找到一些错误的因果关系。他们会把珍珠看作眼泪，只是由于两者长得比较相近；而且认为布谷鸟一次叫两声或者十声、二十声的背后肯定有其独特的原因，那么也就是说，布谷鸟的叫声一定代表着什么，比如迈向死亡的年数，或者距离结婚的年数，也或者是代表财产本身，甚至是其他一些能够被计量的东西。一般说来，像这样的观点在农民乃至于我们所有人的脑海中都是根深蒂固的，因此当它故意或者不小心地显现出来的时候会对我们产生影响，而此时它的作用往往大得远超于我们的想象。经常有人会犯下这种类似的错误，不管那个人怎样在自己还没有任何证据的情况下保证自己的看法绝对无误，即便他对其进行保证的说辞令人感到匪夷所思，但是再怎么奇怪，最终造成这种现象的原因经常是一种错误的因果联系。叔本华曾经这样说："所谓的动机，就是内部存在的因果关系。"这样一来，我们当然可以举一反三地说，所谓的因果关系，其实就是从外部发现内在的动机。根据因果关系来看，人们会说这样的话也就意味着其背后肯定存在动机。倘若我们一直找不到某一个真正确切的原因，就可以判断过程中肯定存在谬误的、迷信的、还不算完善的原因，这是因为我们一直所做的工作，都是竭力找出或者构筑出事物间的因果联系，要不然就会觉得整个世界混乱至极。施特里克曾经说过："不管在哪里我们都能发现，有一些人根本不能将自己的亲身经历与相对应的正确原因加以关联，这样的人总是很难适应环境的变化，如果这人是个艺术家，那么他的画总是不会被人喜欢；如果他是一个工人，就总有总也忙不完的工作；如果他是个商人，就会一直亏损；如果他是个将军，在战争中必然会失败。”或许我们还可以在后面再加一句：“如果他是个犯罪学家，那么肯定会在官司中败诉。”毕竟，某个没能打赢官司的人，往往忽略了一些自己未曾重视的事实，抑或是在因果联系的探究中没能找到其正确的关联。想要挖掘出最深层次的因果关联，其中最难的一点并不是按照自己观察事物的角度来进行检验，反而是要采用嫌疑人本人的思维习惯和看事情的角度对这一事件进行审查。如果这一点无法实现，那么别人从这件事情中推导出的因果联系就绝不可能正确无误，很有可能会推导出大相径庭的结果。

大家都知道，我们上文中所提及的错误以非常高的频率出现在各种各样的案件中，甚至在历史当中也有着极其重要的影响。拉罗·什富科还提出了这样的观点：那些政治家们所做出的伟大的决定和举措，看上去似乎都经过了仔细斟酌，可是大部分情况下，只是由他们自己的性格和情绪所推动而产生的后果而已。在律师的日常工作当中，注意到这一观点尤为重要，基本上不论在任何时间，律师都始终从事着追寻各个案件当中产生变化的、伟大的、前后一以贯之的计划，为了坚持践行这样一种观念，他们都乐于不断建构和完善某一种宏伟而又不同寻常的犯罪理论，而并非假设原本犯罪行为就毫无计划，只是出于偶然，由于个人性格在冲动之下产生的后果。所以，这样的思维模式往往会使得那些最富逻辑性、最富系统思维的律师深受其害，他们往往只是做了一些假设：“倘若让我去做这件事，那么我绝对不会这样行事的。”所以他们就彻底忘记了，有一些罪犯根本不像他们一样那么富有逻辑性和系统性，很多罪犯在犯罪的时候完全没有计划，只是全凭自己的感觉就那么做了而已。

除此之外，即便有人能够把犯罪事实当中的因果联系成功地建立起来，也极有可能在别的方面出了错，比如错误地忽略了其中的许多细节，或者最后不由自主地停在了某一个点上止步不前，甚至有的人会将整个因果关系的链条牵扯得太远，偏离了轨道。J. S. 米尔清楚地对这种可能性进行了描述，并给出了足够的证据证实他自己的观点：真正的原因从来都不可能会是先行要素。我们把石头丢进水里，它会沉下去，而导致石头沉没的原因被称作重力，把它扔进水里的动作并不是真正的原因。所以，倘若有人从楼梯上摔了下去，脚被摔断了，而在这个故事当中，大家都不会对重力的作用详加解释，只是默认重力的存在而已。可是倘若在整个事件发生的过程中有一些先行要素并非那样清晰可见，那么就往往会因为这些因素产生不必要的错误。我们所举的头一个案例中，先行要素并没有受到大家的注意，且没有对其进行详细的解释，这主要是因为我们的表达不够精确。毕竟起码在科学的形式上我们可以发现先行要素总是一种十分有效的原因。因此外科医生总会这样说："这个人死于大脑栓塞，溢血带来的压力引发了栓塞。"在后半句中，医生想要描述的只是溢血这件事情，直观的意思就是脑袋里的血管爆裂开来。同理，物理学家在解释物理现象的时候会说，由于板子当中的纤维张力不均匀，导致板子翘起来，随后他才会接着说出这种变化主要取决于温度，而温度之所以发生改变，则是由于板子被阳光直接照射产生的结果。我们上面所举的案例当中，外行人经常会把最重要的原因忽略掉，在第一个案子当中，他们常常会说："那个人的死因是头部受伤。"而第二个案子他们则会说："板子之所以翘起来，是由于被太阳晒到了。"因此我们不得不接受这个令人震惊的论点，也就是：相比于专家来讲，外行总是能够更轻易地省略掉很多中间环节，不过，这要不然就只是因为他们比较愚蠢，不知道真相，或者因为他们根本没有注意到中间的细节。因此，外行人更容易犯下由于疏忽某些细节而引发的错误。

由于这个问题针对的主要对象只是没有获取到寻求最根本原因的准确知识，因此在这里，我们需要先摒弃掉律师自己也会犯下同样过错的条件，想要避免这一点，唯有借助于认真仔细的自我训练，并且随时觉察自己的思维过程。但是同时我们还要对下面这些内容有所认知：也就是说，这个问题在一些状况下会显得相当重要，尤其是在面对那些似乎只对最初的推论和最后一个环节进行描述的证人所给出的一大段推理过程当中，显得特别非同寻常。如果我们无法对其中间环节进行仔细的调查，确定这些细节的可信赖性，那么我们必然会被欺骗，还有更坏的局面，就是我们相信了这些夸张的说辞，并基于这些言辞来进行下一步的推理。如果这样的事情真的发生了，那么不管任何人都无法觉察到真正的错误到底发生在何处。

倘若有一些推论被当作毋庸置疑的真相，认为它们根本不需要被证明（例如在摔下楼梯的那个例子中，重力就是不需要证明的因素，所有人都会默认这一前提），那么可能会遭遇的错误和障碍主要来源于两个方面：其中一方面在于，有很多事情虽然表面上看上去不需要证明，但实际上却并非如此；而从另一层面上来讲，不同的人在面对同一件事情时所产生的理解基本上是各不相同的，所以要用“不证自明”的方式让他们去理解的话无疑会产生偏差，也就是说，有些事在某人看来或许根本不需要证明就可以理解，但站在另外一个人的角度来看，却并非如此。像这样的差别，往往突出体现在律师对涉及领域外专业人士的案件上面。案件当中那些专业人士经常能够轻而易举地获知某些专业的观点，他们的脑子可以轻松理解那些对外行人来说很难理解的专业看法。在这个地方我可以拿自己过往的经验来举个例子。物理学家玻尔兹曼，他目前还在世，可能是这个世界上最伟大的数学家之一，某次他听别人说，自己专业的表述在非专业人士看来还是很难理解，他的听众不明白他的意思，所以他就非常认真地把黑板上最简单的加法或者差值进行了计量，与此同时，把所有这些公式全整合在脑子里，在普通人之中，基本没有任何人能做到这一点。在天才们眼中，这种事情相当常见且轻松，可是普通人却只能对此望而却步。

我们经常会发现，一大半的刑事案件中都会出现这样的状况。所以，那些以证人身份出席庭审的专家们只能借由我们之口来表达看法。举个例子来讲，倘若庭审需要一位猎人的证词，那么他在叙述的过程中肯定会省略掉一大部分专业的内在关联，他会把所有自己熟知的内容都直接概括成结论，跳过其中的相关细节。这样的话，我们无疑会陷入一个无解的死循环，也就是说，证人觉得已经对我们彻底表达清楚了他的观点和推测，并且认为我们听得懂，当他在叙述中出了什么逻辑性错误时，我们能够立即觉察并反馈给他。可是实际上，我们这些人却需要依赖他的专业知识，我们只能表示很赞同他所给出的省略了部分细节的推理结论——虽然我们根本不懂他的意思，甚至也无法验证他的说法。

在类似的例子当中，涉及“专家”和“专业人士”的此类概念，不仅仅指代从事某种特殊行业或者拥有某些特殊专业技能的人，甚至还需要包括那些偶然得知了某种专业化知识的人，比如掌握了某些案件的案发地点信息的人。知道这类知识的人，在表述的过程中往往会认为有很多东西不需要向大家说明，都是默认的、不言自明的东西。可事实是，在很多不明真相的人看来并非如此。所以经常会出现这样的情况，当你向一位常住居民问到一条本地人都熟悉的道路的时候，即便那条路很曲折，需要多次转弯，这位居民也会直接回答说那条路“十分笔直，绝无可能走错，更不可能迷路”。

人类所给出的推测和估量，唯有在最终被验证和检查之后才是值得信赖的。所有复杂的推理，唯有在其中所包含的各类细节一一被校验推敲之后，才可以说是值得相信的。因此律师必须依照这个原则，也就是要求证人将推理过程中的每一步都清楚地表达出来。起码这样的要求可以减少出错的范围和概率。

如果我们在庭审中非常幸运，能够借助于实验的方法来进行检验，所有的事情都会变得简单许多。正如伯纳德在《实验药物研究简论》中所说："一种自然现象的出现，不论这种自然现象是生物的还是非生物的，都存在着绝对决定性的条件。只要这种现象所发生的条件得到了满足和确认，不论实验者是否情愿，这类现象都必然会发生。"① 不过，律师所接触的案件中，只有极小部分才会涉及这种决定性，现在，可以借助于实验来对证人、被告、专家所提供的证据来进行验证的犯罪学家，简直堪比"罕见的奇才"②。

在很多情况下，我们都需要从自己实际的经验入手，倘若某一些事情确实无法得到检验，我们就遇到了极大的困难。就像因果律这样的常见规律——既然有这样的结果，就必然存在相关的原因——这一点也会像休谟所说的一样，也只不过是从习惯中归纳出来的定律而已。休谟曾经提出过一个相当重要的研究结果，也就是说，在外部世界当中，我们是无论如何都无法觉察到因果律的，这无疑就对我们理解因果律本身增加了难度。他给出的这一学说也是有弱点的，重点在于他认为能够借助于习惯找出因果之间的相互联系，因为我们都是借助于习惯来对相似的事情进行探讨，从而了解到其中的关联，进而借助于其中一件事物的外在特征去推导另外一件事物。休谟是一位伟大的思想家，他的说法无疑是正确的，不过对此他并没有找到足以支撑他论点的基础依据。休谟教授曾经提出下面这些观点：

我们之所以可以认知到因果联系，主要是借助于经验而并非理解。如果我们认真思考一下，在面对一个完全陌生的东西时我们是如何进行认知的，这个问题就可以迎刃而解了，可以完全接纳这样的观点。假如我们取两个非常光滑的大理石盘子，并将它们交给一个对物理一无所知的人，那么他永远都不会发现，当将两个盘子叠放在一起之后再要把两者分开就会很麻烦。如果借鉴这种情况就可以轻易地弄懂，唯有借助于经验才能习得诸如此类的特性。除此之外，任何人都不会强迫自己相信一些例如燃烧的粉末或磁铁之间存在引力等之类的知识是出自先验的发现。不过类似的真相似乎并不像我们

---

① C. 伯纳德：《试验药物研究简论》，巴黎，1871 年。

② 原文为拉丁文。——译者注

一生下来就觉察到的那些现象一样可靠且稳定。因此有些人针对这些现象提出，只需要进行理解而不需要依靠经验就能找寻到其中内在的因果联系。还有人说，不管是任何人，即便他是突然降生在这个世界上的，也能够立即发现，在打台球的时候，一个球能够将自己的运动过程传导给另外一个球。

但是，弹力这种性质并非外部可见的特性，从这一方面我们可以证实，对于其规律的认识绝不可能出于先验，因此我们的确要断言，除非人们经历过，否则绝对不可能认识到这种作用。我们也绝不可能基于先验论就推理出，碰到了水就会弄湿东西，或者用手拿着某种东西会感受到重力的作用，又或者把指头放在火上会感觉到痛。所以，休谟对此是这样表述的：每一种原因都跟最终的结果不大相同，因此绝不可能通过结果找到唯一的原因，先验一定是基于自发而产生的，对于原因的任何发现都必须是自发产生的。在这样的过程中，我们可以运用理解能力去简化这些现象所产生的基本原因，借助于少量的、基础的来源对其后果进行细致推导，可是的确只能依赖于类比、经验以及细致入微的观察，才能达到这样的效果。

可是如果这样的话，相信某一个人给出的推理又有何种意义呢？在别人对此的表述当中，有哪些是不经丝毫猜想和推测的内容呢？相信他人给出的推论，代表着自己相信对方在这件事情上进行的类比是恰当的，相信对方恰如其分地运用了经验，毫无偏见地对事物进行了观察。不过，想确定上面所提到的这些内容都正确，的确不简单。不论是任何人，只要是努力去对某些证人所提到的任何即便非常简单的类比、经验和观察中得来推论进行验证的人，最终都会恐惧于盲目信任自己的证人。不过那些相信先验知识的人所要应对的工作就更加简单了：“人们的大脑接到了这样的信息，随后把这条信息复制出来，丝毫不会怀疑这些观点的正确性，所以这世界上所有的事情都仿佛被真正验证过一样坚实可靠。”但是那些更有常识，更相信批判性学说的人，即便他们进行理解的过程会更麻烦一些——需要对证人所采用的类比、经验和观察的正确性进行鉴定，可是这些麻烦都是必需的，起码会让他们得到可以充分信任证人给出的推断的证据。

先验主义和怀疑主义这两种形式，导致人们在对待证人的态度方面有着极大的差别。怀疑论者和先验论者肯定会先对证人是否故意说谎这件事进行谨慎的调查，可唯有怀疑论者才会依赖于证人能够完整地表述出正确的真相，且还能认真地对来源于类比、经验和观察的无数推论进行审视。也只有怀疑论者才会明白，人和人之间在运用类比方法的时候也会存在极大的差异，你会明白人在对他人进行观察或者对他人行为进行解释时所采用的角度经常是截然不同的。很明显，我们在进行案件调查的过程中，需要完成的首要任务就是对这些差别进行严格的区分。

在这样调查的过程中需要考虑两个问题。其中一个问题是，因果关联和偶然之间存在着非常严格的差异——人们常常会对经验产生误解，因为同时间发生的两件事情或者两种现象之间往往并不存在因果关系。举个例子来讲，如果一个 90 岁高龄的老人发现，每到周二的时候，村子的某个位置就会下起雨。那么老人的观察已经很丰富了，且能够被验证，但人们依然不会觉得，星期二和下雨这两个事件之间存在着某种必然的因果。之所以会如此，主要是因为这样的想法会显得有些愚蠢。倘若一件事情的发生只是出于偶然，即便偶然发生的概率很小，那么要对此得出一个确切的因果关系就变得简单至极。还是举例讲述，比如万圣节或者月圆之日下起雨之类的关联。这种关联本质上是偶然的，可如果其偶然性不那么容易被发现，像这样的观察就会变成一种令很多人愿意相信的气象学规律。这样的情况经常出现在各个领域之内，不仅是我们的证人会这样觉得，我们自己也经常会有同样的感受。要把因果关系和偶然性规律区分开来并不简单，对此可以采用的唯一一条有效果的规律，就是把所有并非确定无疑的因果关系都看作是偶然，我们在最初的时候就要把所有可能深有关联的因果联系排除掉并进行细致的验证。“不管在任何意义上，二者之间存在关联及可能存在关联的事物之间，肯定存在着某些普遍的规律，不过大多数情况下，这些普遍规律并非因果关系。”

第二个问题就是叔本华曾经提出过的：“如果我们相信，最终的原因是出于某种巨大的影响力，而且也相信这种影响力的效果，那么在面对不同阻力的时候，这种影响的作用就会得到加强，而强化后的影响力也会引发相对应的后果。如果一个人面对 10 美元的时候犹豫不决，虽然尚不能被收买，最终不断加码，就能用 25 美元或 50 美元逐渐使他屈服。”①

我们可以用律师界的一条普遍规律来对这样简单的例子进行表述：律师必须对被告早年的人生经历进行调查和验证，弄清楚这些经历给被告带来了怎样的影响，或者当无法找到相应时期的有关资料时，也要对其他经历的影响进行检验。这一点是至关重要的，尤其在具体的案件中，会成为断定被告

① 叔本华：《伦理学的两个基本问题》。

是否存在过失的关键点。我们必须详加盘问他是否刚好有动机，或者这起案件是否能给他带来相关利益。最开始进行这样的调查时，不需要思考可能会产生多大的影响，只需要确定这些影响确实存在就行了。由于个人的喜好，性格以及情绪不会随便消失，所以这些影响和作用也不可能无缘无故地消失，如果它消失了，肯定存在一些足以被觉察的实际原因。而且通常情况下，它们并不会太过凸显，除非出现了某些特殊的契机或者刺激，它们才会出现，也或许它们会表现得十分压抑，要想让这样的作用力被激发出来，唯有当叔本华说的类似于那 25 美元或者 50 美元的砝码出现的时候才会实现。我们所面临的最艰难的障碍在于，必须要把某些关联的特性进行转换。举个例子，我们怀疑某个人犯下了谋杀案，猜测他有这样的犯罪倾向，可却从他过去的生活经历中发现他本人经常虐待动物；又或者我们想要寻找的证据需要证明某个人天性残忍，但却只找到他沉溺于感官享受的资料；又或者我们已经得知某人是一个相当残忍的家伙，可在案件中却需要证明他是一个贪婪的人。在实际的操作过程当中，这种转化并不算十分困难，可是要想对某一种个性进行清晰的解释，弄清楚它到底来源于下面的哪些行为：到底是自私自利，还是显而易见的嫉妒心，还是超乎寻常地渴望荣誉，还是过度的自负，抑或者懒惰至极等个性特点，就需要小心谨慎地进行细致的探究了。

第 25 节　怀疑主义

休谟所提出的怀疑主义，可以直接联系到前面一章所涉及的主题，不过我们还需要对此详加探讨。虽然律师这个行业不必在哲学怀疑主义方面有什么特殊的看法，研究休谟的学说却能够使得律师的很多工作得以简化。

从休谟的学说来看，去除数学相关的内容，我们现在知道的及推论得来的内容，甚至包括我们对这些内容本身的理解和推测的内容，超出了感知界限的内容，以及那些通过感觉、记忆、因果关系获得结论的办法等，大都基于经验而产生。同样的，我们也从经验中得到了因果关系相关的一些知识，因此如果要把休谟的学说运用到犯罪心理学中，犯罪学家们就得遵守下面一些规则："在我们看来，所有的真相并非出于知识上的推论，而是来源于经验命题。"也就是说，我们所做出的种种假设和推理，得出的结果只是依赖于这件事情反复发生了很多次，从中我们推断出，在同样的地点又发生了相似的事件。这样一来我们就面临一个崭新的问题，也就是需要把我们找来与当下这起案例进行比较的那些类似案例进行判断，看它们之间到底是否真的具备相似性，还要对这些案例的数量进行判断，看这些样本量是否大到能够排除其他干扰项。

下面我们举一个简单的例子以做思考好了。我们假设有一个人在欧洲旅行，他一生中从没有见过也没有听说过黑人，而他对人类体内色素相关的问题发生了兴趣，并开始进行思考推理。那么他所进行的思考，甚至于他借助于所有相关的科学手段，都无法令他想象到这个世界上还有黑色人种存在，这是因为他只能基于自己的经历去发现事实，而非利用想象去幻想事实。倘若只依赖于他自己的人生经验，毫无疑问在过去的经验中，他曾见过几百万个活生生的例子，那么他肯定会得出所有的人都是白种人这样的结论。但他在此犯了一个错，主要在于他并没有见过生活在其他地区的人，而他所见过的样本数量很大的那一批人都只是居住在某一地区的居民。

在我们自己经手的实际案例中，完全不需要其他的例子再去证明这件事了，毕竟基本上我见过的任何人，在做推论的时候都利用这种方法进行："已经有上百个案子都是这样，因此这个案子肯定也不会例外。"我们基本上不怎么会自问——样本量到底是否充足，取样的样本是否正确，是否存在穷尽性等相关的问题。我甚至可以打包票，我们之中的大多数律师或多或少会故意这样假设：我们已经知道了很多人类出现之后几千年来对事物进行理解和解释的，具有各种警示作用的先验推论，因此我们就绝对相信它们是正确的。倘若我们可以认识到，一切有关的假设实际上都来源于经验，是复杂的经验组合，而每一种经验最终都有可能被证实其本身只是一种谬误，会误导我们；倘若我们能够理解，在人类历史发展的进程中，所谓的知识实际上只是将 100 种新的经验放到 1000 种旧经验之上进行叠加；倘若我们能够认识到，我们从第 1 件事情中获知的经验其实并非放之四海而皆准，也不能利用数学推论的办法把它强加在第 101 种经验上；那么毫无疑问，在案件推导的过程中我们就能尽量减少失误，并减少由此带来的损失。休谟[①]提出的经验从这个角度上来讲，确实能够启发和影响我们。

马萨里克的观点认为，休谟怀疑主义基本理论在于："倘若我经常性地得知同一种相同的经验，比如，我曾经见过 100 次太阳照常升起，那么毫无疑问第二天我会期待看到它第 101 次升起，可是这事儿我无法保证，也不能

① 休谟：《人性论》。

完全确定太阳在第二天肯定会升起，我甚至一点证据都没有。这是由于我们所得到的经验仅仅是从过去经历过的事情中得来的，并不能定义未来。我怎么可能从前面100次的日出里找到第101次太阳必须升起的证据呢？这些经验表示，我很希望在类似的场景中获得与之前相同的结果，这是我的一种习惯，可是这样出自习惯的期望，实际上也没有什么智慧可言。"①

虽然我们可以从经验中预测出总体的结果，但也改变不了这一点：一切从经验中得来的知识都不稳定，也并没有具体的逻辑根据可言。唯有数学才是绝对确定的，拥有绝对的证据。因此按照休谟的说法，那些从经验中得来的知识是不值得依赖的，因为我们必须要依靠经验来调查某些事件当中的因果关系，可是我们想要从某种经验事实中得到相应的知识，唯有先弄清楚其内在明确的因果关系才有可能实现。

雷德最先对这个观点提出了抗议，他企图证实，在必要的因果关系上面，我们确实有着明确而清晰的论点。他觉得，这样的观点并非直接来自外部或内部的经验，即便如此，这种观点却有着毋庸置疑的清晰性和确定性。我们的思维懂得如何构建相关的概念，而与此紧要相关的一个概念就是——如何构建必要关系。康德进一步发展了这种看法，认为休谟分析的后果是片面的，未能将一切后果全部考虑在内，毕竟因果律并不能算作唯一一种可以对事物之间先验的因果关联进行解释的论点。所以，康德对这整个类似概念的系统进行了重新的定义，主要是基于心理学和逻辑学层面来进行的。他所提出的"纯粹逻辑批评"，恰恰是想要从历史和逻辑两个方面来对休谟的怀疑主义进行抗议和反驳。它的主要宗旨在于，证明数学也像形而上学和自然科学一样，拥有"先验综合判断"的基础。

可即使是这样，我们律师所面临的首要任务，主要是从一些明确可见的案例中学会怎样在自己的工作中运用休谟怀疑主义的方法。现在，我们可以这样假设：有几个人，他们的年龄达到了120～140岁，可还有多不胜数的人根本不可能活到这个岁数。倘若有人只是总结了其中很小一部分例子对这种现象进行探究的话，他会得出这样的结论，即这个地球上任何人都活不过150岁。可是如今的事实是，所有人都认识了一个名叫托马斯·帕尔的英国人，他的寿命达到了152岁，并且皇家学会有充分的证据证实，这个英国人的老乡金克斯起码活到了157岁高龄（从他的一幅铜蚀刻版画里可以获悉另

① 马萨里克：《大卫·休谟的怀疑论》，维也纳，1884年。

外一种说法，就是他一直活到了 169 岁高龄）。但是这些事例都是已经被科学证实了的，我可以根据人类最高寿命的案例提出推断——200 岁就是人类寿命的极限，没有人能超出这个岁数。但是又有一些人，他们的年龄达到了 180～190 岁，他们的名字和事迹都被清晰地记录了下来，那么我据此来进行这种概率判断的依据，就被这些人的存在改变了。

因此我们不得不赞同休谟的观点，在相同的情况下，同一件事件高频率地发生就代表着它可能还会接着继续这样出现，只是出现的概率不同而已。如果根据这点进行反证，或许会得到很多相关的交替现象。例如我们都知道，在被称为小彩票的一种游戏当中，倘若有一个数字很久都没有被其他人抽到，那么最终它肯定也会被某个人抽走。倘若在 90 个数字当中，有很长一段时间没有出现过 27 这个数字，那么在接下来每一次连续抽取的过程中，27 这个号码出现的概率就会变得越来越高。其实那些被称为玩家数学组合的游戏都是依赖于这样的经验，我们将它归纳起来：某一个事件如果出现的愈加频繁，例如 27 一直没有被抽中，那么接下来它不被抽中的概率就变得越来越低，换言之，27 这个号码接下来被抽中的概率就越来越高。像这样的说辞，其实跟休谟的说法大相径庭。

或许有人说，在最开始讲述的时候需要借助于别的形式来对这个例子加以表述。举个例子来讲，有这样一袋大理石石子，我并不知道里面都装着什么颜色的石子，只是将它们一颗一颗取出后发现它们都是白色的，那么随着每一颗白色石子被取出来，这一整袋石子都是白色的概率就变得越来越高；倘若袋子里有 100 颗石子，现在我已经拿出来 99 颗都是白色的，那么不管任何人，都不会觉得最后一颗石子是红色的。这是由于所有已经发生的事情不断重复，能使得其再次发生的概率持续增高。

不过这个公式什么都无法证明，毕竟各不相同的例子无法与之前的例子形成矛盾。要对这样事情进行解释的话就是：在我们所举的第一个例子中，存在着均等概率这一形式，倘若运用休谟提出的重复性事件会提高其发生概率的这一原则，就能对这一事例进行解释说明。众所周知，在“小彩票”游戏当中，每一个数字被抽中的概率都是相等的，它们出现的频度也基本相同，换句话来讲，也就是任何一个数字都不会不成比例地长时间被抽中，既然这一点保持不变，那么我们就可以这样假设：每一个数字被抽中的频度也大致相同。不过，这样的解释主要来源于休谟提出的观点。

可以利用休谟的这一学说对很多令人惊讶的统计学奇迹加以说明。我们继续举例子吧，大家都知道，每年在一些地区都会出现不少有关自杀、胳膊或者腿部骨折、打架、未能成功送达信件等概率性事件，倘若截止到现在为止，我们已经总结出，在某年中，上半年自杀的人数相比于其他年份同时间来说要低得多，那么我们或许会做出这样的推测：可能相对于往年来说，下半年的自杀案会发生得更多一些。只有这样，这一整年自杀人数的数字比例才能与其他年份保持一致。假如我们这样说："平均在 1 月份、2 月份、3 月份、4 月份、5 月份和 6 月份都发生过 X 起案件。因为这个相对的平均值我们曾见过 6 次，所以可以推测出另一个月再出现 X 起案件的概率是不可能出现的，其他月份只能出现 X 加 Y 个案件，如若不然，整年度的案件平均值就发生了偏差。"如果按照这样的方式来推导的话，就未能正确地使用休谟理论当中有关平均分布原则的概念，要想让休谟理论发挥正确的作用，就要这样分析："据我们多年来的观察，这个地区每年会发生 X 起自杀案件，因此可以预测今年也会发生这么多起类似的案件。"

其实平均分布的原则只是一种从属规律，不能将其与主原则割裂对待。的确，在一些特别简单的事件中，它确实能解释得通。比如当我准备到自己常去的 X 街道散步，或者说推测今天到底是休息日还是工作日，再或者这会儿是几点、天气如何的时候，我就能非常精确地回想出那条街在我脑海中的印象，或者在那里我会跟谁打照面，虽然有很多人出现在那个时间点只是因为偶然，甚至他们也极有可能从其他的街道经过。可是，只要任何一次，我从那里经过的时候发现街上突然涌出很多人，我马上就会警惕起来，探究到底发生了什么奇怪的事情。

我有一个侄子，他大部分时候都非常清闲，他的同事帮助他做了一个实验，两个人利用好几个月的时间，观察每天从路上经过的马匹，并计算出它们的数量，每天他们都会去同一家固定的咖啡馆，花费两个小时仔细计算在这段时间内有多少马匹从那里走过。他们非常耐心地进行了观察和记录，随后发现，每一天每当有 4 匹马从那里经过的时候，必然发现其中有一匹枣红色的马。假设在任何一天的第一个小时中，出现了超出这个比例的更多的褐色、黑色和茶色马匹，那么计数的人肯定会这样预测：在接下来的一个小时之内，肯定会出现其他颜色的马匹，而且在接下来这些马匹中，枣红色马的数量会猛增，如此一来，其原本应该出现的均等数量才能得以重建。这样的推测其实完全符合休谟提出的学说。而我的侄子和同事在进行过一系列实验之后，不得不承认："我们已经数了这么多天，每一天枣红马都以 1/4 的比例出现，因此我们不得不假设，第二天枣红马出现的比例还会跟前些日子一样。”

因此，虽然律师们从事的工作跟数字一点关系也没有，需要假定自己不受任何先验思维的影响，且在推理的过程中必须依从于自己的经验基础。而且我们还必须接受一点：这样的推论还有一个大前提，那就是它存在不确定性，我们需要时刻对这种推论进行审视，而且还要意识到，在将这样的推论应用在其他类似的新鲜事物上时往往会引发极其严重的错误后果，尤其是当需要对下一次事件进行推断，但获取的经验数量不足，或者是忽略了某个非常重要的未知条件时。

所以，我们在对专家证词进行审视的时候，一定要牢牢记住这些重要的论点。我们不需要对专家内在领域的专业性有所疑虑或者担忧，而是必须意识到，要积累大量的实例才能推动知识经验的进步，哪怕类似的因素已经出现在之前的100个案例中，也要明白，它也不一定会出现在第1000个案例当中。或许昨天一切都尚在我们掌握之中，没有任何意外，而今天类似的意外就忽然涌现出来，也或许到了明天这种例外就变成了一种遍地可见的常态。

我们不能说任何规则都不存在例外，相反的，不存在例外现象的规则相当罕见，如果我们发现了例外的情况，那么之前的规则就不能再被当作标准。在人们发现新荷兰（也就是澳大利亚）以前，所有人都坚信天鹅是白色的，哺乳动物不会用下蛋的方式繁衍后代；可如今我们已经知道了，世上还有黑天鹅的存在，鸭嘴兽是哺乳动物，繁衍时也要孵蛋。在我们还没有发现X光以前，谁也不敢说光线可以把木头打穿，特别是谁又敢概括出我们当代的伟大发明却根本不担心它会跟将来的事实相悖呢？好像我们不久前才提出了那些伟大的、值得依赖的、包括了一切的整体大原则，可是现在面临的形势要求我们必须小心谨慎地对待概括和总结，即便我们相当小心地总结出了一条普遍适用的命题，并认为可以将它视作科学理论的时候，也应该时时保持审慎的态度。在这一方面，我们当代那些伟大的物理学家给我们做出了优秀的榜样。他们的观点是这样的：“我们并不确定A现象形成的原因是否就是B，不过没有任何人见过B不存在的情况下A可以先出现。”在大部分案件中，我们专家也需要保持这样谨慎的态度，毫无疑问，这会给我们的工作增加很多不便之处，但却会让我们的工作更加安全。因为即便专家们并没有表现出这样的态度，而我们在推出结论时，也必须得假设他们就是这样的态度。从这个层面上来讲，想安稳推进我们的工作，唯有对显而易见的、不存在例外的普遍性规律提出异议。

尤其是当我们觉得自己已经发现了某些普遍适用的规律时，更要牢记这一点，我们在获得最终结论的时候，一定要撇开专家的帮助，自己独立推导结论。但是我们经常能看到这样的状况：依赖于自己的想法，在推理中采用所谓“正确”的先验方法，最终却发现，那些只是些相当贫乏的经验而已。我们律师自己的这门学科，现在尚未发展到能把其他人所阅读过或者书写过的材料照单全收彻底变成自己经验的程度。在对遇到的某些法律障碍进行解释，对某些司法概念进行界定的过程中，我们的确做出了很大的努力，可是在涉及人类和人类情绪相关的问题上，我们却找不到任何传统的指导或者相关的经验。因此，所有的人都必须根据自身的经验来进行判定，如果这种经验在很多年都是有效的，人们就会假设自己拥有了相当丰富的经验，并会随时吸收其他人的经验对其进行补充。从这一层面上来讲，任何毋庸置疑的规律都是不存在的，所有人都必须时刻谨慎地提醒自己：“像这样的事情，或许我从未经历过，不过或许已经有1000个人用不同的方法见过它的1000种不同面貌了，因此，我根本无权把这种例外的可能性摒弃在外。”

我们要永远牢记，一旦某个情境中存在某一个未知元素，那这条规律就不完整，这一点相当常见。倘若我对自然界中的水没有足够的认识，而此时我在平地上走着，走到一摊静止不动的水边。此时我假设：水是有实体的，也有密度，具备连贯性，也有自己的重量。同时我也会假设，我走在水上会跟走在陆地上一样，可这只不过是由于我没有看到水的流动性和它重力的特别之处。利布曼针对这一点进行了总结，他是这样说的：实际上，因果联系、电闪雷鸣之间的客观联系、火药烧灼爆炸的联系都跟逻辑关系这一原则不大相同，换句话来讲，那些只不过是单纯性的前因和后果的联系，它们只是概念上的①。这一点就是名扬天下的休谟怀疑主义的根本要点。我们永远要明确地记住一点，实际上根本没有办法确认自己到底是否全盘了解某一个现象背后的全部要素，因此我们一定要坚持恪守这一条绝无例外的原则：小心翼翼地制定绝无例外现象的规则。此时，我们还需要对另外一种抗议的声音进行探讨，也就是休谟怀疑主义在数学上出现的例外。有的人或许觉得，只要跟公正有关的学科与数学学科之间有着密切的联系，或许就有可能导致

① 利布曼：《对真相的分析》，斯特拉斯堡，1888年。

先验主义成立。雷尼次对此已经进行过明确的回答：“数学家进行计算的方式主要是利用数字；律师则借助于观点来计算，实质上他们做的事情完全相同。”倘若法律和数学之间的关系尤为紧密，那么在现象学中出现的一般怀疑论，在法律学科上就不可能被应用。可是，现在我们不只是对概念性的问题进行解答，即便所有那些障碍都已被清除殆尽，雷尼次所在的时代也已经变成了历史。在现实当中，我们律师这个职业要接待的最重要的客户和对象其实就是人类，人类本身就是犯罪心理学整体研究的一部分。而且我们还要进一步探究，数学在怀疑主义的问题上是否确实是个例外。高斯、罗博施维茨、鲍耶和兰贝特等人借助于自己的研究，都认为这是否定的，也就是说，数学不可能免于怀疑主义的经验。

现在我们可以思考一下，在数学原理当中的一些重要的概念。毕达哥拉斯画出一个直角三角形，随后又用相同的一条边画出了个正方形，他对每个部分的面积都进行了测量，且进行类比，从而总结出了自己的学说。最开始，他或许只是觉得那纯粹是一种偶然现象。后来他利用不同的三角形进行实验，可能尝试了 10 次，也可能尝试了 100 次，发现最终的结果都是相同的，唯有这个时候，他才能理直气壮地说自己肯定找到了一个确定的规律。但是在那个时候，他进行的研究和探索纯粹出于实验性，正如某一位科学家表示自己曾亲眼看到某种鸟繁殖的状态，所以总结说所有的鸟类都要孵蛋来繁殖后代。

可是，毕达哥拉斯发现数学定理的方式并非通过实验。他把图形画出来进行测量，之后提出了自己的假设：“假如这个三角形是直角三角形，而那是一个正方形，那么可以推出……”所以，每门学科所采用的具体办法就是这样的。一般我们普遍能见到的命题是：“假如这样的关系跟之前的关系完全相同，明天在固定的某个时间月亮就会升起来。”“假如这一步推理是正确的，假如这一点是有根据的，假如它指代的就是 X，那么可以推出……”犯罪学家们所进行的调查和研究就需要遵照这样的程序。他们必须对最开始提出推理时所进行的基础性设定时时刻刻保持质疑。

第 26 节　对案例进行研究的经验性方法

我们需要对科学经验法相关的问题进行深入的探讨，这样做可以更好地把我们探讨的主题跟休谟怀疑主义相联系。我们可以表示，像这样的规则完全是一种经验主义，在对自然进行研究的时候，人们利用这样的方法找到了能够被观察到的及可以通过实验得到证实的各种规律，但是倘若发现有不符合观察结果的案例出现的时候，人们的信心就会备受打击，这是由于在这个时候，这种规律已经没必要存在了。因此，经验主义得出的规律不能算作终极规律，只是能够用来进行解释，特别是当这种经验主义规律非常真实的时候，举个例子，可以通过某些气象学中的现象总结出有几种天气条件会持续影响当地气候，或者发现植物之间的杂交能够对品种有所改良，甚至发现一些合金的硬度比其他合金更高等。从我们犯罪心理学的角度来看，有一些法理学上认可的经验主义规律：比如在一件谋杀案中，凶手一般是过去曾经犯过罪但没有得到惩罚的人；赌徒们具有极高的相似性；在暴力犯罪当中，两只手上沾上血迹的罪犯会习惯性在桌子背面擦手；性格狡猾的家伙如果犯下重罪以后，经常会做出一些愚蠢的行径，这无疑会让人们更容易发现他们的罪行；淫欲与残酷有关，二者之间存在着一种相关性；而在犯罪当中，迷信往往会起到非常重要的作用，等等诸如此类。

如果能够在犯罪心理学当中，把这种完全依赖于经验的规律建立起来，会产生非常重大的影响，对案件产生相当积极的作用。不过在这方面，却总是没什么进展，这是由于虽然我们急需这些经验主义规律，可在很大一部分案件中，我们都没有对其进行详细的研究。我们只是大概了解到某一起案件被发现的过程，可是却没能对已经发生的案件展开循序渐进的系统性研究，我们没有勇气把这些规律称之为自然规律，只是由于我们并未利用归纳的程序对其进行总结。“归纳就是借助于实验获得的事实对其中存在的普遍规律或者普遍原则进行推理。它主要包含两个部分，观察和演绎。”我们也可以把它解释为：“将我们所获取的经验进行概括，或者把这些经验变成普世化的内容，且可以据此来推论，某一种现象既然已经出现过X次，那么在基础条件完全相同的情况下，肯定会再次重复出现。即便最不入流的调查者，也都是从最普通平常的归纳开始进行学习的——火可以燃烧，水会往地势低的地方流动，就是这样不间断地挖掘，进而找到了各种崭新而简约的真相。这实际上属于科学归纳中的某种类型，还需要进行持续的推进——虽然其准确性和确定性还有待商榷。”①

或许律师们已经从其他人那里得知了我们上面提到的内容，不过我们还

① 奥丁根：《伦理统计》，埃朗根，1882年。

是需要把这一点铭记在心：自己所推论出来的内容，绝对不能违背“火可以燃烧，水顺着地势低的地方流动”这样的自然原则。我们只能借助于其他的学科，总结出这类相关的命题，毕竟在我们自己这个学科当中类似的经验和规律太少了，想要总结出更多的规律，我们还任重道远。除此之外，从经验中总结出来的规律，从来不会如我们设想一般肯定无疑，即便利用数学的方法来进行理解，情况也并没有什么不同。经验主义规律的基础，其实就类似于这样的一个原理：一个三角形的三个内角之和等同于两个直角之和。不过，测量学这一学科问世之后，尚未有人成功地通过测量三角形的内角，准确找到180度的踪迹。换句话来讲，即便有一些我们从小就被教导过，且认定它是正确的事情，也不一定是完全正确的，很有可能只是理论上正确而已。而我们还需要从更加不确定的规律中进行推理，即便那些规律在以前的很多情况下都正确无误，也要更加小心谨慎才行啊。其实犯罪学家们具体活动的时间相当短，他们获取的经验只不过是人生中充满了无数可能性中的极小的一点，而能够从其他人的经验中获得的启示也少得可怜。相对来讲，其他学科的情况完全不一样。詹姆斯·萨利对此是这样说的：“我们可以借助于我们的经验表达很多其他的观念。我们可以对政治的变化和科学的发展进行预测，也能够对北极的地理条件有所推测和了解。”① 其他的学科完全可以提出这种超越了经验的看法和观点，可是在我们这个领域，难道能够这样做吗？或许一个人跟窃贼和流浪汉在一起待了很多年，熟知他们之间的交流方式，可是当他面对的是头一次发生在眼前的谋杀案时，他还能利用过去的那些经验为凶杀案提供合理的推论吗？当一个人跟一群受过良好教育的人相处了很长时间以后，他可以把学到的经验运用到跟农民的交往中去吗？在我们所涉及的所有案例当中，如果需要进行推理，最需要注意的就是务必保持小心谨慎，且时刻警醒自己小心行事，毕竟我们的工作中缺乏足够的资料，尤其是合适的资料。除此之外还需要牢记一点——归纳和类比之间的关系相当密切。利普斯的观点认为，其中一方的基础也是另外一方的基础，这二者实际上都建立在同样的基础之上。“倘若现在我对一分钟之前还认为完全可以当作充分判断依据的事实产生了怀疑，认为这个理由站不住脚了，那么我的归纳就充满了不确定性。而如果我有足够的证据可以证实，有一些事情跟我

① 詹姆斯·萨利：《幻觉》，国家科学图书馆，第62卷，莱比锡，1884年。

的看法并不相同，那么我的观点就没有恰当的理由了。”①

在我们使用类比这种方法时，如果能够始终铭记各种警告，甚至牢记在运用某些刑法法律的过程中完全摒弃类比事实的状况，牢记类比所带来的极大的危险性，那么我们就会相信，在我们法律工作者的职责范围内，归纳和类比都是极为有害的方法。与此同时，还要牢记，事实上在我们的工作中使用到归纳和类比方法的地方还是比较多的，即便在一些普遍规则中，例如作伪证可能会出现的偏差、特殊的癖好，甚至形势逆转等，还有在获取证词以及间接性的学说等等，甚至包括于证人和招供者的价值原则等，这些都需要依靠归纳和类比来进行总结。在任何一个案件，任何一次庭审当中，我们都会用到这两种办法。可是，这两种方法使用得越加频繁、越加普遍，就越对它们的可靠性提出了更高的标准和要求，或者说我们必须以更最为小心审慎的态度去运用这两种方法。倘若我们无法保证这些方法绝对可靠，就必须采用第二种方法，也就是在使用的时候要采取最为谨慎的态度。

接下来我们还要对归纳的种种方式来进行解释。菲克已经利用下面这个例子警醒过大家了，实际上，这个例子涵盖了在米尔的逻辑系统中出现的那个令人震惊的问题：为何在数量众多的案件当中，使用单独的一个例子就能将它归纳起来？可在其他的例子当中，即便已经排除掉所有已知的或者可疑的例外情况以外，仍然存在有数以万计完全相同的例子，为何却偏偏只对构成某一个普遍规律的过程产生一点点轻微的影响呢？

在刑事案件当中，这个问题是相当重要的。毕竟我们在一个具体庭审过程当中是极难判断自己当时面临的情况到底属于第一种情况，只需要举出单个的例子就能非常能够令人信服；还是说属于第二种情况，即便大量举证依旧不具有说服力。这样的障碍造就了许许多多重大的失误，特别是在遭遇到第二种情况时却错误地用对待第一种情况的方式来处理。像这样类型的案件，我们经常会在极小的例子中得到满足，觉得自己的举证已经足够证实自己的论点了，但事实上，那些证据什么都证明不了，一切都不成立。

首先我们必须明确的是，这个问题的困难性主要在于问题的形式吗？这样讲到底是否正确呢？抑或者说，是问题本身造就了这样的障碍。倘若有人这样问：“那个袋子里装着成千上万颗大理石石子，其中有没有白色的石子呢？”假如后来我们把全部石子都倒出来，发现其中只有一颗白色的石子，

---

① 利普斯：《精神生活的基本事实》，波恩，1883 年。

那么最开始提出这样的问题就会变成一个极难回答的难题。可是，如果咱们把问题的表达方式稍加变动，这样来问：那个袋子里的大理石石子，是否都是白色的呢？那么即便当时已经从袋子里取出了 999 颗石子，也绝不能明确判定最后一颗肯定就是白色的。同理我们可以推出，假如说有人认为问题的形式确定了最终的答案，那么这其实也不代表这个问题的形式本身能够决定或者区分最后的答案，这是由于，我们最终的目的是要弄清楚，我们面临的问题到底是上述的哪一种情况，是第一种还是第二种呢？

可以采用一种比较稳妥的办法进行区分，也就是把第一种情况定义为积极的状况，而把第二种情况定义为消极的状况。通过一个因素能够被区分的，就是积极的情况；可要区分消极的状况则必须举出无数的因素。如果我这样问：那个袋子里有没有白色的大理石石子？这样的问法，只需要从袋子里找到一颗白色石子，我得到的答案就是肯定的。可是如果我问的问题是：袋子里的大理石石子，只有白色的吗？问题的形式看上去是积极的，可最终却掩藏着其消极的目的。如果想要把问题和真正的意图统一起来，就必须要这样询问：在那个袋子里，除了白色的大理石石子之外，再没有其他颜色的石子了吗？但由于在某种情况下，消极的答案通常是相当多的，因此唯有取出最后一颗大理石石子的时候，才能弄清楚终极的答案。倘若袋子里的大理石石子多不胜数，那我们就无法用数学的形式对这个问题进行归纳性的回答，因为这个问题只能获得大致上的解决。因此，倘若有人询问：到底存不存在纯蓝色的鸟儿呢？那么只需要找到一只蓝色的鸟，最终的答案就是肯定的；可若他问的问题是：长着斑马条纹的鸟儿难道不存在吗？想要对这个问题进行回答，就必须找遍地球上所有的鸟儿，唯有把整个大陆上所有长着斑马条纹的鸟儿都排除掉才能给出确定的答案。事实上，在我们看来，能够得到一个有所简化的归纳已经非常有价值了。因此我并没有这样回答：在这个地球上差不多所有地方的自然学家中，没有任何人说过自己曾见过长着斑马条纹的鸟儿，因此，即便是在地球上人类未曾踏足过的地方，这种鸟儿应该也不会存在。像这种推论就是从归纳中得来，但到底是否确有其事，则牵涉到另一回事了。

如果忽略问题的形式，只是对答案进行探究的话，上面所讲到的区别或许会更加明显。我们甚至可以断言，只需要举出一个例子，积极的陈述就可以成立；而在消极的陈述当中，总要把所有可能的例子都举出来，倘若例子多得举不尽，那这个问题就没有最终结论。众所周知，要证明消极的状况，就需要给出一系列的论证，而我们可以确信的就是：不管是举出一个例子就能证明，还是即便举出100万个例子都不能证明，这最终只是显示了提问者在解决这个问题上的倾向——即提问者到底倾向于是积极的还是消极的状况。

因此，倘若我提出这样的问题：A这个人到底有没有偷过东西？那么我们只需要找到他的一条前科记录，或者只是找出一位证人能够证实他这一生中起码有过一次偷窃行为就可以了。可是倘若想要证明这个人从来没有犯过偷窃的罪行，就需要对他的整个人生经历进行探查，还要一一去证实，在他整个人生中从没有做过任何盗窃的事情，且没有任何犯下偷盗罪的线索。而像这样的案件中，哪怕我们得到的证明比这种情况要更少得多，也会感到心满意足。我们最开始会这样定义：我们绝不会询问这个人是否从来都没有过偷窃的行为，而只会调查他到底是否因为偷窃这样罪行接受过惩罚。不过在这个方面，我们也需要谨慎一些，不需要拿到所有权力机关的证明，只需要向其中一家能够对A是否发生过偷窃行为的事实进行判断的机构就可以了。再往前推进的话，我们就会阐述，由于我们从权力部门那里并未得知这个人过去曾因盗窃罪被罚，所以我们就假定他从未因盗窃被惩罚过；而且，我们也未曾找到任何曾目睹过A偷窃的人，因此最好假设他从没有过偷窃行为。能举出像这样的证据，已经相当令人满意了，在没有其他办法的情况下，这也足够应对了。

在大部分情况下，我们所面临的证据都是混合的，一般我们习惯性的做法是根据自己的需要来对问题进行调整或更改，甚至起码会故意把一些问题丢在一旁不加询问。我们再来假设一下：如果现在要对某一个保存完好的脚印进行比对，我们已经确定了一个猜测的嫌疑人，将他的鞋取过来和脚印进行比对之后发现，脚印和鞋子的大小，以及鞋钉的数量，包括所有的细节完全吻合。所以我们直截了当地判定，这个脚印就是嫌疑犯的。这是由于我们通常会被“这是谁的脚印？”这一问题所困扰。实际上，我们给出的证明也只是证实鞋子的大小、鞋底的鞋钉数量等相关的特殊细节是否吻合，这个时候我们就统一认定证据的积极部分已经足够了，所以把比较麻烦的消极部分省略掉。如果从消极的部分来确定这样的证据，就需要弄清楚在那个时间段，那一片地区范围之内，再没有其他人的鞋子可以完全吻合那个特殊的脚印。所以我们所做的并不是证明，而是对当时很可能没有其他人和他一样拥有同样大小、同样鞋钉细节的鞋子的可能性进行了计算。如果我们举证的细节不够多，那么这种可能性也会变得更小一些。最困难的一点其实就是，即便只是找到一种假设，也需要找到避免这种概率思考的起点到底在何处。现在仔细回想，倘若当时只有鞋子的大小和脚印吻合，而鞋子的花纹、鞋钉的细节和脚印的形状都不吻合，而在所有的证据当中，鞋子形状的吻合度是一个相当具体化的细节，那么就必须把它变成一个充分的积极证据，可是就像我们前面所提到的，我们可以证明的并非问题的关键性证据，而只是对另外一个问题进行证明而已。

毋庸置疑，证据的消极部分，没有办法提供那么高的准确性。其提供的证据只能判定在这部分地区这样的鞋特别罕见，或者没什么人穿过，本地人根本没见过那种鞋，甚至只有外地人才会使用类似的鞋钉，而毫无疑问嫌疑犯的老家就在使用这种鞋钉的某个地方，等等。我们往往会进行诸如此类的阐述和证明，实际上用来当作证据的只不过是对一种可能性概率的表述而已。

消极的证据是不可能尽数列举出来的——有一种与这样的说法相矛盾的状况，也就是对积极证据进行否定的办法。倘若我们告诉专家，请他对某个污点进行判定，确定它到底是不是血迹，而专家跟我们说："那不是血迹。"专家所给出的这个完全独立的科学判断可以被直接证实，我们不需要再纠缠于血迹这个问题上，因此，似乎"消极的证据"借助于一个事例就得以建立起来。实际上，我们面对的确实是一个积极证据，这是由于，专家告诉我们的信息实际上并不是实际性论断，而是一个推理命题。他观察那个污点之后发现，那可能是铁锈或者烟草污渍，也就是因此他推断出那个污点并不是血迹。即便他是一个怀疑主义者，也可以在表达的时候严谨地表述："我们从未见过哺乳动物的血迹中存在这样一种不可识别的特殊标志物，而如果没有血迹的话，我们也不能据此推断出尸体的存在，因此，我们完全可以断言，现在我们面前的这个污点并不是血迹，毕竟这个污点所展示出来的一切特征都显示，它有着我们从前人经验中总结出来的且习惯称之为锈斑的物质所表现出来的特点。"

我们还需要对逻辑关系和经验二者之间的差异进行表述。假如我这样说："这种矿物尝起来有些咸，所以它肯定溶于水。"像这样的推理就是从逻辑关系中得出来的，我想表达的真实意思其实是："倘若我能从这种矿物中品尝到咸味，也就是说它对我的味觉神经产生了刺激，而矿物要刺激味觉，唯有通过跟唾液的结合才会实现，也就是说，它是可以溶于唾液的。那么照这样推论，它也肯定可以溶于水。”倘若我接下来这样表述：“这种矿物是咸的，硬度为2，重量是2.2，因此它的结晶形状肯定是六角形的。”像这样的描述主要依赖于经验，因为此时我真正表述的意思是：“最开始，我知道具有上面这种特征的矿物肯定是岩盐，因为起码到现在为止，我们还没有见过符合上面各种特征的矿物不是岩盐的，而根据我们的观察，岩盐的结晶都是六角形的，起码迄今为止我们见过的岩盐结晶都是这样的。”倘若我们能够对这个例子进行深入的研究，就可以发现，第一个案例非常正式，且的的确确符合逻辑；第二个案例则是则完全依赖于经验的。这两个案例都单纯地以经验问题为前提，可是推理当中所采用的正式问题却是从逻辑出发的问题。只是，第一个案例和第二个案例的特征都得到了明显的表现。虽然这一点不需要过多的解释，大家就可以明白，但是却并不能抹杀它的重要地位。大家都知道，倘若某一件事情对我们产生了巨大的影响，那么相对于其他影响力没有那么大的事件，我们产生的感受就会相对轻微，要么对其一无所知，要么只能略微有所体会，这样的话，那些细节就被我们无意识地摒弃了。其实我们也可以用数学的方法对这一状况加以呈现：无穷大再加上1也依旧是无穷大。可是当我们身处于巨大的痛苦或巨大的喜悦之中时，我们就很难感觉得到随之而来的任何痛苦或者欢乐，正如拖着非常沉重的货物行走的马匹根本意识不到旁边赶车的车夫是否又给它增加了一点重量，把自己的外套搭在了货物上（出自韦伯定律）。因此，当我们这些犯罪学家要对某一个极难定论的案子的证据进行探讨的时候，就需要在两个方面多加注意，才能依照我们过去的经验准确判断前提是否正确，且据此前提进行准确无误的逻辑推理。倘若在我们进行推理的过程中，发现在某一部分存在着很特殊的难题，可在另外一方面这些难题又能轻易地被处理掉，那么就会出现一个令人震惊的现象，就是人们常常会彻底忽略后面的一个能够被解决掉的困难。因此，即便我们正确地解决了头一种难题，那只根据这些进行推理和调整，无疑也会出现离谱的过错。因此，倘若需要花费很长的时间和极大的代价去对某些事实进行确认，那么也就是说其中存在的逻辑关系就会相对容易一些，那么在逻辑推理方面推进的速度往往会加快，而且经常会得出错误的推理。

起码，依照我自己的个人经验，当遇到逻辑性难题的时候，我们会比遭遇非经验性难题的时候更容易出现错误。说句实话，尽管我们犯罪学家在逻辑方面比不得逻辑学家专业，但是又很有必要向他们学习相关专业知识，但我们中的很多人，心满意足于对自己进行一两次枯燥的提醒，让自己回想起高中学习到的相关知识，随后就把这事忘到脑后去了。相对于其他次一级的困难来说，在非常重要的逻辑推理方面遭遇困难时，我们理解起来会比较轻松，如果我们足够幸运，能正确地解决掉这些庞大的问题，大家往往就会被解决问题过程中付出的努力和情绪带偏，忘记去确认这样的问题是否拥有正确的前提，一般情况下，大家都会假设这些前提都是不证自明的。所以在对判断的基础进行检查审视的时候，经常会发现一个问题，也就是——在逻辑问题上小心谨慎，耗费了大量的心力，但是最终结果却建立在完全不符合经验前提且非常次要的一些假设上，这样就跟材料脱节了，最终的结果往往是这样的：由于最开始的前提就错了，整个推论也就错了，所有的工作都是白费力气。发生这样的事情，会令人不由自主地信服：这是出于逻辑层面的要求，那一两个需要探究的、非常困难的要素得到了重视，那么法官就不需为此愧疚不已，毕竟这是一种逻辑要求。像这样的问题，并非出于无意识，也不是由于对某一些经验问题的相关含义或其重要性相关的记忆产生了偏差，而起码有一大半责任发生在有意识的情况下，每个人对自己的经验进行确认的特殊思维过程中，换句话来讲，在某种条件下，我们只是潜意识中有了这种念头，认为在某个方面所进行的工作需要跟其他方面的工作抵消持平，在这方面做得非常完满的话，就可以弥补其他部分的不足。在律师的日常工作中，这样的事情相当普遍，且总是自然而然地出现，甚至已经变成一种习惯了。比如，在对 10 个口径一致的证人进行核对之后，发现他们在同一件事情上的表述完全相同，已经可以把案件的真实状态完整呈现出来了，我会下意识地认为，是否继续传召最后两位证人根本无关紧要，不过还是把他们叫来问话，可我在询问的过程中肯定会不由自主地加快问讯的速度。这种下意识的忽略自有其存在的理由，而这种潜意识层面的疏忽，就会有一半的概率导致其可能被带到其他相关的工作程序之中，进而也会引起工作失衡，比如太过重视某一部分工作会导致其过度增值，而另外一部分工作没有得到良好的对待，往往会取得极差的结果，甚至产生在调查中不平衡的状况。由于发生了这样的错误，最终的调查结论就全错了。不过我也很有可能定下心来，耐心进行计算，在对 10 组因素都进行对照之后，即便计算结果都正确，我也绝不会对每一个单个结果所产生的可能性偏差轻易松懈。毕竟只要我稍一放松就有可能出错，而一旦出了这样的错误，之前所做的全部工作就都白费了。

的确，我们可以说，倘若所有的前提或者某一个前提出了错，对整个逻辑层面的问题进行的探究也就彻底失败了。事实上，我希望提醒大家，千万不要觉得这种情况发生的概率很小，或者绝无可能，对我说的这一点心存怀疑的人，可以赶紧找几个类似的案子多加检查吧。

第 27 节　类比

在所有的推理方法中，类比是最不能被忽视的一种。这是由于，基本上所有的推理方式都建立在类比的基础之上，也就是说：某一件事跟另外一件事之间存在相同点，因此二者在一个或者好几个特征上存在相同的地方。在涉及类比的案例当中，任何人都不会直截了当地对同一性质的问题进行判断。在一些具体问题当中确实存在某些平行性和一致性，倘若假设真正成立了以后，这些问题就会被摒弃在外，换句话来说，就是被潜移默化地进行了比对。回想一下利普斯的例子吧。他用判断转换这个概念来定义类比，也把它称作两个相同的部分之间的转移，他还说过，类比的过程中有着天差地别的意义。我们可以这样假设，我曾 X 次见过某种颜色的花朵很香，那么我自然而然会倾向于第 X +1 次希望有着同样颜色的花朵也会散发香气。再假设，如果我 X 次见过某种特殊形状的云彩，并发现当有这种云彩的时候就会下雨，那么我自然会倾向于希望这样的事情第 X +1 次发生。第一个类比一点价值都没有，颜色和香味之间并没有内在关联；可在第二个类比当中，其价值就相当重要了，毕竟雨和云之间存在实实在在的联系。

如果我们简单地看待这个问题，这两者之间存在的区别，并不是在于某一个案例当中有固定的关系，可这一关系在另外一个案例中就失效了，而是由于在花朵和香气的那个案例中，这个关系不是恒定出现，而是偶尔出现的。或许在自然规律当中确实有一种涉及颜色和气味之间关联的规律，倘若我们掌握了这样的规律，那么就不需要再纠结这个问题是出于偶然还是类比，它就变成了一个实实在在的规律。即便有许许多多类似的例子，我们还是没有认真重视这样的规律，根本原因就是我们对二者关系的研究只集中于香气和颜色之间的对立，而并非研究两者的统一。举个例子，我走在大路上，瞧见有很多人身穿着棉袄，还有不少人手里拿着冰鞋，那我绝不会开口询问他们到底是因为先穿了冰鞋才去穿冬衣，还是穿了冬衣才要穿冰鞋。倘若我不对当时的情况进行总结，判定人们之所以穿上冬衣和冰鞋是由于天气太寒冷，那么我一定会假设冬衣和冰鞋之间存在着一种说不清的对立关系。

如果我走在街上，观察到每个星期总会有一天街头会出现很多盛装打扮的人，但唯独没有工人。如果我没有考虑到这种现象发生的根本原因是由于周日的到来，那么我或许就会纠结于为何在那一天，所有的工人会被盛装打扮的人挤出了城市。

类比也是具有相当危险性的，这是因为我们自然而然地会去依赖某些已经确定的事情，这样天然的喜好甚至要比我们自己本身的思想及在大自然中的陌生感和直觉性还要强烈。下面这种使人觉得焦虑的状况，我已经提过了[①]：在陪审团负责审理的案件过程中，陪审员们往往会耗费巨大的努力，挖掘案件中能够与自己的行业相联系的地方，并据此来进行询问，他们很希望可以借助自己特殊行业中的信息来启发整个案件。因此，即便证人的证词跟陪审员之间关系不大，他们也还是会用来进行自我解释：如果陪审员是名商人，就会用它来解释“银行账户结余”[②]；如果陪审员是个木匠，就会用它说明做木工活的办法；如果陪审员是个农民，则会利用这些解释畜牧养殖，陪审员们进而会采用自己专业领域中的信息来进行类比——尽管那是相当大胆的——并推断出被告到底是否有罪。这种情况在我们律师中也很常见。我们面临的状况根本没好到哪儿去，手中的案子越新奇越艰难，我们就更倾向于找到可以对其进行类比关联的例子。我们想从过去的经验中获取一定的帮助，毕竟我们根本无法找出恰当严肃的自然规律对这一案件进行阐述，我们出于恐惧求助于类比的方式，其实这样的做法并不符合法律程序的规定，而恰恰是法律禁止的，可实际上我们的确会受到影响做出这样的行径。某一个证人 X 在一个案子中提供了一份让人很难理解的证词，我们马上就会去各种陈年旧案中翻找，看有没有其他证人曾给出过与他相似的证词，随后就会去类比，看两个案子是否有相通之处，可是这样做，并没有任何说得通的原理。我们不知道血液滴在彩色地毯上会是什么样的场景，可是却坚持利用自己过去的经验，比如衣服和鞋子上沾了血迹的模样来对其进行类比。当我们发觉在一起案件中存在一个不同寻常的、变态性冲动所引发的后果，那么在另一起案件中，我们也会假定被告可能面临同样的处境——即便两件事情截然不同。

除此之外，虽然我们可以在有些部分采用类比的方式，但整体的状况却

---

① 参见《司法检验官手册》。

② 原文是意大利文。——译者注

很麻烦。特伦德·伦堡曾经这样说过：“古代人觉得类比是非常重要的方法，这种看法很有先见之明。类比的主要作用就是，能够借助与某一个亟待解决的子概念有所联系或者能够相比较的普适性原则，及时做出相应的解释和推理。这种概念乍一看上去似乎是一种调和的观念，但事实并非如此。这种崭新的普适性原则只是中间原则，并不是结论三大终点中的最高级概念，它只是一个平均的中间数值而已。”这段论述显而易见地证实，我们从类比中获得的每一个结论都具有极大的偶然性，还明确解释了类比最终的成功率是相当低的。大家都知道，科学毫无疑问地依赖于类比，毕竟类比是人类思维过程中最简便也最轻松的方法。不管怎样的事情，只要一出现完全不同的状况，那么人们就会想方设法利用自己已经获取的经验，去解构和改编大部分未知的事情，且通过类比找到其中或许有可能行得通的推理。数以万计的类比曾经昙花一现而又失败，可是这些无关紧要，一旦有一个类比成功了，它就会变成最重要的前提，甚至变成一条极其重要的自然规律。不过我们的工作中面临的案件却跟这种情况大相径庭，毕竟我们所要探寻的重点并不是构建前提，而是弄清楚最终的真相，或者是弄清楚真相已经被彻底埋没。

在我们的工作中，只有在进行解释的时候才可以运用类比方法，也就是说，当我们试图借助于某些假说对某个匪夷所思的案子进行解释说明的时候才会用到类比。我们经常会举一些广为人知的案件进行类比解释。我们会说：“假定这个案子是这样的。”随后依照手中的资料对这个假设进行验证，就这样，使用排除法一步步地去解释说明，直到挖掘出最终恒定的终极结果。使用这种方式很容易获得成功，而且在大部分情况下，要想让律师工作得以正常开展，也必须依赖于这唯一的途径。可与此同时我们要提高警惕，认识到类比这种方式在我们的工作中是相当危险的行为，有的时候我们的工作太过迫切，会使得大家忘记这条定律，所以人们就会借助一些未经验证的假设进行类比，好便于开展自己的工作。在这些案件当中，有些假设可能会突然间改变性质，被错误地视作已经被证明完毕的事情，最终的结果肯定就会走向谬误，结论也都全错了。如果想运用类比的价值，却无意中把可变性加了进去——这种可变性经常是后知后觉的——那整个案子的情况就会变得糟糕透顶，真假难辨。我们从未亲身踏上过月球，因此无权去批判月亮上的物质条件；不过众所周知的是，我们可以借助于类比的方法（也只能借助于这种方法）推出：如果我们跳起来，一定会摔在地上。我们还会借助类比这样推论：火星上存在智慧生物。但如果非要我们描述清楚——火星上的智慧生物到底是个什么长相？跟我们长得一样，还是长得像立方体，或者长得像条线？它们体型有多大呢？是像蜜蜂那样小，还是像10头大象那样大？如果涉及这一点，我们必须低头认输，在这个时候，类比的基础就消失了，我们根本无法使用类比方法了。

在上面所提到的分析中，类比需要依赖的事实在于：同一种情况重复不断地出现。因此我们都默认提出这样的假设，借助于类比，可以对同样情况下包括终极正确的条件进行判断。类比的确定性就跟推论中的确定性一样伟大，这也就是其正确性的表现。

因此，倘若这个推论不具备确定性的话，我们就得不到任何有用的信息，由此被蒙住眼睛陷入黑暗。倘若推论的确定性相当之高，那这也不能算是类比的范畴了，而归属于自然规律之列。所以，沃特主要用类比这个词语来描述关系之间存在的相似性，如果从这一角度来看，在我们实际的工作中运用类比的办法，实在一点意义都没有。想要对错误的类比和其重要价值有所了解的话，可以去研究一下J. 席尔的《归纳式研究的方法》（布伦瑞克，1868年版本）。

第28节　概率

刑事法官对证据相当依赖，因此我们可以理解，在他们看来最为重要的就是可以被当作证据的东西，也就是具备证据相关特性和作用的东西。① 其实所谓证据或证明，并没有充分的定义，这是由于我们并未给“已经证明的”这个词的含义设定界限。在任何的学科当中都存在不少类似的例子，也就是，事物在它存在的极长一段时间内，都或许存在可能的合理性，然而到后来就演变成为绝对合理的事物。自然的，也有一些事物最开始被认为“已经被证明了”，可是后来却被证实是不正确的事物。曾经还有很多被人们认为一点都不值得相信的事情，最终却在许多地方被大部分人证实了其可能性和真实性。我们需要关注的是“已经被证实了的事情”这一概念往往有着不同的含义，尤其是在各个不同的学科当中，因此，看待所谓的“已经被证明了的”和“只是有可能的”这两种概念的区别应该非常有趣，特别是从数学家、物理学家、化学家、医生、自然学家、文献学家、历史学家、哲学

① B. 彼得罗尼耶维奇：《原因的原则》，莱比锡，1898年。

家、律师，以及理论学家等所提供的部分事例中来进行证实的话。但我们所面临的首要任务却并不是这些，大家所面临的任务也不包含去判断到底什么人明确知道“已经被证明了的”到底指代的是何种内涵。我们需要了解的就只是这两者有着很大的差异，而且要弄清楚在这个问题上，我们犯罪学家给出的答案为何如此与众不同：这到底是已经被完全证明了的，还是说只是有这种可能？这种大相径庭的答案，或许能够轻易地依据数学、哲学、历史学或自然学的特点来给它们分门别类。的确，如果已经知道了确切的对象，那么就能先验地确定“已经被证明了的”到底指代什么。可是，即便已经知道了确切的对象可能是自己或者别人，不知道特殊信息的人根本理解不了这个说法。

要对“已经被证明了的”这句话进行严格的解释，起码要把它与用法之间的关系先确立起来，且这样宣称：我们用“假设”这个词来称呼我们想要得到的东西，而用“概率”一词来称呼有可能的东西，而那些已经被证明了的东西，就是看起来非常确定的事物。从这个价值上来讲，第一句话始终要以第二句话为标准（举个例子来讲，我们想要的东西会促使我们采取行动，随后演变成主动性行动并稳定下来变成一种前提，随后这种稳定行动又借助于固化作用，在某种程度下承担起了值得被依赖的责任）。

假设和概率这两种起到固化作用的事物，在犯罪心理学学科当中的地位跟其在其他学科当中的地位完全不同，这一点可以很好地启迪我们。即便把假设变成前提，它在不同的学科当中也拥有不同的价值，对于某些构筑得特别精彩的假说的争辩和讨论，才导致了这些特别清晰可见的论述和工作成果。

在科学当中，概率的地位也是一样重要的。当一名学者找到了崭新的思想、崭新的秩序、崭新的解释说明或办法时，不论他觉得这件事情成功的概率有多高，或者即便他完全可以确定其概率，事实上都是无足轻重的。学者所关注的只是观点本身，而这样的学者或许更期望能够提高这个观点成功的概率，而并非稳定它的确定性。这是由于倘若真的能够提供结论性的证据，他也就不再对这一观点感兴趣了，而存在这样的概率，可以允许他对这件事情进行深入的研究。在我们的工作中，唯一的目的只能是对其进行确定和证明，即便有着相当高的成功概率，也不会比根本得不到事实真相或者无法测量真相更有优势，我们在进行判定的时候，即便概率再高，也没有办法彻底确定。因此在把这些因素本身单独提取出来的时候，它只代表着概率；唯有跟其他一些确有其事的事实结合在一起的时候才能演变为证明。举个例子来讲，X是最有可能被其他人目击到在案发现场出现过的人，当时他没有充分的不在场证据，而且留下了清晰的足印，并且确实在他的家中找到了失窃的物品，案发现场留下的一些东西也被确认是属于他的东西，等等诸如此类的证据，简单说来，倘若上面提到的所有迹象本身都有极高的概率发生在某些具体的情境之下，那么把这些迹象拼凑在一起的时候，其确定性就已经成立了，毕竟倘若A不是真正的罪犯的话，不可能同时发生这么多极高概率的事件。

就像我们前面所讲述的一样，在其他一些案件当中，假设和概率在律师的工作范围之内所能发挥的最大作用就只有启迪我们而已。我们自然要把所有的假设都考虑在内，有许多案子，倘若我们不假设的话，是完全无从入手调查的。在面对任何一个扑朔迷离、充满谜团的案子时，我们首要做的第一步就是在材料中添加一些假设，但是只要在案子推理的过程中发现任何不符合实际情况的地方，就需要立即抛弃这种假设，随后提出其他一些新的假设，直到最终找到的假设确确实实成立，只有这样才能确定这件假设的事情的确存在发生的概率。接下来就会围绕这个假设进行调查，一直到最终证实它的真实性，也或者是由于许多概率很高，而又来自不同方面的资料被收集起来，最终互相印证变成了真正的证据。当可能性非常之高的时候，就可以对其提出怀疑了，但是，在案件判决的过程中要求的是“确定性”，在多数的案件中，原告和被告之间的互相倾轧、法律上的疑团，都是由于只是证实了其可能性，却不等于拿出了能够证实确有此事的证据。①

从这个层面的关系，甚至很多相关的细节当中可以知道，对于犯罪学家们来讲，概率有着毋庸置疑的巨大影响力。米特迈尔对它的重要性进行了简短的总结：“确实，可能性始终不可能左右最终判决的方向。可是，可能性存在的一个重要性在于，它导向调查者的行为，可以为调查者指明侦查的方向，指导调查者采用各种各样的办法，指导他们从各种不同的方向开展相应的法律程序。”

我们在此可以先回顾一下可能性理论发展的历史吧。最开始是洛克对清晰的和可能性的知识给出了明确的界限。莱布尼茨则是第一个发现了在推理逻辑当中概率理论的重要性。随后数学家贝尔努利和革命家孔多塞继承了他

① 当然，说到“证明性”是“确定性”的时候，我们只是指可能性最高的那种。

的学说，发扬了他的理论。在这一理论的现代形式研究方面，出现过不少学者，像是拉普拉斯、凯特尔、赫舍尔、冯·基西曼、J. 冯·克里斯、维恩、库尔诺、菲克、冯·博尔特克维奇等人，都曾经深入探讨。而可能性这一概念，在不同的专业人士看来，其内涵也是大不相同的。根据洛克的理论，是把所有的基本原理都分为明显的以及可能的两种类型。[①] 依照他的划分，两个命题："人都会死的"，以及"太阳明天会照常升起"，这样的命题就是可能性的。不过要想让这种可能性符合日常生活的习惯，那么就要把所有的基本原理全部划分为三大类，也就是证据、确定及可能性。众所周知，所谓的确定就是指那些有着相关经验支持，根本不存在任何被怀疑的可能性的基本原理。除了这些以外，所有的特别是需要进行证明的那些原理都存在或多或少的可能性。而拉普拉斯对这一点表述得更加确切："所谓的可能性，有一部分是由于我们对它的忽视，另外一部分则从我们的认识中得来。"[②] "所谓的可能性理论，指代的就是降低对这种一定数量的、也具有相同可能性的例子进行怀疑的程度，也就是说，我们也不确定其存在程度，要想尽办法去寻找有利于把这种可能性确定下来的例子，增加可能性的数量。而这个数字以及所有可能的为数不少的例子之间的产生的数量关系，就是我们用以对概率进行计算的方式。因此，它必定是一个分数，分子代表着能够证明结果的例子数量，而分母则代表着所有可能出现的例子的数量。" 拉普拉斯和 J. S. 米尔两个人就是这样，将可能性定义为程度比较低的确定性，可是维恩提供的观点则是为它提供了一种类似于真相的客观依据。[③] 维恩提出的这个观点其实很有意义，毕竟，不管某种特殊的现象到底被看作是确定的，还是仅仅有可能发生的，其中都包含着极大的可疑性。要对这个问题进行说明并定义这一现象的确定性的人，一定进行了假设，为它提供了某种客观性的基础，但是起码，那样的客观基础当中存在着主观性的意图。菲克采用分数来对可能性进行表示，他的定义是这样的："一个真正的分数，所指代的就是某一个未曾完整表达的假设性判断有可能存在的可能性，是想要达到的目标结果所必须依靠的整体情况中的一部分。"

"依照这一理论，如果谈及所有结果的可能性，将会极不合理。每一个

① 洛克：《论人类理解力》。

② 拉普拉斯：《可能性的哲学论述》，巴黎，1840 年。

③ 维恩：《可能性逻辑》。

孤立的事件要么是绝对存在的，要么就是绝不可能存在的。所有的可能性只是一种适合于在假设性判断中使用的方式。”①

要对所有存在疑问的结果的可能性进行探讨的举动也是不合理的，任何人都不可能推断出明天下雨这个状况到底是可能的还是不可能的，但在表达的时候只是采用了不同的用语。可是我们必须要对有条件可能性和无条件可能性加以区分，弄清楚二者之间的差别。如果我今天认真总结有可能引发天气变化的各种条件，把温度、湿度、云的形状及日照等条件都考虑进去，在总结了所有利于预测明天天气状况的各种条件之后，我就可以判定明天降雨的可能性到底有多大了。而我做出这一论断是否正确，主要取决于我对影响降雨的各种条件是否已经有了准确的了解，是否已经完全弄清楚各个条件之间的内在关系。无条件的可能性完全无关于今天出现的可能会影响到明天天气的各种条件，只不过是从统计学意义上觉察到的有关降雨天数的问题，这样的情况下，整个事件就截然不同了。对于犯罪学家来说，这二者之间的差别相当有意义，因为倘若使用其中一个取代另外一个，或者将两者混在一起使用，就会让我们在对可能性的计算中出错。举个例子，倘若维也纳发生了一起谋杀案件，我马上就把案件公之于众，并且说自己已经全盘掌握相关的信息，依照这些信息，也就是所有能够帮助我们找到凶手的条件，我们就可以推测出或这样或者那样的种种可能性。像这样的说辞，其实就代表我所计算出的是一种有条件的可能性。我们现在再次假设还存在另外一种情况，倘若我宣布在10年之间维也纳所有发生过的谋杀案件当中，具体有哪些案件依旧扑朔迷离没能破案，也找不到与凶手的真实个性相关的线索；又有哪些案件成功告破，找到了案发背后的真实原因；并且通过这些结果总结出在目前这个案子当中，我们找到杀人凶手的可能性到底有多高。在最后这种状况下，我所指代的就是无条件的可能性。所谓无条件的可能性，可以借助于自身和其他事件之间的比较来对事件本身进行探究，可是绝不能把它当成最终可以推导出结论的依据，这是因为无条件可能性的比例当中包含着有利于案情的很多条件，我们不能对它们进行重复计算。当然，在具体的操作中，不管它们是什么种类的可能性，或许都不需要被计算出来，只需要一个差不多的解释即可。假如我获知在某一个案件当中找到了一个脚印，如果我不了解其他的细节，就会喊起来：“只发现一个脚印而已，根本什么线索都发现不

① 菲洛斯：《对可能性的尝试研究》，维尔茨堡，1883年。

了呀!”我在此所表达的意思就是，对这样类似案件的统计数据中可以显示出，要想借助脚印这一证据来获取进展的无条件可能性相对来说是比较低的。可是倘若我手里不止有脚印这一项证据，而且还把脚印和其他的细节情况放在一起互相验证，随后发觉：“依照当下的这种状况，新发现的这枚足印能够使我们接近真相。”随后我这样向公众宣告：“依照目前所知的情况，我们查出真相的有条件的可能性是很高的。”这两种说法或许都是对的，各有各的道理。但倘若将二者结合在一起，表述成：“说到现在这个案子，当中有很多条件非常利于发现真相，可是普遍说来，依照一个单纯的足印很难得到充足的收获，这么说来，破案的可能性非常之低。”像这样的话其实就大错特错了。这是由于那极少一部分的有利证据已经和许多不利状况叠加在一起进行了反复的斟酌，且在一个比例中确实起到了作用，因此不能重复使用。

像这种错误，特别容易发生在判断被告和共犯之间关系的时候。倘若我们这样说：从罪犯的犯罪方式中可以发现，他很有可能是个有技巧的惯犯。这句话的意思就是说我们的可能性是有条件的。接下来我们再来对无条件可能性进行解释：“大家都知道，偷窃的惯犯常会再次犯罪，跑去偷东西，因此我们手中有两个理由可以假设 X 就是罪犯，因为这两个条件他都满足。”但实际上，这只是因为用两种不同的方式计算了一个相同的概率而已。不过这样的结论也不完全都是错的，结论的正确与否还需要进一步的探究，可是倘若结论中的错误性没有被立即发现，而是埋藏得很深，就会因此给案件造成极大的危害。

基希曼深入细分了概率。① 他是这样说的：1. 一般的概率主要是由一些孤立的、不确定的现象的原因或后果决定的，这也正是其特点的来源。我们可以为这种依赖原因的概率举个例子——就是总体的天气预报；依赖后果的例子可以借鉴亚里士多德提出的格言：由于我们可以看到星星不断转动，因此地球一定是静止的。其实可以看出，历史和法律这两门学科特别依赖这种概率，或者详细说来，是依靠对刑法的操作和使用。由于这两门学科都牵涉到人所表达出来的信息，而人所表达的信息需要通过努力深入挖掘，所以一般这种信息被当作某种原因。

2. 归纳概率。某些肯定性的孤立事件决定了归纳概率基础，最终的结果

---

① 《论可能性》，莱比锡，1875 年。

是普遍能够适应各种各样案例的。（这一点在自然科学中的体现尤为明显，例如，杆菌引发疾病，我们发现了 X 案例中有 A，而类似的病症 Y 和 Z 中也有 A 的作用，因此有极大的概率，杆菌引发的各类疾病都会出现 A。）

3. 数学概率。就是利用数学推算来确定 A 和 B 或者 C 和 D 之间关系的概率，换言之，一个女人生下的孩子要么是女孩，要么是男孩，而她生男孩的概率就是 50%。

在上面所提到的三种概率类型当中，前两种是至关重要的，而第三种通常毫无意义，这是由于在数学方面的例子，尤其是涉及数学类型的概率，它的价值往往是暂时性的，而对这种概率的研究所指向的最终结论都只是一种确定的计算结果。而在概率形式上，米尔告诉我们，在进行计算之前一定要先掌握必要的真相，也就是要去了解不同类型事情发生的相对频率及其背后的原因。如果从统计学中可以发现，可以活过 70 岁的人平均占到 5% 的比例，那与之相对应的推理就是合理的，因为它所展示的是寿命得以增加或减少的原因。

库尔诺则进一步划分了相对意义上不证自明的概念，他将主观上的概率和隶属于此类事件的可能性概率加以区分。而克里斯利用下面这个例子，对可能性概率进行了客观的界定："在大部分情况下，丢出一枚普通的骰子，即代表的是某种相同的关系，这样常常会给人们带来一种这种关系确实客观存在的错觉。但如果把骰子的形状变换一下，这种关系也就随之发生了变化。"① 但是这种"客观存在的关系"，换言之也是概率实体化的观点，在人们看来，往往跟常见的统计结果观点一样不甚清晰。所以据此就提出了一个新问题：利用已知的计算方式，是否能得到什么有价值的收获。

克里斯的观点认为："数学家们在对概率法则进行判断的时候，会因为结果相似而把许多孤立的事件归类，将之称为系列事件，并且假设这些事件的普遍条件、独立性及有多大概率会发生等基本因素相同。所以我们可以发觉，采用一些极简便的规则就能够借助成功案例的数目得出类似案例出现的概率。这些规则中并不存在例外。" 其实这种说法也有一定的道理，或许也是相当准确的，毕竟他描述了这一规则的广泛适用性，且在许多前提不同的案例中进行实证使用也是可以行得通的。因此，例如在对死亡率进行计算的

① J. 冯·克里斯：《论可信性与可能性及其在刑法中的意义》，《国家刑法学》杂志，第 4 卷，1889 年。

时候，发现证人的证词和司法判决之间出现了矛盾，像这种情况就超出了一般模式，变成特殊情况了。因此唯有在确定所有普遍条件完全相同的情况下，这条规律的应用才有实际效果。

可是唯有在无条件可能性偶然在短时间内影响到我们实际的具体工作的时候，我们才能肯定这条规则的应用绝对有效。因为即便我可以清楚地从统计数据中得知，每 X 名证人之中就可能会有一个人因作伪证受到惩罚，我也不可能在遇到第 X 个证人时对他产生特殊的警觉之心——即便从统计数据看来他说谎的概率很高。一般像这样的情况，我们是不会被骗的，不过如果面临的状况太过复杂时，或许就会有人忘记：所谓的概率来源于大量数字样本，而个人取得的经验或许会在其中逐渐被淹没，丧失方向。

不管怎样，数字及数字所代表的概率依然会对每个人产生极其深远的影响，所以我们在使用数字的时候一定要异常谨慎。米尔曾经举过这样一个例子——有关一个受伤的法国人。康德则郑重其事地说了下面这段话：“如果有人拿出 9 枚硬币，让仆人代为转交给自己的私人医生，那么医生看到硬币的时候一定会这样猜测：应该还有一个硬币，要么是被仆人弄丢了，要么是被仆人偷走了。”像这样的概率其实主要来源于习惯。因此，如果有 11 块手帕都被找到了，但人们还是会觉得其中一块手帕丢失了；或者说人们常常会对医生给予的每隔 1 小时 15 分钟喝一勺药的医嘱产生怀疑，也会对每年拿到 2437 元的年薪惊讶不已，暗自猜测。

由于我们普遍有这样的假设——也就是，人为的因素出现的形式会比较有规律，因此当我们在一些偶然发生的、未经计划的人为行动中忽然发现了某些规律形式的时候，我们也会毫无来由地进行质疑。假设我安排其他人对同时发生的偶然事件进行计算，可他给我的结果却恰好是 100，我极有可能会让他重新数一遍。如果某人说自己刚好收藏了 1000 件藏品，或者自己刚好走了 300 步，我就会下意识地觉得，对方给出的数字只是大概的估量而已，并不是一件一件数出的精确的数量。那些不在乎准确性的人，以及想要让自己的话听起来比较权威的人深谙这种规律，所以在涉及数据引用的时候经常会故意选取一些不规则的数字，例如 1739、7/8、3. 25% 等诸如此类的数字例子。我知道有个类似的例子，就是陪审员在投票的时候，投票概率需要经过类似的安排。同一个陪审团在一天之内对三个案件进行投票，第一起案件投票比率是 8:4，第二个和第三个案件也都呈现出相同的规律，可是主席看完这些数字之后表示，其中的一位陪审员必须修改自己的投票意见，因为三起不同的事件居然能得出完全相同的投票结果，这看上去有点儿荒唐！我们的领导往往在相关的问题上更喜欢利用不规则数字，如果我们想要了解其中原因的话，最后一定会发现，恰恰是因为不规则的数字可以表现出最真实自然的状态，和最大限度的自由。因此，许多小问题就呈现出不规则的状态——虽然在真正的大自然中，大部分的事物中都存在令人惊讶的宛如奇迹一般的秩序性。就像米尔所阐述的那样（他对此进行过非常详细的表述），我们自己并不希望能在大自然中发现一致性的形式，在面对不同年份的日期和星期几的对应关系时，也绝对不会认为往年的日历排序竟会跟今年的完全一样，倘若这种潜在的规律被全新的情况打破了，我们也丝毫不会惊讶。毕竟之前我们刚刚默认世界上所有的人类要么是黑皮肤，要么是白皮肤，结果没过多久红种人就在美洲出现了。而现在，这种预设也给我们的工作设置了巨大的障碍，毕竟我们对于自然规律到底有着怎样的极限一无所知。再比如，我们毫不怀疑地球上一切的物体都有重量，所以绝不会天马行空地幻想地球上还有一些未被发现的小岛例外地没有重力，毕竟所有小岛上的东西跟其地方一样，都会受到重力作用的影响。可是在美洲大陆被发现以前，我们应该考虑到红色人种存在的可能性。但这两种主张到底有什么区别呢？所有的物体都受到重力作用的影响，全世界所有的人类非黑种人就是白种人。有的人或许会说，前一个主张是基于自然规律提出的，而后一个主张不是基于自然规律提出的。可后一个主张为什么不是呢？人类的身体也是依照着自然规律形成的，因此就绝不可能存在红色人种吗？对于色素这个概念，我们能得到的准确知识又有哪些？难道有人曾见过绿色的马吗？可即便没人见过，难道就能说非洲大陆的中央不可能有这样一匹绿色的马吗？或者说，这个世上还存在着一些我们还不知道但却无法战胜的自然法则，绿色的马违背了这样的自然法则？很有可能或许明天就有人找到了一匹绿色的马，也或许这种事情就好像河水倒流一样令人感觉到匪夷所思。

想要判定某件事情是否是自然规律，主要依靠我们直接经验的阶段和等级，所以或许我们永远都无法得到一个能涵盖一切标准的命题。唯一有可能实现的就是借助观察，从所有已知的案例中找出某一个准确度最高的结论，以及存在例外的概率。贝根认为，建立可靠的假设可以被看作不存在反例的数数。可也正是通过这种数数的方式才能发现准确的规律。如果不对大脑进行训练的话，它只会接受那些发生的事情，而绝不会探寻其他的可能性；可经过训练的大脑会想方设法去找寻能够支撑自己推论的前提所需要的证据。

正如米尔所说，只要不存在任何有疑问的例外，那么所有明显看上去真实的论点或许就是普遍适用的，倘若情况真的如此，那真正的例外也会符合这样的理论。

根据这一点，我们可以借鉴到，怎样理解和把控别人提供给我们的信息。有这样一句话对此做出了界定："由于一直是这样的状况，因此可以认为，现在也是同样的状况。"面对这样的观点，愿意不经思考就全盘接受的态度，实际上跟面对所有的事情都心生疑虑的态度是一样的，二者都相当愚蠢。我们需要采用的正确的办法就是弄清楚并提炼出其中决定性的原因，也就是弄清楚一个问题：到底是什么判断出这件事情"一直如此"？而他又运用了怎样的办法去避免任何例外的发生？这种验证可以促使真正的理解产生。我们不可能等着一阵风把真相吹到身边，只能竭尽所能逐渐拉近与它的距离。但还是要具体采取一些稳扎稳打的办法，一步步地去接近，要了解每一个步骤的进度，以及它所起到的作用和带来的影响。不过还是需要弄清楚，这样的步骤到底是谁定下的？又是怎样定下的，弄清楚这一点才能靠近真相。歌德有一句永垂不朽的名言是这样说的："人类生存在世，从来都不是为了弄清楚宇宙的谜团，而是要找寻问题给我们指引出的正确方向，只有这样，才能保持在合理的限度内生存。"对我们来说，这一句话也是很有道理的。

一般情况下，如果我们对某一个条件的价值期待过高，想要只借助它就能一蹴而就地解决一切问题，抑或是畏手畏脚，不敢把已经知道的条件运用其中，就经常会在审视和判断的时候出错。不敢充分利用已知的信息，代表着在尚未取得完整证明时的愚钝，虽然是一种利于科学精神的态度，可是在面对真实的事物时却是相当危险的。这其实是一则常见的规律，也是不对已知条件进行评估的结果——或许是忘记去评估，也或者是出于懒散省略了评估。有一些法律程序，比如最初进行的现场勘查、逮捕、场地搜查，等等，所有这些程序要求的只是对一定概率的满足，而不是要求其具备完全的确定性。在满足条件的情况下，采取恰当的举动是必不可少的。没有任何法律规定，像这样类似的案件到底在多高的概率下才是必然成立的，而且我们也不可能确定出其具体的概率。可是，即便我们无法证实那是真实的，也必须使之看上去仿若真相，换句话来说，也就是绝不能出现任何有损于真相形式的内容。不过这种想法也不怎么聪明。正如休谟所说："当我们基于一些理由，相信过往的经验并据此对未来进行预测的时候，需要明白，所有这些理由都有其发生的概率。”

概率在现代刑事诉讼当中的地位相当重要。法律规定，陪审员和法官必须满足一定的数量规律，或许是由于这个数量完全有助于发掘真相。起诉系统建立的目标就是证明被告具有实施犯罪行为的可能性。还有一个概念被称作超出诉讼时效，它代表着在案件发生过一段时间之后，再对这一罪犯进行惩罚的可能性就变得极低，起诉过程也会由于各种不确定性遭遇重重障碍。而专家制度也需要依赖概率，也就是保证专业人士不会犯错的概率。下发逮捕令所依赖的是对被告采取行动或者被告会谈及个人罪行等的概率。证人需要宣誓所依赖的概率则在于，宣誓之后说出实情的概率更大而已。

在现代刑事诉讼当中，不仅牵涉到概率的种种形式，还牵涉到各种各样的可能性。每一份起诉书，其基础都有可能存在失误；把某些法官剔除在外，是因为可能会遭遇偏见，甚至只是因为怀疑有可能出现偏见而已；公开审判的最终意图是要避免误判的可能性；审判复核则是因为，任何法律判决也都有出错的可能性；辩护律师制度则是由于，可能不懂得为自己辩护的人会受到不公正的对待；在法庭上，所有的诉讼程序都做出了这样的假设：倘若这些程序不存在的话，或许就会出现不恰当的行为，甚至证据制度中的扣押信件和报文程序，也是由于假设其中或许存在某些至关重要的内容，等等诸如此类的制度均是如此。

当可能性和概率相关的问题出现在法律中确切判断的过程当中时，概率本身就成为至关重要的要素了。

我们还需要对“规则”一词的含义和它与概率之间的关系进行详细的探究。在科学范畴内的“规则”主要指代的是主观上认可的法则，可以对个人行为进行指导并产生重大的影响。从这一点来看，规则只存在于艺术和道德之中，自然中是不存在规则的。可是规则的实际用法却隐藏了这种内涵。我们经常会说，规则就是白天才会下冰雹，可是晚上下冰雹的例子也是存在的。根据鲸的体型我们知道，规则就是它们生活在北冰洋中；比较常见的普适性规则显示，把只能在水中溶解的物质放在温水中，要比放在冷水中更快地溶解，可是，不论把盐放在温水中还是冷水中都一样容易溶解。我们还会说：规则就是，凶手是那些没有得到惩罚的罪犯；而还有一条规则说，打架斗殴的人不可能是小偷，而反过来说也成立；还有一种规则认为，赌徒都是颇有才能的人；等等。因此我们也可以说，习惯性的重复才是规律，而不论怎样的规则，都有发生的可能。换句话来讲，如果有人说诸如此类的事情频繁发生就是一种规则，那么我们就会不由自主地期待类似事情再次发生。尽管保持过高的期待，有些超出现实，可我们依然乐此不疲地犯类似的错，许多自然法则不能接受的例外依然会出现。像这样的事实经常会使我们在日常的工作当中犯迷糊，迷失在自己的职责之内，甚至还会假设，因为这件事情已经发生过好几十次了，那么毫无疑问它们这样的情形一定是一种常态。我们常常会发现，如果从其他学科中得知他们将某一种现象的发生定义为经常出现的或者规律性的现象，我们就会自然而然地把那当成是自然法则。但实际上在这种情况下，我们根本不知道具体的情况到底如何，或者只是偶然听说了一些广泛与之有关的规律而已，甚至还有可能在很早之前事情就已经发生了变化。大约在 50 年前，洛策曾经这样写过他做的一个统计观察，当时他发现，生理学领域中一些极其伟大的发现，其热度经常只能持续 4 年左右。这个论断值得关注，那些伟大的发现也只是以自然法则的形式被建立起来，这表明那些法则本身也大多是些普通现象，根本不可能成为普遍适用的规律。在生理学学科方面已经判定正确无误的问题，在很多其他学科看来也是如此，即便医学甚至法医学中得到的伟大发现也符合这样的情况。因此这就给我们提了个醒，千万不要太过相信所谓的“规律”。如果我们太依赖于规律，或者经常不愿意跳出舒适圈而错误地使用它们，就常常会让我们在案件中偏离真相。有一类谚语准确表达出了这种运用的不可依赖性：“三次失误就可以总结出一条规律”，“将许多愚蠢的行为叠加总结，就变成了生活中最颠扑不破的真理”，抑或者是“今天还是场意外，明天就变成了规律”，也或者是这个经典的悖论：“认为世界上所有的规律都有例外，那么这条规律本身也就包含在内不会例外，由此可见，任何规律都是有例外的。”

我们不能将规律奉为圭臬，主要是因为其概括性，正如席尔所说，绝对不要进行概括，除非你能够在对矛盾进行解释和概括的时候，还能保持清醒，清晰地知道其内在的矛盾到底是什么。但是现实生活中，我们调查案件的唯一的行动指南就是大方向上利用规律所进行的概括。自然法则中涉及的条件太多也太复杂，牵涉到的各式各样的问题也层出不穷，所以要对其进行区分，还是相当困难的。因此我们基本上不可能借助于自然现象的特点在日常生活中找到正确答案。而我们当下生活的这个时代，非常容易令人减少观察，太过迅速地对很多事情做出决断。事情发生的太多也太快了，只从表面上看到情况相似的话，就会把它们概括为同一类别，这已经变成了法律界的一种规律，可是人们却往往没有注意到那些比规律更加重要的例外。像这样的规律被构建起来以后，会导致许多清晰可见的错误。

第29节　偶然

偶然在心理学层面的意义，主要由偶然这个概念及我们自己对于偶然所产生的思维变化造成的内在影响来决定。偶然以及特殊案例中的偶然，实际上在大部分情况下都需要依赖事件本身的特点来进行判断。在科学进步的过程中，法则逐渐增加，偶然性变得愈加少见，的确，唯有在日常生活的某些特殊案例和一般事件中才会遇到偶然性。我们在这里所提到的偶然或者意外，主要指代的是可以通过必要法则确定事件本身的偶然，但是其背后的法则确是未知数。举个例子来讲，如果我们发现生活在经常下雪的地方的动物，毛皮都是白色的，这绝对不是偶然，因为在偏北的地方或者高山上，积雪经年不化，这是自然法则的特殊力量决定的，动物的皮毛颜色也这样被决定了。不过我们需要用第三条（或者第三组）法则对这两个先后出现的现象进行解释说明，过去大家不明白这条法则的意思，但现在接受过教育的人都非常了解其内涵。

在我们律师看来，偶然性及如何认识偶然性是非常重要的，不只是因为偶然性能够把所有的证据加以串联，还由于在任何一个可疑的地方，偶然性都能发挥作用，毕竟我们律师永远需要去做的一个决断，就是弄清楚嫌疑犯和罪行之间到底是有因必有果的关系，还是仅仅出于偶然，到底是“某种悲惨的巧合”，还是说“事实之间有着密切的关联”，抑或是“值得怀疑的原因太多了”，上面这些表述都是错误地将偶然性视作了因果联系。在寻求证据的大多数过程中，甚至在庭审当中，案件的发展走向依靠对这两者——也就是偶然性和因果联系——进行区分的认识。倘若有人能正确地找到何谓偶然，就能在审判中幸运地渡过难关，担任好自己的角色。

关于偶然性，到底是否存在一种相关的理论呢？我觉得，想要直接对这个话题进行深入探究，确实不太可能实现。唯有将某个领域中一切值得信赖的偶然事件集合在一起，然后把所有已经确定的规则套用进去，减少偶然事件的数量，随后才能据此作出大概的解释。除此之外要想对这个问题进行解答，还要依靠决疑法那非常丰富的知识，只有这样才能全然呈现偶然事件的丰富面貌，且又能从中寻求真正的关联。人们对于偶然性这个问题曾有过许多相关的阐释，不过要对这个话题展开系统的探讨，毫无疑问必须从纯理论出发。因此，在这里温德尔班德有关于偶然的几大关系——也就是偶然与因果的关系，偶然与规律的关系，偶然与目标的关系，偶然与概念的关系——所进行的那本恢宏巨著意义重大，他对涉及偶然性这一概念的各种定义进行了批判探讨。虽然对于偶然性，尚不能够为其做出一个全面的、令所有人满意的定义，可是能够给出这样的定义，[①] 已经非常有意义了，毕竟对偶然性的其中一面进行探讨以后，也就能更深入地了解其对立面的特点了。下面我们将对一些定义进行仔细考虑。亚里士多德曾说过，如果从自然规律的角度来看，意外是必然会发生的。而伊壁鸠鲁则认为世界的产生就是一场纯粹至极的意外，所以在他看来，万事万物都是意外的产物。斯宾诺莎则坚持认为，所有已知的范围中根本没有任何不确定性的存在，康德则说偶然就是有条件的存在，必然就是无条件的存在。洪堡是这样说的："当人们没有办法从遗传学的角度对事物进行解释的时候，就把它们看作是偶然的。"席尔也发表了自己的看法："偶然的事情，就是难以被浓缩为规律的东西。"凯特尔则是这样讲的："偶然这个词已经被滥用了，其目的只是为了掩盖我们人类无知和愚蠢的真相。"巴克尔则提出，偶然这个概念来源于游牧民族，因为游牧民族的生活非常不稳固，也没有任何规律。特伦德·伦堡则指出，偶然性也就是必然性。罗森克·兰茨则说，只存在某种可能意义上的现实被称为偶然性；菲舍尔认为偶然性是相当个性化的现实；洛策则认为偶然性是刨除了种种有效事务之外的所有内容，比如自然的目的；在温德尔班德看来："如果按照用途对偶然性进行划分，那么它包含了从可能性向现实性转变的非必要的过程。偶然性就是必要性的对立存在。有人说'某件事的发生出于偶然'，这句话本身就是矛盾的，这是由于'出于'这个词就代表着背后必然存在一种原因。"

S. 弗洛伊德对偶然性的解释是最完美的，偶然和因果律之间存在的矛盾，借助于弄清楚概念之间的特殊相对性，就能轻易地被解决。[②] 也就是说，在"某一个"看来，是发生了的意外，而其他的都能借助于因果关系得以呈现。

很明显，我们能从这些定义中学到很多东西。这种被我们称为偶然性的内容，在法律工作中担任了很重要的角色。在许许多多案件的审判中，都是

---

① 温德尔班德：《意外事件的原理》，柏林，1870 年。

② 参见 S. 弗洛伊德：《日常生活的精神病理学》。

因为我们把那些条件的结合定义为意外，而意外和规律之间存在的差别，则是由我们在日常生活中所遭遇的、所有日常琐碎事件所包含的知识总量来决定的。如果将这些知识应用在具体的案例当中，完全可以将其用于寻找被引以为证明的系列事件中的因果关联，甚至找出偶然性中的秩序。还有，倘若很难找到合适的规律可以用来关联或区分事物的话，在借用“同时及相同的缘由”这一原理对相关事件进行调查和探究的时候，务必保持万分的小心谨慎。

第 30 节　劝说和解释

在审判过程中，要怎样才能说服其他人？犯罪学家不仅需要尽到主理官员的责任，给出经得起推敲、足够令人信服的真相，同样也需要承担起身为国家官员的职责，引用相关的法律典章和案例，正确地引导和说服被告心甘情愿地将真相讲述出来。不过，他自己也经常会被某些证人或被告的说辞打动——不管对方给出的理由是否正确。米特迈尔认为，信念就建立在“相信自己的认识是真实的”① 并对自己所知的一切都感到满足的基础上。不过，我们工作的目标就是让这种信念的状态得以真实实现，因此必须找到充足的、能够证实这一概念的全部资料才算圆满。只挖掘背后的真相是远远不够的。卡尔·格罗克说过，他敢打赌不管任何哲学体系都无法探求出绝对完整的、全部的真相，不过理想主义者心中自然有能够满足自己需要的真相，就如同彼拉多②对耶稣进行的提问一样，根本没有相关的解答。不过，这一点也恰好证实了在科学和实际的工作之间还是存在区别的，科学或许仅仅局限于找到真相就可以了，但是我们一定要让真相为我们所用才行。倘若我们只借助于真相本身就能得到众人的信服，那么这种局面就会简单得多，所有的人在被正确的事情打动之后，就会感到心满意足。但是我们面临的状况远非这样，而要复杂得多，我们经常会用统计数字去证明一些什么，可是若想让实际的数字起到充分的证明效果，就要从其用途入手，多加区分。所以，在我们平时的生活中经常会说，事实就是最好的证明。但其实我们应该保持更加小心审慎的态度这样说道：所谓的证明事实确实如此，主要依据其实际用

① 米特迈尔：《证据原理》。

② 罗马帝国犹太行省总督，判处耶稣钉死在十字架上。——译者注

途进行来区分。也就是因为这样，诡辩论中的辩证法确实有其活动的空间和发展的可能。将那些事实按照某一种方式进行排序，完全可以得到一个全新的结果；可是将这些事实以其他方式排列起来，最终得出的结果往往与第一种大相径庭；又或者说，倘若你在一些值得怀疑的案件中不偏不倚保持绝对真挚、公正的态度去对其结果进行推测，那么你就会发现，根据事实的排列方式不同，最终得出的事件结论也大不相同。毫无疑问，我们也要注意一点，千万别受到先验经验的影响，觉得所谓的信念和劝服就是通过把许多词语堆砌起来就能够实现了，而我们真正需要认真思考的就是引用事实并对此加入我们的解释。不管在具体实施的过程中是用简易或复杂的方式，或到底是否采用了技巧，是否是故意的，这些都无关紧要，可以借助一种起码能够让我们在瞬间被说服的方式来进行。信念是多变的，估计大家已经非常清楚这一点了。

如果一个人可以一眼就看透所有真相，会使学者觉得非常羞愧。V. 福尔克马尔说过："倘若把这些观察变成一种习惯性行为，只局限于其表面现象，绝不肯真诚地对某些特殊事实的本质特征进行探查或表示尊重，那么总有一天，你会在自己做出的一些莽撞而草率的判断中一败涂地。对于孩子们来说，有很多事情是确定无疑的，非黑即白；可是在成熟的人看来，这些问题都是存疑的、可变的。"

因此，普遍来讲，我们如果要对那些简单事件描述的真实价值进行判断，都需要根据讲述方式来进行，甚至需要依靠讲述者本身的能力。这是由于，相比证人和被告，我们律师的经验和技巧更加充足，在如何恰当地将合理的事实排列整合方面会做得更好，正因如此，我们常常能够说服他们，而我们要考虑的也就是这些。

任何人都不会觉得，一位法官会利用自己还心存疑虑的事情去说服证人，不过大家都明白，在律师这个行业中，我们常常要进行自我心理建设，要求自己坚信某些事情。这么做的一个最大的理由就是，我们希望自己提出的观点能够得到其他人的认可。我毫不怀疑犯罪学家常常由于自身所具备的权威性，在做出决断的时候太过草率。确实，不管我们中的任何一个人，在最开始步入工作的时候，所采用的都是一些非常琐碎的办法，经常劳无所获，且在调查的过程中犯下各种各样的错误，有很多缺陷等待补足，直到最后才能把一种牢固坚实的基础建立起来。因此，当人们面临了这么多失败和错误之后，往往会因此怀疑自己非常无知，或太过看重自己的不足，并同样希望在自己调查的对象身上发现这种类似的愚蠢和不足。不过我们都知道，这种明显的错误现象是不可能发生的。一切所犯下的错误、裁判以及冤假错案，等等，从不会直指司法原本的尊严。像这样的预设经常太过美好，或许经常会出现其他的结果。但事实上，很多外行人会觉得，法官的知识更加渊博，也更敏感，并且在对事件的描述上也更有威信。但是毫无疑问，法官说出口的每一个字都有着极重的分量，因此想要说服别人的时候，一定会在表述中选用词语的最恰当含义，这样的最佳含义肯定会造成相应的影响力。我毫不怀疑大家应该都注意到了一个非常恐怖的现象，也就是在最终审判即将结束的时候，证人往往会潜移默化地接受了处理官员给出的建议和看法，并且更糟糕之处在于，那些证人此时根本不觉得自己已经被对方的观点所影响，还认为自己是在坚持己见。

官员对一起事件本身及其中牵涉的各种关系有着更深层次的了解，他们知道怎样说话才能达到最好的效果，把最为漂亮的理论建造出来。但是在他们对证人进行提问的时候，所提出的问题本身就有很明显的导向性，所以证人们常常会被蒙骗，他们总会误以为自己已经准确地把事实讲述出来了，在这种情况下，他们因此非常愿意接受官员们所提出的一些论点。可是在我们实际的案例中，由于官员们迫切地想要破案，在这个过程中他们的做法会比较冒险，一般来说，刑事专家在跟证人见面的时候，不能过多地表现出自己的辩论才能，因为对大部分人来说往往会被专家的意见所影响，这是极为有害的。除了一小部分受过教育的，或者是比较固执的女人，能够完整彻底地表述自己的观点，像这样的情况，相对来说要更安全一些。

司法鉴定在案件调查和审理过程中，往往具备极其特殊的重要性，这从古典时代就已经开始了，但是司法鉴定本身到底是否正确就不在我们探讨之列了。在法官面前，国家公诉人跟辩护律师所发表的看法可能并不会显得太过重要，可是如果用这个问题去询问普通人，让他们去谈谈对公诉人和辩护律师给出的说辞到底是怎么想的、是否信服或者怀疑的时候，普通人往往说不出什么，也不知道哪些地方不对劲儿。如果法官非常博学且富有经验，那么往往会在所有必不可少的证据都已经被齐全地提供完毕以后才会给出对案件的结论，而在最终得出定案结论之后，他根本不怎么会关注辩护人的说辞。的确如此，有的时候是由于法官都没有考虑过的某一个细微的证据细节，公诉人与被告会在庭审中故意蔑视或者激怒对方，甚至要求以此来左右对犯人的量刑。可是还有另外一个层面的问题，倘若这一细节至关重要，在最开始引述证据的时候就会确定无疑地被放上台面；否则的话，这些细节只会局限在一些无足轻重的老话题上而已。如若不然，那么我们在庭审当中可能就需要引入更多的法官，即使继续增加参与案情讨论的法官数量，上面的疏忽也依旧存在，不可能完全避免。

不过在陪审员看来，整个案件的情况就截然相反了，他们很容易被场上的状况所影响。从某个角度上来讲，法官们是比较冷漠的，而陪审员恰好中和了这一点。那些在庭审过程中对法官的面部表情进行过观察的人往往会这样总结：在庭审当中，公诉人和被告的发言是至关重要的，法官往往会非常重视这两个人所说的话，被告到底是否有罪，并不由证词的多少和证词的重要性来决定，而是要由是否有技巧地理解了证词并给出确切的表述来决定的。像这样的问题，并不是陪审员本身所带来的，而是某些人希望陪审团能够超常发挥，起到原本起不到的作用。面对这一点，最需要解决的问题，就是要弄明白审判本身是非常艰难的事情。陪审团参与审判的过程，并不是出于艺术的要求，跟犯罪学家所要进行的其他工作比起来，审判本身的难度还要往后靠一靠，排在第三或者第四位。还要注意把证据送上去的先后顺序，决定好这一点也是至关重要的，其实这一步的目的是为了把案件的轮廓勾勒出来，如果整个轮廓已经勾勒完毕，所有的一切都符合逻辑学和心理学层面的要求，那么案件的审理过程就会变得十分顺遂。将事件的轮廓勾勒出来也并不简单，而是一项十分伟大的、带有艺术性的工作。这样的话，在整个案件审理中只会有两种可能的结果。如果这件事情没能顺利完成，或者说，为案件描画的轮廓起不到实际作用，那么对案子的描述就会偏离真实，变得脱离逻辑，很难去弄懂，因此陪审员根本不知道这个案件到底是什么情况；可如果想要完美描绘出案件轮廓，需要像一门真正的艺术一样，费尽心思地准备，还要有足够充足的知识储备和智慧做后盾。如果陪审员本身不具备这种素质的话，那么这种艺术再怎么精妙也无法影响到他们。所以，陪审员们肯定会专心致志地思考公诉人和被告所进行的谈话，从中得到更加充足的信息。这等同于通过一种能够被理解的方式把证据复制出来摆放到他们面前，最终的判决结果是依靠公诉人和被告律师的智力和知识水平的高低来决定的。休谟曾经这样说过，具备极高水平的说服力，根本用不着知识，也用不着思考。它主要会借助想象和情感来进行表达，准确把握群众内心真实的心理倾向，并据此来影响和指导陪审员们的理解。不过，像这样极高水平的说服力世所罕见，不得不说这是一种幸运。不管在什么样的情况下，有了这样高水平的人也能影响到对这主题有深入了解的人，我们可以说这种情况很少见，不过由于陪审员们本身都不能算知识储备相当丰厚的人，所以在案件审理过程中，即便拿出来进行说服的言辞本身没有什么水平，也毋庸置疑地肯定存在指导意义。如此一来，它也就带来了更严重的危害。

可以解决这件问题的唯一办法，就是主审法官在探讨公诉人和被告律师的案件陈词的时候，可以通过一种非律师的方式，甚至说是心理学的方式对陪审员们的神情进行研究。他一定要绝对仔细地对这场陈述所带来的任何一点影响都进行细致观察，虽然像这样的观察无关于案情本身，他需要做的就是在陪审员们被其他一些事情吸引到，偏离了真正的案件问题时对他们加以提醒，使整个案件的探讨返回正途。如果一位主审法官可以做到这一点，那么他的能力一定是非常强大的。

不过要想做到这一点也是相当困难的，现在人们已经基本上不再关注说服力这一问题，可通过各种经验积累已经掌握了一点技巧的人肯定也熟知其相对应的理论技巧了。想要在面对这种人的时候占上风，就必须先对这些技巧和套路有所了解。因此在对这一领域进行描述的那些作家的作品都值得推荐。如果不想看古典时期伟大作家——尤其是像亚里士多德和西塞罗的著作的话，很多现代作家的著作也是很不错的。

第 31 节　推理和判断

我们在下面所讲述的判断，并非是指法庭中进行的判决，而偏向于广泛意义上的判断，倘若我们想要认真地对待自己手中的工作并将它们圆满完成，就可以通过最为简单的例子来入手，从中给出数不胜数的推论；并且经过我们审理的案件中，我们也可以总结出许许多多的推论。而我们的工作是否正确，也主要取决于例子及被调查案件的正确性。我前面已经对此进行过解释，即便我们面对十分确定的判决，在进行的过程中也会有许多简单而不可避免的因素逐渐渗透，即便这种类似于日常生活的因素只是一系列极难理解的推论而已。即便从整体上，我们觉得这是正确无误的，可是这些因素本身也有极大的可能是出于谬误的。我们经常会通过感觉来作出推论，这种频率相当之高，以致会让大多数人震惊。因为这基本上已经超出了所有现在通行的规范对于这一懒惰行为的容忍度。实际上，这一点是互相矛盾的，法律要从不完备的前提条件中得出一个推论，这更多是因为比较方便，而非通过小心谨慎观察和探究。即便是在种种小事上，人们也有可能会匆忙下定义，给出推论。我们常常在调查的过程中发现，我们所做的全部工作都只是推理而已，根本没有任何实际的进展。不过反过来说，倘若真的由于我们疏忽了某些事实而导致出现谬误，那么我们本身是很难从这些细节中找到问题之所在的。因此，很有可能我们的证人说自己亲眼见到一只钟表，只是因为他听见了钟表的滴答声，接下来就进行了无意识的推论说自己亲眼见过，随后他甚至都骗过了自己。还有一位证人作证说X养了很多只鸡，但事实上他只不过是听到了两只鸡咕咕大叫的声音，就觉得对方养了一大群。还有一个人瞧见一头牲畜的脚印，据此就推论说有一大群牲畜从这里经过；甚至还有人说自己清楚地知道谋杀案发生的具体时间，因为当时他曾听见某人叫喊……诸如此类的内容。如果这些证人能够将自己进行推论的故事讲述出来，那也不会出什么大错，案件也不会变得如此扑朔迷离。因为小心谨慎地进行问讯是非常简易的事情，但他们都不会主动开口谈及；如果我们仔细进行过观察，那么一定会发现自己也曾做过类似的事情，并且相当肯定地说自己曾亲眼所见、亲耳所闻或者亲身体会过什么——虽然这些都是出于自己下意识的推测而已。① 因此，这其中包含很多种区别，比如完全正确的推理、部分正确的推理，以及一句错误的感觉得出的错误的推理。有这样一个被竞相引用的故事：在一整个司法小组进行的调查中，所有人都说自己能够闻到棺材当中散发出令人作呕的气味，可最后打开棺材却发现里面什么都没有。倘若当时不论由于何种原因没有将棺材打开，那在场的所有人都会言辞凿凿地说自己的感觉绝对正确，即便他们所说的这些感觉只是从之前的一些条件引导出来的推断而已。

S. 埃克斯纳为证明此事所引用的例子更是非常精妙，他说有一位母亲听到孩子的哭声就会觉得很害怕，并不是由于哭声本身非常可怕，而是由于哭声这种印象会唤起她的某种与哭泣相关的意识，既然是孩子的哭泣，那么一定是孩子身上发生了什么不好的事情。② 他的表述无疑是正确的，在类似的例子当中，语言之间的关联也起着非常重大的作用。正如斯特里克所说，不管是任何概念下的复杂形式，都可以找到相对应的词语。我们亲眼看到了手

---

① 汉斯·格罗斯：《纠正后的想象》，第5卷，第109页。

② S. 埃克斯纳：《精神现象的生理学解释提纲》，莱比锡，1894年。

表这样东西，那么脑海里就会浮现出手表这个词语。① 倘若我们看见某人表现出得了肺痨的症状，那也马上能够联想到肺结核这个名词。后面的这个例子更具有启发性。因为对这种病症比较复杂，相比于其他一些只有确凿病症就可以断言疾病性质和原因的情况来说，要通过多样化的形式和程序来进行判断的病症不太容易使我们产生误判。某个人看来相当安全的事情，在另外一个人看来并非如此，而且借助某一个症状对疾病进行判断的这种情况，会随着时间、地点及人物之间的改变而发生变化。尤其在人对自己所表现出来的症状相当确定，他们不会认真思考从中会得到什么样结论的时候，是最容易出错的。但是往往这样的推论与词语的表象直接相关。像上面所讲的例子当中，倘若 A 发现 B 身上存在某种肺结核病的明显症状，他马上会想到肺结核这个词语。可是他看到了这个症状，并不只是让他产生了对于肺结核这个词的印象，而是让他给出了直接的推理，也即“B 患了肺结核”。我们的理解始终不会局限于对某个词的印象，而是要马上把这些印象跟具体的事实及潜在的倾向相联系，把它变成一种常态的评判，可是当这种评判的观点被表述出来之后，听到这种话的人，其思维往往回到原点，此时他会假定给出这一系列评判的人确实感觉到了什么，才会进行这样的推论——而事实上做出推论的人只感觉到了一点点内涵而已，并且这种感觉往往不一定准确。

最为困难的一点在于，所有的推论都是跳跃性的，由于不同的人的个性不同，以及接受的训练不同导致了这种结果。可是做出推论的人完全不会考虑其他人能否理解他所经历的这种跳跃性思考，也不会考虑到对方会不会有完全不同的思维路径。举个例子，倘若一个英国哲学家说道：“让一个完全不懂天文学的民族，来对纺织业进行改造，真是我们最大的失误。”我们或许会说这句话有语病，而另外一个人则说这话是矛盾的，只是第三个人则会说这句话很有道理，因为英国哲学家所作出的推理当中缺失了重要的一环，也就是——懂得天文学会大幅提升人们的文化水平，而提高纺织业工作效率也要求更高的文化水平。人们所进行的对话中最简单的跳跃就是，只通过非常小的前提就给出了事实的结论，但在推理的过程中遗漏了许多细节。在实际的思考当中，这样的状况是相当常见的。我们提供信息给别人的时候，这些信息本身就包含了我们的思考及判断。女性以及没有经过训练的人都不会

① 斯特里克：《关于对概念的联想的研究》，维也纳，1883 年。

这样做，这也是为何在他们的对话中常常会出现许多断断续续的地方。① 事实上，在问询证人的过程中也存在相当大的风险，这是由于我们经常会出于潜意识，在进行跳跃推理的过程中把很多原本缺少的细节补足——这种补充主要不是依据事实，而是依据我们自己对当时状况了解多少来进行的。因此，要推断另外一个人所做出的推论到底是否正确，基本上要么是不可能实现的，要么这种推论就变成了非常粗暴的一刀切。在对证人跳跃性推理的现象进行认真观察的时候，我们观察的对象可不仅仅包括女性和未受过教育的人，都可以发现，每个人给出的推理都有可能存在差别。因此也就是说，即便已经验证过所有的前提，同一个证人也有可能会给出完全不同的结论。正如大家所知的那样，即便前提都是一样的，不同的人得出的结论往往也是完全不同的。

像这样的推理会因为证人所从事的工作不同而显现出各种各样的面貌。因此，沉迷于数学的人是最容易产生跳跃思维的，虽然相对于大部分证人来说，他们的思维跳跃往往也是正确的，可如果数学家可以采用数学思维对待非数学性的问题，也存在着极大的犯错误的风险。

另外，这种类型的证人给出的证词中还存在另外一层危险的漏洞：他们会对某些事物的特殊形式产生独特的看法，其推理过程中的跳跃往往表现为忽略了许多细节描述，而不知不觉地将某种形式的观点加以补充。我之所以注意到这种值得我们重视的思维问题，主要是从一家大工厂的记录员那里得到了启发——由于个人工作要求，这位工厂记录员必须不停地进行加法计算。所以在这个方面他是这样想的：如果 2 +3 等于 5，这个结果再加 6 就等于 11，再加上 7 等于 18，那么为了免除计算过程中的失误，我们不需要停下来对这些细节进行思考后再进行加和，而是一定要建立图像的链接，例如当一看到 2 +3 的图像马上就引出 5 这种图像；随后，我们对 5 的思维印象就跟真正的数字 6 相加从而得到 11，就这样继续重复下去。如此一来，我们在这个过程中所进行的计算，并不是一步步将每个数字相加，而是在对一系列确定的图像进行梳理，这样的话，计算速度要比动笔算更快，更由于像这些图像都是确定无疑的，是固定的，因此在计算中也不会出现错误。“你知道 9 的图像是什么样的吗？我们非常确信它的模样，就如同我们对 27 和 4 这两个图像的确认程度一样肯定，每次 31 出现的图像也都是固定的。”

---

① 凡·哈特曼：《潜意识的哲学》，柏林，1869 年。

只是像这样的状况往往只能在特定的人群身上表现出来，不过并不仅仅局限于图书管理员这种职业。像这样的人，在将两件事进行联系的时候并不会认真思考这种联系可能导致怎样的结果，他只是看到了这种联系所产生的一种结果图像而已。只是这样的图像并非像之前所指的数字一样确定无疑，它的表现形式更加多样，因此有些时候其正确性有待商榷。举个例子吧，如果现实是一个证人亲眼见到在黑暗中闪过两个影子，一道刀光，随后听到一声惨叫。如果他刚好符合我们前面所探讨的这种人的特征，那他绝对不会立即想着要去分辨到底是自己看见了刀光才发出了惨叫，还是自己拿起棍子打了对方使其发出惨叫，也或者根本想不到要去确认是否尖叫之前就已经看到了刀子砍或刺来的动作。他完全不会想到要去观察这些，完全来不及想象，他只是瞧见了两个影子和一道闪烁的刀光，一声惨叫后响起之后，他的脑海中自动会补充出一个图像，也就是：一个人的脑袋上多了一道刀口。像这样的跳跃性思维发生得如此之快，且确定无疑，所以甚至会导致这个证人毫不怀疑自己就是目睹了当下的一幕，并愿意为之赌咒发誓。

其实很多相关印象背后的思维过程都跟这种快速闪过却并非出于意识故意控制的推理密切相关。例如，当我们看到一张花园的照片，画面上只展示了花园的一小部分，上面有一行人从花园中路过。虽然根据我们当时看到的花园的这一小部分画面，并不能使我们对花园的大小产生确切的概念，可我或许还是会判定那个花园很大。这个推理的过程是非常快的，而且是一种下意识的感觉：从照片上可以看到一辆车和很多马匹，据此可以推测出花园中的道路比较宽——一般小花园中不会有那么宽的、能容马车通过的道路——因此这些马车只可能出现在比较大的花园中。所以我据此可以判定：照片上的花园一定非常大。像这样的推理是很普遍的[①]，因此也可以看出证人的供词到底来源于哪里的种种倾向性了——很有可能是一种确定无疑的真相，也有可能出自感觉中的印象。尽管这种印象和感觉可能很值得相信——其实它们十有八九都是对的，毕竟印象的最终产生还要依赖于对做出的推理进行反复的验证之后才会确定下来。可不管在何种状态下，都必须对这种印象得以产生的整个推理过程进行仔细的审视，并验证其正确性。不过非常不幸的一点在于，证人们自己对此过程是毫无觉察的，他们并不知道自己给出的证词

① 参见《H. 格罗斯文集》，第 1 卷，第 93 页；第 2 卷，第 140 页；第 3 卷，第 250 页；第 7 卷，第 155 页。

到底来源于真实发生还是自己的主观推理。

如果得出某一印象的过程只依赖于几个或者单个的无关紧要的线索，那务必需要对它进行重新验证，这是至关重要的。或许通过推理得出了印象，尤其是在一组人的例子当中，不过普遍情况下，印象常常来源于一些微不足道的、带有强烈私人倾向的、决定性的细节和特点。“正如古人用两半戒指信物去识别朋友，我们在辨认物体及其组成的时候也需要借助于其单独的细节特点，而正是由于这个细节，整体的印象才变得生动起来。”①

如果这样做不会出错的话，无疑是非常有利的。德尔图良这样说过：“我之所以愿意相信，恰恰是因为其不可能实现。”这位伟大学者给出的论述无疑是非常真诚的，我们必须相信这一点，特别是他说的有关信仰方面的问题，可是苏格拉底在谈及赫拉克利特的作品时却不肯直截了当地表明态度，而是模糊地说道：“我理解了的那部分非常好，估计我不能理解的那部分应该也不错。”他的这种态度就比较不真诚了。还有很多人也是一样的状况，虽然他们不会比德尔图良和苏格拉底更聪明更有智慧。我曾参与过大量需要对证人进行问讯的案件，这些总会使我想起德尔图良说过的那句富有哲理的话，毕竟证人的供词往往会揭示出最不可能的现实。所以每当我感觉到证人给出的供词难以理解的时候就会这样告诉自己：“虽然你不理解，但这种情况也是很不错的。”

未经教育的人往往非常相信自己的智慧和意识，在威兰令人震撼的著作《糊涂虫》一书中，就曾对这种情况进行了着重的描述。第四位哲学家说道：“你们所谓的世界的本质，事实上就是一系列世界叠加在一起组成的，一层一层互相包裹着，永远找不到尽头，就像洋葱一样，剥开了一层还有一层。”糊涂虫则说：“这已经非常清楚了！”他们总觉得自己知道洋葱的模样，所以必然能对哲学家们的思维了如指掌。像这样的借助于某一个词语来解释另外一个词语的推理办法往往会令人产生误解，这也是错误出现的根本原因。我们可以很轻易地理解像这样的例子，可是当人们将其运用在具体的事例上时，经常会忘记这样的推理是否能清楚地表达出原本想解释的内涵。这也是举例子和对比两种叙述方式的强大作用所在，所以历史上很多先贤哲人在向不懂得思考的人进行解释的时候，总会用到对比的方式。也就是这样，对比的巨大影响力才开始显现出来，很多显而易见的错误和未接受过教育的人都

---

① H. 奥贝特：《视网膜生理学》，布莱斯劳，1865 年。

想借助于对比的方式来对疑惑的问题进行解答。不过非常幸运之处在于，当他们运用对比的方式向其他人说明或解释事物的时候，常常已经完全理解并习惯了这些晦涩难懂的对比，如此一来，只需要随意地加以观察，就可以对这种对比的过程加以验证了。我们在询问证人的时候就经常用到对比的方法，倘若证人可以利用数字对一些不太容易理解的事情进行解释，也就代表着证人已经完全理解了其本质，毕竟他已经可以熟练地运用这种思维工具了。不过在他看来，对比的对象还是会让他有些摸不着头脑，这样的话就不太容易验证其正确性了，经常给不出明确的结论——毕竟另外一个人费尽千辛万苦才发现了一些数字原理，他要想简单地把这些数字关系解释清楚，并不太容易成功。他常常会因自己已知的事情而受到限制，因为他已经对真正的结论非常了解了，所以在解释的时候经常会绕回原点，即便他使用对比的时候也往往会不知所云。可我们还是可以从中得到巨大的收获，这是由于，证人自己虽然并不知道事情的真相到底如何，但是却依然非常坚定，这就可以看出证词真正的价值了。

涉及这一问题上，证人所讲述的事件发生的一切可能性也都是至关重要的。从这一角度出发，基本上大家想要推论某件事情不成立的话，都会借助于某些或许已经确定下来的细节，并对其进行细致的分析之后才给出推理称这件事有很大的概率不成立。但他们不会去考虑是否忽略了某些隐含的可能性。我们的物理老师曾经善意地提醒过我们："虽然今天我很想为你们展示光线干涉这一实验，它是非常漂亮的，不过白天我们观察不到这种现象，可如果把窗帘拉下来，你们可能会不管不顾地爬起来胡闹。考虑到这些，我就没法把这一实验展示给你们看了，现在我要把全部仪器带走了。"善良的物理老师根本没考虑过这件事其实还有别的可能：或许把帘子放下来之后，我们也保持安静听话，不会胡闹。

因此，倘若某个证人信誓旦旦地保证某件事绝不可能，那千万别相信他的说辞。我们就拿一个最简单的例子来说吧。证人在一桩盗窃案件中发誓，说这宗案子的嫌疑犯绝不可能是外人，只可能是内贼。如果我们仔细追问原因，他或许会这样解释："门窗都关死了，外人进不来。"他这样的说辞其实并没有考虑到另外一种可能性，也就是盗贼很有可能是爬烟囱进来的，也可能是吩咐小孩从窗户的栏杆中钻进来，或者又用了一些特殊的工具，总之还有很多种可能性，倘若不将推理基础讲述出来的话，他或许永远都不会意识到，这个案子还存在多种多样的可能性。

我们最应该牢记的一点是，我们这些犯罪学家“决不能轻视数学性的真相，而且要竭尽全力找出历史性的真相。我们从很多复杂混乱的细节入手，抽丝剥茧地将它们加以拼凑组合，并借助于这样的组合和逐步验证，最终确切地推理出了某种结论，可以满足过去发生过的事件的发展状态和特点”。大量的细节就是我们工作的重中之重，也是我们工作的基本主题资料，我们推理的确定性主要就由对细节的呈现方式和可信服性所决定。

如果我们更深入一些来研究，会发现要想得到这些细节性的材料，就必须像休谟所说：“倘若我们满足于自己的工作了，就必须要针对证据的特征扪心自问，到底是怎样对原因和结果进行认识的。我在此想放肆地先给出一个普适性的断言，不可能有任何例外情况，也就是：不管在什么样的情况下，我们的这些认识都决不能来自先验性的推理过程，而必须全部彻底地来源于实际的经验，比如，当我们发现某些事物跟其他事物之间的联系……如果我们的推理不依赖于经验，那绝不可能使我们得到任何真正存在的、真正意义上的实际结论。”①

休谟针对这种情况进行了两点解释：

1. 我已经发现，这个物体的出现总伴随着这样的效果。

2. 我可以推测出，其他与这一物体形状类似的东西，也会伴随有同样的效果。

随后他继续解释：“倘若存在这样的可能，我会赞同借助于其中的某一点去推论另一点的推理过程，我深知这就是实际的真实情况。可是倘若你非要认为这样的推理来自论证，是从一系列的论断中得来的，那么我希望你能够将论证的逻辑链条清晰地展示出来。这二者之间的关联，绝不可能仅仅出自直觉。倘若这样的结果确实来自论证和推理，那么在这一过程中必须存在一种能辅助大脑得出这种结论的媒介。而这种媒介本质上到底是什么，其实我自己也不清楚，那些坚称这种‘媒介’存在的人们，需要担当起证实其真正存在的责任来，我们对于一切事实本质进行的推论实际上都要依赖于这种‘媒介’。”

如果进一步加深对这一问题的探究，我们就能理直气壮地说：这种媒介只是一种过渡，而并非实际存在的事物。当我在谈及“这种物体”的时候，脑海中已经联想到“类似的东西”，毕竟这世界上的任何事物都不可能完全

---

① 大卫·休谟：《人类理解研究（开放法庭版）》，第33页。

一样，一点差别都没有，因此当我说出第一个词语“这种物体”的同时，我的思维活动已经跳跃到第二点也即下一个词语上了。

现在咱们针对具体的命题进行探讨：

1. 我已经发现了，玉米面包是一种非常有营养的食物；

2. 我可以对其他类似的东西进行预测，就拿小麦来举例子吧，它也是一种非常有营养的食物。

第一个命题中提到玉米，而我不可能采用完全一样的玉米来进行实验。但我可以将前面的观点中提及的玉米，甚至其他的东西，也就是说我在做实验的时候只能选用比较类似的东西。因此我在进行类似的玉米实验时，只能将起点定的更远一些，比如以土壤作为起点，将巴巴里的玉米和东非的玉米放在一起进行比较，这样的话就变成了对相似度问题的研究，而非对同一的问题进行研究。最后就可以将两种完全不同的玉米进行对比，相对来说，这比采用同一种玉米或小麦来说具备较低的相似程度。只有这样我才能对这两个命题中涉及的同一性问题或相似性问题进行探讨。其中的一个命题完全可以引出第二个命题，如此就可以发现二者的关联到底如何了。

在犯罪学中，这样的“关联”也是非常重要的，其特殊性表现在，从中得到的发现能够影响推理的正确性。休谟的这两个命题一直在我们的工作中发挥作用，使得我们连续地得出自己的推理，我们最开始会说：有些事情之间存在因果联系，且将现在手头的案子跟因果联系加以关联，认为二者之间存在相似性。倘若案件真的跟因果联系相关，那两个命题之间的关系无疑就是正确的，我们就可以断定，做出的推论确实是真实的、正确无误的。我们根本不需要去计算结果，也不必纠结于无法用数学关系进行阐释的问题。达朗伯非常坚定地声称：“当我们发现，确实存在一种更具倾向性的自然法则——它往往侧重于阻止有规则组合而不是无规则组合的发生，但是在数学意义（并非物理意义）上有规则组合发生的概率更大。所以，当我们发现某一个骰子可以一直投出比较高的点数，基本上马上就能判断这骰子被做了手脚。”约翰·史都华特·米尔对此进行了补充：达朗伯实际上要这样问才行——倘若在检测骰子的时候并没有发现什么问题，而有人说如果想连续十次都投出六点，那么必须保证骰子的六个面都是六点，如果是这样的情况，我们还能相信这副骰子的公平性吗？

我们完全可以直言不讳地展示其背后的逻辑，也就是说我们更偏向于认为这种推论不可能成立，即觉得规律的数字关系会存在于偶然的事件当中。

没有任何人会相信上周猎人刚好打了100只兔子，赌徒刚好赚到1000美元，或者一位病人已经体验了10次奄奄一息的感觉了，难道不是吗？所有人都会认为，这只不过是一个大概的、推测出来的数字而已。相对来说，猎人打了96只兔子，赌徒赚到987美元，生了11次病这样的说法更容易令别人信服。在进行审问的时候，这样的原则也会发挥作用，如果证人希望对方认可自己的证词，往往也不愿意直接说出“听上去不怎么可能的数字”。但是也有很多法官在听到这样的证词时会显得比较严厉，要求证人将“准确数字”表述出来，也或许马上法官就会意识到证人说的只是一种“大概的”数字。

这种观念深入人心，银行家和彩票商完全可以作证，他们都知道，“漂亮的数字”往往是最难出售的。在彩票中1～100的全部数字里面，数字100经常卖不出去，因为这样的数字“不可能被买走”。除此之外，如果人们发现将一组随机数字加起来得到的和等于1000，那他一定会怀疑自己算错了。

有些事实很难加以解释，但确实是毋庸置疑的真相，因此我们一定要注意，不能完全对整数性的偶然保持怀疑，也不能一直对不规则的数字抱有盲目的信任。在面对两种情况的时候，都需要小心翼翼地进行验证才行。

或许在对推理的正确性进行判定的过程，以及判断数字的影响力之间，存在着一定的类似之处，有很多人赞同数字所带来的巨大影响力，但也有很多人持反对态度。自从康德开始，有很多人发现，“大部分人都是蠢货”这样的判断一定会证实其类似的判断也是真实的，可是像这样的情况不管是在法律上、议会投票，还是在普通判断中都是相同的。

席尔曾经说过：“常有人这样讲，法官和陪审团人数的多少往往会跟案件判断的准确率成正相关。除了一个理由就是法官在和自己的同事一起办案的时候，往往会不太尽心，也不够竭尽全力和负责任，这个推论其实并不成立，虽然这个推论来源于对大部分案件所进行的平均值进行的研究，可是所谓的平均却不能从真正意义上表达出平均的意义。如果我们再存有一些思维上的偏见的话，还会在这方面错得更加离谱。我们需要寻找到正确的、也就是那些客观而没有偏见的对象，他们往往会认真地探求投票的状况，能够独自一人对相关的问题进行探讨，在大部分人都提出反对的意见时也保持自己的独立性，只有从这些人身上我们才可以对一些很特殊的事实有所了解。特别有趣的一点在于，倘若要对某一个判断有误的案子进行探查和了解的话，如果对全体判决中法官的态度进行过探查以后往往会发现，真理其实常常掌握在少数人手中——往往是其中一个法官的要求才是正确的。这一点着实令人惊讶，不过对于法官们来说，这个令人震惊的现实对他们提出了警示，时刻警醒着他们在遇到类似案件的时候，一定要认真吸收每一个人提出的意见，因为很有可能只有那些极少部分的意见才值得花费心思仔细探求其内在的问题。”

我们还需要小心，当许多证人对同一件事情进行描述的时候发生的状况。有可能是因为他们之间产生了相互的联系和暗示，也有可能是由于某一个消息来源本身的错误，导致所有证人都受到了干扰。

一个法官及几名陪审员对案件进行的判决可以算作是微不足道的，判决到底是否正确，并不由人数的多寡来决定。埃克斯纳曾经说过：“某一个判决得出了正确的结论，或许是由于在进行判断的时候牵涉到的各种各样的知识比较丰富，而在这样一个基础上，知识的价值就公正地建立起来，毕竟从实质上说，知识就是将这种关系的范围加以延伸而已。而价值本身跟目前所做到的事实与知识之间也存在着联系，往往它们的丰富程度是成正比的。”我们必须要牢记这一点，这是对我们来说影响最大的学说之一，它对过去那种要求我们只心满意足于局限在几十部法令、几本论文和判决案例就完全够用了的经验进行了反驳。

如果我们再增加一句话“每种判断实际上都代表着认同，每一个判断即便其相互关系大相径庭，其表现出来的内容也是完全相同的”，① 因此很明显，倘若法官在案件中所构筑的相互关系是比较狭隘的，就常常会面临着极大的风险，正如70多年前米特迈尔所说的：“在大部分的案件中，由于证据有了足够重的分量，所有的法官都坚信同一个真相。可是，倘若我们从证据的本质角度来看，真正能够影响到证据的性质的则是提供证据的人的性格特点。”在前文中我们已经对这种本性进行了详细的解释。

我们还需要从证人所给出的具体描述以及和其他相关事情的联系当中来认真对待推理所具备的价值。像这样的案件往往必然需要更加仔细的审查，可我们却常常忽略了这一点。举个例子来说，我们假设某个证人完全不记得某一个非常重要的日期到底是几号了，可是他已经得到了一些已知的条件，就把那些信息再联系起来，并且做出推论认为那个重要的日期就是6月2号。他之所以能够这样推论的过程是这样的：由于A给他打了电话，A的习惯是每到周三的时候就来找他；可是6月7号之后，证人到外地去度假了；更不可能是5月26号，因为当天是假期，所有的店铺都会推迟开门时间；

① H. 明斯特堡：《实验心理学文集》，弗莱堡，第3卷。

可 A 打来电话的那一天所有的店铺都没有推迟开门；除此之外，那个重要的日期也绝不可能是 5 月 20 号，这是由于打电话的那天温度相对比较高，可直到 5 月 20 号以后气温才开始逐渐升高；认真对上面这些细节加以考虑之后会发现，具体的日期肯定必然只能是 6 月 2 号那一天。

由于像这样的推论看上去都十分小心谨慎且充满了智慧，所以也是会相当令人信服的联系。而且那些不具备此类思维习惯的人，也常常会被这种关联影响；对于那些已经习惯了这种思维模式的人来说，更会产生超乎寻常的影响，他们更容易在这件事情上产生共鸣。可是实际上，那些能给我们留下深刻印象的事情，往往都没有经过我们的仔细审视，尽管会令人觉得非常惊讶，可那是确定的状况，也就仅仅局限到这里罢了。可我们如果要对这件事情进行小心翼翼的探究，那么要对每一个前提的合理性都进行思考，是一件相当有必要的事情。在我们上述所举的例子，甚至任何一个例子当中都可以发现这一点。我们很有可能搞错任何一个日期、微小的细节、假设，一些极其细微的、被忽略掉的因素都能影响到最终的结果，导致我们与胜利失之交臂，甚至会使我们不具备充足的说服力。

对手稿进行检查算得上是更加艰难的过程了。白纸黑字写下来往往更容易令人信服，不仅在其他人看来是这样，对于写下手稿的人来说也是这样，尽管他们自己总是很想质疑那些手稿，或者是在写出来的时候就进行多次修改，留存年份比较长的手稿往往比较权威，当我们心怀疑虑的时候，总会非常轻易地认定那些手稿是正确的。不管在什么时候，手写的描述到底是否准确这一问题都会出现，一般我们都会给出肯定的回答，认为手稿非常准确。倘若必须要利用普适性的原则对其进行验证的话，这一点不太可能实现，我们可以借助于手写稿件的目的，特别是确定稿件的来源和创作者的个性来证实其可靠性和肯定性。有的时候，手稿外部的形式就能证实很多事情。这并不是说仔细记录笔记或者排定其中的顺序有着非常严肃的重要性，我之前就曾出版过一本账目集，是一位老农民留下来的，他既不懂读书也不懂得写字，却能够将他与邻居之间的账目清清楚楚地记下来，虽然未经训练却条理通顺，在某一桩民事纠纷案中，这份手稿就被当成了确定无疑的证据。他的这份手稿有着很强的目的性，顺序也没有差错，并且前后一以贯之，足可以证实这份手稿并非事发之后才补上的，而是一直辛勤记录的。所以，我们通过这份账目被记录下来的原因，以及创作者的明显个性特征，才判定了这份证据具备极高的价值。

第 32 节　错误的推理

就像赫胥黎说过的那样，人们如果能够牢牢记住自己的弱点，也就是：自己常常会出于懈怠而太过依赖从真实经验中得到的、不同寻常的联系，并以此产生倾向性判断——一般这种倾向性判断都会是错的，那么人们就能减少大部分犯错的机会。当人们谈及我感觉到、我听见、我看见某些事情的时候，大约有 99% 的概率只是因为他们自己感觉到了某一种特殊的性质才对此进行了判断。而就是因为这样，才产生了很多错误的推理。基本上大部分的推理错误都是这样呈现出来的。它们出现的基础就是由于其缺乏了内在的前提，且因为感觉或者概念的错误而引发了新的错误，一般都不会出自正式的或者使用错误的逻辑原理才产生。[①] 米尔说得很有道理，大部分人之所以出错，主要是由于他们往往潜移默化地相信自然的顺序和知识的顺序完全相同，相信所有的事情都必须符合自己的想象，倘若无法将两种东西加以联系，人们就假定二者无法共存，超出人们认知的事情往往就会看作完全不存在的事情。可不具备说服力，不能说服人们的东西，跟匪夷所思的事情是完全不同的两种概念，不能混在一起进行讨论。说服是很难实现的，这是由于它来源于主观，还需要各种各样的条件，或许我们常常会由于尚未得知或者忽略了一些特殊的条件而无法对一系列事件的内在关联进行探讨和理解。在刑事案件当中，我们常常会发现一些看上去非常简单的案子却会让人始终摸不着头绪，我就会迅速地联想到某个故事：有一个年老的农妇透过一扇门看到一匹马的尾巴，而又在另外一扇门中瞧见了一只马的脑袋，她发现马头和马尾的颜色很相近，就震惊极了，大喊道："上帝啊，这匹马竟然长得这么长啊！"从最开始，这个年老的妇人就做出了假设，认为这原本属于两匹马的马头和马尾其实共属于同一匹马，可是她却完全没有意识到，这长得令人震惊的、非常长的马，却显而易见只是因为两匹马恰巧站的位置导致她产生了误解。

像这样的错误大概有 5 种分类：[②]

1. 天然的偏见，也就是演绎推理的错误；

2. 观察性错误；

---

① 参见 O. 格罗斯：《社会性的顾虑概念》，第 2 卷：《格罗斯文集》，第 2 卷，第 123 页。

② 此处遗漏一段。——英文版译者注

3. 归纳总结性错误，也就是：事实是准确无误的，但最终推理的结论出了错；

4. 混乱的错误，遣词造句不清晰或者实现了错误的关联；

5. 逻辑错误。

在律师的日常工作中，这5种错误都有着极为重要的作用，是非常重要的角色。

我们一定要时时刻刻对天然的偏见保持警惕，并对抗它。我们总是想当然地觉得，有一些阶层的人要比其他阶层的人更好或者更坏，尽管这一点没有明确坦诚，可我们总会有这样一种下意识的感觉——认为阶层更高的人往往不太容易做坏事，而其他一些阶层的人不怎么会做好事。即便我们知道这些看法往往不太准确，也常常会对一些人生观、公正甚至其他一些观点产生有失偏颇的看法。而且在对人类所了解的知识、印象以及其他事物进行的推断当中，我们也保持了同样的偏见。当过度信任的时候，如果我们看重或者讨厌的人身上突发了一些情况，我们也会因自身的偏见，选择偏袒对方或做出对其有利或者不利的裁决。

关于偏见，还存在另外一个问题，也就是说，即便明确知道面对着不同的情况，还是要给出同样的结论。相比来说，感觉的力量要大过思维的力量。正如哈特曼所说："偏见来自感觉，这并非有意识的理解性判断，而只是出于直觉的感受而已，它是一种实际的假设，因此我们基本上很难借助于思维活动的主观意识去反驳它，甚至改变它。即便你已经告诉过自己1000次，地平线上刚升起的月亮和在半空时的月亮，其大小实际上都是一样的，可是从视觉效果上来讲，你可以很明显地感觉到，当月亮在半空的时候会显得更小一些。"在任何一起刑事案件当中，到处都有这种杂乱无章的印象的踪迹，只要我们一开始去探究罪犯犯罪的过程，就只得带着这种印象继续前行，即便我们绝对肯定这个人跟案件本身毫无关联。第二种错误也就是观察错误，针对这种问题，我会利用感官感觉以及相似的问题来进行探讨。

进行过归纳以后会发现，出现错误的最严重的问题就是安排，并且环境及其他伴随而来的因素可能会在其中起到相当重要的作用，所以推论可能只是从这些因素当中推出来的，而并非这些因素真正有问题。假如说一位鉴赏家的家里挂了一幅塔纳格拉的画作，那我肯定会认为那幅画是名家手笔；倘若一个流浪汉身上装了一只金灿灿的手表，我也会不假思索地认定那是偷来的；如果看到柏林皇家博物馆里放着的巨大的陨石、鬣蜥蜴的骨架及扭曲的涅尔瓦骸骨，那毋庸置疑我会觉得那都是真的标本；可如果我是在某一个特别小的镇立大学博物馆中看到这些，就会认为这些标本很可能不是真的。许多现实事件也是这样的：如果鞋匠粗鲁的妻子房间里传来了小孩的哭声，我听见后就会觉得她在虐待孩子；如果在山里听见有咆哮的声音，我会认为有岩羚羊出没；倘若我听见一种很悠扬的声响，而我的身边刚好有教堂，那么我毫无疑问会觉得这种声音来自管风琴——即便很有可能是其他东西所发出的声响。

但是上面所说的一切，都是借助于经验、演绎和偏见才得以建立的观点。或许它们会引导我们得出正确的结论，但大部分情况下都起不到良好的效果。所以在对待这种案件的时候，务必要仔细进行审视，这是由于，人们非常喜欢可靠的"第一种，普遍也是毫无疑问的印象"。像这样的总结往往特别粗暴，也没有实际验证过。

我们可以采用的唯一一种能够免除犯错的办法，就是抽离事实本身，使其脱离具体的环境和伴随的各种因素，对其进行认真的研究。环境只是一种方法而已，而并非证明本身，唯有在验证了事物或者事件本身之后，我们才能将一个个的证明方法列举出来，随后逐渐对自己的观点进行调整，如果不这样做，往往就会得出不正确的推断。更悲哀的是，有的时候当我们发觉了真正错误所在，才弄清楚之前给出的想法是完全不可能实现的，但此时已经为时已晚，真正的问题本身就在于我们给出的推理系统中被埋没了，再也无法挖掘出来。

我们可以把产生诸如此类混乱的错误，归结为没有清楚地表达"何为证据"这一问题，也就是说这些错误是因为在词义上发生了混淆。我们基本上不怎么会遇到同样的情况，可如果遇到的话，肯定就是我们在概念上产生了混乱，不经意地把一些象征和具体事例之间进行了联系，之所以会这样做，只是因为我们没有看到它的重要性。像这样能够给我们警示的例子，或许可以在对某人的罪行进行推理的时候借助于"相同的动机"找到。在法律当中，请求和不知等，都隶属于这个范畴之内。这里我们并没有将纯粹的逻辑错误以及三段论的推理方式放在其中加以考虑。

第 33 节　道德统计学

粗略地观察一下，就会发现统计学实际上和心理学毫无关联。可如果我们注意到，有一些非常不一般且难以探讨的现象，会出现在道德或统计学中，往往会影响到我们的观点和思考。这种影响是无条件的，那么犯罪心理学就无法将其重要性排除在外了。所有的东西，包括罪责、罪犯的人数，依照时间、地点及性格等对罪犯分布的不同状况，甚至平时的外表等，都会影响到我们，导致我们的判断、决策及被批判对象的行为和思想的改变。[①] 除此之外，概率和统计学的关系比较紧密，不可分割，我们也不可能只利用概率而忽略了统计学。伟大的明斯特伯格图形对统计学问题在心理学意义上的重要性进行了解答和证实，这位作者提醒我们，绝不可以太过看重道德统计给出的结果，他坚持认为，或许要到很久以后才有可能找到其真实的意义。不管是任何事情，特别是在牵涉到犯罪的事件时，其综合推断统计和其真实的价值，唯有在进行过详细探讨之后才能水落石出。我们通过很多作者[②]的论著，学到了不少难以通过别的方式学习到的内容，倘若这些作品只是具有系统研究价值的话，我们在此也不会多加解释了。此时我们所讲的，只是这些对于我们的学科来说具有相当重要的意义而已。所有人都知道，数字和统计数字是非常神秘的。我们应该承认，现在我们获得的知识并不比保罗德·德克尔在布鲁塞尔科学院道德统计中，对凯特尔的劳动力进行研究时更加深入，而且，在人类行为当中，不管是多么微小的表现，都需要遵照整体永恒绝不改变的法则，这一点令我们着实震惊。相对于这一点来讲，阿道夫·瓦格纳曾这样说过："倘若一个旅行者说，他知道某个地方每一年结婚、死亡、自杀，以及某阶层的犯罪人数，且知道具体精准的人数，还言辞凿凿地说这些法律都是很精准的，那我们要如何回答呢？事实上，在全世界范围内，人们都遵循了这样的规律。"[③]

不过，道德统计所对应的问题主要是要解决数量，而非性质，可在进行统计检查过程中往往会跟性质问题相遇。如果需要对犯罪和学校的出勤率以及教育等基础联系进行检查的话，甚至对自杀率比较高的阶层进行探讨，就能够将人类品性和统计数据加以联系。如此一来，在对待某些极其少见的犯罪、疑点重重的自杀，以及疯狂的精神疾病等，往往需要统计表格来给我们提供助力，这样我们的观点才能比较中立，不至偏离。把一些确定的数字添加进去，并进行过仔细的思考之后，能够解开谜题真相的可能性就变得更高

---

① O. 格罗斯：《伦理学的系统产生》，《H. 格罗斯全集》，第 4 卷，第 100 页。

② 参见 B. 福尔德斯：《最新犯罪学统计的结果》，《国家刑法学》杂志，第 11 期，1891 年。

③ 纳克：《伦理价值观》，《H. 格罗斯全集》，第 9 卷，第 213 页。

了。如果我们需要对1819年以来奥地利每8年的自杀率进行研究的话，就找到了下面这些数据：3000、5000、6000、7000、9000、12000、15000，每年，随着法律规定的统计范围的扩大，这些数字都在稳步上升。[①] 如果我们要对法国连续10年间自杀女性的数量进行探究，会发现数值集中于6、6、7、7、6、6、7，也就是说女性自杀数值一直在6和7之间进行波动，倘若某一年自杀率维持在8或9的时候，我们难道不该仔细去探讨一下背后的原因吗？难道不该去考虑一下到底是否有可能是一起伪造自杀吗？再比如，要对同一段时间内落水身亡的男性的数量进行统计，就可以得到这样的数值：280、285、292、276、257、269、258、276、278、287。对于这种情况，瓦格纳的评价是非常有道理的："其中暗含着关于道德秩序的算术方面的机制，要比恒星系统内的机制更能震撼人心。"

要是能将数字做成曲线图，那就显得更加与众不同。罗比什就是借助于这一方法，完善了一个犯罪年龄分布图。在1000起犯罪的罪犯当中，其年龄段分布也是有特点的：

年龄段	犯罪数	人数
小于16岁	2	0.53
16—21	105	28
21—25	114	50
25—30	101	48
30—35	93	41
35—40	78	31
40—45	63	25
45—50	48	19
50—55	34	15
55—60	24	12
60—65	19	11
65—70	14	8
70—80	8	5
80以上	2	2

① J. 古恩希尔：《自杀的道德》，伦敦，1900年。

通过这表格中的两栏，就可以做出明确的曲线图来表现稳健的上升或下降。像这样的数字具有极大的数学确定性，没有任何数字能比它的确定性更强。条件平行问题也是至关重要的，甚至更有价值。比如从 1826 年到 1870 年，每 5 年在法国所发生的自杀案件当中，我们找到了一些特殊的数字规律：1739、2263、2574、2951、8446、3639、4002、4661、5147 之类的数字，我们假设在这段时间内法国人口数量增长，但只是从 3000 万人口增长到了 3600 万人口而已，那么我们就需要对其他一些因素进行探讨，尽量弄清楚决定因素到底是什么。①

古特贝勒特曾经讲述过，有许多权威机构证实：6 月份发生的自杀案最多，而 12 月份发生的自杀案最少；大部分自杀案出现在夜晚或者黄昏时分，中午则比较少见，特别是在中午 12 点到 2 点之间，自杀的概率最低；而且自杀案件往往发生在接受过教育的 60—70 岁的撒克逊（厄廷根）人当中，相对的他们的自杀率往往比较高。②

把这些结果集中起来加以总结，完全可以推出一个新的结论，也就是说，当最终结果保持稳定的时候，能够对这种类型的案件进行种种假设和推测。现在，有关于个人福利方面的状况，统计学还没有什么发言权，J. S. 米尔的判断无疑是正确的，这些死亡率在保险公司看来是很有价值的，可是对于个人参考了解自己能活多少岁没有多大影响。阿道夫 · 瓦格纳则提出，统计的核心规则即：规则往往要在数量较大的时候才会生效，要想得出连续性的规律，需要充足的案例数量，单个案例往往是非常多样化的，具备很强的例外性。凯特尔利用画圆圈的方式来举例，讲述了这一真理："倘若你拿了一根很粗的粉笔在黑板上画个圈，随后将其划分为极小的部分，查看勾勒出来的线条，就会发现，所有的线条都是没有规律的且非常粗糙；可倘若你往后退一步再去观察这个圆的话，就会看到它具备了一定的规律性，还有着完美的外表。"不过画圆的时候一定要小心画规整些，要是不注意让粉笔画到了苍蝇腿，画画的人就欲哭无泪了。杜 · 布瓦一雷蒙则持反对态度，他是这样说的："如果邮局宣布每年所发送的大约 10 万封信件当中，总共有多少封未曾写明寄件人的信息，我们不会太过在意这件事的，可是倘若凯特尔能够算出 10 万人当中，罪犯的人数有多少，那我们就会突然萌生出道德感来，

---

① 《奈克全集》：第 6 卷，第 325 页；第 14 卷，第 366 页。

② 古特贝勒特：《自由意志及对抗因素》，富尔达，1893 年。

这是由于想到我们自己并没有犯罪，可却必须有人要代表那些污点，会让人们觉得很痛苦。”① 不过这些根本不值得遗憾，这跟我们观察到每年有多少人会摔死、多少人会骨折是一样的，像这样的例子里，大部分的人还是比较幸运的，并没有摔死或者腿骨折。我们所得到的逻辑事实也是毋庸置疑的，所以完全不必受其困扰。

此外，如果要让我们的犯罪统计产生具体的使用效果，就一定要采用其他的方法对其进行处理。在研究自杀统计的过程中我们发现，要明确推论出某一个案例逐渐恶化的状况，就需要对所有的材料进行全面的探究。可我们犯罪学的统计结果，却缺乏像这样彻底完善的研究，类似的研究一般都被法律、法规所束缚着，呈现出官僚风气。犯罪学家会将得到的数据传送给统计学家，可统计学家却无法从中获得关键性的证据或结论。想一想不管任何一个国家的某个官员在刑事法庭上进行年终总结的画面，在数字的海洋之中遨游，拼命地开展搜索工作，但往往收效甚微。在我的面前正好就摊着4份来自奥地利法院和刑事制度的年报，这些东西非常完整，也足够正确，而且相当全面。把最重要的一份——全国各个地方各个部门的刑法执法结果——打开，就可以找到所有你想看到的明确记录：在什么地方有多少人被惩罚，他们是因为什么罪被惩罚的，他们的判刑比例是多少，他们的社会地位、宗教信仰、职业、财富收入等状况；随后你也可以看到铺天盖地的有关于逮捕、判刑之类的表格。现在，所有这些记录下来材料的价值，就是要说明在法官进行执法的程序当中，可以发现相应的规律性。那些所有材料中所具备的心理学价值是世所罕见的。而在其中对于文化、财富和过去判决案例的思考也是非常少见的。不过，起码这些内容里面还有一些空泛的成分，而在分析死刑判决的基础和动机方面，就更加缺乏了。我们根本找不到对有关于教育背景、早年生活经历，以及犯罪动机等相应因素的基本考量，也看不出这些因素是否会对判决产生影响。

唯有在统计被运用到方方面面，可以解决具体实际的现实问题，而并不只是数量上的代表的时候，它真正的科学价值才有可能被发掘和实现。

---

① 《七大世界之谜》，莱比锡，1882年。

主题2　知识

第 34 节

其实刑法和一切其他学科没有什么不同，一定要对这个问题进行回答：在何时以及怎样的条件下，我们才能够有资格说“我们知道了真相”。答案绝对不可能永远保持一致，尽管我们可以期望对于获取知识的信念一定得跟同样的条件有所联系，始终把它们放在一起。其中那种鲜活而非常重要的差异，需要依赖于“我们已经知道了答案”这个问题本身到底有没有实际的结果。当我们对某些事情进行探讨，比如说讨论起某一场战争发生的地点，月球的问题，甚至某种其他新鲜世界上动物的模样，我们在最一开始就会假设肯定存在着一个真实的答案，并且同样存在着赞同或者反对的各种理由，当表示赞同的理由变得越来越多，或者猛然间我们在某一本书里突然发现了一些“我们已经知道了事实”的相关承诺时，并且像这样的承诺慢慢地在很多其他的书里也都出现了，即便它并不一定正确，也断不会带来什么实质性的伤害。

但是，如果科学牵涉到某些物质的本质、某些化学药品的功效，传染介质有可能传染的概率，甚至自由贸易等涉及重大国际经济原则的作用之类的相关问题，且必须对其有所界定的时候，我们就必须要经历更长的时间，才能明确地说出“我们已经了解了事实就是这样的，而并不是那样子的”之类的话。只有在这样的状况下，才能清楚地了解，在现实生活当中“我们已经掌握了真相”这一句话所带来的真实的解释，会导致极其严重的后果，因此需要对于牵涉到的知识进行更加仔细严肃的筛选和辨别，尤其是在这类后果相对比较轻微的案例来讲。

很明显，我们犯罪心理学所接触的工作都存在其具体的实际后果，并且其中还存在着在某些特殊情况，比如有些后果会导致人们彻底忽略那些不完美的知识体系，因为在最终进行判决的时候，所说出的每一个“不”字，或许代表着“我们确实知道他真的没有做那件事”，也或许代表着“我们心里清楚自己并不确定他是否真的做了那样的事情”。在这样的案件当中，我们的知识就被局限起来了，在确认对象的过程当中陷入了一团混乱，像这样的知识，如果从比较广泛的意义上来讲，就是对某些确切的、毫无疑问的内容的感知，可到了这里，这种知识指的就是混乱本身。这其实等同于不管在任何方面，知识跟真相始终并不指代同一种意思，知识只不过起到了主管真相的作用。任何一个掌握了知识的人，都有足够的理由可以认定这件事情是真实的，不可能有理由质疑或反对这样的思考。这个时候人们有权利按照自己的认知对整件事情作出假设，所有能够感知到自己知识的人也会对其进行重新定义和正名。可是，即便今天每个人都重新定义了自己所拥有的知识，也只能在现在这种状况下做到而已，等到明天，所有的事情可能又大不相同了。所以，我们犯罪学家一定要谨慎，甚至要比其他调查者更加小心，绝不能轻易地声称自己在寻求最终的真相，如果我们胆敢这样说，那么公证、重新查验以及刑事程序当中的复审等做法就没有存在意义了。谦逊一点来讲，我们所拥有的知识，就只是借助于人类能力所得出的有关于某件事就是这样的内在信念，并且还得在前面附加上“整个事情的条件就是这样”的条件。我在此还要顺便解释一点，对“整个事情就是现在这样”的表述，或许会随着每个案件的状况不同而产生不同的变化，在条件有所改变的时候，我们就得宣布必须对这一事件重新开展探讨。我们要求得到的真相是物质的，然而也是一种相对而言的真相。

J. R. 冯·迈尔是最为敏锐的思想家之一，而他发现了“保存精力”的真实有效的原理，他说：“这可能不是唯一的自然科学原则，但一定也是最为重要的原则，那就是永远要坚持相信我们所肩负的任务——就是在找寻能够对原因进行高级解释的线索之前，先对现象本身有所认识。一旦从各个方面都能把这些事情理解得清晰透彻，那么它就已经被解释得很清楚了，我们也就圆满地完成了科学所担任的责任。”作者在说出这番话的时候，并没有考虑到我们这些律师本身，我们的灵魂是干涸的，可是既然我们现在放低了身段谦虚地把自己的学科放在自然科学正确性的前提笼罩之下，那么就必须把这一学说铭记在心。我们研究的对象，不管是什么案件，都要牵涉到真实的事实，一旦我们已经清楚了解这起案件各个方面的状况，以及所有细枝末节的东西，那么就已经完全尽到了职责，使这件事情得到了彻底的解释。

但是，解释这个词本身价值不大。它的主要作用就是把大量没有办法说清楚缘由的状况简单化地表达出来，降低整体的认识难度，使人们能够用最简单的词汇去了解整体进行而已。但是，如果真的能够降低其难度的话，无疑是一件大好事！大部分情况下，我们只是把一个流行的说法换成了一个比较生僻的说法，而这些说法在不同的人看来也代表着完全不同的意义，我们并非要寻找一个更加恰当的词汇去描绘它。所以我们就借助于另外一个更不容易理解的事件去对某个事件进行描述和解释，但是悲惨的一点在于，我们做律师的太喜欢做出解释了，尽管那些解释根本没有必要。这是由于我们习惯了刑法，也习惯于其中对愚蠢的定义，刑法让我们并非直接贴近问题本身，而是想方设法创造出越来越多非常晦涩难懂的词汇。最终我们得到的解释经常匪夷所思到连我们自己都不愿意相信。除此之外，我们还会企图通过我们的定义来解释那些本来很简单的事情，最后把这些事件的面目都变得模糊而存疑了。当我们自己都不知道真实情况到底如何，却发觉其中有矛盾的时候，就很难对那些事件进行清晰的解释。随后我们想方设法给自己打气，让自己认可已经对某件事情胸有成竹了，即便最初我们心里明知道自己其实一无所知。绝对不可以忘记，自己所获取的知识只不过局限于对事物的看法而已，其中包含的只不过是我们感知到的关系和协同性，或者只是某些不兼容的、矛盾的想法而已。我们所担负的任务就是清楚地解释这些印象，如果能够解释得越彻底，最终获取的结果也就越好、越确定无疑。可是，我们永远不能只依靠自己的印象来进行决断。“当神学家遭遇超越感知的现象或状况时会这样说，他能够对这件事情加以解释，可是法学家所代表的是基于社会经验而产生的基本法律，按照他的看法，即便已经考虑过所有一切有可能的原因，还是有一些案件所能得到的最权威的看法，只是确定无疑地必须交给对生命进行探讨的医生本人进行解释而已。”

这个观点来自莫兹利[①]，我听到这个观点后发现，它可以时刻提醒我们：自己的知识相当片面且具有很大的局限性，唯有对各个拥有专业知识的人的发言进行提取之后，才能彻底弄清楚真实的状况。因此，每一个犯罪学家都需要竭尽所能地向专家学习，向他们的领域去探讨，绝对不能在未曾咨询专家的情况下就对那些确实需要专业信息的事件进行推测或者妄加评论。那些说自己无所不知的人都是骗子。所有接受过正规教育的人都明白，不论任何人，他们的大脑都只能理解非常有限的东西，即便要把最为简单的东西说清楚，也需要经过大量的合作。

不过，问题之所以复杂，主要是因为“是”这个词的本质改变了具体的情况。我们在对所有感觉到的东西进行解释和认定的过程中，都借用“是”这个词来表达。“只要‘是’和‘知道’所指代的含义是相同的，那它们表达的意思也就是一致的，而也就代表着指代的内容是已知的？”[②]

---

① 亨利·莫兹利：《大脑生理病理学》。

② 耶森：《用科学方法建立心理学的尝试》，柏林，1855 年。

下部

刑事调查的客观状况——被审查者的精神活动

第一章　概况

主题1　感官知觉

第35节

自己连同他人的知觉一同决定了我们的论断。假如知觉是好的，那么得出的结论也会是正面的；假如知觉是坏的，那么得出的结论就是负面的。所以研究感官知觉的形式，其本质就是要研究执法过程中的基本状态，越能集中注意力，执法中的迟疑就会越少。

我们并不想得出一些有关知觉的论断。我们想要做的是从犯罪学的角度出发、在一些关系重大的情况下，找到一些能够让我们了解到自己以及审查对象感知事物方式的线索。对这个问题进行全方位的深入研究，是最值得着重强调的。相关研究在近期已经取得了很大进展，并且也产生了巨大的价值。假如对这个问题不加以重视，就会让自己一直停留在事物的表面和边缘地带，对于很多事物就难以认识并进行联想，而这些表面的原因也会让自己与重要信息失之交臂，更坏的结果就是，过分重视一些只要正确理解就能认识到其毫无价值的素材。

第36节　概论

犯罪学家对生理心理学①的意义和功能进行探究，主要是为了找出这门

---

① 关于知觉的总论详见詹姆斯：《心理学原理》。安吉尔：《心理学》。

学科的本质和它对意象和概念产生的影响，此外还有它的价值、确定性、前提和与感知对象间的关联。对于法官、陪审员、证人以及被告来说，这个问题也同样适合。只要能够正确认识感官知觉，就能够轻松地将其运用到个别案例当中。

感官知觉的价值无须赘述。“假如反思一下，”米特迈尔说，“为什么我们会对那些最重要的问题以及有关真实存在的论断深信不疑，我们就会看到那些终极证据都来自感官，所以也仿佛就认为确定性也正是来自于此。”

于是就导致了一场关于感官知觉的客观性与确定性的长期辩论。感觉是诚实的。“理由不是它一直保持正确性，而是它一直都不去做主观判断。”人们常常会引用康德的这句名言，昔勒尼学派的哲学家们也经常隐晦地表达这一观点，他们说唯有快乐与痛苦是肯定的。亚里士多德和伊壁鸠鲁把感觉的客观性仅仅圈定在与本质相关的方面。笛卡尔、洛克和莱布尼茨则相信，那些通过变化的感官而产生的印象根本谈不上客观性。

出于以上原因，伽桑狄、孔狄亚克和爱尔维修作品当中出现的感觉主义则为感觉的真实性进行了申辩，认为感官是诚实的，并通过阐述触觉的绝对真实来反对其他感觉可能带来的矛盾现象。而雷德更是从亚里士多德开始，对每一种感觉的对象进行区别，并假设任何一种感觉在自己的领域之内都是真实可靠的。

即便是用更加保守的观点来判断，我也不认为与感觉量化这一问题相关的理论还能再进行什么修正。现代量化心理学的创始人是赫巴特，他带来了一种与经验主义完全不同的与现象的本质相关的理论，使用一些简单的条件来得出一个数值区间，进而得出整个心理学的数学系统。紧接着，费希纳又对刺激的总量提出一个假设。最终，那个尚且留有很多争论的韦伯定律将以上观点和设定进行整合，得出以下结论：刺激强度的增加一定与感觉强度的增加成正比，意思就是，如果刺激本身是 20 单位，并且其增幅要达到 3 个单位才能被感官捕捉到的话，那么 60 单位的刺激就需要 9 个单位的增幅。A. 迈农对这个定律进行了全面而彻底的探讨，这个问题对于所有需要理解证人感官知觉问题的犯罪学家来说都至关重要。[①]

“现代心理学的观点是，外部感知在本质上是主观性的，不过借由感知与外部世界的关联，它可以获得客观性……我们感官内容的确定性，来自感

---

① A. 迈农：《论韦伯定理的意义》，汉堡及莱比锡，1896 年。

官结构产生的外部刺激。知觉与现代心理学的基本定律正是这样，尽管表达方式都不尽相同，但全部的心理学公理全都包含这条定律。”[①] 亥姆霍兹在这一领域的贡献就很有开创性。[②] 他对视觉问题特别关注，视觉的直觉问题刚好是心理学视觉的研究对象。由于作为媒介的光射入眼球，我们便能够看到外部世界，光线刺激视网膜，从而产生一种感觉。这种感觉通过视神经传达到大脑，成为能够表达某种事物空间分布状态的意识……运用这种光线刺激视神经机制形成的感觉，我们能够创建一个有关外部事物存在、形式以及状态的模型。因此，我们将图像称作视觉的产物（由此可知，感觉组成了感官知觉，而后者需要的所有素材与内容都存在感觉元素）。感觉即生成于器官之中的效果，这些效果对外主要表现形式则取决于接收刺激的器官所具备的属性。

有一些推论是能够确认已知的，例如天文学家能够通过透视图推断出星球处在太空中的哪一个位置。这就是在很清楚视觉原理的基础上得出的推论结果。在观察事物的时候，人类是不具备此类知识的，但这种一般性知觉的心理机能完全可以被视为一种无意识推理，因为单从名字来看，我们就能知道这跟那种被称作有意识的推理有所不同。

后面这个问题的重要性最为突出。视觉和听觉对知觉会产生怎样的影响，显然需要经过调查才能知道，而且我们能够很轻易地证实了解这种规律的重要性。不知晓这一规律的人，在听到大量的噪声被反射回来的时候，就会认为马车是从噪声传来的方向过来的，可只要他们清楚了这个规律和事实，就有可能得到相反的答案。于是，就像所有的孩子都知道声音反射具有误导性一样，身处法庭之上，任何一个人也都可能得出一个马车是从左面或者右面过来的结论。那么如果我们不清楚光线在水和空气中的折射角度有所不同，就会得出这样一个结论：棍子在水中是弯折的。可实际上大家都清楚这种光线折射的规律，所以得出的结论就会是这样的：棍子看上去是弯折的，但事实上是直的。

从最简单的规律到那种只有少数顶级物理学家才能理解的复杂问题，无论处在哪一个阶段，人们的知觉都处在这些规律的控制之下，而且无论是处在哪个阶段都不乏一知半解的人，于是我们就只能预设一个前提：人类的知

---

① T. 佩施：《世界现象》。

② 亥姆霍兹：《意识的事实》，布劳施怀希，1878 年。

觉是会随着知识储备及方式而变化的。我觉得如果是与感官知觉相关的事件，那么检测知识水平及证词价值就是必不可少的环节。但其实这样的硬性规定并不存在。首先，人们会习惯于通过一个人的品性、礼教及给人留下的印象来断定一个人的知识水平，可实际上这种判断往往错得离谱。但证词几乎都会与物理事件产生关联，因此问一些简单的问题就能看出证人对与此类问题相关的物理规律是否了解。总而言之，想要断定一个人的知觉状况，我们目前所做的工作还远远不够。假如矛盾马上就能产生，结果就不会很严重，因为在不确定的状况下极少会展开后面的推断。可假若只有一个人参与观察，或者由于某种巧合，观察者之间的知识储备相同，走入了同样一个误区，以至诸多观点能够达成一致，矛盾没有出现就会让我们自以为掌握了真理，而在几个证人都进行过确认之后，我们就会很高兴地在此基础上对案件进行调查，完全没有想过，只有矛盾出现，我们才能够对不实的信息产生怀疑。这是一个定律：没有矛盾产生，就无从展开下一步审查。

基于上述理由，以及其他一些原因，现代心理学要求我们在行动时小心谨慎。这里的其他原因主要是说直觉很难保证完全的纯粹性。这种纯粹性是指有且仅有知觉存在其中，一旦与想象、判断、努力和意志产生关联，这种纯粹性也就随之消失了。我在前文已经提到过有关知觉的纯粹性：判断总是会与之形影不离。这里再一次说明：正是因为对这个问题不加以重视，才会让我们对很多证词进行了错误的理解。这种情况在其他领域内也时有发生。就像 A. 菲克说："被我们叫作感觉的，正是人们在神经受到刺激以后，人们对刺激的主体产生的意识。"这句话的意思显然不是在说神经刺激产生的感觉。这种刺激在那种永恒的刺激合唱中不过是一个简单的音调，其他所有的刺激会同时甚至是更早对我们造成影响，这种影响的效果还会因人而异。所以这个后面添加的单个音符所产生的效果也不尽相同。伯恩斯坦说："感觉，也就是对感觉中枢进行刺激，并将这一信号传导到大脑的过程，并不能表示对外部某一事物的知觉。"总结一下也就是，对于很多案件来说，知觉的客观性能够被确证的机会只有一次。所以，人类的本性和教养会起到决定性的作用。

奥贝特的观点是，感觉是很主观的。"这是感觉器官的特殊活动（是此类器官在神经层面上的主动机能，而不像赫尔墨说的那样是一个被动机能）。知觉融合了此类特殊刺激以及同时产生的一些纯粹的影像或者是我们所熟知的画面，尤其是空间之内的纯粹影像。知觉的爆发或者延展只不过是上述过程的一种形式，而且还要跟具体的对象达成一致才能够产生。”

假如能够确认感知是一种被动产生而非主动发起的现象，那么印象重现后的一致性肯定会更高。由于在主动的状态下，每个人的知觉会由于人的个性而具备不同的个性，这种知觉就十分接近主体的副产品。奥贝特的观点是否正确我们不必深究，但假如是正确的，那么感官知觉就跟人性一样变化多端。并且在理解行为的过程中，这种变化还会进一步被丰富，菲舍尔预言过：“视觉中存在一种多面的或者复合的行为。绝对单纯的事物对人类来说是绝对不可见的，所以我们做不到感知事物的元素。我们能看到的只有空间中的连续存在，而这一过程则是通过复合行为来实现的。这个规则在物体运动中表现得最为明显，只有当运动的事物以及它所处的环境都能被感知的情况下才能实现。”① 然而这种实现“多面”的方式也因人而异。我们不知道这是一个单纯的物理过程，还是有记忆在中间推动（于是人们的关注点会被能够感知到的最后一个事物歪曲），或者这中间还有想象力在起作用，而在形成一个更复杂的元素时，是不是还要考虑一些特定的精神活动。事实上，人类对于无数种元素的感知都可以在一瞥中完成。因为每个人具备的技能不同，所以他们的知觉能力也会有所不同。最愚蠢的人往往拥有最窄小和具象化的视角；而最聪明的人往往拥有最全面的视角，并且还会对不同对象进行比较分析。特别是在很短的时间里进行观察，这种差距就更加明显。有的人只能看到通常情况下最微不足道的一些信息；而另外一些人却能够全面观察之后提取出重要信息，并将更多的时间用于观察重要信息，最后能对自己所见之物进行翔实的描述。所以，在我们能够很明显地看到两类观察者的巨大差异时，就会自动地思考一下，并得出其中一个是假的这种结论。②

奥尔巴赫、克里斯、巴克斯特、冯·迪格斯泰特和贝里奎斯特、斯特恩、瓦斯基德、维尔帕斯等人都对统觉的速度进行过测算。结果发现，复合图像需要的时间在 0.015～0.035 秒。但很遗憾，这中间没有能找到一致的实验结果，也没有进行过任何对比，像极其聪明与极其迟钝的人之间对应的统觉时间差是多少。各种不同知觉都具备描述的能力（以我们的专业视角判断）。而关于其他一些主要的助力，只有将感觉结合在一起，我们才能得出其决定各自形态的结论。德尔纳写道：“假如感觉经验能够带领我们探知事

① E. L. 菲舍尔：《面部识别的原理》，美因茨，1891 年。

② 参见《H. 格罗斯全集》，第 16 卷，第 371 页。

物的多样性，那么就应在此添加一个注释，要讨论这个问题只有通过演绎推理才行。”如果换一个角度来观察问题，我们会看到人类知觉的可比性是多么难以想象的事情。赫尔曼·施瓦茨说：“物理学家认为，人类是通过器官来感知外部事物的，而器官神经在协助感知意识的行为中一直处于被动状态。相反，大部分生理学家认为，神经元在感知外部事物的过程中处于主动状态，调节作用让这种形式很难被发觉，并且意识的产生是通过生物原始进程传达到大脑皮层后，转为一种新形式的机械能之后才产生的。物理学与生理学对知觉理解的差异就在于此。”

甚于这种意义，有几种常规意义上的感官知觉前提还需要说明一下。第一种就是感觉替代，意思是由另一种感觉来替代先前的感觉。这里我们并不想讨论触觉替代视觉这种实际层面的。最明显的一种感觉替代莫过于听觉替代视觉。举个例子，假如我经常会听到一个人不怎么熟悉的声音，那么即使未曾谋面，我也能想象这个人具体的相貌和外表。同理，假如我在水边听到有人喊救命，那么我的脑海中就会出现有人溺水的画面。这种替代与触碰和看到完全不同。我闭上眼睛，可以摸到球、骰子、猫、布料等，可想要知道这块布料的颜色，就只能老老实实地用眼睛看。然而在前面说到的那种情况下，却存在了一些一定程度上真正的替代。

当原本应该被某一种感觉察觉到的现象被另外一种感觉感知到的时候，也会出现这种替代的状况。特别是当此人并不在场或者并不是很清醒的时候，或是距离事情发生的时间比较久，他对这件事情的印象还掺杂着许多其他印象，而本人又没有足够的时间去理解消化这些印象的时候，我们不过是听到了一个人，尤其是好朋友说话的声音，到最后就确定自己真的见过了这个人。感觉敏锐的人往往嗅觉会更加敏锐，很多现象都能被他们用来跟气味知觉联系起来。最重要也最常见的则是视觉替代。所有人在经历过推挤殴打以后，只要有足够的条件和强烈的刺激，就都会认为自己亲眼看到了施暴者以及施暴的方式。有时，一个被球击中的人会告诉你他看到了球朝着自己飞过来；也有人会说，自己在黑夜之中能够看到很远地方的马车，虽然他们只是听到车轮滚滚、感觉到了大地的震动。因此，我们要是能够找到这样的人来解答有关感觉替代的问题，就十分走运了。对这类问题一定要步步紧逼，因为做假证会导致严重的后果。很明显，在神经质以及想象力丰富的人群中，这样的感觉替代经常出现。

还有一种更为重要的现象，我们叫作直觉回溯，这是对我们来说非常关键的一种特殊情况。这里包含了在受到明确干扰的情况下，感官知觉的反应，一般来说，刺激并不能使与之对应的感官出现反应。以我首次发现这种情况的事件为例，小时候我家的卧室里面有一座时钟，它发出的巨大的滴答声在之后的很多年都会对我的听觉产生影响。有一次我躺在床上，听到突然它响了三声以后又马上安静下来。我感到很有趣，就马上拿着灯去观察这个时钟。钟摆仍然在晃动，只不过没有声音，显示的时间也很准确。所以我猜，钟刚停了几分钟。我马上就找到了问题所在：钟没盖，钟摆因为要跟地面垂直，所以时钟就没法继续转动。……钟一直以来都是放在椅子上的，椅子严重向后倾斜，重心跟着偏离，钟停了，再也发不出声响。

紧接着我又做了一个实验：上好了钟弦，然后再把重心向后移动。钟在停止摆动前的那几次敲击，不快不慢，不强不弱，所以我认为应该这样理解我的情况：在习惯某种噪声以后，人的听觉就会失灵，于是我不能听到钟摆的声响。然而钟声戛然而止，这个房间里声音的平衡被打乱。所以之前的那个干扰源，也就是钟摆的滴答声就引起了我的注意，而在回溯过程中这个感觉又被增强，之前都不曾注意过的最后几次滴答声就被我听到了。之前不曾留意过的刺激，在回溯过程中变得更鲜明。当然，在最后一次滴答声之后，我的注意力才被唤醒，但我的直觉却未曾中断过。

不久之后我在法庭上又遇到一个案例。一幢房子里传出了枪击声，而一个当时正忙于缝纫工作的老农妇坚称自己在枪响之前听到了那个方向传来的脚步声。众人都觉得当事人没必要对最后的这些脚步声进行着重说明，但是我确信证人的证词是可靠的。这些脚步声来自证人无意识的感觉，因为这种感觉受到干扰而影响到了她的工作状态，所以最后被枪声惊吓到以后，她的意识上层被唤醒，原本已经处于潜意识中的噪声超过了阈值，便能够被意识察觉到。

有一个非常重要的案件让我发现，相同的状况在视觉上也会产生。一位赶车人由于粗心大意压死了一个孩子，一位退伍将军刚好站在窗边看到了事情经过。将军的表述很特别，那天刚好是某一次战役的周年庆典，这位老将军站在窗前怀念自己阵亡的战友们，茫然地朝街上望去。他被这可怜孩子的惨叫声惊醒，才开始注意眼下的情况。所以他意识到自己真的有看到孩子被撞倒之前的经过——赶车的人由于某种原因开始转弯，马就在那个时候跳起来踩到受惊的孩子，于是就导致了这场事故。将军对自己的感觉进行了准确的描述：“我看到了整个经过，但却是在听到孩子的惨叫声之后我才知道自己真的看到。”而且他也证明了自己证词的可靠性：他表示自己身为骑兵军官，如果是有意识地观察到赶车人的行为，就一定能够判断接下来会发生的悲剧，也肯定会被吓到。但实际上他非常肯定，自己是在听到孩子的惨叫声以后才被吓到，那么他对于这件事情经过的感知就不可能是有意识的，而他的说明也被其他证人进行了确证。

对于刑事审判而言，这一类心理过程相当重要，很多诉讼案都属于突发状况，回溯的情况就会经常出现。此类案件中，判断哪些是真正的感知就成了首当其冲的问题，而这中间重要的事情从来都是要对证词的真伪进行辨别。

隆布罗索和奥托伦吉认为罪犯的感知能力要比普通人更弱。他们之所以得出这一结论，是因为隆布罗索收集到了很多关于罪犯对痛苦十分冷漠的事例。但是他显然没有注意到一个事实，导致这一结果的并非是他说的那个原因。野蛮的生活方式与道德规范让人心生厌恶，所以野蛮种族以及野蛮性格的人会有一个共同特点，就是对痛苦的冷漠。因为很多罪犯都出自野蛮人之中，所以在很多案件中，野蛮、犯罪以及对痛苦的冷漠是共存的。然而这一点并没有什么深入探讨的价值，它并不能说明罪犯与钝感之间有什么直接联系。

第 37 节　视觉概论

就像对于我们来说，视觉是所有感官知觉中最重要的一样，对刑事法庭来说，它也是最重要的，因为大部分证人都是通过自己看到的事实来提供证词的。假如对比一下视觉和听觉，就会得到一个被普遍认同的结论，人们觉得看到的事情要比听到的事情可信度更高。有一句流传很广的俗语叫“闻名不如见面”，与匆匆看一眼相比，其他任何感官知觉所能提供的描述、解释以及丰富性都不足前者的一半。所以，任何其他感官知觉都不能像视觉这样让我们感到惊喜。假如让我去想想尼亚加拉河畔的雷声、卢卡的音色、一千发子弹爆炸的声音，或者别的什么我没听过的声音，我的想象肯定不会完全正确，但跟实际情况之间的差距也许仅仅在于其程度，这跟视觉想象的差距很大。完全不用列举像金字塔、热带风景、艺术杰作或者海上风暴这样宏伟的画面，就算是你见过的再渺小的事物，在你的脑海中出现各种形式，当你第一次见到的时候，依旧会说：“这跟我想象的根本不一样！”所以刑事法院处理的每一个地方性以及实际的特征都至关重要。众所周知，一般而言，人们对于犯罪地点的想象有多少差异，就意味着证人那些不可见的、地方性特征想要被理解就会遇到多少阻碍，甚至那些不可见的虚拟形象会出现多少偏差和谬误。每次我带人参观格拉茨犯罪博物馆（Graz Criminal Museum），总会被问："这个或者那个是这样子的吗?"可我总觉得它们看起来不是这样的！但每次让人能够这样惊叹的，都是那些非常惊讶的参观者无数次描写和诉说过的，并且总是挂在嘴边的事情。目击者在描述自己观察到的现象时，也总会有这种情况出现。与听觉有关的问题，人们普遍认同其中会出现一些误解的情况。可当问题跟视觉错觉或者是错误的知觉感知相关的时候，人们却很少会注意到，虽然他们很清楚人们经常会听错。还有，听觉感知中往往会伴随着不同程度的预判。比如有人听到了枪声、鬼鬼祟祟的脚步声或者着火的声音时，总会相信自己的经验跟真实情况十分接近。但在这些人信誓旦旦地说自己亲眼看到这些事件或者事件的起因时，我们却不以为然。我们觉得这——不考虑观察时的一些错觉——是完全肯定的认知，而基于这种认知是不会出现任何误解的。

这就是为什么当证词有可能是道听途说的时候，我们会持保留态度的原因。传达话语的当事人并不在场，那么这段话本身具有的价值就不好说了。可这种怀疑当中也有一部分是因为证人并没有看到，而只是在不确定的情况下听到了一些事情。谎言主要包括话语，但也有一部分是与视觉相关的（例如欺骗、伪装以及幻觉），但跟听觉上的谎言相比，还是太少了。

我们对于视觉正确性的可靠判断来自触觉的证明，意思就是，通过自身感官调节去适应其他事物存在的这一过程进行证明。正如亥姆霍兹所说："视觉与外部世界达成一致的基础，至少在大多数情况下与我们认识真实世界的基础是相同的，都是基于经验和实验，即通过自身行动对正确性进行反复验证。"触觉在这种描述中已经接近最高法官的位置。不过说话者的本意并不在此，我们知道，依靠单纯的触觉会很容易出现幻觉。并且我们一定要在问题与身体本质相关，于是只能借由相似的事物来判断这一前提下进行，也就是说，我们需要通过自身的物理特征来判定，但要限制在其他感官特别是视觉的经验当中。

菲舍尔认为，视觉过程自身就包含了"一系列复合的、快速接连发生且具有前后因果关系的结果"。我们首先要对这中间的以下要素进行区分：

1. 生理生化过程的；

2. 生理知觉的；

3. 心理的；

4. 生理驱动的；

5. 知觉过程的。

我们要做的事情自然不是对前面四个要素进行检验。只有了解第五个要素，我们才能够对知觉的不同种类有一个明确的认知。我曾使用过即时照片（电影照片）对这个问题进行说明。例如我看到一个很快的动作被拍摄的某个瞬间，我就不得不说自己肯定不能在这个动作当中捕捉到这一瞬间。这个事实可以说明视觉要比摄影设备更慢，我们捕捉不到那个最微小的特殊情景，却能一次又一次地将这些情景合成，最后形成我们所说的瞬间印象。假如要合成一个飞快步伐中的每一个瞬间印象，我们就必须要复合很多浓缩的运动，从而得到我们的视觉在每一个瞬间捕捉到的画面，也许就会得出一个结论，我们的眼睛能够捕捉到的最小的瞬间画面中也是由很多只有摄影机才能捕捉到的部分组成的。我们把这些部分命名为 a、b、c、d、e、f、g、h、i、j、k、l、m，这个画面就会因为组成部分的变化而出现差异。第一个人也许会将它们分成三个一组：a、b、c，d、e、f，g、h、i，等等；而第二个人可能会将它们分成两个一组：a、b，c、d，e、f，g、h，等等；第三个人或许在这之后又看到了一些难以察觉的瞬间，但还是按照第一种方式把图像进行分组：b、c、d，l、m、n，等等；第四个人因为观察缓慢不够精准，会得到这样的组合：a、c、d，f、h、i，等等。假如这种变化再增多，那么不同的目击者对于同一个事件的描述就会带有鲜明的个人特色，这中间就可能会产生很明显的差异。假如把字母换成数字，这种差异就更显而易见。视觉认知的一个相对延迟还会导致另一个后果，即我们会按照自己的心理预期，将视觉未能捕捉到的空白用其他事物进行填充。对羞辱和殴打的感受就是一个最好的证明。一间客栈里面有 10 个人看到 A 拿起啤酒瓶对准了 B 的头，其中 5 个人想的是："他要用瓶子砸他。"而另外 5 个人想的是："他要把瓶子扔过去了。"假如这 10 个人都没有看到 B 被啤酒瓶打到头的瞬间，那么前面的 5 个人会斩钉截铁地告诉你：A 用瓶子砸了 B 的头，而剩下的 5 个人则会很肯定地说：A 把瓶子扔过去打中了 B 的头。这 10 个人都看到了前面的场景，基于自己的心理预期，他们确信自己做出的这个快速判断。当我们想要指责证人虚伪、散漫、愚蠢或者其他问题时，最好先考虑一下故事的真实性，还有自身不够完善的感知过程中是否真的存在一些问题。这中间就会涉及布曼所说的“人类中心视觉”，也就是事件中的人本位思想。利布曼进一步说明：“人们对事物的观察结果都是透视尺寸，也就是说它们会随着事物的远近、有无、距离和角度的改变而发生变化，这种体积、线段或者表面积都不是确切的。事物的表面尺寸叫作一定距离的视觉角度。然而这个区别的本质真的仅仅在于事物的实际尺寸吗？我们清楚知道的也不过是大小的相对性。”当我们拿到的证词与尺寸相关的时候，以上观点就显得尤为重要。每一个证人在说到事物大小的时候，很显然都会被询问自身所在的位置，但很多意料之外的谬误也会在这一过程中出现，特别是在需要对处在同一平面上的物体大小进行判断的时候。只要回想一下自己看到的铁路、街道和小巷的样子就能明白，观察者处在不同位置看到的同一事物的尺寸究竟会有多大不同，近大远小的道理每个人都懂，但是具体有多大或者多小就没人知道了。案例详见洛策《医学心理学》（莱比锡，1852）。

另外，我们还习惯于用事物的清晰程度表示距离，并设想清晰度可以确定事物的距离。然而事实上，距离仍旧属于一种印象感知，会受到亮度和对比度的影响。对比度的重要性远超过你的所想。设想一下，当门处在阴影中的时候，距离多远你能看到上面的钥匙孔？如果有一扇窗正好对着它，这个距离又会是多远？而如果钥匙孔换成一个大小相当的物体，当它处在上述距离的 1% 时就已经难以看到。还有，密度的不同也不能被当作唯一的因素进行考虑，物体密集程度与背景色之间的对比也是一个因素。奥贝特从 18 度角去观察一个白色正方形纸，又从 85 度角去观察一个处于白色背景上的黑色正方形纸，得到的结果是两者区分的准确度相同。“处于阳光下的灰色纸张，要比阴影当中的白色纸张客观上亮度更高。但这对我们判断其中一张纸是灰色而另一张纸是白色并没有造成影响。这时我们对于物体颜色的判断是根据射入光线的强度来区分的。”然而实际情况不会一直如此明朗，在上面的案例中我们很清楚两张纸的颜色，也很清楚它们分别处在何种强度的光线当中。但如果这些条件都不是已知的，那么错误判断就很容易产生，例如人们会觉得一个穿着深色衣服站在灯光下面的人，要比一个穿着浅色衣服站在阴影中的人衣服颜色浅。

有很多难以解释的现象都是由照明度的不同导致的。费希纳让人们去观察白天的星星：“所有人在晚上都能看到星星，但是到了白天，我们连小天狼星和木星都看不见。无论晚上还是白天，星星在天空中的位置以及与周围距离的绝对差距都是一样的，唯一的变量就是照明度。”对我们来说，更重要的一个因素是伯恩斯坦提到却没有继续深入探讨的。假如白天我们从外面观察一个地下室，几乎什么都看不见；内部所有物体都是黑的，就连窗户都一样。但是晚上我们从外面观察，只要里面有一点微弱的光线，就能够清楚地看到里面每一个微小的事物。而实际上白天的时候，地下室里的光线要比夜晚那盏灯的光线强烈得多。所以我们认为，在这个事例当中，衡量标准的差异是导致不同结果的原因所在。白天人们适应了日光的强度，房间内柔和的光线就会显得昏暗。晚上周围都处在黑暗中，蜡烛的微光也变得清晰可见。然而就算是将上面的环境重现，这种现象仍旧存在，所以能够得出结论，以上说明是错的。例如你在白天的时候，闭上双眼靠近窗户，头靠窗并用双手从两侧挡住外部光线，睁开双眼后看到的房间内事物不会比遮挡之前看到的更多。那么假如你在晚上的时候一直盯着边上的煤气灯，然后再去看房间，充其量不过是短暂的视线模糊，之后仅凭一支蜡烛也能看清楚整个房间。于是我们可以肯定上述说明绝不是原因。然而，无论真正的原因是什么，我们要确定的只有一点，在很多类似案件当中，即时判断通常都不够严谨。经常会有人提出证人在某种照明条件下可能或者不可能看清楚某件事物，虽然证人自己并不赞同，但是要解决这样的矛盾只有一个办法，就是通过实验去证明，做实验的人可以是法官也可以是可靠的第三方，让他们来证明同样的照明条件下案发现场内的事物能够清楚看到。

而如果能针对在一定距离之外能否看清事物这一问题再做一个实验，这位法官就堪称优秀了。人类的视觉有很大的差异性，即便是对现在的昴宿星团图像进行仔细观察，它能代表的古代时期平均视力水平跟现在并没有多大不同，但是视觉能力上的差距还是相当大。野蛮人与半开化人种，特别是印度人和因纽特人让视觉具备了多么大的能量啊！还有，猎人、丛林向导一类的人能够看到很远地方的事物，这让跟他们有关的事迹听起来跟寓言故事差不多。1878 年波斯尼亚战争时期，有一位士兵屡次从很远的距离判断敌军位置，结果要比我们现在使用的精良双筒望远镜更精准。这位士兵是施蒂利亚山区一个矿工的儿子，蠢得可以。然而很巧的是，他具备一种令人瞠目的，如同动物一样敏锐的方向感。

正如同我们对远视的不了解，一个近视的人到底能看到些什么我们也很难说清楚。这些人由于视力的限制，就只好充分发挥想象力。他们对人物形态、动作和衣着的观察要比很多视力绝佳的人更准确，所以他们能从更远的距离判断出那个人自己是否认识。于是在对近视眼不可信这件事下定论之前，我们需要先做一个实验，或者最起码要征询一个可信赖的近视者的意见。

视觉感知取决于事物所处的背景、运动状态以及表现形态。有人很早就发现了一个事实：像管子和线这样长形的物体与同等长度的方形物体相比，从远处更容易被发现。通过进一步研究我们会发现，很难判断人类可以准确感知的范围。我知道这样一个地方，当光线适宜的时候，人能够在一公里之外看到很细的白色电话线。但这要采取一个非常小的视角。

洪堡向我们提供了很多“光学寓言”的案例。他确信不可能在白天从深井、煤矿或者高山上看到星星，而这一论断从亚里士多德时期开始就反复被证明。

我们的工作不包括解释远距离观察到细长事物的原理，然而对于解释很多证人提到的同类现象，这一点就不可忽略。我们只能选择对自己无法理解的事物进行错误的否定，或者被迫接受很多否定性的事物，于是我们要从一个众所周知的问题入手：长时间盯着一个点看，这个点会很容易从视线中消失。亥姆霍兹还有其他人都研究过此类问题，得出的结论是，让一个点一直处于视野中，即便只坚持 10～20 分钟都很难做到。在查阅过很多相关资料之后，奥贝特总结道，问题的关键不在于物体的消失或者模糊，而在于视线通常很难锁定很小的事物。假如我们要对位置很远的某一点进行瞄准，但是它却处在不断消失的状态中，那我们就不可能对它进行准确的观察；可如果观察对象变成了一条细长的电线，那么我们就不用再一直锁定在某一点上面，我们可以对这个物体持续观察，也就能更清楚地看到。

亥姆霍兹还说，微小事物的影像会如同热锡上一个潮湿的点那样消失不见，只要视线锁定某一个点，视觉就会变得跟夜间观察远处景物一样。这种不间断的敏锐观察为很多有关物体在夜间突然消失的证词提供了理论依据。这个理论在多次案件审查中都给予了我很大帮助。

一定要牢牢记住下面这一点：大家往往会高估月亮的亮度。据亥姆霍兹所说，就算是满月，其亮度也不会比 12 英尺（约 3.7 米）外的一支蜡烛更高。然而却有很多人说自己在月光下看到了什么！文森特博士说，上弦月能让人在 2～6 米外辨别出人，满月时这个距离能达到 7～10 米，满月亮度最高的情况下，人们能在 15～16 米[①]的距离内辨认出亲密的朋友。他的说法基本无误，同时也说明了人们对月光亮度究竟有多么的高估。

---

① 文森特：《勒格朗都索尔合法药物条约》。

视力上的差异除了受天然因素影响之外，也会受人为因素的影响。我们能从熟悉的标志当中得到很大的帮助，是的，我们可以从一团混乱的笔迹当中找到自己熟悉、常用的事物。为锻炼自己的想象力，我曾经试图将自己的感官知觉变弱，也就是让这些字迹变得模糊不清，于是很多意象就能在一定程度上被证实。将一份手稿放在很远的位置，然后在不同的光线下面眉头紧锁地盯着看，直到看明白为止。反过来也是一样。长时间用放大镜观察一个物体，后面即使不用放大镜也可以清楚地分辨出它的细部特征。一旦条件充足，巨大的差异就会显现出来。一个人近在眼前或者处在适中的位置，视觉上不一样的观感来自我们用单眼还是双眼观察。这个结论来自人们想起积累的经验，也能够说明为什么人们总是会用奇怪的方式来描述武器，并且武器一类的事物通常都是突然出现在证人面前。谋杀案中经常会出现一些离奇的故事，随后这些故事会被一些处在恐惧、困惑之中或者有意欺骗的人去解说和再创作，然而想要给出一个真正合理的解释只能依靠光学原理。

我不认为双眼的视觉会对法律有什么重要的影响，我也不曾见到过一个视力正常的人用单眼或者双眼观察能给某一个案件造成什么影响。垂直举起的手掌，其中一面自然要比另外一面看得更加清楚，但条件是你先用一只眼观察，然后再用双眼观察，而这一点对我们并没有太大影响。一定要指明我们所能观察到的事物中，有一部分就是单凭一只眼睛看到的，以天空为例，如果我遮住一只眼睛，会有一部分天空消失在视野中，但是另外一部分却跟先前一样。如果我用手遮住另一只眼睛，那么另外一边的星星就看不到了。于是，我们说，处在双眼视觉范围中的某些事物，用一只眼睛也足以看清。而对那些先用双眼观察，再用单眼观察的人来说，这一点很重要，因为这种情况与观察差异有关，但并不常见。

我们还需要考虑另外两个重要因素。其中一个是双眼适应黑暗以后视物能力提高。人们通常会低估这一现象的作用。在绝对黑暗中，任何生物都是不能视物的。但只要存在一点微弱的光线，就足以看到很多，结果往往会多到难以想象。有很多关于身处牢狱之中的囚犯视力的故事。有的人能把散落在牢房里的七根针逐一找回。还有一个人是自然学家卡特勒梅尔，他能把牢房里的蜘蛛看得一清二楚，并以此为根据提出了著名的蜘蛛学理论。奥贝特也说过，自己曾经不得不待在一个昏暗的房间里，其他人只能够摸索着前进，但是他却可以不被人发觉地看书，因为那些人看不到任何东西。

大家都知道我们适应黑暗环境的速度有多快，适应以后能够看到多少东西。此外，我们还可以确认另一件事，处在黑暗环境中越久，能看清楚的事物就越多。一天之后，你看到的东西就比几小时之后更多，待上一年，你就能看到更多。眼睛应该是为了达到视物这一目的而产生了某种程度的变化。然而，长时期使用这种视觉机制就有可能会导致视神经过度发达或者萎缩，深海鱼类就是一个很好的证明。所以不管在什么时候，我们都不能随便对长期处于昏暗病房中的病人关于自己看到什么的证词随便发出质疑。每个人在黑暗环境中的视物能力都存在很大的差异，假如不通过实验去证明，就会导致不公正的情况产生。有些人在黄昏时分就已经看不清楚，而有的人却能像猫一样在夜里看得清清楚楚。而对于这种视觉差异，我们一定要在法庭上进行鉴别。

另一个重要的因素则是视觉中的行为会刺激运动神经。斯特里克表示，一个人如果震惊于自己看到的场面，他的一些相关肌肉组织就会紧张收缩，于是有些人看到士兵训练，也会忍不住出现几乎相同的行为。所有的事例都可以证明，肌肉的神经活动中有视觉刺激参与其中。

上面这段描述听起来有点匪夷所思，但不管怎么样，大家或多或少都有过这种经历。在审理有关殴打的案件时，这一点在法律上的作用就很显著。自从发现了这个现象，我就会一直发现类似的状况，不管是无害的羞辱抑或是谋杀案。虽然有些人并没有被人看到做出暴力行为，却仍旧遭到合谋殴打的指控，只是因为他们当时的举动很可疑，然后就会有下面这样的推测："他们把手放在口袋里摸刀，还攥紧拳头，仿佛随时会暴起出拳。"在很多类似的案件中，嫌疑人看上去都像一个围观群众，只是因为自己的肌肉神经在他们全神贯注地观察时有反应，才会被变成嫌疑人。一定要记住这个因素，也许很多无辜的人就能够证明清白。

第 38 节　关于色彩视觉

有关色彩视觉的问题，我们只需要说明以下几点：1. 首先要考虑色彩是否存在。利布曼说，假如大家都是红色盲，那么就不存在红色，红色也就变成了某种意义上的幻觉。以此类推，光线、声音、温度和气味也一样。假如其他感觉都存在，世界就会完全不同。亥姆霍兹说，假如有人问你一个朱红色的物体到底真的是红色，还是仅仅由于视觉幻觉而呈现出红色，这个问题本身就毫无价值。"对红色的感知只是结构正常的眼球接收到红色物体反射光线而产生的正常反应。红色盲眼中的朱红呈现出黑色或者深灰黄色，这是非正常结构眼睛而产生的一种正常反应。然而他一定要清楚自己的眼睛跟常人不同。虽然大多数人都能够辨别出红色，但是感觉本身没有对错之分。因为大多数人的视觉感官都是相似的，于是朱红色就有了存在的条件。所以朱红色物体反射的光线不一定是红色，仅仅是在一些结构特殊的眼睛看来呈现出红色而已。”这话真是大错特错，这就好比一个公正的审判者在看过一张照片之后，[①] 告诉大家，在所有视力正常的人看来，照片上的紫色和蓝色物体很鲜亮，红色和绿色物体很暗淡差不多。也许在红色盲的眼里自然光下面的红色、绿色和灰色，在强度和灰度上都没什么不一样，然而他可以分辨出照片上的这三种在他眼中毫无差别的色彩在明暗上的不同。于是，我们可能得到这样一个结论：色彩存在客观差异，每一个视力正常的人都能够感知到这种客观差异。然而我和别人的感觉究竟是不是具有相同效果，或是假如有一个人跟我的色觉相同，那么我是不是不能把红称为蓝，这是一个无解的问题，即便找到答案也没有用。因此在遇到关于色彩的问题时，我们需要关心的只有对方是否具有正常的色觉，如果他色觉异常，那么是属于哪种类型和程度上的。

2. 还有一个问题也很重要，就是明确人能否从远处辨别单一色彩。这个问题已经有一些人研究过。奥贝尔使用了两个边长 10 毫米的正方形，测试不同色彩的辨识角度，以下是测试结果：[②]

	正方形背景颜色	
	白	黑
白		39″
红	1′43″	1′49″
浅绿	1′54″	1′49″
深红	3′27″	1′23″
蓝	5′43″	4′17″
棕	4′55″	1′23″
橙	1′8″	0′39″
灰	4′17″	1′23″
玫红	2′18″	3′99″
黄	3′27″	0′39″

① W. 海因里希：《调查色彩感知的方法概论》，克拉科，1900 年。

② 《视网膜生理学》，布雷斯劳，1865 年。

一个很有趣的现象是，蓝色在白色背景下的可辨识角度接近白色、橙色以及黄色在黑色背景下可辨识角度的九倍。因此，如果色彩在一个案件中有着很重要的作用，那么就一定要了解背景的颜色和属性，才能判断证人提供信息的准确性。

3. 我们都知道，当亮度逐渐降低的时候，红色会比蓝色更早消失在视线里，夜晚来临的时候，天空中所有的色彩都看不见，只剩下蓝色。因此，假如有人说看到一个人穿着蓝色外套却不能看到他穿了一条棕红色裤子的时候，他说的可能是真话，但反过来就可能是在撒谎。然而，到现在我们都还没有一个人在黑暗环境下，各种颜色消失不见的先后顺序的可靠结果。假如真的有这种排序，会给刑事审判的执法带来很大的便利。

4. 从视网膜边缘，人们是看不到红色的，因为那里没有能够辨别红色的视锥细胞。如果有人用涂了红色火漆的棍子从眼睛的右边向左边挥舞，视网膜边缘呈现出来的就是黑色影像。因此，如果并不是从眼睛正前方观察到一个红色物体，而是斜视这个物体的话，他一定察觉不到红色。所有人都可以亲自试验，来证实这个结论。

5. 宽茨①说，折射性色彩（红色、橙色、黄色、紫色）的物体在白色背景下，视觉感受会比实际尺寸大 0.2%—3.6%，蓝色、绿色、紫罗兰色的物体看起来则会比实际上小 0.2%—2.2%。深色的条状物体看起来会比实际更长，色彩明亮的横向摆放会看起来比实际更宽。这些结论在证人进行尺寸判断的时候具有重要的参考价值。

6. 假如透过一个很小的空间，特别是从小孔中观察色彩的时候，就会有很大不同，绿色在这种情况下几乎观察不到。

7. 奥贝特说，闪光的事物具有这样的现象：假如物体上有一点非常亮，那么亮度基本上就一定会从这一点开始变弱，例如一条闪着火花的电线看起来就像一条闪光的细线，两侧都是深深的阴影；温度计上的水银球也像是一个闪光点和深深的阴影。我们在看到一个熠熠发光的物体时，也许是由于联想到一系列与之相似的观察。于是当距离很远的时候，假如恰好出现强光或者突然出现的光线，我们就会错看一些根本没有闪光的东西。还有，至少在某些时候，我们会下意识地将一些确定的意象与“熠熠发光”这种概念联系在一起，这就是为什么我们总能把一些无伤大雅的事物看成“闪着寒光的武

---

① J.O. 宽茨：《颜色对判断表面积大小的影响》，《心理学》杂志，第七期，第95页。

器”。还有一些人会在虚空中看到闪闪发光的硬币。

第 39 节　盲点

大家都知道什么是盲点，基本上所有的心理学和生理学教科书都会谈到这个问题。然而在教科书里面，这个问题通常都是被简单带过，还有一些人觉得有时候就算是完全忽略这个问题也不会有太大影响。但我们一定要记住一点，距离越近的时候，盲点的面积就会越大，而在距离达到半个屋子大小的时候，盲点的大小就相当于一个人的头颅。亥姆霍兹说：“盲点有很大的作用。假如我们在纸上画一个小叉，再在小叉右边两英寸的距离画一个豌豆大小的点，将左眼闭起来去观察那个小叉，就会发现点不见了。盲点甚至可以让人无法看到天上的飞机，而飞机的大小相当于月亮直径的 12 倍，也可能会让人看不到 6 米之外一个人的脸，但是我们往往会忽略这一点，原因在于大脑会自已补上这块空白。假如我们看到一条线中间断开了，但我们知道它原本是什么样，于是就把消失的部分补上去了。”

有不少实验都能够在不同程度上对盲点现象进行成功的解答，也完全让我们有理由认同这样的观点：我们习惯了用双眼去观察事物，所以“豌豆一样大的点”只有在双眼都盯着那个叉的时候才会不见。可如果我们的眼睛一直关注某处，就会将注意力都放在那里。那么我们就完全不会在意一个无关紧要的小事，于是在我们开始关注“豌豆一样大的点”时，它就会马上出现，根本无需发挥想象力。假如有人提出对眼神和注意力有可能分别关注不同的点这一说法的质疑，我认为其差别只能通过实验来证明。那么你需要做的就是眼睛盯住一个点，然后把注意力放在另一个你觉得可能会不见的点上面。用不了多久，你就会发现这种实验的操作性有一个很特别的困难点，那就是一直关注一个不感兴趣的点需要耗费更多的注意力。而这种情况通常是不会出现的，因为没有人会一直将视线锁定一个不感兴趣的东西。

此外，某些可能情况下，斜视也可以发现很多重要的事情，这种情况下人的视线也会一直锁定某一点，而从盲点反射过来的光线就会被忽略。我不曾遇到过任何一个实际案例中，有任何一种只有通过盲点才能够被证明的情况，但却不能完全排除这种可能性。

第 40 节　听觉

关于声音，我们需要关心两个问题：证人是否准确听到了信息，还有我们是否准确听到了证人要表达的内容。我们跟证人中间还存在其他干扰：理解是否准确、记忆是否可信、想象是否参与其中、影响的多种变化、人是否正直可信，等等，这其中最重要的一个就是要确定证人听到的信息是不是对的。一般情况下，对于大多数案件来说，我们倾向于认为证人无法完整并且准确复述自己听到的内容。而进一步了解证人的荣誉感在这种情况下也许会有些帮助。如果证人被要求回忆跟诽谤有关的行为，那么证人数量就会影响到这种行为的量。经验证明，与诽谤相关的案件通常很难出现误会的情况，至少我并没有经历过这种错误。举例说明，证人或许会混淆“流氓”“骗子”和“流浪汉”这几个词，或者混淆“公牛”“驴子”和“笨蛋”这样的词，然而他肯定不会混淆“流氓”和“驴子”这两个词。他只是见到 A 用一些不道德或者意味着愚蠢的词汇来侮辱 B，但审判过程中他却使用了一个自己认为合适的词。一般情况下，人们听到的只是一句话的含义，我们很难让他直接把第三人称的话直接重复一遍。证人一般性会习惯转述一句话，因为他们自己听到的也只是这句话的含义而并不是原句。这跟个人记忆无关，审查过程中证人如果被要求复述原话，他们通常会做的也只不过是将原文的意思复述一遍，绝不会逐字复述。想要避免此类事件出现，就要求证人具备一定的知识水平与相关训练。

假如证人只是把自己听到的话按照本来的含义进行复述，其实也不会产生什么影响，但实际上他们通常说出来的都是这句话“应该”表达的含义，那么这中间就会出现不少谬误。一个人如果没有接受过教育，或者受教育水平很低，那么就可能遗漏一些自己无法理解的信息。即便是单纯的感官知觉，也少不了知识的辅助。

牢记这一点，会对我们正确理解一些困难案件中的证词有所帮助，这其中就包括当我们不可能确知说出这些话的人本性与知识水平如何，而只能通过证人转述的话语进行判断的时候。还有另外一些情况下也是如此。

假如想要知道一个人在特定环境下的听力水平，就算是案件的重要性再低，仅仅通过一个声音测试也是不够的。一定要让专家来做实验，即便案件非常微妙，也一定要在相同的案发地点和环境下面、让同一位证人站在当初的位置测试。不然就不可能得到任何结果。

然而，单纯的听力测试也不足以说明情况，人的听觉能力会因为自身对于单一或者复合音调中区分并记忆特定音调的能力而产生变化。这种变化的因素不只是人本身，还包括时间、地点和声音，等等。例如，我的卧室以及与之相邻的三个房间里面都有正在走的钟，每一个房间的门都是左右开。在没有声音的夜晚，我能够听见每一个钟的声音，但如果我立刻将注意力放在某一个上面，那么另外三个钟的声音就会完全消失。随后我也许会要求自己不要再去听这一个的声音，转而去注意其他三个钟，然后我就按照自己的要求去执行，虽然在这个时候我听不到其中两个钟的声音。但是又换了一天，我尝试在同样的环境下做相同的事情，却以失败告终。或者我无法听到某一个具体的钟的声音，或者只是在一瞬间听到，然后这钟声就会马上消失在普通的噪声里面，又或者我真的有听到过某一个钟声，但绝对不是我要听的那个。

关于这种现象的解释有很多，相同的实验也可以在不同的人身上不断重复。这个实验向我们证明了人类听力水平的差距也许会比我们所想要大得多，那些有关特殊能力的先验性怀疑纯属无稽之谈。不过这也让我们知道了，此类实验的可控性操作条件几乎是非常难以实现的。

另外还有一些很奇妙的事例。经常会有这样的人，像廷德尔就会说，人群中的大多数是听不到那种高声调的响声，比如蟋蟀的叫声这种，虽然这些人对于普通的声音会很敏感，另外一些人能够很容易听到比较低沉的声音，但是却说不出来这究竟属于哪一种，这些人记忆中只有一种轰鸣或者咆哮，但是却没有任何单个的音调。① 对于任何一个人来说，想要准确判断声音的方位都不容易。冯特说，人们能够判断从自己前方传来的比较强劲的呻吟，通常来说，辨别声音的左右要比前后容易一些。② 这些通过反复测试获得的数据对我们来说意义重大。冯特的结论也已经被其他一些实验证明过，人们判断最准确的是声音的左右，前方和下方、左前方和右前方、左下方和右下方的判断是最难的。同类实验普赖尔、阿恩海姆、克里斯和芒斯特伯格也都做过。

这类实验都能够证明一些特殊错误具备某些相同的特征。来自前方的声

---

① 年纪特别大的人好像听不见尖锐的声音。我一位朋友说作曲家罗伯特·弗朗茨就是这样。

② W. 冯特：《基本原理》。

音总会被误判成来自后方，而且听觉感受到的声源位置也要高于实际位置。还有普遍观点认为，对于声源位置的判断，双耳的听力是十分重要的。通过一只耳朵去判断这一点十分困难。这一点大概能够通过人们在试图判断声音方位时会不断转头这种行为来说明。与此相关的实验也有很多。

如果需要判断证人是否能够准确判断声音的方位，那么找一位专业的医生测试证人是否使用两只耳朵去听，并且两只耳朵听力同样好是最佳选择。有些人得出了这样的结论，双耳听力都好对于人判断声音方位是非常不利的。还有一些人具备一些特别的技巧，也许是因为经过训练或者是方向感很好。但不管什么时候，想要确定这种判断的准确性都需要通过实验证明。

在声音传导问题上，有一点需要注意的就是，密度较大的物体传播声音的距离有时候会远得超乎想象。就像我们在小说里经常会看到的情节，人物把耳朵贴在地面上，可以听到远处的马蹄和大炮的声音。所以，假如证人说自己把耳朵贴在墙上，听到了远处的某些声音，那么我们最好还是要重视一下他的证词。虽然这种时候要进行一些意义重大的实验是不太可能的，但至少还是能起到一些作用，我们起码能够通过实验了解证人的听力极限在哪里。

有些时候也许还存在一个重要的数据，就是要测试头部或者至少是耳朵在水下的听力状况。在浴室里就可以进行这样的实验，把后脑和耳朵浸入水中，嘴巴和眼睛保持在水面以上。嘴巴不得张开，这种做法可以避免声音经由耳咽管对实验结果造成影响。在这样的条件下，我们几乎什么都听不到，因为声音首先需要通过空气传播。所以假如这个时候有人在你耳旁大声说话，那么你能听到的内容也许就非常少。此外，声音如果是透过一些像墙壁、浴缸或者是密度较大的物体进行传播，就会有超高的清晰度，特别是当这个浴缸是嵌在墙壁里面而不是可拆卸的时候。在这个时候，如果大楼中某一部分被敲击，比如墙壁的敲击声就可能会很清楚地被听到，但是站在浴缸边上的人就听不到任何声音。这种情况对意外溺水事件或者突发事件中听到的线索就很重要。

对于听力不佳或者失聪者需要注意以下几点。费希纳说，失聪最开始是指听不到高的声调，最终会听不见低的声音，所以才总会有人怀疑那些仍然能听到低声调却总抱怨自己是聋子的人。还有，相信失聪者能够读懂唇语也很容易让人走入误区，唇语能够被聋哑人那种所谓“倾听”的一个前提，是他们中的很多人经过一些系统化的必要训练，以这种方式将很多印象进行整理，并最终获得了比听力正常者更多的信息。

年龄差异对听力的好坏也有很大的影响。贝措尔德对很多处于不同年龄段的人进行过检查，结果这些人的听力在 50 岁以后在正常范围内会不断下降，并且年龄越大，听力受限的程度就会越大。这个结果显然非常出乎意料。

在 100 位年龄超过 50 岁的人中，没有人能够听清楚 16 米之外的谈话内容，而当中大概有 10.5% 的人在 8—16 米的范围内可以听得清楚。而在 7—18 岁的人当中（测试人数为 1918 人），有 46.5% 的人能够听清楚 20 米以外的谈话，32.7% 的人能够听清 8—16 米范围内的谈话。而在 50 岁以上的人当中，10.5% 的人能够听清；7—18 岁的人当中，79.2% 的人能够听清。老年人当中女性的听力好于男性。在 4—16 米的范围内，男性与女性能够清楚听到的比例为 34∶17。在儿童中间这个数据则很不一样，20 米之外有 49.9% 的男孩能够听清楚，只有 43.2% 的女孩能够听清。这种数据上的反转来自体力劳动以及其余会产生大量噪声的工作会对男性听力造成损伤。这种数据对于推测一个证人能够比其他年龄段的证人多听到多少内容或许会有一些帮助。

第 41 节　味觉

味觉在法律上几乎没有什么重要的意义，但如果要说有，通常就会有比较特别的意义，因为与此相关的基本上都是投毒事件。涉及这一问题的案件很难得出单一而又肯定的说明，这其中最首要的原因就在于我们对一个人味觉的精确和敏感程度不可能轻易地掌握，因为这种感知与视觉、听觉相比要复杂。此外，如果要进行试验，就需要根据一种很普遍却不可能达成的统一的印象，几乎不会有人对味觉的形容词是刺激的、刺痛的、金属味道或者火辣的这一类，虽然描述味觉的一般词汇在用于酸、甜、苦、咸的时候几乎一致。想要知道一种味道的好坏，令人喜欢或者厌恶，最好是在不同的人群中进行试验，这其中的参考因素就包括年龄、健康状况、生活习惯以及智力水平，因为这些因素都在很大程度上会对判断产生影响。同时还要测试一些其他的感觉，例如肥腻的、甜的、紧缩的、酸橙味的以及沙沙的感觉，因为个人健康的变化会对这些感觉的判断造成很大影响。

可要是非得找出一种可靠的标准——那么最终总归要有一个，就是判断这种感觉是来自舌尖还是舌根。[①] 隆热在看到其他人的实验以后，自己也着

---

① A. 斯特林德贝里：《味觉的生理学》，《维也纳评论》，1900 年，第 338 页起。

手进行，并且得到了一些精确的结论：

味道	舌尖	舌根
芒硝	咸	苦
碘液	同上	同上
明矾	酸	甜
甘油	无	甜
冰糖	同上	同上
士的宁氯酸盐	同上	同上
苏打	同上	碱

在与此相关的案件当中，尤其是过敏症状或者疾病会对结果产生很大影响的时候，就需要找医生进行咨询。戴恩通过实验证明：女性要比男性味觉敏锐，受过教育的人要比没受过教育的人味觉敏锐。但在女性当中，教育水平对味觉的敏锐程度并没有多大影响。

第 42 节　嗅觉

假如对嗅觉进行深入研究，就会发现这个问题在法律上的作用非常大。也许有人会说，大部分人的嗅觉都会比自己以为的更敏锐，而且透过嗅觉获得的信息要比通过其他感觉获得的更多。实际上，嗅觉在真实案件中并没有很多特殊作用，很多人都只是在偶尔遇到案件中有争议的时候用一下，于是也没什么人意识到嗅觉的重要性和作用。但嗅觉其实有很大的作用，因为嗅觉往往很精准，当情景有关联的时候就会非常有用，但是很少有人意识到这一点，即便有类似的情况下嗅觉发挥了作用，也总是被当成偶然因素在起作用。我就说一个事例。我还不到 8 岁的时候，曾经跟着父亲去拜访他的一位做牧师的校友。我在他家里度过的那一天并没有什么特别的经历，以至在那之后很多年我也没能想起这一天。然而就在前不久，有关那一天的所有细节都在我的脑海中鲜活起来，这种突如其来的记忆看似无迹可寻，我花了很长时间去追根究底，但是仍旧一无所获。在那之后没多久，我又在相同的地方有了同样的体验。这一次我找到了线索，我想起当时跟着牧师的侄子侄女出去玩的时候，发现了一个水果仓库。我看到了稻草上成堆的苹果，墙上挂着很多牧师的打猎靴。苹果、稻草和靴子的味道混合在一起，变成了一种持久而特别的味道，一直停留在我的脑海中。后来我经过了一个有着相同味道的屋子，于是跟初次闻到这个味道相关的所有画面就都浮现在眼前。

类似的联想经验很多人都曾经有过，在提问的过程中只要稍微留心一下就能够发现，特别是当这些问题跟陈年旧事有关，而证人刚好又产生了某些“突然的”想法时。假如这样的突发奇想能够跟气味产生关联，我们往往能够成功找到正确线索，并推动案情发展。

嗅觉虽然十分精准，但往往不会有人仔细思考，假如被问到与气味有关的问题时，也只能得到否定的答案。但是想要确定这一点又是最简单的，完全不需要任何的提示，证人就会自己承认闻到了什么气味。然后因为一些偶然状况，那些曾经在意识的阈值之内，或者已经被压抑和转移的印象就会被想起。例如，证人闻到了燃烧的气味，而当时他还在做其他事情，因此就完全不会注意或者说意识到这个情况，也可能他会告诉自己，这是厨房或者劣质雪茄的味道。后来他就将这种感觉遗忘，然后又刚好因为一些问题，这种印象就会完整并且精确地回到记忆当中。

显而易见，一个人是不是喜欢某种微妙的气味会有很大的影响。人们往往觉得某种精细的嗅觉跟神经质有关。还有鼻孔宽大、前额饱满、长时间闭紧嘴巴的人嗅觉会比较敏锐。具有淋巴气质的人，说话含糊不清，嗅觉也很迟钝，其次就是鼻音重、经常抽烟的人。嗅觉的敏锐度可以通过一些练习加强，但是练习过度可能会适得其反。屠夫、烟草商人和调香师不但闻不到店铺里面弥漫的味道，自己的嗅觉也开始不灵敏。反之，像药剂师、茶叶商、酿酒师及品酒师这样需要通过感官来区分细微差别的人，在这方面就拥有很高的技术。我记得曾经有一个晚上需要在法庭上审理吉卜赛人的案子，我能够很快地通过气味辨别出被带上法庭的是不是吉卜赛人。

人在精神高度紧张的时候，会获得一种超乎想象的敏锐嗅觉。我们暂时还不知道气味的成因，但可以肯定不是来自物体的微粒，证明这一观点的现象是一些不散发微粒的物质也具有气味。例如锌、铜、硫磺和铁都有一种独特的味道，铁在被抛光摩擦的过程中，味道会更浓郁，例如在制作链条及可以放进口袋的钥匙扣的时候。

通过印象感知，人们很难对某种味道进行划分。即便是一个正常的人，也会迷恋一些别人觉得很普通甚至很难以忍受的味道（例如烂苹果、湿海绵、牛粪、马厩、大蒜、药物、腐烂的动物等气味）。即便是同一个人面对食物的味道，在饥饿的时候会觉得美味，饱了以后闻着也还可以，但是如果他正好偏头痛就会觉得恶心反胃。于是由这种因为情况改变而产生的差异性就要进行准确的描述。在性别方面，隆布罗索认为女性的嗅觉敏锐程度要比男性高出一倍。① 他的学生奥托伦吉、西卡尔、隆科罗尼和弗朗西斯·高尔顿已经证明了这一观点。这个观点并不能依靠生活经验来证实，但是很多吸烟的男性的确嗅觉迟钝，这样一来，在嗅觉敏锐度的比较上，女性的比重就大大提高了。

第 43 节　触觉

为了将问题简化，我在这里把定位、压力、温度等感觉都概括为触觉。涉及这些感觉的问题都比较复杂，证人在大多数情况下会描述黑暗中或者看不见时候的一些感受，并且这些感受都与殴打和人身伤害一类的案件有关。多数情况下，证人不可能真正地关注到关键部位，只能凭借触觉做出判断。而一种描述的确定性只有在结合了视觉与触觉，两者相互验证以后才可以。人们已经证实了只依靠视觉无法获得三维概念。我们最初认为三维感觉仅仅来自触觉，最后认为它来自经验和习惯。一位生来就是盲人，而后来又能看到的人的亲身经历就可以证明这个观点。有些人不能仅仅通过视觉来区分一个银质笔架和大钥匙，他们只能看出两者不同，但是只有在触摸过以后才能知道两件事物具体是什么。还有我们都知道的一点，在闭上眼睛去触摸的时候经常会出错，这也说明了触觉的欺骗性。当然，通过一系列的练习可以提升触觉的准确性，有些时候它的作用大过视觉，例如很多比较精细的质感就需要用触摸的方式来区分。纸张与皮革的触感、表面的光滑程度与一些突出的点，都能够通过手指的触碰来区分。假如证人在描述某件事物的时候使用了光滑或者粗糙这样的形容，我们就一定要确认对方是否用手触摸过，如果对方的回答是肯定的，我们才能够确认这个结果。如果有些人在生活中很大程度地依赖触觉，那么他们的感觉领域就会更宽广，就像我们都知道，盲人的触觉就非常敏锐。因此，一位盲人在触觉方面的观点即便再令人难以置信也有可能是准确的，有些盲人能够摸出织物的颜色，因为不同的染色剂及媒介会对着色物质的表面质感产生不同的影响。

---

① C. 隆布罗索和 G. 费雷罗：《女性犯罪者》。

此外，失聪者也会有一些特别的能力。阿伯克龙比在行医的过程中经常会遇见这种情况，失聪者能够感知到马车或者人群的靠近，而且要比具有正常听力的人更早。我有一只养了很久的安哥拉兔，医生也已经帮我检测过它跟其他安哥拉兔一样没有听觉。可在它打盹的时候，如果有人靠近，它能马上发现并且对脚步声进行辨别，陌生人靠近会让它受到惊吓并跳起来，而要是伙伴们过来，它就会高兴地舒展身体让你抚摩。它对自己触碰到的事物具有感知能力，即便只是轻微地碰一下椅子，或者靠窗的座位和沙发这些物体被轻轻抓一下，它也能马上感觉到。具有听力障碍的人在这方面的感觉会更加敏锐，但我们却习惯性不太信赖他们。

想要提高触觉敏锐度，不只有练习触觉一种方式，肌肉训练也可以起到一定的效果。斯特里克就表示，自己经常会看到一些肌肉利用率高的人往往具备更强大的观察力。这跟很多实验的结论——受教育程度更高的人观察能力更强并不矛盾。另外，女性的触觉要比男性敏锐，但两者在空间感和压力感上并没有明显差异。很多药物注射会直接影响到触觉的敏锐程度。例如，吗啡注射就能让皮肤的空间感变迟钝，大麻会让人的敏感度变差，酒精的影响则更猛烈而迅速。赖兴巴赫认为，有些感知能力强大的人会有极端的表现。这中间感知最强大的人能够立即发现黑暗中出现在房间里的人，此人的靠近和相对位置也能够被感知到。那些超级神经质的人甚至能够经常感知到空气的压力和轻微震动，这些都是真实情况。以上事例连同很多其他例子一起都能够说明一点，各种各样的触觉是有所区别的。感知温度的能力会更加发达一些，女性在这方面的表现要比男性更加突出。嘴唇和指尖能够感受到0.2℃的温差。假如需要说出温度的准确数值而不是温差，那么偏差值会在4℃左右。例如温度是19℃的时候，感知到的范围可能会在17℃～21℃这个区间。但我认为一些常见温度的预估我们还是能够接受的。例如有一个人如果习惯了冬天的时候室内温度一直在14℃左右，那么就算室温只出现1℃的变化，他也能马上感觉到。还有习惯夏天洗冷水澡的人，能够立刻发现1℃的温差。因此，如果证人提到了一些微小的温度变化，也许是真的，但假如发生的条件比较极端，那么就一定要关注所有感觉产生的前提。例如，用一只手掌去感觉29℃的水与用指尖去感觉32℃的水，前者的体感温度更高。韦伯还指出了一点："假如相邻的两根手指被分别放到温度不同的水中，两种感觉会互相融合，最后我们就很难分辨出不同。但如果两根手指分别属于两只手，那么在交换的时候就很容易感知到温度不同。可能皮肤接收瞬间感觉印象的部位距离越近，大脑中接收感觉信号的区域也就越近，这样就会容易产生混淆，但如果距离相隔较远，就不会出现这个问题。”[①] 我们很难在实际案例当中遇到此类问题，但对温度的评估问题却经常会遇到，那么确认其可靠性就很有必要。

另外一个问题也很重要，那就是受伤者或者伤人者在案发当时的第一感觉及他们提供的证词是否真实。我们先要对韦伯精准的观察表示感谢，他发现，人在闭着眼睛的状态下，很难感受到身体是从什么角度被匕首刺到的，而且被推或者殴打的力度方位也同样很难确定。但如果是被人拉扯头发，我们就能对施力的方位有一个很精准的判断。

人感觉到疼痛需要多长时间？关于这个问题，有些人会说，鸡眼会在受到快速强烈刺激的瞬间就产生疼痛感。也许是因为鸡眼有其特殊性，其他部位需要更长时间才能产生痛觉。亥姆霍兹一共做了 1850 项实验，最后得出一个结论，神经信号的传输速度为 90 英尺/秒。因此，假如你是手指被刺伤，那么 1/30 秒之后你就会产生疼痛感。但仅仅通过这些简单的实验是不能有什么决定性结果的。我们唯一知道的是，人在经过电击以后，神经末梢会在大约 1/3 秒后感受到疼痛。

被刺伤的人通常会觉得自己像是碰触到了一个高温物体，有些人还会补充说，受伤的人在被推挤或者被刺入的地方产生疼痛感，刀片如果切入较深，还会有冰冷的感觉出现。但要是这些信息的提供者都是受伤者，那么就没有办法进行准确判断，我们不能排除这些人有夸大事实让伤情看起来更严重或者让自己看起来更有意思的可能，但所有的描述都有一个共同特点，那就是刺伤、枪伤及打伤都会产生一种推挤感。还有，人可以马上感觉到血液升腾，但要经过不少时间才能感受到疼痛。一些颜色学生[②]在有机会经历过不少次角斗以后都会告诉我们，即便是被最尖锐的利剑“刺伤”，带来的痛感都是微乎其微的，或者并不太痛，就跟被打一下或推一下差不多。很有趣的一点就是，每个人对这种感觉的描述都是被很宽的钝器击打一下，像一块坠落的瓦片这种。然而没有人提到刀片的切入或者冰冷感觉。

战士在中枪后的几分钟被问到受伤感觉的时候，也都会一致表示自己只有一种被大力推挤的感觉。

---

① E. H. 韦伯：《触觉与共同感觉的原理》，布伦瑞克，1851 年。

② 不同学生社团成员以不同的颜色来区分。

但致伤者却有着完全不一样的感受。洛策要我们注意下面的情况，这种做法很对：如果做梯子用的横档是弹性材料，我们马上会想到这个横档是被紧紧绑在两边的梯架上面的。要确定这种捆绑是否牢固，只需要摇晃梯子或者用斧头敲打横档，感受一下木框的阻力即可。同理，战士用刀剑刺入敌人身体的时候，他们也会有非常清楚的感觉。一些学生也证实过后面这个事例。有些人能够清楚地知道自己的剑是划破了皮肤还是伤到了筋骨。因为这些触感主要集中于右手拇指，拇指与刀把紧贴着，可以清楚地感知到摩擦力。

致伤者和受伤者的证词都很重要，前者在于他一旦陈述事实，就有很大可能真实地说明自己是否给对方造成伤害以及这种伤害的严重程度；后者则在于如果有多人参与斗殴，那么我们可以从他的证词中分辨出造成伤害的人是谁。我们经常能看到几位说明事实的受害者这样说："我相信 X 将我的肩膀刺伤，但他并没有刺我，而只是推了我一把，我没有觉得自己被刺到过。"但真相是 X 确实刺伤了受害者，假如主事法官能够告知被害者类似情况的存在，那么被害者的证词就会更加准确。

此外还有其他重要因素。

1. 大家都知道，骨头附近的皮肤因为重伤而被拉扯到肌肉上的时候，真正受到刺激的位置就会很难辨认出来。我们可以通过实验来制造这种变化，一般来说，会出现这种情况都是因为严重的扭伤。人如果是坐着的，在上半身被向后拉扯的时候就会出现各种位移，打击和刺伤的位置就会难以辨认。因此，当一只手被向后拉扯，接近极限的时候也会出现这种状况。比前面更困难的就是在身体的某一部分被人控制住，从而导致皮肤处于被拉扯状态的时候去确定伤处。

2. 湿润是一种寒冷和光滑的复合感觉。因此，在预先并不知道的情况下，我们如果接触到冰冷光滑的金属，也会感觉自己摸到了某些光滑的物体。不过反过来情况也是一样的，也就是说我们会产生一种固有印象，只有潮湿的物体才会有冰冷光滑的触感。也是因为这个，我们会对受伤流血产生很多错误的认知。受伤者或者伤者的同伴会在只接触到光滑金属的时候认为是流血，也可能在真正流血的时候认为自己只是触碰到冰冷光滑的事物。对流血的误判经常会引发问题。

3. 反复进行触摸会让印象更加深刻，触感也更加准确。这就会导致我就算没有想要通过触觉验证一件事，也还是会不断用手指来回抚摸这件物品。同理，那些触感极佳的物品也会让我们想要不断拿在手上把玩。我们喜欢抚摸光滑柔软的皮毛，长时间的抚摸就会让感觉更加清晰，也能够发现其中的差异。因此，每当我们想要通过触觉来下判断的时候，就一定要问清楚这个抚摸过程是只有一次还是有很多次，这是很重要的参考信息。这中间的差别就相当于只看了一眼和仔细观察，因为人们在触摸时有可能发现一些根本上的区别。

4. 只通过触摸，我们很难知道一个物体是弯的还是直的，是水平的、凹陷的还是凸出的。韦伯证明，假如用手捏住一个玻璃盘——起初不太用力，随后用力，再加大力量，那么就会觉得盘子表面是凸出的，反过来则会觉得盘子是凹陷下去的。假如力度一直不变，那么就会觉得盘子是平的。

5. 费尔罗特指出，某一点以固定速度在一块面积相当的皮肤（例如从手腕到指尖手背上的皮肤）上滑动，在不去观察的情况下，会有一种非常明显的加速感出现。假如方向反过来，那么感觉就不会这么明显，但如果在更大面积的皮肤上测试，这种精确性就会更高。人对刀伤和抓伤的错误感觉应该都是这样出现的。①

6. 这大概跟人们对习惯性压力的感知有关。最早进行相关实验的人是韦伯，费希纳在后来也证实了对重力的感知，不同部位的皮肤有很大的不同。前额、太阳穴、眼睑和前臂内侧的皮肤最为敏感，嘴唇、躯干以及指甲部位的皮肤最迟钝。将六块一美元的银币摞起来，放在身体的不同位置上，然后慢慢拿开，每拿走一枚硬币，身体的感觉也各不相同。当身体能够感觉到银币被拿走的时候，不同部位上已经移走的数量分别是：

指尖	1 美元
脚底	1 美元
手背	2 元
肩胛	2 元
脚后跟	3 元
后脑勺	4 元
胸口	4 元
后背中央	5 美元
腹部	5 美元

① K. 费尔罗特：《基于实验的时间意识》，图宾根，1868 年。

实验进一步深入以后，得到的结果也一样。而对于性别差异以及受教育程度对压力敏感程度的影响有何不同这一问题，目前还没有得到成功实验的结果，这中间的规律也许会给殴打、掐脖子一类案件提供有用的支持。

主题 2　知觉和概念

第 44 节

律师一定不能忽略这一点，那就是当单纯的感知印象变成一种智识概念时，智识是否能够完全复原被观察到的事物或事件。在科学心理学的推动之下，已经有不少被称作科学差异的事物再也不被人重视。现代心理学没有对知觉和记忆进行区分，甚至隐约有一种知觉问题的答案就可以用来解答知识问题的感觉。①

要区分意识与知觉，我们可以引用菲舍尔的观点。② 意识分为两个半球(或区域)：感觉区域包含了生物体的内在结构，外部知觉区域包括了生物体到客观世界的延伸。意识具备行动区域，能够操控运动神经和肌肉与外界进行互动，但知觉区域是完全被感觉操控的。

外部知觉的作用主要有三个：理解、分辨和关联。从狭义上理解，知觉是对某些能够对眼睛产生刺激的事物的感官意识的理解。通过这种理解，我们能够知道物体的位置和物品与我们及其他事物的关联，物体的名字以及跟我们之间的距离，等等。

理解后面的问题就是认知，这对律师来说是最重要的。认知代表着事物在大脑中留下的印象足够深刻，可以让大脑轻易分辨。而这一事物的本质实际上并不重要。休谟认为这些事物也许是一种持续存在的事物（“在大脑中处于无干扰的独立状态”），也可能是完全依靠知觉就能够分辨出来。后者被看作一种与理性判断类似的情况：“下雨了”，或者“觉得下雨了”，此类认知仅仅可以归于知觉的范畴。有关这种认知，证人提供给我们的判断是必须要去检验和评估的。在这里需要提出下面两种看法。首先要找到主导原则的

---

① 第一段译文中有遗漏。——英文版译者注

② E. L. 菲舍尔：《脸部识别的理论》，美因茨，1891 年。

观察者以及案例收集者的看法，不然我们的判断基本上就是不可靠的，在大多数时候都是不真实的。正如马赫所说：“只要一门自然科学的所有真相被观察确认，就意味着这门科学已经走向了新纪元，这是属于推理的新纪元。”然而，我们这些律师已经有多长时间没在自己的工作中对这两个阶段进行划分了呢？①

其次就是在观察中出现的错误。席尔用两个标题对这些重要错误加以区分。在观察中出现的错误：积极的或者消极的，错误的或者遗漏的。导致后一种错误的原因主要是一些固有观念。反对哥白尼的人说地球是静止的，因为如果地球处于转动的状态，那么一块石头从塔尖坠落后，位置应该是在偏西的地方。假如支持哥白尼的人去做这个实验，就会知道事实的确如此。律师们也总是一次又一次产生这样的疏漏。我们一直牢记自己或是别人心中的期望，就不会想到再去尝试去证实前人的办法。我在工作中总会想起乔治斯的事迹，他讨厌学者，于是就提出一些问题来考验哲学家和物理学家：“为什么 10 磅重的石头放到 100 磅的水里以后，总重是 110 磅；而将 10 磅重的活鱼放到水里以后，总重仍然是 100 磅?”所有学者都提出了自己的看法，一直到国王让自己的男仆回答，后者表示想要先看看实验的情况。我记得有一个案件，一位农夫被控告为骗保而蓄意纵火。他说自己不过是拿着蜡烛走进房间，里面的蜘蛛网被点燃，随后房顶垂下来的稻草也烧了起来，于是就引发了火灾。一直到审问时，众人才想到要先问一下蜘蛛网是否可燃，然后在第一次实验中就证明了答案是否定的。

通过许多相关经历，我们了解到认知必须是一个缓慢的过程，不能跳跃，观念只能在我们的已有知识上才能够成立。圣托马斯说：“一切认知都是通过认知主体与自身已知事物的类比获得的。”② 牢记这则智慧箴言，询问证人的工作就会简化很多。想要做到真正理解，只能先将未知的事物和自己已有的知识联系起来。不然的话，我们不可能从证人那里获得任何一个问题的答案。因为缺乏支撑，抑或是这中间只有个人观点，所以就会毫无意外地进入误区。一般的旅行者从外面带回来的信息跟他离开家门时带走的并没有不一样，因为他的见闻都只是自己的眼睛和耳朵想要了解的事物。黑人认为，自己佩戴的珊瑚会褪色是因为佩戴者身患疾病，这个观念在他们的脑海

---

① 此处遗漏一句。——英文版译者注

② 原文为拉丁文。——译者注

中停留了多长时间？可我们只需要仔细观察，就能够知道这种观念有多愚蠢。人们从亚当·斯密那时起就相信奢侈消费可以推动经济发展，这种观念又流行了多长时间？还有因为自己能够看到太阳东升西落而嘲笑哥白尼是傻子的那些人，他们又笑了多长时间？因此J. S. 米尔表达了一下个人看法，而本内特又进行了补充："如果有人对我描述某个动物、地区、艺术品或者某件事之类的东西，我是不可能仅仅凭借他的话语就获得对于这件事物的表面概念的，我能得到的只有语言和标志中携带的问题，一些与描述主题概念相关的问题，因此这些信息的真实程度就跟我从前获得的同类事物的概念的完整性，还有我对本身以获得材料的认知有关。我的知觉资本以及表达优势就是上述这些内容。"①

我们当然不用去跟讲述者确认他对于自己说到的事情是不是全都目睹，也不用在提问过程中让自己相信讲述者能够完全清楚自己说了些什么。而且监察官一定要厘清事实真相，也需要知道自己要用什么样的态度才能跟人进行有效沟通。可以这么说，每个人都能够对自己的所见所闻有一个明确的理解和记忆，或者对别人讲述的事情有一个完全清楚的认识，这一点跟他所受的教育多少完全没有关系。当我们获得了一些新的内容，就会将它添加到旧有的意识上面，或者直接替换掉之前的一些意象，也可能会有一部分旧有意象的残留。这种意象是在很早之前就产生的，我们甚至能够追溯到动物的身上。有一天，我的小儿子很高兴地对我说，他的天竺鼠——这是一种在所有人看来都很愚蠢的动物——能够数数。他将6只小天竺鼠放在一边，不让它们的妈妈看到；随后藏起其中的一只，把另外5只再送回去。天竺鼠妈妈一只只闻过来，随后就露出十分惊恐的样子，似乎少了什么东西。而等第6只小天竺鼠被放回来以后，6只鼠仔一个不少，它闻到6只小鼠的味道就表现得十分满意。"它至少可以数到6。"显然，这不过是天竺鼠对于自己的幼崽有一个整体意象，当缺少一只以后，这种整体意象被打破，就会产生混乱。而且，这种意象是因为事件或情况之间的联系而出现的。这种意象并不是受教育程度的影响，野蛮人和文明人之间的意象也仅仅会出现一些程度上的差异。

我们没有发现诸多口述材料中的错误，其原因就在于新的信息与意象之间的关联并不正确。讲述者与倾听者的意象群并不相同，两者对于新信息的

---

① E. 本内克：《实用心理学》。

连接方式也不一样，歧义就会很自然的产生。[①] 审查官任务艰巨，他要对自己的表达方式进行调整，传达出一个正确的意象，避免任何一种错误理解的可能。比如遇到一个放债人与某些隐晦的案件相关，站街女郎卷入农民酒吧斗殴，浪荡子的决斗案件，或者狩猎监督官遭遇盗窃案的时候，涉案对象本身的意象群对于新感知来说就是个很不好的开始。不过想要从这里面抽象出信息也不会很困难。这种案子出现的不多，其中最困难的部分就是要在证人对相关事件的感知前，一次性将他们原有的意象观感全部找到，因为这些旧有意象会对相关案件的感知产生非常大的影响。

基于这一点，我们需要牢记一点，对这些意象进行保留是一种刻板的做法，这是由一些无关紧要的问题决定的。格拉茨市政厅有一个 36 格的柜子，里面存放了 36 种不同类型的文件。每一摞文件上面都清楚地写上相应期刊的名字。每个人都得费力地去搬运和保存这些文件，这些文件需要人们逐字阅读，而不是随心所欲地解读。之后，这些文件的名字被剪下来贴在了书柜上面，即便字迹扭曲，但因为这些标题已经具备了某种象征意义，所以并不会让人觉得难懂，于是借阅和归还就变得很程式化。与那些存在差异性的事物相比，人们更容易理解新惯性的同类事物。

因为人们对于事物的理解都是基于某种相似或相同的形式，所以我们会认为经验的本质就是这些形式。而且又因为每个人对于相似与相同的认知都不一样，于是所谓的经验本质也就会因人而异。

“如果我们手拿一个有 3 个面、7 个角以及 9 条边的骰子，我们能马上想到这个骰子的意象或者样式，再以此为基础进行下一阶段的感知。”（奥贝特）同理，当我们想要向听众描述一种他们不熟悉的事物时，一样会选择一些我们认为听众可以理解的关联事物，因此想要让对方能够准确理解我们描述的事物，就一定要找到并建立起正确的联系。反过来，我们需要清楚一点，任何一个人在进行对比的时候都是根据个人经验来做的，那么想要正确理解这种对比，就需要听的人也有这种类似经验。假如没有注意到这种经验的个人化属性，就会导致严重的后果。例如，总和农民来往的人会发现，他们喜欢使用一些很宏大的对比，那么想要找出这些话中究竟哪些是真的、哪些是夸大的，就要先清楚他们生活本来的样子。了解过后就会知道，他们使用的这些对比和意象才是最独特、最简单易懂的。

---

① 《H. 格罗斯全集》，第 15 卷，第 125 页。

对理解而言，感官知觉至关重要，因为没有人可以清楚地说出什么时候感官活动结束、什么时候智力活动才开始。有一件趣事，我不记得具体是谁提过：有 20 个学生一起去了埃及博物馆，但是没有一个人想明白为什么那些画像上的埃及人总给人一种违和感——他们都没有发现，这些画像上的人都长了两只右手。

我曾经耗费了很多精力去观察别人出老千，等我学会那些赌徒的技术以后，就直接对着几位年轻的犯罪学家展示了一番。我在很长一段时间里都不愿意相信一位老希腊人的话："越是简单愚蠢的把戏，越容易骗到人，大家都发现不了。"可他确实说对了。我已经清楚地告诉自己的学生："我要开始骗你们了。"但这个把戏居然还是成功进行了，没有人发现问题。但凡有一个人的目光转向别的地方，就一定能看到我的膝盖上、袖子里、口袋里或者天知道什么别的地方会有一张牌。可谁敢说在这个时候没能多看一眼或者多想一下只是因为缺乏经验？在一些权威人士看来，感觉是导致错误的主要原因，可是究竟哪些事物并不属于那个感官知觉向智力知觉转化的神秘而又说不清楚的时刻呢，谁也说不明白。

事实上，人类能够感知到的事物少之又少，我可以用一个非常简单但却十分有效的例子来证明这一观点。我有一个放着一瓶水和几个杯子的托盘，我清楚地说出自己下面要做的事情，然后把瓶子里的水往杯子里倒了一点。做完以后，我将所有东西都收起来，提出了一个令人震惊的问题：我刚刚做了什么？观察者都立刻回答说："你把水倒进杯子里了。"之后我又问用的是哪只手？一共有几只杯子？我把倒了水的杯子放在什么地方？倒出去多少水？杯子里有多少水？我是真倒出来还是假装倒了？瓶子里面有多少水？里面装的真的是水，还是可能装了酒？不是红酒吗？倒完水以后我手上还有什么动作？我那时候看着是什么样？你真的没看到我闭上眼睛了？真的没看到我吐舌头？我做这个动作的时候是不是正在倒水，或者是在那个之前和之后？我的手上有没有戴戒指？你看到我的袖扣了没有？拿着杯子的时候，我的手指放在什么地方？此类问题的数量还可以再翻倍。能给出正确答案的人少之又少，他们彼此争论不休，还说出很多超乎常理的事情。目睹这一切真让人觉得好玩又惊奇。那我们又怎么能去要求证人描述一个更加复杂，而且自己也并没有去关注的事情，这件事情也不是刚刚发生，而是过了很久，参与其中的人更可能已经被恐惧、震惊和畏惧的情绪搞得濒临崩溃！我看到，就算是一些已经接受过相关训练的人，向他们提问也是很有趣的事情，而由此得到的结果可以说是相当的随意。[①] 诸如此类的诱导性话语："可是你要知道……""只需要回想一下这个……""你总不会笨到没发现有没有……""可亲爱的，你长了眼睛会看啊……"另外有一些很亲切的话，也许会得到某些结果，但是这些结果到底有什么价值呢？

有一天天气晴朗，我从法庭往家里走，路上遇到一个男人从玉米地里走出来，短短几秒钟以后，他就消失在我的视线中。我突然觉得他可能做过一些值得怀疑的事，所以我马上开始问自己这个人的外表如何，这时候我才意识到自己根本说不清楚他的衣着如何，是否有胡须，体型是什么样，反正就是什么都不知道。那么我又该用什么惩罚方式对待那些原本就和我一样什么都不知道的证人呢？那么在案件审查的时候，我们就要经常想起还有一些事实的存在，虽然它们已经出现在我们的视线当中，但我们仍旧没有发现。此刻我只想提醒大家注意一个著名案例，[②] 就是霍夫曼记录的那一个。庭审的时候，对于一个人的耳朵被咬掉以后，是不是真的会有很大影响这个问题，一定要有精确而详细的调查。法庭、医生和证人都对这个问题进行了思考，而最后是受伤者自己将这一事实造成的真正影响告诉了我们，因为这个人已经在多年前就被咬掉了另外一只耳朵，可是那个时候却没有人发现这只已经有了残缺的耳朵。

想要知道别人看到或者想到了什么，我们就必须先知道这个人的想法，可这件事情本身就办不到。我们总会说别人一定是怎么想的，又或者有了各种各样的想法，可我们根本不会知道另一个大脑中的情况到底是什么样子。正如同杜·瓦布—雷蒙曾说过："如果拉普拉斯的灵魂能够依据莱布尼茨的理论创造一个矮人，从原子到分子都能够做到尽善尽美，那么他可能会让这个矮人具有思想，但他不会知道这个矮人的思想是什么样。"而假如我们可以对一个跟自己年龄、性别、文化、地位和社会经历等方面都很接近的人的思维状况有一个基本的理解，那么我们就会离那个将我们一步步引向个性化的知识越来越远。我们非常明白，一个人的才华、知识和理解能力的多样性融合起来，能够引起多大的变化。在思考事物性质的时候，我们就会知道自己从未站在一个抽象的意义上对其进行理解，我们的所有认知都是具象化的。我们并没有看到颜色，而是看到了带有某种颜色的事物；我们也没有理

① 参见迪尔：《对记忆能力的研究》，《陈述心理学文集》，第2卷，1903年。

② 《面部》，《医学》，维也纳，1898年，第447页。

解温暖，只是接触到带有温度的事物；我们没有认识过坚硬，而是知道了某种坚硬的物体。像温暖这样的概念不会直接来到我们的脑海中，说起这个词的时候，我们总会想到一些温暖的事物：有的人会想到家里的炉子，还有些人会想到意大利温暖的某一天，也有人会想到一块烫过自己的烙铁。因此，人们的注意力不可能总是在相同的事物上面。现在他想到的是这个，以后也许就会用另一个概念建立不一样的联系。然而，每次我想到一个具体的事物，都会对一个新的概念有很大的影响，但听我说话的人并不了解这个情况，或者就连我自己都不知道我究竟想到了什么具体的东西。虽然伯克利证明了对颜色的想象不可能脱离空间，反之，空间的想象也不可能没有颜色，可是想要判断一个具体的事物究竟有没有证人所说的那些特征，还是一个经常会被我们忽视的工作。

另外一点也非常重要，那就是当人们在一直重复描述事物的时候，会发现关系上的差异会带来不同的观感。假如我们从某个事物中获得了一种快乐的或者痛苦的体验，那么仅仅针对这个物体本身，我们没有办法获得一些经验或者发现什么能够记住的特点，当然，通过之前获得的那种体验而被影响的综合记忆也不可能感知到什么。通常来说，我们都不可能将之前获得的印象单独分离出来，并考察它对如今的印象会产生哪些影响。甚至，我们连某些印象为何会如此深刻都搞不清楚。可如果我们连自己身上出现的这种状况都注意不到，又有多大可能会发现其他人身上的情况呢？

埃克斯纳曾经强调过，所谓的“黑暗知觉”会占有举足轻重的地位。“这些‘黑暗知觉’在出现的时候有没有被我们发现，并且来到意识当中，会在很大程度上决定我们的智力。就像有些人可以完全不了解任何一种鸟类飞翔时候的姿态，却可以准确辨认出正在飞行的鸟的种类。有些更聪明的人能够知道鸟类挥动翅膀的频率，因为他们能做到用双手模仿鸟飞翔的样子。而更有智慧的一些人，能够用语言准确地进行描述。”

可想而知，在审理一些重要刑事案件的过程中，受教育程度不同且智力水平也存在差异的证人都看到了一些事实。我们先假设这些人都有据实以告的意愿，也都进行了正确的观察和理解。但是这些人的证词也许会完全不一样。智力水平的差异也会在不同程度上对“黑暗潜意识知觉”产生影响。这些人都能够更加清楚地讲述并且解释自己的证词，也能够将一些单纯的结论变成一种有序的感知和具体的陈述。可是我们总会进入这样一种误区，就是认为证据多样性是由于看待问题的方式不同或者是证人的诚信而导致的。

想要通过各种不同的信息，找到其中的共同点或者找出这中间是否存在共同点，是一个很困难的工作。最简单的办法就是把最聪明的人和不聪明的人的证词拿来对比。一般情况下，如果一个人对一件事有某种下意识的感知，那么他会很高兴能借助某种方式让自己痛快地说出来，不过在这种情况下，暗示是很危险的做法，也只有在极少的情况下才会这样做。最顺利的一种情况就是证人能够一点点地在我们的帮助下将证据补齐，这时我们要切记：不能进行自我暗示，以致将很多根本不一致甚至互相矛盾的证词下意识地变成合理统一的。而比前面更乐观的一种情况就是能够原封不动地记录下所有的证据，然后等到材料更丰富、事情也更清楚的时候进行谨慎的证实，去观察一下那些不聪明的人会给出不一样的证据，究竟是因为表达能力的欠缺，还是因为他们的感知真的是完全不一样，所以才会有不一样的表述出现。

当目击证人是该领域内的专家时，我们要特别小心这个问题。我认为将专家看作最好的证人这种想法本身就不对，最起码是太宽泛了。本内克也表达过类似的观点。"在感知过程中，化学家对于化学过程、鉴赏家对于画作、音乐家对于交响乐，都会比外行人有更多、更丰富的精神投入，可是对一些实际问题，也许他们还不如外行人注意的多。"而联系到我们的工作，我们需要知道的只有"专家的判断力肯定要好过外行人"这一点，可是这类人的认知往往过于片面，观察得不够全面，又或者有时候会夸大其词。当然，所有的专家都会觉得与自己职业相关的事情都很有意思，特别是在这个专家对自己的工作很专注的时候。因此，他们几乎必然地会对一些相当重要的法律问题视而不见。我记得一位年轻的医生在做一起斗殴和蓄意谋杀案件的证人时，表现有多么的积极。他在一家酒吧里目睹了凶手拿着一个很重的瓷质托盘威胁受害人。"顶骨的位置应该断了。"医生这样想，随后就开始思考此类重击手术需要如何进行，于是就没有看到凶手具体的施暴过程，以及受害人是否抽出过一把刀这种细节。还有一起破坏抽屉的案件也是一样，第一证人是一位柜子工匠。他对于打造柜子的奇异构造与特殊木料过于专注，最后就连柜子是怎么被破坏的、使用了什么工具这些重要的法律问题都回答不了。我们中的大多数人，在遇到专业的证人时都会遇到类似的情况，知道这些人因为个人兴趣，就会确信事情的发展也合乎自己行业内的规律，于是就会经常把一些错误的证词提供给我们。无论事情的真正表现形式如何，他们总会依照自己的理解模式，对事实进行修改。

埃克斯纳表示，涉及定位的问题时，“下意识直觉”会出现一些难以注意的变化，充当其他角色。假如有人可以给自己定位，那也就意味着他随时随地可以掌握自己的大体方位，于是我们就要牢记一点：当这样的人成为证人的时候，一定要明确这件事，因为他提供的信息也许在表达方式和价值意义上都不一样。埃克斯纳说当他在爬马库斯塔的时候，清楚自己在任何一个时间点上的方位，但我在转一个弯之后就会搞不清楚方向。假如在法庭上需要证实跟位置相关的事情，我们对方位的感知和价值就会有很大不同。可是在法庭上，基本上没有人能够保证自己整体上定位水平的高低。

埃克斯纳说：“假如我在行走的时候突然停在一幢房子前面观察，就说明我肯定已经感受到自己脚下的路与房子之间的距离——下意识对路程的感知开始了。”这种情况非常能够拿来与单纯的潜意识中的各个过程进行比较。

不过定位包含的问题不只是对位置的感知，也有一些是对于地点的零碎记忆片段，例如当专心记忆的时候，会知道一些事情被记录在哪一页的哪一行，去找一些不曾留意过的东西，等等。这种知觉定位的问题相当重要，因为拥有强大知觉的人能够与自己的方向感建立更紧密的联系。通过那些可以发挥自己所长的人，我们能够获得很多知识，如果对这个问题不关注，这样的证人就会感到很绝望。至于这些人的知觉有多强大——方向感好的人往往更聪明——德语专家伯恩哈特·佐伊费特对我说，他不确定某个词该如何拼写的时候，就会想象它的外观，假如还是行不通，他就会把让自己犹豫不决的两个词都写下来，然后就能马上找到正确的那个。而在我问起这个词的外观是手写体还是印刷体的时候，他很耐人寻味地说：“那是我书法老师的字体。”他绝对是将很久以前出现在课本上的手写字体进行了定位，并在大脑中留下了深刻的印象。在向证人提问的时候，一定要牢记这一点。

总而言之，在卡特尔对理解问题所需时间长度的调查方面①，我觉得一个语言能力越好的人，复述和阅读所需的时间就越短，因此我们都认为外国人的语速要快过我们。卡特尔对这个结论非常肯定，于是在测试外语水平的时候，他还会测试语速。

辨认一个字母需要 1/4 秒，读出来需要 1/10 秒。辨认某种颜色或者画面需要更长的时间，原因并不是无法辨认，而是一定要找到对应的名称。习

① J. M. 卡特尔：《论识别与指认字迹的时间及其他》（出自冯特：《哲学研究第二部》，1883 年）。

惯让我们能更快地读出文字。

我们还可以进一步引申这一结论。如果需要被描述的事物能够更清楚地被想象出来，那么由此获得的推论就会越清楚、印象也就越肯定，复述的语速也就会更快。因此我们说，除了性格不同，证人的语速对于我们判断他在期间进行过的思考的数量以及对自己的证词的确信程度也有重要的参考价值。我们很容易想到这一点，如果这个人在说话的时候需要尽力去回忆，就会说得缓慢一些，会讲得磕磕绊绊，最起码语气犹疑不决。假如他还要想办法降低各种可能、让自己说的话没有互相矛盾的地方，也会出现类似的情况。他对自己要说的话非常肯定，那么他至少能做到在不受干扰的情况下很容易地在脑海中过一遍自己要说的话，因此在讲话的时候语速就会很快。类似的情况在公共演说家、法官、公诉人和辩护律师身上也都可以看到：如果这些人中有任何一个对自己要代理的案件有不清楚的地方，或者对其正确性还有怀疑，语速就会非常慢，反过来就会说得飞快。法庭及其他公共机构的速记员也都可以证明这件事。

主题 3　想象力

第 45 节

证人对我们陈述的事实都预先存在于他们的想象当中，而证人说出来的具体内容在很大程度上就取决于这种想象的形式。因此对我们而言，重要的就在于这种想象的本质，正因如此，事实与想象的关系就不那么需要我们去注意。也许会有些事实与我们已知的状况有不一样的存在形式，或者还会有一些是我们未知的情况。一些权威调查显示，理想主义者会完全忽略掉这种可能性，而对提出这种可能性存在的人，他们会以一种科学的方式加以回应。

因此，对我们这些律师来说，“科学回答”无关紧要。我们只对想象的可靠性及其与我们认知中确实存在和发生过的事情之间的关系比较关心。某些作家相信，在感官知觉的内外都有感官对象的存在，这些对象之间的联系存在于外部，而对象与意识之间的关系则存在于内部。有些人发现，意象与物质之间的不同并不能对知觉行为产生任何影响。不过发现者的观点是，行为中没有想象成分。圣·奥古斯丁认为物质的认知构成意象；而埃德曼则认为物质只是意象的客体化。

有一个十分重要的问题，就是意象的替代充分性。例如要想象自己丢了的狗是什么样子，我见过的只有俾斯麦的狗的画像，以及事实上我只知道一只很漂亮但却被主人断尾的亚西比德的狗。在我举的这个例子当中，每一个意象代表的价值就是很清楚的，所有人都相信我能够准确地对自己的狗进行想象，也能大致想象出俾斯麦的狗，因为有很多关于它的画像和描述，可是亚西比德的狗就不那么容易想象——虽然我从孩提时代就开始对这只著名的狗进行过生动的想象。因此，只要我提到这三只狗中的一个，人们就可以对我提出意象的准确性进行一个有效的判断，因为他们对这些狗的情况都比较清楚。可是如果我们此时谈到的一位证人却对他获得的那些意象缺乏清楚的认知，所获得的信息也只来自他本人。但是在证人的描述当中，另外的意象也被添加进来，那就是我们对这件事的意象，此时这个新的意象就必须同证人的意象建立起特殊联系。我们必须要从与此有关的所有单独意象当中找到那个能够表现相关事件的意象。能够同意象进行对比的只有意象本身，或者是意象的图像。①

要完成这样的转变，需要解决的一个最大的难题就是表征的本质。表征和它的对象不可能做到完全一致。亥姆霍兹对这一点的解释最清晰："视觉和表征同属于效果：视觉中呈现的事物以及表征中的事物，两者都可以影响我们的意识和神经系统。而原因的本质，还有原因能够产生作用的条件则共同决定了结果的本质。想要实现一个意象对其对象的完全复制，从而变成完全的真实，需要与之相应的效果与作用的对象完全不相关。这中间的矛盾显而易见。"

想要区别一个意象和它的对象，就要看两者的差距是否仅仅存在于材料和形式上面，而这个问题的重要性从来未经科学证实，当然也可能不会有能证实的那一天。我们能做的只有暂且认为所有人都认可了这种差异的确定性，每个人对想象和它的对象都有一个合适且天生的判断标准，即能够认识到两者的基本差异。问题在于这个标准是因人而异的，而这个标准的建立过程也会受到每个人的独立人格的影响。标准的多样化有好有坏：它不能完全摆脱意象以及对象的本质，但它又会受到意象的形成过程以及形成后的人生

① 参见温德尔班德：《序幕》。

经历的影响而变得不同。所有人都清楚这个差异性的存在。所有人在一定的条件下，或者是在可定人生阶段的某些事件当中，总会产生一些细节变幻不定但整体特征仍然能够完全保留的意象。假如在不同的环境和年龄阶段经历了相同的事情，而记忆和想象力的影响也会出现差异的情况下，意象与其对象的关联就有可能南辕北辙。如果这个意象的对象是我们从来都没有见过的，那结果就会更坏。我可以对特洛伊木马屠城、一条龙极夜或者亚历山大大帝的形象进行想象，可以想象出来我的意象跟真实的样子会有多大的差距啊！

这样的情况在我们对一些事情产生违和感的时候会特别的突出。我们会对意象进行美化，也就是会想办法让它变得更好，所以记忆中会出现它被美化过以后的形象，这种形象在想象中出现的频率越高，它的形式就会越固化，但这并不是形式本来的样子，只是被美化过之后的样子。当一些画面会让我们愤怒的时候，这种感觉就会变得更鲜明。假设我不喜欢一幅画上的女性穿着的红裙子，我更喜欢棕色。于是在之后我想到那幅画的时候，这条裙子的颜色就会一点点接近棕色，最后就完全变成棕色，而等我再看到那幅画的时候还会奇怪，为什么这条裙子是红色。[①]

每当我们听到一起犯罪案件，总会对犯罪场景进行微缩复制，就算能够得到的信息匮乏到只有一个电报词汇也不能影响这一过程。当然，案件性质不同，重要性也就不同，比如如果我听见的案子是银表被盗，我就不会有想象犯罪场景的冲动了。可如果我听到的是某个旅馆附近，有两个学徒抢劫了一个农夫，那么我马上就能想象到这个场景，不但有未知地点的画面，就连整个犯罪过程以及涉案人员的脸都能想象得到。这个场景中的所有内容都不对，但这不重要，因为众多经验告诉我，这个想象会一点点被修正。这种纠正往往会带来更坏的结果，甚至是全都朝着错误的方向走，最终会让想象中最早出现的画面再一次回到脑海之中，并异常生动，这才是真正危险的地方。[②] 因为这种异常生动活跃的复苏，我们总会把想象的内容与真实的或者接近真实的事物联系起来，后者如果不是我们眼见为实的，最起码也是认真谨慎地想象出来的，所以那个第一次被想象出来的画面才会具有能力进行自我改变。利普斯说：“特征是复制意象的首要条件。特征是伴随着其他指代

① 汉斯·格罗斯：《纠正后的想象》，出自《H. 格罗斯全集》，第5卷，第109页。

② C. 德拉格拉芙：《本性的自我暗示》，《催眠》画报，第14期，第257页，1889年。

知觉出现的，但是也有些复制意象与想象整体并不以任何先行直觉为对象。如果这一特征在其他事物上也存在，那么就不再有这个矛盾。按照这种方式，有些特征就被无限化了……特征本身就是被转化的力量，而这种力量可以对内在的刺激主动做出反应。"

演讲在复制意象的过程中也会出现相似的过程。因为这种复制来自各种不同的意象，而不是直接复制对象，因此老人和孩子以及未受过教育的人在尝试将属于任何一种既定意象的整体复杂关联都讲出来的时候，就会说个没完没了。一旦出现这种情况，法官就不免要陷入绝望，因为这种情况不光是浪费时间，还很危险，因为这种谈话很有可能让人们的注意力从重要问题被转到不重要的事情上。司法文件里面也有类似的情况出现，经常会有主审官被缺乏技巧的证人搞得偏离主题，或者就是自己把事情变成了一种混乱不堪的局面。真正的思想家会从各种与自己的观点产生关联的无数意象中，选择与自己正在思考的问题相关的最清晰的观点，所以他们总是显得言辞谨慎。同理，好的流程也基本上都是相对简便。对个别程序进行审查，可以说是有趣又有启发性，或许有些问题被忽略了，另外一些真正具有启发性的素材，就是那些直接表征。最让人惊讶的就是，后面这种情况很少会出现，而且总会让人感到不明所以，因为人们总是会忘记重要的事情。

我们也不得不说，表征的本质当中有一些难以解决的严重的问题。三维可以说是一个很常见的问题，下面我想用举例的方式来进行说明。我们认为这个问题的本质远比它看上去要更加复杂。我们只能承认距离并不是感知问题，这是一个需要进行阐明的问题。①

心理学家认为，人们几乎很难在缺少经验支撑的情况下准确地对三维进行描述。然而经验并非绝对，我们不清楚对方是否有足够的经验，也并不清楚他具备的是什么经验。因此，如果缺乏其他证明途径，我们也就不可能对一个人物理视觉的准确性有一个清楚的判断。想一下这个问题：思维观念的设定都需要什么。在亨利·摩尔将这个概念提出来以后，人们对空间的认识已经产生了巨大的变化。可我们不清楚这中间有多少无意识的成分，"任何人都对自己邻居感知空间的方式一无所知"，这句话绝对是正确的。②

另外一种不容易被描述并且想象的就是动作。这一点你可以立即自行判

① 此处遗漏多个句子。——英文版译者注

② 参见E. 施托希：《论空间视觉》，出自艾宾浩斯和纳格尔的杂志，第24期，第22页。

断，尝试一下自己是不是能想象出一个比较复杂的动作。我能想象到的只有接连出现的一系列动作，但后续还有什么样的动作就完全想象不到。正如哈贝特所说，一系列的连续意象并不能说明一个连贯的事件被表达清楚了。然而，假如我们不能对后者进行想象，那么对前者的想象也只能说是错误的。施特里克说，与动作有关的感觉不可能用其他任何一种感官特点的形式来进行表达，如果不能唤醒肌肉，那么所有的动作都不可能在大脑中产生记忆。[①]这个结论已经被经验证明。人们在尝试回忆动作的时候，对唤醒肌肉的表现最显著，在这个时候我们能够明显地感觉到，与运动相关的意象是怎样在对动作进行表达和阐述的同时出现的。与运动相关的感觉永远是真的，因为这种感觉最起码说明了证人自己有所感知，而且在讲述的时候还有再度经历这种运动的意愿。例如我们要让一个证人说明受害者是怎么被掐死的，就会发现这个人的手会做出一些微小而且不清晰的，但是足以说明他在尽力回想自己看到的场景的动作，这与他描述的事件无关。所以我们能够清楚地看到证人脑中呈现的意象在变得不同，假如意象与动作有某种联系，那么就肯定会有变化产生。

人们很难对动作进行描述，因此我们不能寄希望于证人记忆的准确性。斯特里克说，他在很长一段时间里都不能想象出下雪的场景，而是只能够对某一个下雪的瞬间进行描述。因此人们也很难回忆起那些不容易被描述的事物，于是我们会看到，就算是一个非常简单的事件，想要证人一步步地对它进行描述都会带来很多的问题。证人只能提供一些连续性的意象，即便每一个具体意象都是准确真实的，但是他对整个连贯性的事件缺乏一个客观而深入的认识。他对这个事件仅有的就是记忆和逻辑，因为这是意象连续性的保障，可以帮助他将整个事件完整地复述一遍。因此我们也可以认为这是正常的，就像每个证人的描述都会有很大的差异，造成这一结果的原因实际上是每个人都有属于自己的意象排列方式。

绘画的存在就证明了人们只能够对动作的某一个瞬间进行表达，一幅画里永远只会出现一个动作，绘画只能体现出这个动作中的某一种状态。可是我们会对绘画里面表现的内容感到满意，即便我们的意象只不过是动作中的某一瞬间。“有一点是可以肯定的，我们看到和听到的一切都会马上形成意识。”（舒佩）动作则不然。

---

① 施特里克：《运动概念研究》，图宾根，1868 年。

意象在一定程度上也会受到时间的影响。我们一定要弄清楚，人们需要多长时间来创造一个意象，而这个意象又能够在多长时间里保持自己的活跃。莫兹利觉得前面这个问题不好回答。他比较认同达尔文的观点：一个音乐家能够以多快的速度理解音符，就能够用多快的速度去演奏。而律师在这个问题上需要关心的就是，我们要明确地知道：在一定的时间之后，这个事件衍生出来的各种意象特征能不能帮我们反推出这个证人的性格。我在这个问题上没有可供参考的案例，关于意象是如何产生的这个问题，就连最前沿的现代心理物理学也无法解答。

后面这个问题就很重要了。我很难去说这个问题的答案是否具有实用价值，但它确实能够让我们更进一步地思考。埃克斯纳的观察结果证明，意象只能在不到一秒钟的时间内保持自己的活跃性。这不是说一秒过后意象会消失不见，而是它只能在这段时间里保证内容不变，随后这种状态就会消失。这个现象所有人都可以证明。不过我想要补充一点，当我在观察自己的意象时，我发现如果对某一个意象进行不断重复回忆，还是有可能完全复制出它的内容。而且我认为，在观点内容不断变化的时候，其实质并不会出现根本性的变化，不过这种变化仍旧是定向的。因此，在我能够成功想起某个事物的时候，不会觉得它忽大忽小；它如果不是变得越来越大，就只能变得越来越小了。

假如我的观察并不是完全主观化的并且是准确的，那么埃克斯纳的理论会在审判中起到很大的作用，因为审理案件都需要很长的时间，人们被要求对某一个指定的意象进行不断的回忆，而这很可能会让意象的内容产生变化。这种情况其实经常会遇到：证人在庭审的时候会不断暗示自己对某个确定的观念表示肯定，并且在最后的时候会比最初的看法更坚定。这种现象我们经常会在一些被提及的观念产生转变的时候看到。这一现象可以在复述观点的时候利用一下，运用暗示的方法让自己不用一直在一些已经讲明的问题上打转。

我们并不清楚别人如何来构筑自己的观念，因为我们已经知道了想要理解别人的观念和意象有多么困难，关于这一点，很多权威都已经清楚地说明过。①

---

① 参见《H. 格罗斯全集》中奈克的文章，第 7 卷，第 340 页。

主题4 智力过程

第46节 概论

利希滕贝格说：“我认识一些很有学问的人，这些人脑中的重要问题都有着非常精巧的排列方式。然而我并不知道里面实际的情形，是不是每一个观念都以小矮人或者小女人的形象出现，我并不清楚。他们的脑袋里一个角落是硝石，一个角落是硫磺，还有一个角落放着木炭，可这些东西并没有在里面被做成炸药。还有另外一些人，他们脑中的各种想法都异常活跃，想要找到其他能跟自己凑成一对的存在，想要把自己放到各种不同的序列当中。”利希滕贝格想要告诉我们，他那些在历史上赫赫有名的朋友们的成功都要归功于他们的想象力。想象力一定会产生一些影响，可还有一个非常肯定的条件，就是人们的理解力有很大的差距。利希滕贝格口中的这个现象，也不一定会被所有人认同。我要说的并不是理解力的程度，而是想要通过理解力的多种用途来说明其在质量上的差异。假如你相信理解力有各种不同的使用形式，那么你就错了。如果这种想法是对的，那么从某一概念出发，去理解具备明显共同特征的某一组事物就可以实现了。可是在理解力的问题上，我们能做的也只是从它的使用形式的不同，在一定程度上对它的优劣进行判断。我们一定不能忘记，就只是因为这种不同的使用形式，才导致了最后的结果有所不同。我们能观察的只有理解力的效果，而不是理解力的本质，虽然着火的大厦、烧红的烙铁以及沸水有着很大的不同，我们仍旧能够透过这种巨大的差异发现，正是同样一种火产生了各种不同的现象。所以只要能够分辨出理解力的使用方式，便能够知道其在运用上的差异。清楚了这个问题，我们就能够通过不同的应用方式来判断它们能够产生的价值。如果一个重要的证人提供了一些观察结果或者结论，我们要问的第一个问题就是：“这个人是不是够聪明？他是怎么运用自己的聪明才智的？他又经历了怎样的推理过程？”

一位经验老到的著名老外交官对我说，他有一种很特别的办法来测试他人的心理状态。他给大家讲了一个故事：“有位先生拿着一个形状怪异的小盒子上了一辆车，车上有一位准备去旅行的莽撞商人，他就马上问这位先生的盒子里有什么。‘里面是我的蒙哥!’‘蒙哥是什么呀?’‘呃，我患了一种震颤性谵妄症，如果我看到一些可怕的家伙，就放蒙哥出来咬他们。’‘可是先生，您说的这些东西都是不存在的。’‘那是自然，但我的蒙哥也是不存在的，不要紧!’”

这位老先生很肯定地说，听众们的智力水平，完全能够从他们对这个故事的接受程度上体现出来。

不过，要对每一个证人都讲这个故事显然是不现实的，可要是目的只是为了找到对应的素材，那么完全可以利用其他相似的事物。但凡存在价值，就能够运用这种手段对证人的特征，特别是他的智力水平进行判断。但千万别误会这里面有什么高明的推理技巧，坚持最简单的事情才是最有效的手段。歌德有一句很正确的箴言:“最伟大的事情就是要清楚所有的事实都是理论……不用观察现象背后的东西;现象本身就是教条。”所以，我们完全可以通过案件中的一些简单小事，来观察正确处理事情的方式。这一点很容易做到，也许你用了一百种方法去错误地理解一件事情，但是你只能用一种方法来彻底明白这件事。如果证人处理得很妥当，或许就能够赢得我们的信赖。而且，我们还能够通过他处理事情的方式来判断这个人究竟有多么客观。他充当证人的这种身份认知不过就是自己的一种人生经历，而在接受个人经历的同时，大脑总会不自觉地介入一些主观臆测。每个人都是这样，完全以自己的本性和教养为出发点。最关键的问题是证人如何将自己的主观判断融入个人经历的，这种融合的方向和程度是怎么样的。一个人全部的个性特征都可以通过依据简单的解释表现出来。所以康德才说人类的理解力是系统化的，它会根据一般人群的需要制定一套规则和系统，将所有的知识进行整合，放入一个独立的体系。我们完全不了解的只有天才的系统。但这种极少出现的例外情况完全不必考虑。

通常都是最平凡的普通人才会制造出最麻烦的问题。在这里，休谟很公正地引用了先知亚历山大的看法。亚历山大是一位睿智的人，他将自己施展骗术的第一个场所选在了帕夫拉戈尼亚，原因是那里的人都蠢得出奇，即便是最粗陋的骗术他们都会欣然接受。他们对先知的睿智和能力早有耳闻，聪明的人对他抱以嘲笑，而愚蠢的人则变成他的信徒，将他的思想传播出去，就连一些受过教育的人也开始信奉他，最终连马库斯·奥里利厄斯也对这件事相当的重视，甚至连在军机大事的决策上也要听从亚历山大的预言。塔西曾经讲过一个维斯帕西安用唾液治愈盲人的故事，苏维托尼乌斯还对这个故事进行过转述。

一定要记住一件事情：那就是不管这件事情看起来有多愚蠢，总会有人去做。我记得这个故事仍旧是休谟告诉我的，他讲述了一群毫无批判精神的听众在听到了一个超乎想象的故事之后的状态。因为听众过于盲从，所以讲故事的人就变得更加无耻，而这种得寸进尺的无耻之徒又助长了听众的盲从。独立思考的能力是非常稀有的，当我在重要的问题上遭遇了很多其他观点的时候，就对这个判断更加的肯定。但是进行思考却不需要什么门槛："在一组印象当中找出血红的颜色，在不同事物中找到相同概念，将血液和啤酒、牛奶和血划分到一类……这样的事情动物是不会做的，我们把它称为思考。"① 也许能这么说，在初级阶段的时候，不同动物也许还具备做出一些类似思考行为的能力，可是进入下一个阶段，大部分人就会丧失这种能力。律师们最大的误区就在于，他们认为一个人在行动之前以及行动的整个过程中，思考是一直在持续的状态。特别是在我们看到很多人一直提到某一件事情的时候，我们就认为这中间肯定有一些智慧因素。然而不管一条路能够窄到什么程度，那之后的路都有可能会更窄。

要是我们认为只有没受过教育的人才具备缺乏理性的特征，受过教育的人都有谨慎思考的能力，我们就会经常犯错。诅咒上帝的人不一定都是哲学家，受过教育的人也不一定都具备思考的能力。有关高中教育失败这个问题，很多人都曾发表过自己的看法，不过亥姆霍兹却通过自己的著名论文《论自然科学与知识整体的关系》将这个不足的原因揭露出来。亥姆霍兹并没有直接表明大学教育在这一点上也没有起到什么作用，不过言外之意正是："中学一毕业就开始进行具体研究工作的学生有两处不足：一个是对普遍规律的运用不够认真。他们所熟知的语法规则中含有各种各样的例外，因此这些学生并不能对那些固有的普遍规律，以及这些规律导致的法律结果有绝对的信心。另一个就是即便他们有自主判断的能力，却仍旧习惯于听从权威的意见。"

即便亥姆霍兹的观点是正确的，律师们仍然需要知道，受过学校教育的证人与自学成才的证人之间有所不同。我们这个时代不止培养博士，还想要创造公立学校所需要的全部，甚至把高中的经典教育都取消，并且再也不记得这件事情：高中教育最重要的价值并不是学生们学会的那些为数不多的拉

---

① L. 盖格尔：《语言的起源》，斯图加特，1869 年。

丁语和希腊语，而是那些藏在语法知识当中的学科知识的练习。如果一位工程师的名片上写着工程学或机械学专业，但是他却没有办法读出这些缩略词究竟代表了哪些词汇，你也没必要取笑他，即便他成了博士也不可能翻译自己的头衔，这都是无伤大雅的小问题。然而，要求这些公立学校的学生向我们展示自己在学校的填鸭式教育中学会了哪些拉丁语和希腊语，我们仍旧能从中发现这些人在自己记忆的黄金时代接受的精英教育的残留。所以犯罪学家发现，只有那些用 8 年时间研究过希腊语和拉丁语法的人才拥有那种受过训练的思考能力。在这方面，我们犯罪学家经验丰富。

亥姆霍兹的第一个观点如果运用到法律当中，那么术语的含义就会变得更宽泛一点，这种“普遍规律”就需要扩展到司法意义上的法律中去。经常有人说，美国人就是为了破坏法律才去立法的，民众遵守政治政策的时间最长不超过 7 个礼拜。显然这种情况并不只在美国发生，全球公众的守法意识似乎都在变得越来越薄弱，只要有一个地方出现了这种情况，其他地方也不可能不受影响。从这一点来看，那种主观意识或者是一种以自我为中心的想法是非常强烈的，通常人们都会觉得制定法律只是为了规范他人的行为，而自己则不在其列。狭隘而绝对服从普遍规范有违现代化意识，证人的描述以及各种托词中都能完美地表达这种态度，他们希望其他人都能奉公守法，只有自己可以不受约束。人们观念的形成在很大程度上受到这种观点的影响，如果忽略了这一点，就可能犯下很大的错误。

赫尔墨兹提到的第二个问题——“权威”观念也是非常重要的一个问题。每个人都有责任进行自主判断，而且这一点是必需的。不是每个人都能对自己的判断善加利用，可只要依赖情绪产生，人就会得寸进尺，进而变成一个不值得信赖的家伙。学校、报纸和剧院这三个要素都会对人产生很强大的影响。人们的感官、理解与思考基本上都是在这三方面的引导下完成的，这些因素最终会形成人类的第二天性，让人对智力水平的统一化有一种盲目的顺从和向往。我们很清楚这将给法律带来怎样的影响，我们也都亲眼见证过这样的结果：证人在叙述事件的时候，乍一看像是个人观点，但最终的证据表明这只是在其他因素的基础上进行构建的。我们总会把自己的判断也建立在证人这种让人惊叹并且毫不怀疑的统一性上面，但最终在深入调查以后，我们会发现这种统一的原因都只有一个。当然，可以发现问题已经算是走运，我们只是浪费了时间和劳力，并没有导致什么严重的错误。不然这样的统一就会成为一个非常重要但却并不可信的证据，而且这种状况会一直延续下去。

第 47 节　思考机制

在 W. 奥斯特瓦尔德于 1905 年 9 月 20 日发表了他那篇著名的演说以后[①]，我们就进入了一个需要用新视角来看待世界的转折点上。我们不确定有些科学家是否真的这么无知，也不确定万事以能量为出发点考虑是不是可行。我们只知道：那个原本无往而不利的科学物质主义原则已经不再稳固。

腓特烈大帝[②]曾写信给伏尔泰说，自己是考虑到思考的纯力学属性的第一人。

卡巴尼斯的表述就很简洁，他说大脑产生思想的方式就如同内脏分泌胆汁。廷德尔对这个概念的表达会更严谨一点，他只强调了意识的所有行为都能够反映出大脑的某种固定的分子状态；但是杜·布瓦－雷蒙就直接断言，某些心理过程和事件是不能通过大脑物质形态的知识来进行解答的。"我们只能在精神本质允许的范围内进行直接的观察，而不能够加入预设场景或者对比。"奥斯特瓦尔德说，我们非常需要听从这样的建议。完全放弃动力学的世界观或者接受奋斗主义的价值观都是非常不必要的。不过通过后面这一种观点，我们也许能够找出判断可能事件怎样塑造事实的自然规律的概念。所以我们能够找到这样一种形式：自然规律的存在都是为了描述某一种恒定状态，所有的规律范围内的元素都会发生变化，但它仍旧能在公式中保持恒定的数。[③]

正常的影响有很多种，不过这里我们只对其中的几种进行思考。第一种是象征和被象征的关系。"彼此结合的两方面，假如被象征的很模糊而象征的却异常清楚，那么也许是因为象征能够让人更快地对其对象产生联想，例如人们能够很快地通过一个工具来联想它的用途，但是反过来就会慢许多。名称、词汇可以让人更准确更迅速地联想到它指代的事物。"[④] 其重要性要比表面上看起来更高，相较于现代心理学家们，我们需要面对的是发生在更广泛的时间范围内的事情，而我们只有通过不断实践才能够感知到这一点。在

① W. 奥斯特瓦尔德：《压倒科学唯物主义》。
② 普鲁士王国国王，著名军事家、政治家、作家和作曲家。——译者注
③ 赫夫勒：《心理学》，维也纳，1897 年。
④ 福尔克马尔：《心理学》，克滕，1875 年。

审查过程中，获得结果的时效性是一个非常重要的问题，特别是当我们并不确定这个结果的准确性的时候。太啰唆、太随便或者模棱两可的答案就说明这个证人不能或者不愿意去坦诚地回应我们的问题。然而就算这个导致给出答案的时间出现变化的真正理由对答案的准确性没有影响，考虑到心理学上的意义，我们也必须要找出问题真正的症结所在。在审理一个案件的过程中，我们能够通过这个人的名字更迅速、准确地想到这个人是什么样子，而不是得到一个相反的结果。这样的情况经常会出现，我们会在一段不太确定的时间内想不起一位好友的姓名，但是如果听到名字，却很少会想不起这个人的样子。可要是单纯地把这种现象跟一些只是看起来存在互相矛盾的问题建立联系，就容易犯下错误。例如，在我回忆自己和这些名字指代的那些人一起工作的情形时，我发觉自己跟琼斯、史密斯、布拉克或者怀特都没有什么关系，我清楚地记得工作是什么样子，却一点也不记得他们是什么样子。首要原因就是我在庭审的过程中根本没有注意过名字，这不过是用来将不同人物作区分的手段，就算是换成甲乙丙丁也没有什么影响，所以我不能够将名字和外表建立起什么确定性的联系。另外一个原因就是，在平常的工作里面我们会有很多泛泛之交，假如其中的任何一个跟我有过不同程度的来往，我就能马上在听到这个名字的时候想到他的样子。

因此，如果证人不能够马上想到自己正在思考的某个记忆中的事物的名字，但是却能在听到这个名称的瞬间就认出来，这是一个很正常的心理学现象，这个现象对于证词真伪的判定毫无影响。

相同的联系在所有此类案件中出现这种情况都属于正常现象，即名称、象征、概念等等。这个理论在解释心理进程在一天内的不同速度时仍旧适用。别奇捷列夫和海吉尔的观察结果是：人的心理强度在早上到中午这段时间会不断增强，此后直到 5 点的时候会不断下降，直到到晚 9 点这段时间会不断增强，随后一直到午夜又开始不断下降。这些研究者显然对观察资料进行了准确的收集，但是这个结果却不一定能够进行普遍应用。真实的情况是：这个变化不仅受到个人性格的很大影响，也会受到审查时段的影响。就算是我们在一个人反应最快的时段进行提问，面对太多的证词也很难得出一个普遍性的结果。也许有人在早上比较清醒，有的是中午之前比较清醒，而有的人却是晚上比较清醒，而这些时段也许刚好就是另外一些人表现最不清醒的时候。同理，精神状态在每天的不同时段会有不同，在不同的两天之间也会有所不同。我经过观察发现，只有一点是完全一致的：在下午 5 点到晚上 9 点这段时间里，所有人的精神状态都不会很好。但我却不认为一天之中精神状态最差的时候是午饭以后，因为有些人要到四五点才吃午饭，但精神状态表现仍旧很差。对我们来说，这个规律唯一的用处就是：根据这个规律，我们的重要案件审判就不要放在这段时间进行。

第 48 节　潜意识

我认为：人们低估了潜意识在法律程序中的重要作用。[①] 要是我们能够对一个人的潜意识状态了如指掌，就能获得这个人的很多重要信息。在一般情况下，我们潜意识的行为都会有很深的烙印。首先，像行走、问候邻居和躲避一些事物这种下意识行为是所有人的共同行为；[②] 其次，有些潜意识的行为是由于每个人不同的性格而产生的一些习惯性行为。例如，我在工作的时候起身倒水，喝完水以后随手放下杯子，这个过程中没有任何的思考，我不得不说这种行为只有在熟悉的空间和环境下才能完成，如果是换到陌生的地方，就没有人能做到。也许马车夫把马牵到马厩里面以后，可以一边刷马一边想别的事情，但这样潜意识里面的行为却只有他才做得到。另外，也许我在工作的时候卷了一根烟，然后放到一边，随后又卷了一根，然后是第三根，有些时候一共能卷上四根烟，因为我想抽烟，于是也把它卷好了，但同时要动手写作，就随手把烟放下，最终没能满足自己想要抽烟的愿望，结果就一遍遍地卷烟。这个例子说明，只要条件成熟，我们的潜意识就能够完成一系列复杂的动作，不过也表明这种动作的范围并不广：就像我一直记得要满足自己想抽烟的欲望，也记得卷烟纸的位置以及卷烟的方法，却忘了前面还有一支烟卷好了没抽。前面的行为已经反复做了很多次，但是最后这一步骤还没有变成无意识行为。[③]

利普斯还提供了另外一个案例：可能我做得到在记住对方每一句话的时候还能观察说话者当时的表情，而且我也能做到在听对方说话的时候留意街上的噪声。可是如果让我在关注说话者面部表情的时候，还要留心街上的声响，我就很有可能不知道对方讲了什么。总结一下就是，也许观点 A 能够跟

---

① 利普斯：《心理学中潜意识的概念》，慕尼黑，1896 年。

② 《潜意识论文集》，《反常心理学》杂志。

③ 《H. 格罗斯全集》，第 2 卷，第 140 页。

观点B甚至是观点C共存，但是如果观点B和观点C同时存在，观点A就会消失。这很清楚地说明，在某种意义上B和C在本质上对A是有排斥和阻断作用的，而想要完全清除A，只有在B和C两者共同进行阻断的情况下才能实现。这点确定无误，如果一定要确认某个人能同时处理几件事情，并且是在潜意识状态下又可以同时处理这几件事情，那么这个案例的帮助就会很大。由此我们能够总结出一个大致可能的方向。

我们可以用几个非常简单的步骤对这个复杂过程进行拆分。奥贝特说，并且是骑在马上飞奔的时候人或许会左右摇摆，然后才能意识到自己摇摆的方向是左还是右。医生福斯特对奥贝特说，他的病人经常不清楚自己到底要朝左边还是右边看。还有，每个人都清楚自己能够通过潜意识来分辨左右，可还是有些人需要观察路口的标志或者做出吃饭时候的动作才会知道哪边是左哪边是右，尽管这些人的潜意识完全可以判断左右。我们能够在很多其他的行为当中扩展对这种潜意识里的精神现象的应用，如果被告给我们的解释比之前更好，如果他们缺少了能够明白案件获得更多线索的时机，如果他没有办法进行多线思考的话，这些行为就会体现出它们的重要性。他们会很坦诚地说，自己是突然之间获得这个全新的、很可能的解释。我们一般都会觉得这种说辞不可信，然而这种想法很不对，虽然这个突然出现的解释看似无法分辨，也很难去判断，但是证人的解释只能表明他们不能正确认识到自己的心理进程，因为这个进程中其实还包含了某些潜意识思维。

大脑的潜意识活动包括但不仅限于接受印象，它对这些印象形成记忆、分析以及让沉睡中的思想苏醒过来，这个过程可以独立完成，不需要意识参与，这个过程就跟一个获得了生命力的器官接收到身体其他部位的内部刺激时相同。这种反应也会影响我们的想象力，歌德曾告诉席尔：“印象总是要安静地在脑海中过上许久，才会表示自己愿意被诗意化的表达。”

换一个角度来说，所有人都知道这种潜意识的智力活动。我们总是对创建这种意识流的顺序感到痛苦，而且并不能取得成功。但是也许会有一次完全不需要思考，却发现事情就顺其自然地明朗化了。这也是很多流行谚语产生的原因，例如，仔细想一下，或者等睡醒再说，等等。对思维活动来说，这种潜意识的活动可以说是一个大功臣。

意识只要在偶然的状态下发现了潜意识，就会转变成一个很特殊的角色。如果可以解释这个过程，那么许多让人觉得不敢相信的事情或许就能找到答案。“像起立和坐下、抽烟和玩手等，就连说话这种潜意识精神活动，都在跟其他意识或者潜意识活动互相争夺精神能量。因此，当你突然想到某件重要事情的时候，就会突然停下脚步或者忘记原本的动作，或者是拿掉手里的烟，等等。”对这种情况的说明是：假如一个人有100点精神能量，但事实上却发现将20点放在某件事情上都很难办到，想让自己的思维能力一直用于某件事情就更困难。因此我们只能用90点的精神能量维持思维活动，而潜意识精神活动则将剩余的10个点用掉。而当前面的那件事情需要更多精神能量时，剩下的10个点就会被用在上面，潜意识的活动就完全失去了能量，在这种情况下，潜意识就无能为力了。

通过这些人们都非常熟悉的现象，我们知道了潜意识活动与意识活动是协调一致的，这两种活动中的任何一个被其他事物夺走了注意力之后，我们都会产生相同的反应。假如我的窗外发生了突然的争吵，我有意识的阅读和无意识敲击桌面的行为都会被干扰，无论是观察这种干扰本身还是其形式，都不可能得出任何与本质相关的结论，我们说潜意识活动非常复杂，这也是其中一方面。两者之间并不能进行一个明确的划分，那么去考察一个行为本身，也就是潜意识行为并不能让我们确证某一个论断就是错的。这些范式只能从人类的本质、习俗、性格以及当代的生活环境中才能提炼出来。

第49节　主观因素

每个人都清楚，人的思维能力都是以自我为中心并且从自己的立场出发的。埃德曼认为，这种将所有事物都与自己或与自己关系紧密的事物联系在一起的思维方式，恰恰是愚蠢最根本的特点。不过在一些思维过程中，我们还是能看到一些自我出现在思维前景中的合理性的，以自我的立场来判断和认识所有事物，将那些在自我中发现的事物投射于其他人，对自己抱着过分的兴趣，通常只有比较傲慢的人才会拥有这种思维模式。我认识一位在自己科目中最优秀的高中教师，他为人亲和却总会陷入沉思当中，因此他没有办法携带现金、手表或者钥匙，不然就会一直丢失。假如在一些重要的时候，他想要一枚硬币，就会问学生：“在座的诸位先生，会不会有哪一位刚好带了25分？”因为他自己从不带钱，所以推己及人，在提问时就会使用“会不会”这种方式提问，而假如一个人数众多的课堂上有一枚25分的硬币出现，他就会觉得这一定是“偶然”事件。

同理，一般人也最习惯于这样的思维方式。假如有人看到一本通讯录上写了自己的名字，就一定会拿过来看一眼；看到自己在一张集体照里面，就会想找到自己在照片的什么位置。如果一个骗子处境艰难，必须使用化名，那么他改名的基础一般都是自己的关系网络，可能是对自己的真实姓名进行改动，可能就是稍微改一下母亲娘家的姓氏，也可能是从自己的出生地想出一个名字，或者直接用受洗时候的名字，无论如何他都不愿意远离那个珍贵的“自我”。

对读者而言也是如此。歌德说，所有人的阅读兴趣都来自能从书中看到自我或者自我的行为。因此歌德相信，商人与旅行家能够比货真价实的学生更深刻地理解一篇科学论文，因为学者“拥有的知识仅仅来自他们日常学习、教授以及交流的主要内容”。

所有的语言，对于它的使用者而言，最大的词汇量储备肯定是与最重要的事物相关的。在阿拉伯人的词库中，有6000个与骆驼有关，2000个与马有关，50个与狮子有关。形式的多样性往往与用途的多样性相关。例如常用动词和助动词一般都是不规则动词。这个规律在案件审理过程中也许会起到很大作用，因为证人的品性和状况能够通过他运用词汇的方式、频率以及某一类词汇是否大量出现进行判断。

其实人们通常都是根据自己双眼所见的事物来构建自己的观念，随后让自己对某些非常肯定但是不见得十分准确的概念完全信服，因此我们在遇到一些问题的时候，就完全不会去考虑其他可能性的存在。我刚到斯特拉斯堡读书那段时间，听到一些衣着破烂的流浪儿童说得一口流利的法语，就会认为这件事很不可思议。我当然明白这些人的母语就是法语，可是我的固有印象就是会法语的人都受过高等教育，因此才会惊讶这些流浪儿怎么可以掌握这样的知识。在我很小的时候，遇到过一次不得不在清晨跟还没起床的祖父告别的情况。我记得很清楚，自己在看到刚睡醒没有戴眼镜的祖父时有多么吃惊。我当然清楚没必要戴着眼镜睡觉，因为那样很不舒服还会有危险，不管怎么说，我都不会觉得他需要在深夜还戴着眼镜。可我因为对祖父戴眼镜的形象过于深刻，于是就吃惊于他不戴眼镜时候的样子。

这样的案例对于法官进行自主判断的时候尤为重要，也就是在需要考虑到犯罪的条件以及犯罪事实等情况的时候，通常我们都会觉得自己发现了什么不一般的犯罪行为，但这不过是因为我们已经习惯于用这样的视角来进行判断。就连一些观念和名称也都是从这些习惯中来的。泰纳讲过一个故事，非常具有启发性。一个小女孩在肚子上佩戴一枚金属环，有人看到就对她说："C'est le bon Dieu."[1] 之后有一天女孩看到自己的叔叔脖子上挂了一个单片眼镜，就对叔叔说："C'est le bon Dieu de mon oncle."[2] 当我听完这个故事以后，就不断地想到一句话："C'est aussi le bon Dieu de cet homme."[3] 这个故事就可以说明，一个简单的词就能够反映出大量与说话者性格、本质和境况相关的信息。

同理，事物因为与自我的关联程度不同，我们对它感兴趣的程度也就不同，如果我们不能理清一件事情的因果关系，那么就算这件事情最终的结果再正确无误，我们也不会多加思考，而是直接忽视。可是如果我们知晓了其中的因果关系以及前后关联，我们就会把它纳入自己的惯性思维当中。这种情况每一个从业者都非常清楚，在审问证人的过程中更会凸显出来，而那些我们认为很重要并且很关键的问题，他们却完全没有提及。这个时候我们不能一起跟着证人的脚步把这些问题省略掉，而是要严格按照程序进行，这样才能通过证人来对相关的材料进行判定。也就是说，我们一定要让证人接受这种情况以及这中间的联系，最终让证人也建立这种惯性思维。我不会说这是轻易就能完成的一项工作，事实正相反，能够胜任的都是行业内的佼佼者，这又一次说明，如果一个证人遇到了莽撞的人就没有任何意义，而遇到一位高手的话就没有什么是办不成的。

然而我们要避免这种简便方法过于娴熟的运用。就像牛顿曾经说过的："在获取知识这一点上，和规则相比，榜样更重要。"[4] 他并没有针对犯罪学家，但是这句话放在他们身上也是一样的。康德证明举例思考的危险性也同样可以放在此处，这种做法会导致真正的思考缺失，因为思考并不能被例证取代。举例的危险之处正在于此，不过起码对律师来说，本质上的原因在于举例只要求相似性，而不考虑等同性。因为没有明确相似程度如何，说话人的标准也不能够传达到听众那里。"所有类比都带有残缺。"[5] 这句话说得没错，例证被错误理解的情况无法避免，人们把相似性当作等同性，抑或是忽视了那些无法等同的问题。所以只有当遇到十分极端的情况时，才可以使用举例法，而且在使用的过程中也需要将例子的本质解释清楚，并且将这中间

---

① 法文，意思是"你是上帝"。——译者注

② 法文，意思是"叔叔，你真是上帝啊"。——译者注

③ 法文，意思是"她真是上帝的上帝"。——译者注

④ 原文为拉丁文。——译者注

⑤ 原文为拉丁文。——译者注

可能会出现的错误提前告知。

需要重视几种特殊情况。首先是期待值产生的影响。但凡一个人产生了期待，他的思想和视线就会被这种期待所左右，将那些与期待不符的事物忽略掉。如果一个人非常希望自己能够听到金色大门开启的声音，那么所有与之相似的声音都能够引发他的兴趣，他对这种声音的辨识就可以又快又准，而其他的声音就算比这个开门声大很多，他也会充耳不闻。这种现象就可以解释，不同的目击者为什么对于同一件事情的描述会有很大差异：这些人的期待值各不相同，所以看到和忽视的问题也各不相同。

用我和你两种人称来指代自己的做法也需要给予重视。诺埃尔说，当人们发现自己做了蠢事的时候，就特别喜欢这样说："你做的事怎么那么蠢?"总结一下就是：一个人在出现了双重属性的情况下，跟自己对话时会使用"你"，也就是说之前的观点已经被推翻，或者自己还在动摇拿不定主意，又或者是这个人想要下定决心做一件事情的时候。因此他就会说这样一些话："你怎么能这么做?""你这么做应不应该?""你应该说实话吗?"有一些更单纯的人经常会将这种内心挣扎表现出来，根本想不到这样可能会暴露自己，当法官听到这些的时候，最起码也会知道，讲述的人格与思考的人格分属两边，而后者也许能够对当时情况的主观条件进行解答。

一个人对优秀品质的概念也能对这个人进行概括。优秀对于任何一个人来说都是能让自己受益最大的品质。悲悯、奉献、同情、正直、勇敢、谨慎、勤劳，以及所有能够被看作优秀的以及勇敢的品质，它们似乎都直接针对他人，而对自身的作用只是间接的。因此我们对后者表达称颂，鼓励他人追求这些品质（实则是利己主义的）。这个道理枯燥乏味，但却很真。显然，不是所有人都能得益于他人的美德，当且仅当这种美德对自己有利的时候才可以——有钱人不需要慈善，被庇佑者也不需要勇敢。因此，人们其实看起来要比实际上更容易把自己暴露出来，即便我们没有办法直接通过证人和被告看到他们的内在，也能够从他们对美德的认知上了解一些情况。

哈尔滕施泰因说，黑格尔是一个将对手变成稻草和破布，从而让他们可以被轻易打败的人。这句话说的不只是黑格尔，现实生活中这样的大有人在。比如，从没有人给神圣和愚蠢划定一个明确的界限，事物之间都是彼此交叉的，同样的事物还有证人和他们提供的证词、正常与非正常的事物。一个正常人在清醒状态下说出来的明确而可靠的证词与一个不正常的人在精神恍惚的情况下得到的非常不可能的结论之间，有一条笔直的、逐渐清晰的道路，而经过这条路，证词就会一点点变得虚幻、变得不可能。愚蠢到底是怎么开始的，没有人能说清楚——紧张、兴奋、癫狂、疲劳、幻觉、幻想以及病理学上的，我们能够逐个区分这些阶段，在这些证词里面，能够用从 1% 到 100% 来把所有的程度一个不漏地包含在内。不过，就算是不可信的人或者是违法者的证词也应该小心应对，因为他们有可能会提供一些真实的信息，而我们一定要留心这些更加真实的证词。而从这一方面来讲，那些自作聪明又过分勤劳的律师们，的的确确是用稻草做了一个“敌人”，又让我们耗费了大量的精神和力气。他们在形式上的确没有错，可因为其内在就是一团草，在主观上这个“敌人”的形象对其创造者而言是危险的。创造者本人是出于一种好斗心理制作了它，可是又希望自己可以轻松地获得胜利。有很多人都怀着类似的想法，把自己创建出来的类似形象推荐到权威机构去，况且我们还习惯于去追寻特殊动机、仇恨、嫉妒、复仇等内容而让它产生危险性。假如没有发现，我们就会做出缺乏动机的假设，从而在某段时间内相信这个指控的真实性。一定不能忘记：此类事件经常会发生，那就是动机往往会制作一个稻草人来充当我们的“敌人”。假如一种解释缺乏合理性，那么这里面的动机就会变成拉撒路（Lazarus）所说的“逞强”，年轻气盛的人往往容易这么做。假如将这个概念扩展到最广泛的意义上面，以下情况就都可以包含其中：控制不住想要吸引他人的目光、表达自己、追求知名度，特别是在一个人没有能力和忍耐力去做一件出彩的事情的时候，他们就会想要用打破禁忌甚至是犯罪的方式来表达自己的个性，让自己受人瞩目。那些指控男人诱奸自己的不成熟的女孩子也属于这一类，她们只是想用这种方式来说明自己很有意思。另外还包括一些声称自己遭到迫害，事实上只是想让自己具备话题性并博得同情心的女性；数不清的想要做点令人惊讶的事情最终却跑去放火的人；还有那些由于刺杀行动而让自己的名字“永载史册”的政治犯，就这么打发了自己无意义的一生；最后就是一些被偷盗、烧毁或者受到人身攻击的人，往往会夸大自己遭受的损失，其目的不是为了获得补偿，而是为了制造话题和受人怜悯。

很容易就能够辨别出这种“逞强”的情况，没有其他动机这一点就能轻易地暴露他自己，只要在追寻动机的时候明显表露出这一点，并且还有些完全不可能出现的夸张现象，那么事实就显而易见了。

主题 5　不同观点之间的关系

第 50 节

对律师来说，关联性问题具有很重要的意义，因为在处理许多案件的时候，我们只能运用这些关联性来探知一些概念存在的前提，同时还可以让证人在清醒的状态下，回忆并讲述事实真相，并且不用太过担心这些话的可靠性。在这里我们只简单地说几点：

在亚里士多德的时代结束以后，人们就很少会再提起关联性规律的问题。它主要包含以下几个要素：

1. 相似性（象征的共同点）；
2. 对比性（每个意象都与两种完全的对立相关）；
3. 共存性、同步性（在空间内部或外部同时存在）；
4. 相继性（意象产生的顺序可以互相连贯）。

休谟仅仅认识到了事物关系的三个基本要素：相似性、时空关联以及因果关系。特奥·利普斯却认为，真正不一样的基本要素只有相似性与同时性（特别是在大脑中同时存在）。

然而如果对同时性的认知如此，那么这就会成为关联性唯一的基本要素，假如这些意象无法同时出现，这种关联也就不会有。出现在大脑中的同时性是第二个阶段，这些在大脑中同时出现的意象在现实中一定也同时出现过，又或是在同一个空间里面，或者是它们具有相似性，等等。

在有关问题的探讨中，明斯特伯格得出了一个重要结论，[①] 他表明：所有可以被称作内在联系的要素，例如相似性和对比性，等等，全部都能被简化成外在联系；反之，所有外在联系，即便只是短暂的出现，也都能够被简化为共生关系，这样的共生关系完全可以从心理学的角度进行辨别。更进一步说就是："一切关联上的根本错误都能够引起观点之间的错误关联，而在问题的不完整性中，这样的错误必然能够体现出来。一个观点与另外一个观点产生关联，后者又跟第三个观点产生关联，随后我们便能够建立起第一个

---

① 明斯特伯格：《文集》第 1 至 4 卷，弗莱堡，1882—1892 年。

观点与第三个观点之间的联系……但实际上这样做是不对的，虽然前两个观点具有共存性，但这种关系当中还包含了很多其他的因素。”

然而对于某些问题来说，这样的解释也是行不通的，因为这里排除了部分一定会有的关联。斯特里克表示，人们习惯于将自己的“偏好”复合体中没有的那些关联性排除在外。

这些关联性中一旦发现了直接矛盾，就很难找到解决的办法。我们能做的只是先找到一些关系不太近的间接联系，然后让这些条件融入到我们的“偏爱”复合体中，这样就可能会让某些关联性的概念出现。不过一般而言这都是教育中的重要问题，但是我们却没有教育证人的资格。

一般情况下，我们无法得知证人获得关联性的条件，这就让问题的难度被加大了。托马斯·霍布斯曾经讲过一个故事，这个故事的关联性就是从英国内战时期到提比略[①]统治时期 1 便士价值的问题。具体内容如下：苏格兰人为了 20 万英镑放弃了查理一世，而耶稣基督因为 80 便士就被人出卖了，那么 1 便士究竟价值几何？要弄清楚这里的内在联系，只要有一点相关的历史知识就够了，当然也不能太少。然而这样的知识是大家都具备的一种普遍常识，但因为每个人的个人关联与单纯的经验判断并不能被外人知晓，所以找出这种关联性的难度也还是非常大。[②] 如果要帮助证人想起某个案件发生的时间，这个问题是最好解决的，例如要尽量确认一个准确时间，而证人刚好想到了当时发生了某些事件，这样我们就能帮助他确认具体哪一天，将证人带到案发现场也是一种办法，因为他本人的一些情况会跟当地的环境产生一些联系。可如果确定的问题从时间变成了完整的事件时，就一定要非常透彻地了解整个案件的经过，不然就有可能关联失败，或是只得出一些混乱的答案。问题真正的难点就是所有人都拥有一个独属于自己的庞大的认知体系，并通过它来运用自己的感官知觉。我们对所有人从报纸和学校里面学到的东西都能有一个大致判断，一个人的自我评价，在一些地方会有什么样的感觉产生——比如在家，在自己生活的小镇上，在旅途中，在自己建立的关联与积累的经验当中，无论这些感觉的重要性有多大，我们都不可能会知道。

---

① 全名提比略·恺撒·奥古斯都，罗马帝国第二位皇帝。——译者注

② A. 迈尔和 J. 奥尔特：《对联想的定量研究》，《感觉器官心理学与生理学》杂志，第 26 期，1901 年。

只有在涉及一些特殊案件的时候，能够让人产生生理反应的关联才有价值。例如有人站在蚂蚁窝边上的时候就会感觉身上有蚂蚁在爬，又或者听到别人受伤的时候身体上会有疼痛感。皮肤科医生在讲课的时候，如果提到了病人身体的某个部位患有皮肤病，所有听到的人都会用手去挠相同的位置，这个现象就非常的有意思。

此类关联性在法律上也会有一定的价值，如果被告不认罪，他可能会下意识地做出一些行为，进而让我们发现他极力否认的一些伤口。无论什么时候都要保持警惕，因为在一般情况下，对伤口进行准确的描述会让人感到紧张，这种紧张感就跟亲眼看见的效果很接近。可如果对伤口不进行描述，甚至连伤口的具体位置也略过不提，只是模糊地说一下，那么如果被告碰到了自己身上的某些部位，这个部位又恰好跟受害者的口供吻合，你就可能掌握了一些线索，并且需要把注意力都放在上面。虽然这样的线索一般都没有太大价值，但仍能起到一定作用。

总之，在法律意义上，关联性的价值相当于“有个想法”。意象要建立在某些关联性的基础上，想要解答这些问题就一定要“回忆起来一点事情”。而要是想了解事情经过就不得不“有个想法”。而且，借助关联性来找出证人身上发生的真实事件也是必不可少的一步。

“有个想法”与“发现”究其本质都是相同的，在任何形式下都完全一样。我们能探讨的只有它的各种表现形式：

1.“建设性事件”，就是可以经过建立关联、推理、比较和验证有可能找出真相的事物。此处一定要有意识地建立某种关联性，这种想法也一定要与某个具体的意象结合起来，这种结合的目的就是为了建立联系从而找到真相。例如我们并不知道一件纵火案的犯人是谁，那么原告就会被要求将自己能想到的敌人一一罗列出来，又或者是被他解雇的佣人和流浪汉等人，然后再跟时间、地点、识别与对比进行关联。由此我们能够获得某些想法，并借此得出一个基本确定的结论。

2.“即兴事件”是指毫无预兆地突然出现的一些想法。其实在大多数时候，这种突然性都是来自无意识行为的关联，又因为这种行为都是潜意识的、又是突然闪现出来的，于是就显得无迹可寻。有些特殊的观感知觉经常会让两种同时存在的事物产生关联，并且这种关联还能再次被建立。比如我曾经在看到一个人的时候刚好听到一种特别的铃声，如果再一次听到相同的铃声就会想到这个人，但是却完全不知道这中间有什么特别的关联。因此我们说这种特殊铃声与特定人物之间产生的关联完全是下意识的。由此还能引出更多内容。在我们初次见面的时候，那人应该戴一条红色领结，假如说是罂粟的红色，那么以后我每次听到这种铃声都会有大片盛开的罂粟在脑海中出现。不过又有谁知道这种联系是这么建立起通路的呢？

3. “时间相合”说的是当拥有一个想法的时候，尽可能长久地保持不变，然后一直等到另一个能与之产生关联的想法突然出现。例如有个人跟我打招呼，但是我并没有认出他是谁。也许我是认识他的，但那个时候我想不起来，因为没有任何提示条件。所以我把眼睛闭上，尽量将这个人的形象刻画在脑海中，盼望着自己能得到这种“时间相合”的帮助。然后我突然看到这个人抱着双臂、表情严肃地站在我面前，他的左右两侧站着两个很相像的人，他们上方是高高的窗户，窗帘拉起来——这个人是坐在我对面的陪审员。但是记忆并没有就此停下来。我会对他坐在那里的意象进行发散，然后从自己的脑海中观察这个人。这次我看到了边上的一扇门，这人的面前有很多架子，这个场景描绘的是一个小镇商店的老板站在自己的店门口。这个变形的意象又被我牢牢记住了。一辆马车突然出现，马车的轮子很特别，我只见过一位地主有这样的装备。我已经知道这个人是谁了，这个人宅邸边上是哪一座小镇。这一刻我突然就清楚了，之前在我的法庭上担任过陪审员的Y地商人X就是这个人。我会让一些比较聪明的证人去学习这种尽量将一个念头长时间保留住的方法（一般来说女性都无法成功，因为她们一直都处在躁动的状态），大体上说这还是一个具有神奇效果的好办法。

4. “回顾性事件”是指和回顾性关联的事物。例如，有一个人的名字，我怎么都想不起来，不过我知道这个人有个贵族头衔，他的名字和奥贝法兹的一个小镇相同。最后，希尔绍小镇的名字出现了，接着我就轻松地想到了这个名字。“沙勒·冯·希尔绍”，这个名字当然不容易想出来，我们只能先想到当初用来帮助记忆这个词的词型，脑海中才会回忆起当时的情景，最终才能与整个意象产生关联。假如在帮助他人回忆的时候也采用这样的方法，肯定会因为难度太大而让人不高兴。

主题 6 回忆和记忆

第 51 节

我们的回忆和记忆可以跟思想建立起直接的联系，在证人的知识体系当中，其法律上的地位仅次于知觉。有一些其他因素会影响证人想要陈述事实的意愿，但记忆和回忆却决定了他是否有讲出事实的能力。就算是在日常生活中，与记忆相关的问题也是非常复杂多变、难以解释的，但这些可能都是由证人能够记得事情的起因、发生的时间、事件中最令他印象深刻的是什么，还有记忆中缺失的部分要怎么样去弥补来决定的。假如律师忽视了这个问题，认为所有出现在自己面前的线索都具有相同的价值，那他真是犯了个不可饶恕的错误。对大量案件相关的文件进行审查，还有与之相关的各种工作完全都是在下意识地指向同一个问题：做这些事情全都是为了谁？律师才是最需要清楚地认识记忆本质的人。

我觉得每个犯罪学家都有必要研究一下与记忆有关的著作，以下都是我认为值得推荐的作者：明斯特伯格、里博、艾宾浩斯、卡特尔、凯普林、拉松、尼科莱、兰格、亚特瑞、李歇、福雷尔、高尔顿、比尔福利特、帕内特、福特、桑德、科克、莱曼、费拉、约德尔，[①] 等等。

第 52 节 记忆的本质

通过记忆我们能够知道“自己是谁”，还有“自己拥有哪些东西”，不过了解我们对于记忆有多么的无知，其重要性完全不亚于对记忆本质的认识。

在《泰阿泰德篇》[②] 里，柏拉图用封印戒指盖在蜡上面的形象对记忆进

---

① H. 明斯特伯格：《文集》，第 2 卷，第 4 卷。H. 艾宾浩斯，《论记忆》，莱比锡，1885 年。J. M. 卡特尔：《心智》，第 11 ~ 15 卷（多篇文章）。J. 布尔东：《年龄对短期记忆的影响》，《哲学画报》，第 35 期。《凯普林论记忆错觉》，《精神病学全集》，第 27 卷，第 3 页。拉松：《记忆》，柏林，1894 年。迪尔：《对记忆能力的研究》，《陈述心理学文集》，第 2 卷，1903 年。

② 是一本讨论何为知识的对话，对话者为苏格拉底、赛奥多洛和泰阿泰德三人。——译者注

行描写，蜡的体积、纯度及硬度决定了被盖上去的印记的特征。菲希特认为："精神不能对自己的产物进行储存，单一的观念、意志和感觉都会储存在大脑中，于是无限的记忆保存基础就建立起来……不过对一个独立事件进行回忆的这种可能，却仍旧处在精神之内。"詹姆斯·萨里用水汽浸润一间老的制衣坊的过程来与记忆接收的过程进行对比，同时还运用了一个物理学案例：假如将一个表面光滑的物体放在冰冷光滑的金属表面并对着金属呼出一口气，水汽消失以后将物体移走，过了几个月之后，你如果还对着这个位置呼气，仍旧可以看到物体之前的意象。有些人把记忆称为大脑的保险箱。黑林则认为，我们之前所知的事物与如今再一次知道的事物，其保留方式不是意象而是一种回声，这与正确打击音叉以后出现的声响是一样的。[①] 里德的观点则是，记忆的对象并非当下的看法，而是过去的某些意象，瑙托尔普进一步说明了，记忆是一种将非等同化进行等同化，将非进行时变为进行时的过程。赫巴特及其同事表示，记忆有可能具有能够从留存在神经节细胞中的历史意象中辨认出分子排列形式，并以同样的形式对这些分子进行理解的能力。[②] 冯特还有他的学生们则表示，中枢器官的倾向性才是问题关键所在。詹姆斯·米尔相信，记忆中包含的不只是我们记忆中的事物，还包含了过往经历。而我们所说的记忆的思维形式就是两者的结合。斯宾诺莎对于记忆问题的研究就显得不那么严肃了，他确信人们对于记忆的掌控并不像自己对思维的掌控那样，观点和精神力量都只是记忆的直接结果，因此在记忆方面人类是彻底的奴隶。厄普豪斯分类叙述了对各种与自己存在差异的事物的记忆和辨别。[③] 亚里士多德则对这个理论进行过进一步的论证。

伯克利和休谟认为，辨识既不是来自各种事物的启发，也不是已经设置好的条件；事物的形式与创造一起构成了辨识活动本身。辨识让观点具备了一种其自身并不具有的独立性，并通过这种方式将它物化为某种具象的存在，使其成为了一种事物。莫兹利通过另一种观念解释这一问题，他觉得意识的前件都是经过了认真观察的，所以就具备了再次进入意识的可能性。多尔纳则相信辨识具有某种"可能性，而不只是一种非现实的存在，认为它在逻辑上存在某种可能性，也就是说能够经受住思维逻辑的验证，这种表达会

---

① 黑林：《论记忆及其他》，维也纳，1876 年。

② 参见 V. 亨森：《论记忆及其他》，基尔，1877 年。

③ G. K. 厄普豪斯：《论回忆》，莱比锡，1889 年。

更贴切，如果做不到这一点，辨识也就不会存在”。[1] 屈尔珀则只关注知觉意象与记忆意象有什么不同的地方，后者是不是真的像英国哲学家和心理学家说的那样只能比前者更弱。他的结论已经给出了不同的观点。[2]

综上所述，实际上所有这些观点都没有能够形成一个统一结论，也不能对记忆有一个明确的表述。也许艾宾浩斯理智的表达才是正确的："我们几乎完全是从一些极端的现象，特别是那些耸人听闻的案例中来获得对记忆的认知的。只要问题触及一些具体的细节，或者彼此关联的元素之间的结构与关系时，答案就会变得模糊不清。"

人们对犯罪学家在工作中经历的那些由简单事件构成的日常工作还不曾多加留意。这些事件鲜少能够给我们提供什么具有启发性的东西，因此工作过程中就会出现更多的阻碍和错误。即便是那些经常被来回引用的现代实验调查结果，也不能给我们的工作提供什么直接帮助。

依照惯例，我们会将记忆与回忆的概念看作在特殊案件中被发现，并能够根据案件的具体情况进行归类。现在我们来看看"复制"和记忆的整体关联。我们应当从广义的角度来看待"复制"，要将那些下意识的、在不存在任何刺激的情况下进行回忆的形式与本质的那种"复制"也同时纳入思考范围，这是一些通过某种程度上彼此独立的关系之间互相关联的潜意识活动形成的复制。这样潜意识的复制，这种显然是非主动意识下出现的活动恰恰才是最有效果的，因此当它们突然"出现"的时候我们就会觉得有些不可靠，这也是情有可原的，特别是当这种现象在被告或者证人的身上出现的时候，这种怀疑就有违公平原则了。不过这种现象也经常都很有欺骗性，往往这种"突发状况"究其根本都只是一些罪犯中的老手在后面进行指点和训练的结果，而惯用手段一般都是嫌疑人经由某个刑满释放的犯人或者一封恐吓信将消息成功地从监狱里传递出去，进而给自己伪造了一个不在场证明。无论在什么时候，如果被告"突然之间想到"关于自己跟重要证人之间的事件，都会让人怀疑，这很正常。不过这种情况其实不多见，经验会告诉我们，健康状况、感知能力、地点以及很多可遇而不可求的偶然因素共同决定了一个人的记忆能力，这与生活中的其他事件一样都是全靠偶然出现的。是当时的具体情况决定了我们是否会对一件事情具有深刻的记忆。黄昏对于记忆的重要

---

① 多尔纳：《人类的辨别行为》，柏林，1877 年。

② 屈尔珀：《心理学概要》，莱比锡，1893 年。

性是众所周知的。没错，我们通常会把黄昏称作记忆回溯时刻，假如有个人告诉你他在黄昏时分想到了某件重要的事情，那么我们就该仔细考量一番，至少这具有深入调查的价值。即便我们如今能够了解的情况，仅仅够用来研究和判断这些情况的可能性了。但是我们对这件事情并没有什么深刻的认知，必须深入观察和检验。任何一种理论的实践都不可能只依靠经验就能够完成。

我们可以将其划分为以下三个基本组成部分。

1. 事物被感知到以后会逐渐模糊，变成一种“印记”，随后就会被新感知到的事物遮盖掉一部分。而在后感知到的事物被移走的时候，之前的印记就会在前景中被看到。

2. 看法会被分解、沉淀、变得晦暗，但是只要有了支持和强化就会再次变得完全清楚明白。

3. 碎片化的观点会变得残缺不全。而当一些事件的出现让各部分产生联系，并将丢失的部分补齐以后，这个观点又再一次完整起来。

艾宾浩斯坚持认为，这些解释绝对不是普遍适用的，但是一定要肯定的是，在遇到具体案件的时候，总会有一种解释是有用的。他的观点完全没错。对一个观点进行解构，可以使用的方法就和解构并重建一座大厦一样多。假如大厦是被烧毁的，那么对于这个意象的描述就不仅限于湮没在时间里面。而地面下沉以及洪涝灾害导致的大厦受损，也一定会有完全不同的意象出现。

同样的，在法庭上要是有人说自己突然“想到”了什么事情，或者是在我们要提供帮助的时候有些个别情况发生，这时候我们就应该采用其他方式来推动案件的进展，根据当时的具体情况来决定采取相应行动。也许我们要让证人帮我们回溯观点最初的形成状态，并且在有限的材料当中探索这个观点的变化过程。同理，当一个观点不存在以后，我们也需要运用各种可能存在的解释，也许我们会在某一个点上面找到其中的某种关联。在进行再次构建观点的过程中，我们会犯下的主要错误就是对下面这一点不曾注意：在接受感官信息的时候，任何一个人都不是完全被动的，这个人一定会或多或少地采取一些行动。关于这一点，洛克和博纳特曾说过，人们也都进行过小实验来比较不听不看与主动去听去看的差异。所以千万不要问这种愚蠢的问题：为什么一个人感知到的信息会不如其他人的多，明明这两个人的感觉一样好，也能够感知到同样的信息量。还有就是，基本上不会有人去考虑在感知的时候注意力多少的问题，但是因为记忆一般都是跟这种注意力的多少成正比，因此结果就变得更糟。所以说单凭对比证人的记忆、感觉敏锐度及智力水平，是不足以解释那些发生在很久之前的短暂事件为什么会有各种不同描述的。我们需要投注精力去研究的是，在这个感官知觉产生的时候证人究竟将多少注意力放在了上面。

第 53 节　复制方式

下面是康德对记忆的分析：

1. 在记忆中进行理解；
2. 长时间保存起来；
3. 回忆过程会非常快。

这后面或许还能加上：4. 记忆意象与现实最接近。这与我们能够回忆起来是不一样的。有些人说不同的人产生的记忆意象会有很大的差异，这是由于每个人对不同事物的意象使用的验证方式也会有很大的差异。有两个人，我跟他们相识的时间相同，熟悉的程度也相同，但是两个人留给我的记忆意象却很不一样。一个逼真又生动，就像面前站着的就是他本人；另外一个就只是一个模糊暗淡的毫无记忆剪影，但是这种不同又不能说明前面的人很有意思而后面这个人很乏味。旅行记忆就体现得更明显了。记忆中与一座城市的面积、颜色和律动有关的部分都特别的真实；但是另外一座城市，停留的时间一样，在离开没几天的时候就去回忆，记忆中只剩下一张平淡无奇的小照片。调查结果显示，对任何一个人来说都是如此，因为回忆的方式不同，所以意象就会有很大的差距。其实，特定时段对于事物意象的影响要远超过对人的意象的影响，可以肯定的是：一条规则对一个人适用，对另一个人则不然。

在看到很多现象时，我们获得的特殊意象往往与事物本身的关联并不大。因此埃克斯纳说："也许我们能够很准确地了解一个人的长相，即使他和成千上万的人在一起，我们也能认出他，但是说不清他跟别人究竟有什么不同。这是真的，一般来说我们都说不出这个人头发和眼睛的颜色，但是如果颜色发生变化我们就会感到惊奇。"①

---

① 克里斯：《目测力原理文集》，汉堡，1892 年。

洛策也证实，闪电一样炫目的光芒或者与印象中强烈程度相同的爆炸是不可能在记忆中出现的。我觉得即便是星光或者枪声一类的印象，在记忆中所占的比重也不过就是某个完整事件的一个环节。莫兹利的说法非常正确，人没有关于痛觉的记忆，“因为当神经元将这个感觉再度完整地建立起来时，就不能再对它产生干扰了。”或许还因为痛觉消失以后就不存在可以对比的参照。然而这种现象不只是跟痛觉有关，几乎所有会引起不适的感觉都不会在记忆中留下痕迹。一个人第一次站在很高的跳板上跳水，第一次骑马跨越栅栏，或者是第一次听到子弹擦过耳朵的声音，这些经历都会引起不适的感觉，拒不承认也只是自欺行为，可是在回忆这些经历的时候我们不会有很坏的感觉，只能唤起当初的恐惧感。但是我并不想说这个，而是想说这种感觉不会被记忆保存下来。

这个问题在审案过程中就显得意义非常，我相信任何一位证人都不能对自己受伤的痛感、面临火灾时候的惊惧以及被人威胁时候的害怕进行准确的描述，这种不准确的原因不在于词汇量不够，而是因为关于这些印象的记忆有缺失，因此能够拿来进行对比的基础几乎不存在。

当然，对于这类案件，时间因素会有很大影响，如果在事情发生以后，人们马上就开始描述这种令人不快的经历，那么画面要比经过很久以后再进行描述清楚得多。假如审问者在数年之前也有过类似的经历，那么他或许会觉得证人说得过于夸张，这是由于他的个人经验告诉自己情况显然没有坏到这个地步。而对证人的这种指摘显然是非常不公平的。因为中间经过的时间不一样，所以概念上的差异就会非常大，因为回忆已经渐渐变得模糊。当然还会有一些特别的原因在当中也会起到作用。

例如，康德就曾提到过自我对于幻想的影响：“在记忆的范围内，想象一定是由意志操控的，而对于历史观念的复制则完全是想象的自主行为。”

然而虽然这些观念可以自主产生，想要让这些意象变得更准确和清楚，我们的人为干预也还是可以起到一些作用的。审查者有一种很愚蠢的行为，就是要让证人“通过自己的努力进行回忆的描述”。这种行为不会有任何的效果，有时候甚至会更糟糕。可要是审查者自己愿意付出劳力，给证人一些恰当的刺激，让他的想象力能够活跃起来并找到恰当的刺激产生记忆的时机。想要做到这一点，决定性因素就是证人的本质与教养，不过法官之于证人也可以做到像老师帮助学生解惑一样。如果钢琴家想不起自己曾经很熟悉的一段乐章，那么他只需要一两个小节就能够想起前后的乐谱，并一点点地将整个乐章都回想起来。不过要想有这样的效果，一定要对这几个小节进行精心选择。

线索的挑选也有一些值得探究的地方。艾宾浩斯说："抑制因素导致了记忆在内容上的差异性。如果一段旋律会引发痛苦，那么一定是因为它已经变成了一个人的心病。一般情况下，形状和颜色都不会在记忆中被保存下来，如果有，就一定是跟特有的某一个人相关。通常人们只能努力去回忆，才能够想到一点曾经情绪状态下的苍白印象，而且往往还要借助于一些动作才行。"这样的线索在某些方面是能够加以运用的。这当然不是说要通过音乐演奏才能让证人回忆起什么，但是这种已经被其他印象覆盖、能让人心生芥蒂的音乐大概会唤起一些尘封的记忆也说不定。但要是通过形状或者颜色一类的条件来刺激证人的记忆，也许就收效甚微了。然而上面的这种观点的确可以让我们追溯到一些久远的规则，只要这些规则还能够对我们不断发展的定位感有帮助。关于这一点，西塞罗[①]始终都很清楚："以下告示在其他地方不那么管用，可是在本城邦却很有意义：只要你逗留于此，你就进入了我们有记载的历史。"[②] 整个与记忆相关的系统理论，他的确都是从定位感出发得出来的，起码他赞同使用这种方法的学者。

因此，假如在法庭上的证人不能回忆起事发地点，那么上面提到的那些方法也许都能起作用。[③] 定位感本身是影响力最大的，含有某种关联的具体内容确实是重要线索，但地点也一样重要。还有一点也不能忘记，复制是一个非常难的过程，只要出现了意料之外的阻碍，就一定会对记忆复制产生影响。同样地，人可以使用的心理能量有限，而主要任务直接消耗了可以分配给其他任务的能量。例如，我要让自己想起某幢房子的窗前发生过什么，就要先想起这个房子的形状、窗户在什么地方是什么样子，这些问题很不容易，而如果在我没有想起来之前精神能量就消耗完了，真正关键的问题就永远没机会想起来。还有就是，想到无关事件以及进行错误的联想也都会对回忆关键问题产生影响。可只要我们把当时发生的事情全部都想起来，这些问题也就迎刃而解了。

还有另外一些情况我们也需要考虑进去。假如无论什么地方声学效果都

---

① 古罗马著名政治家、演说家、雄辩家、法学家和哲学家。——译者注

② 原文为拉丁文。——译者注

③ 参见施奈克特在《H. 格罗斯全集》中的文章，第 8 卷，第 193 页。

能造成影响，那么声音首次出现的时候也不例外。相同的铃声、类似的噪声出现都具有偶然性，溪流的潺潺水声并没有什么不同，而树叶的沙沙声却会被地理环境、植被特别是树木以及建筑影响，地点不同，声音就会发生变化。一个听觉异常敏锐的人可以直接发现声音的差别，而就算是普通人在潜意识当中也能感受到其中的差异。即便是“随处可见的噪音”，环境变化也会产生独有的特点，将其与另外一些因素结合起来，就会对构建观点和复制回忆很有帮助。颜色和形状也是这样，在相似的排列组合出现时，就能刺激产生相同的态度，那么就可以自动回忆起当时的全部状况。回到原本的事发地点肯定是帮助最大的，不过这个强求不来。有时候会出现这样的状况：法官对案发的实际情况非常了解，所以能够简单地对实际情况进行描述，这种做法非常省时省力，可要是法官并没有亲眼看到，而是仅仅从另外一些证人的证词里面获取信息，描述的难度就会很大。

如果一个人对案发地点在案件审理中的重要性有所怀疑，那么只要自行对比一下就能知道：法庭上一次，案发地一次，答案就会完全肯定。这肯定不是要我们在案发地点向证人提问，随后再到市长的家里或者需要半小时车程才能抵达的某个旅馆去做笔录，所有这些都是在当时就全部完成的，这样才能够让每一个印象都是最新更正，任何一丁点怀疑都已经被探究过。这样一来，之前已经发生的、后面会进行补充以及现在发现的事物中间会有哪些不同，就可以严格按照厄普豪斯的原则进行判断：如果想要确认过去的事件，那么确认现在事件的当下性就是必不可少的。康德总是要着重说明一下这个显著的效果：“人在自己的一生中，会有很多观点是不可能被再一次意识到的，除非某些特殊场合能让这些观点在记忆中重现。”然而这个特殊的场合就是指地点，因为自我感受所需要的全部刺激都可以从中产生。[①]

这种在人为刺激下产生的记忆当然也会跟正常的记忆那样，会随着时间流逝而逐渐消失。其实我们只要看到某人某事就能想起与之相关的一些特别经历，在意象逐渐遭到破坏以后，这种回忆就只能让人产生一个笼统的看法，即便这些人和事并没有发生变化。不过这种情况是在一些非常不好的事情产生影响时才会有。

我们都知道在一些特殊环境下，记忆会得到加强，这一点非常特别。赫夫勒认为，斯巴达人在国界线的界石边上抽打男孩，目的是为了让他们对自

① 约斯特：《论记忆的建立》。

己的位置印象深刻，现在的农夫也有这种习俗，新的界石竖起来时，他们就会抓着男孩的头发和耳朵把人拖过来，这种做法能够让他们在长大成人后被人问起时仍旧印象深刻。正是出于上述原因，当证人说起自己因为案发当时一些对他有特殊影响的事情而回想起案件的时候，还是相信他比较好。

第 54 节　复制的特殊性

与其他特征相比，人类记忆显然不是差异性最小的那个。人们都知道，记忆的差异性不只表现在生动性、准确性及即时性上面，同时也体现在记忆的范畴上面，能够迅速地记忆和遗忘，或者缓慢的记忆和遗忘，又或者对于狭窄范围的记忆会很清晰，而对比较广泛的记忆就会很模糊等一类的差异上面。

在考察记忆范围的时候还有一些需要注意的特别事项。普遍观点认为：一些需要花费大量精力去记忆的事物会让其他方面的记忆出现不完整的情况。因此通常状况下关于数字和名字的记忆能力是此消彼长的。我的父亲就记不住人名，就连我这个亲生儿子的受洗名他都不能马上想起来。要想起我的名字，他往往要先重复一下自己四个兄弟的名字，即便这样也不能完全保证想起来。[①] 如果他需要介绍某个人，情况就会是这样："我尊敬的嗯……嗯……嗯……。""年轻的嗯……嗯……亲爱的朋友。"但是他对数字的记忆能力就非常好。那些感兴趣的数字他能记得住，那些与自己没什么关系，只是随便看到的数字他也一样会记得。他能马上说出不同国家和城市的人口数，在我们随意聊天的时候，他还提起过某个国家过去十年的甜菜产量，还有他在 15 年前送我的那块表的制造商的工厂数量，可实际上把表送给我之后他就再也没看过一眼。他经常会说自己大脑中储存了太多数字让他很烦躁。这样看来他绝对不会是什么数学家，但肯定是一个非常厉害的纸牌玩家，没有人想跟他一起玩牌。他能在一瞬间就从每张牌中知道每个玩家的手牌情况，甚至游戏还没开始，他就已经能说出每个人手上有多少分。

记忆多样性的存在可以给我们提供很大帮助，因为我们总会因为证人某一方面记忆欠佳就对他在其他方面做出的证明也表示怀疑。舒伯特和德罗彼施也提出过类似的例证，像沙尔科和比奈这样的现代心理学家，以及一些具

---

① 弗洛伊德：《日常生活的精神病理学》。

有启发意义的数学家，诸如伊瑙迪、迪亚曼迪等人的例子都可以证明，对数字的敏感记忆是要牺牲掉其他方面的记忆敏感度的。林内曾说，拉普斯能够记住自己养的每一头驯鹿，但是在其他方面却一点敏感度都没有。还有一位在荷兰养花的朋友，他的印象仅限于郁金香，但是这种能力的惊人程度已经到了他只看干花球就能辨别出1200种郁金香。

看上去这些领域都非常的狭窄。专家（钱币奖章收藏家、动物学家、植物学家、邮递员等）只对跟自己行业相关的特定问题的记忆非常深刻，而在其他方面的事情上就好像完全不行，能够记得的也就只有戒律、乐章、形状和形态、题目、模式、服务和关系一类的事物。V. 福尔马克尔也对这个观点进行了验证，他还发现了在智力上有缺陷的一些人会在某些方面有超强的记忆能力。其他一些学生也证实过这一点。这中间有一位的名字是迪波泰，他应该是人们公认的奥地利阿尔卑斯山方面的专家，对于这个问题他有过详尽的阐述。在山区里有很多这样不幸的人，这些人长大以后就被人称为白痴症患者，那些患病相对较轻的人会被称为半人类，然而这些人具有的智慧也不足以应付日常生活。[①] 不管怎么说，在这些人中就出现了很多在特定方面拥有超强记忆能力的人。这中间有一个人能够准确地说出今年和去年日历上每一天的天气如何，还有一个能够说出天主教堂里每一位圣人的生日以及生平事迹，还有一个能说出每一个建筑的边界以及这些建筑分别都属于谁，还有一个能够说出畜群里面每一只动物并指出他们的主人。当然，他们中没有一个具有阅读能力。德罗彼施提供过另一个案例：有一个不会说话的白痴男孩在一位女士的坚持和努力下终于掌握了阅读的技巧。许许多多的印刷品，不管其中是什么内容，他只要快速看过一眼就能够一字不漏地复述出来，即便是他完全看不懂的外语也一样。还有一个就是作者说起过的，有位痴呆症患者可以说出过去十年自己居住的小镇上逝去的每一位居民的生卒日期。

这些人智力上有缺陷，但是记忆能力却超乎常人，而且他们可以准确地将一些让自己印象深刻的，或者具有警告性的，对他们有很大影响的事物描述出来，这与经验相关，大部分正常人察觉不到或者很快就忘记的事情，他们都可以记住并且准确地说出来。同理，很多正常人能够记住的东西他们却不一定会记得，而在他们需要表达重要意见的时候，这种影响就会非常让人担心。因此这样的人也许能比正常人更好地表达一些重要的信息。可是一般

① 迪波泰：《吸引力日记》。

情况下，他们会把自己记忆中的事物弄得七零八落，让人完全不能弄清楚。举个例子，有个白痴目睹了一场枪击案，但是他关注的只有枪击的瞬间，在这之前和之后的事情或者枪击发生的时候周边的情况，他完全没有印象。当被人问起的时候，他不但会表示自己一无所知，还会怀疑这件事情的真实性。这类人的证词在这种情况下就会存在很大风险。一般而言，信任他的善良意愿总没错。“只有孩子和傻子会说实话。”这些人的话经得起推敲，因此在他们对一件事情加以否定的时候，我们也许就不会去想到另外一点：他们会怀疑这件事情有没有发生过，原因就在于他们把太多的信息都遗忘了。

孩子的记忆也是如此。他们和动物一样都是活在当下的，所以缺乏历史观念。孩子会对刺激做出最直接的反应，而不会被过往观念影响。但只有很小的孩子才会这样。稍微大一些的孩子就能够很好地成为一个证人，拥有良好家教的男孩子则是这个世界上最理想的证人。我们只要记得一件事情，对这些孩子而言，最近发生的事情可能会替换掉之前发生过的同类事件。① 有人曾经说过，孩子跟民族都只会思考眼前的事。这是一句普遍真理。正如一个孩子可能会用自己最宝贵的玩具换取一个新玩具，孩子们说出来的也都是自己最近才经历过的事情，特别是当周围干扰因素太多的时候——例如经常性的受虐或者盗窃。孩子能说出来的只有最近发生的事情，而之前的事情他们可能会完全想不起来。

博尔顿曾经系统地研究过儿童的记忆情况，其结论如今已经为人们所熟知：通过测试儿童集中注意力的能力，可以得知他们的记忆力情况。② 记忆和敏锐并不是一直都出自同一种智慧（后者不单针对儿童，亚里士多德就发现了这个现象）。一般来说女孩要比男孩记忆力更强（换言之，女孩的智力平均水平更高，假如不需要进行持续不断的脑力劳动，特别是创造性的工作时）。每个数字只读一次，儿童记忆的上限是 6 个（通常来说成年人能记住更多）。艾宾浩斯对遗忘时长进行过精确的总结。他对 13 个曾经学过的毫无意义的音节的遗忘规律进行研究，并测量再一次记住需要的时长。首次学习完毕之后的一小时进行复习，耗费的时间是第一次学习的一半，8 小时后这个时长变为 2/3。在这之后会忘得越来越慢。一天以后需要的时间是 1/3，

---

① F. 凯姆西斯：《对小学生记忆力的调查》，《教学心理学》杂志，第 3 期，第 171 页，1901 年。

② T. E. 博尔顿：《学童的记忆发展》，《美国心理学杂志》，第 4 期。

六天后变为 1/4，一个月后需要的时间就是最初的 1/5。

在很多不同的人中间，我也做过大概的测试，结果跟上面的基本相同。不过因为要记忆的内容不一样，消耗的时间长短会有变化，但是两者之间的关系仍旧没有变化，因此，假如有一个固定的比例，就能够知道一个人在一段时间以后大概可以记得多少内容。艾宾浩斯的这项调查研究，犯罪学家们需要特别关注一下。

因为研究特殊案例的结果太过于个性化，也有很多不确定性，因此这些结果并不能得出任何普遍的精确结论或者划分方式。也的确有一些比较概括的内容，类似于记忆押韵的诗歌要比散文更容易，拥有固定排序和形状的事物要比杂乱无章的事物更好记。但是我们在此处需要讨论的是记忆减退，这和记忆内容无关；还有就是这中间的例外情况太多，有些人在记忆散文方面就比记忆诗歌上面表现更好。所以我们不必再去讨论这种规则基础上的任何问题。在四五十年以前，还有很多人喜欢做这种调查研究，现在只有时间才会去做这样的记录。

众所周知，老人可以记住很久之前发生的事情，却很难记住最近发生的事情。有些人认为，这是因为随着年龄增长大脑中的能量逐渐减少，所以无法吸纳新事物，想象力也随之衰弱，常常会对事物做出错误判断，对新事物的理解也会出错，但是这种能量减少却不能影响到在这之前就已经理解的事物。

另外，记忆功能的神奇和精巧总会让它被归类到各物种的非正常行为当中。但我们一定要记住，当一些非正常情况出现的时候，不要因为自己觉得不可能就去找专家咨询。跟病理和病因有关的问题可以求助医生，但是各种各样不常见的、难以理解的记忆问题并不是病理学上的原因导致的。要让经验丰富的心理学家去研究这些形式，即便他们不能对具体案例进行解答，也可以从相关的文献当中找到一些启示性的东西。此类文献中按理说会有不少这样的案例，是那些被人热心收集并且仔细研究过的案例。但很遗憾，这些都不是现代心理学研究的领域，而且不管到什么时候这种工作都太过繁重，所以那些在日常生活中与记忆有关的真实情况就会一直被放在那里。我们在这里也只能说一下文献中的个别案例。

这中间最著名的案例就是一个爱尔兰女服务员在自己高烧的时候，把小时候听到的一位传教士说的希伯来文复述出来。还有一个例子：一个愚蠢的人在发烧的时候把自己跟主人的一段冗长对话重复了一遍，所以主人决定给他升职，做自己的秘书，可是等病好以后，他又变回原来那个“傻瓜”了。如果犯罪学家们能询问受重伤或者高烧的人，也会发现类似的情况，不过应该不会这么神奇。这样的人会让人以为他们能够准确地描述自己的经历，看起来似乎很聪明。不过在这些人恢复健康以后，人们对这些人的智商会有一种新的评价。通常会是这样，人们会发现这些人在受伤或者高烧状态下对案件的了解更清晰，能获得的信息也更多。不过这也是在确定他们并没有什么精神紊乱或者癔症的情况下，才能说他们在上述状态下的证词更可靠。

与人类短暂或永久失忆有关的案例也数不胜数。之前我在别处也提起过自己朋友的一个案例，他在山里的时候头部受到突然的重击，然后就再也不记得此前的几分钟发生过什么。在这以后就有不少同事写信给我说，他们也都有过相同的经历。所以我才会觉得，在脑部受到重击以后会丧失之前记忆的案例会非常多。①

这一点在法律上有重大意义，我们对于被告陈述的事实会保持怀疑，为什么会有人彻底忘记事发之前的情况，这让人难以理解，就像每个印象都该有素描固定剂那样。可就连最可靠的证人都已经确认过，这些人不会歪曲事实，那么在相同的情况下，我们就一定不能怀疑这件事，就算是被告说出来的也一样。这个案例并不是唯一的，另外一个案例也可以证实这一点：有个人在被闪电击中以后，就完全想不起在不久之前发生过什么。同理，类似的现象在一氧化碳中毒和食用毒蘑菇，以及窒息的人身上也会出现。窒息的案例特别值得注意，往往在这样的案件中受害者是唯一证人，但是完全不了解案情进展。

此处我一定要提一下此前在别处说起过的关于布伦纳的案例。1893 年，布伦纳老师的两个孩子在巴伐利亚的迪特基兴被人杀害了，而他的妻子和女仆则受了重伤，在他妻子醒来以后，隐约意识到了自己身上发生的情况，却完全无法告知负责诉讼审理的司法人员凶手是谁，以及案件的其他细节。在完全无意识的状况下，她在报告上签下了一个名字：玛莎·古滕堡，而她本人的名字是：玛莎·布伦纳。官员很快就发现了这个签名的问题，然后就着手了解这位古滕堡与夫人的关系。随后他了解到这是夫人女仆的前男友，一个说话恶毒的男人的名字。他们在慕尼黑逮捕了这个人，并且很快就让他认罪了。在布伦纳夫人恢复状态以后，也可以清楚地想起来，正是这个人杀害

① 参见《H. 格罗斯全集》，第 1 卷，第 337 页。

了自己的孩子。[1]

“古滕堡是凶手”的概念已经进入了下一层意识，也就是潜意识当中，而意识中残留的只有这个名字和案件的关联，这是一个非常清楚的心理过程。在精神状态不佳的时候，这位夫人以为自己讲清楚了案情，于是没有注意到这个名字，犯了一个下意识的错误。而在她的精神压力不那么大的时候，意识回归，她才会想起古滕堡是凶手这件事情。精神病医生的说法如下：

这里发生的过程属于逆行性遗忘。目前的一些观点认为，此类现象大多数情况下的发展规律都符合创伤性癔症的原理，即观点化原则。在这里互相关联的复合观点被迫流入潜意识中，而此后因为一些偶然因素触发的联想、催眠或者其他类似元素的帮助，这些观点可以再次上升到意识层面。这个案例中的被迫进入潜意识的观点，就是通过签名的形式表现的。

每一位法医的研究里面都不乏有人因头部受伤而导致遗忘某些词汇的案例。泰纳、吉林和阿伯克龙等人就提供了很多案例，温斯洛也提到过一个女人在大出血之后就把法语都忘了的情况。亨利·霍兰德曾因为疲劳过度而忘记德语，但是在他恢复状态以后，所有忘记的东西又都回来了。

所以，我们对囚犯说的那些事情要不要相信呢？

一个人在临终前会突然想起在很久之前就已经忘记的，或者从来都没有想起过的事情，这是一个很重要的现象。说一下英国心理学家拉什博士的例子，临死之前，他在德国和瑞典的路德教会用母语祈祷，而在此之前的五六十年间，他们都不曾用过这种语言了。我有时忍不住要想，实际上临终坦白的很多例子都跟这种现象有些关联。[2]

在错误感知与遗忘的边界线上，也许会有在巨大兴奋刺激之下让重要的信息不能进入意识层面的情况出现。我觉得这应该不是感官知觉的问题，而是记忆导致的。一个人在看上去异常兴奋的状态下也没有失去对其他事物的感官知觉，但是这种状态却能让他将获得的感知马上忘掉，这种解释还是有些逻辑在其中的。我在自己的“手册”中对很多类似案件进行过探讨，也解释了记忆发挥作用的过程。例如，在玛丽·斯图亚特[3]受刑之前，谁也没看

---

① J. 胡贝特：《头部受伤后记忆的表现》，巴塞尔，1901 年。

② 参见《H. 格罗斯全集》，第 15 卷，第 123 页。

③ 英格兰女王，后被女王伊丽莎白一世处死。——译者注

到有人给她鞠躬两次。在多年前的一个死刑案件中，行刑者当时的手套颜色没有一个人能说得出来，但是这些人却都知道他戴了手套。有一次火车出轨事故，有位士兵非常肯定地说，自己看到了几十具尸体被碾压在下面，但其实事故中只有一位伤者。有一位越狱者攻击了狱卒，狱卒说他手里有一把很长的刀，但实际上逃犯手里只有一条鱼。卡诺遇害的时候，与他同车的三位乘客和两个男仆，谁都没看见凶手有刀，谁也没能看清攻击的过程。

证人由于过度兴奋而将重要的事情遗忘，我们因此而犯下的错误有多少！

第 55 节　记忆错觉

记忆错觉，亦称记忆扭曲现象，是一种与经历和见闻有关的错觉，这些经历和见闻在现实生活中并没有出现过。这个现象对刑法而言重要性更大，它能在人们毫无察觉的时候进入观察的核心，还不会以直接的形式体现出中间的谬误。因此我们就更难发现它，因为不易察觉而导致的后续错误，也会产生一些不太好的后果。

或许莱布尼茨用来表示记忆扭曲的概念就是“知觉麻木”。后来利希滕贝格也肯定出现过记忆扭曲的情况，他反复强调自己一定来过这个世界一次，但其实那些让他觉得熟悉的事物，他却根本没经历过。在这之后耶森也对这个问题进行过思考，桑德尔认为，他是思考此类问题的第一人。① 耶森认为，类似的经历所有人都有过，也就是突然会对某些事物有似曾相识的感觉，于是就能预测即将发生的事情了。朗维瑟非常肯定地表示这种感觉会一直存在，卡尔·诺伊霍夫则看到自己的这种感觉里含有不安和矛盾的因素。关于这个问题，不少作者都有过讨论。②

关于这种现象的说法也有很多。维甘德和莫兹利表示这种记忆扭曲中间可以看到两种关系的共同作用。安杰说错觉记忆是知觉和尚未成型的意识之间偶尔的一些差异导致的。但是屈尔珀觉得这刚好是柏拉图个人学说中对先存性的解释。

萨利有一本关于错觉的书，里面对这个问题进行过详细的讨论，并且还

---

① 桑德尔：《论记忆错乱》，《精神病学全集》，第 4 卷。

② 左墨：《对记忆错乱的分析》，《陈述心理学文集》，第 1 页，1903 年。

有一些简单结论在其中。[①] 他看到一些活泼好动的孩子在听到一些事情以后，就会以为自己真的经历过这样的事情。而这种记忆会一直伴随到成年以后，随后他们就会对这种记忆信以为真。与之相似的现象还会发生在孩子对某一事物产生强烈渴望的时候。因此卢梭、歌德还有德昆西会说，儿童故事来自梦境或是白日梦。萨利进一步说明了人们会把经历的时间混淆，觉得自己像孩子一样，会把之后经历过的一些事情追溯到童年时期，因此也会出现记忆扭曲。

所以那些他之前觉得自己听说的东西就变成自己真的读到过的东西。小说能够让人产生一种身临其境的感觉。我们听到一个名字或者觉得一个地方有似曾相识的感觉，就很有可能是以前读到过与之相似的东西。

也许我们不应该将这种情况都当作记忆错觉，因为能够这样归类的其实并没有很多。有些经常出现的状况被认为是记忆错觉，但是随后我们发现这是真实的潜意识记忆，也就是说这些事情是我们的真实经历，只不过已经被忘记。因此如果我第一次来到一个地方，但是又觉得自己以前来过，但事实上我很清楚自己是第一次来，那么就觉得自己是有错觉记忆。然后我想自己也许是因为小时候去过一个跟这里很像的国家，这种记忆并没有问题，只不过我记不起它与哪段经历有关而已。

这种被确认是虚假记忆的记忆错觉之外，还有一种就是萨利说的那种，曾经经历过、读过或者听说过的一些类似情况，之后被遗忘或者进入潜意识当中，很多现象其实都能用这种说法来解释。在这之后我们只保留了感觉，因此具体的内容反而会想不起来。此类现象中还有一部分可以被解释为一种生动的梦境，因为梦境给人留下的印象太深刻，反而会不知道这是梦境。如果有些人的梦境非常逼真就能明白，或许自己会连续几天都处在一种或清楚或朦胧的愉悦或者不快的感觉里，之后才反应过来这不过是梦境而非现实。类似的感觉，特别是梦里的一些见闻就可能会被记忆保存下来。而将来如果真的发生相似的事，人们就会有一种以前经历过的感觉。[②] 这种事情的发生很简单，因为梦境一直都非常灵活，它能够随便改变自身去适应环境，因此只要事件大体上与之相似，梦里的记忆就能跟现实情况产生联系。

一个人不论是善是恶，歇斯底里也好，木讷无感也罢，都可能会有这种

---

① 詹姆斯·萨利：《幻觉》，伦敦。

② 《H. 格罗斯全集》，第 1 卷，第 261 页，第 335 页。

情况出现。卡派林的记忆错觉论也的确只能发生在正常情况下。在精神或者肉体疲劳的状态下也会出现这样的情况，有人认为这种不应该被归纳在其中。如果在自我审视的时候找到一丁点痕迹，就能说明这句话大概没有错。1878 年波斯尼亚战争期间，我军从奥西耶克快速挺进萨拉热窝的那段时期，这种现象就频繁出现，主要都集中在饭后状态疲惫时。我在自己的前半生从未踏足过这些地方，但是它们却让我感觉亲切和熟悉。有一次，我接到了闪电攻占一个土耳其村庄的命令，最初我并没有把情况想得很坏，因为我已经做过很多次类似的任务仍然活得不错。当时我们都已经没有力气，在进入无人村庄的时候，我也没能注意到这个不寻常的情况，我认为村庄一直以来都应该是没有人的状态，虽然我从未见过“自然状态下”或者照片中这种土耳其街头酒店的样子。

还有一种解释我觉得也要重申一下，那就是遗传。黑林①和萨利之前提到过这种解释。后者认为，我们曾经感觉到自己拥有的某些经验，也许只是来自自己的某一些祖先。萨利认为这种解释不会存在什么普遍意义上的矛盾，因为很多经验性行为（例如筑巢、觅食、躲避天敌和迁徙等）在动物中出现的原因就是遗传，然而遗传能够引起记忆错觉这种说法却只能用一些现象来说明，例如在远离大海的地方长大的孩子，因为自己的父母和祖父母都是海边的居民，这个孩子在第一次看到大海的时候就会有似曾相识的感觉，这种现象就可以用记忆的遗传性来解释。然而只要案例的数量不够大，这种遗传性假说无论具有多大的启发性，都只能是作为一种可能性存在。

记忆错觉对刑事案件会造成什么影响，我在这里只提供一个可能的例子。一位主人在刚睡醒的时候，感觉到仆人在床头柜上摆弄自己的钱包，因为受到记忆错觉的影响，他会认为自己已经多次见到过这种画面。也许仆人的行为是无害的，而且也根本不可能是盗窃，可如果主人有证据说明此类事件已经多次发生，这个仆人有偷窃的习惯，那么这次的行为就理所当然也是故意的。

概括一下就是，记忆错觉也许会让一些事情变得不再那么可靠，会让人的记忆认为现实中只发生过一次的事情已经多次发生过。这种情况出现的频率很容易就能猜到，可人们要怎么在不知晓记忆错觉存在的情况下，发现自

---

① E. 黑林：《论记忆及其他》，维也纳，1876 年。

己的记忆实际上是错觉就有点困难了。

记忆是大脑诸多功能中的一个，我们要思考这个问题就一定要去研究，为什么在一些特殊情况下，对记忆的评估会有差异，无论这个是旁人还是这个记忆不可靠的人自己做出的直接评判。萨利的观点非常正确，他发现在与一些固有观念抗争的时候，最好的一种方式就是直接针对对方的记忆可靠性发起进攻。对于任何一个人来说，记忆都是绝对的私人空间，它最重要的地方就在于除了自己之外的人都不可能来到自己意识的“秘密空间”里。

但是只要人们一谈到自己的回忆，事情就会完全不一样。大脑其余功能中的不足之处，就会全部被归咎于记忆。作为律师，我们会经常听到证人说这样的话：“我的记性很不好，你这个问题我无法回答”“在这次受伤之后我的记性就不好了”“我年纪太大，记忆力都消退了”，等等。这些案件的问题基本上都跟记忆没关系。其实证人该说的话应该是这样的：“我太笨不能回答你的问题。”“在这次受伤之后我的智力就下降了。”“我年纪大有些痴呆了”，等等。可是除非遇到极特殊情况，鲜少会有人愿意贬低自己的判断力，而说成是记忆出问题显然会更简单。词汇上是这样，放到句子里也是一样。只要一个人在复述事实的时候出了错，不管原因是什么，观察失误也好，联想不到位也罢，又或者是对事实的理解有偏差，反正他都会否认，只愿意承认是记忆出了问题。假如我们对这些话毫不怀疑，那么就肯定会走向一个错误的结果。

第56节　记忆术

我们在这里简单说一下记忆术和记忆的问题。人类一直以来都在做的一件事情就是想要找到能够帮助记忆的方法。从希俄斯岛的西莫尼季斯开始，一直到伊利斯的诡辩家希庇亚斯，人为增强记忆的实验从来都不少，有些取得了很大成功。从中世纪开始就不断有人在尝试，还有像芭芭拉这样使用逻辑三段论格式的。另外，拉丁语语法规则的学习也对增强记忆有很大帮助。科特以及其他人的一些著作也在当时被很多人关注。

现代心理学对记忆装置并没有过多关注。从某种角度上说，所有人都具有记忆的能力，无论是用手帕打结，还是用倒置手表放在口袋里这种记忆装置都一样。还有，如果一个人想要对某件事留下深刻的记忆，就总会想着让难度降低，或者找到某些规律，来让记忆增强。

所以每个人都会使用一些帮助理解事物的方法，证人能否提供可信度高的证词就取决于这些方法的有效性和可靠性。在有些情况下，记忆错误能够帮助人们避免一些误会。例如有个人到商店里买一种叫“苯胺黑”的可溶于水的苯胺染料，不过他用的是“本暗黑”这个名字。想要让自己更容易记住，于是他会想到“暗”与“黑”含义相同，“本”和“苯”是谐音，因此用“本暗”来代替“苯胺”，就能够让自己记住这个词汇。还有，一个人想要找“萨姆公爵”或者“席默公爵”，但实际上他要找的是一位叫“撒乌公爵”的人，因为提问的人是一个奥地利过来的粗人，在当地方言里面，为了更好地去记忆，他就用一个发音跟“撒乌”很像、但是含义更浅显的词“萨姆”来代替，这个词有“工资”的意思，“工资”在俗语里的发音就是“席默”这个词。在咨询证人的时候，这种因为错误记忆而产生的误会经常会出现，并且往往都有着很大影响。如果你觉得有这种现象出现了，那么通过寻找同义词或者谐音词的方法也许就能验证出来，那么基本上就没有什么解决不了的问题。

错误的记忆方法还有一个影响，就是方法本身并没有问题，但是整个方法中最关键的部分却是不清晰的。例如，我想要回忆起三个人的年龄顺序，假如我发现 M 最年长，N 次之，O 最小，我就会联系到他们的名字首字母顺序和年龄顺序是可以对应的，M，N，O。假设现在我们遇到了另外一个案件，而这一次我发现顺序是反过来的，也就是 O，N，M，但是我仍旧沿用之前的记忆法，然后就非常自然地用前一次的顺序代替了这一次的。因此，假如一个证人提供的事实是那些看起来并不容易记住的，那么就应该询问一下他的记忆方式。假如他告诉你自己有一些帮助记忆的办法，那就得要求他解释，如果你不能确认这种记忆方法的可靠性，就没有办法消除怀疑。假如在类似的案例当中，证人表示自己从来不会使用反向关联的办法。那他的证词相对而言可靠性就更强一些。我们并不需要太过麻烦的办法，就能够确认一种记忆方式是不是可靠。

那些厉害的骗子都有一个共同特点，就是会使用复杂的记忆方法。这种方法对他们而言有多重要，他们都心知肚明。

主题7　意志

第57节

我们这里所说的显然不会是哲学家们的“意志”，也不会是刑法中的“不怀好意的”“故意的”那种意志，也不是伦理学上的“自由意志”。我们只是想探讨一些对刑法律师而言比较具有实用性的事实。所以我在这里提到的“意志”，仅仅是一种最广义的理解。我相信人有一种更加强大的冲动在发挥作用，意志是它的内在表现，行为则是它的外在表现。哈特曼认为意志就是从理想进入现实的一个中间阶段，乍一听似乎有点傻，但在某种意义上却是最恰当不过的。只要你认为理想是“暂时还不存在的”，而现实是客观的既存事实就可以。因为如果我主动迫使自己去考虑一些既存问题，那么在这种情况下，就“现实”的一般意义来说，这件事实际上却属于非“现实”的。可是我们不能忘记洛克曾经给我们的提醒，要注意区分智力和意志的不同之处，它们都是真实并且智慧性的本质，只不过一个是命令者，一个是执行者。这一概念身后是无数的疑问和争辩，但是都没有什么用处。而在这一点上，犯罪学家们一定要牢牢记住一件事：证人特别是被告的智力和意志造成的困扰，给我们带来了多少麻烦。在一个被告坚决否认罪行、用愤怒来遮掩自己的羞愧，或者非常有精神地在几个月里都在扮演一个难度颇高的角色时，我们就不得不说，对于他们身上体现出来的那种意志，我们了解的并不多。事实上，人们总能够非常惊讶地看到，囚犯们对自己的面部肌肉控制能达到怎样的一种程度，但这反而是意志最难办到的事情。在意志的影响下，证人就连自己的脸色变红还是变白都可以控制，或许目前就连科学研究的广度都不能解释。之前我的儿子对我说过，他会在寒冷的天气里脸色发白，当他怕别人觉得自己在完成任务时可能会精力不济的时候，就会用尽全力来控制不让自己脸色变白，结果很令人满意。在那之后，我也在法庭上看到一些人脸色就快要变白或者变红的时候，却最后被彻底压制住了，不过这些事情在理论上是无法实现的。

然而此类意志对判断作为一个整体概念的人意义非常。德罗比施认为，一个人的个性是由长久以来的品质以及主要意志的“集合”组成的。[①] 一个人的个性不光是由习惯、兴趣以及他认同的准则决定的，意义、偏见和信念也都会产生一定的影响。我们想要对一个人的个性展开研究，就要对他的意志和欲望进行探索。这件事情并不困难，使用上面的方法进行追踪，就会生成对这个人个性的观点。然而我们发现，会有一些不同的个性在意志中表现出来，对我们的研究目标来说，这一点也非常重要。将那些从法律和逻辑的角度上看完全不重要的行为都去掉，我们的工作就可以做得明确而又有智慧。

让我们工作的难度不断加大的，就是那些难以理解、数量繁多的无用细节。不是所有的活动和举止都可以被认为是行动，行动是被意志和知识决定的行为。因此阿贝格才会教育我们，只要是取决于意志的，就都能够通过分析来发觉。[②]

我们肯定要寻求合适的办法，而不是在自由决定论的争辩中迷失方向，这是当代刑法的一个重要转变。勒南在40年前就曾说过，18世纪的谬误，其主要原因就在于，将一些完全可以用人类的力量与能力等自然因素解释的问题，用自由与自我意志进行解答。当时的人们并不太了解知觉行为理论，当意志转变为人类能力的表象时，决定论问题就已经找到了答案。然而我们的确有接触罪犯的机会，不过我们的目的并不是要解答这个问题，并不是要对他那捉摸不定的意志进行评判，而是要对他展现出来的各种能力做出解释。我们的工作，其重要性体现在对因果关系这一概念的运用当中，随后辨识考察自由意志是否能够解释得通。

杜·布瓦-雷蒙在《自然知识的局限》中说道：“人们也许会否定自由，但是却不会否定痛苦和欲望；饥饿刺激产生的行为会形成于感官意识之前。因此这个问题就变成了与感官知觉相关，而不是像我在前一分钟说的那样，与自由意志有关。而分析法只能针对前面这种情况才有效。”律师绝对要完成的工作就是研究感官知觉的问题。

我们不可能只研究人类能力的具体表现，因为这些也许都不过是一些偶然性的表现和结果，这些原因也大多是未知的。我们要做的是把跟自己认真感知到的一切相符合的抽象信息找出来，并且将每一次具体行为中的决定性

① 德罗比施：《伦理统计》，莱比锡，1867年。

② 阿贝格：《新刑法全集》，第14卷。

因素都找出来。

德罗比施认为："进化的准则与主观原则正如康德所说，自身意志和行为的一般性内容和规则必须由自己来主宰。但这同样是自己建立起来的对自身意志和行为具有约束作用的规则，所以在主观上仍旧是成立的。这些准则便是决定一个人将会出现的意志与行为的先决条件。"因此我们可以这样认为，理解了个人意志就能理解这个人，而理解一个人信奉的准则便能理解他的意志。我们能够通过理解这个人信奉什么样的准则来判断这个人会做出怎样的行为。

不过要记住，不能通过理论对个人准则进行重塑。我们一定要对这个人所处的整体环境，促使他改变的因素，影响他的关键因素进行研究，因为外部环境和关联恰恰正是在这个方面对人产生了最大的影响。正如格罗曼所说，在半世纪之前，"要是你能找到可以让重要器官恢复机能的万能药，那么你就可以主宰意志。"因此对一个人的生活环境、周围的条件以及所有外部环境的影响进行调查是很有必要的。想要做到这一点，当然要付出巨大努力，可是作为一名刑事律师，要完成工作这就是必不可少的一环。①

主题 8　情绪

第 58 节

人们通常都认为犯罪跟情绪没什么关系，但其实这恰恰是一个非常重要的因素。不管是被告还是证人，他们的全部动机都可以被归类为情绪。所以在我们将感觉作为参考因素的时候，情绪就不再是一个特别的函数了。将主观因素尽可能地减少，才可以让情绪对我们的工作更有帮助。假如我们可以把一部分心理机能划分到其他类别里面，那么即便我们只能将后者理清，也足够将很多情况都说明白了。无论在什么时候，只对单一类别进行研究都要比研究多种类别更容易。②

抽象概括一下，情绪就是指在感觉、知觉以及看法的积极或者消极影响

---

① H. 明斯特伯格：《意志行为》，以及詹姆斯、提什那等人关于心理学中的意志的文章。

② A. 莱曼：《人类感情生活的主要法则》，莱比锡，1892 年。

下的思维属性或者思维能力。具体概括一下，就是因复杂情况而导致的喜欢或者厌恶的情形。我们首先要做的就是将“动物的”情绪和“高级”情绪进行区分。假设我们进行的这种区分本身就是有问题的，在这中间产生的各种感觉里有很多都同时具备两种属性，因而出现的各种过渡情况也就实属偶然现象，不可能进行严格的区分。不过在这里我们要先暂时使用这种区分方式，因为这种方式能让我们更容易理解情绪从简单到复杂的过渡。我们会说到一些完全“动物的”情绪，例如饥饿、渴和寒冷，等等。这些感觉首先是对我们产生纯生理性刺激的。然而只要一想到这些感觉中的某一种，我们就一定会马上联系到抵御这种生理刺激的状态。想到会出现饥饿感的时候就会立即有食欲，不然也就不会有饥饿感。我产生饥饿感就会想要觅食，产生寒冷感就会想要寻找温暖，产生疼痛感就会想要止痛。这些欲望的满足方式就跟理解能力有关了，不管是智力还是非智力的，这个成功满足的概念也许会在任意一个可能的角度产生差异。我们看到一些智力发育不健全的人，在某些情况下连自己的饥饿问题都解决不了，在这种时候就算是有食物，他们也不会塞进嘴巴里，而很可能是塞进鼻子或者耳朵里面，就算他们已经感到非常的饥饿。因此我们不得不说，知道可以用往嘴巴里塞食物而消除饥饿感这件事情，也还是需要最低限度的一点智力来辅助。

此外，关于笼养类人猿行为记载的文献中也有过此类描述，懂得将毯子覆盖在身上御寒的动物被认为是聪明的。相同的行为如果出现在一些年纪特别小的孩子中间，这样的孩子也会被认为是聪明的。

痛觉的区分就更彻底了，在身体被滴到滚烫液体的时候，知道要擦掉才能止痛就需要一定的智力。所有生理学教科书上都会提到这个实验，青蛙在被砍掉头以后，如果被滴到酸性液体，仍会尝试做出擦拭的动作。从这种下意识动作开始，一直到能够使用高难度技术去处理烫伤这个过程，就需要通过不断提高智力来实现，这中间的跨度已经大到了难以计算的程度。

还有一个例子，提到了动物感觉中比较高级的一种，即舒适感。如果我们把一只猫放在柔软的抱枕上，它会把身体舒展开，在上面翻滚，让更多的神经末梢获取这种来自抱枕的舒适刺激。这种属于猫的行为会被看成是直觉，舒适感最初就是来自直觉，最后慢慢走向了一种奢侈，罗舍尔认为这是舒适最高级的一种表现。（首先是饮食上的奢侈，然后是衣着上的奢侈，最后就是舒适的奢侈。）

因此我们可以认为，理解生理刺激之后产生的行为，会让我们尽量避开不愉快的感受，尽量增强并且最大化愉快的感受，两者在某种意义上是统一的（消除让人不舒服的黑暗就等于带来令人愉快的光明）。因此感觉在一般意义上来说是对一种与敏感度关系很大的生理刺激的解读。这肯定跟出自本能的接纳与排斥，或者是最轻微的防御解读的区别非常大，但不管从哪一个角度上来说，两者的区别也仅仅在于程度不同。

接下来我们来说说相对“高级的感觉”，结合一个特殊的案例进行研究。我对于能够让人产生不适的标志性经历，来自一个男子的难看发色。看一眼就觉得眼睛不舒服，然后为了躲避这种生理上让人不快的刺激，我只能选择不去看他，或者祈祷他马上走出我的视线，这让我对一个无害之人的亲和友善消失殆尽。假如我还看到了这个人在虐待动物——这是让我不忍目睹的画面，我会感到痛苦，那么希望他滚出我视线的感觉就会更强烈。假如他的行为仍在继续，并且一直会有让人不快的情况出现，那么我也许会去打断他的骨头、把他用链子锁起来，甚至有可能会杀了他，只要自己能摆脱这种让人不快的刺激。我想尽一切办法去对付这个人，在这种情况下，生理刺激跟理解力的活动很明显进行了非常有效而强有力的结合。

要解释生气这种情绪就更困难了。不过这种情绪跟突然暴发的仇恨有很明显的区别，前者是急性的，而后者却是慢性的。也许我们会对着喜欢的孩子生气，但是就算有些时候这种情绪的外在表现跟仇恨是一样的，但是生气的情绪可以实现转变。而在一些特别极端的情况出现时，消除情绪就等于要消灭情绪的来源，刺激源如果消失了，那么生理刺激就会从根本上被抹除，因此我才会直接撕碎一封信，或者把伤到自己的东西踩个粉碎，假如让我生气的是一个人，我的行为就会取决于自己是否能够对他使用直接或者象征性的方式去解决。

相同的感觉还有吸引。我养了一条狗，它身上的条纹看起来很漂亮，叫起来也很好听，像某种铃声，皮毛柔软触感极佳，而且我很清楚在我需要的时候它会保护我（这种想法会让我心境平和），我也清楚它的用途不止于此，总而言之，我从自己的理解中获取到的都是跟这种动物的优良品质有关的信息。所以我乐意让它围着我转，这就说明我很喜欢它。喜欢或者厌恶的情绪也可以通过相同的方式来理解。无论在什么地方，我们都能看到，情绪是一种生理上的刺激，并且跟很多已知和未知的理解有着很紧密的关系。而这中间，未知的那一部分又是非常重要的。这是一种连续性的解读，即来自远古祖先的遗传，实际上我们完全可以这样理解：在我们的意识到达事实及需求之前，那些未知的部分已经在引领我们做出行动准备。

人在有渴的感觉时会引起喝水的行为。这一点在动物身上也一样，就算未经训练，也能够从遥远的祖先那里遗传这种行为。然而假如有一个人想从理性的角度来看待喝水的行为，也许就会说："经由干燥或者其他一些分离方式，身体细胞中的水分会被带走，细胞变得更干燥以后，就会缺少工作所需的足够的弹性。假如现在细胞可以通过肠胃渗透以及外渗作用重新获得水分，那么它就能够恢复正常的生理机能。"运用这种思考方式，实际上跟最基本的动物性知觉行为会造成完全相同的结果——只要是具备智慧的人或者动物都会去喝水。因此任何情绪都是由生理刺激和理解能力一起构成的。

对律师来说，这一点有什么帮助呢？不会有人考虑到证人和罪犯都受到强烈情绪影响的情况，也不会有人去考虑到这种情况下的人想要进行理解、判断和决断有多大的难度，然而在法官看来，这个问题意义重大。假如认为情绪是一种处在特殊状态下的思维，这种思维难以捉摸、强度也会浮动，没有人知道它会产生什么样的效果。然而如果考虑到这种思维在本质上只是理解力的一种功能，那么从其外在表现中找到一些更加清晰并且更有规律的事物，从而通过某些可以产生影响的固有形式来做判断，就会让问题中的困难减少很多。只要可以做到这件事，那么其他的问题解决起来就会更简单一点。

主题 9　作证的形式

第 59 节

即便是再不想面对，我们也不得不正面回应语言对我们工作的重要性。在案件当中，能够通过听证和阅读获得的信息全部都是以语言的形式表达出来的，所有能够被眼睛或者其他感觉器官捕获的信息也都只能经过语言修饰才会产生作用。对于这个在理解当中排在第一顺位的最重要的因素进行一番彻头彻尾细致入微的了解，是犯罪学家必须要完成的任务，这一点不言自明。而更进一步的要求还在后面，那就是要对语言自身的本质进行深入的研究。只要随便翻阅一下相关文献我们就会发现，早期学者在研究语言起源及特征的时候运用了什么样的方法。不过对这样的知识，哪些人会有真正的需求呢？律师。在其他领域的学者看来，这不过是一种学术上的爱好，但是在律师眼里，这就是一种非常实用并且具有绝对价值的研究，我们对证据的掌握和记忆都是通过语言来实现的，而且我们也因此可以对语言有很多不同的理解。对语言的错误理解会导致一些错误观念的形成，最终就会引发一些重大的错误。所以刑事律师才是最应该去研究语言的普遍规律，了解语言的本质、影响以及演变过程的人。如果一个律师不具备这样的能力，就算能够使用语言也可能会因为理解不当而在最微小的麻烦里被撂倒。与此有关的文献浩如繁星，没有什么人会碰不到的。①

第 60 节　各种表达方式

首先，不同的人在本性和教养上都存在差异；其次，语言形式也会因为其形成环境，也就是使用者的差异而有所不同，因此也就必然会出现只属于使用者本身的一些个性化的独特表达方式。假如证人或者罪犯具备一些特殊的表达方式，那我们就一定要将每一种都研究透彻。幸运的是，此类研究往往需要结合其他方面的内容，那就是对每一个人的性格与本质来进行研究。单纯只研究中间的某一块，简单设想一下都觉得不可能。想要了解一个人的性格，首先就要对他的表达方式进行研究，这一点是能够体现个人性格的最显著也最重要的一部分。就像人们所说的那样，一个人的本质能够在他的话语中体现出来。不过我们仍然不可能单纯地研究和探讨表达模式本身。在分析和阐述一个人的语言习惯之前，一定还要有许多其他的条件才行。因此所有这些因素都是彼此关联的，只要你能够对一个人的谈话技巧了如指掌，就可以明确地知道这个人的性格，反过来也一样。很明显，这样的研究需要高超的技巧。不过只要是从事律师这个行业的人，都必须掌握这种技能。

泰勒的观点非常正确，听一个人谈话倒不如观察他的教养、知识水平和能力。他提出这一观点的主要原因就在于，究其本质，语言是一种有生命的、不断演变的有机体，它会使用一些全新并且独特的方式来表达一些新鲜特别的人生际遇。在有关词义衍变的问题上，盖格尔举了下面这个例子。“Mariga” 一词在梵语中表示“野兽”，在古波斯语中表示“鸟”，它在波斯语中的同义词 “mrug” 只有“鸟”这一种含义，因此现在我们把谷仓前面

---

① 参见达尔文：《人类的血统》；雅各布·格里姆：《论语言的起源》；等等。

的飞禽、声音婉转的鸟儿统称为“mrug”。[①] 然后前面提到的那个代表“野兽”的词汇就逐渐变为意义完全相反的一个词“驯兽”。而在另外一些情况下，我们也有可能会将有些表达错误地理解为指代其他事物。我们会说“烤面包、烤蛋糕、烤肉”，或者“烧苹果、烧土豆、烧肉”。但要是一个外国人对我们说他“考”面包，就绝对会让我们发笑。

这样的表达方式基本上与个性无关，但是却属于在所有机构、团体、阶级中体现个性的基础，例如我们可以从中判断出说话者是学生、士兵、猎人或者来自大城市的中产阶级，等等。也许这样的表达方式至关重要，有时候甚至是会让人话一出口就面临危险。我在一次乘火车的时候，遇见了两位先生，他们此前并不认识对方。两人正在闲谈，一位讲述自己曾见到一位官员在下马的时候被自己的剑绊倒。然而他在讲述的时候并没有使用剑的字眼，反而采用了一个对应了一种颜色并且还是代表不同派系的古老学生俚语——尖刺，来指代这个概念。所以跟他聊天的那位先生就立刻睁大眼睛大声说道：“伙计，你是哪个色系？”

还有一个更奇妙的现象，就是在一些阶层当中，某些词汇的特定含义的变化或者增加会让这个词变得更现代，在很多俚语当中就出现过这种情况。

有些表达方式同时具备个性化与社会化两种特征。个人化的使用方法每个人都会有。有的人习惯用“当然”，有的人喜欢用“的确”，有些人喜欢说“暗的”，有的人就会说是“灰的”。这种差别具备双重意义。我们有时候可以透过一个人赋予特定词汇的含义而了解到这个人的全部性格。假如一位医生在提到一种很痛苦的手术时候用“病人都哼哼上了”这样的话来表达，那么这个人该是多么的鄙俗又少根筋。另一方面，我们一般都要注意这一点，人们喜欢给一些词汇加上一些引申意义，如果我们没有去了解过这一点就难免会引发一些误解。通常来说这样的调查要进行下去都比较困难，因为就算我们能够简单地找出某些表达方式的含义，我们仍旧不可能时时注意到人们在提到一般性的事物时也习惯使用一些特别的词汇，在使用含义相近的词语互相替代的时候就更容易出现这种误解，而且这样的互相替代往往会不断重复使用。同一性和相似性的区别很多人都说不清楚，他们大都认为这两个词表达的意义并无区别。假如 A 和 B 的含义基本相同，只是 B 的范围更大，那么我们要是认为它们是相同的，用 B 来代替 A 就不存在什么问题。

---

① 《语言的起源与发展》，斯图加特，1869 年。

然后我们再来比较 B 和 C、C 和 D、D 和 E 这几个词，这一连串相似的词汇中，后者的范围都比前者大一点点。而在这种情况下我们如果犯了前面的那个错误，也就是用一个范围更大的 E 来代替 A，这个时候我们就会很清楚地意识到这种错误的存在。当然不会有人一上来就用 E 来代替 A，但这样用相似性进行替代的习惯不断重复下去，就一定会造成这种完全没有可比性的结果。

在语义转变的时候经常会发生这种替代，假如你想知道一个词语的重要含义是如何出现的，你就能一步步看到一个从比较远的相似性一直到完全不相似性逐步转变的过程。因为在长时间的使用过程中出现的特定词语的含义转变，我们能够在任何一本语言类教科书里面找到很多，然而当使用者变成个别的某人时，这种转变的时间就会变得很短，因此假如我们没有去探寻它的演变过程，就有可能在法庭上出现很重大的误会。

这种语义的替代以及最后导致的语义转换，一般都是出现在语料，特别是原始语言的语料中差异非常小的时候。因此泰勒举例说，西非沃洛夫语里“dem”的含义是“走”，“dohal danke nga dem ci kanam”的含义是“大步向前”；“sonnal”的含义是“愤怒地请求”；“latié”的含义则是“请求”。姆蓬圭人用“beuguenaa”表达“我爱”，用“bougouma”表达“我不爱”。我们自己的语言表达中也存在类似的区别，两个含义接近的词汇之间通常会出现语义转换的情况。不过到底有多少人发现了这一点呢？

语义转变的问题固然重要，但是在表达看法的时候出现的概念转变就更加重要了。所以单一错误很难被察觉或者找到才是一个经常会出现的更重要的问题。J. S. 米尔的评价就非常客观，在语言学分类的影响下，很多古代科学家都犯下了很多的错误。一些包含了很多具象事物的东西被他们错误地用一个抽象的名字去定义，而他们自己却完全没有意识到。无论如何，这样的谬误被一代代人延续下来，如今的人们仍旧按照这样的标准来命名抽象事物，并且由于个人具备的智慧不相同而对有着此类名称的各种现象产生了不同的理解。因此他们就会产生类似的困惑，为什么别人就无法理解这些现象呢？这时就要求犯罪学家们必须要在遇到所有涉及抽象事物命名的问题时，最先要做的就是要明确地了解到说话者想要表达的准确含义。然后我们就会发现一件很奇妙的事情：针对那些在这个问题上有过深入研究的人，这种判断就显得非常重要了，因为专门研究过这一领域的人才会使用这样的专业术语。

一般情况下我们要说明一点，时间，就算是间隔再短，也会对所有事物的概念产生绝对的影响。米特迈和边沁都能够证明，在观察和声明中间的那段时间间隔里面，表达方式会受到一定的影响。如果对比事发当场和几周以后再次问询时候证人的证词，我们会看到前后的结果一样，但是证人的表达方式会发生变化，一些词汇被替代了，而不同的词汇将会导致不同的理解，因此证词就发生了变化。

同理，提供证词的环境也会产生类似的影响。我们都清楚，在安静的办公室里面跟负责案件的官员和秘书谈话时，证人提供的证词会跟在公开审理中在陪审团面前提供的证词有很大的不同。我们往往会非常生气地反诘这样的证人。然而只要你仔细观察一下就会发现，基本上证人的证词并没有很大的不同，只是表达方式产生了变化，因此整个故事就完全变样了。听众的不同也会严重影响说话人的表达方式。通常情况下，在听众人数众多并且表现专注的时候，讲述者构建复述内容的能力就会更强，不过也有例外情况。“听众专注”就说明讲述者的表达生动有趣，不然听众就会分心，假如讲述者确实表现出色，他本人也很清楚这一点的话，听众人数就会变成一种兴奋的刺激，每一位听众都会被当作一位崇拜者，一个可以引起兴奋的刺激点。这一点毋庸置疑。如果有人在做某一件事情的时候被人观察，他清楚自己表现很好的时候就会很开心，而如果他在某方面有所欠缺就会觉得自己被打扰而感到焦躁。因此，我们相信复述的水平会因为听众的规模而有所加强，但前提是说话者很清楚自己要讲述的主题，并且讲述的内容会对听众有帮助。不过这种关注度也不是总能对复述效果产生很大影响。如果一位学者在讲述他的自选题目，听众表现得非常专注，就证明他的选题很好，他的演讲水平也很高；假如专注度可以转变为鼓励，他的演讲水平就会加强。但是在大型审判中情况就会发生变化，这样的审判会引起广泛的关注，但是政府方面的证人出庭时，虽然听众的关注度仍旧很高，但是关注的对象却并不是证人本身，而是正在审理的案件。讲述的题目不是证人选择的，因此他不必为选题负责，那么演讲水平的高低对他而言也并不重要。人们关心的是案情，而说话者从听众的专注情绪里体会到的是厌恶、反感、仇恨甚至诅咒。不管怎么说，听众的关注度非常高，但是讲述者知道这种热烈的情绪与自己或自己的优点毫无关系，因此就会觉得困惑和压抑。因此，许多刑事案件的庭审经常会跟人们的预期背道而驰。只参加庭审而没有介入到前期调查的人，如果获悉从调查展开以来“几乎”维持原状，就更不可能对结果有什么深入的认识，因为事实上变化已经很大；不管这些人数众多的听众让证人觉得害怕还是兴奋，他们的表达方式都已经变得不同，于是案件的整体走向也就跟着不同了。

还有证人的叙述方法，也可以体现一些问题。例如幽默的表达方式就特别有影响力。法庭上当然不会允许笑话、段子或者喜剧的出现，然而要是有一位证人，在证词内容很无趣的时候，可以使用一些在法庭的容忍极限范围内的表达方式，并且能尽量表达出自己真诚实在的幽默感，这位证人或许就有能力把一个异常严肃的故事的危险性尽可能地降低。而这种有趣的证人提供的证词往往会不断出现在报纸上面，给读者带来更多的愉悦体验。我们都清楚，一个非常有幽默感的人会如何对别人讲述自己的经历、学生时代的不光彩、不快的旅行、与人争执时候的困窘等，并且让每一个听到的人都会心一笑。其实故事本身都跟麻烦和困扰有关，有些还可能凶险异常。讲故事的人说的都是实话，然而他就是能把一个故事用那样的方式讲出来，就算是受害者也能笑着听完。[①] 正如卡派林所说："幽默就是为了要消除大多数人类苦难带来的伤害而存在的。把自己的伙伴当作例子，把人类生活中无数愚蠢的喜剧展现在人们面前。"

如果有一个非常有幽默感的证人对一件后果很严重的事情进行了描述，尽管案情跟严重的斗殴、诈骗或者是名誉受损等结果相关，但是他的结论却并不悲观。人们对于整个案子的态度就会在某个时刻发生改变，虽然这种改变好像是通过前面十位证人的证词一点点被扭转的，但是这种全新的看法却是在判决的瞬间才非常温和地出现。所以，如果一个人没有听过所有人的证词，就不可能对这个案件有一个正确的理解。

同理，我们也会看到一个非常悲观的证人会把一件原本并不严重的事情给复述成一个人间惨剧，即便他所说的一切都是真的。还有，证人如果认为自己的个人经历也能适用于其他人，那么人们对一些本身并不严重的事件的态度也会因讲述者内心的苦闷而产生变化。这是千真万确的。有过类似经历的人只要能做到足够的诚实，就会坦诚自己也曾经因为这种影响而改变了自己的态度——"被骗"这个词，我并不想用在这里。

因此，对证人提供证词时使用的动作和手势进行重现能够帮助维持证据

---

① E. 勒尼奥：《手语》；《自然》，第 26 期，第 315 页。

的准确性。动作的欺骗性显然不如语言那么强烈。[①]

还有一种方法可以帮助我们确定证人有没有被自己的态度和性格误导，那就是对他在讲述过程中塑造的个人形象进行观察。斯特里克曾经有意识地对自己的讲话方式进行调整，结果发现，如果一直使用能够让自己觉得满意的因果关联去表达复杂的问题，就能够引起听众的兴趣；反之就有可能让听众的兴趣有所变化。对这个调查结果我们需要进行反向利用：证人是讲述者而我们是听众，我们需要观察的是这种讲述使用的因果关系是不是让证人觉得满意。如果他觉得满意了，我们就能够相信他的话，不然的话，证人有可能说了假话，也有可能知道自己没有办法准确地将自己的意思传达给我们。

第 61 节　方言

所有刑事律师都必须了解最常见的一些方言，这一点没商量。在我看来，完全不懂方言就敢从事犯罪学职业，根本就是一种无良行径。无论哪一个有过相关经验的人都会认同我的观点：不重视方言、不重视各种人在表达方式上的差异会导致最严重的最大的误会，即便司法不公正都做不到这么严重的地步。这是一种完全没有机会去纠正的错误，因为它来自基础的语言构建中，一切否认、争辩和修改都于事无补。

人们只要不被自己不可理喻的自大和愚蠢蒙蔽，看不清楚自己的长处，认为流行语是庸俗低级的东西，那么学习方言就不会有太大障碍。方言和文学语言都有着同样丰富的权利，跟那些已经演变为最高级的表达方式相同，都是鲜活而有趣的有机体。只要一个人对方言产生了兴趣，那么学会一些含义就已经足够。而实际上这种学习完全没有什么困难可言，因为一个真正的农民的语言（这是一个普遍真理）往往都是最浅显、最自然和最精简的。一个农民完全不懂得任何语言技巧、复杂的句式以及婉转的表达，假如他能说了算，他就一定会让自己说的所有话都简单易懂。

学起来比较困难的是那些没有受过教育的城市居民的说话方式，这些人会随手用上一些晦涩难懂的句子，他们单纯地认为这样说话会更有美感，完全不考虑这么用是否恰当。这种完全荒腔走板的谈话会让听众很不舒服，因为这样的表达很无厘头，更没办法让人听懂说话者真正的意图，特别是在这

---

① 此段文字有遗漏。——英文版译者注

个人真的想要表达什么，又或者单纯的炫耀，想让人觉得自己是个“受过教育”的人的时候。

而在错用表达的所有情况里面，最严重的一种就是不遵守语法规则，在需要用完成时态的时候用了未完成时态，例如把“我（之前）要走了”说成“我已经走了”，这有可能是看报纸学来的，也有可能是在学校里被老师误导了，也可能是孩子们的理解出现偏差，而这样的句式与日常使用的正确句式相比显然没什么道理，那些只会出现在特殊语境里面的表达，例如在与受过高等教育的人谈话而且自己的年龄又相对较小时才会如此。

我要说的是，对那些会在语法上犯错或者会采取非常规用法的证人，我往往无法信任。我相信这种人的意志不够坚定，很容易被其他人影响，这些人在我看来很不靠谱，于是才会用一些华而不实的表达方式，而且我也害怕他们过分在意形式而完全不考虑真正的内容。简单的人只会在毫无窘迫感的状态下，按部就班地、非常自然地运用自己的方言，这样就丝毫不会让人觉得可疑。

我们需要注意几种语言的使用方式。首先，某些地方方言的表达肯定不如文学语言那么丰富，颜色就是一个例子，方言里面表达色彩的词汇相对匮乏。蓝色的葡萄和红色的酒或许都会被说成是黑色，低度葡萄酒也许会被说成是白葡萄酒。文学语言将方言中最后的这种表达方式借鉴了过来。没有人会用黄色或者水色来形容一种酒，虽然也没有人真的见过白色的酒。同理，任何一个农民都不会使用“褐色的狗”以及“黄褐色的牛”这样的表达——他们会用红色来代替以上两种颜色。这一点在描述衣服的颜色时就显得意义重大。但颜色上的词语匮乏并不妨碍方言中表达使用工具的词汇异常丰富，比如他们会用把手、抓手、手柄、档条以及钩子等词汇来形容工具的把儿。

如果出现舶来词，就需要知道它在本国语境中有哪些倾向和意义。[①]

我们很难让没有受过教育的人使用直接引语来提供证词。也许你问了10次说话的人使用的是哪个词语，但这个证人永远会回答你：“他说，我该进去。”而根本不可能听到“他说‘进去’”。我们可以用前面提到过的“人们只对自己听到的含义有记忆”这一观点来解释上述现象。如果提问涉及实际用语，我们只能采取一种方式，就是使用方言告诉证人：“现在你是A我是

① 此段有一处遗漏。——英文版译者注

B：告诉我是怎么回事?”但也许这种方式还是不行，即便你最终得到了这个直接引语，你也不能完全肯定它是准确的，因为这对证人来说是一种很反常的表达，一切反常与违背习惯的东西都是不可靠的。

如果一个真正的农民在说话的时候出现沉默的状况，就需要格外关注。我不清楚是否有人研究过这个世界上所有的农民都是为什么沉默的，然而很少会有哪个农民话多。所有让人觉得目不暇接的调查里面，农民往往是最缺少辩解能力的人群。有些人认为，不为自己辩解是一种勇敢的表现，也许这真的是一种高贵，一种对于指控的厌恶，又或者是对自己清白的确信，但是更多时候这只能是一种无能为力的表现，但在缺乏经验的法官看来就可能是一个人狡诈的表现。因此在了解一个保持沉默者的真性情时不要急于求成。在我们确定一个人不善言辞的时候，就别去考虑他为什么要保持沉默，即便是在不得不说话的场合。

在处理一些案件的时候，要用对待孩子的办法来对待没有受过教育的人。盖格尔说到过一个孩子的案例，有一个男孩把所有的男孩就称为奥索，[①]那是因为奥索是他认识的第一个男孩的名字。因此第一次见到莱茵河的人会觉得，莱茵河在自己的国家应该被叫作多瑙河。无法将事物与更高级的概念进行整合，是孩子和未受过教育的人存在的共同问题。在一幅画面中，也许所有的正方形都代表糖果，所有的圆形都代表盘子。人们习惯用旧的名称来理解新的事物。因此犯罪学家就需要掌握一种在听起来没有用的叙述中寻找重要信息的技能，这就需要在一些简单乏味但却往往很清楚的意象中发现价值，当然前提是决不能被欺骗。

第 62 节　错误的表达方式

我们最终会在自己不断努力研究的过程中发现，一个词语的含义往往会比最初的时候更加丰富和深刻，假如这是真的，那么就很有必要去考虑一下人们互相理解的方式是怎样的。原因就在于，假如一个词语本身最重要的含义并不存在明显的属性，那么所有可能使用这个词语的人都会按照自己的偏好行事，于是就会有“更加丰富和深刻的含义”产生。但是在现实生活中，我们使用的词汇要比自己想象的更加生动形象。随便说一个例子，你都会因

① 盖格尔：《语言的起源》，斯图加特，1869 年。

为竟然有这么多带着夸张意味的词语出现而感到惊奇。假如我说“我能搞定这个案子”“我挤过去了”“我跳过去了”等，其实这都是一些很虚的表达，实际上我什么都没有放上去，没有什么障碍让我挤过去，也没有什么东西让我跳过去。因此我说的话并不代表什么具体的含义，仅仅是一种意象，而两者之间也没有什么明显的区别，也可能每一个人对这种差异都会有各种不同的理解和看法。因此，不管这个意象出现的环境是怎样的，如果想要了解它确切的含义，就一定要先知道这种用法产生的环境和方式。就像我们总会听到人们说“四角桌”而不说方桌，人们会说一个人“很平庸”而不是比平均水平差很多。很多时候，人们使用这种错误的表达，都只是想要让自己的要求听起来更美好，又或者是更委婉一些。吸烟的人说：“能借个亮吗？”实际上你心里知道，重要的根本不是雪茄能有多少亮可以借。“我能来点烤肉吗？”这种表达无非是想让自己希望别人把那个很重的烤盘递过来的请求听上去更礼貌一点。再比如，“麻烦给我一点水”这样的表达完全不影响他需要别人把整个水瓶拿给他这件事，而且他完全不在意你倒的水是多还是少？因此在我们说借的时候也往往没想过真的会还。一个学生向同学道：“借支笔，借张纸，借点墨水。”然而他就没想过要还。同理，被告以及认为自己行为失当的证人在谈及自己的不当行为时，也会使用对自己最有利的表达方式。因为这种美化总是运用的很巧妙而且隐晦，就会让人在很长一段时间内都发现不了真相。习惯用法在这个问题上能够提供最好的例子。已经不记得有多久，能让很多人的必然需求获得满足的、快速无痛屠杀牲畜的这种朴实劳动被称作是残忍的工作。然而一个只是想要消磨时间让自己不那么无聊就去射杀无辜动物，或者射伤它们使之死于痛苦的人的行为，却能够被称为高尚的运动。我倒是很想知道杀死一头牛和杀死一头牡鹿有什么不同。射杀牡鹿几乎用不上什么技巧，但是快速无痛地杀一头牛却更难，即便是枪法精准的人也不需要像学习杀牛的技巧一样需要进行大量的训练。而且，能够杀死一头野牛的人，显然要比能够杀死一只已经被驯化了的善良雉科鸟类勇敢的多。然而语言表达却给人与人的本质区别预设了一个前提，这种区别会在刑法中产生影响，尽管我们并不清楚其原因所在。类似的差别待遇情况也会出现在对待马与其他类型产品交易中出现的欺诈案中。两名决斗者按照规矩进行决斗与两个农民青年按照约定使用鹤嘴锄斗殴也会被看作本质不同的事件。有些人“被香槟激发”而犯罪和一个人“只是”因为醉酒而犯罪完全不同。前一种情况中包含了可以被美化和谅解的意味，而在后一种情况下就变成了批判和拒绝。在对待很多事情的时候会有不同的看法，就是因为使用了不同的语言进行表达，这样的语言使用方式在最初就对不同的看法进行了划分。

更坏的一种情况就是，假如说的人和听的人都清楚说出来和听到的不一样，那么说与听之间就会有某些不诚实产生。就像施泰因塔尔说的那样："当说的人不能确信自己说的事情的时候，他就不能保证自己话语的可靠性。但是听的人知道他想表达的含义，能够进行准确的理解，也就不会太介意说话者完全不准确的表达方式。"[①] 这种情况在日常生活中也很常见，但是并不会给人际交往带来很大的影响，不过也是因为这样，在我们与证人和被告谈话的时候也会遇到这样的情况。我很清楚当证人想要遮掩一些很明显的嫌疑但是又不想直说的时候就常常会出现这样的情况。例如在一个案件的审理当中，证人和审查官员都确定 X 是罪犯。但是因为 X 与证人的关系很好，或者 X "地位很高"，因此法官和证人都不愿意将事情挑明，所以他们就会一直在关键问题上不停地兜圈子。假如双方很有默契，那无非就是多浪费一点时间，不会造成很严重的后果。但是万一每个人的想法都不一样，例如他们心中的罪犯不是同一个人，但是却都误以为对方跟自己达成了共识，那么这种完全没有办法讲清楚的不一致就会造成很麻烦的误会。假如法官认为证人跟自己的看法一致，然后从这个看起来很可靠的推断出发，就会让案情发展变得更坏。同理，假如法官在与某个嫌疑人讨论认罪的问题，也就是说他觉得嫌疑人会招供，但是却只给了简单的暗示，而嫌疑人根本就没有这种想法，那后面就只剩下无尽的麻烦了。我们的工作要求做到一点，就是将所有问题都开诚布公地说明白，所有含糊的表达都是邪恶的。

不管怎么说，困惑的出现往往身不由己，但避无可避的时候，我们仍旧要尽可能去理解。在面对这个问题的时候最常用的办法就是用已知的信息来理解未知的事物，就像罗马人在刚见到大象的时候把它叫作"卢卡尼牛"，还有"森林里的狗"就是"狼"，"海猫"就是"猴子"等也是这种方式的运用。以上都是一些常用的语言表达方式，而所有人在接触新鲜事物的时候都习惯于使用这种认识方法。因此在讲话时人们就会使用不同程度的意象，听者如果不知道这一点就不可能理解他的话。想要知道一个人在说什么，就需要先知道于他而言新奇和陌生的事物有哪些。随后才能去推断他在表达不

---

① 参见《群众人类学》杂志第 14 期，1889 年。

属实的事物时会想到使用哪些意象。接下来想要找到意象的本质和出处就容易很多。

在使用外语词汇的时候也会出现这样的问题。很明显这种用法上的错误不只是未受过教育的人才会有。我最想强调的一个问题就是出现在母语中的意义弱化现象。福尔克马尔认为，外语词汇的在表达中拥有一席之地是因为它们可以取代母语中同义词在表达上的准确度和新鲜感，因此那些不愿意使用准确称呼的人才会使用外语词。“忧郁的”能够表达的悲伤情绪要比“悲伤的”弱很多。我其实很好奇，假如禁止使用 malheur、mechant 和 perfide①这种起码能够在表达的激烈程度上缓和很多的词汇，能好好说话的人还有几个。这些词汇之所以被运用不见得是说话者不想准确表达，而很可能是因为想要在不使用注释或者词语本身的引申义的情况下将一件事情的不同程度表达清楚。因此外语词汇在一定意义上可以被视为专业词汇。然而本土语言需要进行怎样的弱化完全取决于说话者采用什么样的语言进行替代，个中形式因人而异。这是一个只关系到个人使用方法的问题，只能是具体案件具体分析。

使用缩略语这种表达方式会在另一个方面导致一些纠纷出现，在我们讨论八卦的时候这样的事情就更是多得出奇。例如我的桌上有本古老的家族志叫《从悬崖到大海》，这个书名想说的是什么呢？很明显是在说它的主要内容和主要的读者群体在哪里，要表达的就是“全世界”或者是“任何地方的任何一个人”这种含义。但要这么多就太复杂了，所以合在一起就变成了“从悬崖到大海”，完全不用去想悬崖就经常出现在海边这个问题，两者之间也许只有一根头发的距离，真的不是遥遥相望。

再比如，我的儿子过来跟我讲了一个故事，是关于“老学期”的。“老学期”这个词是用来说一名用了很多个学期才完成大学学业，至少已经超过了要求的或者说是必要的时间的那种学生。上面这种解释未免太长，因此为了表达上更简洁，就把这句话缩写为“老学期”，但是如果一个人对大学没有了解，就很难理解这个词的含义。因为有很多这样的缩略语存在，所以我们就不得不在事前就解释清楚，以免发生不必要的误会。不爱说话的人显然不用去操心这种事，而话多的人想要通过使用缩略语来表现某种语言魅力。在人们使用一种很麻烦的方式表达概数的时候这一点也不重要，例如人们会

---

① 法语，意为“不幸”“恶棍”和“背信弃义”。——译者注

使用两个字的“半打”而不是一个字的“六”，又或者“圣史蒂芬圆顶上钟的裂痕有一年中的天数那么多”，等等。我们只能猜测这样的表达方式是为了普及某种判断，后者是借助于某种记忆。遇到这样的表达时需要小心，首先是因为这种表达生来就是为了让数字“约略化”，其次就是我们要先确定这种表达是否能够帮助记忆。最后，我们都清楚一些外语词汇会被改变成一个发音相同但是毫无意义的词。如果遇到了这种无法理解含义的词汇，可以通过大声重复的方法找到原本的那个词汇。

第二章　区分作证的不同情况

主题1　总体区别

第63节　概论[①][②]

进行心理调查的犯罪学家面临的最难的任务之一就是判断女性。女性在肉体和精神上都和男性存在很大的不同；男性永远都无法完全彻底地站在女性的角度。在评判男性时，即便年龄、生活境遇、接受的教育和道德水平有着巨大的差别，犯罪学家也是在对付同类——和他用同种材料构成的人。当犯罪学家在评判一个年纪比他大很多的胡子花白的人时，他也可以把对方看成自己将来的样子，和自己年老时一样，只是处于一个更高的发展阶段而已。而当他研究一个男孩时，他能知道自己还是一个男孩时的感受和想法。因为我们永远不会彻底忘记态度和判断，不管过去多长时间——我们无法回忆起细节，但是不会轻易忘记当时是怎么想的。就算犯罪学家面对的是一个还没到青春期的女孩子，他也可以依靠自己的判断，因为处于那个年龄段的男孩和女孩并没有太大的差别，所以把自己的童年跟那个女孩的相对比，以类比进行推论还是有效的。

但是我们男人对于女人的本性完全一无所知。我们无法在女性和我们之间找到任何共同之处，刑法中最大的错误都来自“如果那个女人是一个男

---

① 英文原文中此标题前有标题“女性”，但是下面无内容，故未将其作为正式标题。特此说明。——译者注

② 反常情况参见奈克《女性的犯罪与精神错乱》，莱比锡，1894年。——原注

人”，这样结论才是对的。[①] 我们总是用和男人同样的标准来判断女性的言谈举止，所以我们总是错的。解剖学家、病理学家、历史学家、神学家和哲学家都已经证明，女人和男人不同；就连外行都能看出来。不管是在外表、观察、判断、感觉、欲望和工作方式上，女性都是不同的——但是我们律师总是像惩罚男性那样惩罚女性犯罪，也像考虑男性的证词那样考虑女性的证词。当前的时代试图将性别差异搁置一边并使其平衡，却忘记了在这个问题上，因果率同样有效。女性和男性拥有不同的身体，因此也有不同的思想。但就算我们理解了这一点，我们在评价女性的时候还是会犯错的。我们无法获得关于女性的恰当的认知，因为我们男人永远不是女人，而女人永远也不会告诉我们真相，因为她们也永远不是男人。

就像一个人无法知道邻居嘴里所说的红色和自己理解的是不是同一个颜色，两性之间精神生活必然存在差异的原因也永远无法找到。如果我们无法学会理解永恒的女性化问题的本质，至少也要研究其表现形式，在这个问题的困难性允许的范围内找出一些头绪。可以说，某种非本质的、非科学的经验也许会对我们有所帮助。在这个问题上，我们对真正研究者和学者的判断的信任，远不如对大众的信任，后者是通过谚语、法律上的差异、用法和格言等表达出来的。我们直觉地知道，这些风靡的概念就是几个世纪以来两性经验的象征。因此我们可以给出这样一个前提，每个人观察的错误都会尽量相互联系在一起，进而偏向某种平均结果，哪怕平均值不可能对，不是太高就是太低，那错误也会降低一半。假如在一连串数字中，4 是最小的，12 是最大的，8 是平均值，假如我设定 8 是每个单独问题的值，那我的误差也不会超过 4，不可能会是 8，而假如我没有区分开 4 和 12，误差就变成 8 了。人们的态度让我们得到了一种平均值，最起码我们可以给出这样一个前提，假如在漫长的历史长河中，我们发现误差太大了，那它怎么可能通过常见的规律或谚语的形式保留下来呢？

不管在什么情况下，只要是流行的办法，都是不太难的，因此没有多么严格的鉴别办法。当在女性身上使用一般的评价体系时，结果显示，女性就是不太值得信任。从早期教养极高的人的历史及当代落后的国家和部落中，我们就可以发现这一点。现在假设我们声称一个民族的文化水平和其女性地位的考量标准是一样的，那就只会得出这样一个结果：持续上升的教育水平

① H. 马里昂：《女性心理学》，巴黎，1900 年。

显示出女性的地位低一些是不对的，根本没办法判断两性之间精神本质上的不同，哪怕到了现在，在任何需要对女性进行评判的时候，我们依然会受到那些久远的观念的影响。所以，对野蛮和半野蛮民族中女性从属的程度究竟如何，我们根本不感兴趣，可是对影响了我们文化的人物和时代的具体情况加以了解还是有价值的。那么我们就来快速回忆一下。

芬客[①]和史密斯[②]举了很多古典时期的例子，对古希腊人是多么偶然才会想到女性进行了证实。W. 贝克尔觉得古希腊人让儿童享有一种优先地位，会说“孩子和女人”[③] 是最重要的。古希腊自然法学家希波克拉底和亚里士多德则谦卑得多，说女性是半人类，即便是诗人荷马都被这种观点所束缚(见阿伽门农给奥德修斯的建议)。与此同时，女人的诋毁是他时常挂在嘴边的内容，后来欧里庇得斯直接把女性的地位排在最下面（见依菲琴尼亚)。

古罗马则一直把注意力放在女性让人摸不着头脑的、斯芬克斯式的、矛盾的特质上。贺拉斯说得再清楚不过了：像“从鱼儿身上可以体会到女人的美丽。”[④]

对于我们来说，这种思维源头一点意义都没有。中国人声称女性是没有灵魂的。在早期教会理事会上，教堂神父时常会争论女人有没有生命一类的问题。其中一例是马孔教区对此给出了非常严肃的理事会决议，声称“女人不能和男人处在同一地位上”，在另一个教区，女性是不允许徒手碰圣餐的。这种态度表现在无数邪恶的讲述女性品质低劣的谚语以及若干觉得女性是巫婆、使得仅在德国被活埋的女性就多达 10 万名。法令对女性证人可信度也大加贬低。像班贝格总教区只在特殊情况下才对年轻人和女性的证词予以承认，而米特迈尔则对年长的律师有关女性证词价值的争论进行了描述。[⑤]

假如我们不如实陈述塔西佗为了对国人进行羞辱和重塑，而所说的和日耳曼部落女性崇高地位的说法，那就可以得出不少结论，从古挪威人哈瓦玛开始，人们慢慢用一种多样化的、欺骗的、让人讶异的贬低的方法讨论女性，到了现代，把女性极度拔高和极度贬低合为一体的现象在谚语中出现：“让女人拥有一双翅膀，她不是变成天使就是变成野兽。”虽然这种表述一点

---

① H. 芬客：《浪漫之爱与个人之美》，伦敦，1887 年。

② 《基督教文物词典》。

③ 可参见体现古雅典风俗的图片。

④ 原文为拉丁文。——译者注

⑤ 《论证原理》，达姆施塔特。

都不复杂，可是依然将某种确定的观点表达出来了：女性不是比我们优越，就是比我们低劣，也许二者还可以同时存在。有的女性更优越，有的女性更低劣，接下来就是，也许在某些品质上，某个女性比我们优越，而在其他上则不如我们，可是不管在哪个方面，她都不可能和我们一样。而觉得女性在自己的权利中和男性一样没有残缺，假如“有目的”地联系女性的优越性和低劣性的说法，也和上述态度是相吻合的。当我们对某个有机体地位更高或更低进行评判时，都是基于自身的立场，可是我们在这样做时，却没有把这些有机体具不具备我们所说的那种目的性考虑进去。因此一个统一的、单一的任务本身没什么难度，可是它被关注时需要不受到任何影响，因此，相比某个智慧超群的人，某个表现一般、有耐心而不动脑筋的人的完成度就更好，相比前者，后者是这个工作的更好人选，可是却不一定站得更高。女性就是如此，她更适合很多被分配给她的目的性，可是这种基于我们的立场去了解和感知到的适合，到底是高了还是低了则要另当别论了。

所以只有在这个点上，我们才是对的，那就是当某些女性特性和我们的特点不吻合时就用贫瘠的、低劣的品质来称呼。我们就极易将那个原本就适合女性的天性和任务相符的品质忽略掉，可是我们还是对现代自然派法学家的观点表示认可，也就是每种动物的进化都是因为其目的。假如女性不是这样的话，她们一定不会在自然进化论中存在。所以，我们的任务不是把女性的独特性找出来，而是对她们与生俱来的状态和作用进行研究。因此我们会得出这样一个结论：在我们看来是非常特殊的事实上也许本身就非常有必要。当然，我们并不能在很多女性特质的作用下，而对她们有所要求。这一点我们可能通过广泛存在的规律推导出来，也可能推导不出来，可是，对于现在的情况来说，事实上我们能不能直接或间接地把某些结论推导出来，并没有太大的关系，我们并不知道要面临什么样的事实。假如我们发现的只是一具人类骨架的盆骨，那么通过其宽度就可以得出结论：这是一名女性。之所以会得出这个结论，原因是女性特有的生殖功能。可是，当我们只看到盆骨时，我们也可以对这个个体下肢的位置进行准确的推断。而且我们还可以把胸腔和脊柱的曲线都推断出来。而这一点，在一定程度上也和女性怀孕功能有关。可是我们也可以更进一步说，这个女性的盆骨可以让我们发现这个人的头骨比较小，虽然这一步和孕育后代或其他女性特有的功能是没办法相关联的，可是我们依然可以非常肯定地说，这是因为我们知道，如果头骨的容积比较小，那么她的盆骨往往就会比较宽，等等。一样的道理，我们可以将女性的多种精神差异集合在一起，对几个特质进行定义，以作为直接必要，进而从常规共性出发，把其他特质推导出来。这种推论的确定性和来自骨骼的推论应该是没有冲突的，只要有了结论，我们就可以对女性的行为进行完满的解释。

在开始对女性心理学进行研究之前，我要先对我们讨论时要用到的文献进行一下简要论述，并指出只要是用在法律上，那么诗人的作品就有着非常不好的影响。当然我们在对女性化心灵——这是女性最重要的特质的——信息进行了解时，可以参考一下诗歌。可是历史上有名的对女人心比较了解的人，往往让我们摸不着头脑，甚至让我们走向错误的深渊。在这里，我们并没有把目光集中在文学史上，也不是要把“女性谜题”解开，我们是灵魂需要浇灌的律师，只要我们所犯的错误不以他人荣誉和自由作为代价。假如我们对诗人充满怀疑，原因就是我们已经犯了太多要付出高昂代价的错误了。我们都曾经非常年轻、也曾经满怀憧憬，诗人的话被我们当作生命的智慧——其他人从来没有告诉过我们这些，于是，我们就似乎被驱赶着，要用诗人的视角对人类最紧急的问题加以处理。而这种乱七八糟的作品就带来了错误、误会和无辜的悔恨。

当然，我并不是说要控告诗人，对他们用虚妄的神灵引诱我们的年轻人进行控诉。我相信如果诗人被提问的话，一定会说自己要对所有医生和犯罪学家进行救赎。可以理解的是，他们的各种观点都不是以现实生活为指向。诗歌这种形式的出现，并不是先自然生成，而后和自己创造的观点突然相伴而生。诗人先把观点提出来，然后从含义出发，再发展出独具个性的形式。这个过程越自然，越是不可避免出现灵感，诗歌就越加受人称赞，可是这并不是说只要怀疑自然性，就代表它是对真实生活的反映。诗歌中所描述的那种范式，最起码是在描写女性时，我们犯罪学家是从来没有见过的。很显然，在我们枯燥无味的工作中，我们可能从多个角度理解诗歌，并觉得那是金玉良言，可是我们需要先用日常生活验证其是否正确。一定要理解我们并不是只能把交换的外在派上用场去进行观察，或者将某种真相剥离出来，或者最起码把它放在一种非常美好的、也许具有说服力的状态中。我只能这样说，我们必须要对好的内容能否被归纳在一起进行研究，或者我们在日常生活中能不能找到与之相同或类似的事物。虽然听上去存在很大的冲突，可是我们要记得，美原本就是一种再显然不过的证据。布洛普斯托克有一首非常著名的诗，开头是这样写的：“月亮环绕着地球，地球环绕着小太阳，一群小太阳又围绕着更大的太阳。我们的天父啊，那就是您。”这无法用语言表达的崇高诗篇就对上帝存在的本质进行了证明，当然，存在的形式极其强烈，包括无神论者在内，当他们读到这篇文章时，也会对其存在确信无疑，哪怕只是短时间相信。同时，诗人不仅没有给出真正的证据，也没有这个想法。其中存在博大的想象、不容置疑的真实命题：月亮绕着地球转，地球则绕着太阳，而整个系统则以中央的太阳为核心旋转，之后，在第四个命题中，毫无理由地把中央太阳和我们的天父也加进来，并把其当作一种真实存在。最起码读者也会在短时间内着迷吧！这种极端的例子比比皆是，特别是当主角是女性的时候，因此，通过结合就可以给出这样一个结论：在这个问题上，诗人并不能帮助到我们，他们只会把我们往错误的路上引。

要想对女性的本质及其和男性有什么不同加以了解，就必须将所有诗意化都抛到一边。最严谨的做法就是将所有吊儿郎当都抛到一边，只立足于严肃学科，从中找到启迪。这些学科也许是世界史和文化史，但一定不是记忆，因为记忆只是站在主观经验和个体的角度。解剖学、生理学、人类学和严肃的特殊文学可能可以把公证的情况提供给我们，之后，通过努力我们就可以进行观察、对比，并对曾经的观点加以验证。不深入探究就分不清善恶。①

我会增补一个有参考文献的特殊文献来源清单。②

第64节　两性差异

有很多人都想要把女性和男性思维的差异找出来。在《心理学教科书》中，福尔克马尔对这些实验进行了回忆，可是单个的案例恰恰对这个问题不可能得到明确的说明进行了证明。很多涵盖面太广，也有很多涵盖面太窄；很多难以理解，很多则需要在了解整个问题，而且对某个作者的观点有一定的偏向，才有可能存在一点正确性。我们来看下面这些对比。

---

①　原文为拉丁文。——译者注

②　E. 赖希：《人类作为个体的生活》，柏林，1881年，L. 冯·施特恩：《本地的女人及其他》，斯图加特，1876年。A. 科尔：《人类的母亲与孩子》，巴黎，1882年。A. 冯·施魏格尔－莱兴费尔德：《世界上的女人生活》，维也纳，1881年。J. 米舍莱：《女性》。吕克来《女性的犯罪行为》，布鲁塞尔，1898年。C. 勒努兹：《男性与女性比较心理学》，巴黎，1898年。莫比乌斯：《女性的生理性愚笨》。

男性	女性
个性	接受能力(布尔达赫、贝特霍尔德)
活跃	被动(道布、乌尔里)
领导力	模仿性(施莱尔马赫)
精力	对刺激敏感(贝内克)
意识活动	潜意识活动(哈特曼)
有意识的推理	潜意识推理(冯特)
意志	意识(费舍尔)
独立性	完整性(克劳泽、林德曼)
特殊性	一般性(沃克曼)
否定	肯定(黑格尔及其学生)

上面这些对比都不尽如人意，很多还让人费解。布尔达赫的正确性只局限于一定范围内，而哈特曼观点的正确性则建立在你接受的基础上。我觉得这些解释并不能帮助到任何人，或者让其对女性有更好的了解。事实上，对于很多人来说，这只是说明男性有着男性化思维，而女性有着女性化思维。警句即便说得再好，也没办法把这个问题说清楚，只会让人更加疑惑。

能把女性特质的决定和被决定因素表达清楚，现在一个都没有。比方说："在不允许谈论的话题上，女性比较小心，而男性则显得迫切得多。"在某些情况下，也许这一点会极大程度上地启迪刑事案件，特别是要对罪犯性别进行判定的时候。假如罪犯实施了非常小心的犯罪手法，那么她很可能是女性，假如行事果断则可能是男性。可是这个谚语有这样两个不足之处：一是在不允许谈论的问题上，男性和女性确实是这样，可是这并不是普遍现象。二是这种观点也许出现的频率很高，可是绝不是一个规律。在很多例子中，相比男性来说，女性还要迫切一些，还要不小心一些。

错误概念有这样一个极其危险的地方，通过把华而不实的言语表达出来，赋予女性没有经过证明的特异性。对这句熟悉的谚语进行一下思考：男人会对一个美女所做的任何事都表示原谅，而女人则不会。这句话本身没有什么问题，舞会上的嚼舌根和最为恐怖的刑事案件也对这一点进行了说明。男性在对一个美丽的罪犯所犯下的罪进行描述时，更偏向于把行为描述得轻微一些，极少使用冒犯性语言，而同性则会以其美貌程度和崇拜者数量的增加为依据，而对她进行更严厉的批评。因此通过这个命题，很容易得出结论：男性更偏向于善意的原谅，而女性则是不会原谅的。也许这种推论一点都不公正，因为谚语只是偶然将女性当作主语，也可以写成：对于一个帅哥所犯的错误，女性会选择原谅，而男性则不会。我们要特别小心的一点是：在生活中嫉妒心所起到的作用不可忽视。

另一个很难利用常见真相的原因是：在一定程度上，它们在表达出来时都是通过明确的意象。举例来说，如果你说“男人用语言表达请求，而女人只用眼神”，那么你可能就掌握了一个在诸多刑事案件中都有价值的命题，因为案情时常由两人之间存不存在感情（杀父凶手、寡妇和嫌疑人的关系等）来决定。

如今，至于人们是怎么沟通的，他说话的时候是多么激动，而她则是多么小心翼翼，法官当然是看不到的。可是如果法官拿到了几封信件，再联想到那句谚语，他就会发现相比女人，男人表达得更直接一些，而在一定程度上，女人则有点羞愧。因此，假如在自己写的信件中，男人表达得非常果断，其中的证据都和法官对他们关系的推论是一致的，那么即便没有在她写的信件中找到任何相似的地方，也不会对结果有什么改变。用另外一句谚语可以表达：他要的是字面意思，而她要的则是隐含的意思。

要对男人和女人进行区别存在一个很大的难题，让·保罗在《教育论》中就提到了这一点：要想让女人同时爱着自己的孩子和四个大陆是根本不可能的事，而男人却可以。可是，真正爱着四个大陆的男人又有谁见过呢？“他热爱概念，而她则对外表尤其看重。”又有哪个律师清楚这一点呢？还有一点：女人只要爱了，就会持续地爱下去，可是男人中途却会停下来。格拉贝用另外一种方式对这一点进行了表述，他说：“对男人来说，世界就是他的心，而对女人来说，她的心才是世界。”从中我们又能受到什么启迪呢？是女人有着更博大、更完善的爱吗？当然不是。我们只看到，相比一个女人所做的事，一个男人要做的事情要多得多，因为这一点他不能从自己的印象出发，于是他不能让自己的即便是特别强烈的喜好捆绑住自己。因此我们会听到这样一句古老的谚语：男人的智商会在恋情中下降，而女人的智商则会上升，即因为自己喜爱的人，男人会让自己的工作效率受到影响，而从生活中女人每次都可以得到新的经验。当然，男人也可以得到一些，可是他的机会要更多一些，而在生活中，女人没有男人的地位，要想得到经验，就必须找可能的渠道。

所以，把可以明确作出判断的、不需要华丽的词藻来表述的、普遍适用的规则抓住就是最好的方法。弗里德赖希这样说："从精神层面来说，女性更容易受到触动，情绪更加不稳定，男性被思维所统治，女性则被情绪所统治。相比之下，男性更多的是思考，而女性更多的是感触。"① 这种没有经过深刻挖掘的语言其实是老生常谈，却将太多可以解释的内容涵盖进去了。也许我们可以再把霍伊辛格的话补充一句上去："女性具有强大的复制性想象力，而创造力则明显缺乏，因此女性中会诞生非常优秀的写实派画家，可是却从没有出现过任何伟大的女性抽象派画家。她们也作诗、写小说和十四行诗，可是没有哪个女人可以把好的悲剧写出来。"这句话充分证明，女性的复制想象力要远远超出她的创造性想象力，在犯罪和证人作证的过程中，这种情况也时常出现。

从犯罪行为的本身及其实施方式中很难看出这一点，而很容易在计划的特点中发现。计划将创造性表现出来，并不意味着它就是未经雕琢的。想用一个例子就对原创性进行证明，很有可能会被误解，我们只能按照霍伊辛格的模式来说：假如从表面上来看，一个犯罪计划比较完善，可以假设它是被某个男性制定出来的，假如一个犯罪计划还需要外援，像对已经发生的案件进行模仿，或是在执行过程中寻求外援，则可能出自女性之手。这一点确实没错，以至于在后面这类案件中，哪怕是男性犯罪，也一定是女人在出谋划策。可是如果反过来说，差不多都是有失公平的。假如一个男性把某个计划想出来，而执行者却是女性，那么其基本线索就消失了，这个女人会抹杀事情创造性的一面，或者变得非常模糊，因此不可能对其作出任何确定的结论。

在证人作证时，这种现象也极为重要，在很多案子中，我们会给出这样一个前提：证人证词都是不对的，或者有一部分是不对的，还有可能觉得自己可以对某一部分证词进行分解，进而对其中不正确的部分进行判断。假如是男性证人出现这种情况，那么他就会以一种创造性的方式表现出他所说的谎话，假如是女性证人，那么她就会通过复制性的形式进行表达，最起码传到我们耳朵可能是不真实的言论。很显然，这种说法本身并不能提供任何证据，可是最起码可以让人们心生疑问或者小心一点，在很多案例中，已经出现了太多这样的事。可以说在自己的工作中，我用这种方法也得到了很多收

---

① B. 弗里德赖希：《法庭心理学的系统》，雷根斯堡，1852 年。

获。假如怀疑某个证人的证词，特别是觉得某些罪行中概念性的东西也许存在问题，我就会对霍伊辛格进行一下回忆，之后扪心自问："假如这件事是假的，那么它是十四行诗还是悲剧?"如果答案是"悲剧"，而且是个男证人，或者是"十四行诗"，而刚好是女证人，那我就会觉得这一切有可能都是编造的，我就会变得非常小心。哪怕无法得出什么结论，霍伊辛格的另一个说法也会给我提供帮助，问问自己"花卉图片还是历史主题"一样的道理，我也可以找到一些线索，以及有没有必要怀疑。我再重申一遍，这样是不能得到任何证据的，可是假如提前有所防范，时常都会让我和成功相拥。

第65节　总论①

在漫漫的时间长河中，我们很清楚爱和与之有关的一切都会深刻地影响事物，哪怕知道饥饿和爱并不是仅有的会引发冲动的事物。通常情况下，这都是真的，相比对男性的影响，性的问题会对女性产生更大的影响，因为一系列重要条件都会对后者产生作用，而不会对前者产生作用。所以，只是对女性肉体的生理特征，包括月经、怀孕、生育、哺乳和更年期进行考虑是明显不充分的。我们一定要对女性与生俱来的、在文明和习俗要求下有所发展的更重要的精神状态加以了解。我们一定要问一问，从青春期开始，每个月都必须对某事讳莫如深的几天，这会如何影响她的个性，而在怀孕的时候，最起码要在很长一段时间内，不能让儿童和少年知道。可以肯定的是，社会习俗更高地要求女性的自我控制，一定会规范化地影响她们的天性。在我们的观念中，女性是不能非常直接地说出自己喜欢谁或者恨谁，或者把自己爱谁清晰地表达出来的，她也不能表现得过于迫切。所有表达都必须非常委婉、偷偷地出现，假如在几个世纪的时间里，这种需求都特别流行，作为一种特点来说，一定会影响到性。对于犯罪学家来说，这种影响非常重要，通常只要想到这些情况就能够对所有现象进行解释。我们还需要再观察一下现代视野和现代趋势所造成的影响。下一节我们对具体的特征进行一下剖析。

① 英文原文中此标题前有标题"性特质"，但是下面无内容。故未将其作为正式标题。特此说明。——译者注

第 66 节　月经期

这种非常女性化的过程，我们男人在自己的生活中找不到任何一种类似的，哪怕只有一点点相似的经历来对此加以理解。这个问题在女性生活中所产生的影响要远远超出我们的想象。假如觉得月经对罪行或者对事实的陈述产生了影响，大部分情况下就需要问一下医生，再跟法官说。法官一定要对这个事实以及月经所产生的影响有所了解。当然，在这个问题上，他要有一个大致的了解，可是还需要医生非常准确地告诉他月经是从什么时候开始的，有没有出现什么明显的疾病。之后，法官的任务就是站在心理学的立场对医生的报告加以了解。法官因为经受过训练，所以他所了解到的心理学知识和医生相比差不多。任何一本专业的生理教科书都会说到月经有多么重要。我们需要了解的是，在我们这一地区，月经一般从 13 ~15 岁开始，45 ~50 岁结束，周期一般是一个太阳月——27 ~28 天不等，会延续 3 ~5 天。月经结束以后，即便是平常最没有性冲动的女性，也会感受到最强烈的性冲动。此外还要格外注意的一点是，在经期，大部分女性的情绪都会出现比较大的波动，通常精神状态会和平时不一样。

大多数情况下，如果没有合适的理由，去问月经的时间是根本没法办到的事，因此要提醒注意的是，某些权威人士说，大部分女性月经都是在上弦月时期出现，少部分在新月或满月时出现。这一点让人心生疑问，可是，至于月经到底有没有来，我们也没有其他线索来判定。那些流行的标志（像某种特殊的外表、眼睛很亮、口气很臭，或者极易出汗等）都缺乏可靠性依据，还有，要想发现难受、背部紧张、骨头酥软等身体特征，必须通过医生才行。

假如对月经影响了证供或者犯罪有所怀疑，而且其他方面特别是上述事实与其相一致时，我们就需要判断自己有没有将一种因为月经影响所产生的精神事件考虑进去了。伊卡尔编撰了和这个题目相关的最佳专著。[1]

当我们对这个问题的细节进行思考时，我们就率先被月经初潮的重要性所吸引了。青春期开始时是女性最温柔、最端庄、最纯净、最有吸引力、感觉最美好的时候，通常在月经还没有来之前一段时间，或者月经已经变得规

---

① 伊卡尔：《月经期的女性》，巴黎，1890 年。

律了之后，年轻女孩这个时候是很少犯罪的，可以说在整个人生节点中，这是犯罪可能性最小的阶段。所以，某些冲动的浪荡者也许会把目光瞄准她们，或者因为自己行为不妥而伤害到自己，才是更值得担心的问题。当周围环境不太好，尽管孩子有天赋却没有太多机会展示自己时，就更有可能发生这种情况。当没有受到过影响的精神品质、无聊、被唤醒的敏感和魅力，就变成一种极其危险的混合体，表现出来就是非常痴迷于让人兴奋的、浪漫的或最起码是不同寻常的经历。对性事，她们可能一无所知，或者只知道一点点，却感受到了它的刺激，那么最后一定会有无害的、像梦一样的非凡经历这样的结果。其危险性就在于，这些梦幻般的经历可能会带来幻想、毫无道理的原则，甚至会撒谎。当具备所有先决条件时，大家都知道的不公正的控诉和引诱、强奸、强奸未遂甚至纵火有关的伪证、控诉性和诽谤案件就会出现。[①] 每个人都足够了解这种控诉，每个人也时常会发出感慨，为什么这样一个安静内敛的女孩竟然会做出如此让人费解的事情。假如调查过这事件是不是发生在第一次月经来临前，同时有人对下次月经有没有发生什么重大变化进行观察过，那么法医就有可能解释这件事情。我知道，如果搁在任何其他情况下，很多半大女孩所犯的事她们都不会犯，像纵火、大不敬、写无数的匿名信、给完全停留在幻想层面的引诱编造谎言等。我们就经手过这样一个案子，我们对那个女孩就是首次月经来临前犯的罪进行了证实。平时她都表现得很安静、举止得体，而且在下一次月经到来时，她也表现得极为不安。月经规律了之后，就再也没出现过之前那些现象，孩子也再没犯过罪。[②]

类似于她这样的人，如果要对某些自己觉得索然无味，也的确觉得没意思的感觉进行描述时，一样会有风险。这里一定要提醒关注这样两点，首先，对在目击案件或陈述案情中，这个孩子是不是正处于月经期。假如是前一种情况，那她也许会说很多，远远超出她所看到的情况。如果是后一种情况，她也许会产生一种错觉，觉得自己看到的情况比实际情况多得多。青春期女孩的证词太不可靠了，我们都知道这种证词会引发哪些问题，可是却鲜有人发现这种不可靠不会伴随一个人一生，大部分情况下她们会变成一个非常值得信任的人。一般情况下，刑事法官没办法对一个来月经女孩的证词的矛盾性进行判定，因为他顶多只能和她见两次面，不可能发现她对真相的热

① 参见《H. 格罗斯全集》中内赛尔的文章，第 4 卷，第 343 页。
② 参见克拉夫特—埃宾格尔：《月经期癔症》，斯图加特，1902 年。

爱有什么不同。值得庆幸的事，即便刚来月经的女孩的陈述中有虚假的成分，也是非常有特点的，她们会说得很诗意化、很不一般，也非常有意思。假如我们发现一个普普通通的事件被一个女孩说成是不同寻常的经历，而且这个女孩还对其他证人的话表示否认，那么就要小心了。事实上，也很容易搞清楚这一点，只要你去问问对这个女孩比较了解的人，在这段时间之前她是否可靠、是否诚实就可以了。假如他们的说法让你更加怀疑月经可能产生的影响，那么直接问、再次审查或者当情况需要时请求医生援助来弄清事实都是可以的。直接询问很有可能得到的是虚假的情况。在这种情况下，假如我们了解到目击或作证是在月经期间发生的，也许我们就可以给出这样的假设，哪怕证词有一部分是真实的，其中也会有一些虚假的。

月经通常会对所有年龄段的、从少女到成熟女性的知觉品质和描述的真实性产生影响，冯·赖举巴赫写道：月经期女性有更高的敏感度。[①] 虽然这位知名的发现者说过不少和这个题目相关的狂妄言论，人们依然要将他看作是一个智者和一个优秀的观察者。可以肯定的是，他所谓的敏感的人就是对外界刺激会给出特别强烈反应的人，因为他的观点和其他人是一样的，我们就不得不承认，最起码他的观察对情绪化的、极易兴奋的和情感细腻的月经期女性的状态进行了证实。大家都知道在特定条件下，极其敏锐的感官知觉会成为一种病态。在你还没有得感冒之前，嗅觉通常会非常灵敏，而某种头痛和某种特别强大听觉相伴相生，于是，之前从来不会被我们注意到的声音才会影响到我们。一样的道理，如果身体上哪个地方有淤青，只要受到触碰就会表现得特别明显。总的来说，我们必须对女性的知觉，特别是皮肤感觉、触觉都会在月经期反应特别强烈予以相信，因为在那期间，她的身体一直处在非常紧张的状态。在很多层面，这都具有很重大的意义。月经期的女性很有可能听到、看到、感觉到，或者闻到其他任何人和她自己在其他时间都不能感觉到的事物。与此同时，假如我们要对月经期间女性的很多观念进行追溯，就会发现，感觉细腻和性格敏感之间的界限是很难找到的。我们会发现从“性情敏感”到“容易冲动”的普遍过渡性，很多争端就是来源于后者。在很大程度上，证人、伤者或被告这些人都会受到影响。众所周知，很多指控女性荣誉受损的事件都是虚假的，对这种有关月经期女性的抱怨的发生过程加以了解一定非常有意思。当然，站在统计学的角度，还没有人能

---

① 《敏感的人》。

给出结论，可是这类审判其实最好不要在案发一个月之后或者提起控诉一个月之后进行。因为如果大部分月经期女性的埋怨都在月经期出现，那么一个月以后，她们同样会非常兴奋，肯定也会对所有调停表示反对。这个基本原则已经被多次证实。有一次，我就因此给一位来自小镇的可敬的、热爱和平的市民提供了帮助，当时他的妻子不断埋怨“受到的伤”，[①] 可是我却听说他的妻子的灵魂非常杰出，可是“在每个月那几天就像被魔鬼附体了一样，会想抓住一切机会和所有人对着干，结果又觉得自己受到了莫大的侮辱”。

隆布罗索还把一个比莫名生气更让人怀疑的特点指了出来，他说处在月经期的女性生气的可能性更大、作伪证的可能性也更大。[②] 也许这一点隆布罗索说对了，因为撒谎和其他特点是能够结合的。这样的现象我们时常会见到：最值得尊敬的女性在撒谎时却是以一种最让人不齿的方式。假如排除其他原因，那就是这个女人会呈周期性地进入某种不正常的状态，最起码我们可以公证地说二者是一起的，女性之所以一反常态地撒谎，就是因为周期性的月经。因此我们一定要非常谨慎，假如女性说了什么重要的、却找不到什么佐证的话，就一定要记得也许是因为月经所引起的。

可是我们还可以更深入地探讨。杜绍莱在经过大面积调查以后，得出这样一个结论：很多巴黎商店失窃案件的罪魁祸首都是处在月经期的最优雅女性，如果发生了36件这样的案件，有35件甚至以上都是这样，而其中有10件以上发生在月经期前期。[③]

对这个问题进行过研究的其他权威人士声称，如果陈设的是女性特别钟爱的物品，那么就会引发盗窃。[④] 即，处于月经期的女性的兴奋度更低，更加没办法拒绝，漂亮的珠宝和其他小摆设就会极大地诱惑到她。可是我们却因此走向更远的结果。女性所喜欢的不单单只是美丽的东西，在月经期间她们的确更难和自己的欲望相对抗，假如她们难以抵抗这些东西，那么对其他东西也是如此。因此虽然这样的术语是我们的确不喜欢用的，可是如果我们面对的是这些被叫作盗窃癖的人时，假如这种行为屡次出现，通常情况下，就应该去审视一下有没有可能是因为怀孕，有没有受到月经的影响当然也是

① 原文为拉丁文。——译者注

② C. 隆布罗索和G. 弗雷罗：《女性犯罪者》。

③ 杜绍莱：《法庭上的疯狂》，巴黎，1864年；《法医论》，巴黎，1873年。

④ 《大商场里的女小偷》，收入《犯罪人类学与刑事侦查学文献集》第16卷，第1341页，1901年。

需要考虑的内容。

也许因为月经，女性会犯下不可饶恕的罪过。这种例子屡见不鲜，原本非常理智的女性所犯的罪行特别让人无法理解，而且很多还是谋杀。假如该女性的朋友对她这种反常的倾向一无所知，在那段非常短暂，可是却充满危险的时期里，没有对她多加留意，也许还会出现更多这种罪行。

像因为月经影响所导致的反常的精神疾病，也是大家所熟知的一种。这种类型的精神疾病往往发展起来没有任何迹象可循，以至于在大量案件中都没有人关注到它的弊端，正因为其具有过渡性，因此虽然我们要对它小心防范，可是人们却极易走向“神经兴奋”的歧路，甚至根本就不会被人发现。[①]

第 67 节　怀孕的情况及影响

对于怀孕的情况及影响，我们会简要描述一下。相比对月经的疑问，我们对怀孕的疑问要少得多，因为大家都知道怀孕会非常严重地影响女性的精神生活，所以当孕妇犯罪或者孕妇是主要证人时，就更加需要请医生过来了。可是，说得也没错，那些常常极其明显的、会引发反常行为的欲求或者非同一般的、残酷到对孕妇产生影响的冲动，确实非常需要把医生请过来加以咨询的那些问题，并不是仅有的一个问题。和怀孕有关的最晦涩、同时也最深奥的问题，通常停留在精神层面，通过时而轻微时而明显的女性视角的变化表现出来。其本身看上去好像无关紧要，却能让人改变对某件事情的态度，她一定要告诉法官这一点，因为那种改变又会让她改变判断力。我再说一遍，从理论层面，我们可以说“证人一定要把真相说出来”，可是现实情况却不一定是这样。除了会评判任何知觉的描述以外，这还由看问题的角度以及情绪状态的改变来决定。因此假如对于孕妇所经历的那种情绪波动，我们从来没有过亲身体验，就必须有能力从逻辑上对它加以理解，才能把重点抓住。暂且不说母亲的身体状况如何，包括怀孕会如何影响到她的营养和周期，我们需要对这种体验的了解更深刻：要把发育好的生命照顾好、知道这个生命以后的命运会如何、会给父母带来什么等。该女性知道，对于自己的生命来说，这是一种危险，最起码会引发疼痛、折磨和困难（往往孕妇会过

---

① A. 施沃布：《从法医角度看月经周期性精神病》，里昂，1895 年。

高估计这一点）。无论她有没有受过教育，这个秘密都会被她不由自主地感知到，这个她怀有的不确定的生命，马上就要诞生到这个世界上的生命，也会威胁到自己的生活。她觉得自己离死亡更近了，和这一点相关的各种倾向性则取决于这位未来母亲感觉的天性和情况。一个被抛弃了的怀有身孕的新娘的感觉，和一个知道自己马上就要把一个爱情的结晶诞生下来的年轻女子的感觉，真是大相径庭。还有生病的、已经是多个孩子母亲的贫困妇女，明明知道这个并不被众人所希望诞生的孩子的降生也许会让其他孩子生存的概率下降，相比一个生活条件优越的女人觉得三个四个孩子其实都一样，两人的感受就有了云泥之别。

假如内心感受有这么大的区别，难道就不会对这个女性如何看待观察到的事件产生强烈的影响吗？也许有人会提出质疑，说证人的主观态度不可能对法官产生影响，对事件的一面之词的客观真实性，法官是极易发现的。可是我们最好还是不要自欺欺人了，在看待问题时要更客观才行。即便证人竭尽了全力，也许其主观态度还是有问题，审查的人也可能对真相和虚构没办法进行完全的辨别。与此同时，在很多情况下都必须询问证人，案件给她留下了什么样的印象，特别是当案件用语言没办法形容时。

我们一定要问的是：证人觉得那次攻击危不危险，那次威胁严不严重，那次勒索是否可能，那次殴打是不是故意的，那个动作有没有带有侮辱的性质，那次攻击是不是提前计划好的。在这些以及众多案件中，[①] 我们必须对其观点加以了解，才能给出自己的判断。最终，没有人能说自己对情绪诱导完全免疫。证人用非常确定的语气对案件进行描述，我们心中的回响因此形成。假如有其他证人的存在，也许会纠正这种不完整的看法，可是如果只有一个证人，或者因为某种原因，我们更加相信一个证人，或者有很多对我们抱以同样信任的证人，可是却没有足够的条件、观点和“事实”。不管是谁面对一个看法变来变去的孕妇，都会觉得难以理清头绪。

从很多方面来看，那些历史悠久的、把一套有关孕妇表现出特别欲望或者感知和表达出现异常的苦心造诣进行诡辩的文献发展出来都具有重大的意义。可是我们还要牢记的是，之前的观察太过于模糊，而且其观察者的知识量也远远少于我们现在。

---

① 纽曼：《怀孕的影响》，《西博德助产术》杂志，第2卷。霍夫鲍尔：《孕妇的特殊欲望》，《刑法全集》，第1卷，1817年。

第 68 节　性欲

时常会出现有关女性性冲动程度的问题，可是好像都没有什么多大意义。当然，律师对其了解一下还是很关键的，因为假如知道了女性鼓励男性的过程，就可以更好地判决很多性犯罪了。一样的道理，了解到有关知识以后，也许会对我们了解女性证人是如何对待案件的有所帮助。首先，每个女性个体的性需求和每个男性个体的性需求同样存在很大的差别，这就像对赖以生存的条件以及其他若干动物性的需求一样，都是多种多样的。我们没办法找到一个标准，即便是对一个平均值进行判断。没有理由说女性的性敏感度低于男性，因为专家的观点往往是相互冲突的。在赛尔吉看来，相比易怒度，女性的敏感度要低一些，[①] 而在曼泰加扎看来，女性不可能有让自己感到疼痛的性欲，这些论断于我们而言都毫无意义。因此，我们也只能通过深入理解、更用心地观察，才能得到一些结论。比如，当意大利实证法学家反复声称女性有更多性欲、更少色欲的时候，他们想表达的意思是，男性对性冲动的满足更加关注，而女性则对母性的本能更加关注。也许这条信息会帮助我们对某些案子进行解释，最起码可以帮助我们对那些没有被强奸或者并没有因为承诺结婚而被诱奸却犯错的女孩进行理解。如果我们明白，名誉受损会如何影响一个女孩——辱骂和屈辱，因怀孕遭遇到的难题，亲戚都离自己远远的，甚至会被父母赶出家门，也许不再拥有从前至高无上的地位，随之而来的还有生育的痛苦和难受，照顾孩子、收入锐减、教育孩子的难题、外出困难、结婚机会更少，这些后果都极其严重。如果只是用性冲动这一原始力量对其进行解释，并不能够对其（性冲动）得到满足以外，其他可能引发名誉损伤的原因进行掩盖。

知名的维也纳妇科医生布劳恩说："假如大自然给出这样的设置，在每段婚姻中，男女双方轮流生孩子，那么任何一个家庭都最多就只有三个孩子。"他的意思是说，即便女性愿意生第三个，男性也会因为初次生产太疼了，而不愿意再生第四个。我们没有理由说女性的性需求更旺盛，可能是因为相比男性，女性对疼痛的忍耐力更高，因此我们必须相信女性有某种冲动是男性不具备的。这种冲动太强大了，以至于可以把所有非婚生的或因为意

---

① 《精神病学档案》，第 13 卷，1892 年。

外导致生育的害怕克服掉，这就是我们所说的性欲和母性本能的冲动。

从表面上来看，最起码在个别案例中，这种观点是可以说得通的。根据伊卡尔的观点，有的女性生小孩完全是为了享受哺乳的快乐，哺乳是一种很令人兴奋的感官享受。假如自然之所以产生的某种性冲动，完全是为了将该物种保留下去，那么在少数几种明确的情况下，她就可以以某种特殊的冲动来对自己的性欲和母性本能进行充分的表达。这种冲动可以给犯罪学家提供很多解释，特别是女性在男性欲望面前妥协，立足于这一点，他就能对很多原本难以理解的心理现象进行解释。

当然，很多不承认这种冲动存在的事实也有，可是都只停留在表面。谋杀儿童或出现频率更高的母亲虐待孩子，对年轻女人生养孩子表示质疑（特别是法国和美国的受过良好教育的妇女），这些类似现象好像都在和母性本能唱反调。可是我们要牢记的是：如果被抵抗那种冲动变强了，就会将其他所有冲动都吞噬掉，在特定情况下，即便是最强大的冲动，也就是自我保护的冲动，都会被抑制住。所有失望透顶的行为——扯胡子、捶胸顿足、怒气冲天，最后也许就会自尽。事实上，母亲杀害自己孩子的行为，以及绝望之下自我摧毁的行为并没有什么差别。那么，更接近于这种可是出现频率更高的行为，像女性不想怀孕，也就可以用文明带来的确定条件的后果进行解释。假如对文明和时尚强行加诸我们身上的那些在营养、服饰和社会调适等方面的，极其不自然的、愚蠢的甚至是接近于癫狂的习惯进行一下回忆，就不用再费尽心思地找一些例子，来对因为追求财富和个人懒散的母性本能的压抑进行说明了。也许这也可以被叫作堕落。还有其他很多不太重要的因素，似乎也在和母性本能唱反调，主要包括性冲动会一直持续到女性已经不太合适再怀孕的年纪。我们知道，出现第一根白头发并不代表着最后一个爱人会离我们而去，在泰特看来，更年期后还会出现一段很强烈的性冲动时期，可是对于怀孕来说，这种冲动又有什么意义呢？

因为这种自然本能的存在时间比有目的的有效期还要长，因此不能说这种本能和功能之间是毫无关联的。在营养过剩的时候，我们照样吃喝不停。即便大自然对天性和功能进行了完美的调节，以和某种确定的目的相符，在任何时候也都需要把明确的界限划出来，然后在需求消失的时候就把工具毁掉。正因为在其他任何地方，大自然都是非常小气的，在很多情况下，她才看起来好像很大方，可事实上，这种大方是为了实现某种必要的目的而采取的最为低廉的方式。所以，当女性的激情不再为生育功能服务时，在从心理学方面解释很多刑事案件时，依然可以将这种冲动派上用场。

在认识犯罪情况时把母性本能考虑进去是非常重要的。这样的话，不仅能对不当的性行为进行解释，还可以对夫妻之间在纯粹的关系中所存在的一定的潜在问题进行解释。女性是如何对待丈夫和孩子的，她会如何要求他们，她为他们付出了什么，她如今的境遇为何如此不堪，又有什么看上去无关紧要的东西直接让她忽然失去了生活的勇气，这种种情况都可以被理解成是用来区别和解释的因素，在理解它们时，都必须在“母性本能”这个大框架下。长久以来，因为爱和性冲动都太难解释了，所以被当作了理由，可是这些原本就很强大的因素中却存在很多相互冲突的地方，因此还是不要这种解释的好，用母性本能来对它们进行解释倒是可以考虑的。

第69节　潜在的性因素

犯罪心理学家发现，当隐藏的冲动发挥的作用及其结果之间并没有什么关联时，人们往往会感到很疑惑。在这种情况下，对解释它的起点进行寻找就偏离了方向。我之所以说起点，原因是“动机”一定是要有意识的，我们有可能误会“基础”。我们没办法直视的案件有很多，因为虽然我们有时知道罪犯是谁，却没办法对他和罪行之间的因果关系进行解释，或者我们根本不知道谁犯罪了。可是一定要立足于事实，对犯罪的心理脉络加以了解才能找到线索。如果我们要找到一个“基础”，可能会想出若干个也不能把真正的那个找出来；假如我们要对动机进行寻找，就会被更严重地误导，因为自己没办法将罪犯和罪行相关联，罪犯从一开始一定就在脑海中想好了这个。假如动机和罪行间有着非常明确的关系：贪婪和盗窃、复仇和纵火、嫉妒与谋杀等，那对我们来说就变得简单了。在对这类案件进行审查时，我们只需要把算数问题做好就行了，也许会有点难度，可是却是最基础的。假如从事件本身到其最后可追溯的基础，包括从罪犯的态度中找到一些关联之处，却不能得到任何解释，那么就没办法理解案情了，我们就觉得好像走进了死胡同。这时假如什么都没有发现，情况就还算是好的，假如我们相信自己已经找到了线索和正确答案，情况才会变得更加糟糕。

隐藏在无数案件中的来源或者我所说的起点就是性。其隐蔽性正是从羞耻感而来，所以更容易出现在女性中。在某个无关紧要的女性证人的谎言中，隐藏的性起点都会产生影响，就好像是因为他有情妇，她才毒杀亲夫一样。其之所以在天下畅通无阻都是别的旗帜，没有人允许大胆表现激情，所以一定要换一个名字，即便满脑子都被它占据的女性脑袋里也是这样。

虚伪的虔诚、宗教狂是性冲动的第一个伪装形式。这种形式有着非常悠久的历史。弗里德赖希把宗教活动和性组织之间的关联指出来了，把很多有关圣人的故事都引用过来了，像在圣伊丽莎白和幼年基督身上，都流传过和性暗示意味有关的传说。赖因哈德说的没错，甜蜜的回忆通常只是隐藏的激情暴发和感官之爱的攻击而已。佐伊梅却说，错了，他觉得神秘主义主要在神经的弱点和疝气中存在——它其实在一个更深的维度存在。

这一点的作用再简单不过了，我们必须对一个女性究竟道德上是纯洁还是淫荡加以了解。这一点在她违背道德时和她触犯法律时都非常重要。有关这个问题，我们所得到的答案差不多都是没有价值的或者说都是错的，因为不能公开查询这个问题的目标，想要发现它很难，即便是最亲近的人想要发现都很难。因此我可以把有关宗教活动、信仰和类似问题引出来，从而得到答案。因为这些问题不仅极易被感知，还可以在公开场合探讨其本质。有信仰的人，待人处事都会考虑到别人，因此不需要隐瞒。假如能对证人有某种宗教狂热进行证明，那么觉得其在一定程度上存在被压抑的性快感就基本上是正确的。

一些类似的事件我们大家都知道，可是我还想再举两个自己亲身经历过的例子。第一个例子是和一个年纪比较大的未婚女性相关的，从信托基金中，她挪了很大一笔钱过来，还展示给仆人看。起初谁也没想到这是性的作用。当她做出不可一世的宗教行为——在家里设置了一个佛龛，而且强迫仆人和自己一起做祷告时，大家才意识到，这个道德感十足的老处女很喜欢她的仆人。

在第二个案子中，年轻妻子把自己年老的性无能的丈夫毒死了。一开始没有人怀疑是这个妻子干的，可是在询问她时，人们却发现她的行为中带有强烈的虚伪和做作，于是人们开始将怀疑的目光聚焦在她的身上。她连篇累牍地讲述了很多和宗教主题相关的言论，表现出非常热爱圣人和宗教秘密的情感，因此在这宗教的废墟中，似乎没有理由怀疑会出现耀眼的对感官享受的追求。因为通奸是会遭到诟病的，所以她必须尽可能避免，而她性无能的丈夫是不能让她得到满足的，这一点是毋庸置疑的。因此似乎就很容易产生这样的想法，她为了和其他人结婚，所以就想要把自己的丈夫杀掉。只要她有了目标，那么就很容易把她有罪的证据列举出来。

克劳斯已经提出过，很难证实激情的确存在，并将其和合理的怀疑相关联，也非常需要知道首先要隐瞒什么，在他看来，妻子不需要在自己的丈夫面前假装出情真意切的样子，因为引诱他就是她的心愿，假如她没有激情，这种愿望也就不会出现了。[1] 这种论断并不能全然正确，可是也不能说女性没有任何伪装的理由，因为在诸多案例中，一些女性和身世悲惨的男人生了孩子以后，依然希望把一个有钱男人引诱过来给孩子当爸爸。在这种案例中，在缺乏激情的前提下，女性可以想尽一切办法去引诱男人。

而倦怠则是另一种让人被性欲包围的重要原因。至于倦怠是什么，没有人可以说清楚，可是这种感受却是每个人都非常了解的。没有人会用沉重来形容它，可是所有人都知道倦怠正是很多邪恶的行径产生的源头。这还不同于懒散。也许我会懒散，可是我不会感到无聊，也可能忙得很无聊。可以这样来理解无聊，因为对不同事物的欲望没有得到满足，所以才有了无聊这种心理态度。我们用转喻的方式提到某个无聊的地区、无聊的课程和无聊的公司。因为这些事物所引发的一种情绪状态就是无聊。有时候，这种内在状态是一种决定性因素，因为这个人觉得无聊的事情，另外一个人可能会觉得很有趣。因为在客观内容上反映了情绪状态，所以某种收藏、一个图书馆、一场讲座都会因此变得了无生趣。于是，无聊的范围就被扩展了。可是我们所说的无聊是一种情绪状态。我们发现，这种现象在女孩、年轻女子以及还没有发育或女性化的男性中非常重要。由于强烈追求某种难以得到的事物，所以表现出了某种梦幻的、高兴的或不高兴的态度。在低声咒骂这种欲望没能实现时，同时要求让内心变得丰富起来。所有这一切都是源于性。当然，这一点没办法被证实，就像对数学题进行论证一样。可是经验告诉我们，只有在性能量聚集的时候，才会出现这种情绪态度。当欲望得到满足以后，它就不存在了。可是相反，人是不可能得到满足的，即便有最丰富、最完美的替代品。因此，对于性欲的起点，我们是不敢推断的。更何况在那些要求不够灵活的工作中，说教和训练的确把人们所有多余的、想表达自己诉求、想要获得满足的愿望被压制了。

可是无论什么事物都有自身的局限性，工作压力和强制性往往会被甜蜜倦怠中的沉默的力量所覆盖。只要出现这种力量，一定会带来非常严重的结果，在晦暗中，禁果通常会一步步成熟起来。没有人可以说，不正当关系、

---

① A. 克劳斯：《犯罪者心理学》，图宾根，1884 年。

诱惑、通奸和所有与此相关的罪行——从为了爱人偷东西到谋杀不爱的亲夫，都是因为倦怠所导致的。可是对犯罪心理学家来说，女性对现状不满、想要寻求改变的标志正是倦怠。从希望到愿望，从愿望到要求，这中间的距离并不遥远。可是假如我们对已经金盆洗手的罪犯进行调查，从什么时候开始，她有了犯罪的想法，她总会说自己有了强烈的倦怠感，于是就产生了邪恶的想法，之后更邪恶的计划就被制定出来了。对任何有经验的犯罪心理学家进行问询，他会跟你说，他曾经因为要从倦怠出发对女性犯罪进行解释而错误连篇。邻居会对女性倦怠的时间点比较了解，当有人问女罪犯这件事时，她都会觉得自己的倦怠期已经被人们发现了。“寻找女人就是寻找爱情，更是寻找麻烦。”① 这个结论被试验了多次，每次都成功了。

自负也许是源于潜在的性欲。我们只需要将“自负”这个词的拓展意义派上用场，因为当我们说一个学者、官员或士兵自负时，我们是说，他们渴求名誉和渴望自己得到认可的活动。原本只是某种女气的或者女性化的男人具有自负这一特点，就如同达尔文所说，因为要实现性选择这一目标，所以鸟儿、昆虫甚至植物才有鲜艳的颜色，所以才有了性的基础，就像女性的自负也是为了性一样。她的自负只是为了男性，即便把其他女性当作桥梁。在《缩影》中，洛策就说过：“所有让别人关注自己，而没有带来什么伤害的现象，女性直觉上都会把它当作两性冲突的方式。”其中“方式”和“两性冲突”这两个词都是真理。男性在战斗面前是不会逃避的，如果坦诚地面对问题，就不得不承认，事实上动物和人的行为是一样的。为了女性，男性会直接发起挑战，而女性则必须学习如何将这种斗争挑起来，所以就会将两性冲突中的自负派上用场。对于我们犯罪学家来说，女性的自负毫无意义，这是人所共知的事实。可是如何把自负表现出来特别重要，对其他因素来说，其结果和关系也非常重要。

在法庭上把女性的自负派上用场并不是一门艺术，而是一种也许会产生误导的伎俩。想要在女人面前表现得意气风发的人，就如同里厄夫人所说，“就要把她们的自爱交付出去”。圣普雷斯则说：“探索女人通过她们的感觉是行不通的——心灵和自负才是她们的弱点所在。”可是这些话都说得太过于强劲了，极易引发某种骗局。假如这种方法法官不知道怎么使用，那么结果就一定不会好，可是假如法官知道的话，对付女性就有了一个强大的武

① 原文为法文。——译者注

器，让她自尊心受损、怒不可遏，即便是一个小小的暗示，所带来的反应都会过激。比如说，在法官面前，一个女性想为自己的爱人申辩，而假如法官通过把某些事实讲清楚，让她的自负受了伤，跟她说她竭尽全力保护的爱人其实已经背叛她了、伤害她了，甚至忘了她了，如果只是让她相信了这一点，那么在大部分情况下，她都会对对方无比嫉恨，还会想方设法控诉他、伤害他，假如有可能的话，甚至说谎话来诋毁他，无论这样做对不对。她没有了爱人，而其他人想要得到他也是根本不可能的事。“女人的自负，”隆布罗索说道，“在这一点上表现得特别突出，那就是，在女人的一生中，为了男人而挣扎就是最重要的事情。”很多例子和历史事件都对这一论断进行了证明，在很多摸不着头脑的案件中，可以沿着这一方向前进。首先，在很多审判中，对一个女人是否已经在为男人挣扎加以了解是非常关键的，也就是说她有没有爱人或者对于爱人有没有渴求。假如可以对她忽然变得自负了，或者她的自负忽然变得非常严重进行证明，那么，答案就一定是肯定的。通过对这种自负是从什么时候开始的进行确定，在和某人相关时的程度变化，甚至可以确定那个男人的身份。只要把这些问题弄清楚了，而且确定观察一直是正确的，那么推论就一定是没有问题的。

当我们知道某个男人是怎么让某个他无法企及的女人的爱好得到改变时，我们就可以掌握不少和女性自负相关的信息。这种时候不需要惊诧于女人心灵的难解之谜和女人灵魂中的黑暗秘密。“狐狸渴望欺骗，狼渴望羊，而女人渴望被赞美。”[①] 这将这个男人知道怎么将夸赞的手段派上用场，把女性的自负激发出来完全彰显出来了，进而把很多比自己强的女人征服了。

对女性自负的程度加以了解，甚至可以对她的性活跃度进行证实，在犯罪学上，后者的意义很重大。海因罗特认为：“女性个体只要有需求，或者深信自己有需求，那么她就非常自信。而它的性征就是自负。”[②] 我们还可以再加一句：“也是性欲的标准。”在女孩子戴上第一条丝带的时候，性欲就已经被激发出来了。之后，当她越来越喜欢俗艳的、光彩照人的东西时，就会越加强烈，最后，当她的年纪越来越大，不再重视自己、打扮自己时，就消失了。女人说自己的心已经没有了生气，同时却穿得整整齐齐，打扮合体地在你面前坐着，那一定是骗人的；女人说自己还爱自己的丈夫，同时却对自

① 原文为拉丁文。——译者注

② 《人类学教程》，莱比锡，1822 年。

己的身体和衣着漠不关心，那也是骗人；女人说自己一直都是这样，无论她自不自负，那都是在撒谎。上述判断都是没有意外的规律，也不可能出现错误。

现在我们可以去对女性所学知识的价值及可靠度加以理解。我们没有时间去对女性大脑容量的问题进行探讨，不敢贸然闯入叔本华及其门徒和现代人类学家一直在争执的那个领域。在每个具体的案件上，法官都负有责任，假如案情判断是以女性的真实或明显的知识为基础的，那么法官在做出判断时，不是用判断其他证人证词的方式，就是通过其他专家判断她的表述的方式，所以我们只能将女性所学知识中有关女性自负的带有预兆的价值指出来。洛策说，女人去剧院和教堂只是为了把自己的服饰展示给别人看，并表现得有文化品味和宗教信仰，而M. 德阿孔维尔则觉得，女人只会对也许关系到别人评价自己的知识感兴趣，“她们是学者”，可是却对知识本身毫不关心。

这一点为什么那么重要，原因就是在知识这个词的最深层意义上，在对待女性时，我们可能存在偏见。我们总是预测某种形式的知识积累一定有某些明确的、关系到目的的因果联系。我们会问学者为什么会感兴趣于自己的领域，他为什么会对该门知识进行学习呢？大部分情况下，借助逻辑关系，我们都找到了正确的原因。这也许可以对很多复杂的案件进行解释，可是要是其中和女性所学的知识相关的话，当然就不成立了。女性主要是因为自负，所以才对艺术、文学和科学感兴趣，可是对于其他若干小事，她们也同样有兴趣，而且通过掌握这种知识来对自己的学术气息进行夸耀。自负和好奇有着紧密的关联。因此，女人会掌握一些知识，如果这些知识用自负无法解释，那么她就一定会变成犯罪嫌疑人。可是在对“自负”本身进行解释时，又要使用为男人挣扎这一点，因为从直觉上来说，女人就知道在这种挣扎中，自己可以将知识派上用场。这种为了异性的挣扎时常会让女性自己犯下的罪行或者其他人的罪行被抖搂出去。有人说，夏娃吃了禁果之后，首先想到的就是：“我的遮羞布合体吗？”还真是有品味，夏娃这个只需要让她的亚当高兴的人，在第一次犯罪如此难过的时刻，脑海里竟然只浮现了这一点。可是还真有可能就是如此，我们可以想象一下夏娃当时是怎么想的：“现在，他多多少少会高兴一点了吧？”将衣着看作第一个重要问题真的很具代表性。它将自负的力量，以及总是冲向前的快速性表现出来。在所有和财产相关的罪行中，假如罪犯有充分的自制力，可以将非法所得保存一段时间，那么有一半的案子其实都没办法侦破。就是因为他们没办法做到这一点，法官才有可能发现罪犯，被偷走的东西的价值越高，被发现的可能性也就越大。当然，我们可以假设罪犯会展示赃物，可是假如赃物原本就很少，想要发现的可能性就很小。相比男性，这条一般规律在女性身上要更加灵验，正因为这样，怀疑某人的犯罪学家时常会想把其妻子和情妇抓过来，而不会抓其本人。当学徒从师傅那里把什么东西偷走的时候，他的女朋友就会收到一条围巾，可是她不会把围巾好好地保存起来，而是很快就披到肩上。即便是文化修养很高的女性，也会在第一时间用俗气的东西来打扮自己。我们听说吉卜赛人之所以刚刚犯案就被抓到，主要原因就是当男人还在屋里收拾，站在门口放哨的女人就急不可待地试穿抢来的衣服。对这些女人来说，男人们终于回来时用崭新的姿态迎接他们就是最重要的事。

在法律上，老处女非常重要，因为站在性的角度，她们不同于其他女人，因此在理解她们时也要站在一个新的角度。其实，大家几乎都知道这些可怜人有什么样的特点。也许她们真的有很多差不多只在她们身上出现的让人不悦的怪癖。她们没有遵从自己的天性，在某次事件中会表现出各种暗示：苦涩、嫉妒、不快，严苛地判断他人的品质和行为，很难建立新关系，对恐惧和约束进行放大——主要通过假装很清白的样子表现出后者来。众人皆知，但凡有经验的法官都可以确定这样一点：当证人是老处女（我们说的是到了一定年龄还没有结婚、生小孩的妇女，而不是解剖学意义上的处女），总会出现一些以前没有过的东西。假如你听到 10 个可以彼此佐证的说法，而第 11 个来自老处女，它一定不同于前 10 个。因为在本性的驱动下，她们在观察时，总会站在一个全新的角度，带进去不少猜测，并给原本无辜的事情，加一些特别不堪的暗示在上面，而且尽可能让自己和这件事有关联。这一点不仅很重要，而且解释起来也很容易。在生命的旅程中，这种可怜的生物并没有什么好的经历，没有一个男性保护者，也没办法对抗别人的辱骂和调戏，也从来没有体验过社交和友情是多么美好，所以她想到的基本上都是丑恶的事。假如她从窗户里面看到外面有人在争执，她会觉得别人是故意这样做的，目的就是为了影响她。假如车夫驾车从一个孩子身上碾过，她就会说他把车朝自己这边赶过来，就是为了恐吓她。偷了邻居家东西的贼，原本是准备来偷她家的东西的，因为她没有什么屏障，所以被攻击起来更容易，于是她觉得贼原本是想伤害她的。幸运的是，通常还会有其他证人，或者因为老处女在作证时，总是一副精力十足的样子，因此她的“感觉”不会被过多看重，可是小心一点总归是没错的。

当然，总会有例外。众所周知，例外来自对比极端情况。假如一个老处女没有将她应有的让人不悦的怪癖表现出来，那她一定是个非常和蔼可亲的人，也正是因为这样，当她温和又冲动地定义某个事件时，她往往会变成一个极其危险的证人。当然，就如同德昆西所做过的统计一样，相比其他女人，老处女的学识更高、素养更高。正因为如此，所以不需要照顾丈夫和孩子，她们有充裕的时间去做伟大的，特别是她们自己感兴趣的事。提醒大家关注的是，创办女性慈善机构的人，往往都是老处女或者没有子女的寡妇，她们都没有感受过做别人母亲的快乐和痛苦。所以我们要谨慎地区别一个女性的善良和博爱行为。博爱也是一种善良的表现，可是它之所以会出现，原因往往是孩子没有占据她们的母爱，她们想通过某种形式感受一下做别人母亲的感觉。在判断老处女时，我们更容易自欺欺人，达尔文非常敏锐地意识到，不管是外表、行为，还是感觉，她们总带有一些男性化的特点。所以我们不太熟悉这类女人。如果我们用习惯的标准来对她们进行衡量，那么从一开始，我们就错了。当我们遇到这种老处女时，我们只是假设她们有女性化特点，而没有关注到她们身上所具有的男性化的东西。我们可以把老处女的内在力量加到这些特质中。在《语用心理学》中，本内克对一个非常忙碌的家庭主妇和一个没有结婚的老处女的日常活动进行了对比，觉得更具有价值的是前者，而后者只是“幻想色情、阴谋、遗产、彩票，以及埋怨不断”。站在犯罪学的立场，这一点很能启迪人，因为在面对老处女的时候，犯罪学家要尤其小心。所以，假如某个案件中有特点突出的阴谋、幻想出来的遗产，以及中彩票的情况，把这些事背后的那个老处女找出来是再好不过的选择。因为在解释案情方面，她会提供很大的帮助。

不管是专家还是普通人，都一致表示，绝大多数女性都对成为老处女有一种非常害怕的心理，我们也发现在外国是怎么把这种害怕表现出来的。比如西班牙，传说女性过了青春期以后，就会随便找一个年龄相当的男人结婚，以免变成老处女；而在俄国，财力富足的女性则会出国几年，变成“寡妇”以后再回国。这种事大家都心知肚明，因此具体细节也没有人会过问。这种现象的存在很普遍，它可以解释很多不幸的婚姻和合谋犯罪。十七八岁的女孩都以自我为中心，她们也有权利这样做，可是一到 20 岁，她们就会变得很谦卑，而过了 26 岁以后，为了结婚，她们愿意付出一切代价，以免变成老处女。她们结婚的原因不是爱，而且时常是违背理智的，这一点再清楚不过了，因此在理智和情感都得不到认可的婚姻中，常常会听到魔鬼在笑。正是在这种婚姻中，通奸、妻子离家出走、暴力、抢劫自己的配偶以及更严重的事才会发生。所以很有必要好好对那段婚姻的历史进行一下研究。那个婚是不是打着上帝的旗号结的，也就是说那是老处女式的婚姻吗，在对这样的案件进行研究时，我们要格外谨慎。

对一些女孩什么时候会变成老处女的流行观点加以了解，会非常有价值，因为所谓老处女也只是一种观点而已，是由其他人的眼光来决定的。纯文学中有很多对这个主题进行探讨的内容，因为其本身就能对人们是如何看待未婚状态的进行决定。因此布兰德斯发现，经典小说家，像拉辛、莎士比亚、莫里哀、伏尔泰、阿里奥斯、拜伦、莱萨格、斯科特等作品中的女主角差不多都是 16 岁左右。现代小说中的女主角往往会在 30 多岁时，得到一次伟大的爱情冒险之旅。我们不需要去研究这种年龄增长是怎么发生的，可是它的确发生了，我们只需要记住这一点就行了。

在把这一章有关性的内容结束之前，我们有必要说一说癔症，法官时常会因此被骗。就像大家所知道的，癔症这个名字来源于古代先贤波克拉底，他用子宫来为其命名，这个名字非常合适，因为子宫就是很多罪恶的源头所在。癔症具有很重要的法律意义，这是有多方面的原因的。癔症患者根深蒂固的想法时常会让很多复杂却毫无道理的解释出现，他们总想让别人关注自己，总是对自己充满了关注，而且又狂热地关注别人的事情。他们时常因为无缘无故的恨意，而去侵扰他人，最恶毒的指控也来源于此，特别是在和性有关的犯罪案例中。凑巧的是，患有癔症的人大部分都智商超群，感觉异常灵敏，甚至都称得上病态了。特别是听力和嗅觉，更是格外灵敏，虽然可靠性要打折扣，因为癔症会让人想象出远远超出实际的东西。此外，因为他的感觉特别灵敏，因此不需要马上就对其正确性进行证实。比安奇说得没错，癔症患者喜欢写匿名信。写匿名信的人基本上都是女性，而且患有癔症，假如是男性的话，那他也具有女性化的特点。

当癔症患者受到某种伤害时，[①] 就是我们最难以面对他们的时候，因为这不但会让他们更加不愿意说真话，还会让他们真的对臆想出来的事物有所感知。在这里我举一个多姆瑞奇曾经提到过的例子：在脚冷的时候，癔症患者时常会笑得前仰后合，假如这一点是事实的话，那么就极容易想象出其他

---

① 参见《H. 格罗斯全集》，第 6 卷，第 334 页。

什么事情。

当癔症患者在法庭上出现时，法庭医生的责任就是给出具有权威性的意见。癔症非常危险，只要碰到癔症患者就必须把医生请过来，我们律师只需要知道以上两点就足够了。遗憾的是，癔症并没有什么很特别的症状，这样外行利用起来会容易一些。我们只能对上述的那一点点信息表示满足。有关癔症，我甚至想说，幸亏现在这个病症的流传面很广，所以差不多所有人都对其影响还比较了解。

第 70 节　智力①

的确，我们应该用一个单独的部分来阐述女性智力。在两性中，智力这种功能，在两性中都带有某种基础和目的，是以同样的规则为依据发展出来的。可是假如我们觉得智力的含义很难把握，不太灵活，甚至长久以来两性之间所存在的差异都不会影响到它，那么就必须舍弃这种含义了。两性之间完全不同的身体、迥然不同的职业，不同的命运等，都会极大地影响到智力水平。与此同时，我们必须着眼于对待两性的不同态度，从某个方面来说，某个性别是非常积极的，我们必须对这种积极有没有被另一个性别的消极强化加以了解。因此就产生了一个实体靠在另一个上时最终的印象，这印象不仅从第一个的硬度而来，也从第二个的柔软度而来，因此我们听说某个女人有卓越的智慧的时候，就必须斥责她身边的男人实在是太傻了。究竟有多少女人的智力值得信任，对于犯罪学家来说，这个问题太重要了，因为科学的评判是以证人的态度和良好的感受为基础建立起来的，而且还要对接收到的材料的价值进行判断。

在下文，我们不希望再看到更多细节的分支，只需要对这个问题的主要方面加以关注，也就是有关我们工作的功能即可。

第 71 节　概念

在上文，我们已经对有关女性感官感受的问题进行过探讨。在这个方

① 英文原文中此标题前有标题“特殊的女性特质”，但是无内容。故未将其作为正式标题。特此说明。——译者注

面，虽然在归纳概念方面，二者的能力有明显的不同，可是两性之间区别不大。

时常听到这样一句话，说女性的认知不同于男性，日常生活也对这一点进行了证明。即便从概念上得到几十个男性认可的事物，任意一个女性都会轻而易举地否认它。这一点之所以那么重要，原因就在于，一般情况下，女人都是对的，她们的认知更好，而且在相同的情况下，我们在思考时都是采用同一种方式，即便重复十次这个问题，结果也没有什么不同。这一点将组织的不同形式显现出来了，即天性本质上的差异，对两性的认知特点起到了决定性的作用。假如我们要对价值进行比较，因为性别不同，结果就会有很大的差别，即便我们是对非常物质化的东西或物质被发现的方式进行对比。在理解时，感知态度，对人与人之间的某种关系的判断，以及所有有世故之称的能力，都来源于让人疑惑的、扭曲的材料，只是从中得出某种抽象的或明晰的结论，即便是十个男人加在一起，也不如女性意志力和女性个体的靠谱性。可是女性的认知方式的价值却堪忧，因为那种方式是完全直觉的。或者如果被我们叫作更精细的感觉——名字无关紧要，其主要是下意识的认知过程——假如这样说没问题的话——只是站在思考的不够多这个角度来说，其价值就越发下降了。最后的结果反倒是，女性证词的作用不但没有下降，而且很值得相信。男性在辩证时，一定也会错误连篇，而女性通过直觉认知和直接复述，会更加可靠，所以也让人更加相信她的证供。

这种直觉的来源我们不必要用上帝弥补女性其他不足来称呼它，因为在自然选择的过程中，女性因为自身所处的位置，以及她们要承担的职责，所以她们可以对环境进行非常细致的观察。这种需求让内在感觉越发强烈，最后变成一种无意识的认知。由于女性对环境的兴趣，女性的快速和确定性都很强，即便是最深刻的哲学家冥想都望尘莫及。这种直觉的快速性对反思没有任何要求，重点在于解决问题。就像斯宾塞所说的，对于个人环境中的思想状态，女性会有明确的感知。而在叔本华看来，女性之所以和男性不同，只是因为她们太懒散了，想快速达到自己的目的。其实她们根本没想过要快速实现自己的目的，她们只是不想进行复杂的推理，只想单凭直觉而已，她们通常都是这样做的。感知存在时，才会存在视觉，像事物近距离靠近她时。看不到遥远的、隐蔽的东西，就只能把推理派上用场，所以女性不再关注推理，而把注意力都集中在自己所擅长的东西上面。这就将女性认知模式的不同理解方式所具有的价值表现出来了。作为律师，在和直觉有关的问题上，我们也许会相信女性，可是如果和推理有关，我们就要谨慎一些了。感官认知也好，智力认知也好，都要采取相同的方式持续下去。曼特加扎[①]认为，在观察事物的细枝末节方面，女性的观察力很强，可是对于出现在地平线上的东西却看不到。对于缥缈、庞大的物体，她兴趣缺乏。女性的目光往往没有男性那么远，对于离得很远的物体，也很难进行分辨，这也对这一点进行了证明。这点解释起来有点难度，因为所有视力不好的人都是这样。而事实是：在定义遥远物体时，某些原因和推理是必不可少的，而女性在这方面却不擅长，因此她们会无视所有不在她们直觉感受范围内的事。

女性缺乏的另一个特质是客观性。她们在思考时总是习惯于站在个人的立场，以个人同情的方式进行感知。假如你在给女性讲一个故事时，用甲乙丙作为人物的代称，那么她就很难拥有某种立场，进而做出判断。首先要搞清楚那些人分别是谁，是做什么工作的，年龄多大了，等等。所以在对名字了解前后，对于同一个事例，女性给出的判断是不一样的。这种极具个人化的判断会带来一些特殊的情形。如果某个女性对两个人或两组人之间的争斗进行描述，假如双方力量和武器都没什么差别，证人谁也不认识，可是她刚巧对其中一人感兴趣，或者因为很有绅士风范，即便不满足前面的条件下，一样也是这个人只会让她反感，这时她也会重新安排场景，对这个故事进行讲述。所以，只是讲述事实的情况只可能存在于童话中，我不得不再重申一遍，只复述事实根本没人可以做到，判断和推理总是会和叙述相互融合，而且相比男性，女性还要严重一些。当然，完全区分开事实和推理的情况也是存在的，可是这种情况太少见了，确定性也不高。所以，判断出证人和其中一方是不是有关系，具体是什么关系，才是最为明智的做法。在大部分案例中，这种关系都会成为一个要素，所以在争执现场，几乎不会看到一个完全和案件无关的人。可是，即便证人真的和案件一点关系都没有，也需要先好好听一下细节，这样才能搞清楚这个女性究竟是什么态度。相比事实本身的证据，女性认知模式的证据更加重要。而且只需给女性一点点时间，让她对情况进行一下概括说明，就极易对她的认知模式的证据进行判断。了解到她的态度以后，就更易发现她为一方找理由对另一方加以斥责的根源了。

一样的道理，在完全个人化的案例中也是这样。同样的罪行，女人可能会觉得非常严重，也可能认为可以宽恕，这要取决于罪犯是谁。无论同情或

---

① 曼特加扎：《快感的生理学》。

反感这两种态度是从何处而来，这两种态度都在产生作用，就如同阅读小说的女性读者对某个男主人公情有独钟，而对另一个却疾恶如仇一样，女性证人也会因为对象的不同而区别对待。可能她发现其中一人用“非常令人激动的出色手法”杀害了一个人，而被杀害的那个人则是“一个非常无聊的庸人”，所以就原谅了罪犯。在这里非常有必要强调一点，就是要论最具有代表性、最果断也最明确的当然是女性。

第 72 节　评判

阿芬那留斯说了这样一个故事：一对英国夫妇说到了天使翅膀。男人觉得这种天使的特征很令人怀疑，而女人却确信无疑。当我面对很多女性证人时，这个故事都会出现在我的脑海里，我把这个故事派上用场，对很多案件进行过解释。女人通常在毫无理由、自己的论证都让自己觉得疑惑时，以及当她对反方的证据表示不理解时，特别是当她对某事产生强烈的渴望时，她都会说“一定是这样”。遗憾的是，她会用很多说法来把这种态度隐藏起来，而且人们还时常希望英国女人简明扼要地说“一定是这样”。最后的结果就是：当我们想从女性口中把判决的理由找到时，问题就会找上门来了。她们会说出很多让人惊掉下巴又觉得很重要的事情，可是在问到消息是从哪来时，得到的却往往是“一定是这样的”各种不同的说法，从无所谓的姿势到一系列的回答。这种肯定的表达一定会让没有经验的法官上当，进而相信她之所以这样说，一定是有依据的，在缺乏作证技能的情况下，证人是不可能说出这样的话的。可是假如法官要给这些“没有能力”的人提供帮助，告诉她“当然你这样说是因为”或者“也许是因为”等话，那么只要是个正常的证人，就一定会说“没错”。这样一来，我们就会得出看上去很有说明力的结果，可事实上，那只是依据“一定是这样”得出来的而已。

如果案件需要分类、区分和研究，那么由女性提供的缺乏论据的判断极少会出现。女性在分析和解释数据方面有非常强大的能力，只要是人可以理解的东西，被成功论证出来的可能性就很大。综合性工作、不断发展进步的工作是最让她们头疼的，一遇到这种情况，她们就会滔滔不绝，差不多不经过任何观察就得出某种结论。比方说，拉菲特说女性在体检时没办法把任何需要综合能力的事完成。这一点在女性对男性的判断中得到了进一步的验证，因为有人觉得女性更易被小小的成功所打动，而庞大的努力却难以触动她们。这样说是非常公平的，也并不停留在表面，其指向的问题和综合能力不足之间并不存在冲突。因为她们可以对具体事物表示关注，因此就能够对单一的成功表示理解，可是她们无法理解未来要提高效率，需要组织结构和更宽广的视野。正因为这样，女性所给出的证供中，时常会出现有关疑点的有趣又相互冲突的地方。即便一个女人知道某个没办法再为自己辩护的罪犯的很多罪行，只要之后发现他把某个不在场的证据拿了出来，她依然会全盘推翻自己的看法。所以，如果起诉方表面上看来要胜利了，被告方的女性证人通常会成为自己最大的敌对方。

可是在这里女性也意识到了自己的不足，也许就像所有懦弱的人一样，她们都对做出最终的论断表示害怕，就如同在《人类》中，勒鲁所提到的："假如让女性来做决策的话，在她们第一次生气的时候，罪犯就会被杀完了，假如有人能够扛过那次爆发，最后都会被释放。"这正好和容易激动、热情、总是通过直觉判断公平、要求邪恶马上受到惩罚的女性特质是相符的，而且指出了女性会害怕指向最终结果的有力的推理，也就是说，对于真正的公平，她们是缺乏了解的。"男人做决断会找理由，女性则是通过爱，女性可以爱和恨，可是她们在缺爱的时候，是没办法保持公正的，也不可能学会爱护公正。"席尔这样说，女性不问被告的命运是否由自己的证词来决定的现象，我们极少看到。而假如我们的回答是肯定的，往往就会对作证产生影响，会让她们因为过分激动而让结果被扭曲了，我们一定要永远铭记这一点。假如你想让女性把真相说出来，那就必须知道开口的最佳时机，但是知道闭嘴的最佳时间才是更重要的。就如同老话所说的，我们也一定要牢记的一点："在下意识的时候，女人往往是最明智的，而在事后思考的时候是最愚蠢的。"

当然，众所周知，女性也会犯罪，也会走极端。这样总结也许是对的，很多现代作家也持有这样的观点，女性智力的不足应该是因为其社交，因此女性的未来则由女性化的环境能不能被改变来决定。可是，在环境方面，她也是一个极端主义者。就如同黎塞留所说的，即便是最虔诚的女性，也会把一个会带来麻烦的证人果断地杀死，最复杂的罪行的设计者通常是女性，其中通常有很多根本没有目的的犯罪行为。

在这种情况下，我们有时就可以解释某些本来难以理解的罪行，那就是：第一次犯罪的也许是女性，就如同在罪恶中她得到了某种快感，只要在第一次犯罪中，她突破了那个界限，那么，她就会堕落下去。

第 73 节　和女性争吵

这个无关紧要的问题，所针对的是特别年轻和经验缺乏的刑事法官。最让人激动、最能带给人启迪的事就是，针对某个有价值的话题，同一个聪明的和受过训练的女士发生争吵。可是这不会在法庭上出现，大部分女性证人都不应该被争吵。在两种情况下可能会出现争吵。第一，就是对于拒不承认罪行的罪犯，我们把证明材料展示给他们看，即便他们再抵赖也无济于事了。第二，是当我们告诉证人，虽然她不想知道，可还是一定要知道一点什么，或者我们想要对她的结论是错的进行证明，或者想引导她把证词中具有更高价值的点挖掘出来的时候。可是口头争吵是不利于案情的，自古以来就是如此，因为所有和女性争吵的人都——就像伯恩所说——必须持续地“擦亮灯盏”。①

女性都非常执拗，很难和她们进行消极对抗。公平起见，明智的人就不会浪费时间和女性证人争吵。法官也许会完全相信，假如在和这个女性争吵时，自己可以赢，就会非常有助于案件审理，可是几乎不会出现他赢的可能，即便他只是觉得能赢，这种胜利也并不是长久的，只是一种假象，乃至单纯的自我欺骗而已。因为为了一时的利益，女性往往会讨好男人，表现出非常心悦诚服的样子，作为法官一定要谨慎对待。

还有一些细节和女性智力有关，可是这并不是直接的，而且就像女性中有更多左撇子、更少色盲一样，根本没办法理解。可是假如我们要解释女性智力，就必须提出，发展到某个确定的点，女性智力功能就不会再发展了，也无法再超越。

看看女性是如何对待金钱的吧。即便财神本身的形象再粗俗，在生活中，钱这个因素依然非常重要，用“冰冷的钞票陛下”这种让人费解的方式来形容是完全不应该的。而不恰当地使用某个重要的东西是非常不明智的。大肆挥霍钱财的人都太傻了，没办法理解他们原本可以用这些钱获得更大的快乐，而只知道攒钱的人也并不知道钱到底应该怎么用。单身女性疯狂聚敛钱财就算挥霍浪费，她们不会采取主妇们对钱那种谨慎的态度，而这通常会向贪婪的方向发展，从女人在市场里的讨价还价就可以看出这一点。她们觉

---

① 此处有几处遗漏。——英文版译者注

得把商品价格砍得便宜一点点，就建立了“丰功伟绩”。每个商人肯定都会说自己给女人报的价格稍微高一点，让她有机会砍价，可是她不会一下子就把价格砍到合适的程度，而是会稍微高于公道价格，更何况她们只是因为被奸诈商人的打折所刺激，时常买些根本不需要的东西或者暂时用不上的东西。这一点正好在某一起刑事案件中表现出来了，[①] 其中一个当时正在砍价的女人说，自己马上就对另一个女顾客使用假币表示怀疑了，因为她竟然都不砍价。

从本质上来说，砍价的爱好并不属于小气，因为小气主要是为了把钱财聚集到一起并拥有，进而享受看着钱的快乐。它这种态度是对金钱难以理解，是错误地判断了其价值和属性。很多罪行之所以会发生，主要原因就在于此。一个女人想要买很多东西，于是就需要很多钱，于是，她就向自己的丈夫伸手，而她的丈夫则必须给她钱。她从来不关心这钱是不是通过正当途径来的。丈夫的钱财从何而来，女人从来都不会好奇。她知道他有多少收入，知道每年在必需品上要支出多少钱，也可以马上出来，可是她依然会非常镇定地向丈夫伸手，要他给她更多的钱。

当然，我并不是指那些敢于和丈夫共进退的伴侣，她们和犯罪学家之间并没有什么关联。我说的只是那些一时冲动、追求享乐的女人，现在大部分女人都是这样，还有那些“恋人”群体，她们把我们国家中很多价值连城的男性都榨得一干二净。很多犯罪，包括谋杀、盗窃，以及欺骗和背叛行为的发生，其中一个最主要的原因就是女人的爱。一开始是女人糟糕的算计，之后是她毫无止境的要求，然后就是这个男人突破自己的极限，再之后是更多的要求，一直以来处于敌对的局面，直至缴械投降，最后，不法行为就产生了。和巨大的罪行之间，二者只有咫尺之遥，若干不同的法庭戏码都会有这样一个简单的主题。通过很多谚语，我们也了解到，对这种爱和金钱之间的关系，大众都非常了解。[②]

有个表面看来好像无关紧要的女性特质，和她们的智力水平刚好有关系，那就是名声特别不好的“永远都是没有准备好”。在对某个经过精密筹划的犯罪行动最后失败的原因进行寻找时，犯罪学家时常会发现这一点。或是假如准时行动，罪行就不会发生，可是女人总会迟到。假如准时开始，时

① 《法庭纪事》，第2卷，布鲁塞尔，1835年。

② C. 隆布罗索和 G. 弗雷罗：《女性犯罪者》，莫里森译，纽约，1895年。

间还是不够用，如果因为女人迟到而蒙受了损失，她下次就一定会提前。可即便如此，她们依然会以失败告终，要想解释这种失败，就只能用智力不足了。女人永远不准时可以对很多问题进行解释。

不光女性准时是问题，女性保守主义也是个问题。隆布罗索对女人有多么怀念旧物进行了证明。女人保存的最好的东西就是观念、珠宝、诗歌和谚语。相比一个开放的男人，一个保守的男人要愚笨的多，没有人敢这样说，可是女性保守主义却对某种愚昧、刻板和拒绝接受新事物进行了证明。在归类和重构事物上，女性困难重重，因为这种困难她们就极其不愿在接受某个事物以后，再将它舍弃。所以，说到让人尊重的品质，像虔诚、爱、忠诚等品质时，就要严谨一点，要对她们已经习惯的概念表示尊重，之后经过进一步调查，发现更多和她们有关知识不够灵活的例子。

做我们这行的人，见到了太多男人从诚实变得虚伪或背叛，在改变自己的习惯，开始新的计划等方面，他们总是轻而易举就可以做到。当然，我们没办法对其进行归纳总结，对于每一个案件，都要给予针对性分析。可是假如对事实存疑，那么在搜查房间时，就最好把这种差异记住。曾经的信件、真正的犯罪事实等，更有可能在一个女人的箱子里出现。很早以前，男人就已经把那些证据都销毁了，而女人则“因为虔诚”，会保留当年用来谋杀的毒药。

第 74 节　诚实

在这里，我们只是对时常在法庭上出现的那类女人的诚实问题进行探讨，所以这个话题了无趣味。不诚实和撒谎的概念是不一样的。后者带有编造的意义，而前者只是隐瞒事实，没有把真相说出来，而撒谎的人说出来的并不是真相。对部分真相加以隐瞒，使得他人犯错，不为表象辩护或者把表象派上用场，都是不诚实的表现。不诚实的人即便一句不真实的话都没有说过，也会让骗子更加身陷囹圄。正因为如此，相比骗子，他的危险性更高。而且，因为想要拆穿他的行为的难度更大，所以相比骗子来说，想要战胜它的难度也更大。可是不诚实这种品性是女性所特有的，当然也包括极其软弱的男人在内。真正的男子气概和不诚实这两个概念是没办法联系在一起的。所以有这样一句流行的谚语：“女人说的永远都是事实，可是还有一部分事实没有说出来。”相比很多作家对女人天生爱撒谎的斥责，这个概括还要准确一些。我对刑事法庭可以对这种指责进行证明表示怀疑。我不是说女人从来不撒谎——她们也会撒很多谎，可是不会超过男人。我们也不能给女性贴上这样一个标签，说撒谎是女人的一种性别特征。这样做就无法把不诚实和撒谎区分开。

在法庭上，不能太严厉地对待女性的不诚实，因为男人和社会现状也难辞其咎。我们不喜欢把事物的真实名字说出来，喜欢暗示，喜欢保持沉默或者脸红。所以在法庭上，不能一味地强求抛开这种圆滑，因为法庭上的特有情况，很难进行直接对话。隆布罗索说：女人之所以说谎，是因为其本身的不足，因为当她们在谈到月经和怀孕这些情况时，就必须用其他的病症来替代，或者因为感觉羞愧，或者因为强迫要求她们保守年龄、缺点和疾病的选择性问题。当然，还因为她们希望把有趣的一面——她们的圆滑和拥有小小的判断力表现出来的缘故。这些都是她们说谎的原因，与此同时，作为母亲，在很多事情上她们也要欺骗孩子。没错，她们自己也只是孩子，隆布罗索这样总结道。可是，不能就此认为就是这些问题导致了撒谎，因为女人通常可以采取沉默的态度或其他态度。所以，不能认为欺骗和撒谎是女性的心理特质。在洛策看来，女人不喜欢分析，所以不能对真实和虚假进行区分，可是不为女人所接受的分析并不是针对别人的，而是针对她们自己的。只是因为分析自己会把很多不诚实暴露出来，所以她们不喜欢自我剖析，不会去进行这种虔诚的活动。可是男人对此要负责任，就像福楼拜所说，所有人都在跟女人撒谎。只要她们听见实话，她们就会表示排斥，觉得这个东西太特殊了。她们甚至都没有诚实地对待自己，可是这不只是在一般意义上体现出来，还在法庭的具体案例中体现出来了。女人之所以在法庭上讲实话很难，就是因为我们自己。当然，我的意思并不是，为了不让这一点出现，在和女人讲话时，我们就应该表现得粗鲁一点、卑鄙一点，可正是因为我们自己可以世故地处理每件难事，所以才让她们变得不诚实，这也是不可否认的事实。但凡有点经验的刑事法官都知道，只要公开探讨，事情就会有很大的进展。在我和一位受过良好教育的女性公开交谈的最后，虽然这个场景非常令人难受，可最后她说："非常感谢你，你说话很真诚而不虚伪。我之前还担心如果你问了什么很傻的问题，我就必须编造一些答案出来，进而把完全不诚实的一面表现出来。"

因为我们自己总是委婉，所以才深深地误导了女性，甚至到了司汤达所说的让她们觉得诚实就像光着身体在公共场合出现一样的程度。巴尔扎克说道："女人说谎的态度和方法，你有没有观察过？对于她们来说欺骗是一件再自然不过的事情。"可是只有当他表达的是"不诚实"的意思的时候，这句话才成立。因为真的很难让女人撒谎。我不知道能不能证明这一点，可是我可以肯定地说，说谎时，很容易发现女性特有的不舒服感，不管是容貌、眼睛、胸口和态度都会出卖她，即便是经验十足的女性罪犯，可是会出卖她本质上的不诚实的东西却没有。如果一个男人想好了说真话，相比女性，他就会说得更彻底，即便他是个混球，利用那种被错误地当作可爱的表现的可能性也不大，而女性则觉得那表现的是无辜。假如一个男人没有给出一个特别完整的说法，那么他的迟疑就会出卖他，可是女人的观点通常带有某种明确的目标，虽然在她也许知道的或说出的内容中，她原本只应该把 1/10 的信息告诉我们。

即便最简单的是或否都不是诚实。她的"不"也带有不确定性，比如，对于某个男性提出的要求，她给出了否定的回答。更深入地来说，一个男人不管是表达还是表达否定，他的话都是有界限的。他要么是坦诚地说，要么从其无力的总结或者语气的迟疑中，有经验的人会听到一些暗含的意思。可是女人在表达肯定或否定的时候，即便其中的真相所占的比例很小，她也能把自己的真实想法隐藏起来，在法庭上一定要牢记这一点。

一样的道理，欺骗或隐瞒的技巧也是以不诚实，而不是纯粹的欺骗为基础建立起来的，因为其中更多的是将手边已有的资源利用起来，对某些材料加以隐瞒，而不是直接说谎。所以，谚语说女人一年只会生 3 次病，可是每次病的时间都长达 4 个月，可是也不能说她不承认她一整年都在生病，可事实却是，她每年最起码要生 13 次病。与此同时，孱弱的体质会让她时常感到不舒服，因此她并没有说谎。可是，她也没有马上声称她的病已经痊愈了，而是会让人继续照顾自己，即便事实上她已经不需要了。她之所以这样做，原因可能是很长时间以来，她发现当自己的小麻烦被夸大以后，她就更加安全了，可以和最残酷的男人对抗，打造不诚实的利器。因此，叔本华给予了肯定的回答："大自然只让女性拥有了虚伪这一个保护和抵抗的办法，这是她们与生俱来的，就如同动物会用爪子一样。女人觉得自己的虚伪中还蕴含着某种道理。"

这种虚伪就要求我们律师要做好长久作战的准备。女人不仅会在法官面前提到自己患有种种疾病，而且还会假装一切——无辜、对孩子、伴侣和父母的爱、对失去的痛苦和对责备的失望，对分离的痛苦以及虔诚。总的来说，所有也许有价值的说法都不是真的。这就让我们左右为难了，既不能太严格，也不能被戏弄。如果男人可以记住这种伪装基本上都是不诚实，谎言很少，麻烦就会少很多。彻底的伪装很少，而只是放大了某种存在的真实。

在人前，她们擦去了很多眼泪，事实上，在刑事法官面前，也有很多人流泪。流行的谚语：总是看不起那些哭哭啼啼的女人。曼特加扎[①]指出，30岁以上的男人，脑海中都有这样的场景：一个女人的眼泪究竟有多少是因为真正的痛苦，又有多少是因为故意矫情，自己判断起来有很大的难度。在眼泪是诗意和真相的代表的观念中，我们也许会发现正确的解答。去向那些女性眼泪收藏家（当女性发现自己可以给他人当老师时，往往就会很诚实）打听这个问题，一定会得到非常有趣的答案。提问者必然会发现，很难在毫无理由的情况下任意地哭。这一点只有孩子才能做到。流泪需要有明确的理由，也需要一定的时间，即便通过长久的练习可以缩短这个时间，可是依然需要一定的长度。小说和喜剧中的女人因为没有新衣服穿就大哭不止的故事，其实都不是真实的。当丈夫拒绝给自己买东西，进而想到丈夫之前就拒绝为她买一条裙子并带她去戏院，再加上他看上去就很粗鲁、总是在窗边待着，这位女士就会觉得自己受到了伤害。在这种情况下她当然是一个令人同情的、被误解的、深陷在痛苦中的女人，在这声声控诉中，也许刹那间，她们的眼泪就喷涌而出了。即便是一个极其微小的理由、一点点时间、一点点自我暗示和幻想，一个女人的眼泪就会决堤，这种眼泪往往会让我们寒意顿生。可是要小心那种真正痛苦的无声的流泪，特别是无辜的那种。千万不要混淆了其和第一种，要不然就会产生很大的问题，因为这种眼泪不意味着对自己所犯下的罪行进行忏悔，而是证明自己是无辜的。我曾经相信这种眼泪最确定的标志就是尽力把泪水忍住、压抑住自己想哭的样子，这是由最基本的反应所组成的。可是这种努力通常也有可能是伪装的。

昏倒和流眼泪的情况是一致的，大部分昏倒不是装的，就是处于迷迷糊糊的状态。在法庭上，女性不管是作为被告还是作为证人，通常都会觉得很难受。这种难受就会引发疾病、眩晕或极其害怕的情绪，所以也就很自然地昏倒了。只要带一点夸张、自我暗示、放松、再加上想要躲开这种不快的努力，那么想昏倒就可以昏倒，结果通常是对昏倒的人有利的。虽然提前假定这种昏倒是闹剧是不对的，可是依然要小心被欺骗。

---

① 《痛感的生理学》，佛罗伦萨，1880年。

有这样一个很有意思的问题，那就是女人能不能遵守诺言，幸好这一点和法律无关。犯罪学家让一个女人保证，不要跟任何人说证供内容，或者做了其他类似的傻事时，她也许就要摸着自己的胸口找理由。犯罪学家千万不要相信女人所做出的承诺，要不然就会受骗上当。其实女人根本不知道如何区分对与错。稍微好一点的情况是她用其他办法画了一条线，有时候比较细，可是大部分情况下，画的界限都要宽于男性。可是在很多案例中，她压根不知道这种区分应该怎么做。这种情况主要发生在界限极其不稳，或者极难理解受害者的个性时。所以，想要让女人理解关系到州、社区或公共福祉的问题很难，因为她们必须把自我牺牲掉。最诚实和虔诚的女人不仅在逃税的问题上没有道德性可言，而且还觉得逃掉赋税非常有意思。不管她走私了什么，只要成功了，她就会高兴得像个孩子一样，可是女人是不应该喜欢走私这个游戏的，即便相比男人，女人需要更多的神经兴奋点和游戏。她们的态度说明她们自己也不知道超出了法律的范畴，正在向死胡同走去。如果你跟她们说国家之所以不允许走私是有道理的，她们都会告诉你，自己只是走私了一点点东西，并没有让任何人玩忽职守。她们对走私的故事非常感兴趣。有次碰到一个出生在奥地利和意大利边界的女孩，她父亲是一名恶贯满盈的走私犯，是边境走私咖啡和丝绸的团伙的首脑。他做生意取得了很多财富，可是在某次伟大的冒险中，他的所有财产都消失了，最后在边境被税务官射杀。假如你看到这个女孩在对父亲可疑的征程进行描述时情绪是多么激动，精神头是多么足和多么热切时，你一定会发现，事实上，她根本不了解她父亲所做的事。

与此同时，对于规则是什么，女人也根本是一窍不通。我时常遇到一些案子，即便是受过一定教育的女性，也不知道在公社登记簿上做个“小小的”改动到底有什么不好；为什么在异地不能用假名字入住酒店，或者警察为什么不允许在行人头上抖灰，即便是在自己家里也是不被允许的，以及为什么要拴好狗，做这些“麻烦事”又有什么好处可言。

此外，她们也无法好好地保护小小的私有财产。我们几乎无法让女性知道从某个私人花园里把花果摘下来就是对私有财产的侵犯。虽然这物品很小，而且往往物品的主人也不会放在心上，可是还是要承认其有拒绝权。在我们国家某些地方和边界，大家都知道她们偷窃的行为。大部分边界案件都和某些女人的活动有关系。

即便在自己家里，女人也不会对所有权进行太严格的区分。她们会占用别人的笔、纸、衣服等，而不想着归还。那些没有把自己桌面的物品当作神圣不可侵犯的人都能对这一点进行证实，他们都会认同这一观点：并不是因为懒散驱动她们做这种事情，而是不知道私有财产是什么意思，即便是最完美的管家也是这样。在玩牌的时候女人总会耍心计，这是这之中最恶劣的例子。隆布罗索说一个有学问、有经验的女人曾经偷偷跟他说，很难让女性玩牌时不耍诈。赌场总管都知道，事实上情况比这还要恶劣一些。他们说，一定要紧紧地盯着女人，不仅仅因为她们总是喜欢耍诈，而且因为她们更专业。即便在棒球游戏和草地网球中，她们也可以通过耍诈让异性对手甘拜下风。

我们发现很多女人是流浪者、赌徒和假币制造者，与此同时，有经验的主妇也证明，最聪明、好用的女仆时常也会干些偷鸡摸狗的事儿。在这些案件中，诚实和不诚实之间不太明确的界限就是最让人受启发的一点，即便在极其微小的案件中也是这样。很多女人之所以会犯罪，而且涉及的范围正在步步拓宽，原因就是没有对微小物品的私有财产观。假如界限不明确，女人总是会越走越远，当某个有学问的女人只是从丈夫那里偷走了一支铅笔，或者玩牌耍一次花招，对她来说幸运的只是，再也没有机会或必要去犯下更严重的错误了。可是没有受过教育的女人总是有这样的机会和需求，因此就更易犯罪。在我们的生活中，考验无处不在，而在紧急情况下，我们的意志力又不够坚强，假如一开始的时候，在笔直狭窄的道路上偏离了一点点方向，假如司法人员对这个女人牵涉巨大财产的罪行表示怀疑，那他就不能只是对该事件本身进行调查，而要对这个女人在其他情况下、有机会偷盗时她们是怎么做的进行调查。假如可以对她有这种喜好进行证明，那么再怀疑她犯了更大的罪时就不是空穴来风。

在女性证人身上，可以更好地发现女人与这种邪恶的关系。不能认为人们偏向于原谅自己也许会犯的罪责。相反，在我们自己觉得最惭愧的问题上，对待他人时，我们往往会把最严苛的一面表现出来。可是事情还有另一面。当某个诚实、品行优良的女人犯了不太严重的罪时，她并不觉得她犯罪了，并不知道这种行为触犯了法律，因此如果她发现他人做了和自己一样的事情却觉得他犯罪了，就是和逻辑不符的。所以，她就会对邻居随意丢弃物品表示原谅。可是如果我们想要从女性证人口中了解到特别想要知道的一些事情时，她们总是保持沉默，这就会让我们犯错。女人觉得女仆只是“偷嘴”，事实上是触犯了刑法，她所谓的“小钱”被我们叫作诈骗或违背信誉。女人嘴里的“龙”的男人，我们时常会发现他另外一个样子。这种女性态度不是基督教的同情，而是对法律的无视，因此在审问证人时，一定要把这一点考虑进去。当然，不仅仅是女仆的偷窃，在我们试着对人性的弱点进行理解时，也要牢牢记住这一点。

诚实和忠诚其实离得很近，通常情况下这些品质都是非常接近的，甚至是重叠在一起的。在现在的刑事司法中，有关女性忠贞的问题时常会出现。一般情况下，通奸案件都不怎么被人看重，可是在所有案件中，是不是忠贞的问题所扮演的角色都非常重要，以是不是忠贞为前提，所有证据出现的样子都是完全不一样的。不管是谋杀亲夫、可疑的自杀、导致伤害，还是偷窃、误信、纵火，假如能对其中存在女性不忠的问题进行证明，案子就会是截然不同的另一番场景。在拿出证据时，我们为什么较少提到这个重要前提呢？就是因为我们对其不够关注，隐藏了其决断因素，所以最终就很难将其表现出来。

在大众眼里，女性是忠贞的，也就是说不奉承。狄德罗说，忠贞的女人都不会讨好别人，最起码在她的想象中不会。当然这意义不大，因为我们所有人在观念中都犯过不少罪，可是假如狄德罗说的没错，那就可以推导出女性偏向于不忠诚。女性的性特点当然最应该对此负责，可是我们不应该假定这个因素就是仅有的一个因素。因为这样做不仅没有公正地对待女人，而且也不利于我们，对于变化的无止境追求，女人要负的责任也很大。在任何一个有名字的案件中，我觉得我们都没办法证明：尽管女人只有很低的性需求，可是她们依然会背叛，因为这个性别的人就喜欢这么做。所以我们一定要把她们不忠的其他原因找出来。她们热爱多变，这是最根本的，在记录在案的刑事案件中都可以看出来这一点。“即便是受过教育的女人，”戈尔茨[①]说，“都不能忍受一直的好运，会有一种冲动，这种冲动是让人无法理解的，特别想要做一件坏事和傻事，好让生活有点新鲜感。”所以法官极易对该女性在关键时刻有没有想做这件“坏事”的喜好进行断定，相比判断她丈夫的性能力是不是不强或其他类似的秘密，这个要容易得多。

可是，这个女人只要有了想要改变的想法，而她又无法把无害或允许的改变找出来，她的日常生活就会往可疑的方向发展。她一定会通过欺骗制造出某些自己要负责的后果。假如一个女人是因为爱、因为钱或者因为和父母

---

① 博古米尔·戈尔茨：《女人的特性和发展史》，柏林，1863年。

赌气才结的婚，后来，在某一个生活节点，她突然想要对“自己”结婚的原因进行思考，出现这个时刻时，几乎都是因为她丈夫，他也许有不轨的行为、有过多的要求、拒绝做某事、忽视了她而让她受到了伤害。在想到结婚原因的时候，她的情绪一定会变得很糟糕，于是她开始怀疑她的爱是否足够强烈，为了钱到底值不值得这样做，自己应不应该和父母唱反调等。假如等一等再结婚，情况会不会好一点？难道她就不值得拥有更好的生活吗？思考的每一步都让她离自己的丈夫更远。对一个女人来说，如果一个男人不是自己的全部，那他就一无是处了，假如一无是处的话，他就没有资格得到特殊照顾。假如他没有资格的话，即便有一点点背叛他，情况也差不到哪儿去。最终，这一点点背叛，会慢慢发展成为通奸，通奸则会引发一系列的罪行。之所以没有频繁出现这样的事，只是因为正好没有正确的男人在这些所谓不堪一击的时刻陪在女人身边。无数女人都吹嘘自己有多么正直，假装出很崇高的样子对他人指手画脚，事实上应该对这种巧合表示感谢，她们可以自我夸耀。假如那个对的男人刚好在对的时间，出现在她的身边，那么她们就没有骄傲的资本了。这里有一个特别简单的办法，可以发现一个女人是不是忠诚于她的丈夫，那就是诱导她，让她说丈夫有没有关注她。每个埋怨丈夫没有关注自己的女人，不是个淫妇，就是在变成一个淫妇的道路上。因为她在寻找最成功的、最能说得通的合理化通奸的理由。至于还有多久，她就会犯下这种罪，从她是多么激烈地控诉自己的丈夫的程度中就可以推导出来。

不忠诚除了在通奸、寡妇和新娘中很重要以外，在其他问题上也很重要。首先要关注的一点是，假如用妻子的行为标准来对寡妇进行评判是有失公平的。通常情况下，这二者并不存在可比性。在很多案例中，妻子对丈夫爱到骨子里，而且非常忠贞，可是这通常都是年纪比较大的、对激情不再有渴望的女性。假如寡妇很年轻、很漂亮，而且很有钱，她就会把亡夫忘掉。只要把他忘记了，而且在短时间内又再嫁他人，不管是不是“为了可怜的孩子们”还是“第一段婚姻的珍贵回忆让我更想走进婚姻”，或者是“第二任丈夫长得和第一任丈夫很像”或任何其他原因，我们都不能怀疑她已经不爱或者背叛了第一任丈夫，甚至对她进行抢劫和谋杀。他们或许一起经历过最美好的生活，可是如今他不在了，不在了就毫无价值了。还有人几乎在成为寡妇之后就马上再嫁他人的，这可能会对一些问题进行说明，时常有人怀疑第二任丈夫把第一任杀了。很显然，这时最需要做的就是慢一点，可是，严密地监视第二任才是最重要的事情。如果一个男人明知道某个女人把自己的第一任丈夫杀了，还要和她结婚，这就太矛盾了，可是如果他只是想和她成为情人，那就不需要杀第一任。

和这种类型反过来的是，某个女人之所以和一个男人结婚，是为了和另一个男人好好地谈恋爱，这是可以提前预测到的背叛。在大部分情况下，这种行为所造成的后果都非常严重，这是很明显的。这种婚姻时常出现在乡下人身上，比如说女人爱上一个鳏夫的儿子，鳏夫很富裕，可是儿子却一贫如洗，或者他爸爸对他们的婚事持反对意见，于是，女人就欺骗这个鳏夫，和他结婚了，可私底下却继续和他的儿子谈恋爱，这真是犯下了双重的罪行。或者她的情人不是丈夫的儿子，而是一个仆人，这对恋人将她丈夫的财产全部抢走了，特别是当她是丈夫的第二任妻子，因为他和前妻共同孕育的孩子会让她没有财产继承权的时候。当情人的身份是邻居、侄子、朋友等，案件中心主题也会跟着发生变化，可是类型却再明显不过了，只要有这方面的疑问，就要考虑一下有没有这种可能。

新娘的背叛……这个诗歌常用的主题，我们还是不要探讨了。大家都很明白，一个女子究竟可以有多么残忍，为了现实利益或其他卑鄙的原因，她可以离开抛弃自己的爱人，所有人都知道这类事情最后会有什么样的结局。①

第 75 节　爱、恨和友谊

假如爱默生所说得没错，爱只是神化了人而已，那么对于人类灵魂这种极为少见的爆发，犯罪学家完全可以不予理睬。某个女孩也许对自己爱人犯下的罪行，我们最多可以把它理解成从神到人的过程。可是，这样的爱情我们在法庭上是看不到的，我们看到的只是比诗人的理解更加简单的形式。在我们的工作中时常可以看到自我牺牲这种瓦格赋予他的女主人公所具有的精神，在社会最底层的无产女性中，我们时常会发现这种品质。为了丈夫，她们甘愿付出一切，上刀山、下火海，她们也在所不辞，给予他们莫大的英雄主义照顾。和诗歌的自我牺牲相比，这个还要难得多，可是这属于不同的情况，所以解释的原因也不同。从日常生活的效果和原因中，我们可以去对引发爱情的条件加以理解，可当我们没办法看到其特殊之处时，就必须用某种

---

① 塞尔吉：《生理学档案》，第 13 卷，1892 年。

疾病来理解它。假如用疾病来解释还不够，也许就只能对意大利人的说法“爱是上帝的惩罚”表示认可了。

在刑事法庭上，爱情的重要性甚至远远超出法律所允许的范围之内，因为没有对这一点表示关注，我们时常犯下大错。我们首先要做的是履行职责，对罪犯和正常人进行区分，而不是用相应的法条来对应每个刑事案件。因为嫉妒，一个女人犯了罪，当她为了一个渣男而让自己破罐破摔的时候，当她因为被仇恨所裹挟而对对手进行打击的时候，当她被无尽地虐待的时候，当她做了很多其他事情的时候，她的爱有谁会想到？她犯罪当然是有原因的，也自然要受到处罚。陪审团让某个因为嫉妒而谋杀或者把硫酸泼到他人身上的人被宣判无罪的时候，他们这样做对吗？这种案例很不同寻常，可是在很多小案件中，当动机是爱，只是爱的时候，这个女人的爱却并没有得到关注，法律这样处罚只是其后果而已。

现在要对嫉妒所带来的让人既冲动又聪明的力量进行一下研究了，之后再问有罪的是谁。奥古斯丁说，没有嫉妒之心的人就意味着不爱，假如爱和嫉妒息息相关，那么从其中一个就可以推导出另一个。嫉妒是起作用的那一个，而爱却是表现方式。即，嫉妒是世间丑恶的源泉，可是要证明这个原因却有较大的难度，远远比不上和它相关联的爱。众所周知，隐藏爱意太难了，难道真被谚语说中了，假如一个女人有了情人以后，那么全天下所有人都会知道，除了她丈夫以外吗？假如犯罪是因为嫉妒，那么再问这个女人是不是嫉妒，不是就太傻了吗？想要发现嫉妒很难，而且也不可靠，而所有人却都知道她的爱恋。当它变成一种事实以后，她有多么嫉妒，我们就可以判断出来了。

女人在表达嫉妒时，会通过自己特有的方式，男人则想要让自己的妻子归自己一人所有，不想身陷任何麻烦，所以男人天生也爱嫉妒。上当受骗的女人只要还爱自己的丈夫，或者可以再次让丈夫爱上自己，那么，她就会原谅自己的丈夫，而把所有的怨气都撒到情敌身上。因此不能认为因为这个女人又开始爱自己的丈夫了，她的嫉妒心就消失了，或者她就原谅自己的情敌了。也许只是随着时间的流逝，她和丈夫取得了一致意见，不再将情敌放在心上，可是这只是表面的，或者暂时的，只要再次察觉到危险，她就会再次释放出过去的嫉妒和其后果。一样的道理，丈夫就没有什么危险了，她将怒气都撒到了情敌身上。这些弃妇最喜欢做的一件事就是在爱人的婚礼上捣乱。她们总是扯下新娘的花冠和面纱，却从不会摘下新郎的礼帽。

妻子将自己全身心都交给丈夫的热情，是另一个会带来麻烦的女性之爱的特点。对此，库诺·费舍和乔治·桑这两位作家虽然风格截然不同，可是看法却出奇的一致。前者说："大自然要求女人要对男人绝对的顺从。"后者则说："爱是一种女人天生甘愿被奴役的渴望。"即，妻子把丈夫的意愿当作自己的意愿，没有其他任何意愿。女人只要依赖一个男人，就会时刻与他同行，即便他犯了最龌龊的罪过，也会对他不离不弃，做他最忠诚的伴侣。通常情况下，我们把这称呼为共谋，可是没有法律提到，事实上，女人根本没有其他选择。一般很难发现某个男性是共犯，可是假如有个女人爱他到骨子里，那么她一定是其中一个共犯。

因为同样的理由，女人时常会遭到丈夫或情人的虐待，而且是没有止境的。我们总是觉得其中一定有什么特殊的原因，可是如果真正的女性之爱就是原因的话，那么解释什么就都不成问题了。假如从外在到精神都不能爱上那个男的的话，对于这种爱，人们就越加无法理解了。可是，虽然人们探讨了很多一个女人为什么会爱上一个男人的原因，却从来没有得出一个令人满意的结论。有权威人士觉得是因为力量和勇气，可是，与之相反的例子却有很多，历史上就出现过很多懦弱的爱人。尽管叔本华说，女人最反感的就是智慧和天才，可是，历史上却出现过很多有名的爱人是富有智慧而且也很聪明的，其中也没有什么很特别的原因。我们只能接受这样的事实，最可爱的女人常常爱的是最龌龊的男人。我们一定要相信，因为一个男人的爱，女人会将她原本的理想爱人的形象抛到一边。有这样一种错误的观念，觉得只有普通的罪行才会让女人对一个根本不值得的男人忠心耿耿，而假如某个女人对某个男人的传家之宝表示拒绝，一定是因为她知道他犯了什么天大的罪过。可是我们在她绵延的爱之外一定要找到另一个理由，才能对我们发现的那份爱绵绵无期的原因究竟是什么进行解释。在男人的生命中，女人的一生只占其中一个部分。当然，我这里并不是说的极易改变的喜爱或调情，而是被所有女人所深知的那种刻骨铭心的爱情，这种爱是一切的主宰，是一切的胜利者，是一切的忍耐者。

还有一件事情让人匪夷所思。男人对女人的贞操看得如此重要，而女人却毫不关注。只有非常年轻、单纯的小女孩，才会对一个真正的浪子表示反感，可是其他女人则像谢布朗所说的，一个男性的崇拜者越多，那么他得到的爱就越多。这就很难理解了，可现实情况就是，假如男人在外的名声是擅长泡妞，那么他得到倾慕的可能性就越高。也许这种现象表现出来的就是女人的自负和嫉妒心吧，谁都无法容忍一个男人喜欢那么多女人，而自己却不是其中之一。巴尔扎克说："女人最喜欢的事情莫过于把别人的男人抢走。"某种类型的男人总能把一个又一个女人吸引过来，即便这种男人毫无道德，也只能这样解释了。可能有时候我们所说的，性的表达存在于难以解释的行为中是没错的吧。

男女之间当然存在友谊，虽然这种友谊并不多见。当然，这种关系极易被性欲所主导，我们之所以觉得这种友谊很少见，就是因为其存在需要把性的动机排除在外。这种友谊可以分为这样三类：一是双方的年纪已经不能再产生激情；二是双方老早就因为种种原因而产生了一种像亲人一样的关系。三是双方天生就对著名的天赐的火花不感冒。无论伴侣之间存不存在那种化学反应，就像某些科学家所说的，我们时常看到双方似乎被鬼拿着手一样，冲动地选择对方。可是这种选择困难就会形成某种友谊。在庭审时，时常有人把这种关系称作这种友谊，可是他人并不会完全相信。仅有的一个办法就是要谨慎，因为根本没办法对这种友谊是不存在的进行证明，所以假如没有接下来的证据就直接否认，当然是有失公平性的。对二人之间的性的兴趣加以了解是非常有必要的，如果没有，那么这种友情就只停留在表面。

通常情况下，人们会贬低女性之间的友谊。它会受到喜剧、漫画和评论的嘲笑。这样的故事我们听说过不少，说就是因为一个女性朋友，所以才会长第一根白头发或者遭到丈夫的背叛，女人打扮自己、提升自己，就是为了不让女伴们好受。一个作家想对两个女人之间的友情进行证明，只是为了合起伙来对付第三个女人。狄德罗则说，女人达成同盟就像同一教派的牧师达成同盟一样，他们对彼此充满痛恨，可是又给予彼此保护。在审问女性证人时，我们时常会发现第二种情况。我们可以清楚地看到羡慕、讨厌、嫉妒和妄自尊大，一个成功的法官由此就可以知道有多少证据。可是一旦超过某个点之后，女人就会有合作意识。事实上很容易找到这个点，它就在我们所归纳的女性特质中存在。只要在审问时把某个具体的例子举出来，而证人没有联系她自己的行为和思想以及作证的对象，那么在某种程度上，她就极有可能受到真相或例子中的女人的引导。可是，如果我们明确表示，或者委婉地表示出女性的共同特点，或者开始提到某些连证人自己都觉得愧疚难当的话题，那她在被攻击之前就会开始自卫。在这种情况下，我们一定要搞清楚，是不是又到了"普通情况"。假如是的话，那我们就知道，证人已经在为被告辩护了。

在说到女性的恨时，我们要说的也许和女性之爱一样。爱和恨原本就属于同一种关系，只不过一个是正面一个是负面。一个女人一定是爱过你、爱着你，或者即将爱上你，才会恨你，在犯罪学家又得忙个不停的那些案件中，这是女性之恨所带来的一条靠谱的定律。相比男性之恨，女性之恨要更加强烈。圣乔治说相比魔鬼的仇恨，它来得还要早一些，因为魔鬼都是一个人，而女人则会让魔鬼给自己提供帮助，施托勒相信复仇的女人没有什么事是干不出来的。我们一定要记住，仇恨、愤怒和复仇在更低阶层的女人中，其实属于同一种情绪，只是发生在不同阶段而已。与此同时，只有女人才会觉得复仇充满了快感。没错，我想说的是复仇和寻仇都极具女性化的特点。真正强悍的男人这样做的可能性不大。因为女人太过于敏感了，所以她们的生气、愤怒和复仇都极易继续发展。隆布罗索为了对这一点进行证实，付出了很大的代价。曼特加扎则用了无数例子来对女人是多么容易生气进行证明，所以如果正在审的案子是复仇引起的，可是却没办法把罪犯找出来，我们首先要怀疑的就应该是女人或女性化的男人。同时，当我们需要进一步推理时，就应该对这方面的信息进行挖掘。不要总是去想，哪怕罪犯已经复仇成功了，他也付出了极大的代价，远远比想象中的理由还要多，或为了成功已经付出了太多精力。Nulla irae super iram mulieris. ①

女人的残酷和怒火、仇恨息息相关。隆布罗索说，女人几乎从本质上来说就是爱好残酷的。大家都很熟悉这些案例，当然，还有常见的与真正的善良、美好相关的那些品质。也许把这种残酷理解成某种防御或防御的表现是再好不过的，因为我们时常看到残酷和软弱是一体的，像在儿童和白痴中，特别值得注意的是那些白痴。白痴发怒的攻击性会很强，这点大家都知道。曾经有个很倒霉的白痴被另一个虐待死了，只是因为后者觉得前者从僧侣手中拿到了更大的一片面包。另一个人悲惨地死去是因为他收到的礼物是两颗纽扣。这些例子都对残酷和软弱之间的关系进行了说明。残酷是一种防御方式，因为在更弱的性别中，它表现得更加突出。此外，有趣的是，很多女性就是因为她们原本被误解和压制的美好的女性特质，所以才表现得非常残酷。像我们都知道，过于勤俭和敛财时常会让人不诚实，因此我们觉得，这些品质就会让人残酷地对待仆人，或者想把年老又麻烦的亲戚赶走，不管怎

---

① 拉丁文，意为：愤怒已经到了无以复加的程度。——译者注

么说，他们吃的都是原本丈夫孩子要吃的面包。

这不仅能对案情进行解释，还有助于把罪犯找到。假如在相同条件下，可以将其中的女性特质和罪行的残酷程度找出来，并将二者结合到一起进行解释，那么有关罪犯是谁的线索就可以找到了。上文所说的例子——像母亲一样照顾家庭，勤俭、可怜、生硬地对待仆人、残忍地对待上了年纪的父母——看上去很少见，也非常不合理，可是却经常发生，而且真的有助于我们找到罪犯。还有其他类似的众所周知的女性喜欢法庭庭审、报纸报道和公开行刑。当公开行刑在奥地利还很盛行的时候，报纸时常会进行这样的总结：在观看行刑的队伍中，“更温柔的”性别占据主体。看公开行刑的人都是从下层而来，而看庭审的女人则是从上层而来。这样一来，就极易清楚地看到从迫切、好奇到某种强烈的神经刺激的渴望，再到残忍和不可抵赖的残酷的变化了。

如果我们不需要面对谋杀这种残酷的最终形式，特别是女性化的那种谋杀方式——杀害孩子或下毒的话，那我们也就不用做什么了。医生必须了解这些方式，特别是杀害儿童时，往往蕴含着非同一般的问题。而且作为审查和判决者的法官，一定要对这些问题有深刻的理解，而且要把每一个细节都考虑在内，才能有利于自己得出结论。

下毒这种罪行主要带有女性化的特点，现代法医学作家们总是对这个话题津津乐道，哪怕是古典作者中的非医学类作者，像李维、塔西佗等人也有所涉猎，所以需要对女性化的性格进行一下仔细研究，才能弄明白女性是怎么和杀人手段这种方式联系到一起的？可是，这需要我们只对日常生活中的普通情况加以考虑，因为如果把特殊的情况都考虑进去，那就太画蛇添足了。

一定是因为动手的理由比不动手的理由多，所以才会实施犯罪。即便是所谓的激情犯罪也是一样，在行动开始的那一刹那，肯定权衡过其中的利弊。它们反复出现，最后获胜的是“利”，那么就犯罪了。这种冲突在其他罪行中最起码会延续一段时间才有可能被观察到，越是严重的罪行，往往需要的时间越长、动机越多。善恶之念不停地争斗，如果心中的善念已经消失了，那么被人发现受到惩罚的害怕就会占据它原本的位置，或者对自己的付出值不值得进行权衡，等等。既然犯罪了，这本身就对犯罪理由很有力进行了证明。现在设想一下，一个女人想要把某人杀死，有一段时间她会对利弊平衡进行考量。当弊端被打败时，她就觉得自己必须开始行动了，因为假如不这样想，她就不会采取那样的行动。事实上，不管哪种方式的谋杀，即便是下毒，都是需要勇气和力量的，当然，体力也不可缺少。而女性往往因为体力不足，通常都会选择下毒。所以在这里面并没有什么特殊的或伟大的因素，而只是因为女人的特点而已。所以，在对某个下毒案的罪犯表示怀疑时，最好先把女人或者某个羸弱的、女性化的男人考虑一下。

我们极易想到女性软弱的另一个作用，所有软弱都要找寻支持力量，不管是身体上的还是精神上的。在这样的案例中，后者出现的频率很高：要把精神的力量派上用场来进行思考。这种思考也许是探讨，也许是劝说、自我规劝，第一次遏制的自我斥责转变成害怕——被发现的惧怕。所以，这个女人不但会尽力劝说自己，还会尽力劝说其他人，这样她就能合理化自己的行为，将它看作是事出有因的处理方式不妥当而已。其中可能真的存在一些处理欠妥，可是它们已经被完全改变和扭曲了，全然没有了一开始的性质、变得无法想象。所以，从疑犯和自己所处环境相互沟通的情况中，我们极易得出某些结论，假如这种情况已经持续一段时间了，结果就更加可靠了，因为其也许是从一个缓慢但无疑的强化趋势发展而来，最终可以被证实，这种分析的过程免不了麻烦一个接一个，可是假如系统化地分析一下，肯定会得到令人满意的结果。

说服自己战胜事情被发现的恐惧的技巧时常也很有价值。通常都是对自己说，别人在犯同样的罪行时都很安全，而自己已经做好了一切准备等等。现如今这类技巧的情况还算简单，可是假如仰仗某些盛行的观点，特别是迷信、习惯和假设来判断，依然需要认真考虑。比如，如果一个年纪轻轻，因为钱的原因才结婚的妻子，想把自己年老的丈夫撇开，有谚语说：老男人娶了年轻妻子之后不久就会死掉，这种说法也许是有道理的，生活方式的巨变、经历完全不熟悉的事物、那种兴奋的压力、为了讨好对方而付出的努力，也许还需要将某些刺激物派上用场，极易让老人的身体变得虚弱进而生病，直到最后死去。可是，这样的推理公众并不会做，而只会简单地总结，假如一个男人和一个年轻妻子结婚，要不了多久就会一命呜呼。因此年轻的妻子也许就会有这样的想法：如果没有人发现我下毒，别人也不会怀疑他的死是我造成的。因为这种想法，一个没什么学识的女人很有可能会走歪路。当然，我们没办法对这个过程进行直观观察，可是这也是无法控制的，假如有关某件事的观点是大家都知道的，那就很可能成为一种判定标准。因此，诱导嫌疑人有助于我们得出某些有用的结论。[①]

至于杀害儿童的罪犯的精神状况，调不调查其实都无所谓。当然，需要对罪犯有没有精神病进行判断，所以在破案时，先要对疑犯的行为特点加以了解。这一点，很多法医学、精神病学和犯罪心理学方面的教科书都有提到过。这个领域有很多年纪比较大的作者。[②] 他们引用了很多例子，以对假如女人状态比较好的时候反复发生这样的行为，而她们又比较贫穷，那么马上就可以把她们当作犯罪嫌疑人进行证明。这些案例再一次证明，在分娩或强烈地仇恨丈夫的孩子时，最可爱的生物是怎么变成最恐怖的野兽的。对于很多谋杀儿童的案件，可以用有的动物生育后就快速吃掉自己的后代的习惯来进行解释。在每次审判谋杀儿童的案件时，这种例子都会给我们警醒，应该由精神病医生对该母亲的精神状态进行认真检查，并站在心理学家和人道主义的角度，来对待与案件有关的一切。可是一定要记得：最危险的后果就是源于这种态度。立法者天然地会把母亲的精神状态牢牢地记在心中，于是就会从轻量刑，所以就不需要对案件是怎么引起的进行研究了。其中的危险在于它会给出某种暗示：只要根据最低量刑标准判案，就算结束了，而事实上其中有很多不一样的种类。立法者只是对全部类型的无数分之一进行过研究，我们并不了解大部分情况。

第 76 节　情绪因素及其相关

在写给贝纳丹·德圣比埃的信中，德克吕德纳夫人说："我想被感受到。"这位明智的虔信派的简单话语，让我们有可能对女性有多么在乎情绪加以了解。男人希望被理解，女人则希望被感受。有了这种情绪以后，对于男性为了公平而做的很多事情，她就会去搞破坏。的确，很多大家所了解的女性特质都多少关系到她们的情绪状态。怜悯、自我牺牲、虔诚、迷信，所有这些都是以高度发达的、差不多是病态的情绪状态为仰仗的。女性的慈善、照顾别人、为了给罪犯开脱而进行的请愿，还有若干善良的行为，都在

---

① 参加《H. 格罗斯全集》，第 1 卷，第 306 页；第 3 卷，第 88 页；第 5 卷，第 207 页；第 5 卷，第 290 页。

② 维甘德：《人类的诞生》，柏林，1830 年。克莱恩：《论杀婴的错误》，《哈勒斯年鉴》，第 3 卷。

布尔达赫：《法庭医务工作》，斯图加特，1839 年。

告诉我们，这些行为和她们的情绪状态息息相关，女人之所以这些做出这些行为，也许只是因为对于自身没办法得到帮助，她所感受到的一种负面信息。一方面，因为某种不由自主的自我意识，她们不得不为和她们类似的人辩护，另一方面，她们在判断任何需要判断的事物时，都先和自己相关联，之后再做出选择，这是一种女性化特质。只是因为没办法抑制的情绪，所以她们才会这样做。因此叔本华说："女人的同情心很强，可是在和公正、正直、谨慎和严谨的责任心相关的事时，她们却比不上男性。一种最基本的女性缺陷就是不公平。"[①] 叔本华应该再强调一点：因为她们的同情心太强，情绪将原本应该留给公正的空间给占据了。蒲鲁东认为："相比男性，女人的良知要格外弱一些，这是因为她缺乏才智，道德感和对错观念也不一样，总是在公正的一端出现，她们从来不等同正确和责任，可是对于男人来说，这却是非常令人难受而且不得不做的。"斯潘塞简单概括地说，女性的思维将正义感的明显匮乏表现出来了。[②]

这些说法都表明女性正义感不足，可是却没有把原因指出来，因此在解释时只能用情绪超级过剩。当然，还要区分开贵妇、农妇和二者之间无数阶层中的女性的情绪，可是这种区分也不是从根本上进行的。和无产阶级一样，贵族也不公平，可是丰富的情绪重构了无数遍正义感中缺失的部分。也许在很多案例中，被情绪命中的只是完全正确，而不是完全男性化的正义感。当然，我们时常因为只以女性的证词仰仗而犯错，可是这个的前提条件是：假设严格的司法判断是仅有的一个正确的，而且对女性的判断完全不了解。所以，我们对女性的理解，时常会困难重重，也经常犯错，因为我们忘了，差不多所有女性化叙述中都将更多的评判性因素包含在其中，而我们没能对其中真实的评判有多少进行调查，就用其他的、和女性自己使用的不同的评判标准进行衡量。所以，把男性和女性的证词拿到一起，看看它们的平均值是什么，是最明智的选择。想要做到这一点很难，因为我们没办法对女性的情绪状态加以了解，所以也就没办法对她们的主观偏见中究竟含有多少客观事实进行计算。从理论上来说，尊贵善良的女性情绪应该会美化一切，会倾向于对某些事进行原谅和隐瞒。假如事实真的是这样，我们就有了一个确定的评估标准，也就能不再对女性存在那么多偏见。可是在我们所遇到的

① 《附录与补遗》。

② 《社会学研究导论》。

案例中，这种情况还不及一半。而在其他案件中女性会允许她们被不快所包围，表现得像一个一定要复仇的人一样。所以，她们就会站在自己觉得受到压迫的无辜的一方的立场，尽力为他们申诉，无论他们是被告还是原告。所以，我们在对她们的陈述进行判断时，首先要做的就是对她的情绪倾向进行判断，如果只是了解人性是远远不够的。除了仔细对具体的女性证人在做出证供时的状态进行研究，我们没有其他的办法。这要花费的时间很长，因为直接一头栽到事物的本质中，不加以对比，也不加以关联，那么在做出判断时，要么不可能做到，要么危险系数很高。假如你要这样做，就先对其他事情进行探讨，甚至你还得自己去不坦诚地询问那些你原本掌握的事实，以知道女性偏见有多深。当然，这样只能对偏见有多深加以把握，而不能对偏见的方向加以了解。有的案例中，女人表现得太过于善良，而在有的案例中，女人则表现得太严格了。可是任何事情都是有限度的，所以要多多练习，并抱有一颗善良的心，才能把其朝哪个方向偏离找到。

在对纯朴的没有受过教育的女性的情绪状态加以了解时，我们发现，从本质上来说，她们和其他阶层的女性并没有差别，不同的只是表达方式，因此我们应该对表达方式加以观察。因为其外在时常表现得过于粗鲁，所以发现起来难度很大。也许会骂人，可是这也是对情绪进行表达的一种方式，就如同因为孩子摔伤了腿，妈妈会打骂孩子一样。情绪的主导是非常典型的一种女性化特点，因此它只会表现在女性化特征本身非常明显的地方。所以，在男性化的女人身上，往往不那么容易被发现，而在女性化特点发展最完全的个体中，情绪会通过最为强烈的形式表现出来。它开始发展于儿童时期，在女性成年以后，会固定在某个水平不动，而到了某个年龄、性别差异不存在时，它也就不存在了。在这个方面，年龄大的男性和女性非常相像。

第 77 节　弱点

莎士比亚曾说过这样一句话：“软弱啊，你的名字就叫女人。”科尔万用嘲弄的方式对这句话进行解释时说：“女人天天都祷告：‘不要给我任何诱惑，亲爱的上帝，因为我压根拒绝不了。’”女性的软弱则被康德理解成一种区分标准：“要对全人类加以了解，我们只需要关注女性就可以了，因为力量越弱，就要使用越加精致的工具。”① 有经验的犯罪学家在对女性总喜欢写匿名信进行解释时，总会用到女性的软弱。因为体力上不占优势，所以可以推导出来她们的智商并不高，虽然我们知道，从智商这个层面来说，体力逊色一点的男人还要高一些，可是大自然的规律就是身体越强壮，智商也越高。这里让人感到为难的地方是如何把女性柔弱的表现方式找出来。伏尔泰这样解释男人妻管严现象：是为了满足神圣的目的，进而用女人这种特制的工具来驯服男人。雨果觉得女人只是把男人当玩具，“哦，在天意的指引下，每个人都拥有了一个玩具，儿童有玩具娃娃，男人有儿童，女人有男人，魔鬼有女人。”流行的谚语好像让女性，特别是年长的女性力量十足。我们听说过的表述方式有很多：“即便是连魔鬼都不敢去的地方，老女人都敢于去探险。”对于女性忍受痛苦的能力，你千万不要小瞧。经常接生的助产士都一口咬定，对于女性必须忍受的生育之痛，没有哪个男人可以忍受，这样的话牙医和外科医生也说过。没错，据说伟大的外科医生毕罗曾经非常肯定地说，自己试着找到给女性动手术的新方法，第一个理由就是，对于疼痛，她们的反应没有那么强烈，在类似让人难受的遭遇中，她们的地位都比较低，所以相比男性，她们更能忍受疼痛。我们不由得怀疑这些说法的准确性，之前说女人有软弱的特点，现在又说她们对于疼痛的耐受力更高，可是软弱并不是出现在我们所期待的地方，而是一种非常特殊的女性智力特点。只要不将智力水平考虑进去，也许女人的表现就要比男人强大得多。对于残酷的命运，她们更能忍受，她们照顾病痛者、承受痛苦、养育孩子、执行计划并坚持下去。因此，不能说女性的软弱是意志软弱，因为大部分例子都证明女人具有很强的意志力。她们主要是在智力方面比不上人家。当我们要某人对我们心悦诚服的时候，我们就会发现，听到一系列逻辑推理以后，一个普通男人通常就会点头答应了。可是女性的智力一点逻辑都没有，如果我们觉得女人有逻辑性进而致敬女性化特质的话，那就错得太离谱了。显而易见的原因、那种和真相类似的短暂发光的事物，更有可能说服她们。我们发现她极易被人说动，进而斥责她意志力不够强，其实那只是因为她有不同的智力水平而已。她也用同样的方法劝说他人。对于她来说，一个称谓、一个金句、某种安慰人的反思就足矣，她不需要一个逻辑系统，就可以继续去做那些被我们叫作“软弱”的事情。我举个完全女性式反思的例子：“心似乎在跳，

---

① 《人类学》，莱比锡，1831 年。

那它为了某人而跳难道不行吗?”于是女人就会向某些冒险家奔去。周围的人听说之后，都感叹女性化的“软弱”，可是，他们更应该感叹的是她们的智力缺陷和糟糕的逻辑。生理的心悸并不一定都代表爱，跳动的心脏的主人也不一定就喜欢某个男人，当然更不一定是喜欢某个冒险家，她根本都没有想过这些，而只是对这种简短的、闪闪发光的金句表示满足，她的理解力很一般。因此，刑事法庭率先要考虑的是女性智力的软弱，而不是意志的。

因为意志不够坚强，所以女人喜欢嚼舌根、没办法保守秘密，可是同样的，她之所以会在这里出问题，原因也出在理解力上面。康德已经对这一点进行过深入的探讨，女人可以严守的秘密往往是她自己的，而不是其他人的。假如她们智力没有问题，她们一定可以对秘密泄露所造成的伤害加以预测。可我们犯罪学家都很清楚，罪行甚至犯罪计划，大部分都是从女性口中被泄露出去的。从侦探那里，我们就可以了解到很多，他们总是通过女人把真相找出来，几乎无往不胜。当然，法官办事不能像侦探那样，可是他必须知道，要是某件事情还需要进一步验证，线索应该去哪儿找。女性就是他最应该问询的对象。

另一个重点是，一定做过某些改动，女人才把这个秘密讲出来。原因是，她们所知道的秘密往往都不完整，因此必须经过自己的推理，才能对某些问题加以理解。假如我觉得泄露出来的秘密并不是完全正确的，也许就可以合理地推导出其他部分，可是一定要把女性智力的奇特之处记下来。我们只需要问问其中有哪些地方不合逻辑，发现了之后，再对其逻辑形式是什么进行判断。假如推进中没有遇到任何困难，我们就可以以发生之事的逻辑为依据，把真相找出来，可是想象中的事情，特别是女人想象中的都是缺乏逻辑的。

在对女人进行总结时，我们可以简明扼要地说，相比男人，女人既不更好也不更差，既不更尊贵也不更卑微，可是她不同于男人，因为从人的本质来说，一切都是有目的的，女人被创造出来也经历了这样的过程。她存在的原因不同于男人，所以她也有不同的本质。

第 78 节　儿童

不管儿童是作为被告还是作为证人，都要始终记住儿童的特殊性。如果像看待成年人一样看待他们，必定是错的。与此同时，也不能去找寻他们幼稚、没经验、没知识、眼界不够宽等方面的差异，因为这只是一部分差异而已。因为儿童不管是身体还是心灵，都还处在发育阶段，而身体器官各部分之间的关系和功能都不一样，因此，儿童这种生物其实和成年人完全不同。在我们对儿童身体和行为、营养状态、外来文化等方面会对他们的身体产生不同影响加以考虑的时候，我们一定要有这样的认知：这一切都要归咎于他们完全不同的思维方式。所以，程度差异是不能说明问题的，我们在寻找差异时，一定要从种类入手。不能仅仅只是对个体进行观察，还要借助丰富的文献展开具体的分析。①

第 79 节　概论

一个人所具备的学识不需要太多，就可以知道，相比成年人，儿童要诚实得多、坦诚得多。他们的观察力通常很强，再加上不用考虑利益，他们更能公正地提供证据，可是因为他们的不足，他们更易被他人所影响，除了有些是故意为之的以外，还有很多是选择性偏见所带来的。假如儿童是重要证人，那么要确保他说的都是真话，就必须先把他心目中的理想形象弄清楚。当然，每个人心中都有对自己影响最大的理想形象，可是儿童的特质是冒险精神更强，幻想程度也更重，所以更容易沉溺其中，使得他的行为和思想都极易被标志性人物的性格特点以及重要性所影响。只要冒险对象做的，那就一定是好的，只要是冒险对象不做的，就一定是坏的，冒险对象所拥有的，所说的都是对的、好的。儿童之所以会出现很多让人无法理解的行为和语言，就是因为被特殊的理想形象所影响，假如合适的话，这些可以被叫作理想形象。

一般情况下，我们也许会觉得儿童的正义感很强，如果有人受到不公平对待，他们就会觉得很痛苦。可是我们要想到的是，对于什么是公正，儿童是有自己的观点的，而这种观点是不能站在我们成年人的角度来看的。可以肯定的是，因为不需要担心什么，对于发生在自己身上的事情，孩子们通常兴趣十足，记得也更牢。可是我们依然不要忘了，这种兴趣是站在孩子的角

① 特蕾西：《儿童心理学》，波士顿，1894 年。M. W. 希恩：《儿童成长笔记》，伯克利，1894 年。J. M. 鲍德温：《儿童智力发育》，纽约，1895 年；《儿童对真相的陈述》；《陈述心理学文集》，第 2 卷，1903 年。普卢施克：《小学生的证词陈述》，出自《法律保护》，1902 年。奥本海姆：《儿童成长》，纽约，1890 年。

度，他们是通过以前的经验来对新事物的记忆进行创建的。很难让其从崭新的事物中把某种功能找出来。假如儿童要把什么事记住，他第一步要做的就是让它和记忆中现存的某种功能融为一体，然后才能对新事物进行接收，不管其性质如何。我们之所以会误解儿童所说的话，往往就是因为没有关注到这一点，事实上他只是在用自己独有的方式去感觉和复述而已，而我们却觉得是他感觉错误，或者复述错误。

因为儿童不知道生命价值是什么意思，对于某起死亡事件，他们会非常认真地去观察，而不会感到丝毫的害怕。对于很多连成年人都吓得浑身发抖的事件，为什么很多儿童却表现得如此大胆，可以仔细去观察，这就可以解释了。所以，不能因为对他们的“勇气”存疑，而对很多儿童所说的话表示怀疑。“勇气”对于他们来说，压根不是问题。

在男孩和女孩的差异方面，罗别许说的话很对：女孩更能把人记住，而男孩更能把物品记住。[①] 他还进一步说，“越是文静的女孩，在观察时学习能力就越强，而这却会难倒那些成天想捣乱、爱幻想的男孩子，因为他们天性喜欢在更广阔的领域里探索知识。总体来说，女孩子的好奇心更强，男孩子则更急切，他们在处理问题时，如果失败了，而且没有及时得到鼓励，那么他们马上就会放弃了。女孩则会一步步吸收知识，而男孩子则想知道‘为什么’和‘怎么样’，想对某项知识进行证明。男孩子慢慢向概念的世界迈进，而出现在女孩头脑里的却是某个特定的事物，而不是某个分类下的成员。”

第 80 节　儿童证人

在对儿童证词的价值进行评估时，我曾经发现，在某些方面，儿童的证词非常优秀，因为它更不易受到情绪和特殊兴趣的影响，而成年人却在这两方面受影响颇多，我们可能会觉得对儿童的分类太少了，他们往往还没有理解某事，就直觉判断自己不能再控制它，于是就失去了兴趣。等孩子见了更大的世面以后，他们就会对以前不理解的问题表示理解，尽管那也许还存在错误。

我还发现，受过良好家庭教育初长成的男孩子通常在观察方面都很优

---

① 罗别许：《儿童内心的发展史》，维也纳，1851 年。

秀，而且也是出色的证人。他会对一切事物都饶有兴味地观察，对其进行整合以后，公正地、准确地复述出来，而同龄的女孩子往往是不靠谱的，甚至是不安全的证人。假如这个女孩子具备一定的学识、冲动、爱做梦、爱冒险，那一定就是这样——她采用的是某种厌世且枯燥的表达方式。在孩子年龄还很小时就会发生这种情况，假如某件事物吸引了那个年龄的女孩子的目光，那她们就有可能说出非常夸张的证词。轻微的盗窃变成了一场恶劣的抢劫、辱骂变成了一场暴动、傻气地嘲讽变成了兴趣十足的诱惑，男孩间的一场很傻的对话则变成了重要的同谋的证据。虽然所有法官都非常熟悉这类错误为什么会发生，可是依然反复出现这样的错误。

仅有的一个非常有保障的办法就是将该儿童的精神视野彻底搞清楚。对此，我们缺少总体知识，所以非常需要公立学校的老师给我们提供信息。我们都知道，对于城里和乡下的儿童不能一视同仁，遇到乡下孩子没有见过煤气灯、铁路和类似东西时，也不用露出惊讶的目光。斯坦利·霍尔想知道，6 岁的儿童是不是真的知道那些随便说出口的名词的意思，结果发现，没看到过星星的儿童有 14%，从来没到乡下去过的儿童有 45%，不知道牛奶来自奶牛的儿童有 20%，不知道木柴来自树的儿童有 50%，不知道绿色、蓝色和黄色有什么不同的儿童有 13% ~15%，从来没有看到过猪的有 4%。

卡尔·朗格以小镇上 33 间学校的 500 名小学生为对象，开展了一次实验（见 ü ber Apperzeption,[①] 普劳恩，1889），结果显示，没看到过日出的孩子有 82%，没看到过日落的孩子有 77%，没看到过玉米地的孩子 36%，没看到过河流的孩子有 49%，没看到过池塘的孩子有 82%，没看到过锁的孩子有 80%，没到树林去过的孩子有 37%，没到山里去过的孩子有 62%，不知道麦子是怎么被做成面包的孩子有 73%。当然，我们一定会产生这样疑问：生活在大城市里的那些倒霉孩子们又是什么样的情形呢？此外，对于孩子们可以轻松地把名词说出来，可是却对其一点都不了解的事物，我们又能指望他们提供什么样的信息呢？这样的困境即便是成年人也不一定能避免。活的鲸、撒哈拉沙漠、古日耳曼人，我们从来都没有见过，可是我们却可以非常自信地，而且非常深入地对这些话题进行探讨，也完全不担心自己压根没有亲眼看到过它们。我们从来没有见过古日耳曼人，就像孩子们从来没有见过树林一样，因此对此进行评价时，我们不能厚此薄彼。

---

① 卢森堡语，意为“统觉”。

比奈和亨利对7200名儿童进行了研究，让他们画一条和样本长度一样的线，或者从很多线段中找一条长度一样的线，他们研究的主旨是感觉的整合。[①] 第二个实验取得了巨大的成功。

儿童的感觉非常灵敏、发育得非常好。当然，年龄尚幼的孩子的听力不太好，可是这么大的孩子也不会来当证人。霍伊辛格认为，小孩子的嗅觉特别不好，要等到青春期才会发育，可是后来的研究者，特别是像哈克和克洛凯等人，也对嗅觉进行过研究，对于这一点却从来没有提及过。

在儿童复述事情是否准确方面，权威们有不同的观点。蒙泰涅说所有孩子都会撒谎，而且怎么说都不听。布尔丹对他的说法表示赞同。莫兹利觉得儿童时常会有一些非常自信的错觉，米特迈尔则说他们都太肤浅了，都存在不切实际的幻想。可是却从实践中找不到例证。经验丰富的赫德不止一次表扬儿童非常会看相，佐登则对儿童公正的品质极为看重。在罗别许看来，儿童说假话并不是在撒谎，只是把自己的想法说出来，可是对于那究竟是真实存在，还是半真半假，他们既不知道，也不关心。这一点得到了法律经验的证实，还对儿童故事中的主观部分极易被发现进行了证实。和真实事件相比，那是完全不一样的，二者不能混淆。

对于内容中疏忽掉的部分，如果要儿童来理解，那喻示着什么，是我们一定要注意的部分。举例来说，他们把某个事件的第一部分理解透彻了，可是第二部分对于他们而言是崭新且难以理解的，之后又发现可以理解第三部分。假如对于这个事件，这个孩子是有些许兴趣的，那么他就会采取各种办法弥补第二部分的不足，这样一来，他为什么会犯下严重的错误也就可以理解了。孩子年龄越小，就越是会出现这样的错误。普赖尔曾说，人们的记忆能力往往从很小的时候就开始了，在提到自己在32、24甚至18个月大的时候所经历的事情时，孩子们往往可以准确无误地说出来。[②] 当然，对于很小的时候发生的事情，成年人已经想不起来了，因为他们已经不记得了。可是很小的孩子往往还记得，虽然大部分经历都没有什么价值可言，他们的思维广度不够大，即便是最普通的经验，他们也不能完全描述出来。可是当一个问题有待商榷或者存有疑虑时（你被打了吗？有没有人在那里？那个人在哪站着?），他们说的话就是有价值的。

---

① 《儿童视觉记忆的发展》；《科学学报》，第5卷。

② W. 普赖尔：《儿童的内心》，莱比锡，1890年。

儿童对事件的判断力往往要打问号。很小的孩子往往连昨天和今天都分不清，智力必须非常发达以后，才能对昨天和一周前、甚至一周和一个月进行区分。在这样的案件中，我们当然需要对证人的个性化偏差加以纠正。先要对孩子的教养情况以及他们所学到的东西有所了解。当一个普通孩子遇到和自己的既有观念相符的案情时，相比一个天才儿童遇到不熟悉的情况，他的回答要更加出彩。在我看来，智力水平在这种情况下并不太重要，因此我觉得在区分儿童时，不能用聪明和愚蠢这个标准，而应该用贴合实际和不贴合实际这个标准。后者可以形成本质上的不同。不管是聪明的孩子还是愚笨的孩子，务实的、不务实的都有。假如他又聪明又务实，那他长大成人以后就是社会的栋梁之材，在哪里都可以适应得很好，遇到事情也有能力自己解决。假如他聪明可是却不贴合实际，那么他也许会成长为一名教授，这也和传统的期待相符。而如果他不聪明，可是却很贴合实际，可能更适合他的岗位是某种确定型的岗位，运气再好一点，再有贵人相助，进入比较高的社会阶层也是有可能的。假如他又不聪明又不贴合实际，那就会变成一个一无是处的可怜虫。孩子一定不能眼高手低。对于很多不贴合实际的孩子连看都没有看到的问题，贴合实际的孩子往往可以准确地理解和复述出来。孩子聪明当然是好事，可是我想再重申一遍的是：当他作为一个证人时，我们更愿意要那种不聪明却贴合实际的孩子。

很难说清楚“贴合实际”这个词究竟是什么意思，可是照顾过孩子的人都心知肚明，也对这种孩子见怪不怪。

第 81 节　少年犯

社会上多的是给孩子安上若干个缺点的作家。在一个固有的圈子里，从隆布罗索开始，已经形成一种在孩子身上寻找预示着将来他会误入歧途的征兆的习惯。假如存在天生的罪犯，那么就存在儿童犯。有证据显示，像尼禄、卡拉卡拉、卡利古拉、路易十一、查理九世和路易十三这些最没有人性的人，在年龄尚小时就露出了非常残忍的一面。佩雷斯对儿童生气时会有的攻击性行为进行了描述；莫罗把复仇心理的早期发展一一列举出来了，拉方丹指出他们同情心不足。纳赛则提醒人们注意，很多儿童都表现得极其残忍和粗鲁，具体的表现方式就是他们非常喜欢恐怖故事，在自己编造故事时，结尾会非常凌乱，还会非常残忍地对待动物。布鲁赛说：“差不多所有小伙子都会有意欺凌弱小的男孩子。这是他的第一大冲动。假如他不是天生爱欺凌，那么如果被打的孩子发出凄厉的哭声，他就会暂时停下来。可是只要再逮着机会，他又会动手。”①

甚至连教养都不会对他产生那么强的约束力，而且就像谚语所说的：“对于他们最后一次被打，孩子和国家通常都记得很深刻。”青春期这段时间好像特别不好，尤其是青春期前期。瓦赞②和弗里德赖希③都觉得，现代人觉得之所以会有这种超强又令人怀疑的冲动，原因就是男子气概的萌发。当埃斯基罗尔开创了有关偏执狂的学说以后，大量文献蜂拥而出，特别是和刚成年的女孩子纵火癖相关的问题，弗里德赖希甚至声称，只要是处于青春期的孩子，就都有纵火癖，而格罗曼则觉得堕落的孩子都喜欢偷东西。

经过证实，这些说法的针对范围都太宽了。这个理解起来没有什么难度，有些孩子的行为是很不检点，对于这样的观点——很多罪犯在小时候就很坏，那些意大利实证主义者也表示否认。可是我们关心的是儿童时期的天赋异禀，显然，说儿童时期的天赋要低于成年时期当然是一种夸张的说法。假如有人问，如果不需要教养和训练，孩子们也可以好好长大，那它们又有什么意义呢？也许我们会马上给出这样的答案：它们有助于孩子把生活中的堕落因素——正被引发的激情和周围环境——所带给他们的影响抵消。

我们极易发现那些很小就坏的孩子，他们总是惹麻烦，而其他更多行为端正的孩子都不会这样做，可是有时候一个坏孩子会影响一大群人。虽然那些默默生长的事物都很重要，可是它们不会让人印象深刻，都会被极个别不好的事物把人们的注意力吸引过去，于是，它们的特点就会变成整个群体的特点。算命、解梦、预警和看相所受到的对待也是类似的，假如失败了，没有人会记住，可是只要成功了一个案例，他们就会发出巨大的噪声，让大脑误以为这才是最具有代表性的例子。对于儿童，我们往往也会做出以偏概全的评价。“你只要把这个理解了，那么那个你也就理解了。”人们时常这样对孩子说，这是非常不公平的，在大部分情况下都是这样。这是在把对待成年人的方法用到儿童身上，对于成年人来说，这个和那个一样，都会经常发生，他们的智力足够、经验足够，因此可以在那个上面应用这个知识。举个

---

① 《恼怒与疯狂》。

② 《心理疾病的伦理与物理原因》，巴黎，1826 年。

③ 《法庭心理学系统》，雷根斯堡，1852 年。

非常典型的例子：对于偷东西是被人所不齿的、是犯罪行为，一个孩子当然知道，可是他并不知道造假币、背叛和纵火也是触犯法律的。这之间也许只存在非常小的差异。他知道是不能偷窃的，可是他觉得把邻居的水果“顺手带走”应该是没问题的。他知道撒谎是犯罪，可是他却不知道某些谎言可能会受到处罚，也就是法律上所定义的“诈骗”。当一个调皮的男孩子跟叔叔撒谎，说爸爸让他来借钱，而他却把借来的钱拿去买糖吃，他也许觉得撒谎这种行为很不光彩，却不知道从客观上来说，这种行为是要受到处罚的。这就像让孩子变得主观一点一样，是非常难的。相比成年人，他们还要自私一些。原因之一是，他们一直在受到成年人的保护，原因之二是出于本性，他们是被照顾者。相反，假如他们没有了照顾者，那情况就会变得很糟糕。这种情况自然会导致他们不知道如何划分被允许和不被允许的界线。就如同克劳斯所说：“在划分善恶这方面，幼稚的年轻人往往决断力十足。这个年龄的儿童可以快速判断出人的行为或关系，可是假如这种行为关系到他们自己，关系到他们自己的个性，他们就会变得很虚伪，会误判，没办法站在客观的立场。”① 所以，不能问一个孩子“你难道不知道这样做不对吗？”孩子会说：“我知道的。”可是他没有勇气接着说：“我知道其他人这样做是不对的，可是我可以。”不仅仅是被溺爱的、过度饮食的宠儿会这样说，所有小孩都是如此。他们又从哪里知道哪些可以做，哪些不可以做呢？成年人得工作，而儿童只玩耍；母亲要做饭，孩子只用在餐桌前坐着等着；母亲要洗衣服，孩子直接穿干净的就行了；他们可以享受美食，不会受冻，成年人禁止的行为如果发生在孩子身上，就不会被人诟病，可是忽然有一天，因为他们利用了自己的特权，他们就会遭到斥责。如果人们记得儿童这种做作的却是必要的利己主义，就会原谅很多幼稚的犯罪行为。此外，我们还要注意的是，儿童只是在盲目地模仿很多事情。只要对这一大家都非常了解的心理学现象加以观察，我们就会发现，儿童模仿这种现象是普遍存在的。当然，责任心还是在一定的范围内存在的，可是如果儿童对某个可以模仿的人进行模仿，像家长、老师等，那么他们的责任心就消失了。

总的来说，没有人可以证实，相比成人，儿童的表现要差一些。通过经验我们得知，在儿童中，极少看到虚伪、穷尽的邪恶、故意的自私和有目的的谎言，而且总的来说，儿童的观察力和意愿也更强。因此我们才会有这样

---

① 克劳斯：《犯罪者心理》，图宾根，1884 年。

的观点：除了青春期的少女以外，儿童都是好的，都是值得信赖的证人。

第 82 节　高龄人群

我们律师好像没有把高龄人群的特点考虑在内，就像儿童或性别的特点一样，这些特点都具有决定性意义，如果不关注它们，后果可能会很严重。我们不应该把所谓“第二童年”[①] 这一老年阶段考虑在内，如果到了那个阶段，不管我们要处理的是什么问题，是老年痴呆问题也好，还是非常明显的感知和记忆衰退问题也好，都会有更加严重的后果。

我们要对此前的一个阶段表示关注，也就是还不能明显意识到智力下降明显的时候。就如同当儿童到了某个年龄段尾声时，我们就会发现男孩和女孩之间有非常明显的差别，我们也可能会发现，这一阶段的重要活动开始迈入正常轨道。在这个阶段，不管是两性的外在特点、声音、内在个性，还是态度，都有了明显的改变。之后，非常明显的男性化或女性化特点没有了，高龄阶段到来。年龄、受教育水平、智力水平，以及其他差异这时都显得次要了，通过高龄这一点就可以推导出其他相应的特点。生命已经完成了它自身的使命，因为体力也消耗光了。因为同样的原因，对敌人也不再那么严阵以待了，没有了勇气，更加关注自身健康了，所有的速度都放慢了，究其原因都是从这时开始，新出现的弱点成为人所有的外延特点。所以，隆布罗索说得很对，在女性中，极少看到高龄的典型疾病，因为女人的改变不是突然的，也不是彻底的，她们原本就是弱者，而男人却会在有白胡子长出来时，忽然就没有了男子汉气概。[②] 变化太大了，差别太明显了，很多让人不快的性格——只关注自我、容易激动、残酷等就出现了。更糟糕的是，在高龄男性身上，还会出现发生在阉人身上的很多负面特点，原因正是他们意识到自己的力量消失了。

克劳斯正是通过这一点，把高龄人会犯的罪行推导出来了。“老年男性因为容易激动，所以他更有可能犯罪。易激动位于思维迟滞和局限性的反面，即便是一些无关紧要的事情，他都会惊讶不已，每天只想睡觉，就像一个醉鬼一样……对于休息这件事，他非常执拗，但凡会影响他休息的事物，

① 第二童年：指老年人的智力出现衰退的时期。——编者注

② 《女性犯罪者》。

他都烦恼不堪。他只会用‘别管我’这样一种方式表现出这种生气、挑衅、争吵、执拗和呆板。”

对于喜欢睡觉的醉汉，人们往往有着不同的评价。在《论文片段》的其中一篇里，亨利·霍兰这样写道：高龄处于梦境中，极易混淆现实和幻想，可是这只会出现在高龄的最后阶段。到了这个阶段，生命变得不堪一击，就像植物人一样，可是当人处在这个阶段时，想要犯罪也做不到了。

如果说老年人年轻时候的喜好会使得他的弱点向某个特定的犯罪方向偏去，也许分析起来就会比较容易。所有疾病的发展方向都是沿着新出现的弱点的方向。可是自私或贪婪并不是一个新名词，所以我们一定要假设，年纪比较大的人变得小气都开始于精明，当时他答应了自己和朋友的要求，是因为他知道以后有机会弥补。可是后来他变得孱弱，知道自己想要做什么事已经很难了，也就是说，他年老时可以仰仗的东西只有钱和财产，因此，对于钱财的丢失或减少，他非常害怕。于是，精明就变成了小气，之后是对财产强烈的占有欲，甚至更糟，最终走向不归路。

性犯罪也是如此。因为成年人本身的欲望一直处于未填满的状态，他就会对幼女发动攻击，正是因为那种让人无法控制的对人的恐惧，才让他沦为罪犯。罗比施就通过分析个性的改变，对人生每个阶段有哪些自我确定的因素进行了辨别，而在高龄阶段，力量的失去就是这个要素，把这点记住以后，就可以对这期间所有现象的特点进行解释。

如果证人是高龄人士，那么就要特殊对待，可是研究这类人群，只需要把那些不够多的资料派上用场就可以了。在每本心理学教科书上都可以找到更重要的问题。从本质上来说，高龄人士的精神结构已经被简化了不少了，只剩下了几种类型，这一前提可以极大地给我们分析个案提供帮助。高龄人士的大脑活动急剧下降，影响力和目标也都所剩无几，使得他们没什么收获，也没什么记忆力了。这些共同的特点都取决于一个结果，而这个结果的组成部分是那些对那个人过去的生活产生了影响的力量。通过细致的观察，可以发现，高龄分两个类型。① 第一是生气的类型，第二则可以用“因为懂得所以慈悲”来概括。高龄人士极少对客观事实进行陈述，会把一切都关联到自己的评价，而他的评价不是特别积极，就是特别消极，而且极少受到老人情感特点的影响，更多是由其生活经历所决定的。假如他是易生气的人，

---

① H. 格罗斯：《宪兵队审问工作教程》。

一个可能有害，但本身却是好的事件，就极易被他形容成世界邪恶的源头，还说他的脑海中就曾经出现过这样的疑虑。而第二种人则会说：“我的上帝啊，事情还好吧。他们的年纪都还不大，脸上都洋溢着笑容，其中有一个……”显而易见，他会描述出与之完全不一样的事件。值得庆幸的是，谁是慈悲的人，我们一眼就可以看出来，从他说的第一句话中，我们就能了解到他是什么态度。他之所以制造麻烦，只是因为记忆力严重衰退和证据改变了。对于高龄老人来说，相比刚刚发生的事情，让他们记忆更深刻的则是很久以前发生的事情，这一点大家都很了解。原因是衰老的大脑只会把那些时常经历的印象保留下来。古老的经历在记忆中无数次涌现，所以在大脑里变得根深蒂固，而最近发生的事件也许只是出现了几次，所以被遗忘之前还没有来得及在大脑中占据一定的空间。假如老人说到某些最近发生的事，脑海中就会出现某些很久以前发生的事。可是后者即便比不上前者鲜活，最起码也和前者一样灵动，于是，很久远的事情常常会篡改老人的故事。我不知道怎样才能把这些老旧记忆的影响消除掉，这太困难了，特别是个人的不幸遭遇总是在这些过程中起到主导作用。所以谚语说得很对：“老年人会清楚地记得年轻人犯的傻。”

第 83 节　概念差异

我应该再把这样一点补充上去，也就是高龄老人总会同时说出事实和评论。从某种意义上来说，不管哪个年龄层次的人都会这样，就如同我反复在说的，千万不要觉得我们有权利要求证人只把事实说出来。我们暂且先不理会大多数感官知觉中会存在的推理，因为所有陈述都会评论主题，也许只是通过几个字眼就可以把这种意思传达出来，在某些特定的表达方式、语调和手势中也可以被观察到。想象这样一个事件：两个喝醉酒的人在大街上大吵大闹。如果我们请在场的某个证人对事实进行描述，也许他会照我们所说的做，可是他会先加入一些前提条件，“这件事这么平常”，“真是太可笑了”，“一点坏处都没有”，“真是太龌龊了”，“非常好笑”，“道德史上让人难堪的一幕”，“太令人同情了”，“没有人性”，“太危险了”，“很有趣”，“似乎到了地狱”，“可以预测将来”，等等。那么，这些以各种方式对同一事件进行归纳的人，所给出的描述会一样吗？只包含事实吗？他们是如何看待事件的，就是如何对待人生的。有人视而不见、有人看见这、有人看见那，而且即便这件事才过去不久，留在证人脑子里的印象也许就完全不同于证人之后的复述。[①] 就如同福尔克马尔所说的："从雷声中，一个民族可以听到轰隆的小号、神圣的马蹄声、天堂发生争斗的声音，另一个民族听到的则是牛的哞哞声、蟋蟀的叫声和祖先的斥责声，还有一个民族听到的是圣人把天堂的拱顶打开的声音，格陵兰人甚至是遭到诱惑的妇人因为干燥的皮肤而起争执的声音。"伏尔泰说："你问魔鬼美丽的事物有什么，他会跟你说，一对脚、四只蹄子和一条尾巴。"可是，当我们在问证人什么是美丽的事物时，却觉得自己是在对一个事实进行陈述，并期望得出一个固定的答案。这就如同把垃圾全堆到一个角落，还觉得屋子已经被打扫得干干净净了一样。

要对人们大体的理性态度进行比较，必须着眼于感官知觉，再结合智力知觉，就可以看出每个人之间有什么明显的不同了。这种差异的存在率先被天文学家发现，他们对不同观察者遇到同时发生的事件时，所观察到的却是不一样的进行了证明。这被叫作"个人观察误差"，不管是因为感官知觉的速度造成了这种误差，还是因为智力理解的差异所造成的，或者是两者都有，究竟是哪一种，我们并不知道，可是可以证实这种误差非常重要，因为事件持续发生，而且速度很快，不同的观察者所看到的图景是完全不一样的。我们不知道看得更准的人是观察速度快的人还是慢的人，也不知道在观察什么事物时，人的速度更快或者更慢。因为我们没办法把特殊的工具派上用场，对个体差异进行检验，因此只能对真的存在着很多不一样的概念表示满足，对于存疑的案件来说，这一点极为重要，像争斗、突袭、玩牌作弊、扒窃等。

下一个层次上的不同就是观察上的不同。在席尔看来，观察者并不是事物的亲眼见证者，而是其组成部分的亲眼见证者。这种视力天赋实在是太少见了，有人因为注意力不集中或者看错了地方，所以只看到一半，而其他人则是认为自己的推理就是事实，还有人偏向于对事物的质量进行观察，而把数量忽略了，还有人分开看应该合在一起的，而结合地看应该分开的。假如我们记得这样做会带来多么大的差异的话，就可以把证人们相互矛盾的根源找到。还必须承认，假如证人不能在事发后马上对事件进行描述，而让自己脑海中的不同概念慢慢靠近某个平均值，那么这种差异就会更加明显，所以我们时常会发现，假如证人没有机会对案件进行讨论，没有听过第三人的叙

---

① 参见《H. 格罗斯全集》，第 14 卷，第 83 页。

述或者没有看到事件的后果，那么，由于没有机会或标准更正，他们最后说的就会有本质上的不同，而我们还觉得他们说的有很多不当之处，或者觉得他们专注力不够，甚至是没看见。

视角也非常关键。[①] 菲斯托说："把一个钱包偷光非常卑鄙，把 100 美元盗走非常可笑，可是，把一个皇冠偷走却非常伟大。当罪孽层层加重时，羞耻感就会下降。"在埃克斯纳看来，对于俄狄浦斯的看法，古人是明显不同于现代人的。古人觉得他的不幸是非常恐怖的事情，而我们只是觉得它会破坏人的心情。

文学以一个全新的角度让我们看到一桩案件，这使得我们在理解同一行为时，会出现特别大的不同，这不仅仅会在诗歌中出现，还会在平常生活中出现。比如，让不同的人对同样一朵云的形状进行描述，也许你会听到很多不同的答案，有的说像花骨朵，有的说像贫穷的学生，有的说像正遭受狂风暴雨的海洋、骆驼、猴子、打架的巨人、一群苍蝇、长了一副大胡子的先知，等等。在这次不经常发生的对事物的理解中，我们发现了说话者是如何对待生命和隐私的，等等。紧急事件和生活普通小事没什么不同，在观察和理解时，也可以站在不同的角度。所以，即便观察者本身的态度没什么太大的改变，可是，如果站在不同的角度上，就会显现出很大的差异。把在描述一朵云时有多少种不同的说法记住，就可以在对看上去一点关系都没有的不同证供进行解释时，帮助我们去理解。

态度或感觉这种很难被界定的因素会极大地影响概念和理解，甚至其产生的影响还要超过事物本身的进展，甚至是命运的影响。态度（心情）是什么所有人都知道，每个人都曾经被它折磨过，也都从它那里获得过益处，可是没有人可以给它下一个完整的定义。菲舍尔觉得态度包括有机体所有内在状态的变化复合而产生的感觉在意识中的表现。这就让态度变成一种很鲜活的感觉，是我们的器官作用的结果，而无论这个过程顺利与否。可是这样的描述其实还是有缺陷的，因为哪怕单一而且没什么关系的影响对我们的感觉产生作用，那么在相当长一段时间里，就会让我们的态度发生改变，却不会把对任何器官的影响或者与其他思维状态的整合表现出来。我们知道，只要天气有变化，就会对人的态度产生影响，一支好的雪茄可以让人快速进入愉悦状态，而我们的心情时常要么高兴，要么郁闷，最后才发现心情之所以会

---

① 马里·博斯特：《教育与证据可信度的实验性研究》，日内瓦，第 3 卷，第 11 页。

有这么大的差别，只是因为头天晚上做的一个梦。从这个意义上来说，我本人在某次出差时曾经有过的一段经历特别能带给我们启迪。那一次，我去探访在几个年轻农民之间发生的一个普通斗殴事件，其中一人受伤很严重，需要治疗。于是，在半路上，我们在一个路边的旅馆停下来，等待一个宪兵赶过来救助。一刻钟以后我们再次开始赶路，这时我觉得自己的心情很低落，这个我原本觉得很平常的斗殴事件，却让我的心情无比沉重。对于受伤的男孩、他的父母，还有他的对手，甚至所有的陌生人，我都充满了同情。我发现了人类的粗鄙和痴迷于酒精等不足之处。这种感受太强烈了，以至于我开始查找原因。我发现是，那个地方太压抑了。二是我在旅店喝的那杯热咖啡。三是我发现之前的马蹄声被一首让人非常难过的小三和弦取代了。原来车夫走得太匆忙了，忘了把自己的铃铛带上，为了遵守警察局的规定，他在旅店借了另一种钟。当我听到钟声时，我就非常难过。赶走那一直在脑海里萦绕的声音以后，我发现自己又能开始对窗外的美景进行欣赏了。

我相信，假如自己是在非常难过的时候去做证人，所讲述的事件就会不同于平常。大家都知道音乐会对人的心情产生影响。外在因素所带来的未知的影响也会改变态度。“假如你陷在自己的思绪中无法自拔，”费希纳说，“阳光和草地的碧绿你统统看不到，而你的情绪状态一定不同于待在一间小黑屋里。”

在我们眼里一点都不重要的态度其实特别重要，尤其是在极强的印象作用下，人的自我意识只对自己的痛苦、悲伤、重要的工作、反思和疾病等表示关注时。在这种状态下，我们就会对发生在身上的一切进行贬低。所有都只关系到我们个人的、切身的状态，站在利己主义的立场，其他事物或多或少都没有什么关系。这种态度或冷漠感是在感知，还是在因询问而复述时出现的，都没有什么关系。不管在哪种情况下，事实的困难性、重要性和意义都被剥夺了，黑色或白色统统被描述成了灰色。

还有一种与之相似的态度，我们也不太明白，可是却受其影响很深。以利普斯①和洛策②的观察为依据，神经质的态度中包含某种非常冷漠的感觉态度和在意识层面一点知觉都没有的感觉属性。对于我们来说，我们的存在、我们自身都是极其不熟悉的，和我们自己并没什么关联，也不需要采取

① T. 利普斯：《精神生活的基本事实》，波恩，1883 年。

② R. H. 洛策：《医学心理学》，莱比锡，1882 年。

非常坦诚的态度。在这种情况下，很明显我们不会费尽心思地去对周围的事物进行观察。经验上似乎蒙上了一层阴影，显得特别没有深度，一点都不重要。在法庭上，这种状态极其危险，因为清醒的证人会说在事件发生后或作证时，他身体不舒服或者心里不舒服，因此有可能出现误差，而一个完全活在幻想中的人却不会跟法官说自身的情况，也许是因为他根本没有意识到。

某些关系密切的精神和身体状态所形成的视角会完全不一样。如果用询问常人的方法去询问饱受病痛折磨的人、有强烈受伤感的人、正处在担忧状态中的人，就需要采用不同的标准。与此同时，我们有时候会觉得曾经的激情还会和之前一样，影响力十足。我们都知道随着距离的增加，爱和恨都会消失，而最后，消失很久的爱和恨都会变成某种非常接近于温柔和包容的感觉，即便他们一开始的来源完全不一样。假如法官知道两个人过去曾经有过什么样的激情——爱也好，恨也好，而现在听到的评价却非常完整，非常客观，他就会觉得自己上当了，因为对于他来说，这太匪夷所思了，他要么对这个说实话的证人表示怀疑，要么对他的证词表示怀疑。

身体状态会对视角产生更大的影响。只要情况固定，感官知觉就不会产生错觉，变化会在感知之后发生，在评判和理解的过程中发生。一个人在躺着时，也许会对一个他站着时很讨厌的主意举双手赞成。研究发现，这和两种姿势下脑部供血量不一样密切相关，这可以对很多现象进行解释。首先，这关系到计划的制定和执行。众所周知，躺在床上时，大脑里会出现很多计划，站起来以后，新的衡量就开始了，会慢慢舍弃原本已经大体上被接受的计划。只要躺着时我们没有采取任何也许会约束当时计划的行动，就没什么关系。比如说，两个人躺在床上时做了一个非常完整的计划，后来却因为没有坚持下去而觉得难以面对对方。因此我们时常听到罪犯说他们很后悔某些计划，可是既然计划已经制定好了，就只有坚持下去。正是因为这样的原因，才出现了很多看起来和这一类很相似却令人匪夷所思的现象。

比如，在一个目击者身上发生了类似的事情。当他在床上躺着时，他想到了一些事情，当这件事再次出现在他的脑海里时，他可能相信事情发生的方式明显完全不同于他最近想的方式。后来，他也许会劝诫自己，说以前的想法和事实本身更接近，因此当时想的应该要准确一些，于是，他就对第一个想法深信不疑，虽然那有可能是错的。亥姆霍兹也指出了类似的情况："歪着头或者倒过来看的时候会发现，相比平常，风景的颜色似乎更美丽一些。头倒过来时我们会尽力对事物做出正确的判断，进而了解到比如绿色草地在一定距离之外，会有渐变这一类现象发生。而当我们对这种姿势习以为常以后，这种渐变的程度就没有那么深了，于是，遥远的绿色就会被我们当作近处物品的那种绿。与此同时，当我们用一种新姿势看景物时，会将它看作一个平面图，而这时我们看云时，透视感就对了，而景观却变成了平面的，就好像我们看云时往往会觉得云是一个平面一样。"[①] 当然，这一点每个人都知道，在刑事案件中，它几乎不会产生什么影响。可是另一方面，之所以会形成这种差异，也许很多其他犯罪学家没有发现，可是却有极大价值。

对比就由此产生。席尔对这样一个事实进行了强调：两条长度不一样的线段如果不平行，看上去就是一样长的，而在平行、彼此靠近、从同一个点出发的时候，一眼便可知谁长谁短。他说，所有对比情况都是如此。当事物并列时，可比性就产生了，要不然对比就是不成功的。在这里，没有错觉的存在，只是操作方不方便而已。一般情况下，并列都很重要，原因并不是并列比较好操作，而是我们得知道，正确的并列关系在不在证人的理解范畴，而只有把正确的并列关系掌握了，对比才有成功的可能。所以这一点要经过特别认真的调查。

概念和理解对人有多大的兴趣审视事物有极大的依赖性。有一个故事是这样讲的：一个儿童脑海中对一个老人的印象，不是和这个老人整个人相关的，而是和一只绿色的袖子以及抬着巧克力蛋糕的那只满是皱纹的手相关的。孩子感兴趣的只有巧克力，所以他就只会对它和与它距离最近的环境——手和袖子产生兴趣。类似的情况也许我们极易观察到。在某些恶劣的斗殴案件中，证人也许只看到在自己的哥哥身上发生了什么事；在一堆被偷盗的贵重物品中钱币奖章收藏家只会看到一枚稀有的硬币；在一次冗长的鼓动骚乱的演讲中证人可能听到的只有与自己的切身利益息息相关的事情；等等。无论是什么原因，人投入的兴趣多少，直接决定事物的状态变化。某种颜色成为时尚后也许会变得很不一样，在我们知道这朵花是假的时，它就变了，家乡的太阳更明亮，自家种的水果的味道更好。假如说除此以外，还有很多具体因素会对我们的概念和理解产生影响，我们可以继续举例。其中一个就是词语的不同作用。词语已经代表了概念，简单的词语可以对演变的数学和哲学概念进行演示。两个人会用"象征"这一个词，对不同的事物进行表示。即便在思考和想象时，在将感知到的事实派上用场时，在这种情况下也有可能

---

① 《生理学感观手册》，莱比锡，1865 年。

会出现不同的概念：某个人将某个概念采用象征的方式，转述给另一个人听，而对这个人来说，象征意义正好是其他意思的表示。不太可能出现这种不同的可能性，可是假如某个象征意义和所用词语的联系和暗示息息相关时，小错误就会变成大错误，最终使得结果完全不同于一开始想要表达的意思。用外语词汇，也就是用不同于我们母语的词汇时，产生的误会也许会更深。我们一定要记住：外语词汇的含义时常不同于字典上写的。所以，当一定要遵守某个意思时，不能从外语表达中推论出证据。泰纳说得很对："love和 amour，girl 和 jeune fille，song 和 chanson 虽然可以互相替换，可是它们的意思却不一样。"① 还有人接着说，儿童特别喜欢对某个词语所代表的意思进行替换和改变，这样他们就可以对其含义进行任意的放大和缩小。一开始，"汪汪"也许只是表示狗，之后是马，之后变成所有动物，曾经看到过杉树的孩子，会说那不是杉树，因为杉树只会出现在圣诞节。

并不是只有在儿童身上才会出现这种情况，有时，当某个词传入我们的耳畔，与之相关的观点就会涌入我们的脑海。这种联系基本上都是错的，原因主要是，这个词我们还是第一次听说。后来从这个词所指代的事件中，我们会产生某种想法，进而关联到当时所指，这样一来，我们马上就知道这个词是什么意思了。之后，当我们又学到一个新词时，这个词和它的含义也许都会发生变化。对比这些单独的改变以后，我们会发现，词义极易发生近似的和丰富多彩的变化。这些改变一定会带来很多误解，很多关系到司法和正派的概念的改变，在经过相当长一段时间以后，可能会极大地影响词义的改变。假如我们可以在大部分时候记住这样一条：如果只是改变了词义的话，就意味着一种值得怀疑的事实，那么我们就知道道德是怎么来的了。假如对方所说的话不会激怒争吵的人，那么即便是最严重的争吵，也会顷刻间就消失。

这方面有很多关系到荣誉问题的例子。众所周知，德语中有很多表达厌恶的意思的词汇，而且这些词基本上都没有恶意。可是在听到这些词时，不同的人会站在不同的角度去理解，就使得德语成了一种会最大程度上损毁荣誉的语言。法国人觉得可以开玩笑的事情，德国人却会很生气，感觉受到了侮辱，之后就开始寻衅滋事。对于无关紧要、没价值的事情，法国人往往很

① love 和 amour，girl 和 jeune fillesong 和 chanson，这几个词分别为英语和法语中的"爱""女孩"和"歌曲"。——译者注

在意，而德国人却对吵架的方式有很强烈的反应（德语会使人与人之间发生争端）。只要可以向人们证明词语的价值，那么法庭上的很多诽谤案件都可以得到轻松解决。很多人都不满于自己被称作一个生物，如果跟他们解释清楚了这个词语的完整含义，他们就不会再那么耿耿于怀了。

总的来说，时间对概念所产生的影响就是这样。在对事情进行判断时，时间的长度并不重要，时间的宽度才重要。在赫巴特看来，时间就是一种暂时重复的类型。假如他说得没错，那么无论时间过得快不快，一定会影响到事物的概念。众所周知，反复出现的行为会让时间变得特别漫长，而绚烂的生活则会让人觉得时间过得太快了，可是在记忆中，这段时间又会过得很慢，因为要回想的时间点太多了。明斯特伯格向我们证实，当我们陷入回忆时，在每个单独的点上，我们都要停下来，所以在记忆中，这段时间才会过得很慢。可是这并不是放到哪里都适用的。亚里士多德指出，相比不熟的道路，人们觉得熟悉的道路要短一些，这就和前面那个命题相冲突了。假如我们在乡间安静地度假，时间就过得很快，快到让人措手不及。而假如生活中有特别重要的事情发生了，接下来是一段很平静的日子，那么在记忆中，这段日子就会显得特别长，虽然照理说应该是事后回忆会觉得过得很快，当时会觉得很漫长。

这类现象现在还无法解释，做过很多实验以后，现在只能得出这样一个结论：在记忆中，短暂的时光很漫长，而漫长的时光则很短暂。这里还可以把这个很伟大的发现加上：对于一段非常短暂的时间究竟有多长，很多人都不太了解，特别是像几分钟这样的时间单位。让所有人都安安静静地坐着，不要去做其他的事，之后在五分钟之内每结束一分钟就提醒他一下。最后他会说过去的那段时间肯定在一分半钟以内。所以在估计时长时，证人也会出错，这种错误和其他种种很奇怪的问题都应该在审问的程序中出现。

有两个渠道可以通往正确道路，一是可以让证人对他所熟悉的某些事物的时间进行判断，像念一段祈祷文要多长时间，二是给他一只表，让他对秒针进行一下观察。在后一种情况下他会发现，自己常常所说的 5 分钟、10 分钟或者 20 多分钟，最多也就不到一分钟。

如果要对更久的时间，像几周、几个月或几年的时间进行判断，那么难度系数就更大了。我们没有什么好办法，经验只能证明这样一个事实：判断的准确性是由能否确定在这期间不同事件的间隔时长来决定的。假如有人说 A 事件发生 4 ~5 天以后，B 事件才发生，如果他再说明一下：“因为 A 发生的时候，我们刚开始收割玉米，当 B 发生的时候，我们已经把玉米收完了，因此这两者之间就有 4 ~5 天的间隔。”那我们就不会怀疑他所说的话。可是假如他不能做出与之相似的判断，那么对于他的说法，我们就要持怀疑态度，因为也许会有什么事情对他的时间概念产生了很大的影响，这样一来他的判断就完全不准确了。

在这种情况下经常会有这样的现象发生：忽然之间，在漫长的说明过程中对问题的估算成了参照物，假如估算不对，更大的错误就会出现了。如果一个目击者曾说某件事是在 4 年前发生的，很久以后再重新估算了该时间，结果显示，这份草率的说明设定时间是在 1893 年发生的。所有重要的结论都源于这一点。根据惯例，我们最好能对这种估算是不是正确地进行一下验证。可以假设证人也许做出了更好的估算，可是也可以假设他没有这样做。总而言之，对于涉及时段概念的问题，我们一定要非常小心。

第 84 节　先天与后天

叔本华率先用先天和后天来区分人，至于他的这一分类最先被用在哪个地方我并不知道，可是我知道他给出的这种分类是基于非常严谨的态度。“先天”是指肉体和精神的特点和个性，而从更加广泛的角度来说，“后天”则是指养育、环境、学习、学识和经验，也把这些词语所指代的最广泛的意义涵盖进去了。二者合二为一就把一个人是谁、他可以做什么、想做什么都反映出来了，所以先天和后天是以本质和特点为依据来分类的。我们要对一个人的天性会如何影响其面貌加以了解，可是对于他的后天发展会让他和犯罪之间产生什么样的联系是我们一无所知的。在文明女神所看重的品质和只有回到朴实和自然才能对其合理性进行证明的品质之间，有多种方式、联系和不同的存在。

第 85 节　后天的影响

站在犯罪学的立场，假如可以用后天培养来对道德的进步、荣誉和对真理的热爱进行解释，那么后天培养对人类的影响就会非常重要。犯罪学家必须对与此相关的各种关系、行为和说法进行研究，当只是人的后天培养上产生不同时，才能加以对比和评判。对于这一问题，塔尔德[①]和厄尔策特－纽因[②]的成果最能带给人启迪。老一辈作家莱布尼茨就曾经说过："假如你把教育的任务交给我，那么只需要 100 年我就能让整个欧洲发生天翻地覆的变化。"笛卡尔、洛克和爱尔维修都觉得后天培养的价值非常大，而像卡莱尔这样的人则觉得文明只是为了不让龌龊的一面显现出来，在它的掩盖下，人类狂野的本性暴露无遗。在现代人中，既有夸赞它的，也有批评它的。里博说对于两种极端的人来说，培养一点意义都没有——对白痴差不多没有意义，对一般人会产生很大的影响，而对天才来说则一点意义都没有。我可以再强调一点，那就是白痴和天才的圈子一定要非常大，这种说法才成立，因为只有普通人人数变得极少，在犯罪曲线上，智力训练才不会在统计学上产生差异。这就是阿道夫·瓦格纳所得出的一个结论，它对执业律师的经验进行了证实，而我们这些一般教育过程中也许可以从犯罪学角度对事物进行观察的人，却并不了解它的影响。[③] 假如一般的说法没错，也就是说，把国民教育水平提高，让争端和公共财产损失下降，让诈骗和挪用上升等，那我们就错得太离谱了。因为站在心理学的立场对罪犯进行评估的时候，罪行本身并不具有决定性意义，总会存在这样一个问题：罪犯的行为会如何损坏他自己的天性。因此即便一个农夫用椅子腿或破篱笆对邻居或者整个村子的人进行殴打，也许他依然最受年轻人推崇，以后也会受到更多人的尊敬。很多优秀的村长年轻时也劣迹斑斑，可假如一个人曾经诈骗或伤害过什么人，这个人就不可能再拥有名誉了，而且一辈子都会被钉在耻辱柱上。假如第二类罪犯被理解成和第一类一样，那我们的眼光就出问题了。

每个人都有与之相似的经验，一个有教养、会读写，还可以把自身知识派上用场的人，爱四处张扬自己对生活境况的不满就是他最大的特点。在他想读书时，时间却不够，而有了时间以后，他又必须先搁置那卷诗歌集，去干家务。与此同时，他从书中也慢慢了解到了很多没办法得到满足的欲望，那么为了得到满足，他就会采取我们犯罪学家知道的那些不正当的手段。

类似的法律规定在很多国家中都存在，会将减轻罪行的情况和由成长教育缺陷所导致犯罪的情况考虑进去，可没有一个犯罪学家会觉得人也许会因

① G. 塔尔德：《刑法的哲学》，里昂，1590 年。《犯罪的比较》，1886 年。《模仿的法则》，1890 年。《经济心理学》，1902 年。

② 《宇宙正论》，莱比锡和维也纳，1897 年。

③ A. 瓦格纳：《人类学统计调查》，汉堡，1864 年。

为不能读写而走上犯罪的道路。不管怎样，一个农民证人给人的印象往往是非常正直、可靠和智慧的，不管谁和他谈话都会有很大的收获。即便这一生他都不会读写，也没有人会觉得他的成长背景不足。

不能对很多人表现出自己善良的一面是良知出现了问题，当然不是说之所以会对证人或拘留的犯罪倾向和人表示怀疑，就是因为教育本身的缺乏。养育孩子时如果犯下一些错误，像溺爱、严格、忽视及其后果，以及懒惰、欺骗和盗窃，所带来的后果都会非常恶劣。而这些因素究竟要承担多大的责任，天性又要承担多大的责任，只能在遇到某个具体的案例时才可以下结论。当然，没有人会因为我们没有对心智培养的价值进行正确的估计，而希望回到粗鲁和无政府状态。我们还是需要道德培养的，可是不能对它的重要性过于高估。总而言之，我们可以说教育是为了有能力对其他人表示同情、理解和意愿，可能还可以把这一点加上去，也就是同情一定要是正确的、深刻的、委婉的，因为外在的、表面的或颠倒的同情一定是行不通的。女仆只是知道主人是怎么骂人的、怎么吐痰的，完全不了解他的内心世界。在人类的对外交往中，文化和文明的黑暗面总是表现得最明显。

在对什么是理性的同情加以考虑时，我们一定要界定好，同情只可能存在于普遍都能想到的事物上，一定要把大脑内部想象出来的科学道德的范畴剔除出去。这样一来，就只有宗教这种会极大影响到普罗大众的道德了。

在歌德看来，信仰和怀疑的冲突是历史上最本质的冲突。在这里不需要对这种冲突进行讨论，这只是为了对犯罪学家可以依赖的仅有的一种培训是从真正的宗教来的进行说明。一个真正有信仰的人，是值得信赖的证人，假如他成了被告，最起码我们还可以假设他也许是被冤枉的。当然，我们很难判断他对信仰是否绝对忠诚，可是假如他确定他是忠诚的，我们的起点就很好了。很多作家都对教育的优劣点进行过讨论，统计显示，俄国可以读写的人只占 10%，而在 36868 名罪犯中，最起码有 26944 名是识字的。20 世纪 70 年代，在苏格兰的所有罪犯中，文盲占到 21%，只受过一点教育的占到 52.7%，受过很好教育的占到 26.3%。

宗教上的统计数据一点意义都没有，因为其中一部分，像犹太人的犯罪率和宗教没有任何关联。还有一部分因为它针对的只是受洗的新教徒或天主教徒的犯罪情况，所以也毫无意义。剩下的一部分也许极有趣，那就是完全确定不了信徒和非信徒的犯罪率问题。统计数据显示，某年某国犯罪的新教徒占到 x%，天主教徒占到 y% 等等。这种数据有意义吗？在 x 和 y 这两个比例中，完全不信教的占到很大的比重，至于他们不信的是哪种教根本不重要。可是如果可以对天主教和新教信徒中究竟虔诚的有多少人加以了解，就会极有趣，因为我们可以肯定地说，信徒犯罪的概率很低，那么就可以从犯罪学家的立场出发，鼓励发展哪个宗教——当然是真正的信徒更多的那个，可是我们是不可能知道是哪个的。“新教”罪犯和“天主教”罪犯的数字在这一点上不会给我们提供任何帮助。

第 86 节　未受过教育的人的观点

“人们天生善于交谈，而文明的开端就是能从交谈中提取有效信息。”歌德说的这番话，其实说明了文化的缺点到底是由何而来的，并且证实了：未受过教育的人虽然能够倾听别人的言辞和话语，却不能准确领会其中的真正含义。这样说的意思，其实并非是指未受过教育的人难以听清或记住谈话中的原词原句，而是说他们实际上并不能完整地理解自已听过的话语，更不能简单地复述出那些话语中的真实意思。当我们去观察那些单纯之人的一切所作所为的时候，一定要注意这些特征，因为它们是那些人身上最为普遍且最为重要的特性。已经有不少思想家发现了这一点，甚至涉及许许多多的领域。举个例子，米尔就曾注意到，有些无知的家伙在对自然现象进行描述的时候，常常将感知和推理混为一谈，难以说清其中的差异。道格拉斯·斯图沃特则发现，在乡村工作的药剂师们，不管描述多么简单的事情，都张口闭口不离专业理论词汇。能否简单准确地表达出某一现象的真实状况，往往是判断此人的大脑能否准确理解事物本质的最迅速的方法。理解了这一点，我们就能够明白，为何我们常常会发现，某些人在对一些非常简单的事件进行描述的时候会采用极为冗长烦琐的言语进行表达，正是由于他们采用了极为复杂的表述方式，恰恰证实阐述者本人对自已所要描述的内容并不完全了解，所以他做不到简洁表达。因此康德这样说道：“普通人在为一些事情作证的时候，尽管他们想要尽量诚实地说出自已的看法，可通常情况下，他们提供的证词却是不可信的，这是由于那些证人很难做到长时间集中注意力，正因为他们不具备这项习惯，所以常会将自已的假设和别人透露的讯息混为一谈。所以，虽然他们在提供证词之前都进行过宣誓，保证自已会说真话，可我们依旧很难相信他们。”休谟在自已的论文当中讲述道，一般来说，人们天然地想要让自已说的话显得更与众不同一些——即便他们的表述非常片面狭隘，只局限于某一个角度，且根本没有考虑到确实存在一些能推翻他们观点的看法，可他们依然会进行生动形象地猜测，给出一个确定的想法，甚至根本注意不到其他一些看待问题的角度。事实上，片面从某一个角度去看问题的人，根本无法发觉事物的真实内涵，而不愿意相信反例存在的人，直接在他亲眼看见的事情上面添加了自己主观的意识和猜测，因此，他看到的也并不是事物本来的真相。

在这方面，仔细观察一下那些未受过教育的人在看待问题的方法上有什么不同就显得十分有趣。他们根本不会在意当下自己感受到的事情，只是非常在乎事情的抽象形式。我们可以举出一个最好的例子，比如在军营当中，人们是这样定义荣誉的：荣誉属于拥有它的人。那些无法完整地理解事物全部真相的人也会犯同样的错误，他们只能感觉到最显而易见的事物，以及他们注意到的离自己最近的事物。米特迈尔清晰地指明，那些偶然目睹了事故发生但并没有集中注意力去观察的证人，往往只能看见距离他最近的一些事实和特点，他还举例说道："大家都知道，未受过教育的人通常只会被最后出现的那个问题所吸引。"① 这一点是至关重要的。倘若有人在问讯的时候不懂任何技巧，而是直截了当地连问三个问题，询问证人说：A 是不是他杀的，他有没有抢走 B 的东西，以及是否偷了 C 的梨子。证人可能会平静地这样说道："梨并不是我偷的。"他甚至根本没有发现前面还有另外两个问题等待他去解答。被告方常常会对这一点多加利用，律师往往会向原告方的重要证人提出问题，说道："你敢保证自己亲眼看见被告是怎样走进了房间，往四面探查张望，随后走到了柜子旁边拿走了手表吗？"虽然这个人可能目睹了前面的过程，只是没有看到对方拿走了手表，可是未受过教育的人只能生硬地答复对方说道："不，我不能保证。"只是由于他自己没有办法对最后一个问题给出肯定的回答，就把前面全部的过程都给否定了。我们需要对这一点多加警惕，这也不算很难，只需要我们不要在一句话中同时提出许多疑问或许多要求他回答的问题，并且在提出问题的时候，务必做到简单清晰。如果我们提出的问题比较简单，那么对方也更容易听懂，通常也能够比提出较长的、很复杂的问题时，更能得到满足我们需求的回答。

另外，未受过教育的人之所以不能清晰地弄清楚事情的真相，还有其他

---

① 《论证原理》，达姆施塔特，1843 年。

一些方面的原因：他们非常渴求公正，但只是为了尽量洗脱自己的嫌疑，避免让自己受到不公正后果的影响。所以生性软弱的人绝不可能做到诚实，在完全没有受到过一丁点教育的人看来，其他人才需要为一切负责。事实上，所有的人都需要承担责任，可是如果只要求别人负责的话，一切就会简单方便得多，因此那些人就会这样认为。或许受过教育的人往往更加从容冷静，在看待事情的真相及责任划分的时候，就能从更加客观的角度做出更准确的认识。

此外，还有另外一些比较典型的，在未受过教育的人身上比较常见的思维特征，举个例子来讲，他们会在对待像是有关救生衣、灭火器和其他一些逃生手段相关的事情方面出现一些比较特殊的观念，本来这些物品都是用来应付紧急状况的，可他们会小心地把这些东西收起来保存好，甚至藏在衣柜里面。他们之所以这样做，唯一可以解释的原因就是，在他们的观念中会认为当发生一些意外事件时，用这些救生手段很难保护自己不受伤害，而对他们来讲，避免让这些东西被偷走显得更重要一些。

对于未受过教育的人来讲，他们在面对一些别人展示出来的东西，或者很陌生的东西时，一定要小心谨慎地去感受，为什么要这样呢？孩子们在面对陌生物品的时候，会将它们拿起来闻上一闻，可受过教育的人普遍只会观察一番。我们常常在公共场所中提出“请勿触摸”的要求，其实具备相当充分的理由。我相信，我们完全可以通过某个人在面对陌生事物的时候是否想要伸手触摸，来判断这个人接受教育的程度。他们为何想去触摸那些陌生的物品呢？其中原因很难解释，但是很明显，未受过教育的人很想对某一个物体有清晰的了解，因此他们会借助视觉之外的其他所有感官一起进行观察。也或许是由于已经接受过教育的人往往习惯于通过认真观察来认识那些事物，可未受过教育的人只能在眼睛看到之后再做出一些其他的努力吧。此外也有另外一种可能，就是未受过教育的人可能依然感知不到事物的本质，因此当某件事物借助于A的形式出现在他面前的时候，或者表现得跟另外一些物体比较相像的时候，他自然而然地会产生怀疑，因此一定要仔细通过触觉感知过之后，才能让自己相信这确确实实就是A这种东西。[①] 或许，用“联想训练”能解释这一点。

我们已经无数次证明，要理解事物的特性，需要依赖于训练和经过指导

---

① 参见《H. 格罗斯全集》，第2卷，140页；第3卷，第350页；第7卷，第155页。

的观察。此外，未受到教育的人往往会发现，自己在表述一件事情的时候经常会词不达意，这也是已经被证明的事实，不过这可不仅仅是由于他们练习的比较少而已。还有一个非常古老的故事，相当具有启发意义，这个故事是这样的：一位农妇询问自己的儿子到底在观察些什么，是在观察白色的画面还是黑色的画面，其实这一点可以证实，当让一些未受过教育的人去观察图像或照片的时候，他们常常会按照这种思维方式来进行思考。在很长一段时间内，我甚至都没有发现，在未受过教育的人看来更吸引他们注意力的其实是画面背景。举个例子吧，假如你拿着一张半身照片给一个未受过教育的男人看，他的注意力或许会集中在照片中人的肩膀上部和头部之间的背景上，发现那里存在着一个隐约模糊的轮廓，或许刚好能从中发现什么特殊之处，如果这模糊的轮廓外形看上去像条狗，那么在这个未受过教育的男人眼里，整个画面给他留下的印象就是他只看见了“一条雪白的狗”。这样的情况相当普遍，远超我们的想象。因此当我们拿照片去让对方辨认的时候，一定要注意，其实这样做存在非常大的失败可能。[①] 我们再来列举一件事情好了，有一位摄影师分别给 12 名龙骑兵拍照，拍完照片之后询问了骑兵们父母家的地址，他想把照片寄给这些骑兵的父母，可是最后编号却被他弄丢了。迫于无奈，他只能随机将那些照片分别寄给了那 12 个家庭，并在每张照片后面附上说明，请他们检查给他们寄去的照片是否有什么错误，还说如果邮寄错了自己会立即再寄一张正确的照片过去。而最后的结果是，根本没有任何一个家庭向他抱怨自己收到的照片是错的。所有这些家长人手一份龙骑兵的照片，而且所有人都很满意，家长们都认为这些照片邮寄得很正确。这样的事实更说明了，没有受过教育的人很难辨别照片，他们往往会忽略照片当中的主角。

可从另外一个角度上来讲，在儿童和一些粗人们看来，图像又具备很难替代的特殊意义，因为照片往往会给人一种不可磨灭的印象，特别是在关于大小方面的印象。可以想象，所有人在联想到对书的记忆时，可能都会回想起自己人生当中所读的第一本图画书中的内容。即便我们可以毋庸置疑地说，那些图画漏洞百出，可这不妨碍人们会对它们留下深刻的印象。最为普遍的状况就是，证人们经常会弄错画面的尺寸，比如当画面上同时画着一匹马和一头驯鹿的时候，由于驯鹿在画面上看着比马要大一些，所以我们常常

① 参见《H. 格罗斯全集》，第 7 卷，160 页。

会想象在真实中驯鹿要比马大。不管我们自己到底知不知道驯鹿的真实体积和身量，或者说我们亲眼见到过多少次，我们总会留下这样的印象——“这样的驯鹿实在太小了，起码要比一匹马大才行吧!”未受过教育的人常常会犯这样的错误，而受过教育的成年人却可以避免，因此，由于图像给人的印象不同，往往会导致许多证词出现错误。但我们知道错误的来源之后，就更能查找端倪找到错误之处，倘若这些错误都是无意识引起的，那我们也要依据情况深入挖掘其中原因。

最后，我们还要说明一点，粗人无法真实地认清楚事物的本来面目，这会普遍影响他们的感觉基调。我们可以举两个非常特殊的故事来证实这一点。布尔沃所讲的一个故事是这样的：有一位仆人被主人痛打，随后有人劝说仆人到法院去状告自己的主人并寻求庇护，可是仆人非常生气，不愿接受这个人的建议，只是由于他认为自己的主人是一名贵族，而法律根本无法限制贵族。古特贝勒特也讲过同样一个故事，是有关于拉文纳警察局局长塞拉菲尼的。故事是这样的：塞拉菲尼听说有一个名声很坏的杀人犯放下豪言，说要杀掉自己，所以他就叫人把那个杀人犯带到面前来，并把手枪上了膛递给他，要求对方直接开枪杀了自己。那个杀人犯立刻被吓得脸色惨白，随后塞拉菲尼给了他几耳光，将他赶了出去。

第 87 节　片面教育

在此我只是简略地说一下，接受过片面教育的人所提供的证词也具备一定的危险性，我们也需要提高警惕。对于那些从来也没有接受过教育的人，我们往往会产生特定的警觉性，可是，某个接受过片面教育的人则通常会在某一方面带给我们还不错的印象，导致我们误以为他们在其他一些方面也是同样优秀的，这样一来，就容易让我们在案件中出现失误。

到底怎样才算接受过教育？我们实际上很难对这一问题给出清晰的解释。毫无疑问，这需要受教育的人有一定的知识储备，但是大家都不知道到底要怎么定义这些知识储备的多少，更弄不清楚这些知识都局限在哪些范围之内。非常使人震惊的一点在于，相比于其他学科来讲，人们在自然科学上往往会花费更多的时间，可却没有任何人认为“接受过教育”这一概念中必须要求对方有一定的自然科学知识。有的人对历史、古典文学一窍不通，甚至对现代小说更是毫无了解，他们从来没有去过剧院看电影，也没有参加过摄影展览，也听不懂法语或者英语等等，可是人们常常会认为这个人没有受过教育，缺乏基础文化知识。可是如果刚好相反，一个人对这些所谓的文化了如指掌，可是却在动物学、植物学、物理、化学和天文学方面无知得令人发指，那么大家还会觉得这个人接受过教育。我们很难清晰地对这一对矛盾加以解释，可是这样的矛盾的确存在，所以，不管是什么人，都无法清晰界定所谓的“片面的教育”到底指代何种含义。可是我们却能够借助于许许多多的案例，来对片面教育当中“片面”一词的范围加以解释。在此我们就用两个例子来证明好了。林奈的画以及阿夫塞柳斯对他进行的评论可以看出：虽然林奈在植物学方面的知识相当渊博，且记忆力相当不错，可他却对外语一窍不通。他在荷兰生活了三年时间，荷兰语跟他的母语非常相似，可他却根本听不懂这门语言。而听说汉弗莱·戴维爵士到卢浮宫参观那些画作的时候，最为欣赏的并不是那些美丽的油画或者著名的希腊雕塑，而是油画那漂亮精美的外框和雕塑所用的石材。

那么如果我们在案件中碰到了这类人，又必须要让他们成为证人的时候又当如何？倘若他们可以坦诚自己在要被问及的问题方面并无涉猎、完全无知的话，一切都还算简单。举个例子说，假如我们需要针对一些特殊的自然科学领域的知识——假如这样的知识是任何接受过一般教育的人都必备的——来问询一个哲学家，向他提取证词。如果这位哲学家可以坦然承认，已经将大学学到的有关自然科学方面的知识全忘掉了，那么事情就变得非常简单，我们只需要像对待未受过教育的人一样来对待他就行了。可是倘若他不愿意马上承认自己在这方面相当无知，那么我们可以选用的唯一一种方式就是不停地提问，通过这些问题让他认清自己的知识水准，随后再小心地有所推进。如果只是因为有其他证人出现，就不再认真追问第一个证人的话，就显得职业素养太低了。

同样的，对于那些通过自学获得知识以及某些业余爱好者，我们也应该保持同样的态度，这些人在评价自己获得的知识的价值的时候，往往会以自己付出的努力程度来进行评判，所以他们往往会高估自己的认知。我们往往可以从他们的证词中发现，他们所说的一切都包含在自己的知识架构内，而我们也可以通过了解那些知识，认识到这些人本来的个性。那些通过自学有所成就的人，其实只是知识方面的暴发户，大部分暴发户基本上都比较高调，所以那些自学有所成就的人也很难保持低调。

另外，我们还必须对一种特征有所认识，也就是说，有一些专家非常喜欢拥有一些特殊的小爱好，他们为此非常自豪——尽管这些小小的兴趣根本不如他们的专业领域重要。腓特烈大帝就是这样一个很好的例子，他吹奏笛子的技巧相当差劲。像这样的人，往往也容易引起我们判断的失误。有的时候他们在某个领域有很高的建树，于是我们会不知不觉被他们影响，认同他们所讲述的一切。可是在某些时候，如果他们所讲的是自己那糟糕的小兴趣，这也就是说，在很多愚蠢的事情上，他们只不过看到了一些被伪装出来的表面价值而已。

第 88 节　偏好

其实，对于是否能够科学地概括出偏好相关的这一问题，或对其范围进行界定，或者是弄明白偏好到底是出于先天还是后天，还是共同作用的结果，我们都无法给出肯定的回答。在此我们所谈及的内容并不牵涉到像是喝酒、赌博、偷盗等偏好的具体形式，毕竟相对来说，这些问题是现代社会中极难解决的痼疾。我们只能对这个问题进行大致的说明。曾有一句古老的谚语说过，树木和人是一样的，会偏向于自己喜欢的一边生长。如果我们可以仔细对职业生涯中所遭遇到的数不清的犯罪者的偏好进行仔细审视和思考的话，就会发现，如果能通过偏好来界定他们罪行的特点并进行判断，事情就变得简单许多。不过一般情况下，我们很难将偏好与机遇、需求和欲望加以区分开来。正如阿尔菲里所讲，偏好诱导犯罪行为的发生，这实际上正是偏好所产生的影响。而如果某一种邪恶的偏好继续发展下去，就变成了能力，倘若在一件事情上屡屡能获得正向的影响，就会导致一种偏好的顺利出现。

莫兹利对此清晰地指明，过去曾经感受过的一系列的感觉会残留在潜意识当中，而这些细枝末节的感觉则会对人的性格产生极大的影响，甚至某些情况下，跟特定的经历结合在一起会使得整个人的道德感得以重建。某些非常相似的东西，毫无疑问就是这样得以建立和发展开来，在一些特殊的状况之下，有些偏好甚至可以通过遗传延续下去。这一点实际上已经找到了证明，就是流浪汉的性格特征。我们甚至可以断言，进一步研究跟流浪汉相关的工作，就是刑事法官在心理学研究方面所进行的最有趣味的一部分研究。即便我们只是想要弄清楚到底哪些才是真正的流浪汉，而哪些才是想尽办法也无法获得工作岗位的人——只是这种区分也牵涉到很多相关的心理学问题。我们在此不需要对这些情况过多介绍，因为我们得从数以万计的细节当中进行探索和研究之后，或许才能找出其中的区别。而同样非常有趣的是，这些研究步骤所达成的后果，特别是从一些统计学当中得出的结果，通过很长时间的实践可以证实，基本上那些就职于非常辛苦或者艰难的工作岗位上的人是不怎么可能变成流浪汉的，像是农民、铁匠、矿工甚至登山运动员，基本上这类人不怎么会变成真正的流浪汉。而这个世上大部分工作没那么辛苦，在各行各业的工作的例如烘焙师、磨坊主以及服务人员中出现的流浪汉也为数不少。前面那些像是农民、铁匠之类的人，往往能够兼顾好工作和休息之间的关系；可后一类人比如烘焙师、磨坊主之流经常没有办法妥善安排自己的时间，他们有的时候相当忙碌，而有的时候又百无聊赖。这样并不是说由于工作很辛苦的那些人合理分配了工作和休息的时间才不至于变成流浪汉，而那些工作和休息时间难以兼顾的人就会变成流浪汉，这并不是绝对的。事实上，前者从天性上讲就比较偏向于辛勤工作且喜欢规律的生活节奏，所以他们不怎么会涌起跑去流浪的冲动，也愿意选择更为辛苦的工作。可后面这一类人喜欢的则是轻松的工作，且偏好于没有一定规律的工作，他们本人身上就偏向于流浪汉风格，因此才倾向于在烘焙、磨坊或者服务的地方从事工作。所以真正的流浪汉也并不一定确实无疑就是罪犯。毫无疑问，流浪汉当中最容易滋生罪犯，可以说流浪汉群体就是罪犯出现的摇篮，有很多罪犯都藏匿在流浪汉当中，但那些真正的流浪汉，则只是单纯因为喜欢放荡不羁的生活，他们喜欢流浪，也喜欢堕落的生活。

除此之外，还有一些其他比较相似的类型。我们可以通过基本心理学的原理总结出一些数据，并从中推测出一种假设。毕竟它可以帮我们从一个人的职业、工作方式、环境、对妻子的偏好、对娱乐活动的偏好等细节来对这个人最基础的个性偏好进行判断，这样一来，可以帮助我们将偏好和案情加以联系，实现平行推理。要准确地判断出偏好和性格之间到底存在着怎样的关系，是非常艰难的过程。普遍的共识只是一些空泛的、徒有其表的空谈而已，要使这种共识具有普遍性，只有一种情况，也就是当某一个人的性格同时受到一切先天和后天的影响而出现了偏好的时候。但我们可以确定一点，人们所说的好性格或者坏性格，只是在欲望最大化且通过具体的行动得以表现之后才会实际存在。因此我们必须强调实际行动的作用，唯有那些实际的事情被发现确有其事，这一发现才有可能具备相应的价值。

第 89 节　其他区别

在古代，人们往往会借助个性来把人分成不同的种类，但实际上这种方法并不科学。过去，人们把天性分为四种气质，每种气质都有自己独特的特点，但是每种气质都是孤立的，并没有哪一种气质会同时体现出所有气质的整体特点。事实上，人们的性情并非只存在这四种类别，这样划分，不够全面。倘若我们认为，所有活泼好动的人都是胆汁质，所有暴躁的人都是多血质，所有多思多虑的人都是黏液质，而所有悲伤抑郁的人都是抑郁质，那我们所做的事情就过于片面，毫无价值，只是在无数的形容词中又多添加了几个词而已。这四种类型的气质很难全面概括人类整体的特征。不仅仅是因为有无数人都只是符合其中间和过渡的状态而已，更是因为有很多完全无法套用在任何一个类别中的人类的个性存在。除此之外，人们的性格也会随着年龄的增长、健康的变化、经验以及其他突发事件的改变而发生变化。因此我们绝不能认为这种分类可以永久概括那些现象的存在，也不能将其看作是其证明。但是在一定的条件下，它们也具有至关重要的作用，毕竟这些性格气质都具有一些权威性，这四个性情类别当中的任何一个都能串联起一系列的性格现象，并假设这样的关系绝对存在——虽然事实上这种存在并非绝对的。马基雅弗利曾说过，世界属于黏液质之人。我们可以想象在他说出这些话的时候，肯定没有想过，有一些人们习惯性认为是黏液质性情特点的现象，事实上是某些性情现象产生的复合作用。他只想简单声明一点，事实上不管是在我们平时的生活中还是在政治生活当中，极端行为都没什么价值，不管是任何事情，在将它落地实现以前都需要对其进行反复的思量和验证，如此才能推进事件向前发展——虽然我们推进的步子也许会相当缓慢。倘若他当时说那些话的时候换一换，只说世界属于谨慎的或者善于自省的人，我们也丝毫不会认为那些话会产生什么新的含义变化。

如果我们想对某个人的先天和后天进行一些深入的挖掘和了解，那么对他性格进行探究是毫无价值的。因此我们还是认真思考一下可以判定一个人性格特点的其他的方式。谚语是这样说的：人会被自己的笑声所背叛。假如我们身在戏院当中，你听到了发出笑声的人是采用什么样的方式笑出声来，以及他笑起来的时间点，就能立即明白对方受教育的程度到底如何，确定出谁是受过良好教育的，而谁是根本没接受过教育的。叔本华曾经说过：天资聪明的人会觉得所有的一切都很有意思，而逻辑性比较强的人则认为万事万物都不幽默。而埃德曼则是这样认为的：有些事物到底会令人觉得开心还是抑郁，事实上并不在于事物的本身是否好笑或悲伤，而是反映出了观察者本人的本质个性。这样说来，似乎犯罪学家们仔细观察一下人们所发出的笑声，就可以节省很多工作。一位证人观察能力很差，笑起来的时候就显得尴尬而愚蠢；没有犯罪却被抓起来的囚犯，笑起来的时候相当痛苦；让别人陷入痛苦境地的证人，笑起来的时候相当残酷；而那些可恶的同谋，笑起来又是邪恶的；无辜的人最终找到足够的证据证实自己的无辜之时，会发出兴奋而疲惫的笑。除此之外还有各种各样的笑声，我们可以说这些笑声是相当重要的，可以给我们提供判断依据和很多帮助。另外，你还需要注意的是，人们要强忍住笑声的话是相当艰难的，起码在你听到笑声停止的那个瞬间就会明白，在整个案情当中它到底能起到多大的作用。

还有一种情况跟笑声有着同样重要的地位，那就是在短时间内出现的一些变化。如果我们仔细观察了日常生活就会发现，有一些人往往会在无特殊原因的情况下突然转变，变得让人陌生至极，如果这种变化是出自内疚或者坐牢的话，还会产生比这更加强烈的影响。有的人说，可以借助孤独看出人们的本质，弄清楚谁才是最“伟大”值得尊敬的人，以及谁是最蠢的人和谁是最“伟大”的罪犯。如此一来，强制性陷入孤独状态——也就是被迫坐牢有着相当大的影响！我们生活在这个时代，确实相当幸运，已经不需要因为某些极微小的罪行去牢房里待上几个月或者好几年了，但是在一些特殊情况下，即便只让一个人被监禁几天也能彻底改变他。在他身上，被捕时候的愤怒及野蛮，甚至内心的悲痛和软弱之处都会完全表现在众人面前。所以犯罪学家必须常常跟罪犯打交道，要不然就没办法完成自己的工作。当然，我这样说的意思并不是说跟罪犯打交道是为了让他们直接招供，我想表达的是，这么做有助于公平而正确地看待这起案件并找出案件发生的原因。所有有过类似经验的犯罪学家们都会相信，自己往往会在第一次甚至是后几次审问即将结束的时候，才能弄清楚整个案件发生的根本原因，特别是弄清楚犯罪者的动机，而且通常情况下，后面形成的观点会比较准确，更接近真实的状况。确实还有一些特殊的情况，也就是有一些人在被关起来接受审问的时候，会受到狱友的影响，学些逃避罪责的小伎俩，使得我们很难审问——我们可以先把这些情况排除在外，此时或许我可以断言，有的时候监禁更能准确而全面地反映出某一个人的本质。在那种特殊的环境中，他的地位发生了改变，而且有机会去反思自己为什么会陷入当下的状况中，如果这些情况不会给犯罪者带来负面的影响和作用，那么就有很大的可能帮到犯罪学家，促进案件调查工作的推进，这一点是毋庸置疑的，因为我们往往可以通过在后续审问中获得更加符合客观的结果来证明这一点。

除此之外，被关起来的犯人，他们的身体和健康状况也会发生一定的变化。他们进入新的环境当中以后，要熟悉另外一种生活方式，要接受与他们之前完全不同的食物，还要适应陌生的环境，他们不能运动，而且受到道德的谴责，这一切都在影响他们，我们必须要说，这些外在的情况都会影响人们的健康。不过也有一些人在坐牢以后身体状况反而变好了，特别是那些在进入监牢之前常常生活得比较狂野，作息不规律，或者醉生梦死的人，又或者那些忧心忡忡的人。但这些都只是特殊情况，一般情况下，囚犯的身体状况会因为被关起来而产生巨大的变化。但值得庆幸的是，像这样的变化并不会持续太久。大家都知道，这些影响会对大脑产生一定的作用。如果一个人身体状况不好，就会给其道德本性彻底改变提供机会，而身体健康可以帮助不相信神明的人坚持下去，帮助他们度过最黑暗的日子。或许这一点正如贝恩谈及的，能够用于解释很多人在审问的最后阶段选择了招供，而彻底地洗清了那些无辜之人的嫌疑。

我们也不能遗忘，在很大程度上来讲，时间也会改变一个人，使人们放弃极端的行为。这是由于对于囚犯来讲，坐牢这段时间是有着独特力量的。众所周知，完美的善良是非常少见的，而绝对的邪恶同样也更为罕见。我们常常无缘得见完美的善良，却偶然能碰到一些绝对的邪恶。我们碰见的坏人越多，我们就更有可能认为绝对的邪恶是由于某种需要、敌对、软弱、愚昧、疯狂而产生的，而正是单纯、真实、人性化精神匮乏最终所造成的后果。很多年来，我们一直认为非常稳固的东西，往往会在瞬间崩塌。今天在我们眼中，这个囚犯是非常可怕的，可过了几天，等我们的情绪放松下来，变得更加冷静之后，从另外一个角度去分析案情的时候就会发现，往往能够更加清晰地认识到罪犯的本性，而对他的印象也会随之发生巨大的变化。

我常常会想到这样一个小故事：那是查理十二突然去到德累斯顿所发生的事情。完全符合瑞典国王的猜想，市议会的议员们在那天突然紧急集合，召开了一系列的会议，认真去探讨明天应该去做些什么事情。而每一个即将被审问的犯人所做的事情跟他们是一样的。当他刚从法庭上离开的时候，就已经在思考自己到底有哪些话说得还不够周全，一直到下一次对他进行提审以前，他一直会沉浸在这样的自省当中。这样，他在对同一件事情进行诉说的时候，往往会产生许多各不相同的解释，也就是因此，我们才需要对同一件事情进行反复审问。

最后还需要对米特迈尔提出的一个问题进行探讨，也就是说，犯罪学家自身的修养及性格也是至关重要的："倘若有这么一件事情，一个女孩为了拯救自己的爱人选择上庭指控自己的亲哥哥，那么我们就需要对此作出判断——到底我们更加支持哪一种声音？觉得哪一种声音更有力量呢？法官在进行这种判断的时候，很难完全摆脱自己的人生观，独立于自己的人生经历之外给出合适的判断。"而这种情况是非常常见的。当你试图从各个层面去探讨一个心理学案例的时候，即便它非常困难，可突然之间你发现自己似乎找到了正确答案："就是这样的，绝不可能是别的原因，他就是因为这个原因才那样做的。"如果对这种清晰的推理进行仔细审视和观察以后就会发现，这主要是出于情感而造成的失误。换句话来讲，你之所以会得出这样的推理结果，是由于当你处在相同的情况之下，你自己会选择这样做，当时你的想法、你的做法、你的期望就都是这样的。对于法官来说，由情感所犯下的失误是相当危险的，可能是职业生涯中所面临的最大的一种危险。

第 90 节　聪明和愚蠢

犯罪学家有三个强大的敌人：邪恶的本质、虚伪及愚蠢。而愚蠢是我们所面临的最困难的问题。当它们存在偏见、被先验经验影响、处于自私或者骄傲状态中的时候，任何人都无法躲开它的攻击，似乎全人类当中都有着这样一种相同的特点。犯罪学家还必须和证人、陪审员的愚蠢行径相对抗，甚至还要对抗某些顽固的人、愚蠢如榆木的人，甚至具备滑稽的优越感的人。愚蠢不仅仅会影响犯罪学家准确地理解同事及被告的真实观点，甚至也会直接影响他自己的脑袋。这个世界上最大的愚蠢就是觉得自己很聪明。再聪慧的人也有可能做出愚蠢的行径，可聪明人常常会记住自己的蠢事，努力汲取从中得到的经验，从而得到长足的进步。我们也只能宽慰自己：其他人遇到同样的事情也不见得会表现得比我们更好，吃亏是福，吃一堑长一智。世界就是这样的，总有各种各样的人要犯些千奇百怪的愚蠢错误。

愚蠢这种特质实际上是孤立的，它跟聪明之间的关系并不像冷和热一样互相对立，冷是因为缺乏热量，可是愚蠢并不是因为不够聪明。这两种特质实际上指代的方向是一样的。所以我们永远不可能通过二者本身来探讨其聪明或愚蠢与否。如果要谈及其中一方，一定要将另外一方对立起来，倘若认为愚蠢和聪明是一种状态发展的结果，两者各居一端的话，就大错特错了。二者之间出现过渡的情况相当少见，不过在一些例子当中二者也会相互转化，聪明或许会转变成愚蠢，愚蠢也有可能转变成聪明，二者加以混合，随后掩盖掉其中一方的表现。所以，同一件事情或许会同时表现出聪明和愚蠢两个方面的特征，因此我们可以说，聪明的愚蠢行为不见得是对的，而特别愚蠢的聪明行为也不一定都是错的。

愚蠢这种特质是非常重要的，这不仅仅是因为它有可能引发极其严重的后果，还是因为在很多情况下人们很难发现它。有一条非常普遍的规律就是，那些愚蠢的人通常看起来都比较聪明，而我们要跟他们沟通过很多次之后才能确确实实证实这个人就是十足的大蠢瓜。可在我们实际的工作中，我们跟自己需要去了解的人之间进行的沟通和交流少得可怜，的确，也有一些人，我们最初看着就觉得他一副蠢样，认真了解之后发现他确实十分愚蠢。可即便我们对一个人愚蠢的程度和类型有所认识，也有可能弄不清楚其表现出来的具体方式，我们往往需要极大的聪明才智才能深入挖掘出这一点。除此之外，要发现一个人有非常愚蠢的表现，还需要借助于很多外在的努力包括坚持不懈以及聪明才智等。众所周知，有很多案件在极长一段时间内都找不到合理的解释，这只是由于这些事件发生的原因相当愚蠢，蠢得使人不敢相信。可倘若我们了解到确实存在这种愚蠢的行径，那么有很多类似的问题就可以轻而易举地得到解决了。特别是当很多人在谈及“极端愚蠢”这个词的时候——差不多每一名罪犯都会犯下类似的错误——更是这样。倘若他们从没犯过这种极端愚蠢的错误，那么我们也就不需要对这些案件进行解释了。千万不要忘了，就是那些聪明人才不愿意相信人们会做出某些愚蠢行径。这就好比特别爱干净的人会把身边的一切都打理得干干净净，哲学家则觉得万事万物都存在哲理，而聪明的人则会认为这世上所有的人都应该很聪明。所以，倘若在探讨一件事情的时候，发现只是单纯地从对方失去理智的角度来解释的话，显得有些不太容易令人相信，那么他所需要完成的任务就是竭尽全力去弄清楚愚蠢的本质到底是什么。

埃德曼写了一本小手册，名字叫作《关于愚蠢》，或许这个世界上再没有其他书籍能像这本小册子一样，描述过那么多聪明至极的事情。埃德曼在开始写这本书的时候，是基于一次非常微小的事情才产生了这样的思路。有一次，他到汉堡火车站等车，注意到候车厅里有一家人，几个大人带着自家的孩子。通过这些人的对话，他知道这一家老小是要去基里茨看望孩子的祖父。当时整个火车站里挤得满满当当的，年纪最小的男孩似乎对这个场景非常害怕。后来因为人越来越多，火车站里也越来越挤，这孩子突然哭出声来，大喊道："看呀，这么多人为什么都得去基里茨找祖父呢？他们要干什么呀？"这个孩子认为自己的目的地是基里茨，所以其他人的目的地也理所当然都是那里。这其实可以看出，一个人的视角是相当狭隘的，埃德曼就是这样揭示愚蠢的本质的：带着这种狭隘的视角，以为自己渺小的立场足以概括所有人的行径。当某一个人抱着这样的观点，它距离愚蠢已经不远了。我们可以从另外一个例子中发现，在19世纪60年代，一些外地人来到巴黎之后会非常羡慕那里的环境，所以会以赞叹的口吻问及某条大路上漂亮的大树，而长期生活在巴黎的人往往会这样回答："如此说来，你也反对奥斯曼的提议，对吗？"这是由于那里所有的人都知道巴黎的长官奥斯曼希望借助砍树这种方式来美化巴黎的环境。可倘若人们夸赞的这些大树生长在某一个小村子的墓园里面，那些老实巴交的农民则会接话说："如此说来，我们村长想砍掉这些树的念头，你也知道啊。"如果农民这样回答的话，就会显得相当愚蠢，这是由于农民不应该认为全世界的人都对他们村长的想法了如指掌。

现在倘若你把自己看问题的角度变小，视野收窄，就完全跟一个愚蠢者的核心思维一样了，而这实际上就是愚蠢的关键角度，也就是白痴。所谓的愚蠢，事实上就是一种将所有事都基于自身角度出发来考虑的思维方式，我们也可以利用一种修辞手法来加以介绍。我们假设你走进了某一个房间，认真观察一下四周就能注意到，由于看事情的视角不同，你看到的一切事物，其位置和形状都在发生变化。倘若你是透过钥匙孔往房间里看的话就注意不到这一点，因为所有的一切看起来都是相同的。我们认为的白痴就是透过钥匙孔去看那个客厅的人，他们看世界的视角是以自我为中心的。所以，那些真正有缺陷的人以及思维狭隘的人在看待世界的时候，往往能给出的想法和视角是片面的，所以他们的视野也很局限，非常狭隘。而狭隘就会导致愚蠢。

愚蠢和自私是儿童才具备的特权，我们所有人从生下来就是愚蠢而粗鄙的。唯有光明能让我们变得聪慧睿智，可是追寻光明的过程相当漫长，因此任何人都有其愚钝的那部分。如果能对事情加以区分就会显得聪明，而总把事情混在一起就会显得愚蠢。人们会最先注意到那些思维有缺陷的人在谈话的时候往往会提出很多不具备前提条件的概括。而且，愚蠢之人给出的概括经常会被人们错认为是采用了夸张的修辞手法。他们经常会采用“总是”这种说法，而针对同一件事情聪明人却会采用“两三次”的说法。愚蠢的人会不由自主地打断别人，竭尽全力地表现自己，把自己当成发表演讲的唯一主角。更加显而易见的是，他总想尽办法表现自我，“我总是采用这样的做法”“我就是这种性格”“我是用另外一种方式达到目的的”。的确，有一些相当严重的愚蠢也会显现出某种不可忽视的力量，而蠢货就会利用这种力量来展示自己独特的个性。当在说到北极探险这个话题的时候，他会说：“毫无疑问，我从未去过北极，但是我到过安诺图克。”倘若我们在谈及某些伟大发明的话，他就会信誓旦旦地保证自己从来没有什么发明，但是他会自己制作扫帚，而且他可以指出这些发明中还存在一些问题，一个人越是愚蠢至极，就越能从中发现更多的问题。

我们毫无疑问要把这些特点分开对待，不可以将愚蠢和其他一些类似的特质加以联系——虽然我们也不能给其设定一个绝对的范围或界限。例如克劳斯区分了白痴、蠢人、低能和无脑四种特征，每一种都有其相对应的特点。但是词语概念本身就包含了多种多样的变化，像这样的区分也不一定十分准确。在国与国之间，蠢人的含义也有着一些细微的区别，南方人说的“白痴”和北方人所讲的语义也大不相同，即便是在同一个地方同一个时间将其进行对比区分，每个人也有各自独特的偏好和不同的个性。举个例子来讲，如果我们认同克劳斯在白痴这一词语上的定义：他认为那些对因果关系毫不在意也无法理解，甚至不能掌握其概念的人就是白痴。那么我们在评价能力较低、天赋极差的人时也可以运用这个词。康德的说法是很有道理的，因为蠢人往往都比较自我，会产生自我膨胀，所以我们要贬低他们，而“傻”这一词语就应该特指那些头脑发昏的蠢人，而不是善良诚恳的蠢人。不过康德并没有对傻和单纯进行详细的区分，只是对骄傲自满和善良诚恳之间的区别进行了说明，认为傻的最主要组成条件就是自命不凡。还有另外一种加以区分的办法，人们认为注意力有缺陷的蠢人还具备健忘的特点，不过并非指代视野较为狭隘的蠢人。我们很难判断这样的说法到底有没有道理，或者到底是否准确。除此之外，在对傻和单纯进行区分的时候还有另外一种方式，就是观察某个人是否可以举一反三，或者是否具备专注的能力。

一般来讲，我们很难判定天真质朴的真正含义，所以我们实际上也很难区分愚蠢和天真的差异。毋庸置疑，这两个概念之间是不重合的，但二者还是存在联系，只是由于大家很难断定某一个人到底是愚蠢还是天真罢了。一个真真正正的蠢人绝不可能天真，因为愚蠢自带一种懒于思考的特征，而天真者不具备这一点。实际上最难的，是分辨真正的天真和装出来的天真。有很多人特别擅长伪装成天真的模样，他们的外表足够傻里傻气，以至于让那些真正的蠢人分辨不出来，自傲地觉得自己才是更聪明的。倘若蠢人相信了这些表演家的做法，那些伪装的天真者就赢了，但是他们的假装并不是假装愚蠢，而是假装天真。康德认为，天真是根本不在乎其他人看法的行为。不过现在对于天真的概念不是这样定义的，如今我们认为，天真是一种不对自己身处的环境进行批判的态度。请原谅，我必须要说，这对我们的工作是相当重要的，因为我们大部分人都具备天真这一特质。如果这些特质表现在孩子和女人身上，那是相当不错的，但是她们都不可能担任刑事法官一职。愿意诚挚地认可被告和证人所给出的清晰的、经过掩饰的否认是一种天真，不明白接触审判的人到底怎样进行串供也是一种天真，在审讯罪犯的时候允许对方用黑话交谈是一种天真，配合罪犯讲他们的行话更是一种天真，弄不懂他们的行话也是一种天真，而最为天真的举动就是诚挚地相信向罪犯解释法律法规、阐述那些原则就算尽到了自己的责任和义务，相信只是利用一些狡猾的方式就能影响到罪犯，而最最天真之处就是根本分辨不出罪犯所具备的某些天真之处。如果一个犯罪学家能认真地了解和研究一下自己，往往就能发现，自己才是特别天真的，甚至已经忽略了很多看上去不重要的细节——而往往那些才是相当重要的。拉罗什富科这样说道："最高层面的智慧，就是准确地了解事物具备的价值。"可是不管在任何时刻都想将天真的瞬间背后所隐含的某种价值直接挖掘出来，这样的做法也是大错特错的。想要达成那样的目的，期待并不能带来真实的考虑结果，一定要把大脑全部的注意力放到对知识的钻研上，不要希望能够通过知识找到任何实际的结论，我们只能期望自己的大脑能够刨除偏见，认真地对一切进行思考和辩论。

如果想要善加利用这一美好的愿望，我们就必须竭尽全力地去发掘那些在人们看来是显而易见的聪明和愚蠢。我已经明确证实，认为罪犯比自己更蠢是极大的谬误，可是人们也不能强迫自己承认罪犯比自己更加聪明。因此，若非对自己的本质有了清晰的了解和认知，我们最好还是假设相信罪犯起码跟自己一样聪慧好了，虽然这样也有可能出现谬误，但好在不会带来太过严重的后果。要不然的话，人们或许就只能等着在某些偶然的情况下找到正确的结论，而在其他任何情况下都会大错特错。

如果从智慧这一层面上来看，对我们谈话对象来讲，一种相当重要的品质就是智力。证人给我们提供帮助的时候离不开智力的影响，而被告可以依靠自己的智商欺骗并逃过我们的追踪。依照康德的论点，一个人能拥有实际判断的能力，那他就是睿智的。而多纳则认为，有些人的确天赋异禀：有的人实际调查能力很不错，有的人综合分析能力更强，前一种人的天赋能帮助他们条分缕析地把事情解释清楚，进行细致敏锐的观察和抽丝剥茧的分析；而后面一种人则具备的是综合能力，也就是挖掘广泛、普遍关系的能力。除此之外，我们还听说过，睿智的脑袋极富创造力，敏锐的思维善于捕捉和发现，而深邃广阔的思想能深入挖掘。明智可以用来把一切结合起来，灵敏的思维则可以认真分析，深邃的思想则用于追问其结论。把才能、智慧、能力综合起来，足够敏锐才能挖掘出真相，足够深邃才能找到最终的原因。才智能够劝导人们，敏锐可以引导人们，而深邃则可以服众。

在独立的案件当中，如果我们突然间对某人有所了解，或许就会陷入这句谚语中所谈及的境况中："事实上，存在两种聪明的沉默，一种是傻瓜式的沉默，一种是聪明人的沉默。这两种沉默都具有睿智之处。"康德在一些地方曾经提及，机智的人非常自由狂放，谨慎的人喜欢自省却不愿意最终定论。从一些特殊的状况上来讲，我们可以借助特殊的证据获取帮助。因此，例如黑林所讲的："片面，实际上是精湛技艺之母。蜘蛛的工作非常不同寻常，可除此之外它也不能再做别的事情了。可人们在没学会用网兜捕抓猎物的时候，已经制造出了弓箭；而蜘蛛如果没有网的话，只能忍饥挨饿了。"①他所说的这些话就彻底地区别开了机械式的聪明和有意识的智慧。同样也能够引人深刻思考的还有这样的谚语："傻瓜虽然说了自己要做什么，可是他却永远不那样做，而聪明人永远不会把自己想要做的事情宣之于口。""可以戏弄某一个人，可是却不能戏弄所有的人。""愚蠢出于天性，而智慧则是培养之后的结果。""一直依赖于偶然，就是愚蠢，懂得让偶然为自己所用就是聪明。""有一些蠢事是只有聪明人才能做得出来的。""智慧和愚蠢的差别很大，简直就像人和猴子的差别一样。""傻瓜经常说话，聪明人则善于思考。""理解往往具备缺陷，可愚蠢是没有缺陷的。"等等诸如此类的言语。像这些谚语和格言，能够帮助我们在每一个案件当中得到更好的认识和理

---

① 《论记忆及其他》，维也纳，1876年。

解，可是却不能够帮助我们概括得出聪明的定义。或许我们也可以从下面所谈及的这句话，得出一些对于聪明和愚蠢进行定义的实用性看法："所谓的聪明，就是可以审时度势，牺牲眼下的小优势来换取更大的、更长远的好处。"这句话看上去适用的范围不太广，但认真细想的话，会发现它基本上在所有的情况下都是适用的。一个真正的聪明人会选择遵纪守法，不会沉湎于眼下的感官享乐，他放弃享乐的微弱的优势，所要换取的巨大的优势是保持健康。他会小心谨慎地放弃目前可以得到的小小欢愉，来换取自己年老之后自由无忧的生活。他擅长算计，会放弃那些短暂的、疑惑重重的，同时也是极其细微的成功，为的是换取和得到以后实实在在的巨大成功。他往往很沉默，会放弃眼前实实在在可以看到的一切有可能获得的微末利益，只为了换取免于麻烦的巨大回报。他绝不会让自己置身险境，更不会从事任何有可能得到惩罚的行为，他会斩钉截铁地牺牲掉眼下有可能得到的蝇头小利，绝不肯冒着以后有可能被惩罚的风险。我们还可以继续这样一路分析下去，最终往往会发现，不管在任何案例当中，也不管是任何一种智慧，都可以借用这一道理加以解释。

在我们所经历的一切需要断定谁是罪犯的案子当中，这些原则都是非常有用的。倘若能够通过这样的办法对某一个人的智慧程度进行分析之后，那么再去弄清楚他本人是否真的犯了罪也就易如反掌了。

最后还需要注意，有一些愚蠢至极的人，像是白痴和智障，由于他们可能会因为出于焦虑、恐惧、脑袋受了伤或者死亡之前的回光返照等原因，在一瞬间变得聪明起来，像这样的例子我们也常常会遇到。所以我们甚至可以这样认为，在上面所讲述的例子当中，那些人的智力水平之所以有所改观，是由于原本他大脑中的某个抑制中枢病态地影响了大脑，才导致其本身的缺陷出现，可由于某些异常的激烈活动影响到了他的重要中枢，比如急性、能够治愈的痴呆、偏执等原因的抑制，才出现了这样的结果。有的时候人的智力水平会出现轻微而短暂的提升，或许可以用这一众所周知的现象加以解释——也就是大脑贫血的初级阶段会让人陷入兴奋状态，而非麻木状态。理论上讲，这一现象或许跟引发大脑衰退的分子细胞发生了变化有所关联。这两种效果其实并没有很大的区别，不过如果以智力水平的变化为基础而拿到的证词，实际上并不值得信赖，在法庭上也并非可靠性证词。我们可以用这种大脑兴奋来对错觉、记忆错乱，特别是自责等行为加以解释。而我们犯罪学家经常需要跟上面这种类型的人打交道，当发现在一些情况下他们给出的回答相对聪明的时候，千万不能搁置不理，而应该详加记录，随后依据专家给出的指导意见，对这些证词进行进一步的评估。

像这样的现象当中，其实有一种特别有趣的现象，也就是我们经常会遇到一些从不做傻事的蠢人。这可不是由于我们误以为这些人比较傻，甚至只是因为他们的表面特征看上去傻。这些人都是真正的蠢人，但他们的所有举动都受到其特定的条件的限制。首先，他们虽然愚蠢，但并没有愚蠢到能够欺骗自己和他人的程度，所以他们清晰地知道自己的弱点，不会过于苛刻去挑战一些难度较大的事情。其次，他们本身一定是非常幸运的。有句谚语说：蠢人得以形成的根本原因就是自负，倘若这些蠢人可以合理地利用好自负特征，往往也能获得世俗意义上的成功。除此之外，他们常常意识不到某些特殊的危险存在，因此即便是最聪明的人设置的陷阱他们也能轻易地避开。“聪明人都会掉进去的陷阱，蠢人却往往能够轻易地避开。”那些谚语是这样说的。倘若我们可以将行为模式看作能够替代天赋的东西，那么我们就能毫无疑问地承认，即便是最傻气的蠢货，也能通过习惯和联系获得最终的成功。

埃塞尔认为，蠢人在思考问题的时候基本上都基于这样的逻辑：“相似的事物当中存在着几个相同的点，而不相似的事物当中则存在几个截然不同的点。”如果他的说法是真的，那么要想让一个蠢人出错，唯有让他进行这类推理。可如果他的说法不是真的，那么这样的推论就不成立，那么他的愚蠢无论如何也不可能真的表现出来了。他本人的兴趣也是这样的。不管是任何一个蠢人，都不可能真正渴望获得知识。他只是具备了一些好奇心而已，而这对某一层面的好奇心，恰恰没有办法彻底跟知识彻底区分开来。倘若某一个蠢人运气足够好，他看上去就像在进步，而且表现得饶有兴趣，不管任何人都无法证明这样的兴趣只是出于蠢人的某些好奇心。所以这个蠢人只要不开始行动就好了，任何人都无法戳穿他。那些真正的愚蠢会在行动中表现出来——以相当粗鄙的形式，真正的粗鄙毋庸置疑都是愚蠢的行径，这一点是确定无疑的。

在此我们还需要给出一个特殊的结论，也就是说：不管在任何情况下，犯罪学家都不可能通过普遍的、正常的状态来对人加以判断，他只能在特殊的情况下观察其表现。即便是品格最坏的人，也有可能曾经做过一些绝对的大好事；而彻头彻尾的骗子，某一天也有可能说过一些真话；有一些白痴，可能在某一天也会显得格外聪明。我们绝不能这样片面地去对一个人进行评价。并且在我们看来，最需要看重的其实是人在当时进行的自我表述。而在他性情中存在的其他一些东西，只是需要进行评判的问题而已。

主题2　孤立的影响

第91节　习惯

在刑法当中，习惯的地位是非常重要的。关于这一点，我们首先要做的就是弄清楚在我们的思维过程和具体的行动当中，到底有哪些是受到了习惯的影响，这种影响又达到了哪种程度；其次也非常重要的一点，就是要对证人提供的证词进行研究，弄清楚证人是不是也受到了自己习惯的影响，或者这种影响是怎样发生的。借助于这种做法，对习惯的探究就能帮助我们在处理一些类似于昏迷、严重醉酒，或者意识不清晰的案件时有所推进，使我们发现许多看上去似乎已经超出常理的可能性。① 休谟指出，习惯具有非同凡响的价值。他将习惯当成一种解释原则，而他整个的学术体系都建立在这样的基础之上。他证实，我们在对事实进行推测的过程中会发现，所有的精要都能从因果规律那里找到关联，而我们之所以会相信因果规律则是依据经验，习惯正是经验推理的基石。事实上我们常常会遭遇一些比较奇怪的现象：一旦意识到某些习惯就是最终的原因，有一些难以理解的事情马上就能得到解答，真相大白。在这个世界上，就连那些我们为之命名为时尚、风俗以及推测的各种各样的事情，都全部建立在习惯的基础之上，或者我们起码能够通过习惯来对它们稍作解释。不管是任何新鲜的、潮流的玩意儿，在最初的时候都很难得到人们的青睐，一直到所有人都适应了之后，这种状况才能得到改变。而很多社会风俗和道德也都必然跟习惯的规律紧密关联。想象一下吧，现在女人可以愉快地骑着自行车从街上经过，可如果我的祖母看到这种场景将会怎么评价呢？如果一个德国人瞧见法国人在海边沐浴的场景，指不定会不会在胸前疯狂的画十字呢！倘若我们从不知道400个人一起参加舞会是个什么样的场景，只是听别人说起：那是在夜晚的时候，女人们半裸

① 《H. 格罗斯全集》，第2卷，140页；第3卷，第350页；第7卷，第155页；第8卷，第161页；第14卷，第189页。

着依偎在男人怀中，而男人们则疯狂地拥抱女人，拉着她们不停转圈，伴随着舞厅里喧闹的噪音蹦蹦跳跳，还不停跺脚，最后一直到汗流浃背，快要喘不过气来的时候才肯停下脚步。那么我们又会怎么看待这件事情呢？难道只是由于我们现在非常习惯这样的舞会场景了，所以往往还会在舞会上感觉到心满意足。如果想要弄清楚习惯到底怎样影响我们，那么只需要在一场舞会开始的时候，尽量忽略周遭的音乐声，并认真地去观察舞者本身，没有了音乐，你甚至会觉得自己在舞会上简直像身处疯人院里一样。不过这个例子相当牵强，你也不一定非得这样做。亥姆霍兹提出，可以手拿望远镜去看一看远处的人，观察一下那些人在行走的时候身体不断扭动摇摆的场景是多么不可思议的一件事。除此之外，还有很多类似的例子。倘若我们想要弄清楚某个人是怎么看待某一件事的，以及他对这件事到底有着怎样的忍耐程度，只需要在询问的时候特意问一些与习惯相关的问题就好了。如果不习惯于捕猎和杀死那些并不危害人类生存的动物——活体解剖，使用一些会让人震惊的技巧——芭蕾，那么人们往往对此感到无比震惊，还会疑惑不已，甚至谴责这些做法。在这方面，我们需要认真揣摩的一点在于，犯罪学家们往往需要判断一些自己并不熟悉的状况。举个例子来讲，一个农夫或者新手工人甚至工匠做了些什么事情，可我们对于他们那些工种的了解只局限于最基本最表面的一些特性而已。一般情况下，我们常常会因为根本不了解罪犯的某些习惯，而会严厉斥责他所表现出来的一些行为：比如斥责他们争吵、斗殴或者虐待自己的妻子和孩子，但是罪犯在面对这样的指责时却是相当惊讶的。他根本不习惯于表现出其他的行为，即便对他进行惩罚，也很难使他习得更好的行为模式。

不过像这样的问题，只牵涉到人类普遍的共性，与个人并无直接关系。不过我们需要直截了当地去对某些和习惯相关的证词进行判断，确定其对错，像这样的问题也能帮助我们更加深入挖掘真相，得出正确的判断理解，尽量避免矛盾。这是由于只有在证人表明他所讲述的一些事实确实是出于习惯性的举动，才会让许多论断有可能成立。在人们的技能和习惯之间，我们或许可以说，确实很难看出明确的边界，也就是说，技能来自习惯，而习惯又需要在完全掌握了一部分的技能时才能形成。一般来讲，技能就是一种能够快速习惯化的能力。不过我们还是必须对二者进行区分。通过习惯让很多行为都变得简单起来。而某些习惯性的举动则肯定会成为必然。像是这些表现，我们可以直接从身体技能的习得上观察到，像我们在骑车、游泳、滑雪和骑马的过程中，习惯和技能本身就紧密相连，难以区分。这样的事情常常也会引起人们的困惑，为何在我们最初开始体验的时候，会发现自己跟没有经过训练的人一样，很难一下就学会；可如果我们掌握了这项技能，即便闭着眼睛也能不假思索地做到。像这样的行为，其实并非一种技能，而是一种习惯。也就是说，这样行为的出现根本不需要经过大脑的指挥，是身体自发的表现。

我们常常惊讶于猎人可以迅速发现很多动物的踪迹，觉得这是非常特殊的能力等。再举个例子：某一次我们弄明白了一种相当复杂的结晶原理，但一直不明白为何自己从没这样想到过。有些时候我们看到一些模糊的图画或一条陌生的路途，甚至一些身体动作的时候也会产生类似的感觉。如果一个人没有良好的习惯，那么往往要花费一整天的时间来练习如何穿上或脱掉衣服。我们自然而然就会走路，这是下意识的本能，可是如果一个机械师想要创造出能够走路的机器人模型，却是非常非常困难的。

而且，虽然所有的人都会受到习惯的影响，但每个人受到影响的程度却大不相同，这是个人性格所决定的，跟人们是否愿意重复过去的观点和习惯的意愿密切相关。我们必须得说，通过一个观点 A 有可能引发出 A1、A2、A3 等好几种可能性。性格的不同也会让习惯产生一定的变化，不过我们尚不清楚这种变化产生的机制到底是怎样的。不管怎样，我们还是会倾向于从人们所处的环境而非性格推断出一些观点，比如偏向于认可某位知名的历史学家和某位著名的伯爵夫人不应该有酗酒和抽烟的恶习。所以，我们通常情况下是很难判定某人绝不可能拥有某种习惯，也就是因为这样，每当牵涉到这一点的时候，要弄明白在矛盾的表象之下是否隐藏着习惯的影响就显得至关重要。又举个例子：一个在外科方面相当有经验的医生，敢说自己即便不依靠手表也能判定一分钟脉搏跳动的次数，或者某个商人能够在误差只有几克的情况下准确判断出商品的重量，这些推断事实上就是针对含义的正确性的。不过我们还是尽量要进行验证，如若不然，还是有很大的机会出错。

有的人或许会说，当时自己出了会儿神，因此才没有意识到旁边两个交谈的人都在聊些什么。可他突然把注意力转到那两人身上的时候，会发现自己可以准确地复述出两个人交谈的主要内容。再或者说，一个音乐家几乎彻底聋了，可他却说由于自己对音乐太熟悉了，所以即便耳朵听不见，却依旧能够感觉出乐团演奏当中出现的最细微的杂音。不过，我们也曾经在许多刑事案件中听到过，有可能某个微不足道的或者根本超出控制的习惯会突然间在案件中变得相当重要。所以，我们往往会发现，当某个纵火犯的邻居站在窗前，说自己瞧见了罪犯放火的全过程。当人们询问他，在那么寒冷的冬天夜晚，为什么要站在窗户前张望呢？他会回答说，因为自己保留着一个习惯，就是入睡之前朝窗外吐口痰。而另外一个人遭遇了入室盗窃，被惊醒以后手拿一把大刷子把盗贼打成了重伤——当时他的手里刚好握着一把大刷子。而这只是因为他的一个奇怪的习惯：如果手里不拿刷子就很难入眠。只要有这种类似的习惯出现，原本很难理解的事情就变得简单许多，很多问题也都可以迎刃而解了。

不过我们还是很难判定那些独居之人的习惯，比如长时间单身的男人和女人，因为他们单身居住，因此他们所说的习惯，基本上不可能从其他人那里得到印证。除此之外，我们自己或者好朋友身上会有一些说出来会让人觉得难以相信甚至也难以被证实的习惯。在很多细节方面，习惯产生了很多的影响。例如康德就曾经这样引用：当一个人送了 9 枚硬币给自己的医生的话，那么医生一定会觉得送信的人拿走了 1 枚硬币。倘若你拿来 11 匹漂亮的亚麻布匹送给一位新娘，那么即便她再不忍心也会含泪扔掉一匹。如果你自己身上有一些很难改变的习惯，那么或许你就可以断定，这些习惯很可能会显而易见地改变自己的身体状况和心理状况，而且这些改变在某些方面也是具有决定性的影响的。举个例子来讲，在很久以前，古人吃药的时候都会保留一定的时间间隔，比如隔一个小时或两个小时吃一次药。但倘若有人说自己每隔 77 分钟吃一次药的话，人们肯定会非常震惊。到底什么样的权威人士才会觉得，身体在感知时间和分量的时候竟然会这样精准呢？反思一下，我们进行一场讲座的时间有多长？毫无疑问，倘若每一位教授都必须讲 52 分钟的课，那无疑太麻烦了，但是可以想见，人们的大脑也克服了相当大的难度去习惯于接受 60 分钟的上课时间！这种习惯已经经历了很长时间的洗礼，变得稳固起来，儿童的成长和一个民族的成长是相似的，他们往往都会借助于旧的事物去汲取和理解新的事物。因此当那些老旧的，特别是通过语言已经被固定的习惯，往往就会变成大脑用来认识新鲜事物的手段。我们确实经常这样坚守着很多早就已经落后于时代的、老旧的表达方式。

还有一种非常特殊的思维状态，我们将之命名为：通过某一个观点对另外一个观点进行折射。例如，我们习惯于在演讲开始之前说：我还没有做好准备。事实上，演讲者想表达的意思是自己尚没有做好准备，可真相是他已经完全准备好了，才会下意识地同时把这两句话宣之于口。像这样，将真实的想法不自觉地说出来的现象很重要，往往能够帮助我们在言语和真正的想法之间建立联系。这一过程，事实上就跟语言和手势之间存在的某种矛盾十分相似。我们经常听见其他人这样说道：“我不得不把它拿走，因为它就放在那里。”这句话证实了偷窃行为的发生是基于某种需求，与此同时，还证实了是由于出现了便于偷窃的机会。抑或是说：“我们并没有答应，在之前……”后面的这句话直接否认了前一句，就是由于增加了那句“之前”才证实自己不同意的这个状态只是维持了短暂的一段时间而已。再举个例子：“我们掉下去的时候，我为了自保才摔在了他的身上。”此处的语义是非常清楚的，也就是基于自我保护的目的，揭示了说话的这个人压在了对方身上。我们常常能观察到这种现象——言语折射出真实想法，这些也是至关重要的现象，特别是在某些证人非常喜欢使用夸张手法的时候，或者只是掌握了片面真相的时候。不过，大部分人都忽略了这一点，这是因为如果要做到这样的话，必然要斟字酌句地进行研究，我们需要大量的时间去进行这样工作，可事实上，我们的时间远远不够。

第 92 节　遗传①

不管律师认为遗传对于了解犯罪者的心理状况有多么大的价值，但要想将遗传相关的问题实际运用在法律当中，却是绝不可能的。因为，要将它运用起来就必须对所有遗传相关的文献进行深入研究，特别是要针对达尔文以及隆布罗索和他们所代表的各自学派在遗传方面的探究和推论进行研究。而犯罪心理在这方面还没有深入涉及，针对这一问题的研究还没有得到广泛的开展。隆布罗索学派给出的学说推论是缺乏经验的，比较武断，且相当冒险，特别是学派当中德国研究者所给出的那些观点。还有其他一些人，例如里尔的德比埃，莫斯科的谢尔诺夫，甚至泰纳、德里尔、马尔尚等人，也都对意大利实证法学派的理论进行过反驳和批判。可是有关于遗传问题的探究总会继续下去，永远也不会消亡。这一点明确地表现在马尔尚对此的反驳当中。圣彼得堡人类学协会设立过少年犯收容所，而 M. E. 科斯洛对里面的情

① 本尼迪克特：《遗传》；《医学时代》，第 30 卷，第 289 页，1902 年。理查德森：《遗传理论》，《自然》，第 66 卷，第 630 页，1902 年。彼得鲁斯科维奇：《对遗传的思考》，弗莱堡，1904 年。

形进行了检查，马尔尚就是针对这一点进行了激烈的反驳。巴克尔全盘否定了遗传问题的影响性，但在最新的现代学说当中却不这样认为，在这两种观点之间还有很多其他的中立观点，甚至在无数个此类观点当中只有某一些或许才是正确的真相。每一个犯罪学家在研究的过程中都必须依靠大量的文献。

总而言之，不管怎样的文献，都无法证实这一切遗传前提其实都是绝对合理的。任何一个接受过教育的人，都会相信达尔文所提出的观点，而那些竭力想要摆脱达尔文学说影响的新理论，则偏离了主流，被挤压到偏远地带，只能待在一些薄弱的后门旁边变成一些边缘的看法。可是依据杜·布瓦-雷蒙的观点来说，达尔文主义提出的仅仅是说孩子可以遗传父母，并且也会产生相关的变异等原则。遗传真正的特点是众所周知的，也有很多人为此进行过实例举证。里博指出，自杀具有遗传性；德皮内则指出，盗窃的习惯能够被遗传；卢卡斯则提出，人们也会从父母那里遗传激烈的性行为；达尔文提出，写字也是可以遗传的，诸如此类。比如那些我们觉得十分熟悉的亲友或者朋友，在外貌、体态、包括习惯和智力特征等方面具备遗传性，再比如他们在关于空间和时间感、方向感、个人兴趣、遗传疾病等方面也同样具备遗传性。即便是由人类祖先提出的遗传观点，我们也可以通过一些动物研究发现，知觉、能力以及生存技能都是通过遗传逐渐进化而来的。可我们却不肯相信，这个世界上有一些人确实就是天生罪犯！总而言之，这是一个巨大的矛盾！

在对达尔文、魏斯曼和德夫里等人的著作进行过深入的研究之后，任何一个专家都不会说，在某一个人身上第一次看见的某种巨大的变化来自遗传。可有些专家还会否认某些从习得特征中得来的遗传性，他们认为那是不可能的。

在达尔文的学说风靡之前，还有一种旧的物种学说，这个学说认为，某一个物种具备一种稳固的特征性，而且在极长的一段时间内，这种确定的特征是绝不可能改变的。但达尔文的学说提出，一些比较细微的变异能够通过遗传继承下来，并且在性选择当中不断被强化，在经历过漫长的时间之后，终于产生了极为巨大的变异。任何人都不能拒绝承认这一点：那些真正的罪犯确实不同于大部分人。我们可以说，真正的罪犯和普罗大众有着本质而巨大的区别，或许可以借助于某种习惯，某一种比较孤立的特征，某一个不受人喜欢的爱好等各种情况加以推论——虽然这些并不能直接构成犯罪，倘若一个人已经被证实就是一个窃贼，那我们绝对不能说——他更像一个正派人，除了有一点小偷小摸的小毛病。众所周知，除了他在偷窃方面有特殊的偏好之外，我们可能还会总结出一些别的特点：他这个人不喜欢踏踏实实付出劳动，而且相对的道德感会比较缺失，在被逮捕的时候也不会过于看重自己的尊严或者荣誉，也没有真正的信仰。总而言之，他既然喜欢偷窃，那么围绕着这个爱好之外，肯定有一些非常特殊的素质加在一起互相融合，才会导致一个人彻底变成一个窃贼。而他本人的所有本性，一定是经历了一种深刻的变化才会造成这种后果。像这样的变化，无疑是相当巨大的，在个体当中并不能全部遗传给后代，但他可能会将一些特殊的品质遗传给后代——不过这些特质并不足以让我们判定他的孩子肯定就是一个彻头彻尾的罪犯。所以，即便一个人的父亲是罪犯，我们也不能说他的孩子就一定是罪犯。

不过我们这样讲，并不是说在这样代系遗传的过程当中，尚未形成某种固定的犯罪类型以前，人们的性格不会自主地把这些特殊品质进行总结和糅合。确实会出现这样的变化，不过这样的变化是相当罕见的，就如同动物学说中讲的，突然间出现了一个崭新的物种。物种常常是在选择中进化的，但是实际进化的这一步确实世间少闻。

第 93 节　先入为主

对于犯罪学家们来讲，我们需要面临的最危险的敌人，往往就是先入为主的观点，以及某种偏见，甚至提前知道了一种预设观点。或许有的人会觉得，这样看上去很正常，并不危险，因为他们认为先入为主的经验在普遍的情况下只会影响到某一个人，但是刑事案件进行的过程中，却是很多人在一起协同处理的，不过即便这样也很难避免它的危险性。当一个优雅的骑术师完成了自己的表演，不管他的表演有多么的精巧，多么奇妙，也一定要等到他在表演结束，缓慢脱下自己的帽子向观众鞠躬致意之后——也只有在那个时候——所有的人才会意识到他之前在场上的表现是多么无与伦比，因此才热烈地给他鼓掌。并不是观众们自己觉得这次演出的难度太高，只是因为表演者鞠了躬，大家就觉得表演很难，应该鼓掌。而这样的现象相当常见，不论我们基于怎样的出发点，这种情况都无法避免。当人们在处理事情的时候，如果万事顺利，他们就会说“可不是吗!”可如果进展不顺利，他们说出口的话就变成了“是的”和“上帝保佑”。他身上出现的这种表现或许就是因为一些先入为主的意识起了作用，但是人们却往往注意不到这一点。所以，虽然我们提出假设的出发点是非常棒的，但我们也必须得认可这一点：即便有一些基础的观点是错误的，且来自无意识的过程，也会表现在大脑当中，令我们难以客观地对待事件的真相。如果大脑当中不存在偏见，那它无疑是非常健康的，充满活力的，而且确实如此。因为我们的大脑只要发现了某些偏见的存在不合理，马上就会把这种偏见抛掷一旁。不过，要想让我们的大脑注意到这一点却不容易，这是由于，倘若我们知道某一个观点就是偏见的话，那所谓的偏见也就不再变成偏见了。我曾经从另外一本书[①]当中，以先验存在的观点为标题，对先验经验之所以会阻碍得到公正，并造成负面影响的内容进行了详细的说明和解释，即便是对方在陈述的过程中犯下了一些错误的举动，或者得出了错误的观点，在某些时候都有可能会导致我们也潜移默化地出现某种特殊的偏见。与此同时，需要注意到，首位进入法庭发言的证人，他的言辞非常具有说服力。我们常常很容易坚信自己最初所获取的信息，并心甘情愿地被这些信息所控制，然后抽不出时间来说服自己事情的真相可能并非如此。所以一般情况下，某些错误的信息中肯定蕴藏着某些危险，我们需要竭尽全力去弄清那是一种虚假的罪行。所有人都知道，在吵完架后，或者两方的证词相矛盾的时候，双方都急着开口，先表达出自己的观点无疑就具备了极大的优势，他所讲述的一切先是对他本人的诉求带来了有利的影响，因此对方就不得不竭尽全力适应先提出的观点。所以一旦有人先开口，证人和被告在故事中的角色就确定下来了，很难改变。

不过，我们还需要注意到，其他人身上也会存在偏见的，像是证人、被告、专家、陪审员、同事和我们的下属等，都具有偏见。我们所掌握的东西越多，出现的新鲜事物就会越令我们觉得新奇。可是在统觉团非常坚硬而紧凑的时候，人们就不再会进行内部重构，也不再能感受到新鲜的经验了，所以有很多法官总是被旧的思想所禁锢，永远也产生不了新鲜的观念。统觉团会令统决更加充满活力，因为它们充满不确定性。那些混合了各种观念的思想，在很大程度上都不会注意到当前事实所表现出来的一些特点，只是通过自己脑海中已有的东西对它们进行构想而已。

统觉是片面性的，而且其中往往存在一种概念性错误。在大部分情况下，利己主义带来的影响至关重要，会令人不自觉地将自己的人生经历、自

---

① 指《司法检验官手册》。

己看待事情的角度和处事原则作用在他人身上，由此一个先入为主的故事架构就被创建起来了。随之这种偏见会进而投射到一切事物之上，用来解释那些新事物。如果在案件当中出现了类似的情况，这也相当危险，因为人们无疑会更加坚信，现在所面临的状况和之前的状况并没有什么差别。倘若有人在之前曾经处理过与这起案情相似的情况，往往就会不自觉地在判决中贴近上一起案件中所采用的处理办法，尽量使两起案件审理结果保持一致。在之前的案例当中，他的行为已经建立了一个稳固的标准，所以这种情况下无疑就树立起一个处理此起案件的标杆，为了寻求一致，不会再搞出什么错误或者不同——即便两起案件之间的区别非常明显，内核完全不同。

而利己主义还具备另外一种特点，就是人们往往会倾向于折中处理，选择中庸的态度，这是一种诱惑。如果要赢得大部分人的喜爱和支持，最简单直接的办法就是表现出自己的专注和兴趣，而且是发自内心的。倘若能够聪明地使用这一办法，任何人都拒绝不了。如此一来，一些有利于他们的观点就先入为主了。人们不喜欢相貌丑陋的人，也不喜欢畸形的人，更不会中意红头发的或者说话磕巴的人，同时，却会喜欢那些俊朗可爱的人，这样其中多多少少可能都会受到偏见的影响吧。即便是一位最为公正的人，在面对自己的邻居时，也要竭尽全力克制自己不去注意对方的天性，尽量避免对邻居产生某些好感或是厌恶，这些其实都是偏见。

同样的，某些行为和人们的舒适感也有着相当大的影响。我们假设这样一个场景：一位犯罪学家，一大早就开始工作，而且持续了很长时间，由于事情比较多，他已经延误了下班回家的时间。正当他完成一天工作准备回去，此时有个不速之客突然前来，想要跟他一起探讨某起案件，而这案件是一件跟伪证有关的案子，已经是很多年前的事情了，犯罪学家很久没有接触过这种案例，现在却不得不面临这样尴尬的状况。对方来这里并不容易，要走很远的路，所以也不能随便就让他离开。可是他给出的说辞听起来无论如何都有点匪夷所思，而他在叙述的时候还结结巴巴，说得非常不清楚。当所有取证的程序都完成以后，还是很难完全准确地理解这个人所要表述的全部内容，加上他在讲述的过程中还穿插了许多微不足道的小事，感觉絮絮叨叨。总而言之，只用一句话概括：他所做的这一切都完全超出了一般人忍耐的极限。如果是面临这样的状况，我真的很怀疑到底什么样的犯罪学家会坚持公正毫无偏见？确实，任何人都不会在这种情况下对心生偏见的人进行责备。但是，我们一定要注意，可以允许其存在，不过只能允许其短暂地存在，等这样的偏见彻底消失以后，就需要借助于谨慎的道德感去改正之前的错误。

想要弄清楚先入为主的观点到底有哪些具体的形式，这完全没有必要，也确实没有实现的可能。可是，倘若我们的确找到了某些细微的线索，可以证实这种先入为主的观点确实存在，那么就有必要对一切证据进行认真彻底的检查和搜索。在面对这种偏见的过程中，我们所遇到的一个最极端的例子，或许是——有些人的名字也会使人产生偏见。由于一个人名字发音的不同而使另外的一些人产生偏见，听起来似乎很滑稽，可这是显而易见的。任何人都不能否认自己的这种偏见。确实，大家会比较喜欢那些名字好听的人，而且任何人都不敢说自己绝没说过这话："那家伙的名字真难听！"在我的职业生涯中对两件事情记忆犹新，其中一件是：有人状告帕特里奇·塞文庞德和埃默恩奇亚·欣特科夫勒，说他们犯了诈骗罪。我听到这种情况，脑海里出现的第一反应是他们的名字这么尊贵高雅，怎么可能是诈骗犯！而另外一件是：一位名叫亚瑟·菲尔格莱的证人，在供词中说有人打了自己，而对此我的第一反应则是，他的名字这样不靠谱，估计这个案子也是假的吧。除此之外，我还从其他人那里得到一些细节，有人与私人秘书的职位失之交臂，这是因为他的名字是基利安·克劳特尔，雇主对此的评价是："他的名字那么愚蠢，所以他本人怎么可能为人正派？"另外还有一件事是：有一位非常受人欢迎的奥地利僧侣活跃在大城市当中，他的名字叫作帕特尔·皮特·普默，而他之所以这么受人尊敬，也是由于他有这么一个押韵的好名字。

所有的诗人都知道，名字这种东西看起来无关紧要，可对于人类这种短视动物来讲，却有着相当重要的影响。那些优秀诗人在选择名字和进行创造的时候，都相当小心而谨慎，他们耗费各种努力，去研究要选择什么样的名字，确定它们的音调。有的人说，俾斯麦之所以获得这样的成就，跟他的名字也有很大关系，如果他改名叫迈尔，或许就不可能赢得这么大的成就了。其实这样说也是有一定道理的。

第 94 节　模仿与大众

很长一段时期以来，模仿这种本能对大众都产生了极为重要的作用，我们可以在动物、儿童，甚至人类身上进行过的一些研究中总结出，模仿这种本能其实就是智力的基本特征之一，也是要接受教育必备的前提条件。后来，人们注意到了模仿本能对于大众还有着更大的影响，拿破仑则解释说："群体性犯罪不涉及个体行为。"① 韦伯在谈及道德危机这一话题的时候指出，所有人都知道，自杀这种行为确实会传染。贝尔在自己的大作《监狱》当中指出，在德语里，监狱会把囚犯的自杀称之为"具备模仿倾向"。需要提高警惕的一点在于，那些选择自杀的人，往往会模仿那些已经上吊自缢死亡的人，在同一棵树上结束生命。在监狱里面也经常会出现这种情况，很长一段时间内都没有自杀现象，可突然之间却出现自杀事件连续爆发的状况。

倘若某人采用一种特定的方式实施了罪行，随后这种罪行就会反复地重现，这种现象也相当常见。举个例子来讲，就像谋杀儿童这个案例吧，倘若某个女人闷死了自己的孩子，那么接下来就有 10 个人竞相模仿，如果有人不小心压死或者闷死了孩子，其他的一些人也会经常采用类似的办法来杀死孩子。塔尔德则认为，完全可以用模仿原则来对犯罪行为进行解释。我们现在还不知道模仿和统计的原理到底是怎样发生关联的，这也变成了我们犯罪心理学家所面临的最大的困境。我们把大批人采用相同的方式来犯下谋杀案的行径命名为模仿。可在医院当中，有些伤病在很长的时间内都未曾被人发现，然后突然被人注意到的时候，我们却将其命名为复制。在医院里工作的医生对这一现象相当熟悉，只要在他们经手的病人当中出现过一个病例，那么他们在对待后续出现的类似情况时，就会参考第一起案例中出现的表面特征。一般像这样的疾病，都会在同一个地区频繁出现，或许其中也会产生一些反常的变异等等，因此这其实算不上是模仿。可在单个的案例中，我们如何对模仿和复制加以区别呢？二者又有怎样的界限和联系，它们之间重合的关联点到底是什么，而各自重组又是如何进行的？

我相信没有任何人能借助于犯罪和政治这一角度，来对模仿的问题进行解答，甚至也无法解答模仿这种行为基础又能多大程度上为这种行为脱罪，具备多大的价值。不过这一问题的症状是显而易见的，对其进行判断无疑具备极高的价值。起码我们在对某种因特定模仿行为而产生的犯罪行为进行解释的时候，可以找寻到一些足以表述的可能性。在年轻人当中，特别是那些女性群体中，往往有人会预先想象某些计划，起码我们可以因此对过度残酷和破坏等匪夷所思的行为加以解释。人们在想象中预先进行规划，有些时候这种预设可以帮助我们寻找罪犯，它毕竟是一个线索，因为它可以揭示能够

① 原文为法文：Les crimes collectifs n' engagent personnes. ——译者注

把那件事从想象变成实践并彻底完成的那些人到底具备怎样的特质。在犯罪心理学这个行当中，还有“案件复制”这个名词需要多加注意。

群体行为的特点是显而易见的。而最可以令我们得到启发的，也是最糟糕的特点就是，差不多任何一个心情不好的人，在对待同伴的时候都会采用激进且客观的方式，甚至有些时候还会以带有犯罪性质的方式对待他们。这是由于，他们往往因为要保证自己的安全而甘愿牺牲他人——虽然那并不是必须做出抉择的时刻。这样的情况也很常见，例如部队撤退的时候要从桥上经过，骑兵们为了让自己先通过甚至争先向前，不惜踩踏自己的同胞。在这方面还有几个特别有名的事例，像是路易十六订婚典礼的时候有1200多人被踩死，而拿破仑订婚的时候发生了火灾，1881年维也纳环形剧院也发生了火灾，甚至1904年“斯洛库姆将军号”上也发生了火灾，那是令人无比恐惧的一场灾难。不管在任何一个案例当中，恐慌感的出现都来源于人们受到了惊吓，所以出现了失智的行为。斯塔利亚有一位诗人所说的话虽然简单，但却可以准确描述这一点：“一个人可以称之为人，几个人可以称之为人们，可如果人太多的话，聚集在一起就是一群牲畜。”塔德在对模仿进行介绍的一本书中谈及：“在人群当中表现得最为冷静的那个人往往会做出愚蠢至极的事情。”1892年举办的犯罪人类学代表大会上，有的人发言称：“群体是没有大脑的，他们根本没有后脑勺，只有脊椎而已，经常会做出一些相当幼稚、童真且非常女性化的事情。”加尼耶和戴克特瑞参加了这次大会，他们还证实，疯子和醉鬼所产生的过激行为会刺激暴民，导致他们变得过于激动的过程。而隆布罗索和拉什等人也提及，有很多生性叛逆的人常常会没有任何缘由就表现出残暴冷酷的特点。① 最近我们注意到有一个新词，就是“人群的灵魂”，这个词事实上跟叔本华提出的宏观人类学大同小异，而我们犯罪心理学家所要完成的一项重要的任务就是，弄清楚在一桩案件当中，人类学及宏观人类学各自需要承担多大的责任。

第95节　激情与情感

激情和情感在很多情况下影响着我们自己以及那些不怎么懂得观察的证人，它们出现在我们或证人的大脑当中，往往会造成极大的影响，有的时候

① 参见弗里德曼：《人们生活中的疯狂》，威斯巴登，1901年。

甚至能够造成证人过失，还能对审讯当中的很多问题给出合理的解释。在任何一本心理学书上，都曾讨论过激情或者感情的实质到底是什么，二者的定义，以及会产生怎样的影响，当然这些都是基于生理和心理学层面的。涉及在法律当中具体的实际用途，却很少有人加以探讨。由于激情而产生的行为也是很难谈论的，所以我们并不需要在这方面多加探究，我们真正要加以深入研究的，是那些并非出于激情而产生的行为，特别是要善于保护自己，绝对不能被感情或者冲动所控制。一个在犯罪学领域当中喜怒无常的人，是最适合这种工作的，这是因为黏液质和抑郁质特性的人在面对他的提审时很难撑得过去。如果一个法官相当活泼，充满激情，那他办事情的时候是相当有效率的，但他的弱点在于个人道德不是很完善。任何人都必须相信，当我们在面对一个毫无羞愧之心、拒绝承认自己罪行的罪犯，或者某一个做出了极端残忍举动、极不人道或者严厉罪行的犯罪者，我们是无法保持情绪稳定和个人风度的。但作为犯罪学家一定要注意，这种困难是我们不得不克服的。毫无疑问，不管是任何人都有可能心怀愧疚地回忆起自己曾经冲昏头脑的时刻。确实，喜怒无常的伯爵吉迪恩·拉戴在处理一起抢劫案频发的小镇案件的时候，直接处死了镇长，彻底对整个郡的抢劫案件都起到了震慑作用。但是像这样的状况，从今以后都再没有出现的可能了。我们更加常见的局面是，在对某一起谋杀案进行庭审的过程中，一位非常优秀的首席法官因为冲动而对被告表达出攻击性的言语或行为，最终只能低着脑袋被其他人谴责，忍受无边的痛苦。这样的场景我们见得太多了。

想要改变这种状况只有一种办法，那就是拒绝争吵。只要我们在庭审当中说出了任何一句不被文明社会所接受的话语，那么这个案件就必然会满盘皆输。那一句不文明的话，就像是滚雪球一样，它会产生多大的影响，都需要依赖于天生的性格及后天所经历过的训练。羞辱常常不是孤立存在的，这是由于任何一句难听的话语都会导致对方的防线瞬间崩溃。所有的罪犯都对这一点了如指掌，而且懂得怎样去利用这些。如果一个人能够在辩论中打败对手，那么他就不再具有危险性了，而会变得非常冷静和平和，甚至会在某些情况下觉得自己需要弥补由于之前的过激举动给别人造成的伤害。因此在这个时候，他表现出的超出正常限度的善良和关切往往会被利用。所以，很多罪犯都会故意刺激法官，引诱他做出一些悔不当初的行为。

证人的情绪也会在案件中带来极大的影响，特别是证人因为某些罪行受到了伤害，或者是看到了一些惨烈或恶心场面，还有那些依旧非常兴奋的证人，他们的情绪在案件中也会产生很大的影响。知道如何妥善处理这种情况的法官，则会采用各种各样的办法来避免自己过于相信这样的证人。像这样的人永远都不可能冷静下来，他们始终处于激动的、焦躁的、愤怒的情绪当中，甚至永远会因为利己主义的私心，要么杜撰一些无中生有的供词，要么在描述的时候过于夸张——不过我们在此说的夸张，并不是对状况的描述，甚至也不是因为想要得到赔偿而在金额方面进行夸张，而是指某些人迫于情绪的压力，或者因为太想让被告接受惩罚而不由自主地说出了一些匪夷所思的话。但是在很多恶性案件当中，这样的情况是相当罕见的，那些受过伤害的人，比如被弄瞎了一只眼，发现自己女儿被强暴的父亲，在火灾中受伤的人，往往都会非常冷静地对待那些罪犯。他们在案件庭审的过程中会表现得相当平和，绝不会无中生有给出莫名其妙的指控，在描述事情经过的时候也绝不会夸张，甚至都不会带有侮辱性的言辞。可是那些果园被损害了的人，在庭审过程中，却往往表现得更加夸张。

毫无疑问，原告和被告之间的关系势同水火，彼此痛恨。这或许并不是因为一方被另外一方打破了脑袋，甚至被对方抢劫，他们看上去都只是基于一些表面原因闹上法庭，但事实上却是因为很长时间以来结下的恩怨。大家都知道，这种怨恨的情绪牵涉到很多方面，其范围相当广泛，所以必须要去挖掘其深层次的原因——即便这样做充满了各种艰难困苦。同伴或者类似于同伴的关系中也会存在仇恨。一般来讲，若非两人同时爱上一个女人，一个国王是无论如何也不会怨恨自己的士兵的。他们因为相同的爱恋变成了爱情中的同伴。同理可以推出，一位贵妇人也不怎么可能痛恨自家的女仆，除非她发现女仆的头发比自己的头发漂亮得多，而头发是不分阶级的。

真正的仇恨只来源于三个方面：痛苦、嫉妒和爱。要么是因为他所痛恨的人严重地伤害了他，或者让他产生了极端的嫉妒，或者仇恨在某些时候转变成了爱。有一些专家认为，真正的仇恨还有可能来源于我们显而易见的、对别人造成的伤害。像这样的情绪或许会借助于仇恨的形式得以表达，的确存在这样的可能，但在普遍的状况下，这或许是一种深刻的羞耻和悔恨，在某些具体的特点上，它的仇恨是同根同源的。想要把仇恨隐藏起来并不容易，即便是犯罪学家中经验最少的人，也只有在面临特殊案件的时候才能不小心地忽略掉它。但是相对来说，嫉妒是一种更加宽容、更加内敛、也更加深沉的表现，往往也是比较广泛的，在大部分情况下，人们无法发现其存在。真正的仇恨就仿佛激烈的情绪，它往往需要在特定的性格、特定的情况下才会出现，某些时候还会让人觉得十分同情；可是，出于恶意的嫉妒却是任何人都能做到的。我们可以说，这个世界上不论任何情感，都不像嫉妒这样厉害，能够夺走那么多的生命，葬送那么多重要之事，让无数的人之间产生误会。除此之外，倘若你能够记住嫉妒的影响范围相当广且往往是由于精神贫乏才产生的，非常不容易发现，那么你毫无疑问就会注意到，嫉妒是相当危险的，无论怎样高估它都是合理的。通常情况下，我们律师更容易被嫉妒这种情感所伤害，因为我们不喜欢别人当着我们的面表扬他人。再比如，我们会让证人持续不停地讲述所有一切与案情相关的事情，因此很难判断出他们所说的话是否出于嫉妒心理。

其实，当一个人在讲另外一个人的坏话时，不管他的表述多么严重，我们都会先入为主地认为他讲的都是真相，即便有所怀疑，也至多就是觉得他这样的错误看法是出于误会才产生的，我们很难发现嫉妒在其中引发的问题。我们只有在发现一个人猛烈夸赞另外一个人的时候，才能感同身受地察觉到嫉妒这种情绪的存在。随后，如果我们发现他的态度变得十分谨慎、犹豫，这样的话，经验不足的人也能注意到他的嫉妒心。从这个层面上，我们可以发现一个老生常谈的旧话题，也就是说，嫉妒这种感情要求双方起码在某些层面上是一致的。比如一个十分吝啬的商铺店主，或许会对那个稍稍比自己幸运一点的竞争者非常嫉妒，但是对于那些商船开遍全世界的伟大商人反而不大会产生嫉妒了；一个二等兵不会嫉妒自己的将军，农民也不会嫉妒地主——他们更希望自己能够变成那些人。愤怒这种情绪要比嫉妒稍微好一点，但是因为愤怒情绪中缺乏了一些能有效引发嫉妒情绪的能量，导致它们二者也就不太相同，我们也不能用嫉妒这个词来称呼它。愤怒之所以会演变成嫉妒，肯定是由于其中发生了什么变化，可能是由于两下的沟通出现了问题等其他原因。所以，人们会比较轻易地承认愤怒这种情绪。举个例子来讲，有的人会这样表述："我真的很嫉妒他，因为他可以到处去旅行，而且身体健康，还开了一辆豪车。"但绝不会有人这样描述："因为我对他十分嫉妒，所以散布过他的谣言，或者故意做过什么针对他的事情。"可是嫉妒唯有在通过后一种形式表现出来的时候才是真的。

嫉妒的人常常会陈述虚假的情况，他们的这种能力使他们在上庭的时候面对着相当大的危险。倘若我们想对某个人的性格特征进行了解，通常情况下会去询问他的同事和亲友，但嫉妒的情绪也就是在这些人当中才会变得比较强大，如果去问一些跟他毫无关联的人，就什么信息也找不到，毕竟他们对那些事一无所知；可如果针对此事去问专业人士的话，他们给出的反应中往往带有一些嫉妒的或者利己主义的思想，容易使我们误入歧途。有的时候，我们或许会因为在询问的时候发现对方回答问题时犹豫不决，且回答方式不同寻常，这样我们就可以发现他确实有嫉妒心。这一点适用于任何阶层，而且是非常宝贵的经验，有了这种判断依据，我们往往就能避开许多非常糟糕的误解。

普遍来说，激情会导致犯罪，这一点不需要多加探讨。但是我们或许会觉得，激情分为三种阶段：第一，就是回想起过去的一部分情境；第二，就是激情到达了顶峰，出现了一些新的想法，这些想法或许是消极的也或许是积极的，占据并主导人们的大脑；第三，就是受到外界影响的那些纷纷扰扰的情绪重新变得平衡起来，逐渐重建。一般情况下，人们在产生大部分情绪的时候，都会出现一些身体反应，而我们可以通过这些普遍的身体反应进行研究，有些确实已经经过了深入的研究，例如害怕的情绪，这种情绪在法律当中是至关重要的。当人们害怕的时候，呼吸会变得不规则起来，吸气的声音断断续续，在深呼吸一次或几次之后会不由自主地急促呼吸，吸气的声音往往很短，呼气的声音却变得极长，有的时候还夹杂着呜咽声。而这些都是由于呼吸改变所造成的影响。除此之外，害怕的时候呼吸不规则还会引起咳嗽，说话也会受到影响，这种情况产生的原因，一方面是因为下颌肌不规则运动，另外一方面是因为呼吸变得急促起来。如果一个人身处在持续的恐惧情绪当中，就会不停地打哈欠，而且害怕程度越深，其瞳孔往往就扩张得越大。我们从一个等待死刑判决的被告身上发现了以上的这种现象。

还有另外一个令人觉得匪夷所思，也极难给出明显证据的事实在于：一个无辜的人并不会出现上述的这些现象。你或许会认为，当一个被告害怕自己可能被误判的时候，也会表现出恐惧愤怒的情绪。可是事实上，无辜之人所表达出来的却并非真正的恐惧。对此我并没有其他只可以说明的，只有确定无疑的证据而已，因此，想要推测一个人到底是否清白无辜，必须对他们的反应进行认真细致的观察。我们一定要时时刻刻铭记，在这样的状况下，激情和情绪往往会出现截然相反的变化。比如有些人很吝啬，却突然变得奢侈起来；反之亦然，有些爱也有可能会演变成仇恨。还有一些人会因为绝望而陷入恐惧，随后不计后果地选择了蛮干。因此，恐惧也有可能会向相反的方向转变，也就是变成冷漠，所以在这种情况下就不可能出现任何跟恐惧相关的典型特征了，但是这种冷冰冰的漠视的态度，也依然会让我们意识到恐惧的存在。其实正像激情可以向相反的方向转化一样，恐惧的转化也能带来很多其他类似的特点。所以，恐惧的情绪往往伴随着混乱的行动，而对色情的偏好只会带来残酷的后果。我们需要非常重视后面的这种关系，因为在对案情进行阐释的时候，它能很大程度上减少我们所面临的困难。残酷和好色是非常相似的，它们有着共同的来源，这一点人们很久之前就已经清楚了。冒险、激烈而又狂妄的爱到达顶点的时候，会与一种残酷性紧密相连。一般情况下，女人要比男人残酷得多。① 经常会有人说，当一个女人陷入恋爱的时候，每分每秒都在思念自己的男人。如果这句话是确定无疑的真相，那么我们就可以彻底理解前面的那句话了。一方面，性冲动和残忍具备一定的相关性，它们都能够与某些激情所具备的一种不满足感相联系。在这一层面我们可以举一个最显而易见的例子，那就是人们对财富的冲动和渴望，特别是接触到金钱的时候所产生的知觉。比如，黄金往往会使人产生一种难以抑制的冲动，会让人想要在金钱中打滚儿，人们难以抵挡金钱带来的诱惑。有的人提出，在某些程度上来讲，捕猎中的动物会被血液所引诱，变得充满激情；而金钱对人的影响也是如出一辙的。毋庸置疑，这种解释是正确的。像这样的例子我们已经听说过无数遍了：有很多原本十分正直的人，只是由于突然看到了一大笔钱，就被金钱诱惑做出了不可原谅的犯罪行径。我们绝对了解这一点，在某些情况下，我们也可以从中找到案件的蛛丝马迹，甚至总结出罪犯的个人性格特征。

第 96 节　荣誉

康德提出，男人的荣誉来源于别人对自己的看法，而女人的荣誉则来源于别人对自己的评价。还有的人提出，当自我感能够在别人的身上得到延伸的时候，就产生了所谓的荣誉感。荣誉其本质就是以为个人是为了他人而存在的，而自我的一些行为除了被自己评估之外，也会被其他人进行评判。福斯塔夫认为，荣誉就是葬礼上的风景画。这些作家的表述不完全是正确的，这是由于荣誉所表现出来的只是一个人在这个世界上拥有怎样的位置，如果这样讲的话，一个在街头流浪的人也可能有自己的荣誉。一个犯罪学家必须要承认这一点，如果拒绝承认的话就会陷入极大的困境。我在自己职业生涯

① A. 奥伊伦贝格：《性精神病》，莱比锡，1895 年。

中碰到过很多犯罪的人，而其中最糟糕的一个，他犯下的罪行无比恶劣，甚至导致他那受人爱戴和尊敬的父母也不堪其辱，选择放弃生命。而他本人被判入狱，要坐很多年的牢。他听见这些消息的时候说："我同意这样的判决，但是希望我能得到三天的缓刑，这样的话可以给我留出一些时间来写几封信，与别人告别，因为我进入监狱之后就没有这个机会了。"即便是这样一个恶劣的人，他心中依然是有荣誉之光的。我们经常会遇到同样的状况，往往这样的情况能使我们的审讯变得更加简单，不过这种简单并非是指要让一个人坦诚自己的罪名，揭发自己的同伴等等。或许这样的荣誉能够给案件带来有力的转机，可人们也能轻易地发现，在这种表达顺从的态度当中还暗含着一种对高尚和荣誉的希望，我们不能对这一点加以利用，即便是出于美好的目的。除此之外，在一些下等阶层的人群中，他们往往不能长时间地追求体面，毕竟这对他们来说太难了，所以很快他们就会放弃对高尚和荣誉的追求，转而去追寻那些坏人所习惯的事情。而这个时候，他们往往会后悔于自己之前感受到的那些高尚的瞬间，拼命咒骂曾利用那些高尚瞬间的人。

罪犯会追求自己的"荣誉"，他们的出发点往往十分滑稽可笑。那些在小偷的观念里面认为是高尚的荣誉，并不会得到江洋大盗的认同。窃贼讨厌被别人当作扒手。在这个方面，有很多人在面临类似的情况时往往会觉得受到了严重伤害，特别是当有人证实他们背叛了自己的同伙，或者是采用诈骗、抢夺的手段抢走了同伴的战利品之类的事情时。我记得有这样一件事情，有个小偷在报纸上读到了自己所犯下的一桩入室盗窃案，意识到自己当时不小心竟漏掉了一大笔钱财，不由得悲痛至极。或许从这个事例中我们也可以发现，即便是罪犯，也存在着一定的职业心和对职业名望的渴望。

第 97 节　迷信

关于迷信这方面的探讨，我已经在我的《验尸官手册》等（英文译者 J. 亚当，纽约，1907 年。还有《汉格·格罗斯全集》第 1 卷的第 306 页、第 3 卷的第 88 页、第 4 卷的第 340 页、第 5 卷的第 290 页和第 207 页；第 9 卷的第 253 页；第 4 卷的第 168 页；第 6 卷的第 312 页；第 7 卷的第 162 页；第 12 卷的第 334 页）进行过详细的介绍，大家可以用这些书籍来进行详细参考。

主题 3　错误

第 98 节　概论[①]

知识建立在感觉的基础之上，而法律程序的正确性需要依靠感官过程作为其基础。总的来说，我们从感觉当中得到的信息和结论是值得信赖的，所以在认识事物的过程中，不需要对于感官知觉过于小心翼翼。可是不管怎样，像这样的知觉也并不一定总是准确无误的。充分认识感官错觉，可以给我们提供一定的帮助，或者起码能够让我们认真地思索一下，是否在案件处理的过程中犯下过其他更严重的错误。

早在赫拉克利特时代，我们对于感官错觉的认识和探讨就已经被提上了日程，他注意到，在运动乃至科学的各个领域当中，都存在许多错误的知觉。而这些错觉往往是会令人相当震惊的，引发了公众的普遍关注，由此也就逐渐变得众所周知了。可是他的这部分研究并没有涉及其他的一些现象和感官错觉出现在日常生活中的时候会造成怎样的错误后果。之所以如此，主要是因为两个原因：一是由于这样的感官错觉实在微不足道，所以人们普遍不会意识到它具有极其重要的影响。举个例子来讲，任何人都不会对纸上画着的一条线段，到底是否要比真实的线段更长一些或者更倾斜一些产生疑问，更不会对其进行认真的探究。二是因为，一些感官错觉在现实生活中并不会产生什么影响，或者起码可以说它们不容易产生影响。即便人们发现这是一些错觉，也不会在社会中引发什么问题，更不会造成什么影响。并且，倘若人们在事后才注意到有一些错觉产生，并且引发了极其严重的后果，可人们往往找不到造成这种结果的原因了，毕竟当结果已经确定下来的时候，事件的真实状况就已经很难复原了，在所有事情发展的过程中有许许多多的中间环节，毫无疑问，我们不可能准确推导出当时的状况。

这其实证实了一点：我们很难对感官知觉进行实际的考查，但这种现象体现出来的难度却并不具有其合理性。确实，要把有限的实验结果放在更广

---

① 英文原文中此标题前有标题“感官错觉”，但是下面无内容，故未将其作为正式标题。特此说明。——译者注

阔的情境当中，往往会遭遇极难的困境，而这种困境基于某种假设，也就是说：当科学家所研究的条件能跟现在的条件相吻合的时候，在某些有限的实验条件下会出现的特定结果，在大部分的实验条件中也会出现类似的现象。不过我要谈及的并非这种现象，也就是因此，心理学的研究成果直到现在也没有在实际的生活中产生持续的影响，当然这并不是在对实验心理学进行批判，也并不是说其不具备研究价值。这是由于，不管想要得到怎样确定性的发现，都必须要将实验控制在限定的范围之内。但只要获得相应的发现，特别是在有关错觉这一问题上，其结果或许就能逐渐延伸和发展开来，取得一定的符合社会实际的成果。如此一来，我们上面所提到的人们不去关注错觉的第二个理由就自然而然消失了。

证人自然不明白自己是会产生错觉的，反正起码在我们经手的案件当中，并没有人这么说过。也就是因为这样，犯罪学家才必须想尽办法去发现其中的错觉。不过我们遭遇困境时，很难从无数的文献当中找到能对这一问题有所助益的资料，相关文献内容真是少之又少。想要发现错觉，有两种办法。其中一个办法是，必须要在工作中认真理解，借助对案件的追溯和重演来确定阐述过程中是否出现过错觉，或者这种错觉是否会导致案件出现偏差。另外一个办法则出自理论，所以我们可以称之为准备，也就是说，我们需要把所有书籍中涉及的有关感官错觉产生的内容全部掌握于心——特别是有一些隐藏本性的案例。不过我们的目标与此类材料没有直接关系。确实，如同医生不知道某些疾病的特性无法确定时一样，我们需要学习医生的那种思维方式——不能确定就存疑，等待进一步研究。

除了医生这种专业人士，还有一些资料需要交给另外一些领域的专业人士进行判断。我们要尽量摒除其影响，即便已知的越来越多的知识或许会要求我们直接利用那些材料。毫无疑问，我们这些犯罪学家每天都能看见，在一些证人提供的证词当中，出现过很多看上去毫无关联的错觉，即便我们不能准确地对它加以描述，也能感觉得到。这个时候我们需要做的，就是要么直接证实这种错觉确实存在，要么等到恰当的机会来临时对其进行验证。

我们可以通过分类减少工作压力。毫无疑问，最重要的一种分类就是把“正常”和“不正常”二者加以区分，但两者的界限不清，甚至有可能二者之间还存在第三种分类。特别是当身体出现一些健康问题的时候，往往会导致错觉产生，甚至变本加厉，例如当肠胃的负担加重的时候，或者感觉到血气上涌冲昏大脑的时候，再或者整个晚上没睡好觉的时候，又或者过于疲惫的时候都会如此。像这样的状况也很常见，有的时候是因为疾病，不过由于这些情况也不是普遍存在的，因此也不能认为它们都是正常的，只能认为情况有些反常。倘若肠胃负担演变成轻微消化不良，血气上涌造成了血栓等等，那就更接近于疾病本身了，但我们依然很难划定界限。

还有另外一个问题就是：要追溯错觉到底从何处产生，而我们又将怎样将其与正确的感觉进行区分呢？错觉的典型构建主要依赖于人的感官器官。人们往往很难判断出自己的感觉中到底哪些是正确的，而哪些又是错觉。在相似的条件下，人类也有可能会产生无数种完全不同的错觉，因此大部分情况下，人们的感觉判断很难变成界定标准，毕竟我们很难借助于某一种感觉来区分另外一种感觉。大多时候，我们在判断视觉画面的时候，会借助于触觉；而使用听觉的时候也会借助于视觉判断，收效甚微。其实我们可以采用的最简单的办法，就是在完全不同的条件下，在各种不同的场景中，甚至在将其与其他感官联系起来观察的时候，不管是什么样的观察者、借助于何种方式，某一种感觉都能保持完全一致，那我们就可以认为，它能够正确表现现实；如果不能，就可以判定它必然是一种错觉。可是在此处，"错觉"一词的界限不甚明朗。远方的事物看上去比实际事物小得多，铁轨和街道向远方延伸开去的时候会发现其两侧会在某处相交，这些毫无疑问都是错觉。也许大家会说，这只是观察到的一些规律而已。所以，我们还需要在感觉这一概念中，再增加一条细节——必须是感觉到的罕见的、不寻常的表征。

另外，我还注意到一个很有价值的区别，真正的错觉和由错误观念造成的错误推论之间还是有区别的。在真正的错觉中，人们的感官得到的信息完全错误，举个例子来讲，当人们眼睛的瞳孔被挤压的时候，不论看什么都会出现重影。而可以被称作错误推论的就如同隔着一片红色的玻璃去观察窗外的风景，就相信外面的一切都是红色的。因为在人们得出这个结论的时候，忽视了玻璃所起的作用。除此之外，在下雨的时候，我常常会觉得山变得离我更近了，甚至觉得放在水里的木棍变弯了，我的这些感觉都是对的，可给出的推论却是错的——虽然用照片将水中的棍子拍下来也会发现它变弯了。

错觉的本质差别还特别集中在一点，就是人们会不自觉地对"感官错觉"的出现怀抱期待。例如，当有人在教堂中听见一声很细微的、低沉的声音，就会下意识地觉得那是风琴的声音，认为随后风琴就会开始演奏。这是因为在当时的场景下，那种现实确实具备发生的合理性。当人们瞧见蒸汽火车开始冒烟了，马上就会错误地以为车子要开动了，可在此时人们的感官为什么会出错呢？噪声确实传达到了耳朵中，蒸汽也确实出现在眼睛里，这两者都是正确的印象，可除了这些之外，人们并没有将印象的定性考虑在内，所以倘若通过想象而产生了一些错误的推论，我们就不能认为这是感官错觉。

像这样一种错误的归类在某些情况下会显得尤为重要，特别是牵涉到需要借助于数值、算数进行证明的错误推论。例如，我隔着很远的距离，看见窗外有人拿斧子砍东西，毫无疑问，我会先看见斧子砍下去的画面，再听见传来的声音；如果恰巧我跟那边的距离太远，当斧子第三次砍下去的时候，刚好能让我听到斧子第二次砍东西的声音，在那一瞬间，遥远的距离就被我的潜意识给忽略掉了，声音和图像同时出现在我的脑海中，会让我产生自己当时仿佛就在现场的感觉。或许最初的时候，我会意识到这种现象在物理学上是很反常的；可倘若我在进行推理的时候，不小心犯下一个简单的错误，那么我就有可能跟别人说起自己今天感受到的神奇的“感官错觉”——即便大家都不相信我被误导了，我也会不由自主地选择这样做。叔本华曾经提及一个众所周知的现象，也就是人们刚从睡梦中醒来的时候会发现方向感变得很奇怪，大脑根本无法凭感觉分清前后左右。但是，只是这样就觉得那是一种感官错觉，无疑也是不正确的，因为此时此刻大脑还在混沌当中，未能清晰感知周边的环境。而这一点跟那些我们难以判断的、不熟悉的感官印象还有很大的区别。虽然没用多大的力气去触碰，但是因为身体的这个部分不经常被触碰到，轻轻碰一下就会觉得力道很大；掉了一颗牙齿之后，往往会觉得嘴里有一颗巨大的洞；一个牙医在我们牙齿上钻洞的时候，我们的感觉简直震撼至极！在所有这些例子当中，感官印象都是不准确的，所以往往会让我们得出错误的推论。人们在接触新的事物时往往会留下错误的印象，就是由这一根本原因决定的。例如，从黑暗中走到明亮的日头底下，会觉得阳光很刺眼；冬天在地下室里觉得特别温暖，可到夏天的时候却会觉得很凉爽；第一次跨上马背的时候会觉得自己好像飞上了天；等等。对我们来讲，这种感官错觉是否真实存在至关重要，因为我们必须严肃对待：这份证词到底是出于错觉还是真相，并且，明确这种错觉到底是来自人的大脑还是感觉器官也是相当重要的。或许，我们在案件最初的时候能够相信某人拥有无比的智慧，但却不能相信他的感觉，反过来说也是这样。

在进行案件判决的过程中，对感官错觉的重要性进行探讨取决于判断是否正确，主要依赖于观察是否正确，要想弄清楚感官错觉产生的本质原因及出现的频率，需要先依赖于在量刑的时候它能发挥多大的作用。倘若法官完全忽略了错觉的重要性，无疑就会引发许多错误。一次，有一个人作证称，虽然事发的时候四周很暗，什么都看不到，但他知道那个冲自己的眼睛打了一拳的家伙到底是谁。法庭认为他的说辞很有道理，值得被采纳——只是因为大家都觉得：可能是对方打的这一拳力道太大，导致受害者当时眼冒金星，而借助于这点点星光，他看清了对方的外貌特征。事实上，亚里士多德很早之前就提出，眼冒金星只是一种感官错觉，并非客观存在。不过有些时候这句话的重要性被忽视了，只是被当成了一句简单的提示而已。①

第 99 节　视觉错觉

如果我们需要讨论某些非同寻常的疯狂想法产生的原因，最好先从视觉错觉来对它进行判断。这是由于，这种错觉可以依靠其他观察者的不同看法来加以确认，当所有的人都能手拿一张纸来进行实验的时候，基本上其本质就暴露无遗了。其实，法律界当中还有很多会引起严重错误的简单原因，只是由于我们感觉到的那些毋庸置疑的证据，或许仍需要被证明。“亲眼所见”并不具备什么证明作用，因为如果在某一方面出了错，也可能就代表着在其他方面也是错误的。

一般情况下人们会觉得，线段所处的位置不同，在判断其长短的时候也会留下不同的印象。② 将两条长度相同的线段垂直放在一起，会发现竖直的那条看上去比横放的那条长得多。如果把一个长方形的长边放在地上，会觉得它的长短边比较接近，像个正方形；可如果把它的短边放在地上，则会觉得长边要比短边长得多。假如我们将一个直角等分，变成好几个相同的角，往往潜意识里还是会觉得更贴近水平线的那几个角更大，因此在看到 30 度角的时候，我们会觉得它们长得像 45 度角。这在很大程度上受到我们习惯的影响。S 这个字母，其实它上半部分的曲线要短于下半部分，很多人都不

---

① 关于埃德蒙·帕里什的文献：《论对谎言的感知》，莱比锡，1894。A. 克拉默：《法庭精神病学》，耶拿，1897 年。Th. 里皮斯：《审美印象与视觉假象》。J. 萨利：《幻觉》，伦敦，1888 年。

② 参见洛策：《医学心理学》，莱比锡，1852 年。

能相信这一点，甚至他们根本都意识不到。可如果将 S 这个字母放倒来看，人们就马上能发现了。还有其他一些类似的错误判断，例如，隔着很远的距离看过去，会发现一些斜坡和屋顶很陡，好像无法站人。但等到人们真的爬上去的时候，才会发现其坡度还是比较平缓的。所以，当我们听到某人说一个斜坡很陡爬不上去的时候，需要询问他是已经试过了，还是站在远处看了看就做出这种判断。

人们常常会忽略比较小的弯度。埃克斯纳在这方面的观点很正确，沿着维也纳普拉特公园环形建筑走动并到达出口所用的时间，往往会比想象中短得多。[①] 这是由于，某些思维的偏差往往会让人们错误地预测出实际距离。另外，晚上人们在树林中迷失方向的时候，往往会绕着很小的圈子走动，这种现象确实很神奇。因此，我们经常能遇到这样的案件：有的人在被抢劫、殴打了之后想要从树林里逃跑，一直到天亮了才发现，尽管觉得已经跑了好久，可自己竟然还待在距离案发地点很近的地方。这样的情景往往会令人觉得他们并不是“诚心”要逃跑的。事实上，哪怕白天的时候这位逃跑者很熟悉这片林子，这种情况也确实存在一定的可能性。因为他只不过没有注意到自己奔跑的时候所走的路线是弯曲的，而只是觉得自己一直顺着一条很直的小路往前走，且很快就要从森林中跑出去了。可事实上，他走的路是弯曲的，只是围绕着一个弧度极大的圈子奔跑而已。

我们可以从这一现象中证实这样的错觉：用左眼去看左边的物体，会觉得它比实际的物体小得多，用右眼去看右边的物体也是同样的效果。人们往往会产生 0.3% ~0.7% 不等的低估误差。这些误差数值毫无疑问是很重要的，在黑暗中，眼睛内侧往往会出现更大的视觉偏差，也就是左眼看左边和右眼看右边往往偏差更大。

在这样的误差基础之上，再增加其他一些判断，往往会给案件的推进带来极大的难度。但是倘若有人意识到自己这种做法只是在估测的话，危险还是可以控制的。可当每个人都不觉得自己的观点是种错误的预测，而坚信那是确定的认知时，他绝不会说出“据我推测”这样的话，而会直接说“绝对是这样的，确定无疑”。奥贝特就曾讲述过这样的例子：天文学家福斯特让一群接受过教育的人对月球直径进行估测，这群人中还有受教育程度很高

① 参见《规划》，等等。

的医生，而他们给出的答案都是 1 英寸[1]到 8 英寸等，还有人估测出更大结果。但实际上，最正确的答案是——在距离 12 英寸的时候，其直径应该是 1.5 英寸。

大家都知道，一个空无一物的房间在视觉上要比放满了家具的房间显小，白雪掩盖的草地则比同样大小的、绿草如茵的草地看上去更小。当我们发现，某个非常小的地方有一座巨大的建筑猛然间拔地而起，或者某个非常小的建筑当中被安装了一个很大的装置时，人们就会觉得很震惊。而当这样的巨型装置被拆掉以后，我们更会震惊——那么小一块地，怎么可能承担那么多的木桩和其他东西！如果从上往下俯视，就会出现更加显而易见的错觉。相对于水平物体来讲，我们更难适应垂直的物体，也更难对它们做出恰当的判断。即便视物的距离是相同的，同样的物品放在屋顶上看上去也比放在地面上小。当我们从屋顶上取下一件多年不用的物品时，往往更能发现这样的规律。就算把它放到两倍远的地方去，从水平视角上看起来还是会认为那比原来放在房顶上要大得多。这样的错觉主要是因为没有进行足够的练习，儿童更容易犯下一些在成年人看来匪夷所思的错误，从这一点上就可以得到证实。亥姆霍兹就曾讲述过自己小时候的事例，那时候他让妈妈为自己取下一个小玩具——那玩具放在一座极高的塔尖上。我还能回忆起自己小时候发生的一些事情，五岁的时候我告诉小伙伴们抓住我的脚腕，好把我举起来能够到院子二楼的玩具球。我当时认为二楼的高度只有实际高度的十二分之一。每当我们需要判断某些物体的大小时，只要它们跟我们已知的某些东西尺寸相近，我们就会不由自主地以那些已知物体的尺寸为标准进行判断，虽然可能会低估或者高估。我们在那些壮丽的景观当中看到的树木和建筑之所以符合视觉效果，让我们觉得非常恰当，也是由于它们都被艺术性地缩小了比例。在我的印象中有这样一幅画，使我产生过极其糟糕的感受——那是一幅克劳德·洛林风格的巨幅风景画，有半面墙那样大。画面中靠前的部分画着一位牧师骑马走在幽深的山谷中。人和马都很小，这样就导致画面中的风景显得非常巨大壮阔，简直有点令人震惊。我是在上学的时候看到的那幅画，但一直到现在我还对它记忆犹新，能描述出画中的所有细节。它之所以会产生这样特别的视觉效果，全靠画面当中那位被画得特别小的牧师作对比。

---

① 1 英寸约合 2.54 厘米。——译者注

我们务必牢记一点，透视原理会让我们身边的所有物体之间出现非同寻常的大小关系，这些关系都是时刻变化的，所以我们不会对其多加注意。利普斯[①]这样说道："我认为，要让自己相信房间角落放着的那个壁炉甚至比我伸出去一英尺距离的手掌小得多是很难的……我们千万不能忽略了自己乐于对比的习惯。我把手掌和壁炉放在一起进行了对比，所以在解释手掌大小的时候就必然要用壁炉进行解释。"不过这还是因为我们本来就知道手掌和壁炉的真实尺寸，所以不会弄错。可如果我们要对完全陌生的物品进行比较的话，就很容易导致许多匪夷所思的错觉产生。

托马斯·里德也曾说过自己感受到的错觉，是在估测月亮直径的时候注意到的，他直接用眼睛去看月亮，感觉它的大小就跟个盘子差不多，可如果透过一根细细的管子再去看月亮，又会觉得它的尺寸变小了，像一元硬币大小。我们可以从这样的错觉中弄清楚一件事情——这是非常重要的——透过管径去观察物体的时候，管径会影响到我们对物体大小的实际判断。在刑事案件中，透过锁眼看到的东西会产生至关重要的作用，因为人们常常会低估那些物品的尺寸，错误地以为它们更小。

有的时候，甚至空气状况都能严重影响到事情的结果，举个例子，有的时候空气能见度高，有的时候起雾能见度低，只是这些细微的差别，都有可能彻底推翻证人在距离、尺寸、颜色等方面提供的证词。如果一位证人在天气状况较差或视线不佳的日子去了一个陌生的地方，随后又在晴朗的日子去同一个地方回顾了事情发展的经过并进行了判断，那么他的证词是不可以被采纳的。

人们往往认为很多感官错觉出现的原因可以用所谓的错觉线来解释。很多人都在这一领域进行了深入的研究，但是首次提出这一概念的则是措尔纳。他是这样认为的：如果两条平行线被其他斜线或相交线所干扰，那么它们看上去就不再平行了。[②]

还有一种错觉，跟运动或者运动中的场景有所关联。在运动中，如果我们要仔细观察某些物品，唯有在特定条件下才能对其加以分辨。如果物体运动的速度很高，那人们就会觉得物体运动时的实际长度比静止时要短，而物

---

① 《精神生活的基本事实》，波恩，1883 年。

② 《波根多夫物理编年史》，第 110 卷，第 110 页；第 114 卷，第 587 页；第 117 卷，第 477 页。

体运动速度慢的时候，人们则会觉得其长度比静止时要长。因此当一节特快列车冲我们疾驰而来，虽然有很多节车厢连接在一起，可是我们在视觉上总会觉得它变得很短；而我们去看缓慢行进的士兵队列时总是觉得那是很长一排。如果我们通过一个固定的小缺口去观察这些情况的时候，会发现这种现象出现得更加频繁，也更明显了。同样的情况是，在我们加快速度从某一个物体旁边超过它的时候，也会出现这种错觉，我们的速度过快往往会导致旁边的物体看起来似乎变短了。

我们无法为这些感官错觉的事例找到合理的解释，因此一定得弄清楚，甚至得推出一种在大部分情况下都比较复杂的推论。[①] 例如，众所周知，在夜间，特别是在乌云密布的夜晚，在某些我们猝不及防的时候，往往会觉得眼前的物体突然变大了。倘若在一个阴云密布的夜晚，我惊讶地发现面前多了一匹马，但是因为天气状况不好，雾气弥漫，根本看不清楚马儿四周的环境，而我通过个人的经验认为，物体在模糊的背景环境中应该距离我比较远，同时我还认为，距离较远的物体应该比看上去小；由于我当时在进行判断的时候，并没有认识到自己在判断的时候会产生一些自我想象，所以我会毫不犹豫地认为这匹马要比正常的马大得多——即便它本来就是一匹正常大小的马。那么我当时进行思考的全过程就是这样的："我当时看见，这匹马在视线里显得十分模糊，所以我们之间的距离应该很远；可是在距离很远的条件下，我发现这匹马也显得很大；视觉效果中通常是近大远小的，所以，如果它直接跑到我面前来，体积岂不是更大吗！"确实，这样的思维过程是在一瞬间发生并完成的，而且是我们下意识的反应，在电光火石的一瞬间，人们并没有进行任何思考就做出了这种判断，所以大部分人一般是不会发现自己犯了这个错误的。

可是，倘若观察者注意到有一些无法描述的漏洞存在于事件当中，往往就会觉得太过匪夷所思，甚至会无比震惊，所以就会产生一些怪异的想法，我们对证人进行问询的时候，应该注意这种怪异的想法。因此，在某些会令人觉得非常奇怪的情况下，我或许看到马儿在奔跑，可是耳边没有听到马蹄声；瞧见有树木倒下，但却没有感受到树木落地的震动；或者看到一个人站在月光下，背后却没有影子，所以，我会认为这些缺乏逻辑性的现象都是匪夷所思的，进而对其产生怀疑。也就是从这一瞬间开始，这个证人提供的言

① W. 拉尔登：《视错觉》；《自然》，第58卷，第372页，1901年。

辞就不值得信任了，以致对他的一切举动和经历也就会让其他人产生怀疑。除此之外，大部分人都不愿意承认自己病了，或者对当时的状况一无所知[①]，所以你就会觉得，整个事件变得十分复杂，变得扑朔迷离起来，并因此会产生一种怪诞离奇的认知，复杂的感官错觉促使了荒诞感的产生，而荒诞感无疑又加重了事件的离奇性，循环往复之间，会导致事件变得更加复杂，与最初的状况大相径庭。所以我们常常会发现自己面临的状况是这样的：一个最值得信任的人，信誓旦旦地告诉我们——那件匪夷所思的事情确实就是真相。

我们只需要列举几个稍稍反常的例子，就能对这一现象加以说明。已经有人明确提出，在我们庭审过程中，有很多跟疾病很相似但又不确定其到底是不是疾病的状况，法官并没有太过看重这些，所以没有传唤医生上庭作证。这种情况是会普遍发生的，在遭遇没有任何特殊症状的局限性疾病时更是如此，甚至有些时候是因为法官对这些不太了解，这些时候传唤医生的理由并不充足。如果把那些真正的错觉，还有身患疾病的状况都排除在外，我们也有足够的证据可以证实这些。例如，我们在许许多多的教科书中学习到，吗啡和可卡因成瘾会引起严重的视觉错觉，并且会导致人们不得不忍受巨大的痛苦。对于身患重病的人，医生只需要看一眼就可以给出明确的判断，外行人是做不到的。他们难以准确而清晰地把握对方的病症，他或许会觉得那个正在跟自己交谈的人是一个神经紧张的病患，而绝不会认为这个人是一个会出现严重视觉错觉的人。因此在很多情况下，我们都没有听过证人直接说起这些，还有一点，就是任何人都不会觉得自己是会出现严重错觉的人。西穆里是一位非常著名的眼科医生，他也是头一个发现这个现象的人：当人类视网膜产生兴奋性病变的时候，患病的人眼中看到的每种颜色都跟正常人看到的不同，病人看到的颜色都会比正常的色调高一级。黑颜色变得偏蓝，蓝色又偏紫，而紫色又像红色一样，红色看起来则更接近黄色。视网膜产生迟钝性病变时，这种颜色的替代作用则刚好是相反的。

迪茨认为，当一个人身患轻微消化不良的时候，可能会产生一定的颜色错觉；而一个歇斯底里的人眼中，世界应该是倒转过来的；[②] 奥佩则提出："倘若视网膜视杆细胞和视锥细胞被炎症的作用影响，那么人们的眼睛就不

① H. 格罗斯：《宪兵队审讯工作教程》。

② 《论错觉的来源》，《精神研究》杂志，第8期。

再可能保持视觉平衡，看到的物体的尺寸、形状以及外貌通通都会产生变化。”① 毫无疑问，犯罪学家在对证人进行问询的时候，不可能知道对方是否身患轻微的消化不良，或者患有歇斯底里神经症，更不能诊断出其视网膜是否正在发炎，但是我们上文中所谈及的这些错误的观察，确实有可能对正在调查中的案件产生非常大的作用，甚至某些时候是决定性的作用。

而我们又很难判定这种反常的现象到底是否来自视觉错觉，这属于其他问题的范畴了。普通情况下，当视网膜、运动感官和触觉感官的交流受阻时，或者无法通过身体、眼球运动来解释视网膜产生变化的原因时，会出现这样的视觉错觉。这种归结行为是潜意识决定的，所以我们往往会认为，物体的观念和物体的情景是一个整体。除此之外，毋庸置疑的一点在于，当我们用固定视角去观察身体运动时，要比我们采用运动视角去追踪快得多。其中会产生很大的区别，因此当我们在案件中需要对与速度有关的刑事案件进行判断的时候，一定要弄清楚其观察的方式到底是怎样的。

费希纳对这个众所周知的现象进行了深入的探究：人们在快速奔跑的时候，会发现地上的一切也都在移动，都处在运动中。② 我们还可以通过其他变化来对此进行对比——如果你站在一个矮桥上面对着桥下奔腾的河水，那么毫无疑问，你会感觉到整座桥都在往上游移动，但也不会觉得水是静止的。在这种情境下，主要是我们未知的一些事情在起作用，这一因素或许会对我们无法用眼睛直接观测到的现象产生极大的影响，比如，有些时候我们在火车上去观测其他物体时，发现它离我们很近，就会下意识地觉得它们比实际的尺寸小，这是因为我们有这样的习惯——判断物体的尺寸时会认为物体尺寸的缩小是因为我们与物体之间的距离发生了变化，因此这样一来，对距离所进行的估测就产生了错误。这些都是毋庸置疑的，在我们自己快速运动的时候，往往会对事物的尺寸、距离和颜色判断失误。在快速运动的过程中我们很有可能发现，颜色之间也会出现变化，红绿色变成白色，蓝黄色变成了绿色，等等。我认为，当自行车在人们的生活中普及开来以后，类似的现象还会变得更多，飞速转动的轮子会导致更多错觉的产生。而斯特里克在运动的差异上面提及：“如果我躺在草地上，面对万里无云的天空，却发现有一只鸟从蓝天上飞过，即便我当时没有看到任何参照物，我也能毫无疑问

---

① 《对错觉的解释》，维尔茨堡，1888 年。

② 《心理物理学基本概念》，莱比锡，1889 年。

地发现这一点。要对这种现象进行解释，并不能仅仅归结为视网膜看到的点各不相同，毕竟假如鸟儿在空中停止的时候我正好移开了目光，那么我也能发现，鸟儿确实静止不动，没有在飞。”① 在这个推论当中，他说的最后一句话是有严重失误的，如果一只鸟儿停在树枝上，那么即便我的头动来动去，那么我也知道鸟儿是静止在树枝上的，不只是因为我的感觉和观察证实了鸟儿是静止的。可是，倘若我跟斯特里克所说的一样，仰着脸躺在地上，发现鸟儿飞过，或许当时它在空中静静待了好几分钟，如果这个时候我把头转开了，那么就不会知道鸟儿到底什么时候飞走了。这一规律是普遍的，没有任何例外情况，我们可以说，之所以能够感知到运动的发生，就是因为某一个实体折射的光线刺激到了我们的视网膜，激发了我们视网膜中的一些点。所以，倘若我们自己和那些物体都处在运动当中，那时候我们是无法进行准确判断的，也弄不清楚到底是我们在移动还是物体在移动了。

毫无疑问，运动可能会导致一些非常奇妙的场景出现，这是众所周知的。倘若我安静地坐在树林中，看到远处的一块石头、一块木头或者树叶之类的东西，从而产生了错觉，认为那里趴着一只蜷缩的刺猬，而且我坚持认为自己的感觉是对的，在看到那小东西的时候还能瞧见它张开身体、伸出了爪子，还做出各种奇妙的动作。我还记得这样一回事：在某个冬天，我们错过了一次去首都调查的机会，因为那是一个很小的村庄，我们没能立即赶到。那是一桩谋杀案，我们到达那里的时候，发现尸体已经彻底被冻僵了，当我们把房东的壁炉点燃以后，验尸官们把尸体抬进来放在炉子边进行解冻。在这个时候我们四下搜索，希望能找到一些有用的线索。又过了一段时间，主审法官吩咐我去观察一下尸体有什么变化，而我走过去之后，发现了一副令人作呕的场景：尸体在壁炉旁边被弯曲成一种特殊的姿势坐在那里，已经彻底解冻，僵硬的躯体已经化开了。而在后来进行尸检的过程中我产生了一些清晰的错觉，就是能够看到这具尸体在不停地做出各种动作，甚至当尸检环节结束，大家开始分析结果的时候，我还有着那具尸体的四肢正在伸展移动的错觉。

想象也有可能导致我们看到的颜色发生某些变化。有一次我坐在窗户旁边，瞧见窗格边上有一摊很大的水渍，似乎就在我眼前一米左右的距离。我在认真工作的时候，一直不得不去注意那摊水渍，总觉得水不停地在流动，

① 《对语言概念的研究》，维也纳，1880 年。

最后我终于忍不住，想要走过去看清楚那些水到底是从哪儿来的。然后我静静地坐在办公桌前面认真思考，觉得或许我可以找到那摊水的来源。我仔细用肉眼观察了半天，始终没有走上前去仔细观察，而是克制住自己站起来的冲动，隔了一段距离去分辨它。过了很长一段时间我才意识到，那一摊水只是一个墨痕，而且早已经干涸，墨痕的左侧边缘沾了一些雪茄烟灰。而我把那些当成是窗户上折射的图像了，所以马上联想到它是一种流动的、闪亮的水。我甚至完全没有注意到它的颜色是深黑色的。即便我本人知道，像这样的证据是至关重要的，但倘若当时我就是一位证人的话，我肯定也会信誓旦旦地保证，自己当时看到的就是一滩水。

当我们知道事实并非如此，清楚地意识到自己会产生错觉的时候，在大部分的情况下我们都可以抑制住这部分想象。想必所有的人都有过这种似曾相识的感觉：当瞧见远处有什么东西被遮着，或者是以特殊的方式被堆积起来的时候，猛然之间会以为它是另外一种东西。有一次，我站在办公桌前往吸烟区的方向看，发现那里的台子上放了一封信，信底下还有一把非常大的剪刀。我往那边一直瞟了好几眼，还是有着同样的感觉，直到我突然意识到，我的房间里绝不可能出现剪刀这种东西，脑海里这种印象才逐渐消失。其实那把剪刀只是一些光影形成的印象而已：桌上有些灰尘，还放着火柴盒和两个带有金属装饰的雪茄盒，刚好被一封信遮住了一半，又因为窗外斑驳的光线透过树枝照在上面，才形成了剪刀的影子。倘若当时我的房间里的确有剪刀，或者我认为那把剪刀确实有可能出现在我的房间里，那么我绝对不会再去深究，在对此进行宣誓作证的时候，我也会信誓旦旦地保证，自己毫无疑问就是看到了剪刀。这件事对我产生了极大的影响，从那个时候开始，我突然忘记了那把剪刀的模样。我们在进行案件调查的时候，经常会遇到此类的事情。

我们在分辨真实看到的东西和错误的视觉效果时，视觉迷惑也会产生极大的影响。我们一定要保证从正面观察到物体的全貌，才能得到正确的结果。从其他倾斜的角度去看，只能看到一个大概的轮廓，于是大脑就不得不发挥想象力，把那些补全。如果一个人正在思考，透过眼睛的余光瞧见旁边飞来了一只苍蝇，那他可能会以为飞来了一只巨大的鸟儿。除此之外，倘若认真盯着放在书上的铅笔看，那么在视觉感觉中就会觉得书本变小了很多。另外，倘若你站在某个固定的点上，观察黑墙上开辟的一道白门，相对于正面去看的情况，斜着眼睛看的时候会让你产生门变得更高了的感觉。

所有这些例子都可以证实，我们透过余光去看到的东西，能够通过随后的正确视角加以纠正，但这种情况却不经常出现。只有那些我们自己不太注意的事情才会选择用余光去观察，因此也就不会认真地去仔细研究。可是后来，当发现余光观察到的事情至关重要，甚至成为刑事案件中的组成元素时，那么我们往往就会直接认为自己亲眼见到了，还会信誓旦旦地保证“一只苍蝇就是一只大鸟”。

错觉还有可能基于许多偶然性的因素而产生。如果我们透过余光将一只苍蝇看成了一只鸟，同时也听到了鸟被抓到时所发出的尖叫，那么在潜意识里就会将视觉和听觉相联系，相信自己看到的鸟儿是一只猎物，且已经被抓了。各种各样的感官错觉都有可能出现，所以我们可能还会产生更严重的错觉。在此，我想举一个例子，就是舞台布景艺术家——他往往能够借助于一点点非常特殊的画作来创作出最漂亮的图像。他会对那些我们认为非常特殊的点进行细节强化，例如，他会借助于剧院当中光影的变化，让我们隔着一段距离，以为真的瞧见了漂亮的玫瑰花架。倘若一位布景艺术家能够据此制定出清晰可见的规则，毫无疑问就会帮助我们律师进行案件调查，而且作用还不小。可是艺术家本人也不知道原理到底如何，他工作的时候都是凭经验来做的，所以不可能纠正自己已经犯下的错误，倘若做出来的玫瑰花架看上去不像真的，他也不会对做好的东西进行调整，而是重新制作一个更逼真的。但这就可能会导致这样的结果：每个人在辨识某些东西的时候，并非是依据同样的特点来进行的，大家的注意力往往是有差别的，所以我们将这个做好的玫瑰花架放在舞台上，台下观众的感觉也是不一样的，会有一些观众觉得它制作得非常漂亮逼真，但另外一些人却根本认不出那是什么东西。倘若有这么一天晚上，舞台上准备了很多其他的布景，但观众中的大多数或许还会认为玫瑰花架是最漂亮逼真的，那是由于，往往在特定的情况下，人类的感官会比较容易被相同的感受所诱发。我们在上述所举的玫瑰花架的例子中可以看出，艺术家准确地呈现出了观众们所认可的特点，其中包含了一部分玫瑰花架的典型特征，另一部分包含了城堡的典型特征，还有一部分包含了森林的典型特征，还有包含观众所认为的背景特点等，倘若有一个人发现某个东西制作得还不错，那他就已经主观上认同了这个物体，感官被相同的感情所诱发，换句话来讲，也就是说正确的布景吸引了他，所以就认为全部布景都是正确的。像这样的神经传导过程十分常见，尤其是在最近的一些像是格拉韦洛特战役、奥地利王储在埃及的旅程等展览当中。如果想要在不被人们发现的情况下混淆视听，最有效果的技巧就是，把一些真实的东西，像是石头、车轮等放在画面的最前端，当观察者集中注意力去观察塑料制品的时候，那种实体化的感觉就会同步传导到后面所有的背景画面中，于是就给整个画面带来了三维的效果。

人们在 18 世纪初修建了大公园装饰，这件事情证实，像这样的错觉发生的原因有很多，并不仅仅是照明和想象力而已。而韦伯愉快地告诉大家这样一个故事：在施文茨某条小巷的尽头，树立着一座灯光明亮的、凹进去的墙体，墙上画满了各种山川和瀑布，构成了极其漂亮的风景。所有的人都认为那风景是真的，是因为他们的目光都被画面吸引了注意力，且被诱导了。那位艺术家在这幅风景画上的创作毋庸置疑是符合心理学原则的，他也肯定考虑到了我们在观察和认知过程中存在的弱点和不足。埃克斯那针对一个非常简单的状况提出：我们并不喜欢观察到某些不确定的事情，尤其是还附加有某些条件。如果画出一条直线，随后用一张纸遮住一半，所有的人都会疑惑把遮盖的纸拿开之后下面是否还有直线。

在刑事案件当中，我从来没有听说过这种类型的错觉可以发挥什么价值，但是我们常常能在许多的例子当中找到类似的错觉。我们头一次对某个地方或物体进行仓促的观察以后，如果后来又能对其认真探索，这一点就显得非常令人怀疑。我们常常会发现，自己头一次的印象都是错的，甚至错得令人惊讶。这种错误的产生，有些是由于记忆上出现了偏差，可是倘若并没有隔多长时间，或者目击者刚被问及这个问题的话，记忆偏差就不可能存在了。如此一来，这种错误观点出现的本质原因，就只能是我们在头一次匆忙观察的时候产生了错觉，就像去观察舞台一样被布景所误导了。因此我们常常极有可能将一些长满了青苔的宽篱笆错看成岩石，所以就觉得当时自己看见的是一个很高的悬崖；客栈上的窗户虽然本来十分狭小，可当有些阴影出现的时候，就会让我们产生错误的放大印象，甚至认为窗户和客厅一样大。倘若当时我们眼前只有一扇窗子，那么我们就会毫不迟疑地认为，所有的窗户都有着同样的尺寸，并认为这个客栈一定是非常大的建筑。又或者我们隔着一大片树林，瞧见远处有片池塘，以前我们或许记得那里有一条河，但这也不一定必然如此。也有可能情况是这样的：我们隐约看见远处的树丛中出现了一座教堂的尖顶和一栋屋子的房顶，虽然当时我们只能确定那里有座教堂和一栋屋子，但也会因此就认为自己看到了一整个村庄。

我必须再次重申：如果你对这类错觉已经有所怀疑，那么它并不会产生破坏性的效果，因为最后总会真相大白的。可是倘若所有人都没有产生疑问，证人还信誓旦旦地宣誓作证，整个庭审就会陷入巨大的混乱当中。如果一个人看见了这样的场景：酒吧里发生了争吵，有人挥动了手杖，扎在头上的红头巾。只是这样的场面，就可以使他坦然作证说，自己看到了某些人持械斗殴并导致有人受伤流血的场景。有的时候，让人烦恼的老鼠、忘记关掉的窗户，甚至不小心放错地方失踪的东西也会让人产生错觉，认为遇到了入室盗窃。还有一些人，看到窗外的火车疾驰而过，听见刺耳的哨声传来，并瞧见一阵云雾之后，就有可能认为自己目睹了火车失事的场景。所有这些现象都会让我们产生错觉，以为自己看到了那些习惯性看到的事情。而且我还需要重申，上面没有安装折射透镜的摄影器材所拍摄下来的事物也远比我们的眼睛更真实，因为我们的眼睛会被记忆自动修复。假如让一个人坐在椅子上拍照，吩咐他正面看着镜头，将双腿交叉并往前伸，这样拍出来的照片就会荒诞感十足——画面上他的靴子看起来要比头大得多。但是，这些并非照片本身出了错，如果我们让被拍摄的对象站在同一个位置上，对他的头和靴子分别进行测量的话，就可以弄清楚，照片上所表现出来的尺寸无疑是正确的。大家都知道头的尺寸，所以毫无疑问地可以理清正确的比例关系。但是在照片上，人们是不可能借用这种“自然”标准进行修复的，因为这并非自然现象，因此我们据此就说相机失真了是毫无道理的错误。

倘若在我们经手的一桩案子中需要对事物的尺寸进行描述，可证人在描述的时候只是依照自己的经验，而非实际目睹的尺寸来说的，如果他的经验是错的，那我们获取的证词毫无疑问也是大错特错的——虽然我们会尽力辩驳，说此类证词来源于直接的感官知觉。

所谓的后向，存留的时间太短，所以在犯罪学上并没有什么实际的价值。我过去有一段时间非常相信它可以严重影响证人的知觉，但是直到现在，还没有找到能说明这一点的事例。

除此之外，还有一个非常重要的现象——光渗现象，这种现象是指，把某些白色或浅色的物体放在黑色或暗色的背景之下，在这种衬托作用的影响下，浅色的物体往往会产生强烈的反射光亮现象，这个现象应该是举世皆知的，亥姆霍兹和柏拉图曾对它做过相应的解释。但是在具体应用上，它还差得远。要证实这一点，我们只需要找到一个黑色背景，在上面放上一个白色的正方形；与此相对比的是，将一个黑色的正方形放在一个白色的背景上面；并用强光照射这两组模型，随后就会发现，看到的白色正方形的大小就会改变。我们经常能在自然界中观察到这种现象，所以无需过多解释。毋庸置疑的是，在探讨案件中的尺寸问题时，我们一定要注意这些：物体表面的颜色，以及其与背景环境之间有什么样的联系，甚至也需要考虑到光渗现象的作用。

第 100 节　听觉错觉

在犯罪学家们看来，视觉错觉需要受到重视，但听觉错觉也是至关重要的，因为相对来说，听觉错误是更为常见的。这是由于，人们说出口的各种不同的语调很有可能非常相似，视觉有三个维度，还包含颜色的差别，可是声音却只有一个维度而已。确实，大炮发射的声音和扇动翅膀的声音之间存在着巨大的区别，可是我们也可以这样描述：不同的语调只在一个角度上变化而已。为了更好地研究，我们用人类的嗓音来进行对比，主要是因为人们的声音是存在于同一层面上的。听觉错觉和听觉误会二者是紧密相连的，而且并没有明确的界限。一般情况下，我们往往可以通过两个外在评价来鉴别出误会，例如音高、回声、重复、偶然重叠的声波等诸如此类的内容。在这种情况下，真正的错觉就有可能产生。

在犯罪学家所面临的探索听觉错觉的过程中，最困难的问题在于，听觉是很少重复的，所以基本上不可能通过观察来消除其中的偶然性和错误性元素。我们只能准确地对两种现象进行研究和挖掘。有个人连续三个夏天骑着马从我居住的那条长街上经过，他是来卖冰棍的，嘴里不停地喊着“eisig kalt 冰冰凉的意思”，“Eisig 冰的意思”这个字发音很重，听起来很特殊。可是一旦这个人经过长街上的某个特殊位置时，他的声音忽然就会让人错误地听成“oh，mein Gott 哦天啊”。倘若他走得更远一些，两个词组就慢慢地又混合在一起，变成正确的发音“eisig kalt 冰冰凉”了。我每天都能注意到这一现象，甚至还会请其他人来和我一起观察，但是我不会把我产生的这种错觉讲给他们听，尽管如此，虽然“eisig kalt 冰冰凉”和“哦天啊”的发音完全不一样，所有的人也都会产生同样的错觉。

并且我还注意到，在教别人练习骑单车的时候也会出现同样的情况。众所周知，刚学骑车的人在上下坡的时候需要其他人的帮助。在这个时候，他们常常大喊“帮帮忙”来叫其他人帮手。可是，有的时候这句话听上去简直像“妈妈呀。”最初的时候我很惊讶，为什么那么多年事已高的人竟然会这么愉快地大喊“妈妈呀”。直到后来我才意识到，他们所喊的那个词儿到底是什么，于是我又想起了卖冰人叫卖的声音。此类事情也有一定的价值，它起码可以证实，即便很多词语的发音有着相当大的区别，人们也往往会弄混，而倘若对误会来源进行验证的话，会发现其最后的结果无疑也是错误的——因为只有当听的人和说话的人位置完全一致的时候，才能弄清楚是否真的有错觉产生。所以这只证实了一点，也就是说：听觉错误极难纠正。或许有人会觉得纠正听觉错误要比纠正视觉错误更加简单，举个例子来说，倘若有人说自己见过左轮手枪，可又有人确切无疑地供述这是绝不可能的，那么人们就没法判断，他当时到底瞧见了什么样的场景。在极少数的情况下，人们才会注意到他实际上看到的是一些类似的东西，例如外形相似的信号枪，而在除了这种状况之外的其他情况下会发现，人们看到的往往都是一些毫不相似的另一种东西。可是听觉错觉却完全不同，如果人们听错了什么，即便会遭遇一点点小小的困难，还是有机会弄清原话讲述的内容的。对于犯罪学家们来讲，他们经常要听一些前言不搭后语的话，所以弄清楚原话到底在讲述什么就是必不可少的，因为不管是人们倾听的时候还是复述的时候都有可能出错。而这样的错误往往会给案件的进展带来很大的麻烦，所以如果这些话确实十分重要，那么就一定要搞清楚其来源和表述的状态，一般是可以实现的。确实，有一些发音比较古怪也不清楚意思的名字是很难搞清楚的，而大部分相对来说都简单得多。

至于如何应对听觉错觉呢？首先我们必须要认识到，听觉错觉当中也存在着巨大的差别。第一，好听力的种类也很多。众所周知，一个听力正常的人和一个听力不正常的人，二者在听觉能力上是有一定差别的。第二，人们会因为某些特殊的原因产生过度听力，这些人会比普通人更加敏感，听到的声音更多，也更细微。毫无疑问，倘若有一个人说自己可以听见硫磺在石英晶体的两极之间发生摩擦的声音，毫无疑问这是不可能的，可是只要我们稍微注意一点就能证实，有很多人的听力都是远超常人的，比如儿童、音乐家、年轻女孩，甚至神经质、比较兴奋的病人，等等。音乐家的耳朵比较好，所以他们能够有所建树；年轻女孩听力比较好，是由于她们的耳朵有着非常精妙的组织结构；而神经质的人听力好，是由于某些巨大声响会让他们感觉到由于敏感而造成的疼痛。我们能够用听觉差异来对许多证人所感受到的差别进行阐释，当我们听到一些认为绝不可能发生的事情时也最好先不要矢口否认，而需要在条件合适的时候对其进行验证。其中一个条件就是位置。时间不同，人们听到的声音也有很大的不同：在喧闹的白天和静谧的夜晚，繁忙的都市和安静的山间，声音都会产生很大的差别。而且，声音的共鸣、音高、回声以及吸收等等会对其定位产生巨大的干扰。第三，我们还需要万分注意一点，就是天气的变化也会引起人们听力的变化。天气冷的时候，人们的听觉能力会降低，有很多人都会因为温度和气压的变化而产生听力变化，这些都证实，在对其本质和存在性进行验证的时候，听觉错觉发生的程度具备重大的价值，还证实了每一次在进行验证的时候，都要在同等条件下进行比对，要不然就容易产生各种各样的问题。

众所周知，当听到人们发烧、犯瘾症、神经质、喝酒，甚至得了某些相关的精神疾病的时候，往往都会产生听觉错觉，但是诸如此类的问题，只要及时去看医生就行了。而且，这些问题都带有明显的特征，所以只须毫不迟疑地去请医生。这个问题的重要性主要在于，人们有可能患上某些或许会导致听觉错觉的疾病，但人们根本意识不到，甚至某些外行人会因为不知道这种疾病的存在而根本想不到要去寻求医生的帮助。例如，众所周知的是，耳垢太多会导致人们产生听觉错觉或者幻听，可同样的，耳垢过多的人也有可能有着正常的听力。那么当我们面临这种状况的时候，谁又能判断得出是否要看医生呢？除此之外，鼓膜穿孔，特别是耳黏膜发生炎症的情况下也会引起听觉错觉，可耳道发炎的人，他们的皮肤、贫血，甚至颈动脉脉搏过强、血管扩张等等，都有可能引发这一错觉的产生，就跟酗酒的人经常会产生错觉一样。有很多人在刚开始发烧的时候会对声音相当敏感。女性更年期的时候，则更容易听见许多稀奇古怪的声音，而更年期结束的时候，就不怎么容易产生听觉错误了。生育也有可能影响听力。有些年纪较大的、非常诚恳的助产士则说，自己可以听到一些尚未出生的孩子所发出的呼吸声和哭喊声。

像这样的例子实在太多了，很难列举得完，我们可以通过这些现象发现，当某些证人对自己听到的事物进行判断的时候出现了比较可疑的言辞时，一定要立即请医生对其进行诊断，确定其听到这种声音的时候是否因为病态或异常。同理，由于某些偶然性的或者习惯性的兴奋导致出现声音的强化，也只能邀请专家和医生来对此类证人进行判断了。

如果某人的听觉一切正常，却产生了听觉错觉的话，无疑是最难处理的现象，我们很难估量出这种错觉产生的数量和频次，医生对此也毫无办法。犯罪学家在这方面遭遇的问题，很难引起物理学家、声学专家和生理学家们的关注。而我们也很难有足够的时间和机会去认识这些错觉，所以我们得到的信息量是极少的，所以在犯罪学领域还有很多等待我们去挖掘和学习的东西。我有一位朋友曾经跟我说过，他在快要睡着的时候，朦胧中去数时钟滴答的声音，但往往会比正常清醒的情况下多数一次。我真的试过了以后，发现他说的情况确实如此。倘若我们能够意识到，在刑事案件当中，如果误判了时间的话，会对案子造成多么严重的后果，而这种情况又是常见的话，是很容易犯下错误的，那么我们就可以通过这一错觉吸取经验。目前为止，我们却无法对这些进行清晰的解释，或许这只不过是由于相同的原因而产生的很多难以解释的听觉错误的一个例子而已，还有诸如此类的现象，例如“重锤击打的声音”：倘若有人站在你的身边拿锤子来敲桌面，你用手掩住两只耳朵，在敲完锤子的一秒或者半秒之后放开手，耳边依然会传来锤子击打的声音，这个时候迅速地睁开眼再闭上眼，那么你就可以听见很多次重锤敲打的声音。要对这一点加以解释的话，还有另外一个原理就是——声音会在房间里多次反射回荡，但是唯有听力特别灵敏的人才能注意到这一点。但是我们面对这样的结果并不能完全放心，毕竟有的时候在开阔地做同一个实验也是可以获得成功的。虽然这个现象本身只存在于理论上的，并不具备实际的意义。可有些时候这种现象有可能是自发产生的。众所周知，在躺着的时候做吞咽动作，能够在一瞬间使咽鼓管闭合。倘若在这个时候人们刚好听见了一声爆炸声或者是枪响，就有可能觉得自己听见了两声枪响。除此之外，或许因为某些时候人们被一些噪声惊扰，半梦半醒之间因为害怕而不由自主地吞下口水，而往往就是这一细微的事情会引起证词发生非常大的改变。我们也常常能注意到这一点。

除此之外，能听见多强的声音也是至关重要的。有一些实验足以证实，轻微的声音会产生令人惊讶的作用。倘若你把一块表放在一个刚刚能够听清细微滴答声的位置，那么钟表的声音就会逐渐减弱，慢慢地听不见了，随后微弱的滴答声就又会传来，就这样循环往复下去。人们可能会听见许多不同的音调所构成的声音，像这样的现象，或许不一定会跟钟表的滴答声所引起的听觉错觉有关，可是，在强度更强或者更特别的声音上有可能会发生，例如，小溪流水的声音，火车隆隆行驶的声音，甚至远处的工厂传来的重锤敲击的声音。从远处传来的声音会受到各种因素的影响，比如折射作用、空气波动等，最后变成一种单纯的混合噪音，比如会将夜间远处传来的溪流潺潺的声音误以为是人们的呼喊或叹息声。

还有一种更加令人震惊的现象，就是在夜间演奏乐器的时候，比如演奏口琴时总会听到一些奇怪的声响。乐器演奏的声音时而距离人们很近，时而又很远，时而又会忽然变成好几种单独的声音，再后来甚至会使人觉得整个房间里都充满了昆虫的鸣叫声，这样混杂的声音始终不绝于耳，持续不断。导致这种单调的声音产生的原因很多。大家都知道，手风琴和弦的音符是相同的，需要人们的右手不断按下琴键才能演奏出旋律，这跟人们在朦胧中进行思考的时候往往会非常清醒是相同的道理。如果人们因为太困而停止了思考，那么意识就会被旋律所影响。这时旋律就会变得越来越强，如果在这时候人们突然清醒过来，就会很奇怪为何半梦半醒之间听到的美妙旋律已经消失无踪了。同样的情况是，人们常常会说，虽然每一只天鹅所发出的声音只有一种，但一群野天鹅在玩耍的时候所发出的声音是很美妙的。和弦之所以会产生不同的变化，跟距离和空气气流也有很大的关系。

声音的强弱变化也很重要，因此必须重视并对其做出区分。费希纳注意到，可以从小提琴家瓦西莱夫斯基那里证实一点：400 个人组成的男声合唱队发出的声音，不一定会比 200 人组成的合唱队声音更大。可是如果因为距离比较远而听不清钟声的话，100 个钟同时发出的声音就很容易能被听见了。我们听不到一只蝗虫啃噬发出的声音，但却可以听到 1000 只蝗虫啃噬发出的声音，即便每一只蝗虫发出的声音都是固定的。[①] 最初就有相关的专家提出，当许多铃声同时响起来的时候，要同时分辨出共有多少个铃铛的话，即便是音乐家，也有可能错将 5～6 个铃铛认作 2～3 个。

在这方面，确实还存在一些会引发不同变化的原因。外科医生在进行手术的时候，往往听不见手术中病患发出的哀号，可却能注意到术后对方的低吟。一位睡着的母亲不会被巨大的噪声惊醒，可常常会在自家孩子粗声喘气的时候马上清醒过来。还有在磨坊中或者工厂里干活的人们，甚至旅行的人，都会忽略掉那些自己已经习以为常的噪音，但却被一些意料之外的低声呼喊吸引注意力。不管是什么人，都只能在静谧的夜间同时听到世间的低语和远方的嘈杂。

我们也很容易对声音来源的方向产生错觉。有的人认为，这种错觉是十分常见的，即便是动物也可以有同样的错觉，任何人都知道，人类在多数时候都不能准确地辨别出街道上传来的音乐、马车行驶的声音、铃声响起的声音到底都来源于什么方向。即便能够借助于长时间的训练，让一个人学习到

---

① 马克斯·迈尔：《论听觉理论》，莱比锡，1902 年。

如何准确地辨别声音传来的方位，可也会有一些非常偶然的原因影响到他的判断，或许是因为天气变化，有些声音十分特别，甚至街上出现了一些不同寻常的人之类的事情，都有可能导致严重错误的出现。我以前曾经试过，坐在自己办公室里静静倾听马车声传来的方向，最终确实成功地辨别了方向，所以当时我甚至非常疑惑，为何此前自己会认为辨别方向是一件非常艰难的事情，不过后来我又试了很多次，判断的时候却常常出错。但我直到现在也没能揣摩出其中的原因。

我们在上文中所提及的全部例子，其实都可以证实，人们的听觉感官是极不确定的，往往存在极大的失误，非常重要的一点在于——倘若在进行判断的时候没有依据相同的条件，也不能将听觉感知孤立出来仔细验证，得到的结果就绝不值得信赖。这个时候我们又不得不绕回到原来的那个古老原则上：任何观察都不能被当作直接的证明，只能是用以去证明的手段而已，这些观察必须要经过一系列相同的条件才能被证实确定无误，若非如此，这些证据都是不能被采纳的。不过，即便我们已经将这些证据全部验证过以后，错误也是会经常出现的，我们所能做的，也只是做好自己的事情而已，尽人事听天命罢了。

第 101 节　触觉错觉

在某些地方，我们甚至是可以利用触觉来控制视觉的，我们都很清楚触觉的重要性，直到现在，我们仍要钦佩孔狄亚克想要将触觉从其他感官中剥离出来的尝试。假如我们想更清楚地看到一件事物，将视觉遗漏的信息补足，就自然会想要通过触觉来进行确认。所以我们经常会看到，视觉不够敏锐的人通常会有伸手触碰物体的习惯，这些人中就包括年迈的老人、视力正处于发育阶段的孩子、未经过快速全面视物的成年人。再者，某些事物的特征的确只能通过视觉来进行判断，例如纸张和布匹的细腻程度、工具的锋利程度以及物体的粗糙程度。偶尔我们会很友善地抚摸一条狗，其中也含有想要通过触觉来验证视觉印象的成分，想知道狗的皮毛摸起来是不是像看上去那样光滑。

然而，不管触觉多么重要和可靠，如果它成为了唯一的直觉来源，就无法轻易获得我们的信任。我们无法信任单凭触觉提供的证词，受伤者对于受伤的时间以及方式的说法经常会出现错误，只有在他感受到的情况下还亲眼看到才行。众所周知，很多人在受到非常危险的伤害，例如刀伤或者枪伤的时候，不会在第一时间就产生强烈的疼痛感。人在四肢受伤的时候无法感知具体的部位，而只能感受到疼痛，在头部受伤的时候，我们也只能根据疼痛的程度来判断伤情，而不是根据被打击力的强度。假如是强到可以致人昏迷的程度，伤就会被描述得很严重，反之，即便是最诚实的人也会将受伤的情况夸大很多。受伤者对于背部受伤的位置究竟是上臂还是侧面也只能给出一个模糊的说法，就算能够准确说出受伤位置，也不是在受伤时就知晓，而是在事后弄清楚的。亥姆霍兹认为，腹部的全部感觉其实都只是从前腹壁这个位置获得的。假如一个人参与打架斗殴并且受了很多伤，在需要弄清一个人X出现导致他受到A处伤，另一个人Y出现导致他受到B处伤的时候，这个问题的重要性就凸显出来了。他们基本上无法给出正确的说明，因为伤者对于受伤时刻的判断很有可能是通过事后的疼痛感推断出来的。例如，有一个人身上受了一道浅长的刀伤和背上深深的刺伤，前者会让他产生强烈的灼痛感，而后者只会带来一种撞击的钝痛。在之后的案件审理过程中，刀伤痊愈后就不会再产生疼痛感，致命的刺伤却伤及肺部，让他呼吸困难并且疼痛难当，因此这个受伤者就会把刺伤和刀伤带来的疼痛感混淆。

伤者对于伤痛的感知差异让人十分惊奇，我说服了一位学识渊博、见解独到的法医收集了大量素材并进行分析整理。最佳的整理方式就是列一个详细的表格，将受伤的部位、伤口的大小、形状和严重程度进行准确的记录，还要记下受伤者如何描述自己的受伤瞬间以及后续恢复过程中的感受，并分析受伤者对伤口的感觉是否有误以及造成这种感知的原因。受伤者的诚信度对分析问题的影响不大，因为这种分析只具备心理学研究价值。我们的目的只在于了解受伤者是如何形容自己受伤时的感受的。至于伤者的描述是否属实，总会真相大白，我们要做的是比较真正的主观感受和行为，最好能从中得出某种概括性的、规律性的结论。

可以证明随意触摸会产生错误直觉判断的案例有很多。现代心理物理学认为，很多其他类型的知觉错觉，都来自按压、戳和其他方式接触皮肤而产生的错觉。开放罗盘试验是犯罪学上最重要的实验，同时也是最广为人知的，实验通过同时触碰背部、大腿等人体敏感性交叉的部位进行测试，得到的结论是被触碰者只感受到了一个触碰点，而事实上是有两个距离相隔很远的触碰点。还有，弗卢努瓦通过实验证明了在不通过视觉判断形状的前提下，人们很难对重量作出判断。他让50个参与实验的人对10个形状各异的物体的重量进行判断，发现这些物体具有相同重量的人只有一个。

同理，人不可能只依靠触碰来对自己的身体器官进行良好的掌控。萨利表示，人在平躺的状态下会下意识地认为有一条腿与实际所在的位置不符。我想通过《司法检验官手册》中的几个例子来说明这一情况。用食指和拇指捏着一颗豌豆，虽然两根手指同时传达了对豌豆的触觉意象，也就是存在一个双重意向，但是当我们仔细感受的时候，只有中指放到无名指上方捏住豌豆的时候，我们才会对这种双重的触觉意象有一个明确的感受，因为手指并没有放在习惯的地方，双重意象就显现出来了。还有一个例子，就是双手交叉以后十指相扣，这样一来所有的手指都离开了平时的习惯位置，这时如果有人在不触碰到的情况下指着一根手指让你动一下，你通常会将另一只手上对应的那根手指抬起来。这个实验证明了人类的触觉并不是很发达，在缺乏长期经验支持的情况下，就需要视觉来弥补触觉的不足。所以触觉获得的感知并没有什么重要价值，人们往往会仅凭一些粗糙的意象特点就得出一些结论。

我们可以用年轻时候的一个游戏来证明上面的观点。将一些没有危险的事物放在桌子底下——柔软的面团、用木棒穿起来的湿土豆、灌满沙子的湿手套、去皮甜菜，等等。在不允许查看的情况下让人用手触摸这些物体，他们会觉得自己碰到了一些恶心的东西，然后马上扔出去。通过触觉，他只能产生冰冷、潮湿和蠕动的感觉，这都是爬虫类具备的粗略特点。虽然这是个非常愚蠢的游戏，但是在犯罪学上很有启发性，这个游戏恰恰证明了触觉能够产生多大的错误。触觉想象力的缺陷及触感转移问题在这里都能清楚地展现出来。如果有一只蚂蚁出现在我的座位旁边，我马上就会产生它已经爬到了衣服里面的感觉，如果我看到或者只是听到了别人受伤，那么自己也会在同样的部位产生疼痛感。因此，容易神经兴奋的证人在这种情况下就会出现很严重的错觉。

触觉的最后一个特点是相对性，而在不同情况下，它的价值会有很大的不同。我们会认为地下室冬暖夏凉，是因为身体感知到了地下室与外界环境在温度上的不同，如果将两只手分别放在冷水和热水中，随后再同时放到温水里，之前在冷水中的手就会觉得很热，而之前热水中的手就会觉得很冷。我们在工作中经常会遇到跟触觉相关的描述，此时就要对这种描述的可靠性进行反复的验证。

与疾病相关的问题必须向医生求证。需要说明的是，三氯甲烷、吗啡、阿托品和曼陀罗素的轻微中毒都会降低人的触觉敏锐度，番木鳖碱则能够提升人的触觉敏锐度。

第 102 节　味觉错觉

只有在涉及中毒案件并且需要受害人的帮助，又或者需要有人自愿品尝毒药、对其性状进行判断的时候，味觉错觉才需要被考虑到。我们都知道，不同人对味道和气味的判断存在很大差异，这里就不再赘述，所以想要明确地知道这类感觉中的错觉就会更困难。疾病会让人丧失味觉判断。不过如果此前已经中毒，也会产生一些味觉错觉。我们通过观察可以知道，玫瑰蛔蒿素中毒会让人长期产生口中发苦的错觉（在这个著名的驱虫实验里面，儿童的味觉表现得异常敏感），皮下注射吗啡会让人产生酸苦的味觉错觉。患有间歇热的病人，在感觉比较好的时候会觉得嘴里面有浓重的金属味，铜的味道会特别突出。如果这些情况都是真的，就会让人怀疑自己已经中毒，此外，间歇热还是一种会经常出现的症状，因此并不能逐一进行辨别。

想象力的差异也会造成很大影响。泰纳曾举过一个小说家的例子，他对书中主人公的中毒症状描写得过于真实生动，以致作者本人也出现了砒霜中毒而导致消化不良的错觉。确实存在这种可能性，可能大家都会有一些对食物味道预判错误而让自己受到很大影响的经历。假如有人把一块咸肉看成甜品吃了进去，就会尝到一种令人反胃的味道，这是由于想象中的味道似乎跟实际上的味道混合了。眼睛特别容易受到想象力的影响，这里有一个被无数次引用并否定了的例子，说的是人处在黑暗中的时候，无法分辨出红葡萄酒和白葡萄酒、鸡肉和鹅肉有什么不同，也没有人能察觉到雪茄熄灭。事实就是如此，在看不见的情况下，人们很有可能把洋葱当成苹果吃下去。

味觉错觉也经常是由前面吃过的某些食物导致的。所以如果有人提到某种味觉，就一定要问一下他之前吃了些什么。在安排菜品和酒品的时候，经验丰富的主妇们从来都不会忽略这件事。酒类能够引发彻底的味觉错觉，这也是它能够获得极大价值提升的原因所在。不管怎么说都要记住这一点：我们从来都不会过分低估味觉的可靠性。如果我们已经对某种味道产生了先入为主的印象，那么此时再进行品尝，就会获得最严重的那一种错觉。

第 103 节　嗅觉错觉

健康人很少会出现嗅觉错觉的现象，因此这个问题并不是很重要。但是精神病人却经常会出现这种情况，并且多数都与性有关，因为往往都会被描述得很生动，所以法官也就不会想到要去找医生求证。有些药物也能够破坏人的嗅觉。例如番木鳖碱能让人嗅觉更灵敏，吗啡能让人嗅觉更迟钝。肺功能不足的人通常都会觉得呼吸障碍不是自身原因导致的，而是因为吸入了煤气或者其他有毒气体。追查肺功能不足的人身上的可疑之处，能够让很多毫无根据就控告他人使用有毒气体进行谋杀的案件真相大白。假如法官对这种很典型的错觉并不知晓，就不会考虑到咨询医生的必要性，也就会出现不公正的情况。

想象力是导致嗅觉错觉最常见的因素。卡彭特经常会使用下面这个例子：一位官员在挖棺材的时候闻到了尸臭味，结果发现挖上来的只是空棺，但是站在他身边的人也有不少都闻到了同样的味道。有一次我去调查一起纵火案，在距离案发的村庄并不远时就闻到了烧焦的动物和人特有的那种味道。随后我得知，被烧毁的农场距离这个村庄还有一小时车程，就立刻闻不到那种味道了。我在回家的路上感觉自己听到了某位访客的声音，并且马上就闻到了她身上独有的香水味，但是最终却发现那人当天并没有出现过。

我们只能用一种理论解释这一现象：众多的气味都在空中飘浮着，原本这些气味之间并没有明显的差异，因此就可能是在想象力的作用下变成了最鲜明的那种气味。

嗅觉异常敏锐的人表示，自己能够闻到刺激的味道或者是某些化学药品融化玻璃的味道，这种现象也可以用上面的说法来解释。他们或许是出于好意才会这样说，但实际上人不可能通过融化的玻璃闻到任何气味。所以我们认为，他们是真的在一个地方闻到了一种气味，只不过是给这种气味定义了一个指定的来源。还有一种情况与此类似，就是一种原本香甜的气味，因为人们并不知道它的来源，就会觉得这种味道令人反感。不管这个人对油浸沙丁鱼有多么喜欢，如果在看不到的情况下把沙丁鱼罐头放在他鼻子下面，他一定会扭头躲开。在气味来源不明的情况下，不管一份芝士的价格有多么昂贵，它的味道仍旧会让人反感。人们也会厌恶吃过螃蟹的手散发出来的气味，但是只要想起这是刚吃过的那只螃蟹的味道，就不会再觉得反感了。

联想对嗅觉也会有很大的影响。我在很长一段时间里都不愿意走进将鲜花、花环和花束混在一起售卖的市场，因为我会闻到尸体的气味。后来我发现，这种嗅觉产生的原因是，我知道这些花是摆在棺材上面的，而葬礼上到处都能闻到这种气味。另外，很多人对于一种香水是否好闻的判断，来自他是否喜欢使用这种香水的人，相关记忆的好坏决定了一个人对于某种气味好坏的判断。我本来以为我的儿子在成为医生以后会受不了解剖室的气味，因为他是一个天生的素食主义者，但实际上他却并没有受到影响，他对我说："我不会去吃散发着这种气味的东西，我也想不明白，解剖室里的气味跟你们从屠夫的商店里买来的东西一模一样，你们是怎么吃下去的。"一种气味的好坏，它会让人心旌神摇还是难以忍受，完全是一种主观的感受，不可能成为一种普遍的评判标准。证人提供的证据与气味相关，但是没有其他旁证，这种证据就毫无价值了。

第 104 节　幻觉与错觉

我们永远无法分清感觉错觉与幻觉错觉的差异，因为两者的现象是共通的。[①] 最稳妥的一种概括就是：感觉错觉源自感觉器官的本质，而幻觉则源自大脑的活动。幻觉问题或许更应该被划分到医生的研究领域中，但是跟律师的工作又有着很大的关联，因为正常人和刚刚患病的人都可能会出现这种情况，但这个时候并没有医生参与其中。不管怎么说，律师一旦发现自己遇到了错觉或者是幻觉问题，就一定要找医生求证。不管是逻辑学还是心理学，甚至是其他类型受过教育的人所具备的知识和经验，都不能用来解释这些现象，而那些必须要用医生的生理学知识来解释的幻觉问题就更不用说了。因此，我们要做的只有确定幻觉或者错觉已经产生，剩余的工作只能交给精神科医生来完成。即便是再小的忧虑，也很重要和艰难，因为我们既不能把罪犯说出来的每一个愚蠢的幻想或者谎言告诉医生，也不能认为这些幻想或者错觉确有其事，因为这需要冒很大的风险。所以具备此类知识是必须的，这一点一定要进行反复强调。

幻觉与错觉的一个差别就是，幻觉与外物无关，而错觉则是对外物的误解和混淆。例如将壁炉看成人，将风声听成了歌声，都属于混淆外物，也就

---

① C. 韦尼克：《论幻觉、无助、迷惑及其他》，《精神病学月刊》，第四期，第 1 页，1901 年。

是错觉。而如果是看到一个人走来，听到某种声音或者是感觉自己被碰到，这些都是与外物毫不相干的凭空产生的感觉，那么就是幻觉。错觉是对外物进行补充，而幻觉则是完全的虚构。但是两者之间不会存在很明显的差异，因为真实存在的外物与这种感觉之间或许相距甚远，甚至外物不过就是一种单纯的刺激，所以错觉也有变成幻觉的可能。有一位专家说：错觉就是一种客观存在的外物的概念，被外围感知器官以一种不符合其本身形式被感知出来的现象。这种现象的产生并不是因为感知活动的不足，而是因为某些被想象出来的观念取代了真实的感知。幻觉不涉及任何外物，那么就只能是外部刺激产生了这种视觉幻象。有些专家的观点就是：感觉神经痉挛导致了幻觉的出现。另外一些人则表示，错觉产生于外在刺激的感官知觉与刺激物的差异，还有些人则表示错觉是一种正常现象。多数人都会偶尔出现错觉，没有人能让自己的知觉和思维一直处于冷静客观的状态。人类思想知觉的光明中心一直都被幻觉的朦胧阴影所围绕。

萨利[①]的目的是要区分日常生活中提到的错觉与真实的错觉。他表示，“错觉”一词经常被人们用来称呼一些实际上并没有不真实知觉在其中的错误。在某人一直说自己的事情或者是记性不好把故事讲错的时候，我们就会说这个人产生了错觉。错觉能够用来指代各种各样的错误，所有能够直接看到或者直接确认的知识都能用它来代替，无论它是通过感官知觉还是其他方式表现出来的。

我们通过脑脊髓的过度兴奋，可以看到幻觉和错觉是如何产生的。因为这种刺激的强度和影响各不相同，可能血液上涌，也有可能严重到精神失常，因此幻觉和错觉有可能只是小问题，也有可能表现为某种严重的精神错乱。通过对这些现象的形式进行研究，我们了解到，如果不是有意或者谎言导致的精神现象，那么就都可以称之为幻觉或者错觉。比如，布鲁特斯看到的恺撒的鬼魂，麦克白看到的班柯的鬼魂，尼古拉斯看到的自己儿子的鬼魂，以上幻觉或者错觉跟我们的护士看到的那些“真正的”鬼魂绝对是同样的东西。在犯罪学家看来，这些人的事迹毫无研究价值，可要是有人目击了入室盗窃的小偷、在逃的杀人犯、流血的尸体，或者是其他一些涉及刑法的事物，那么我们就有很大可能上当。霍佩提供了一些看起来精神完全没问题的人有可能会有的幻觉。

---

① 詹姆斯·萨利：《幻觉》。

①处在十分疲惫状态下的神父正在伏案写作，然后就看到一个男孩的头出现在自己身旁。转过头来，他什么都没看见，但继续写作的时候，这个男孩会再次出现。②一个“完全理性”的人经常会看到骷髅。③帕斯卡尔在受到击打以后见到了火红的深渊，他怕自己会失足摔下去。④有个男人亲眼见到了一场大火，在那之后很长一段时间里，他都会看到火光。⑤在众多的案件中，罪犯，尤其是杀人犯，总是会看到受害人的样子。⑥贾斯特斯·莫泽可以看到名花与几何图案，而且每一个都非常生动。⑦本内特知道一个很“正常”的人，能够用自己的眼睛直接看到人和鸟之间的无障碍交流。⑧一个人昨天受了伤，有一只猫从他身边经过，他直到几周以后才看到。⑨有一位女士已经88岁高龄，经常会发现目之所及到处都被花覆盖着，但是除此之外她在所有方面都“很好”。[①]

有些故事明显不实，但有些故事中却有明显的病理学原因，另外一个部分还有旁证。犯罪学家都知道的类型，就是杀人犯经常会看到被害者，这种现象在杀死孩子的妇女中间最为普遍。所以，在犯罪一周年的时候，将犯人在黑暗中关押24小时是一种文雅而残忍的中世纪做法。我经常能听到囚犯在殉难日被恐惧折磨的事。还有，患有便秘的人也会经常出现视觉和听觉上的幻觉，比如稻草的沙沙声还有各种说话声。我们都知道，一个被完全隔离的人会出现幻觉，这中间的原理就跟便秘会导致大脑充血从而受到刺激是一样的。另外有一点人们也都清楚，囚犯讲述的强盗的故事也不是都带着恶意的谎言，也许里面还有不少是幻觉导致的。

霍佩提到过很多人在清醒或者半清醒状态下出现的幻觉，并且很肯定地说，任何人只要对幻觉表示关注，就会发现自己身上也有这种情况。也许这种说法有些夸大事实，但是正常人在受到刺激或者感到恐惧的时候，会从木柴燃烧的声音中听到很多其他的声音，也会在烟和云里面看到很多其他的东西。画像和雕塑就是这当中最典型的例子，特别是在光线昏暗、我们的情绪波动比较大的时候。我曾经亲眼见过吉贝尔蒂口中的“肉体崛起”现象，并看到七根骨头绕着一具尸体又唱又跳。要是我在晚上关掉书房里的灯，让月光照射到桌案上，在眼睛逐渐适应从灯光到月光的转变过程时，那七根骨头就会跳得更加欢快。类似的现象我在一个古老的雕刻梳妆台上也见到过。这个梳妆台上的雕刻精美异常，光线昏暗的时候，那些天主教堂风格的炼狱中

---

① J. 霍佩：《对错觉的解释》。

"可怜的灵魂"就好像一个个都要把小脑袋探出来，那周围的火焰也好像要跟着一起出来，某些光线下面的火焰会闪烁，头也会来回摆动，手臂会高高举起伸向云里。不过，我并不需要让自己变得特别兴奋才能看到这种景象，只要晚上觉得困顿的时候，从一成不变的读写或者其他工作中抬起头来看一眼就行了。[①] 我在年少时就出现过这样的情况。人在体温过高的情况下也容易出现幻觉，所以军队在行进的过程中经常会朝一些并不存在的动物以及似乎正在冲过来的敌人开枪。单一且疲累的脑力劳动也很容易导致幻觉的出现。费希纳提到过，自己某一天使用秒表做实验，实验进行了整整一天，然后他一整晚都能听到秒表的声音。因此在对很多数字序列进行过研究以后，他可以在夜晚清楚地看到这些数字，甚至可以读出具体的数字来。

触觉错觉或许在犯罪学中具有重要价值。人们会把流动的空气错认为是有人在靠近。衣服领子或者领带太紧会让人有窒息的错觉！上了年纪的人在吃饭的时候会经常感觉有沙子，有些人说造成这种口感的原因是粗糙的砷粉，也有人说只是单纯的错觉。

任何一点微小的不正常状态都可能引发错觉和幻觉。人在面临危险的时候也会出现各种幻觉，特别是对人。法庭上如果出现了被殴打的证人，表示自己曾经见到过某个人，那么这种证据经常是出自幻觉。月经和痔疮有可能引起周期性的视觉错觉，疼痛剧烈的人经常会产生一些关联的幻觉，而且疼痛越强烈，幻觉就越显著，这种幻觉要持续到疼痛消失为止。

由此可见，幻觉和错觉都能带来很严重的后果，会让证人提供的信息变成虚假的、不可靠的。我不觉得一定要对这些证词的所有可能性进行验证和判断，只不过我们认定的很多事实都只是在广义的错觉的基础上建立起来的，所以我们要做的第一件事情就是对自己的研究基础进行透彻全面的验证。

第 105 节　想象的动机

感觉错觉、幻觉和错觉可以被划分为同一种类型，它们与想象具有不同的表现特征，因为前者的主体都会受到幻觉和错觉的控制，属于被动产生；而后者的主体是通过单纯的想象，或者是想象与现实结合进行创造，属于主

① 参见 A. 莫索：《疲劳》，莱比锡，1892 年。

体的主动行为。而想象不管是单纯地只在脑海中出现一个想法，还是变成了词汇、手稿、雕塑或者音乐作品，都无关紧要。我们想要确定的只是的确存在想象，以及这种想象引发的后果。想象的动机和感官知觉错觉之间显然不存在任何明显的区别。“错觉”这个词也经常用来指代一些谬误的想法以及与现实不符的想象中的事物。

首先要对想象活动进行分析。迈农[1]认为想象的意象可以分为两种：生成性的和建设性的。前者将各类元素都呈现出来，后者将其进行整理组合。例如我的想象中出现了一幢熟悉的房子，随后又创造了火的意象（生成性的），现在要对这两个概念进行整合，那么我的想象就会变成房子着火了（建设性的）。在这个活动中就出现了众多的条件。

生成性的条件其实很容易实现。困难的地方在于活动建设层面的构建，因为我们能够想到的东西实在太少。我们想象不出自己在四维空间里面的样子，虽然我们经常会利用到这个维度，但是我们的概念一直都是类似这样的，一维的样子像一条线段，二维的样子像一个正方形，三维的样子像一个立方体，等等，假如要想象可以代表五维、六维的意象是什么样子，数学语言就无能为力了。即便只是让我们想象 12 个人，透过红色玻璃看到的绿色火焰，自说自话的两个人等类似的意象，都很难清楚地表现出来。这些元素我们全都具备，但是却不能建设性地将它们组成一个复合物。我们在想象一些物体的时候也会遇到类似的问题。比如我们面前有一个从艺术角度来讲非常完美的天使，我们总是认为他的翅膀太小，根本不可能用来飞行。假如按照真人比例去塑造天使的形象，并且他的翅膀能够带动身体飞行，那么翅膀一定会大得让艺术家没有能力去塑造。有一点邋遢的解剖学爱好者如果看到美丽的天使形象，就会去想象他的四肢、翅膀和骨骼的关系。这种现象说白了，也是某种意义上的想象力不够丰富，不能接受一个超凡的人形生物可以自由飞翔。有些专家还提到，人们通常能够想象的是半人半马像而不是人身蛇尾像，这并不是因为前者的形象更真实，而是人们见过的马要比蛇多得多。我并不赞同这种说法，如果真是这样，我们想出来的人头狗身像应该会更多，因为我们至少可以说见过同等数量的狗。然而事实上，人们更容易想象出半人半马的形象，有可能是因为人和马的半身比例更协调，有一种力量感隐含其中，而且骑马者的形象其实跟半人半马像非常接近。简而言之，想

① 《幻觉与幻想概念》；《哲学与哲学批评》杂志，第 95 期。

象力的发挥倾向于降低活动难度。所以，那些想象起来相对不费力的意象就会更多地出现。我认识两位老绅士，两人分别居住在A地和B地，他们素未谋面，我能很容易地想象出两人在一起聊天和打牌的样子，但是却很难想象出两个人争吵或者打赌时候的样子。想象力一直都会尽可能地去描绘一些轻松愉快的画面。

还有一种现象非常值得注意，如果我们获得了别人的帮助，并且这种帮助能够让我们感到愉悦，我们就会尽量去满足想象力的困难需求。歌剧会让人觉得距离现实非常遥远，对这种形式不习惯的人就会觉得很愚蠢。但是我们并不需要这些不习惯的人，我们要做的是将每一个唱段中出现最多的场景想象一下，例如示爱、歌唱、爱已成往事的咏叹调、自杀前的咏叹调、预示灾难的合唱等等。这些都是不会出现在现实生活中的场景，但是我们却能够平静地接受，并且从中体会到美，这是因为有人可以很容易地向我们展现这样的场景，让我们乐意相信这其中的可能性。

通过上面这个问题，我们能够推导出这样一个规律：如果我们相信一个陈述来自想象或者幻想，就会想要将它跟最近的问题建立某种关联，然后一点点找出它的组成要素，最终用一种最简单的办法进行整合。通过这种方式，我们或许就能够找到准确的内容。不过这里不可以再添加任何想象中的意象，因为这种操作一旦出现失误，就会对最后的整合以及整合结果的使用造成影响。不过事实也并不是这样。我们要做的是在众多的不确定性与难以理解的混合中找到一个肯定的开端，只要这个开端构建成功，就可以跟现有的材料进行比较和验证。假如两者是互相符合的，并且也只能是在这种情况下，我们才能够认为自己构建的这个开端是正确的。而放弃这样一种办法，就说明我们只不过是在漫无目的地胡乱感受，工作还没开始，我们就已经宣布放弃。

我们用一个最简单的例子来说明一下。保龄球馆里面有两个年轻人A和B发生了争执，A把手里的球举起来，并威胁说要用它砸B的头，B因为害怕转身就跑，A拿着球追了几步就把球扔到草地上，随后A抓住了B，直接徒手用并不太重的力打了B的后脑。B被打以后意识开始模糊，摇晃几下倒地不起，头部受伤的各种症状（包括失去意识、呕吐和瞳孔扩大等）都开始出现。很多的证人对整个过程的细节都提供了一致的证据，这些证人里面没有任何一个人会偏向A或者B，而且还有一位教区牧师。伤者完全不可能是伪装，因为年轻人B只是一个单纯的农民的孩子，完全不清楚大脑发热会引起什么症状，也不会想要从贫穷的 A 那里获得什么赔偿。那么现在我们来整理一下与案件关系最大的事实。这个案子包含以下几种要素：B 见到过 A 手上拿着一个很重的球，听到过 A 威胁他并且在身后追着他跑，最后他感觉到自己的后脑被击中。如果将这些要素联系在一起，就会出现一个完全无法反驳的结论，B 会相信是 A 用球打了他的头。通过想象获得的这种感受，就会导致事情朝着下面这个方向发展，B 自然就会产生真正被球砸到以后的各种反应。

现实生活中类似的案件其实有很多，而且在真正的工作过程中也有一定的研究价值。我们只是因为将确认过的所有要素都看成是事实，才会错过了真相。通过进一步的研究，我们就会知道很多事情都只是出自想象。在工作中，我们会遇到很多无法互相协调的状况，原因就在于有些人的受害情况是出自想象，而另外一些人则是真正的受害者。类似的幻想大多出自以下这种情况：普通人出现的最简单的幻想跟精神病人出现的那些最离奇的妄想之间并不存在明显的分界或者空白。所有人都有可能会经常想起一个遥远的朋友的样子，或者是一个只去过一次的地方。画家甚至可以做到模特不在场的情况下将他的样子画出来；象棋棋手在经验丰富的时候没有棋盘一样能够下棋；人在半梦半醒的状态下会觉得眼前有人出现；夜里在森林中迷路的时候会看到幽灵；如果这个人是神经质的话，在家里也能看到幽灵；精神病人能够看到一些最让人厌恶的最奇怪的现象。所有的现象都是从日常生活的想象开始，一直到精神病人为止。那么这个开始和结束的过程中，哪里是分界与空白的部分呢？

生活中所有的事情都是如此，从最正常的状态发展到最反常的状态的过程，刚好最确定地证明了此类事件发生的频率之高。

不过，任何一种判断都不能完全以自身为出发点。有些人不相信有魔鬼，在小的时候也从来没有考虑过这个问题，那么可能终其一生都不会看到魔鬼。如果一个人从开始的时候就让自己的幻想被限制在某个范围里面，并且永远都不可能接触到，那么他就完全不可能明白为什么有些人能够把想象与现实进行融合。这种现象我们已经见到过无数次。我们都很清楚，当看到云、烟、山顶、墨迹和咖啡渍的时候，不同的人眼里会有不同的景象，这种差异的原因就是他们的想象力有着不同的特征和强度，又因为每个人都有自己的个性，所以某些人觉得理所当然的事情，在另外一些人看来就完全无法理解。

对于所有艺术的研究也都是这样。艺术全部都是通过某些具体的表现形式来表达某种普遍性。想要分辨具体的形式，只需要一些知识就足够了，但是只有那些跟艺术家的想象力相近的人才能够体会出其中的普遍性，所以对于同一件艺术品，不同的人会有不同的看法，在科学问题上也会出现这样的差异。我记得在考古学分支刚刚出现的时候，有三位学者要对象形文字进行解读，其中一位觉得是游牧民族的战争宣言，另一个觉得是要将外国君主手中的皇室新娘抢夺过来的宣言，而第三位觉得是对那个为强制劳动做出过贡献的、被犹太人吃掉的洋葱的记录。这种巨大的差异显然不太可能出自“科学的”视角，那么让这些学者们意见相左的理由就只可能是想象力。

对于别人的想象力，我们能够理解和评价的部分少得不能再少。比如我们完全说不清楚，能够生动地将自己的想象描述出来的孩子，是不是真的将那些现象当成了现实。可以肯定的是，野蛮人相信偶像真实存在，孩子们认为娃娃是有生命的，他们都有想过偶像以及娃娃是不是真的拥有生命迹象，但是他们究竟有没有觉得这些事物真的是活的个体，成年人完全不清楚。假如我们连自己孩子的观点和想象力都不能感同身受的话，更遑论了解其他人。还有一点是一定要进行补充的，那就是需要考虑到会使影响力变弱的一些代表性因素。在温和宁静的状态下，想象力产生的影响要比激烈火爆的状态强得多。前者的影响是潜移默化的，而后者只会让人的心灵感到震撼和担忧。苏维埃火山喷发的浓烟并不比香烟的温润雾气更能激发人的想象力；海啸也不会比潺潺溪流更能让人思维活跃。假如事情不是这样，我们就能够更轻易地发现想象力对他人造成的影响。假如我们知道真正能够起作用的是一些宏大的场景，就可以集中注意力去观察，他人受到的影响就很容易被发现。但是如果鲜少会观察到那些微不足道的现象，那么对其他人在这方面受到的影响就更难以察觉。这些微不足道的印象也许已经出现过千百次，并没有产生什么明显的效果，但是只要他遇到了一个合适的灵魂，就能够在那里孕育成长。那么这一切的过程，我们要怎么才能发现呢？

一个人的想象力是不是真的产生了作用，我们其实很难做出判断。不管怎么说，我们都听说过很多与名人有关系的想象力的事迹。拿破仑会剪碎东西，莱瑙喜欢挖地洞，莫扎特把桌布和餐巾打结再扯碎，还有些人会有跑圈、抽烟、喝酒、吹口哨的习惯等等。然而，这种情况不会适用于所有人，我们需要知道的是，证人或者罪犯是不是受到想象力的影响，但是在想象力产生作用的时候，我们却肯定不会刚好出现，而想要从证人的身上得到结论的做法风险太大。贝恩的说法就比较客观，他说让四肢保持不动是一种克制愤怒的方式。所以想要知道一个人是不是处在愤怒的状态中，只要看看他是不是四肢僵硬就知道了，但是这种特征在判断想象力的时候并不合适。

而且，大部分人在想象力非常旺盛的时候，自己是完全意识不到这一点的。杜·布瓦－雷蒙曾说："我一生中有过几个绝妙的想法，我对自己当时的状态进行了观察，发现这些想法都是在我完全没有想到的情况下，下意识出现的。"我对这一点表示怀疑。他的想象力创造性十足，因此在他自己完全无意识的时候还能轻易地呈现出来，还有他的基本观点都十分清楚，所以即便本人没有意识，观点的逻辑却十分清晰。对他这种人来说，运用想象力这项"工作"实在是很轻松，因此在他们看来，这只是一项普通活动。所以歌德会说，他曾经想象过一朵花被分解为基本元素以后再次重组，然后继续分解，又以一种不同的方式被组成的过程。通过这个故事，我们能够了解到描述感觉时会出现谬误的一个原因。在最初形成的时候，感觉是准确的，但是想象力对观点造成了影响，从而让观点发生改变，感觉和想象力彼此争夺，那么到底是感知活动还是想象活动能够获得最终的胜利呢？感知活动获胜，那么感觉就是对的；想象活动获胜，那么感觉就是错的。所以作为一个律师，判断证人的想象力的特征和强度具有重要意义。[①]我们只要知道了想象力对强大的意志能够产生什么样的影响，就能够很清楚地知道它对普通人会产生多大的影响。叔本华发现想象是艺术工作最主要的乐趣所在，但是歌德相信，一个失败者是根本不可能去感知或者享受任何事情的。

赫夫勒编辑整理过一些学者、研究员、艺术家以及其他重要人士的想象，这项工作很有意义。[②]我们想要达到目的，最佳的选择就是寻找其他人的一些相对可靠的描述，如此才能够知道普通人被想象发挥作用的情况是什么样。可能通过这种方式，我们能够知道想象的大概观点和影响，也能够了解想象的极限所在。萨利表示狄更斯在小说完成以后，书里的主人公对他来说就是真实存在的，这些戏剧化人格会构成作家的记忆。也许喜欢想象的人都会把想象中的事物看成真正的记忆。可要是这样的事情刚好在一位证人的

---

① 参见维塔舍克：《论概念的刻意组合》，《心理学》杂志，第七期。

② 《心理学》，维也纳与布拉格，1897年。

身上出现，对我们来说该是多大的难题！

汉德卡普医生说过，自己在切开动脉之前就能看到血液流动的情景，相同的情况在另外一位医生施梅瑟的身上也出现过。从生理的角度上来说，这一点是能够控制的，意思就是在没动刀以前是绝对不会看到流血现象的。可是看看过往历史，类似的错误究竟多么频繁地出现在情况不可控的时候呢？曾经发生过这样一件事：有一位女士准确地描述出一个人吞下一根针之后才会有的症状，所以医生为她手术，但最后却发现这一切都源自她的想象。还有另外一位男士认为自己吞下了假牙，就出现了强烈的窒息感，但是等到他在床底下看到了假牙，所有的症状就立刻消失。一个著名的眼科医生曾经对我说过，有个知名学者把视网膜弱化的症状完全描述了出来，但检查结果却证明，是他的想象力戏弄了这位幸运的伟大学者。莫兹利说过一件事情，冯·斯韦滕男爵偶然看到了一具腐烂的狗的尸体，而在那之后的几年，他在路过同一地方的时候总能看到那具尸体。连同歌德、牛顿、雪莱、威廉姆·布莱克在内的很多人都能够做到这一点，也就是将过去的意象在眼前完整再现。费希纳说，当皮肤受到轻微的压力或者冷热刺激的时候，人们都能够马上反应过来，但是在受到割伤、刺伤或者挫伤的时候却不会有什么感觉，因为这些感觉的想象需要更长时间。另外有一个人看到自己的孩子断了一根手指，此后的三天他一直都觉得自己相应的那根手指很痛。

阿伯克龙说过，一些容易情绪激动的人通常都认为算命师说的话都会成真，另外一些权威人士也表示，如果对一个朋友的来访过分期待，那么所有的声音听起来都会跟这个朋友的脚步声一样。霍佩发现，一些妇女想象力过于丰富的时候，外阴瘙痒症会让她们出现一种被人强奸的错觉，这是一个非常重要的现象，我们对这一点要多加注意。利伯曾经说过，有一位有色人种的传教士因为在讲述地狱的时候描述得太过真实，使得他每次说起来的时候都会哭很久。穆勒也提到过一个案例，说有一位女士去闻一只空瓶，然后有人对她说里面是笑气，她就直接晕倒了。女人们总会这样说，在搬家之前会在梦里看到新家的样子，等到搬进去以后会发现真的就是跟自己梦见的一样。另外有一个人，失明 14 年了还会看到熟悉的人的样子，这件事情让他非常苦恼，所以著名的格雷费干脆将他的视神经切断，从那以后他就彻底摆脱了这个困扰。

泰纳说起过一个很奇妙的现象：巴尔扎克曾经对德吉拉尔丹夫人说，自已要送给桑道一匹马，不过一直没有去送，但是因为反复提起这件事情，最后他居然去问桑道觉得马好不好。泰纳说这个错觉的开始也刚好就是一部小说构思的开端。人们在产生错觉的初期都知道这只是自己的错觉，但是后来就会渐渐忘记。这样的记忆错误经常会在野蛮人、粗俗的人、未受教育的人还有不成熟的人中间出现。他们眼前出现了单纯的现实，然后想法越多就能看到越多，所以就采用放大环境的办法来进行调和，当所有的细节都在记忆中被拼凑完整以后，这个记忆就真假难辨了。我们就是这样才拥有了众多传说。一个农夫告诉泰纳，在他姐姐去世的那一天，他见到了她的灵魂，但实际上那只是夕阳在白兰地瓶身上反射出来的光线而已。

不管怎么说，我都要再次引用这个在前面已经出现过的、对我来说很重要的案例。在我还是一个学生的时候，有一次假期旅游来到一个村庄，当时有一位年轻的农夫第一次来到城镇。在他还是个孩子的时候，我们就在一起玩，所以我可以肯定他是一个非常诚实的人。从小镇回来之后，他对我讲了这个城镇最神奇的地方，最精彩的部分就是他在马戏团表演中看到的画面。他对自己所见的情景描述得非常生动，他在描述蟒蛇和狮子战斗的时候，说蟒蛇把狮子吞下去了，然后又冲出来很多非洲摩尔人将蟒蛇杀死。刚好这件事情才发生不久，我在回家的时候就去证实了一下，然后看到他描述的不过就是所有马戏团都会有的招贴画上面的内容。当天的所见所闻大大地刺激了这个年轻人的想象力，所以他已经完全分不清楚想象和现实。这种事是多么经常地在我们的证人中间出现啊！

假如想象的概念只是针对它所代表的那些活动，那我们就不得不考虑预感和预警的情况，这两个因素会影响到的不止是没有受过教育的人。不过在不存在事后验证并且没有准确的观察结果的情况下，我们也不可能得到任何答案。不过，的确有很多的结论和半科学性的资料都说到了这个问题，这一点众所周知。必须要承认的是，语言、预感也许会非常形象，也可能会影响一个人的身体状况。所以，预言某一个人的死期或者是诅咒某一个人死亡，可能会让一些情绪容易激动的人受到生命威胁。诅咒死亡的这种迷信做法影响会特别大，因为这是一个从土著人开始就存在的迷信做法，从 12 世纪到现在一直都不曾消失。12 年前我听说过一个案例，有一位老妇人听到对手给她念了死亡弥撒，然后就一命呜呼了，死因就是惊吓过度。某种意义上，这种看起来特别不着边际的事情的确值得我们多加留意。

第 106 节　口语误解[①②]

我们目前也不可能很明确地区分听觉错觉和误解。我们可以用这样的口语来表达，如果通过这个错误表现出来的基本特征，可以判断是因为听觉机制的问题而导致的错误，那么这就属于是听觉错觉。而听觉误解则是一些词句理解上的错误导致的。这时候听觉机制完全正常，但是大脑对于听觉获得的信息却不能很好地进行处理，所以会添加一定程度的无意义信息在里面。出现外语词汇的时候最容易发生这样的误解，只要把移民学校里面学生们唱的歌拿来比较一下，我们就能够发现：他们会出现这样的错误，把“你是我的祖国”唱成“我分不清楚三种茶”，或者是把“我们罗恩好地方”唱成“你划你的独木舟”。[③]

从法律角度上看，误解、误解的延展过程以及如何进行处理都是非常重要的问题，因为这样的问题不但证人会有，书记员和秘书也无法避免。一旦这种误解出现，而人们并没有意识到，就会造成很大的问题，但就算是发现了，也很难找到合适的办法去解决。单纯依靠努力是不可能对语境做出准确判断的，我们还需要足够的心理学知识，并且还要揣摩犯错者的视角与理解方式。我们通常无法直接找到这个人来当面对质，因为这个人要么就是住得太远，要么就是已经忘记了自己的话和当时的想法。明白古典哲学家们要在一个拼写错误上耗费多少精力，我们就会明白自己是多么应该保证文书的拼写准确无误，因为某个拼写错误就很有可能决定了一个人是否有罪。不过一般情况下我们都很难去判断一个文本中正确的、合适的用词应该是什么意思，甚至可以说我们在大多数时候都做不到这一点。证人或者秘书有没有产生误解都不能对这项工作造成什么根本性的改变，因为它的重要性依旧没有变化。一旦这种误解出现了，想要尽量规避错误，就只能要求主审法官对自己听到的话有一个完全准确的记忆。假如做得到当场宣读所有文书，那么秘书出错的概率就会被最大限度地降低，不过宣读人只能是主审法官而不是秘书。让书写文书的人来宣读仍旧不能避免这种错误，除非有一位聪明绝顶的

---

① 英文原文中此标题前有标题“误解”，但是下面无内容，故未将其作为正式标题。特此说明。——译者注

② 本节末尾有很多脱漏，无法在英语中找到对应的德语例子。——英文版译者注

③ 弗洛伊德：《日常生活的精神病理学》。

证人能够察觉并且提出异议，不然这个错误就无法避免。

我可以提供几个自己亲眼见过的事例。与嫌疑人相关的记录：“当月12日我从资季的主锁出来”（应该是“自己的住所”），以及“无关的”（其实是“武官的”）。讲述者很多无心之言都被完整地记录下来，诸如“进来”“继续”“快点”“小心”，等等。只要这些词语掺杂其中，我们就很难再将它们摘除。观察宣誓的情况，我们就能发现误解出现的概率有多高。几乎每天都会有至少一个证人在重复宣誓语的时候，随意添加一些毫无意义的废话。

找到这样的错误恢复原本的正确表达让我们再一次明白了一个古老的规律，我们根本不能通过单纯研究个人案例了解到什么真相，一个人不可能拥有宽广的视野、丰富的素材以及强烈的刺激。不只要了解其他的学科，对于日常生活中的例子也要去研究，歌德的经验对我们来说更是非常有价值。他在自己的专著《听、写和印刷错误》中首次提到，自己再次阅读抄录下来的信件时发现了很多奇怪的错误，如果不立即进行更正，就会导致严重的问题。他觉得要避免这种错误只有一个方法：“高声读出来，让自己融入到词句当中，那些晦涩难懂的词句要不断重复到可以脱口而出的程度。人无法完全理解自己听到的词句，对于自己的感知也不可能有一个完整的意识，但是每个人都有想象，也可以说是思考的能力。一个没受过教育的人会把拉丁文和希腊文都转变成德语。同理，如果作者不了解某一个外来词汇的发音，也会用这种方式处理……听写的过程中，人们会把个人的内在倾向、热情以及需要在自己听到的词汇中投射出来，用自己爱人的名字或者自己喜欢的美食来代替。”歌德的这种办法是我们目前能够找到的最有效的勘错手段，因此所有的文件都应该反复阅读，否则就起不到作用。正如明斯特伯格所说，一个人对某个词汇一扫而过就很可能会产生错误，要是他自己曾经听到或看到的一个相近的词，这个一扫而过的词就会出现被误读的可能。总会有一些误读导致的乌龙事件出现，但往往让我们觉得很奇怪的是，人们根本意识不到这个误会的存在。安德烈森表示，语言的意志造成了一切流行的解读，它不愿意让任何一个名词只拥有一个读音，它想让每个词组都有自己的含义以及确凿无疑的可理解性。在这方面，人类大脑的活动都是由直觉来支配的，这个过程中没有反思，感觉和意外状况决定了它的行为，因此外语词汇就会在这里被进行各种不同的改变。

下面这种情形就跟上面提到的例子完全符合：天主教守护神的名字决定

了他们各自的属性。圣克拉拉可以让人耳目清明。圣露西的发音很像甚亮兮，是盲人的守护神；圣玛默图斯的发音与妈妈和女性乳房相近，是哺乳和哺乳期女性的守护神。另外还有一些能够被替代的名字，用杰克斯比尔代替莎士比亚、用安珀达代替阿波罗、用勒曼斯大捷代替拉门斯大捷、还有用石膏仓库来代替安息之地。

安德烈森告诉我们要注意一点，对问题的分析不可以太过，不然就有可能会夸大事实，特别是在我们想要在自己不理解的地方找到误解产生的原因的时候。我们要做的第一件事情就是要确定说出来和写下来的东西都是准确的，不然就连开始都不可能了。我们只能在完全不可能理解的情况下，才能假设自己进行了误读并去追溯源头。这项工作需要语言学和心理学的知识，我们必须要找两个相关领域内的专家进行咨询。一些最容易判断的误解，一般是受过一定教育的人使用了方言，或者是受过良好教育的人想用一种非常文雅的方式对德语方言做一些改变的时候。

还有一个问题也很重要，那就是需要明确一些舶来词在使用过程中出现的意义变化，例如德语词汇 commode、fidel 还有 famos。说一位先生很 commde，意思是在说这个人很恭顺；说一个年轻人 fidel 并非在指他不忠诚，而是在说这个人很开心，听到这句话的人当然可以选其中的一个含义进行理解；famos 原本的含义是“闻名的”，不过在德语中的含义则是昂贵的或者让人快乐的。

了解人名的演变过程也很重要。我听过一个很神奇的名字，卡莫定纳，这个人的父亲是意大利移民，名字是科玛迪纳。我还知道有两个异地而居的兄弟，其中一个叫乔瑟夫·瓦尔德豪泽，另一个叫利奥波德·巴尔萨泽。人在一代代繁衍的过程中，也许会将名字完全改变，因此到最后我们根本无法说清楚哪一个才是正确的。还有来自法语中的一个名字，特奥巴尔德以前曾经被人叫作杜瓦尔。两百年前的施泰尔马克州曾经住满了土耳其人，因此那里很多人的名字都来源于土耳其语。哈泽内尔可能来源于哈桑约里，撒拉塔可能来源于萨拉达，米伦波克可能来源于米莱伊·贝格。

第 107 节　其他误解

现代心理学中的定量方法可能会通过试验方法来判断上面的错误观点和错误理解，不过这种研究才刚刚开始，并不具备实用价值。这种方式产生作用的前提都是人工的，因此也只有在人工环境下，这些结果才有参考价值。冯特尝试过对流程进行简化，让实验与现实生活建立起联系。不过，心理学实验距离人类的现实生活仍旧很遥远。我们起码可以肯定的是，在误解这个问题上是这样。很多时候，我们并没有理解对方的话，而是单纯依照自己的意愿来解读。所以误解的根源并不是出在语言学上面，词语的含义都已经被正确领悟。这种误解产生的原因是，当我们不能正确理解对方的意图时，就会用一些错误的含义将原本的替代了。某些情况下，我们不必听清楚对方说的每一个字就可以理解对方的话，这是因为我们按照自己的意思对他的话进行了解读，不过这种方式还是不妥，因为人的天性和所受教育都存在差异，而且在谈话时候，每个人的意识是否清醒、态度是否客观也会让自行解读出现很大的不同。不过更大的问题在于，人们都没有发觉这些想法完全是自以为是。这种问题不光在倾听的时候会出现，在观察的时候也一样会出现。我看见远处的屋顶上有四个白色的球，却并不能看出来那究竟是什么。随后我看到有一个头和尾巴伸出来，还有挥动着的翅膀，所以我立刻想到："好吧，原来是四只鸽子。"那很有可能就是四只鸽子，但是我为什么会单凭一只鸽子就确定是四只鸽子呢？这个例子里面，类似的推断应该不会有大的错误，不过很多时候情况并不明显，人们还是会按照自己的理解下判断，那么这种情况下就会很容易出现误解。有一次，我跟太太一起看到火车站台上有一位烟囱清洁工。我的太太有些近视，当那个清洁工弯腰找硬币的时候，我太太叫起来："看啊，那边有一条可爱的纽芬兰犬。"近视会让人产生类似的错觉，这很正常，但是到底为什么我的太太会将一个人错认成狗，还是那种可爱的类型？泰纳也提到过这样的事情。有一个孩子问自己的妈妈为什么穿白色的连衣裙，妈妈告诉他自己需要参加派对，于是就穿了度假的衣服。自此以后，只要有人盛装打扮，无论是红色、绿色或其他颜色，这个孩子看到了就一概这样说："啊，你穿白衣服啦！"成年人中也会有这样的情况。迈农的说法很正确，人们会搞错同一性与相符性。如果能够时刻铭记这个观点，我们就可以避免很多重大的错误和误解。

有一个重要的心理学游戏，能够让我们了解到人可以轻率到什么程度。拿一块手表过来，让每个人看一眼上面的 4 和 6 的字样，随后自己将它们画出来。每个人都非常镇定地画出了 IV 和 VI，可是他们如果再去看一眼，就会知道这个表盘上的四是用 IIII 来表示的，而且根本没有 6 的字样。于是人们就要问："假如这些人并没看到数字，在看手表的时候究竟看到了什么？"

还要问:“是不是在所有的事物中都会包含这种美丽的误会呢?”

我相信,只有真正被看到的东西才能够被画出来。在我的绘画老师教我画画的时候,我的父亲并不要求我马上开始画,而是要我先进行观察。我的老师也完全按照这个要求去做了,他先给我一块多米诺,随后是两块,再之后是三块,一块块叠起来,这之后又给我火柴盒、书、烛台等物品。到现在,家里的东西我能够清楚说出来的,只有我曾经画过的那些。但是我们总是要求证人可以生动地将他们只看过一次,并且还是粗略看过一眼的东西描述出来。

即便是经常看到的事物,因为时间地点的改变也会有很大变化。首先就会出现像埃克斯纳提到的事例中那样的问题,虽然他对从格蒙登到维也纳的路况非常清楚,但是由于路途的弯度过大,兰巴赫的一切在他眼里都是反过来的。[①] 就连火车、公共建筑、河流以及所有地标性的东西也一样,看上去都是反过来的。如果是在夜晚经由铁路隧道进入一座城市,并且火车机车刚好位于列车的末尾时,也能看到这样的场景。日常生活中也会经常出现一些因为地点转换导致事物的印象产生变化的情况。即便已经在白天或者夏天的时候看过无数次的一处风景,等到夜晚或者冬天的时候再看又是完全不一样的。想要牢记返程路线,最好是常常看道路两旁的参照,特别是分岔路口的地方。起点的变化也会对我们判断位置造成影响。举个例子,乘火车从 A 地到 B 地的路你已经走过很多次,后来有一次,出发地变成了比 A 地更远一些的 C 地,那么你之前很熟悉的这段从 A 到 B 的路线也许会给你一种全新的感觉,甚至可能让你认不出来。预估时间也会在很大程度上影响人们对地点以及地标性事物的判断。很多时候我们会主动去压缩一段比较长的时间,所以如果一件事情可能需要比想象中更长的时间去完成,在主观意识中这个时间就会被缩短,这种缩短不只是针对事件的整体,在其中的每一个环节中也一样。所以,一件似乎是发生在一段很长时间里面的事情就会被压缩。因此会产生一种事情来得太快的感觉,这种感觉也会让我们对事物的陌生感更加强烈。

同理,时间差也会产生影响。厄普修斯提过一个例子:“假如一个人在一段时间里没有听到铃声,或者在听到其他声音以后才听到铃声,那么在没有声音出现的时间里,铃声是不是存在并不重要,重要的是当它在此响起时

---

① S. 埃克斯纳:《规划》,等等。

被辨认出来了。”[1] 这个例子对我们而言足以说明问题，但是这种情况是否属实，相同或者相似的情况出现时会不会有人察觉到，这个问题却很少有人去关心。假如后来我们还是觉得人和铃声都没有变化，我们就会下意识地相信他们一直都不会变，但是在这里我们并没有考虑到时间因素，我们下意识地认为时间并没有变化。想要证明这一点并不难，观察一下证人需要多长时间能够对证物，类似于刀、信件或者包一类的事物进行确认就可以明白。证人一般会立刻对自己看到的事物给出肯定的答复，并且会不自觉地给出这样的解释："我向法官提供了唯一的线索（也许并不是上面提到的那些），目前出现了一条线索，那么就肯定是我提供的那一条。"也许事实已经出现变化，这里面有些东西被混淆了，或者其他证人也提供了类似的线索，但是这些因素他都没有想到。因此我们一定要仔细地区分同一性与相符性。

我们还需要考虑另外一些因素，比如兴奋导致的疲劳以及其他问题。我们都有过类似的经历，某些文字在深夜看起来十分难懂，但是等到第二天清晨读起来就会很容易。还有，在夜间的疲劳状态下，我们会对事物产生一些看法，但是次日清晨我们就会发现误会大了。霍佩曾经讲过，有一位实习医生经常会被自己的病人召唤，这让他既兴奋又疲惫，直到最后，他听到自己手表的滴答声都像是听到了病人们在叫"哦——医——生"。在漫长而让人疲惫的询问过程中，证人也会出现这样的情况，他们后来能够提供的信息要比之前少得多，甚至还会误解自己听到的问题。如果被告经历了长时间的疲劳审问，精神过度集中和疲劳让自己的供词跟之前出现严重不符的时候，就会有更大的问题出现。假如在审问被告或者证人临近结束的时候出现了"很重要的矛盾"，那么最好先看一下审问的时长，如果审问时间过长，那么这种矛盾就没什么意义。

疲劳会引起疏忽。医生、护士、女仆和年轻的妈妈，这些人偶尔会对病患或者孩子"疏于看顾"，很多时候都只是因为疲劳过度。很多类似的悲剧都会出现在机械或者开关看守者的身上，他们就是因为自己的疏忽而遭受惩罚。

假如处在这个阶层的人常年都要保证工作 23 小时以后休息 7 小时再继续工作 23 小时，那么这个人就一定会输给疲劳，所有的信号、警告或者尖叫都不能让他恢复警觉。调查证明，事故通常都会出现在一个工作周期临近

---

① 《意识与感受》，莱比锡，1888 年。

结束的时候，因为这个时候的人最疲劳。即便没有上述的结论，我们也有一个或许与长期疲劳相关的例子。一个进行了高强度工作的人如果事后只休息7个小时，就不可能完全从疲劳状态中恢复过来，这种疲劳会随着时间慢慢累积，突破临界值，最终显示出它的危害，就算是这个人才刚开始上班也一样。那些拥护社会主义的人在这个问题上的抱怨是很公正的。如果一个工作岗位要求人的责任心，那么这些人通常都处在长期的疲劳状态中，而这个无助的人最终都会在自然规律的运转下自食恶果。

从事金钱管理工作的人也会有相同的问题。在税务局、邮局、银行和金库等地工作的人因为要时刻保持精神高度集中，长期从事涉及金钱往来的工作，非常容易感到疲劳。有过相关工作经验的人曾经非常肯定地告诉我，在很疲惫的时候，他们经常会在收到钱数完以后，在单据上签字，再把钱还给对方。不过走运的地方就在于，对方脸上震惊的表情会让他们很快意识到自己的错误。但是假如他们没有反应过来，或者对方非常狡猾，毫无反应地收了钱，而这笔钱的金额巨大到让他无力偿还，或者是上级对他的印象本身就不是很好，那么他基本上就不可能在挪用公款这样的案件中胜诉，因为这个案子里面的所有问题可能都是指向他有罪的。[①] 所有的情感、刺激或者疲惫都会让人产生消极情绪，从而让他更加无力证明自己的清白。

柏林的一位著名的精神科医生曾经讲过一个故事："我还在精神病院实习的时候，会随身携带病房钥匙。有一次我去看歌剧，中场休息时去了走廊中间，但是在回来的时候犯了一个错误：我看到有一扇门上的锁跟精神病院的锁相同，就从口袋里拿出了钥匙，没想到真的能打开这把锁，我就直接走进了那个包间。这是一种单纯的条件反射行为，但是会不会有成为盗窃的可能？"很明显，这个故事如果是出自一位盗贼之口，我想是不会有人愿意相信的。

第108节　概论

犯罪学家工作中最重要的核心部分，基本上就是与谎言进行战斗。他一定要击败谎言，找出真相，他在所有地方都会遇到谎言。假如被告一开始就完全认罪，那么很多证人就会对此加以利用，然后他会发现自己变得越来越

---

① 参见《H. 格罗斯全集》中洛兴的文章，第7卷，第331页。

不能将这个事情合理化，就开始感到苦恼。让犯罪学家在自己的工作中消除所有的谎言是完全不可能的，如果要对谎言的本质进行详细的阐述，我们需要写出一部人类自然史。因此我们一定要严格限制讨论的范围，仅仅针对一些非常重要的问题进行，这种做法可以简化我们的工作内容，也能够对可能出现的欺骗保持警惕，并且有效抵消谎言可能造成的影响。针对这个问题，我曾经试图绘制一些表格，此处我再进行一些简略的补充。①

谎言，即以欺骗为目的而进行的有意识的歪曲事实，有意识地提供虚假信息，跟那些所谓的必须的谎言、虔诚的谎言、师长的谎言以及传统的谎言等人们已经默认的谎言并没有区别。我们一定要有一个绝对严格的立场作为前提，就像康德说的那样："单纯的谎言就是一个人对自己天性的犯罪，这种罪行会让人厌弃自己。"② 我们难以想象会有让人不得不说谎的情况存在。律师没有义务教化世人，并且也没有必要告诉别人该如何去解读，我们无法想象出一个只有撒谎才能自救的场景。我们自然不必对别人知无不言，一个好的犯罪学家要懂得适当地保持沉默，却绝对不可以撒谎。新人们也一定要小心，那些"出于好意"或者作为托辞表示"强烈地想要尽到责任的意愿"也许会让一些微小的谎言看起来并不会太严重，但是不管怎么说都没有用。让人以为共犯已经招供，或者觉得自己获得了很多信息，又或者是对证人之前提供的信息有意的歪曲，以及一些差不多的"可以耍弄的小手段"全都是最不入流的行为。这种做法有些时候只能够让说谎者觉得羞耻，但是这个谎言如果失败，那么被告就会处在有利地位。说谎者也永远不可能收复失地。③

利用姿态和行为进行欺骗的手段也不会更好。这种行为伴随着很大的风险，如果法官突然做出了某些动作，例如伸出手去拿一个球或者突然站起来等等，在这种时候通常都会起到非常好的效果。这些动作还带有一种暗示性，比如法官知道的案情比实际上的更多，或者是他已经掌握了更重要的信息等，证人或者罪犯就会觉得法官其实已经对案件性质十分清楚，某些很关键的问题已经被解决。这样的行为不会被记录在案，也不会有什么严重的追责，因此一些年轻的犯罪学家们就会因为急切地想要成功而做出一些错误的

---

① 见我的手册中"当证人不愿说出真相的时候"。

② 康德：《论出自人类之爱而说谎的所谓法权》。

③ 此处有一句话遗漏。——英文版译者注

选择。有时候，一些意外也会让人产生误解。我做主审法官的时候，听到过一个意志不够坚定的年轻人的证供。这个年轻人涉嫌盗窃并藏匿大量的金钱，在受审的时候，他很巧妙并且很决绝地否认自己的罪行。在审讯的时候，有一个同事走进来，想要跟我谈一些工作上的事情，但是因为我正在工作，所以希望他等到我审判结束。这个时候他刚好看到了两把剑，这是一起学生决斗案件的证物，他拿起其中的一把去查看剑角和剑刃。被告看到他的这个动作以后就直接吓破了胆，高举双手跑到我的同事面前，大声说道："我招了，我招了，钱被我藏在空心的山核桃树洞里面。"

这个案子看上去很好笑，不过另外一个案子就让我心里感到非常不安，但并没有觉得愧疚。有个男人被怀疑谋杀了自己的两个孩子，但是尸体却找不到。我已经对他的家进行了仔细的搜查，壁炉、酒窖、下水道等都没有放过。我在下水道里发现了很多动物的内脏，但明显都是兔子的。当时我并不知道案件的详情，所以就将内脏收集起来泡在酒精里面。当犯罪嫌疑人被传讯受审的时候，我的桌上正好摆放着这个巨大的玻璃容器。他看到玻璃瓶以后显得很焦虑，然后很突然地说："你已经都找到了，那我只能招认。"我可以称得上是条件反射般地问他："你把尸体藏在哪里？"他立刻答道，说藏在了城中的某个位置，最后我们果真在那个地方找到了尸体。很明显，瓶子里面的内脏让他觉得我们已经找到了尸体，并且里面装的就是其中的一部分。我提问的时候他并没有发现不对的地方，如果真的已经找到尸体，我为什么还要再问他一次。这只是一个纯粹的巧合，但是我仍旧觉得自己让罪犯招认的手段不太光明，我本该预料到瓶子会造成的效果，那么在传唤嫌疑人之前就应该先收起来。

生活中很少会出现这么明显的情景，假如我们完全按照事物看起来的样子去理解的话，就肯定会造成很大的误解。例如，每个人都清楚，幸福的婚姻很少存在，但是大家都是从哪里得知的呢？假如你可以近距离地去观察这些夫妻，你就会看到这些人之间的关系并不如你期望的那样美满。但是表面上看又怎么样呢？即便是一些只接受过一点点教育的人，你有看到过他们中有哪对夫妻会在街头争吵吗？社会生活中的夫妻永远都是相敬如宾，几乎看不到他们对彼此有什么不满意，不过这一切都是一些表现在语言和行动中的谎言。假如这些谎言出现在刑事案件当中，我们能做的就只有通过自己以及他人的观察，从一个单纯表面上的现象来判断真假。社会制约、舆论影响、对子女的责任，都会让人不得不选择对世界说谎。我们实在是太过高估这个世界上幸福婚姻的数量了。①

财产分配、亲子关系、上下级关系甚至是健康状态，这些问题都没有什么大的区别——这些行为表现出来的都不一定是事物真正的样子。每个人都被欺骗，最终整个世界就觉得耳听为实，法庭也相信宣誓的证人说出来的都是真相。外表要比人类的语言更有欺骗性，这句话可能说得很对。我们本来不应该受到大众观点的过多影响。但是，我恰恰是通过大众的观点，才能够对人与人之间的关系获得认知。我们称之为民意的东西，却刚好都是一些很陈旧的观念。当我们说“他们说”“大家都清楚”“没人不相信”“邻居们都这么觉得”的时候，一些谎言和捏造的东西就已经在其中滋生了。我们的文件和记录当中应该彻底摒除所有这样的表达。因为这些陈述只能告诉我们外在的表象，这是人们“想要”看到的事实，但是却不是真正的、被表面掩盖的真实。有一句谚语是“坏人说，好人信”，法律却总会把它变成真的，甚至还会以此为基础做出判决。

付诸语言的谎言全都离不开行为的支持，这很正常。我们都知道，人看上去开心、气愤或者友好，可以只用一些动作、模仿行为或者身体的态度就能够让人感觉到。如果一个人拳头放松，双脚静止、眉头舒展，就很难让自己产生气愤的情绪。因为人在真正生气的时候就会伴随出现以上动作。我们都知道，一些恰当的手势和动作能够更加生动地表现出气愤或者其他的情绪。所以我们才会知道，一些对自己的清白抱有坚定信念的人，总会在一定程度上相信或者完全相信这种情绪表现。一些不诚实的证人在最开始的时候也坚称自己说的都是事实。假如这些人身上完全看不出任何谎言的痕迹，那么显然这个证人就很难对付了。

我们尤其偏爱那种非常精密的、连说谎者自己都能骗过的谎言，这种偏爱显然有其道理。基弗提供了一些能够“骗过自己的说谎者”的案例。② 不过有一点很让人绝望，说谎者往往很聪明，并且十分擅长这种精密的谎言把戏。这样的谎言与任何一种谎言一样，都完全只能凭运气来发现，因为谎言往往都对于表面上的合理化有着急切的渴望。谎言的这种特征很难解释得彻底。这些谎言的广泛存在与泛滥程度，让我们看到一个事实：人们往往并没有考虑到是否存在谎言，他们连这种存在的可能性都没有考虑过。很久之

① A. 莫尔：《颠倒的性本能》，柏林，1893 年。

② E. 基弗：《法庭上的谎言与错误》，《马格德堡报副刊》第 17、18、19 版，1895 年。

前，我曾看到过一个对法律工作很有启发意义的小故事。卡尔跟自己的父母和两位表哥一起吃饭，吃好以后卡尔去学校，对别人说："我们今天一共有14个人一起吃饭。""这怎么可能？""卡尔又在说谎话。"这种事情经常会遇到，我们觉得难以理解，神秘而又让人迷惘。可是你如果仔细地回味一下"卡尔又在说谎话"这个论断，就会有一个更准确的推论出现，我们就能够发现这句话中的一些问题，从而推断出事情的来龙去脉。

不过一般情况下，矛盾都可以用下面这个简单的道理来说明：这个矛盾原本是不存在的，不过是因为人们不能够完全理解听到的话，注意不到那些条件，因此才会认为这是矛盾。我们往往会对谎言和矛盾过分关注。被告就是真正的犯罪者，这个偏见一直存在，而且还会引导着我们因为一些微小的、完全不重要的事情而找出一些不当理由，正是这些理由引发了后来那些显而易见的矛盾。这是人们长久以来的惯性使然。

要说谎言对一个人产生的影响最小的时刻，应该是在一个人处在强烈的情绪压力之中，特别是愤怒、快乐、恐惧和临终的时候。[①] 我们在很多的案例中都见到过这样的场景，在看到共犯反水的时候怒不可遏，在自己即将无罪释放的时候喜不自胜，或者在自己可能被捕的时候心惊胆战，这样的人或许会很突然地说："我要说实话。"这是此类人招供最典型的一种作风。不过这种坦白的决心往往不能坚持很久，只要情绪平复了，他们就会反悔，就会想要推翻之前的一部分供词。只要一个案件的审判过程足够漫长，我们经常能在最后时刻见识到这些人反悔的样子。

人在中毒的状态下很难说谎，这一点也是众所周知的。[②] 人在临死之前往往会说真话，特别是如果这个人还有宗教信仰的话。每个人都清楚，处在这种状态下的人，即便是精神紊乱或者智力低下，都会有非常清楚的逻辑思维，这在很多时候都能对厘清事实产生很神奇的作用。假如一个人在濒死的时候已经意识模糊，那么我们就不容易去判断他陈述的事实，特别是这种状态下的人往往都会把话说得十分简短。

---

① 见《司法检验官手册》"濒死者的证词"。

② 参见奈克：《酒精作用下的证词》，出自《H. 格罗斯全集》，第8卷，第177页；《H. 格罗斯全集》，第1卷，第337页。

第 109 节　病理性谎言

与人类其他方面的很多表现形式相同，谎言也会出现在一个介乎于正常状态与病态之间的阶段。极端正常的状态就是一些毫无恶意的说故事人、猎人、旅客、学生、中校一类的人，共同特点就是喜欢吹牛炫耀，极端病态的状态就是一些完全陷入癫狂状态的瘫痪者，对别人说自己的家财万贯以及数不清的英雄事迹。病理性谎言最具有代表性的就是癔症晚期患者的谎言，他们会给自己、自己的仆人、高级官员还有牧师写匿名信件或者发布信息，就为了让这些人遭受他人的质疑，这些行为显然都是病态的。癫痫病患者以及老年痴呆症患者经常会讲的一些谎言，是混淆了真实经历和自己道听途说的信息之后产生的。①

另外有一些人，他们无论怎么看都没有任何的病症，却仍旧会说某种形式的谎言，这让他们看起来就跟健康有了一段距离。这种谎言，有很大一部分原因可能是逐渐养成的某种习惯，或者只有某种类型的天才会出现这样的错误，就像歌德的自我评价，这些人也许同样存在一种“对名誉的渴望”。不过在生活中仍然是普通人居多，这种渴望也不太会出现，然而这并不妨碍他们要各种各样的小手段来彰显自己的性格。假如这些人在生活上并不如意，他们往往会越来越过分地夸大自己身居要职的故事，借以说服自己和听众。我曾经有过研究这种性格已经完全形成的人的机会。这些人有一些共同特征，除了都喜欢说谎之外，他们谎言的主题也往往都是一样的：不外乎就是重要人士会向他们征询意见，希望有他们的陪伴，并且对他们赞誉有加。他们通常会暗示别人自己有很大的影响力，特别迫切地想要表现出自己的价值，炫耀自己跟身居高位者的密切关系，往往会很夸张地提到自己的财富、成就和工作表现，所有对自己不利的事情他们都会　概否认。这些人与普通的“说故事人”的区别，刚好能够用来表明他们本质中的病态特征，也就是这一类人在说谎的时候完全意识不到自己的谎言可能马上或者是过不了多久就会被拆穿。所以这种人经常会说起自己要为什么事情感谢自己的能力，即便是在场的听众里有人清楚真实的情况与他所说的不同。或者他也会说起自己的某些成就，但是在场的听众也会有跟事件关系很紧密的人，这个人可以

---

① 德尔布吕克：《病理性谎言》，斯图加特，1891 年。

知道说话者讲出来的并不是真的。有时候他们还会承诺一些自己能力完全达不到的事情，就算现场有人对他的资产状况了如指掌，他也敢对人吹嘘自己的富有。假如听众里面有人发现了其中的矛盾，他也会给出一些很蹩脚的理由，这一点又一次印证了这些人大脑的病态特征。这些人撒谎的样子跟孕妇或者坐月子的妇女很像，妓女们对这种特别的谎言也十分着迷，我们在卡利尔、隆布罗索、费列罗的著作中都能看到相关的论述，他们都认为这是这一类人的典型特征，是能够代表她们身份的标记。我觉得可能还有另外一种因素，真正的病态谎言与性之间肯定存在某种联系，也许是性变态或者性无能，又或者是夸大性冲动等。我认为这种现象出现的频率要远远超出我们的预想，就算这种现象尚不明显，我们也能够很容易分辨。我之前觉得，病理性谎言在法律工作中的重要性不高，首先是由于这种现象十分完整并且有典型的特征；其次是因为想辨认出这种症状完全不需要什么丰富的经验。不过我后来发现，病理学谎言对犯罪学家的工作而言是非常重要的，所以我们很有必要进行深入探讨。

主题 4　单独的特殊情况

第 110 节　睡眠和梦境

某一现象如果经常出现，那么在犯罪学家看来，这种现象发生的频率跟它的重要程度之间就出现了某种关联。所以，我们的工作在很大程度上会受到睡眠和梦境的影响，不过这个话题基本上没有什么人会提起，因此它的重要性就会被严重低估。但是与之相关的文献，相对而言还是很多的。①

当出现轻微的睡眠病症及做梦的情况，例如嗜睡、梦游或者能够引发幻觉的梦境等，一定要向医生咨询。此外，在出现心理物理学上的问题，例如失眠、睡眠异常或者无法进行正常睡眠的状况时，也需要向医生咨询。犯罪学家一定要对这样的问题进行研究，以便能让自己在面对医生咨询的时候可以完全了解当下的状况是怎样的。假如没有注意到这个问题，就很可能会采

---

① 参见 S. 弗洛伊德：《梦的解析》，莱比锡，1900 年。B. 西迪斯：《对睡眠的实验研究》，《非常态心理学》期刊。

取一些愚蠢的审讯方法，让案情推进得很糟糕，甚至有可能会忽略掉最关键的问题，最好的结果是给自己的工作增加难度。

然而很多时候，犯罪学家都只能单独行动，很多案情与病症或者心理物理学因素都没有关系，事情其实很简单，只不过是一个受过教育的外行人在处理日常事务。例如，我们要知道梦境会对人的情绪起到什么作用。我们经常能看到这样的情况：梦境能够影响某些人一整天的情绪，假如梦境是快乐的，这个人就会很开心、快活；假如梦境是很不好的，这个人就可能会变得害怕、气愤或者暴躁。梦境往往都会是这些现象产生的原因，但是有些时候，人们对于梦境的作用往往是意识不到也不会有任何记忆的。我们所说的记忆紊乱，很多时候都只是单纯的梦境而已。①

女性和情绪起伏较大的男性很容易被梦境影响，而孩子则更容易受到梦境的影响。有些孩子会相信自己的梦境就是现实，也有些女性分不清楚梦境和真实经历的差别，有些人因为上了年纪意识模糊，分不清楚梦境和真实记忆，因为这些人的记忆能力和辨识能力都在衰退。②

我知道这样一件事：一个 8 岁的孩子在饭后跟着一位成年人去捡栗子，之后她很开心地回家了，但是在第二天早上哭着说自己被那个成年人强暴了。另外一个案例是关于一宗金额巨大的盗窃案，受害者的情绪非常激动。在案发的第二天，受害人的女儿——一个十多岁的孩子非常肯定地告诉我们，她知道其中的一个盗窃犯就是邻居家的儿子。这两个案件中的嫌疑人都经过了严格的法律程序，而最终的结果是，两个孩子在思考了很长时间以后，表示自己讲述的内容应该是自己在梦里看到的。

此类情况通常都会有一个很显著的特点，孩子们不会马上就告诉你这是梦境中的经历，而是在事情过去一两天之后才会反应过来。所以只要出现这样的情况，我们就一定不能忽略现实和梦境会被混淆的可能。

泰纳也提到过类似的情况，他说有一位巴亚热尔梦到自己当上了一本杂志的主编，贝尔拉基尔完全相信他的话，并且还将这件事告诉了几个朋友。众所周知的还有尤利乌斯·斯卡利杰尔的梦境。莱布尼茨的文章里曾提到过，斯卡利杰尔为维罗纳的一个知名人士写过一首赞美诗，说自己曾经梦到过一个叫 Brugnolus 的人埋怨他忘记了自己。之后，斯卡利杰尔的儿子真的

---

① 莫兹利：《大脑的心理物理学及病理学》。

② 参见《H. 格罗斯全集》中阿尔特曼的文章，第 1 卷，第 261 页。

看到有一位文法学家和批评学家的名字就叫 Brugnolus。很明显，是斯卡利杰尔自己上了年纪，把这位过去结识的人给忘记了。在这种情况下，梦境就变成了唤醒过去记忆的一种手段。或许这样的梦境非常重要，但是其可靠性不能确定，所以我们需要十分谨慎。

要弄清睡眠与梦境的本质，就需要先思考下列因素：[①] ①梦境出现的频率越高，内容就会越生动。②浅眠的人更容易做梦。③女性要比男性睡眠更浅，因此做梦的频率更高。④随着年龄增长，梦境出现的频率会降低，浅眠的情况会更多。⑤浅眠的人通常对睡眠的需求会更小。⑥女性对睡眠的需求量更大。在最后这一点上我还需要做一个补充说明，女性对于深夜照顾孩子或者残疾人这件事情的忍受能力更强，这个矛盾只不过是表象，她们并不是因为对于睡眠的需求量变小了，而是因为牺牲睡眠而获得的善良与愉悦感受让她们觉得更加享受。

耶森通过很多案例来证明，处在半梦半醒之间的人及梦游者会做出一些很神奇的行为，尽管很多事例都来自一些古老文献中的记载，但是其可靠性还是能够保证的。对比这些案例我们就可以发现，年轻力壮但是疲劳过度的人经常会出现梦游的症状，例如一个人在连续两天没有睡觉，但是突然从深度睡眠中醒过来的时候。但是有一点十分的奇妙，这种状态下的人在行动中经常能够体现出充分的智慧，例如医生能够开出很正确的处方，工厂负责人也能够进行合理的安排，不过之后他们却对自己的行为全然不知。梦游症对于犯罪学来说也有其重要性，其一，是我们可以调查它的准确性；其二，就是往往一些并没有动机去歪曲事实的人身上会出现这种行为。假如被告说起过自己的类似经历，但是我们没有办法和能力对此进行准确的判断，就往往会怀疑他话语的真实性。而且，被告的身份就已经让人难以相信他。但恰恰是因为这样，我们才更有必要对可信赖的人身上出现的这种情况做更进一步的探究。[②] 梦游[③]最经常出现在沉睡中被梦境干扰的疲劳过度但是身强力壮的人身上，这一结论是所有专家都认可的。

耶森等人在此处提到的现象说明了一个很重要的问题，有些人能够在极度兴奋的状态下进入安稳的睡眠，所以在莱比锡战役进行到最关键阶段的时

① F. 赫尔瓦岑：《对梦和睡眠的统计研究》，《冯特哲学研究》，第 5 卷，1889 年。

② P. 耶森：《以科学方法建立心理学的尝试》，柏林，1885 年。

③ 参见《H. 格罗斯全集》，第 8 卷，第 161 页；第 14 卷，第 189 页。

候，拿破仑依旧能够睡得安稳。有些人觉得这种能力说明了一个人的质朴本性，但很明显说服力不足。

还有一个现象也需要说明一下：人在入睡前会出现一种神奇的错觉，就是会感觉到一些异常的运动。帕努姆提到过，自己曾经在吸入乙醚之后躺下来观察，看到墙上挂着的一幅画慢慢变远，后来又靠近，这个过程一直不断重复。在非常疲惫的人身上也会看到相同的现象，所以教堂牧师在一些人看来就会忽隐忽现。这一类错觉现象对于犯罪学的意义，应该就是一个即将入睡的人看到的现象需要如何判断，例如他看到一个小偷来到床前，但实际上他只是站着没动。

一些特定的事物会影响到睡梦中的人。听说一个在梦中的人会相信你告诉他的任何事情，因为他们会在梦里经历这个故事，醒过来以后就会信以为真。有这样一个故事，提到一位官员利用这个理论求爱。他心仪的年轻姑娘很明确地表达了对他的厌恶，但这位官员在姑娘熟睡以后，当着姑娘的母亲表达了自己的爱意和忠诚，在那之后，姑娘就开始慢慢接受这位官员。其实很多盗贼也相信此事，他们往往会利用红灯来帮助自己犯罪，他们相信红色的灯光具有催眠作用。他们说，只要手上有一盏红色的玻璃灯，就能够掌控房间里面熟睡的人，把灯光照在这些人的脸上、轻轻地对他们说话，就能够让人睡得更沉。还有一件很有趣的事情，住在山村里的年轻人的某种习俗也很符合这种说法。他们会拿一块红布将灯笼包起来，然后来到一个熟睡的女孩跟前，让红光照在她脸上，并轻声说“跟我来”，女孩就真的会跟着走出来，直到走在路上被绊倒的时候才会清醒过来，于是这个鲁莽的恶作剧就结束了。但是通过这些例子，我们起码能够知道红色灯光对熟睡的人有一定影响这个科学现象，还是很有趣的。

对一些有关睡眠的深奥问题，O. 莫宁谢夫和 F. 皮斯贝尔根做出了解答，例如，他听到某些声音的时间为什么是今天而不是其他时间；有些人明明已经醒了，为什么还是睡着的状态；有些声音明明很响，为什么有些人却完全听不到，等等。专家们研究发现，人在进入睡眠后的 2.5 小时到 2 小时 45 分之间睡得最沉，在第 2 小时 15 分到 2.5 小时之间的时候睡眠不断加深，并且加深的速度非常快，表现也很显著，在这之后，睡眠会以相同的速度越来越浅，这个过程会持续到第 3 小时 15 分到第 3.5 小时之间。而在睡眠过程的后半段，也就是从 3.5 小时开始一直到早上的第 5 个小时的后半段，人的睡眠会越来越浅。然后再继续加深，但是这个过程要比之前的更加轻微和缓慢。此时的1小时过程中，睡眠深度会达到5个小时当中最沉的状态；然后再一次变浅，一直到变成正常的睡眠状态。

第111节　醉酒

与醉酒相关的问题很复杂，并不是通过一些简单的因果关系就能够解释的，这中间除了一些病理情况，特别是强大的酒精耐受力[①]这类与医学领域的研究有关的问题之外，还有很多其他需要进行深度研究的症状。日常生活中，人们需要判断一个人醉酒程度的时候只会问几个简单的问题：这个人是不是脚步踉跄？能不能奔跑？说话是否连贯？能说出自己的名字吗？是否认得出别人？会不会表现出很大的力气？仿佛只要两个证人给出一个肯定的结果，这个事情就可以盖棺定论了一样。[②]

这样的判断通常来说是有理有据的，因为只要还能控制住自己的行动，做到上面提到的这些事情，那么我们就会相信这个人还能够做到分辨是非。但是这一点也不是绝对的。并非只有醉得不省人事的人才会失去理智，而且并不一定会失去自控能力，有些具体行为后面不一定会跟随条件反射行为。即便这个人在事后对自己做过什么一无所知，但是在行为过程中，这个人也有可能是保持理智的，真正决定这一点的就是这个可能性的存在。然而，知道自己在做什么也并不意味着当事人要对行为负责，例如一个醉鬼袭警的时候很清楚自己打了人，正因为知道他才会出手打人，但是他或许会辩解说自己在喝醉的状态下并不知道自己打的人是一名警察，他以为那是一个不法之徒，而他打人只不过是正当防卫。

但是要说因为一个人当时喝醉了，就可以不用对醉酒时候的行为负责，因为这个人在清醒的状态下是不会做这种事情的，那么这也过于夸张。我们可以通过很多打架斗殴事件、秘密泄露以及人在微醺时候建立起的友谊发现其中的关键。假如这个人神志清醒，肯定不会有这样的行为，但是没有人能因此就认为这个人不需要负责。

所以我们只能这样表述，如果一种行为是直接的，并且只是作为一种冲动反射行为产生的时候，又或者醉酒的人对自己的行为对象的本质判断有

---

① 参见《H. 格罗斯全集》，第8卷，第177页。

② 《H. 格罗斯全集》，第2卷，第107页。

误，因此而相信自己做出的是正当行为的时候，可以把醉酒当作理由。所以真实案件的处理中，法律术语（例如奥地利刑法中的“完全醉酒”，德意志帝国《刑法全书》中的“无意识”）中的概念需要比一般意义上的这些词语概念提高一个等级。一个人如果是由于完全醉酒导致无意识，那就说明这个人已经躺在地上动不了了，而处在这种状态下的人是根本不具备行为能力的，更不要说实施犯罪。因此我们不得不说，法律条款中提到的情况肯定不是这一种，而是指一个人具备活跃的思维能力，可以控制自己的行为实施犯罪，但是对自己的身体不能完全控制的那种情况。

假如将一些人口述的在某种程度上比较可信的故事跟报纸、警务新闻和法律文书上面的与醉酒相关的信息进行比较，就能够发现，有的人可以冬天在冰雪覆盖的河堤上睡觉，而且还能把衣服脱下来叠整齐，如果警察过来，他还能马上跨过栏杆飞快地逃走，警察都追不上。这样的人显然可以控制自己的肢体，而且能够准确地完成脱衣服、叠衣服还有逃跑的行为。假如这个醉酒的人休息的时候有人从旁经过，然后他把这个路人当成了入室盗窃的罪犯，并且将这个路人打伤，什么人会觉得这个醉酒者说的话都是真的呢？

我们经常能看到类似的情景，在街上抓到喝醉酒的人时，他们会手脚并用，连牙齿也一起用上来拒捕，然后人们只好用推车把他们送到警察局。假如这个人很倒霉，一开始认出了对面是警察，并且还清楚地自报家门，那么我们就可以判断出这个人“看起来明显能为自己的行为负责”，所以最终法院会给他判刑。可很多时候，这不过是他那一团糨糊一样的大脑出现的瞬间清醒状态（又或者是警察粗暴的言语刺激了他的大脑，让他在一瞬间看清楚对方是警察并将自己的姓名告知对方），不过这样的清醒状态转瞬即逝，后面的一切行为都是一种下意识的自我防卫。我们经常能看到醉酒的人在打架的时候，力气会相当于普通人的三四倍，并且就算是把周围的人都打倒了也不会停下来，这样荒谬的场面就会让人产生一种感觉，这个人在当时的状态下完全不可能对自己的行为负责。

还要牢记一点：我们可以通过一些习惯性行为来确定一个人是否能够对自己的行为负责。特别是一些存在明确界限的行为，并且当事人也知道不遵守行为的界限就会引发一些问题，那么此时就会自发产生一些习惯性行为。士兵可以继续服役，车夫可以驾车回到家中、卸下马具并照顾马匹，机车司机也可以完成一些很复杂的工作，不过只要这些工作都做完，这些人就会马上陷入昏睡状态。假如在他们进行这一系列习惯性行为的过程中有人出来干涉，特别是试图阻止、哄骗或者纠正这些行为的时候，喝醉酒的人就会进入失控的状态，并且丧失继续工作的能力，而且也无法用恰当的方式来表示反对。因此这些人能够做出的回答只能是一些反射性的行为，而且往往都是非常爆炸性的反馈。

醉酒的人在进行一些下意识的活动时，假如被意外打断并且导致无法继续工作，这种后果就会以一种非常绝望的情绪表现出来，而这时他们显然是不可能负责的。有很多著名的谚语都告诉我们，别拦住醉汉的去路，也不要试图提供帮助，处在这种状态下的人完全可以自理。人们应该是非常清楚这个理论的，不过在实际生活中，任何一个妻子都不会在醉酒的丈夫回家的时候按照这条理论的教导去做，警察也经常会照料喝醉的人，农夫和主人也会经常跟自己喝醉的学徒以及仆人争吵，但是如果这些人受伤、致残或者被冒犯了，人们又会表现得非常吃惊。

库姆提到过一个能够最好的说明醉酒者的一些特殊行为模式的例子，是一个喝醉的搬运工将行李送错的事情。[①] 搬运工醒来以后，不记得自己将行李放在了什么地方，不过后来非常巧合的是他又一次喝醉了，在醉酒的状态下找到了那件行李并送到了正确的地方。这个故事可以证明，“酒后吐真言”并不仅限于语言上，也同样会体现在行为上，因为醉酒以后的人会表现出自己最真实的欲望，所以才会出现很多侮辱性事件。一些刚喝醉的人身上最容易观察到这种现象，能够让人醉酒的条件通常都会集中在一段很短的时间里，所以在这段时间里的表现也就更加显著。人在这种状态下最容易将一些内心里最隐秘的想法不自觉流露出来，我们在外科诊所里面能够经常看到这样的事情。有一位上了年纪的农民要进行一场危险性不高但是并不常见的手术，一位大学里的著名医生要求自己的学生用这个病例练习诊断并制定手术方案。不过农民对此产生了误解，所以在半麻醉状态下的农民就下意识地喊出来：“那头老驴跟几个二流子商量要拿我怎么办，结果谁也说不出，可他们现在却要给我动手术!”

假如有一个嫌疑人替自己辩护，声称自己是因为酒精的作用才去盗窃，虽然根本不可能有人会相信这种理由，但是事实可能就是如此。我认识一位非常聪明、善良和可敬的年轻人，他在微醺的状态下会想要偷所有可能的东西。他并没有醉得很厉害，可以很熟练地把别人的雪茄盒、手帕甚至是钥匙

---

① 安德鲁·库姆：《神经错乱观察报告》，爱丁堡，1841 年。

拿走。但是因为醉酒的缘故，第二天醒来以后他根本就想不起来这些东西的主人是谁。想象一下，假如有一个盗贼在法庭上说这种话会产生怎么样的后果！

霍夫鲍尔有一段非常精彩的描述，讲解了醉酒的发展过程："起初酒精被身体吸收以后，会让人产生身体更加健康的感觉，也可能是真的有所增强。酒精对大脑的影响也与身体类似。思维更活跃，表达也更流畅完整。当时的想法是祝福自己以及所有的朋友。那种状态下完全不显醉态，思维也更加活跃和激烈，人们经常会在这个时候有些绝妙的想法出现，不过想要跟这种完全不规律的活跃思维对抗，还是需要费点功夫的。处在这种状态下的人有一个很明显的特征，如果需要讲述一个复杂的故事就会稍微有些吃力。由于大脑的思维过于敏捷，而讲述者不可能根据故事节奏来掌控自己的思绪。这个时候就会明显看出他的醉态，不过他仍旧思维活跃，但是感官会渐渐迟钝，因而想象力就变得更丰富。起码在一些表达和转折的时候，讲述者会有更丰富和诗意的表达，而且会用比平时更大的声音来说话。前者说明他的想象力被激活了，而后者则证明他的感官知觉随着醉酒程度的不断加深而变得越来越迟钝。听力变弱且认为听众与自己的情况相同，所以就会大声说话，当然这也跟醉酒刺激了思维的活跃性有一定关系。但是感官迟钝的症状会发展得更加迅速和显著。例如，有些人在喝醉以后会完全认不出熟悉的人，或者是他把杯子摔在地上，却觉得自己不过是轻放的。这中间还伴随着很多乏力的症状。通过醉酒者的语言，我们可以知道他的思维已经开始缺乏连贯性，虽然仍旧有生动的表达，但是却像烟花一闪即逝。醉酒者思维的活跃和敏锐会引发一种难以用理性去控制的强烈欲望，不出意外的话，他就会顺着欲望行事。身体乏力的明显表现就是脚步踉跄等，在他终于陷入昏睡的时候，脑力和体力才会逐渐恢复过来。"

"假如将醉酒的状态进行阶段划分，就应该是：首先思维变得异常活跃。此刻的大脑仍旧可以理解行为规则，因此醉酒者在这种状态下很清楚自己的内在状况和周围的环境。不过快速运转的思维会对仔细思考造成影响，并让神经变得更兴奋，特别是在一些具有快速运转的思维特性的情绪表达出现的时候。这一点是建立在我们都熟知的心理学法则的基础上的，根据这条法则，如果一种情绪表达在语气上更接近另外一种情绪，那么情绪就会进入后者的状态。所以一个没有受过教育的人很容易就会出现快乐或者愤怒的情绪，因为他们本身的情绪表达完全不会受到其他人表达方式的影响。限制消失，这种情绪就可能被任何一种刺激强化，因为所有自然流露的情绪都会强化自己本身的表达。处在这一阶段的人不会被易怒的情绪控制，因为他对自身状态感到满意，这种兴趣会增加他对外界刺激的容忍度。只有在出现意外情况的时候才会让这种刺激变得更强、影响更广泛。这种意外刺激会让醉酒的人更活跃，出现一种接近狂喜的状态，最后就是跟人出现一些口头上的争执，但这并不是真的在争吵，仍旧是一种算得上友善的表达。通常都是在醉酒者从自我满意的状态中迅速抽离出来，或是当他自负地进行某项工作的时候被意外打断，只要醉酒者仍旧处在这个阶段，那么被意外刺激引发的愤怒情绪带来的影响和激情都还是可控的。在这个时候醉酒的人仍旧没有失去自我意识，只要不是接连不断地受到外部刺激，那么就不大会引起情绪失控。”

“进入醉酒的下一个阶段，醉酒的人仍旧没有失去知觉，但是会比正常状态下迟钝很多。他还保留着一定的自我意识，但是已经完全丧失了记忆和理解的能力。所以他此时的行为仿佛世界末日即将来临一样，所有的行为都是完全不计后果的，而且他也完全意识不到这中间的关联，过去的经验统统被遗忘，因此他只能看到眼前的问题，而无法进行长远的考虑。所以他看起来就像是丧失了理智，过往的经验和考虑行为的结果也不能对他此刻的行动造成影响。即便是最微小的刺激也能够引发他最激烈的情绪，然后这个人就完全被激情控制了。而且，在这种时候，即便一个最不相干的理由也可以让他放弃自己真正的想法。在这个状态下，无论是对别人还是对他自己来说，他都变得更加危险了，因为这个时候他不只是完全被自己的激情支配，还完全意识不到自己的所作所为有多愚蠢。”

“进入最后的阶段，醉酒者会完全失去知觉，因此也就完全丧失了对外部世界的意识。”①

在一些特殊情况下，我们完全可以不必关心究竟喝过多少酒。这个人具体喝过多少我们并不清楚，仅仅是听到了几升红酒、几升白兰地这种描述，每个人的酒量不同，对身体产生的影响都不同，这中间也找不到什么规律。现实生活中，有些身体强壮的青年半杯葡萄酒下肚就彻底傻掉，特别是因为气愤或者恐惧等原因造成精神兴奋的时候，有些人年老体弱但是却能够喝很多酒。也就是说，如果一个人只考虑酒量的问题，那就是愚蠢到无以复加了。我们根本不可能根据一个人的外在表现和身体状况判断他的酒量，反而

---

① J. C. 霍夫鲍尔：《心理学在司法中的主要应用》，哈勒，1823 年。

是看他醉酒的状态更加可靠一些。海伦本彻表示，在同一个人身上，酒精产生的效果基本上都是一致的，有些人会变得话多，有些人就会沉默寡言，有些人会难过，有些人会开心。在某种程度上他的判断很正确，不过还需要考虑一个“界限”的问题，因为在不同的醉酒阶段，有些人的情绪状态是完全不一样的。我们经常会看到有些人在进入第一个阶段的时候就想要“拥抱世界、亲吻所有人”，但是情绪转变以后就会变得非常危险，因此所有见到过这个人在第一个阶段表现的人都会有一个错误的印象，觉得这个人永远不会超出这个阶段，而在此基础上想要找到真实可靠的解释就一定要加倍谨慎。

此人喝酒的方式也是一个非常关键性的因素。众所周知，假如一直用红酒将面包泡透，再把面包吃下，人就非常容易醉倒。人在兴奋、快乐或者焦虑的状态下饮酒，或者将很多不同类型的酒同时喝下去，还是空腹喝酒，都会很容易喝醉。想要了解各种酒精的不同效果，以及同一个人在不同状态下受到酒精影响的情况，可以去翻阅斯特伯格《实验心理学的作用》第四卷。

酒精会对记忆造成很大影响，人们经常会因此失去某些特定范围内的记忆。不少人都只能记起自己的名字，有些人会忘记住处，有些人会忘记自己已婚，有些人会忘记自己的朋友（但是却能记得所有的警察），有些人会忘记自己的身份。假如你的朋友告诉你这种事情，你就不会怀疑，但是假如被告在法庭上告诉你这样的事，就不可能会有人相信。

第 112 节　暗示

催眠术和暗示的问题既可以说历史悠久，也可以说非常新颖，我们不可能只用几本书来说清楚，但是却也没有大量的文献资料可以证明。我在自己的《司法检察官手册》里面已经解释过它与刑法的关系，也提到过犯罪学家该用什么样的态度来看待这个问题。我们在此处只需牢记一些典型的暗示，法官对证人的影响、证人对证人的影响以及环境对证人的影响等。能够造成影响的不一定是劝说、想象或者征引，一些难以解释的久远的原因产生了这些影响，这种原因刚好与“决定性的”相呼应。暗示跟语言一样随处可见，朋友的经历、陌生人的故事、自身状态、饮食、各种经验都可以给我们暗示。也许这种暗示能够引起我们最简单的一些行为，而某一个人的暗示似乎影响了整个世界。正如爱默生所说，自然创造了天才，因而得以成就自身，而跟着天才的脚步，我们就能发现这个直接关注的焦点在哪里。

使用“暗示”一词的复数形式会破坏其原本的意义，让这个词与“暗示性问题”画上等号。有些年纪稍大的犯罪学家对真相抱着一种固有观念，因此对暗示性问题进行了严格的限制。米特迈尔也说过，这样的问题其实很难做出严格的控制，因为有许多问题在提出的时候就注定了会暗示出它的答案。例如，假如有人想要知道 A 是不是在一段冗长的对话中有过类似的表达，就一定会问“A 是否曾经说过……”，那么不管他是好意还是恶意，事情都会这样发展。

米特迈尔的话证明，早在 25 年前，他就已经知道此类暗示性问题并没有什么危害性，真正困难的地方在于证人、专家以及法官（特别是在重大案件中）进行的暗示，会影响公众意见、报刊舆论、自身的经验和想象，而其结果就会让证词和判断被暗示而不是真相影响。

慕尼黑的贝希托尔德谋杀案庭审就可以证明这一观点。虽然两位优秀的精神科医生施伦克 - 诺青和格拉希尽可能地在回答问题的时候避免让证人被暗示所影响，[①] 但在庭审的过程中，我们依旧发现证人在暗示下受到了很大的影响，还有价值判断上他们是如何互相矛盾的——不管是医生还是法官得出了这种结论，都不会有什么不同，而且我们对于暗示的了解可以说是少得不能再少。暗示能够影响到所有的方面。即便有大量文献资料，我们仍旧找不到充足的资料与观察结果，因此也不会有什么科学结论。在犯罪学家看来，对暗示的研究显然在我们的工作中具有很强的吸引力，但是我们还是静下心来，将精力放在观察、学习和收集素材上比较好。[②]

① 施伦克 - 诺青：《论贝希托尔德程序中的暗示与回忆错误》，莱比锡，1897 年。

② M. 德索瓦：《当代催眠术参考书目》，柏林，1890 年。W. 希尔施：《人的职责与暗示的当代原理》，柏林，1896 年。L. 德鲁克：《暗示及其在法庭中的意义》，维也纳，1893 年。A. 克拉默：《法庭精神病学》，耶拿，1897 年。贝里庸：《受启发的伪证》，载于《催眠字报》，第 6 期，第 203 页。C. 德 · 拉格人，《自然的自我暗示》，载于《催眠字报》，第 14 期，第 257 页。B. 西迪斯：《暗示心理学》。